感谢肖奋先生对本书出版做出的贡献

刘再兴文集

刘再兴　著

经济管理出版社
ECONOMY & MANAGEMENT PUBLISHING HOUSE

图书在版编目（CIP）数据

刘再兴文集/刘再兴著. —北京：经济管理出版社，2017.1
ISBN 978-7-5096-4746-2

Ⅰ.①刘… Ⅱ.①刘… Ⅲ.①生产力布局—中国—文集 ②区域经济发展—中国—文集 Ⅳ.①F127-53

中国版本图书馆 CIP 数据核字（2016）第 280104 号

组稿编辑：申桂萍
责任编辑：高 娅 梁植睿
责任印制：黄章平
责任校对：雨 千 赵天宇

出版发行：经济管理出版社
　　　　　（北京市海淀区北蜂窝 8 号中雅大厦 A 座 11 层　100038）
网　　址：www. E-mp. com. cn
电　　话：（010）51915602
印　　刷：北京九州迅驰传媒文化有限公司
经　　销：新华书店
开　　本：787mm×1092mm/16
印　　张：48.75
字　　数：849 千字
版　　次：2017 年 1 月第 1 版　2017 年 1 月第 1 次印刷
书　　号：ISBN 978-7-5096-4746-2
定　　价：298.00 元

·版权所有　翻印必究·

凡购本社图书，如有印装错误，由本社读者服务部负责调换。
联系地址：北京阜外月坛北小街 2 号
电话：（010）68022974　　邮编：100836

序

我们是刘再兴先生的学生。

受教于先生是我们求知求学途中之幸，出版先生生前文稿是我们长久的心愿。

2016年是刘先生90周年诞辰，此文集出版时，先生已离世17年半。

刘先生（1926~1999年）1926年生于湖北新洲县，1950年毕业于武汉大学，遂即进入中国人民大学，师从苏联专家孙敬之教授攻读研究生。1952年从中国人民大学经济地理专业研究生毕业后，即留校从事经济地理、生产布局的教学和科研工作。他在1955年开始重点研究中国工业布局，1980年后转向重点研究中国生产力总体布局、西部开发、区域经济理论和国土规划等方面。1982年和1986年刘先生先后开始招收硕士研究生和博士研究生，是我国学位制度建立以来，全国最先招收区域经济（经济地理）专业的硕士生和博士生的导师之一。

20世纪八九十年代，刘先生曾担任"全国经济地理研究会"理事长、"全国产业发展规划协会"理事、中国国际工程咨询公司专家委员会委员、山西能源基地建设及陕西、甘肃、宁夏、内蒙古等省（区）国土规划和国家海洋局中国海岸线开发规划研究学术顾问。因其对我国高等教育事业发展做出的突出贡献，1992年刘先生开始享受国务院政府特殊津贴。

1994年初，因奔波劳累，先生突发脑血栓，失去了行动能力和语言能力，度过了不能"言行"的5年，令人深以为憾，我们无法真正体会在生命最后几年内他的艰难与无奈。

刘先生是20世纪50~90年代前期我国经济地理和区域经济领域最领先的学者之一，是中国区域经济学的重要开创者，是我国经济地理特别是工业地理学的代表性学者。40年中，先生的学术贡献主要有：

（一）领先提出中国经济地理学的经济学性质

关于中国经济地理学属性的讨论自 20 世纪 50 年代就已开始，基本有两种观点：一种认为经济地理学属于地理学，另一种认为经济地理学属于经济学，这一争论长期没有定论。中国经济地理领域的教学和研究在改革开放前的较长时期内，除中国人民大学等少数高校外，基本属于地理学领域，以描述与分析经济地理现象和规律为主。改革开放后，经济地理学面临着如何更好地服务于时代要求、进一步突破"描述与分析"层面的问题，势必需要建立一个更具有经济学科性质的学科，或在经济地理学中更多地引入经济理论和视野。20 世纪 70 年代末至 80 年代初，刘先生提出经济地理学属于经济学范畴，应更多地运用经济理论并补充经济理论在空间方面的不足，从而引发了地理学界的广泛讨论。尽管仍然存在不同观点，但 20 世纪 80 年代后期至 90 年代前期，中国的高校和研究机构，越来越多的区域经济专业、城市经济专业建立起来了，得以以更强的能力参与对国家经济发展的研究与决策，成为中国经济学的一门"显学"，同时也在一定程度上发展了中国的经济学理论，培养出一批深入实际、面向实践，在中国生产力布局、区域经济发展、城镇化等方面具有较强理论水平和研究能力的学者。

（二）率先提出"主导论"

20 世纪 80 年代中期我国区域经济学界、经济地理学界普遍开展了空间推移理论研究，刘先生是"主导论"的首创者。他不同意简单地按"梯度"理论认识中国经济分布和空间特征，也不同意不符合历史基础和现实可能的"反梯度论"，以及多种推移形式并存的"并存论"，认为在中国区域经济发展中，"起主导作用的是梯度推移"，但同时要"大范围内的梯度推移与局部范围的反梯度推移相结合"，提出了被称为"主导论"的客观可能的区域发展方式。

（三）领先研究中国经济区划问题

刘先生是我国最早提出"三个经济地带"思想的学者之一。在 20 世纪 80 年代初完成的《中国经济地理概论》中，他明确提出"根据自然资源、社会资源、历史发展特点、经济发展水平和发展趋势，除台湾外，全国大体上可分为沿海发达地区、边疆待开发地区和介于上述两大区域间的中部地区"，并对比分析了三大地区的发展条件、生产特点和发展方向。在当时国家计委召开的一次小型座谈会上，集中讨论了我国地区布局地域单元划分问题时，他系统地分析评价了以往我国经济布局所采用的地域单元划分的缺陷，提出了在一级综合经济区划分之前，可先将全国划分为东部地区、边疆少数民族地区和中部地区，作为安排宏观布局的地域单元，并进一步具体阐述了全国生产力总体布局及三大地带各自的发展战略。他的这一观点在其后一系列论文中得到系统阐述，这些观点与我国"七五"计划中地区布局部分的内容基本一致。

20世纪80年代末至90年代初，他在三个经济地带划分的基础上，对我国现有代表性的经济区划进行了客观系统的评价，研究了经济区划的原则和指标体系，提出了比较科学的区划方法和方案。20世纪90年代初期，他又深化了对生产力总体布局框架的研究，在三大地带的基础上提出"以沿海为主轴，促进长江干流腾飞，深化黄河上中游优势资源的开发，加快西南重化工业带的建设，以沿边开放为突破口，启动南北边疆地带的发展"的构想。

(四) 领先研究地区差距和西部发展问题

地区差距和西部发展是20世纪90年代以来社会普遍关注的问题，而在20世纪80年代，刘先生在大量实地调查和资料分析的基础上，对我国区域差异、西部开发、区域协调发展等问题进行了深入研究，提出了许多真知灼见，不仅在西部地区产生了广泛影响，也对中央政府决策发挥了作用，是我国最早研究地区差异和西部发展问题的学者之一。

刘先生一直坚持速度、效益和缩小东西差距的思想，提出了"依托东部循序西移，中间突破"的观点。在评价西部地区的优劣势和工业化进程的得失、西部开发效益以及西部开发战略模式、结构优化、总体布局等争论很大的重要问题上，刘先生在《论西北西南的开发》等研究成果中提出了系统的观点。如针对改革开放后工业布局偏于东部所引起的矛盾，进一步阐述了"协调东西关系，必须协调宏观布局的两大政策目标（效益与均衡）"的观点，并论证了这两大政策目标统一的可能性与途径；提出并阐述了"产业倾斜必须以相应的地域倾斜作依托"、"产业政策向基础产业倾斜，在空间政策上必须相应地向中西部富能富料区倾斜"的观点。20世纪80年代中后期，他在《西部开发的若干战略问题》等论文中对上述观点进行了丰富和完善。20世纪90年代初，他提出了布局政策"效益与均衡"两大目标的合理结合区间的概念，指出区间的一端以不影响2000年全国第二步战略目标的实现为界限，区间的另一端以不至于出现两极分化、保证社会安定为界限，同时测算了四种方案，认为实现布局政策两大目标的结合是完全可能的。实践证明，他的理论思想是正确的。

20世纪80年代初，针对当时普遍否定三线建设、工业布局战略西移的观点，以及将三线企业当作包袱卸下的主张，刘先生发表了《论三线建设》、《总结经验教训，发挥三线地区的潜力与优势》等论文，以历史的观点，辩证分析和评价了三线建设的得失，提出了通过调整、改造、配套，克服缺点、发挥优势的途径与措施，与此后国务院组建"三线企业调整领导小组"时对三线建设的综合评价是一致的。

（五）领先研究生产分布规律问题

20世纪80年代，经济地理和区域经济领域的一种观点是，生产分布只有一般规律而无特有分布规律，针对这一观点，刘先生明确提出这两类分布规律都是客观存在的，并分析了其存在的经济基础，对生产分布一般规律、资本主义特有分布规律和社会主义特有分布规律做了科学的表述，阐述了两种分布规律的具体表现和作用。

在《中国生产力总体布局研究》一书中，他系统地论述了生产力布局的三大理论基石，并创立了"空间投资理论"。他认为国土资源开发利用治理保护，都需要一定的投资作保证，总投资的部门分配，是调整区域产业结构的基本手段之一；总投资的空间分配，是调整经济布局的基本手段。另外，他还独到地提出了工业布局的"集聚论"和"消聚论"，认为企业的空间集中可以产生组合效应，从而产生规模经济效益。正是集聚效益，使城市化、城市大型化以至大城市带必然产生，而当集聚到一定程度，就会有诸多反集聚因素产生，从而导致消聚的开始。他提出集聚与消聚不是绝对对立的，不是无限制、无条件的，两者需要相互结合，结合的方式一是集中中有分散，分散中有集中；二是"大分散"与"小集中"的有机结合。

（六）领先开展区域发展的比较研究

20世纪90年代初，刘先生注重定性与定量分析相结合，先后建立了诸多计量指标，用以研究中国生产力布局及区域经济的发展状况。而后，他又对所建指标进行了系统归纳，建立了中国生产力布局及区域经济分析的计量指标体系，对中国区域经济学的科学化和规范化起到很大的推动作用。

（七）领先研究中国国土规划问题

20世纪70年代末至90年代中前期，是我国国土规划的发端和兴盛时期。在这期间刘先生参加了几十个省、地、市、县国土规划的编制和评审工作，对国土规划的基本理论和方法、规划框架和基本内容以及国土规划中的重大问题，做了系统的探索和论述，发表了许多论文、调研报告和专著，做出了开拓性的贡献，受到了有关省区国土部门的重视。

刘先生学术成果丰厚，自20世纪50年代以来共发表了120余篇学术论文，出版了多部具有影响的著作。如《中国工业布局学》（中国人民大学出版社1981年版）、《中国经济地理概论》（合著，商务印书馆1983年版，英国牛津大学出版社1988年英文版）、《生产布局学原理》（全书统篡定稿，中国人民大学出版社1984年版）、《区域经济学》（合著，中国人民大学出版社1989年版）、《黄土高原地区工业发展与工矿区、城市合理布局》（主编，中国科学出版社1991年版）、《中国区域经济：数量分析与对比研究》（主编，中国物价出版社1993年版）、《经济地理学：理论与方法》（主编，中国物价出版社1994年版）、《中国生产力总体布局研究》（主编，中国物价出版社1995年版）、《区域经济理论与方法》（主编，中国物价出版社1996年版）、《九十年代中国西部地区经济发展战略》（合著，华夏出版社1991年版）等。其中，《生产布局学原理》、《甘肃发展中若干重大问题考察研究》，分别于1986年获中国人民大学优秀著作奖、1988年获中国人民大学科研成果一等奖；《京津唐地区工业结构与布局问题综合研究》（与杨树珍合著）1987年获北京市首届哲学社会科学优秀成果一等奖；《中国生产力总体布局研究》1996年获北京市第四届哲学社会科学优秀成果一等奖；《黄土高原地区综合治理开发重大问题研究及总体方案》1992年获中国科学院科技进步一等奖；《中国地区协调发展战略与政策综合研究》1996年获国家科委颁发的科技进步二等奖。1993年出版的刘先生主持的国家"八五"哲学社会科学重点课题——"九十年代中国生产力布局优化研究"成果，被许多高校指定为研究生必读书。

刘先生治学严谨，言必有据，文必有意，坚持学术原则，重视理论结合实际，不做媚上应景之作。他在主持"七五"国家重点攻关课题——"黄土高原地区工业研究"的五年中，多次深入西部七省区的各重要工业基地进行实地考察，曾五上吕梁山，协助离柳能源区、兴县等重点试验县开展国土规划的研究与编制，吕梁行署为此专门授予其荣誉证书。自20世纪80年代国家提出建设山西煤炭能源基地的十年中，刘先生的足迹遍及山西各能源重化工建设区，对山西能源重化工基地建设、山西省及重点开发区国土规划以论文、考察报告、会议讲话等形式发表了大量真知灼见，被称为"山西人民的老朋友"。

1982~1994 年，刘先生作为国内区域经济专业最早的博士生导师，培养了一大批优秀的博士研究生，迄今已经是所从事的各领域的中坚。先生对学生学术期之殷、学风束之严、生活关之切，言传身教，授业解惑，以自己严谨的学风和高超的造诣教导和影响学生。先生不慕浮华，澹泊功名，以自己的辛勤庄重，教给我们做学问的庄严感，令我们敬畏学术之道，为我们树立了道德文章的榜样。如今，我们这些先生曾经栽培教诲的桃李，仍能在先生辞世多年之后，感受到他的存在、他为人为学的高度，感受到他带给我们的荣耀，以及给予我们前行的力量。愿先生安息！

李青、孙久文、胡细银等
全体刘再兴教授学生
2016 年 11 月 20 日

目　录

刘再兴文集

LI LUN PIAN
理论篇

我国地理学界有关经济地理学基本问题的讨论

在我国，经济地理学是最年轻的科学之一，特别是马克思主义经济地理学说，只是在新中国成立后才在我国地理学界占据统治地位，而且直到现在，资产阶级地理学说的影响还没有肃清，因此，有些经济地理学的基本问题，特别是关于经济地理学的对象问题，更具体一点地说，是经济地理学的特性问题，经济地理学的确切定义问题，经济地理学与其他科学，特别是与政治经济学、自然地理学的关系问题，存在许多分歧意见。严肃地展开争论，澄清一切混乱思想和观念，是推动经济地理学进一步发展的必要条件，也是改造经济地理工作者思想的重要步骤之一。最近地理学界展开的讨论是有其积极意义的。

这个讨论，虽然于 1955 年才正式开展，但实际上所争论的问题是存在已久的。早在 1950 年，在孙敬之等编的《经济地理学》第一讲中，就提出地理学是包括自然地理学、经济地理学、政治地理学的一种综合性科学，其中自然地理学是地理学的基础，经济地理学是地理学的核心，并给地理学规定了三个属性：地域性或区域性、综合性、概括性。后来又改为地域性（综合性）、概括性（全面性）、时代性（社会性）（《地理学论文集》，新潮书店版）。

到 1953 年，在中国地理学会第一届全国代表大会的讨论会上，有人对于上述论点，又做了一些补充和修正，指出地理学的特性是"①研究作为社会物质生活条件的地理环境，②它的地方性（区域性）和③它的全面性"（见《光明日报》1953 年 2 月 11 日）。与此同时，又有人给经济地理学规定了一个新的定义："研究现代各国各地区社会生产力配置的科学。"其目的是要使经济地理学与政治经济学分家，而成为地理学的一个分支，同时使经济地理学的任务更明确。其论点为：①经济地理学与自然地理学有共同的属性，因而二者应该统一在一门独立的地理学中。②把经济地理学的对象局限在生产力配置的范围内，而生产力意味着人与自然的关系，这样就给经济地理学与经济科学分家而和自然地理学合并提供了另一个论据。在会后，同意这种论点的人，又提出了一些补充的理由，例如，经济地理学与自然地理学的研究，都是为了改造和利用自然，为经济建设服务，二者的任务是相同的；二者都需要利用地图，进行实地调查，工作方法也是相同的；在地理学会、地理系中，既包括经济地理学又包括自然地理学。因此，经济地理学应与自然地理学综合成为一门独立的科学。

长期以来，对于上述论点，也有许多人不同意，但没有及时展开群众性的争论。一直到1955年5月，在《教学与研究》上，才发表了胡兆量的《经济地理学与自然地理学特性及其相互关系的商榷》（以下简称"胡文"）一文，对以上论点系统地提出了不同的意见。"胡文"的主要论点是：

（1）经济地理学与自然地理学二者是两门独立的科学，分别属于两个不同的科学体系，一个属于社会科学，另一个属于自然科学。

（2）区域性虽然是经济地理学与自然地理学的共同属性，但经济地理区域和自然地理区域是按照两个不同的运动规律演化而成的，两种区域有本质上的区别，因而不能认为这两门科学都具有区域性就可以综合成为一个独立的地理学。

（3）为了实际工作的需要，经济地理学家可以而且必须与自然地理学家密切合作，或把这两门科学放在同一个组织系统中，但这只是为了需要，而不能作为科学分类的依据。科学分类，应当是按照物质运动规律的本质属性来进行的。

（4）"综合性地理学论"者，对各门地理科学的相互关系的理解也是错误的。既然生产配置规律产生的基础是特定的生产关系，而不是地理环境，那么研究自然环境的自然地理学怎样才能成为研究生产配置的经济地理学的基础？而属于上层建筑范畴的政治地理问题，其基础也是生产关系，显然自然地理学也不能成为政治地理学的基础。认为自然地理学是地理学的基础，在本质上是和地理环境决定论、地缘政治学没有什么区别的。另外，经济地理学也不能成为自然地理学的核心，因为作为自然地理学核心的，应当是自然环境运动规律。

（5）生产力的地理分布，始终是在一定的生产关系下来进行的，脱离生产关系，单纯地研究生产力配置，是无法找出正确的规律性的，因而把经济地理学的定义，局限为"研究各国各地区社会生产力配置的科学"，也是不恰当的。

1955年7月在"胡文"发表后，《教学与研究》又发表了孙敬之的《论综合性地理学与统一地理学》（以下简称"孙文"）一文，该文肯定了综合性地理学的存在，并且是一门独立的科学，列举了《禹贡》、《太平寰宇记》等著作，试图从中国的地理学史论证综合性地理学是古已有之的。同时分析了综合性地理学产生的客观必要性（社会生活与生产的需要），并再一次强调区域性"给予综合性地理学以'统一'两种不同性质的科学的可能"。"孙文"也进一步分析了统一地理学与综合性地理学的特点，说明二者有本质上的区别。还强调了区域性是构成综合性地理学的基本因素，但这个论点在文中未加以具体分析。

《地理学报》1955 年 9 月发表了鲜肖威的《为反对地理学领域内的取消主义倾向而斗争》（以下简称"鲜文"）一文，该文作者虽然没有明确提出综合性地理学的问题，但实际上是完全同意"综合性地理学论"者的主张的。"鲜文"第一个主要论点是肯定在自然地理学、经济地理学之上，有一门地理学，它是"一门完整的科学体系"。其论据是：①引用苏联格拉西莫夫《苏联地理学及其发展现阶段的任务》报告中的论点；②认为地理学一开始就是既研究自然现象又研究社会现象；③生产上的需要，使得经济地理学与自然地理学结合成为一门完整的科学；④从对象来看，二者并不是彼此孤立地进行研究；⑤以心理学、数学、哲学、马克思主义等科学为例，说明既研究自然现象又研究社会现象的地理学是存在的。

"鲜文"的第二个主要论点是，认为经济地理学的对象，不是研究生产配置，而是"从生产力与生产关系的相互作用方面研究生产力的分布"。理由是：①生产力与生产关系虽然是社会生产不可分割的两方面，但作为科学研究的对象，二者是可以而且必须分别加以考虑的。既然政治经济学可以是研究生产关系的科学，为什么经济地理学不可以抽掉生产关系，单独研究生产力配置？②生产关系虽然决定生产力的地区分布，但不一定要把它作为研究的对象，凑成生产配置。如果加入研究，就会混淆了经济地理学与政治经济学的对象。

继"鲜文"之后，《教学与研究》1956 年 1 月发表了祝卓的《经济地理学几个基本问题的商榷》一文，对"孙文"和"鲜文"的论点，系统地提出了不同的意见。该文首先在经济地理学的定义上，肯定了其是"研究生产（理解为生产力与生产关系的统一）的地理分布，各国、各地区生产发展的条件和特点"的提法，对其他几种提法，分别提出了否定的意见；着重反驳了不要生产关系的"生产力分布论"，也反驳了"综合性地理学论"者的各种论据，同时指出"综合性地理学论"者实际上和统一地理学没有什么本质上的差别。

争论到此，可以看出以下几点：

（1）经济地理学与自然地理学是两门独立的科学，同时又是有密切联系的科学，在这一点上，认识基本一致。但对这种联系的理解，还存在很大的分歧，表现在经济地理学与政治经济学、自然地理学的关系上。一种意见认为经济地理学应和经济科学分家与自然地理学结合成为"综合性地理学"或"一门完整的独立的科学体系"。坚持这种意见的人，现在主要的依据是：①地理学一开始就是既研究自然现象又研究社会现象的科学；②这两门科学都具有区域性，以及任务和工作方法的共同性。

与此相反的是，认为这些论据都不能成为二者结合为综合性地理学或一门完整的科学体系的依据，经济地理学应该属于经济科学，而不是地理学的一个分支。虽然在实际工作中，经济地理学者与自然地理学者应该密切结合，但按照马克思主义科学分类原则来看，二者应严格地划清界限。"综合性地理学论"者，既承认在科学分类上，经济地理学是社会科学，又主张将其从社会科学中分裂出来，与属于自然科学的自然地理学结合成为一门独立的科学，这在逻辑上是自相矛盾的。

（2）经济地理学的定义问题，有几种不同的提法：第一种是"研究生产的地理分布，各国、各地区生产发展的条件与特点"；第二种是"研究现代各国各地区社会生产力配置的科学"或者是"从生产力与生产关系的相互作用方面研究生产力的分布"；第三种是"研究世界及各国各地区生产条件、生产配置和区域特点"。

关于经济地理学研究对象及其科学性质的探讨（摘要）

一

经济地理学是研究生产布局规律的科学。这里所指的生产是生产力与生产关系的统一，所指的生产布局，不只是区域生产部门的组合或地区生产综合体，而是同时指：①国民经济各主要生产部门在全国范围内的部署，即各工农运输业部门在全国如何部署才能最大限度地符合统治阶级的阶级利益。在资本主义条件下，就是如何部署才有利于垄断资产阶级追求最大限度的利润，而在社会主义条件下，则是如何有利于各地区国民经济的普遍高涨，有利于自然资源与劳动力资源的充分利用，取得最大的国民经济效果；有利于工农业地区分布的相互接近并统一起来，促进三大差别的消灭；有利于落后的少数民族向先进民族的飞跃，消除各少数民族地区在历史上形成的落后面貌；有利于国防能力的加强和国防的巩固。②各主要生产部门、各工农业企业在空间上的结合。在资本主义条件下，同一地区内各生产部门、各企业之间的关系是对立的，某些部门、企业（以最强有力的垄断集团为代表）畸形发展，而另一些部门、企业却衰落下去。而在社会主义条件下，同一地区各部门、各企业则是有机结合，协调发展，互相促进，共同提高的，逐步形成水平不同、各具特点的经济综合体。这种有机结合，包括不同生产部门的结合（如农轻重的结合，区内面向全国的生产部门、对区内经济发展具有决定意义或重大意义的部门、自给性部门的合理结合），生产与原料地、动力基地的合理结合，区内农产品基地与工业基地的结合，点与面的结合（即大工业基地与广泛发展的中小型企业相结合，农产品集中产区与分散产区相结合，城市工矿区与广大农村的结合），区内劳动力布局、地方运网与工农业布局的结合……③地区间的劳动分工。这种地域分工，在资本主义条件下，是建立在一个地区掠夺另一些地区的基础之上的，分工的结果，使城乡对立，并且使先进地区与落后地区的对立更加尖锐化。而在社会主义条件下，则是建立在根本利益一致的基础之上的，彼此之间既有合理的分工，各有专长，又有密切的协作，取长补短，从而达到各地区经济的普遍高涨。因此，区域生产组合或区域生产综合体，只是生产布局的组成部分之一，只是经济地理学研究中心的一个组成部分。把经济地理学的研究对象仅仅归结为区域生产综合体，容易忽略研究中心另一个极其重要的组成部分——生产部门的布局。要知道，任何具体的区域，都是具体国家的一个组成部分，区域内的任何一个生产部门，都是全国性生产部门的一个组成部分，区域内各生产部门的组合，都是全国性生产部门的各个部分在特定区域内的组合。任何一个区域内任何一个生产部门的发展，首先要接受全国性生产部门的制约。如果不从全国着眼，不从整个生产部门的总体部署着眼，就无法正确研究这个部分及其在区域中的作用和发展的趋势，从而也就无法研究区域生产部门的组合。而且这种研究，在实践上极易脱离全国的总体部署的战略要求，孤立强调地区的需要和具体条件的作用，从而产生本位主义、分散主义的倾向。

生产布局是生产的空间形式，是生产的一个方面。生产总是特殊的部门，如农业、畜牧业、制造业等，或者是一个综合体。生产不仅仅是生产各种具体的产品，同时也生产一定的社会关系，正如马克思所指出的，"人们在发展其生产力时……也发展着一定的相互关系"[1]，因此，生产部门的布局，不仅会引起生产力在空间上的变化，而且也必然引起生产关系、经济关系在空间上的变化。例如，在我国某个农业区设置了一批工业企业以后，既意味着这个地区增加了新的生产力，引起了生产力的变化；也意味着这个地区生产部门的组合发生了变化，由单一的农业区变为工农业综合发展的地区，意味着该地区内人口阶级构成发生了变化，在总人口中一部分农业人口转化为工业人口，意味着这个地区与其他地区之间原有的经济关系发生了变化，某些农产品的输出和某些工业品的输入都相对减少了。因此，无论是工农运输业各部门在全国范围内的部署，还是各部门、各企业在空间的结合，都是生产的布局，而不仅仅是生产力的布局。

---

① 马克思：《致巴·瓦·安年科夫》，《马克思恩格斯文选》两卷集，人民出版社 1962 年版，第 2 卷，第 446 页。

二

生产布局发展的变化，是受多种因素影响的，其中就包括自然环境和技术条件，因此经济地理学在研究生产布局时，必须同时考虑到这些因素的作用，对这些因素进行具体深入的评价，研究如何利用有利的自然条件，改造和克服不利的自然条件，研究新技术的应用对生产布局可能引起的变化，从而有利于揭示生产布局规律、回答生产布局问题，任何忽视自然、技术条件作用的观点和做法都是错误的。但是，如果认为自然、技术条件和生产方式、生产关系一样对生产布局起着同等的作用，没有主次之分，那也是不正确的。

经济地理学在研究生产布局时，要处理一系列的关系，如先进地区与落后地区的关系，重点建设地区与非重点建设地区的关系，工业布局与农业布局的关系，不同规模、不同性质的企业之间的关系，集中生产与分散生产的关系，地区生产综合体与地区生产综合体之间的关系，各生产部门、企业在发展上的要求和地区条件之间的关系等，从形式上看，这些关系往往是以物与物的关系表现出来的，但其实质却都是经济关系的反映。在自然界中，物与物的结合，是在自然力的作用下进行的，而在社会中，在组织生产的过程中，物与物的结合，从来就不是在自然力的作用下进行的。例如，平顶山的煤和大冶的铁矿石，并不是自动地在武钢的高炉中结合在一起而变成钢铁的，武钢的钢铁，也不是自动地和重型机器厂的加工设备相结合而制造出机器的。而且在人类社会中，物与物的结合以及结合的特点、性质，首先取决于和一定生产方式相适应的生产关系。当然，在处理生产布局中的各种关系时，也涉及人与自然、人与物的关系，这方面关系处理得好坏，对生产布局有重大意义。但是，人与自然、人与物的关系，只能借助于生产关系，只有在生产过程中才能得到反映。马克思指出："为着要生产，人们互相进入一定的联系和关系，而且只有在这些社会的联系和关系的范围内，才发生他们对于自然的作用，才有生产。"[①]没有生产关系，也就没有人与自然的关系。而且在不同的社会制度下，人对自然的利用也是大有区别的。如河流的综合利用问题，一直是资本主义国家所不能合理解决的，即使"解决"了，也是某一部门或很少部门（以最强有力的垄断集团为代表）在某种程度上获得胜利，而其他一些部门则遭到严重的损失，因

---

① 马克思：《雇佣劳动与资本》，上海三联书店 1949 年版，第 21 页。

而注定了不可能实现最大的综合效益。即使在同一个社会主义国家里，在合理利用各地区自然条件的差异、合理分布生产上，也必须以正确处理经济关系为前提。如棉花的布局，首先必须正确处理棉区与全国经济建设需要的关系，正确处理棉区内的粮棉关系，合理照顾棉区农民各方面的需要，也就是要正确处理国家、集体、个人三者的关系，即经济关系，棉花的布局计划才能落实下来。否则，即使棉区有种棉的优越的自然条件和技术条件，也难发挥应有的作用，使粮棉种植合理布局，各得其所。这些都说明了生产关系对生产布局的决定性作用。

有的同志，把强调生产关系对生产布局的决定性作用和忽视其他条件的作用混为一谈，认为强调前者就是否定后者，因而不是全面的观点。这实际上是一个误解。我们认为，真理的全面性，既表现在解释某种现象时要同时考虑形成这种现象的多种原因，也表现在从多种原因中，找出决定性的因素，对各种因素的意义和作用，给予恰当的评价。如果只强调要同时考虑多种因素，而忽视主次，也不是全面的观点。同时我们也认为，决定性的因素并不是唯一的因素，只能说明这种因素与现象有本质的内在联系，因此不能认为如果不考虑自然、技术条件就不能正确揭示生产布局规律，作为否定强调生产关系决定性作用的依据。

决定生产布局特点和性质的是生产关系，因此尽管经济地理学在研究生产布局时必须估计到自然、技术条件的作用，但并不能改变生产布局是一种社会经济现象这个本质。任何社会经济现象，都是按一定的社会经济规律而发展的，并受社会经济规律的支配。生产布局既然是一种社会经济现象，那么生产布局规律只能隶属于政治经济学所揭示的一般经济规律，因而研究生产布局的经济地理学与政治经济学的联系是基本的、本质的，按其科学性质来讲，属于经济科学的体系。

生产布局和自然环境有着错综复杂的关系，生产总是在一定区域内进行的，经济区也总是依存在一定的自然环境之上的，而且经济区的生产也受区域自然环境的影响。和其他经济科学比起来，再没有一门经济科学像经济地理学那样特别注意把生产和地区条件联系起来进行考查，正是从这个意义上来讲，经济地理学具有区域性的特点。但在划分科学研究领域时，经济地理学只研究经济地理区，这种区划和自然地理区不仅在界线上是不一致的，更重要的是，经济地理区是按社会运动规律演化而成的，它的发展过程，只是在有了人类社会，有了生产以后才开始的，而自然地理区则是按自然运动规律演化而成的，它的发展过程，远在人类社会出现以前就开始了；经济区是生产的综合体，是经济关系在地区上的表现，而自然地理区则是自然综合体，是各自然因素在地区上有规律的结合。因此，经济地理学具有区域性这个特点本身，也不能改变它属于经济科学这样一个科学性质。

三

认为经济地理学是研究生产布局的科学，是经济科学，这样是否会导致它和其他经济科学研究对象上的混淆与研究内容上的大量重复呢？我们认为，答案是不会的。

按科学性质来讲，政治经济学、部门经济学、国民经济计划学，都属于经济科学，在这个科学体系中，起主导作用的是政治经济学。但从对象上来讲，政治经济学只是研究社会生产关系，研究人类社会各个不同发展阶段支配物质财富的生产和分配的一般规律，这些规律既表现在整个社会生产方面，也表现在各个生产部门内。因而政治经济学所揭示的一般经济规律，对其他任何经济科学都是具有指导意义的。但各生产部门还具有专门的特点，为了了解某一经济部门中经济现象的特点，揭示其发展的特殊规律，指导这一经济部门的发展，仅仅知道政治经济学所揭示的一般经济规律是不够的，同时必须知道这种一般经济规律在不同生产部门特殊条件下的表现形式和运用形式，即各部门经济学的任务。经济地理学、国民经济计划学、部门经济学，都研究经济现象，都必须以政治经济学所揭示的一般经济规律为指导，在这一点上是有相同之处的，并和自然科学区别开来。但作为研究对象来讲，又各有其特殊的研究领域，各自研究某种特殊的经济现象，从而分别成为经济科学体系中的一门独立的科学。

国民经济计划学研究的是速度与比例的关系。由于生产布局是比例关系之一，又是促进速度的重要途径，因此在国民经济计划学的内容中，须涉及生产布局问题，但这只作为整个国民经济综合平衡的一个方面提出，而不作为专门研究的对象提出。国民经济计划学在具体研究各种比例关系时，将重点放在最基本、最主要的比例关系上，如工农业之间的发展比例关系，第一部类和第二部类之间的发展比例关系，积累和消费之间的比例关系等，因为从综合平衡的观点来看，决定国民经济综合平衡的，正是上述这些最基本的比例关系。在国民经济计划的全部内容中，并不是以研究生产布局为主要任务的，它并不全面而具体地回答国民经济各生产部门在全国范围内的部署问题。

部门经济学，是研究社会经济规律在某部门中的表现和运用形式，并研究解决本部门发展任务的途径和方法。第一，本部门的合理布局，是社会主义各经济部门发展的重要途径与方法，因而在部门经济学的内容中，也分别涉及本部门的布局问题。然而，部门经济学发展的途径与方法是多方面的，部门经济学所研究的内容也是多方面的，它们的基本任务，是研究本部门经济学发展的固有的规律性，而不是专门研究本部门的生产布局的规律性。第二，尽管各部门经济学都必须从整个国民经济角度出发，联系其他经济部门来进行研究，但其研究的中心毕竟是本部门的问题，因而任何部门经济学，都不可能全面地揭示整个生产布局的规律性，也不能揭示地区经济综合体形成和发展的规律性。

经济地理学则以专门研究生产布局规律为其中心任务，既把各主要生产部门当作一个整体，揭示整个生产布局的规律性，研究全国生产地区分布的总体部署；又将工业、农业、运输业各个部门分开，——研究其在整体部署中的地位，研究生产布局规律在各部门的特殊条件下的具体运用；同时分别具体研究各生产部门在各个不同地区内结合的规律性，各地区经济综合体在全国经济综合体中的地位，这样的任务是国民经济计划学、部门经济学所不能代替的。经济地理学所研究的生产布局问题，绝不是各部门经济学内容中所涉及的部门布局问题的简单加总。

由于各种现象之间的关联性，产生了各有关科学在内容上的某些交叉或相互渗透，这是一种必然的现象，这种现象并不必然导致各门科学对象与任务上的混淆。如果说当前经济地理学和其他某些经济科学在内容上存在较多的重复，那并不是由于经济地理学研究了生产布局，恰恰相反，正是由于它没有真正深入具体地去研究生产布局这个特殊的经济现象，而是过多地去论述一般的经济现象，在内容上还没有把自己的对象、任务突出出来。

其实，各门经济科学，不仅有其研究的专门问题，同时也有一些都要涉及的共同性问题，只是研究的角度不同而已。如以粮为纲、多种经营的问题，中国经济地理学要研究它，政治经济学、国民经济计划学、农业经济学都要研究它，经济地理学只要掌握了自己的研究角度，根据本门科学的具体特点来研究它，有所侧重，并不会导致内容上的重复。例如，不应一般地去论述粮食作物的重要性、粮食与多种经营的关系、二者结合对农业经济发展的一般意义，而是应着重去阐述在全国各不同类型的地区，在不同的农业发展特点和条件下如何在农业布局中，兼顾国家、集体、个人三方面的需要，因地制宜地体现以粮为纲、多种经营的精神，采取哪些具体措施，具体解决不同地区农业生产中"纲"与"主"以及"纲"、"主"与其他多种经营的特殊矛盾，使各类地区粮食与多种经营的布局各得其所而又合理结合，既保证重点，又突出当地的特点。这样的研究，不但不会造成与其他经济科学在内容上的重复，恰恰相反，可以使这个问题的研究更加全面、具体。

由于掌握不好自己的研究中心，内容与对象、基本任务相脱节，因而造成与其他科学在内容上的大量重复，这是一回事；由于研究对象、基本任务根本分不开，因而造成大量的重复，这是另外一回事，二者必须分清。

载中国地理学会《1961 年经济地理学术讨论会文集》

我国社会主义建设中工业的合理布局问题

一

我国第一个五年计划关于工业建设地区分布的基本方针，已确定为：一方面要充分利用、合理发展沿海已有的工业；另一方面要在内地积极建设新的工业基地，这两方面是互相联系而不可分割的。近几年来实践的经验证明：这是解决我国工业合理布局问题的主要环节。

这一方针具体地反映在基本建设投资的分配上。由于第一个五年计划期间，我们对沿海原有工业基地的利用加强，并强调以鞍钢为中心的东北工业基地的建设，因而沿海地区的基建投资还占相当比重，在五年计划的前三年，约占44.7%。但同时我们更强调开始在内地建设新工业基地，五年内开始建设限额以上的工业单位，68%分布在内地，因而内地基建投资所占的比重，与恢复期间相比相对提高，而沿海地区则相对下降，其比重由恢复期间的50.2∶49.8变为五年计划前三年的55.3∶44.7。如单从新建投资比重来看，内地比沿海要高得多，约占73.9%，沿海只占26.1%①。与此相适应的是内地基建投资的增长速度也比沿海快一些。这样，既保证了沿海原有工业基地的加强，又保证了内地新工业基地的顺利建设。

在东北地区，作为工业基地基础的鞍钢，早在五年计划前的两年七个月内，就已完成了八年内计划建设主要项目的1/3以上，使鞍钢的选矿、采铁、炼焦、轧钢的生产能力比1952年增加了1倍到1倍以上。不久后还将有两个巨型炼钢厂和一个初轧厂正式投入生产，炼钢能力也将大大提升。鞍钢已经在实际上负担着第一个钢铁基地的重大任务。

过去特别薄弱的机器制造工业，现在已在东北工业系统中起着核心的作

---

① 有关基本建资的百分比参见《统计工作通讯》1956年第18期，第6页。

用。这里，已出现了以沈阳为首的重型机器生产中心，以哈尔滨为首的复杂与中型机器生产中心，在长春，已生产出第一批国产汽车。许多巨大的矿井、电站和轻工业企业也投入了生产。

在上海，以纺织、食品为主的轻工业发展得更快了，轻工业品的产量、质量与品种均已超过过去的水平。但重工业发展得更快，上海已成为我国最重要的多种机器的生产中心，并起着工业试验室的作用。在技术上极为复杂的6000千瓦汽轮机和12000千瓦汽轮机已试制成功或正在试制。其他如冶金、化学、电力等基本工业也得到较快的发展。

沿海其他工业城市如天津、青岛、广州等地原有的工业基地也有不同程度的加强。

正是由于沿海这些原有工业基地的加强，几年来，这些工业基地已给国家积累了巨额的建设资金，供应全国一万多种轻工业品，特别是它们所生产的机器设备、钢铁及其他重要的工业器材，它们所培养训练的技术干部、熟练工人，已输送到全国各个重点建设工程。在加速国家工业化的进程、支援内地新工业基地的建设上，已发挥了显著的作用。

在沿海原有工业基地的大力支援下，几年来内地工业建设也取得了巨大的成就。

以石油、机器制造、有色金属、棉纺织工业为建设重点的西北区，在兰州、玉门、白银、西安、咸阳、宝鸡，已建立了并正在建设规模巨大的工矿企业，新的工业基地已经初步铺开。

在华北的内地，京汉、同蒲、陇海路沿线，已出现了巨大的煤矿城，一连串的新棉纺织基地，巨大的重型机器制造厂、纺织机器制造厂、拖拉机制造厂已经或即将投入生产。

在内蒙古，已建设了几百个大小型的现代化企业。森林工业、畜产品加工工业已有了很大的发展，围绕包钢的重大建设工程已全面展开。

在华中，冶金工业、机器制造业也大大加强，武汉钢铁基地及其他重要工程也大规模地展开建设。

不是第一个五年计划建设重点的新疆和西藏地区，也出现了第一批现代化的工矿企业。

这些建设工程的一个重要特征，是生产紧密地结合原料地或矿产地，使内地丰富的自然资源，开始为祖国工业化的伟大事业服务，推动了各地区社会生产力的迅速发展，一批新的工业城市，从落后的农牧业区成长起来，为今后逐步消灭落后地区奠定了初步基础。

内地建设的工业，有许多是面向全国的专业化部门，从而培育了该地区经济的骨干。有些则是具有服务区域内部的意义，其产品能就近满足当地的迫切需要，以前要依靠沿海地区供应的工业品，其中有不少的自给率已相对提高，从而避免了许多运输上的浪费和不必要的劳动支出。

这些建设使落后地区的工业以快于沿海地区的速度发展起来，1955年与1952年相比，沿海地区的工业产值增加了54.4%，而内地则增加了96%[1]，其中内蒙古、新疆、西北等地的发展速度还要更高一些。这种不同的发展速度，使沿海地区与内地工业产值的比重发生了变化。1952年，内地工业产值还只占27%，1955年则上升到31.9%[2]。

这些建设，不仅加速了落后地区生产力的发展，加强了民族间的团结，也给少数民族地区培养了一批本民族的干部，壮大了工人阶级的队伍，成为今后大建设的一支重要力量。

所有这些成就都生动地说明了，利用和加强沿海原有工业基地是改进我国工业地区分布的一个必要条件；而积极在内地建立新工业基地，是改进工业地区分布的关键。这些成就使我们也有可能进一步把工业重点合理地移向内地。

二

加强内地新工业基地的建设，既有可能使我国工业布局适合于资源和国防的条件，又能促进少数民族地区和农牧业区经济与文化的发展，同时还应该看到：在内地建设新工业基地，与加强沿海原有工业基地建设比起来，虽然建设的投资更多，困难更多，建设的时间也更长，但它可以不受旧有基础的限制，可以完全按照最新的技术成就和合理的组织来布置建设进度，同时能详细地选择比较，从最大的经济效果出发，解决个别企业的配置问题，并可以把个别企业和有关的一系列企业的配置问题联系起来解决。所以，新建设在技术和组织上的先进性与完整性，布局上的合理性，可能大大超过原有企业的水平，从而在劳动生产率的提高与运输的节约上，要比利用原有基地更合理，由此而产生的经济效果，很可能大大超过原来较大的建设投资，并成为社会主义工业扩大

---

[1] 李富春：《关于我国发展国民经济第一个五年计划的执行情况》，《新华半月刊》1956年第14号。
[2] 《统计工作通讯》，1956年第18期。

再生产的基础。因此，从国家的长远利益着想，把工业逐步向内地转移，是我们必须坚持的不可动摇的方针。

根据这一方针，我国第二个五年计划关于新工业建设地区分布的主要部署，将是：①继续进行华中和内蒙古两地区以钢铁工业为中心的工业基地的建设。②积极进行西南、西北和三门峡周围等地区以钢铁工业和大型水电站为中心的新工业基地的建设。③进一步发展新疆的石油工业与有色金属工业。

由此可以看出：第二个五年计划期间，内地工业建设的范围将比第一个五年计划更大了：除华中、内蒙古、西北和华北的内地以外，还有新疆和西南。其中不少地区，特别强调钢铁工业的建设。

这样的部署，一方面是适应我国社会主义工业化的主要要求，另一方面是根据社会主义工业地区分布的基本原则并结合我国这一发展阶段的具体条件。

在第一个五年计划期间，我国重工业建设虽然取得了巨大的成就，但由于原有基础太薄弱，整个工业的发展水平不高。

就钢铁工业这个特殊的重要工业部门来看，预计到 1957 年，全国钢产量还只有 550 万吨，仅能满足这一时期国内需要量的 80% 左右。要在我们这样一个领土广阔、人口众多的大国建立基本上完整的工业体系，实现社会主义工业化这样巨大的任务，不仅钢的产量还太少，同时规格也不能满足要求。我们有许多最主要的钢材和高级合金钢，还不能生产或生产很少。钢铁工业的地区分布还是集中在东北一隅，要把工业建设、铁路建设大规模地向内地推进，光靠鞍钢这一个钢铁基地来供应内地建设上的需要，既在数量上不足，又在运输距离上太长。而钢铁在现代工业建设上是十分重要的。从全国来说，工业发展速度的主要条件之一，就是钢铁工业的发展速度。从地区来说，虽然我们不能认为建设一个工业基地必须以钢铁工业为中心，但由于钢铁在工业建设上的消耗量很大，同时在钢铁工业的基础上，可以促进机器制造业的发展，并直接引起其他一系列重工业的发展，如煤矿、铁矿、基本化学、建筑材料、电力工业等（而这些工业又都是实现工业化所必需的部门）。所以各国中，有不少大工业基地都是以钢铁工业为中心，如苏联的南方工业区、乌拉尔工业区，捷克斯洛伐克的奥斯特拉瓦工业区等。我国要在内地建设许多新工业基地，首先就要在某一地区建立起钢铁支柱，显然也是必要的。

新钢铁基地的建立，所要求的基本条件是：①有足够的钢铁资源，其储量与质量都能满足要求。②有安全的国防条件。③在地理位置上最好是介于原有工业基地和即将开发的地区之间，交通联系也方便。这样既便于在建设过程中取得原有工业基地的大力支持，又便于以后支援新建设的地区。④这种企业的分布，还要求适合于整个工业的部署，即这样的地区，不仅具有适合于发展钢铁工业的良好条件，还具有发展其他有关工业的条件，以便其他工业能够配合钢铁工业一同发展起来。

第一个五年计划已根据这些基本条件的要求，确定在武汉和包头建立两个新钢铁基地，并围绕钢铁工业，建立整套的重工业，分别组成华中、内蒙古两个新的综合性工业基地。一方面加强我国工业基础的基础，另一方面使工业向西、向南推进获得近便的支点。

由于第一个五年计划期间，只是进行了一些必要的准备工作。开始全面施工，继续进行建设，并使之按时或提前投入生产，就成为第二个五年计划工业建设的中心内容之一。

这两个新钢铁基地的建成，加上鞍钢的总体改造的完成以及其他一些原有钢铁企业的加强，基本上可以保证第二个五年计划末期，完成年产钢 1050 万~1200 万吨的任务。但要在第三个五年计划初期，完成国家工业化的主要要求，钢产量还是不够的。因此在第二个五年计划期间，开始在西南、西北建设钢铁工业，保证第三个五年计划扩大再生产的需要，并奠定西南、西北工业基地的基础，也是必要的。

西北、西南地区土地辽阔，资源十分丰富。在西北，不仅有丰富的石油、有色金属，还有丰富的煤炭、化工原料。在西南，水力资源、有色金属、化工原料（磷、井盐、天然气等）、森林资源的藏量都很大，石油资源也很丰富。这两个地区的农牧业资源也很多，在国防上也很安全。这里又是我国少数民族主要的分布地区，需要迅速提高它们的经济文化水平。根据社会主义工业分布原则和我国工业向西跃进的总方针，这两个地区都将成为极其巨大的工业基地。这些资源的开发与利用，是离不开钢铁的。作为西北、西南工业建设先锋的铁路建设，已经并且还要继续展开，需要的钢铁数量也是巨大的。鞍山、包头、武汉三大钢铁支柱虽然可以给予一些帮助，但随着这些地区工业迅速的发展，区内钢铁的消费量也必然大增，越到后来，可以输出的钢铁不会太多，同时西北、西南范围很大，这个运输距离也是相当长的。

所以无论从全国的需要或西北、西南本身发展远景的需要着眼，都应当建立自己的钢铁基地。

第一个五年计划已为西南、西北钢铁工业建设准备了必要的条件：如煤铁资源的勘探与发现，铁路干线的通向西部。而在第一个五年计划期间开始建设的鞍钢、武钢和包钢，在第二个五年计划期间即可完成，建设中已积累了丰富的经验，培养了一支技术力量，可以直接支援西南、西北的钢铁工业建设。在第二个五年计划期间开始建设西南、西北的钢铁基地也是可能的。

这样，钢铁工业就可以相当均衡地分布在全国，我们不但可以围绕三大钢铁联合企业，建立一系列重要的机器制造部门，也可以使西南、西北机器制造业的发展有了物质基础。

目前的情况是：随着西部地区大建设的开展，西部地区所消费的机器，无论在数量或品种上，都比它自己所能生产的要多得多。基本建设和工矿生产所需的机器装备，运输业方面所需要的运输工具，很多甚至全部要靠东部地区输送，这就不可避免地引起机器设备的远距离运输，甚至是一些并不适合长途运输的机器。

当西部地区有了自己的钢铁基地以后，区内工业建设所迫切需要的机器制造部门就有可能建立起来。

第一个五年计划期间已动工的兰州石油机器制造厂、宝鸡石油第一机器制造厂，将用自己的钢铁制造整套的石油工业设备、巨大的石油井架。在西北也可能建立生产不适合长途运输的矿山机器制造厂，就近为西北大规模发展石油工业、采矿工业（有色金属、煤等）提供技术装备。当然还有可能根据经济发展的迫切需要，建立其他机器制造厂，如适应铁路干线的修建、公路网的加强、运输类迅速发展所需的运输工具制造厂等。

石油工业是我国第二个五年计划期间要积极加强的薄弱环节之一，西北现有的玉门油矿经过第一个五年计划的重点建设，已有良好的基础，兰州石油机器制造厂的修建可提供现代化的技术装备，兰新铁路已在地理上大大缩短了玉门油矿与兰州和东部地区的距离。因此，在第二个五年计划期间，这个油田将进一步发展，同时着手开发柴达木盆地的新油田。油矿和兰州炼油厂结合起来，可以生产各种工业的血液，同时发展利用石油工业副产品的化学工业。

经过几年来的准备工作，刘家峡水电站坝址已选定，兰刘铁路也在积极筹建，第二个五年计划期间，大建设可以展开。甘肃走廊丰富的有色金属、化工原料，将在廉价水电的基础上，得到大规模的开发和利用。

作为西北铁路枢纽的兰州，将首先形成以石油、机器制造、化学、有色金属等工业为骨干的大工业基地，为今后进一步开发大西北、支援新疆工业建设建立一个近便的支点。

同样，在西南钢铁工业基础上，也可以建立区内工业建设所必需的机器制造工业，从而有可能更多地开发与利用区内丰富的有色金属、化工原料与森林资源。锡、铜、铅、锌等有色金属工业，基本化学工业，伐木与木材加工工业，都将在新的技术基础上发展起来，形成几个大的工业点，为今后全面开发西南、支援西藏建立近便的工业据点。

在华北内地，在第一个五年计划的基础上，将进一步发展煤矿工业、棉纺织工业，特别是大规模建设平顶山、峰峰、潞安、轩岗、义棠等炼焦煤基地，以适应包头钢铁企业生产上的需要。此外，三门峡大型水电站将是华北的重点建设工程，这个水电站所生产的大量廉价的电力，不仅将充分供应太原、西安、洛阳、郑州这些工业城市的需要，也将吸引一系列耗电多的工业在它周围地区发展起来，如化肥工业、有色金属冶炼工业、高质合金钢的冶炼业以及直接为这些工业服务的机器制造部门。以大型水电站为中心，将在三门峡周围地区形成又一个新的大工业基地。

新疆的石油工业、有色金属工业经过新中国成立后几年来的建设，已有一定基础；同时具有发展这两种工业的资源条件；兰新铁路不断向西伸延，使新疆可同时从我国东部工业基地和苏联取得大力的支援，因而在第二个五年计划期间，大建设是可以展开的。特别是克拉玛依—乌尔禾这个油田，面积大，储油多，开采方便，油的质量也好，是我国不可多得的好油田。虽然目前在交通运输、用水、建筑器材和生活必需品的供应上还有不少困难，但这些困难可以而且现在已经在克服。再经过一段时间的准备工作，在第二个五年计划期间，是可以着手大规模开发的。

至于西藏地区，由于交通运输还不太方便，资源情况不清，经济基础还很薄弱，也由于整个国家的建设力量还很不充分，所以在第二个五年计划期间，西藏还不能展开大规模的工业建设。但我们必须用足够的力量，开始修建通往西藏的铁路干线，加强地质勘探，稳步地发展农牧业和地方工业，积极培养民族干部，为以后大建设准备条件。

综上所述，可见我国第二个五年计划期间，虽然大规模的工业建设还没有在内地到处铺开，但建设的范围已比第一个五年计划要广泛得多，工业将大踏步向内地跃进。估计在第二个五年计划开始建设的工业企业全部完工后，我国工业的地区分布将发生根本的变化：我国各种重要的工业部门将有两个或两个以上的据点，不但在沿海地区有，在内地也有。沿海地区能生产的，内地也能生产。新的工业城市在内地将出现得更多，并各自联结成一个个的工业区，那时，内地的工业比重将开始超过沿海地区。

三

我们要坚持工业向内地跃进的方针，彻底改变过去工业偏集在东部沿海少数地区的畸形状态，是必要而且有可能的。但应该指出：在第二个五年计划期间，我们仍然要注意充分利用、合理发展沿海原有的工业基地，使沿海工业同内地新建的工业配合起来，这不仅是因为原有工业基地在第二个五年计划期间仍然是工业生产上的主力，要担负全国工业总产值的一半左右；还因为如果没有原有基地在机器设备、工业器材、人才干部以至建设资金等各方面的大力支援，内地新工业基地的建设是寸步难行的。如果只醉心于巨大的新建，而忽视了旧基地的作用，使许多现有的工业设备能力不能充分发挥，甚至闲置起来，而到内地去另搞一套相同的工业，这不仅是一种巨大的浪费，还影响整个工业的发展速度，也直接影响新基地的建设。

为了充分利用原有基地，必须合理发展这些基地，继续克服这些基地的先天缺陷，加强它们的优势开发，使它们的潜力得以充分发挥。但光利用而不加强，同样是错误的。经过几年来的实践，这一点是毋庸置疑的。问题在于原有基地的改造与加强不能盲目地进行。正如周恩来同志在报告中所指出的：改建只是"改建那些有必要也有可能改建的企业，而不是改建一切的原有企业：在工业企业已经比较多的城市，一般地应该少建新的企业；新建和改建的企业，必须注意到原料的来源、产品的销售、生产的技术和运输等条件，并且注意同其他地区的合理分工"。①

从这一点出发，东北工业基地仍然要继续加强建设，首先是继续进行鞍钢的建设以及其他尚未完成的企业。但与第一个五年计划期间比起来，东北新建改建的项目，在沿海地区中可相对地减少，同时应较多地到东北北部来进行。这是因为北部的黑龙江与吉林拥有很丰富的矿物、森林、水力资源和农业资源，但其利用程度还远不及南部的辽宁。为了更好地利用这些资源，满足南部大工业和全国其他地区的需要，并使工业不过分集中在南部，较多地加强北部的工业是有必要的。

华北、华东、华南沿海原有的工业城市，在第一个五年计划期间，由于最初几年国际局势还相当紧张，我们建设的经验又不足，对这些旧基地的作用估

① 周恩来：《关于发展国民经济的第二个五年计划的建议的报告》。

计不够，因而利用得不够充分，以致其潜力还没有充分发挥。根据目前的情况估计：上海 40 种主要工业品的设备利用率有 35 种在 80% 以下，其中有 16 种更在 40% 以下。天津 38 种主要工业品的设备利用率，在 40% 以下的有 15 种，60% 以下的有 17 种，70%~80% 的只有 6 种。① 虽然这两个工业城市生产离原料地较远，工业不成套，设备比较简陋陈旧，工艺落后，而且经营分散，在 1955 年以前，私人资本还占很大的比重，其条件不及东北区；但是这些城市，工业发展的历史久，各工厂间在历史上已形成比较广泛的协作关系，培养了一支可贵的技术力量，交通运输条件都很好。从 1955 年以后，私营工业已基本上完成公私合营。只要继续利用有利的条件，结合生产关系的改造，进行生产的改组，增加工业中关键性的设备，加强脆弱环节，适当提高机械化、半机械化的程度，在周围地区积极巩固原料、燃料与动力基地；这样，原有的轻工业可与内地适当分工，进一步发展起来，特别是中小型的机器制造业、冶金工业、化学等重工业也可适当发展，投资不多，时间不长，而可发挥很大的作用。第二个五年计划期间，这一点值得我们密切注意。

沿海有些地区，拥有某些特殊的资源，如山东的铁矾土和优质铁矿，华东区的磷、硫化铁、铜、萤石、明矾等，广东的油页岩和铁矿，华南还拥有发展造纸、制糖、罐头等工业所必需的农、林、水产资源，但这些资源利用的还不充分。第二个五年计划期间，在这些资源的基础上，适当地发展一些工业，如利用山东沂水的大铁矿及其周围 60~100 公里内的淄博和新汶的炼焦煤，省内的耐火材料、锰矿和萤石，建立钢铁工业，能够充分满足省内济南、青岛、淄博等地机器制造的需要，并可以一部分南下就近支援上海一带的工业。在华东，进一步开发境内的铁矿、铜矿，就可以扩大上海等地炼钢和机器制造业的原料来源，促进这些重要工业部门的发展。同时较多地开发磷矿、硫化铁矿，现有的化学工业也可加强。在华南，着手开发油页岩，建立人造石油工业弥补我国天然石油不足。这些都是有必要也有可能的。

在这些地区发展工业，动力供应是一个重要问题。但北方有煤，南方富有水力资源，建设中小型火力、水力发电站还是可以的。

这些建设，规模不要太大，同时要尽可能利用原有的基础，必要时可进行部分新建设，这样可以动员沿海地区的资源，促进沿海地区机器、冶金、化学等工业进一步的发展。

---

① 《计划经济》1956 年第 6 期，第 9 页。

综上所述，我国工业合理分布的总趋势，是逐步把工业重点移向内地，即向西跃进。其步骤则是不断加强东部沿海原有的工业基地，以此为出发点，把工业逐步向内蒙古、华中和华北内地推进。以此为支点，再向西北、西南、新疆地区推进，然后向西藏地区推进。把工业比较均衡地合理地分布在全国各地。

当然在解决这个问题时，也必须注意大型工业与中小型工业的紧密结合，使工业点的分布既不太集中又不太分散；既需要发挥中央各工业部门的积极性，动员全国的人力、物力和财力，保证大工业基地的建设，也必须发挥地方工业的积极性，因地制宜，利用各地区地方性的资源条件和其他条件，配合国营大工业的建设，就近满足当地经济发展的要求。

此外，有计划、有步骤地在全国范围内进行自然与经济情况的调查、研究，确定各地区专业化的方向与综合发展的途径，科学地划分经济区，为经济的综合发展准备必要的条件，也是我国合理布局工业必须解决的问题。因为经济区的综合发展与专业化相结合，建立有计划的劳动地域分工，更能促进国民经济的高涨和最充分、最有效地利用各个地区的资源。

载《新建设》1956年第 11 期

关于扬长避短的几个问题

扬长避短，就是要从实际出发，在国家计划的指导下，根据各地的特点条件，确定各地区经济建设的主攻方向，在人力、物力、财力的投放上，保证那些优势部门得到优先的发展。这种优势部门，一方面是全国国民经济体系中同类产品的重要生产基地，向国家大量提供高质量、低成本的产品，对全国做出贡献；另一方面是该地区经济发展的带头部门，带动地区经济的发展，逐步形成具有特色的合理的地区经济结构。要做到这一点，不仅需要选准各地区的优势部门，还要正确处理优势部门与其他部门的关系。重点发展优势部门，是发挥地区优势的关键。但重点发展不是孤立发展，优势部门要充分发挥其所长，更需要其他部门的协作配合。

一个地区经济综合体的组成要素，第一类是地区的优势部门，或者叫做地区专业化部门。这类部门因地而异，有的是钢铁工业，有的是能源工业，还有的可能是某种重要的经济作物及在此基础上形成的加工工业。但它们有一个共同点，即都是当地特殊有利条件的产物。与全国同类生产相比，它的投资较少，生产成本较低，劳动生产率较高，即总体经济效果较好。第二类是与优势部门直接协作配合的生产部门。这类部门因第一类部门的不同而不同。如以钢铁为重点的地区，有一套协作配合的部门，以能源为中心的地区，则有另一套协作配合的部门。这类部门中，有的也可能逐步发展成为新的优势部门。第三类是只具有区内意义的自给性部门，包括各种生产性和社会性的基础设施以及其他不具有区内意义的各种生产部门。衡量一个地区经济结构是否合理，首先要看该地区的优势部门选得准不准，优势部门在地区经济结构中的位置摆得恰当不恰当，其优势是否得到发挥；其次要看第二类生产部门与第一类生产部门的比例关系是否协调，第三类生产部门中的基础设施部分和第一、第二类生产部门的发展是否协调。如果以上几点做好了，就可以说，这个地区的经济结构基本上是合理的。

恩格斯曾在《反杜林论》中提出均衡分布的思想。他针对当时先进资本主义国家大工业过分集中于大城市所带来的种种弊病，提出"大工业在全国的尽可能平衡的分布，是消灭城市和乡村的分离的条件……"后来列宁提出了"普遍高涨"这一概念。斯大林在联共（布）十四大的政治报告中，针对当时苏联只集中力量发展具有全国意义的大型工业，而忽视发展地方中小型工业，因而不能满足 1.4 亿人民各种不同的口味和需求的缺陷，提出："为了能够满足这些需求，必须使每个区、每个专区、每个省、每个区域、每个民族共和国的生活，即工业生活沸腾起来。"如果不是这样，"我们就不能使我国的经济建设达到像列宁所说的普遍高涨"。斯大林这个提法总结了苏联的实践经验，继承和发挥了恩格斯、列宁的有关思想。其基本精神是，工业分布不能过分集中于少数大城市，而应当从满足全国人民不同的需要出发，把中央利益和地方利益结合起来，在建设中央大型工业的同时，地方也应注意发挥中小工业的作用。在这里，并没有脱离各地区的特点条件，把工业点平均铺开，而是使各地区按照一个模式，平行发展一切工业部门。但这些年来，我们有些同志却把均衡分布的思想错误地理解为各地区自成体系，自给自足，甚至理解为消灭各地区经济发展水平和经济结构的差异性，把这种差异性简单地和生产分布的不平衡画等号。这样当然就容易把发挥地区优势与生产的均衡分布绝对对立起来。如果我们正确理解均衡分布的含义，就可以看出它和扬长避短、发挥地区优势是相辅相成、相互促进的。我国幅员辽阔，各地区的自然、经济、技术条件千差万别。各个地区都各有其长处，也各有其短处，并不是经济发展水平高的地区就只有长处而无短处；也不是经济发展水平较低的地区就只有短处而无长处。因此在经济发展中，都有一个扬长避短的问题。你在这些方面"扬长"，在这些方面"沸腾起来"；他在那些方面"扬长"，在那些方面"沸腾起来"；我又在另一些方面"扬长"，在另一些方面"沸腾起来"。这样，从地区来说都"扬长"了，从全国来说，也就是各地区的经济生活都"沸腾起来"了。

不仅要扬长避短，更要扬长而能补短。各个地区都是有些产品有富余，需要调出，有些产品不足，需要从外地调进；还有些产品一时不能生产，需要全部由外地供给。只有优势部门的产品，能够按时、按量调出去，缺少的东西，能够按时、按量调进来，才能做到扬长补短。这里就涉及交通运输、管理体制、价格政策等问题。

运输是生产过程在流通领域的继续。方便的运输条件是各地区扬长避短而又能补短的重要前提，并在很大程度上制约着一个地区优势部门发展的速度和规模。如果地区内外的运输不便，流通不畅，进出物资周转缓慢，甚至大量积压，就会严重影响优势部门的发展，既难扬其长，又难补其短。

多年来，我们实行的管理体制是：财政上统收统支，物资上统购包销，价格上统一规定。生产资料的流通办法非常僵硬，产销不见面，地区之间的产品不能直接交换，互通有无。在这种体制下，地区优势部门的产品每年按计划大量调走了，利润按制度上缴了，但缺少的东西，往往不能按需要调进来。加上价格政策上的一些问题，有些地区优势部门的产品，价格偏低，调出以后，在价值形态上不能得到相应的补偿。结果是优势部门即使有所发展，但地方受益甚微，而困难却随之增多，如某些生产生活上的必需物资缺乏，供应紧张，人民生活困难，生产难以发展，地方财政拮据。

扬长而不能补短，迫使地方不惜工本、不计盈亏地去攻短，从而也就难以真正做到扬长避短，这是全国许多地区的生产建设经济效果差的一个重要原因。

载《人民日报》1980 年 9 月 5 日

论均衡分布

关于生产的均衡分布问题，现在有各种各样的议论。本文拟就几个问题，谈点不成熟的看法。

一

对均衡分布持否定态度的同志，往往涉及对均衡分布这个概念的理解问题，因此有必要先从均衡分布的含义和实质谈起。

均衡分布的思想，首先是恩格斯在《反杜林论》中提出的。他针对当时先进资本主义国家大工业过分集中于大城市所带来的种种弊病，提出"大工业在全国的尽可能的平衡的分布，是消灭城市和乡村的分离的条件"[①]；"十月"革命后，列宁提出了"普遍高涨"这一概念；后来，斯大林在联共（布）十四大的政治报告中，总结了苏联的实践经验，继承和发挥了恩格斯、列宁的有关思想，进一步提出，在苏联的经济建设中，"必须使每个区、每个专区、每个省、每个区域、每个民族共和国的生活，即工业生活沸腾起来"[②]。

我们体会，从"平衡分布"、"普遍高涨"到各个地区的工业生活都"沸腾起来"，其实质，从工业方面来说，都是要逐步改变工业偏集于少数城市的分布状况，把工业点在全国范围内适当铺开，使广大地区（包括乡村）长期停滞着的经济生活，也能转上现代化建设的轨道，保证各个地区之间按一定的比例关系向前发展，使各个地区的经济技术水平逐步趋向于接近，而不是相差悬殊。均衡（或平衡）分布的"均衡"（或"平衡"），和我们通常所说的收支平衡、商品供应量和社会购买力之间的平衡中的"平衡"，在含义上有所不同。后者有数量上相等的意思，而前者主要是协调的意思，不是在量上完全相等。

---

① 《马克思恩格斯选集》（第 3 卷），第 336 页。
② 《斯大林全集》（第 7 卷），第 261 页。

均衡分布，绝不意味着按土地面积的大小来平均分布生产力，它只是要求工业和其他现代化建设事业，有计划、有步骤地从先进地区向落后地区扩散，使落后地区也逐步进入先进的行列；也不意味着各地区的孤立发展，自给自足，消灭地域分工，断绝各地区之间的经济技术联系，而是要尽可能地把各地区的自然资源、劳动力资源、传统的技术专长，吸引到全国国民经济的周转中来，在更大的范围内建立起科学的合理的地域分工与区际联系；更不意味着各地区在同一时期内，按同一速度、规模，进行同样内容的生产建设，完全消灭各地区经济技术水平与经济结构上的差异性，而是要根据各个地区的条件特点，确定各地区经济的发展方向、速度和水平，分别建立起以不同的地区专业化部门为基础的水平不同、各具特色，而又能取得最大经济效果的地区经济结构。

但长期以来，我们有些同志，没有理解均衡分布的科学含义，却或多或少地对均衡分布做了片面的理解。特别是不恰当地把"均衡"、"平衡"理解为"平均"，理解为无差别，而又不区分差别的性质和内容，把各个地区经济发展的各种差异都当作是生产分布的不平衡。讲平衡分布就要搞"一刀切"、一个样，用一个模式来安排各地区的生产建设，这就背离了均衡分布的原意。

二

有些同志认为，均衡分布只是手段。这些年来，在工业布局上，为均衡分布而均衡分布，造成了极大的浪费，我们再也不能把均衡分布作为生产布局的原则了。

我们认为，均衡分布本身的确不是目的。离开了生产布局的目的，不讲经济效果，为均衡分布而均衡分布，当然是错误的。但由此而否定均衡分布，则是值得商榷的。任何一个正确的思想或原则，总是来源于实践，并反过来指导实践，为实践服务。均衡分布作为一种布局思想或原则，绝不是某些人的胡思乱想，正是针对客观存在的生产畸形分布所带来的弊病而提出来的。它既有科学的含义，也有明确的目的。在社会主义条件下，正确理解和贯彻这一原则，具有多方面的实际意义：①消除工业过分集中于少数城市所带来的种种弊病，使工业分布"最能适合于它自己的发展和其他生产要素的保持或发展"[①] 也就

---

① 《马克思恩格斯选集》第3卷，第335页。

是能够加快工业的发展速度，保护环境，合理利用各地区的自然资源和劳动力资源，促进各地区国民经济的普遍高涨。②有利于产供销在地区上的结合，节约原料、燃料、半成品、成品的运费支出，加快整个资金的周转，比较有效地满足各地区人民各种不同的口味和需求，发挥各地区在工业建设方面的潜力和建设的主动性。③可以促进工业同农业、城市和农村更好地结合，加快农业现代化的步伐，巩固国民经济的这个基础。④有利于消除各民族之间在历史上形成的事实上的不平等，加强民族团结。⑤有利于做到经济与国防兼顾。

我们还可以利用旧中国生产分布不平衡所造成的弊病，从反面来说明均衡分布生产的必要性。对于旧中国生产分布的不平衡性，毛泽东同志曾做过科学的概括，即"微弱的资本主义经济和严重的半封建经济同时存在，近代式的若干工商业都市和停滞着的广大农村同时存在，几百万产业工人和几万万旧制度统治下的农民和手工业工人同时存在……若干的铁路、航路、汽车路和普遍的独轮车路、只能用脚走的路和用脚还不好走的路同时存在"①。这种分布状况，在经济和国防方面都产生了严重的后果：首先，由于工业畸形集中在少数工商业都市，这就使生产和原料、燃料的消费区隔离开来，造成原料、燃料、成品的远距离运输和相向运输，延缓了财力和物力的周转，提高了生产成本，加重了消费者的负担，也就缩小了工业品的国内市场。其次，工业分布过分集中，使得广大地区丰富多样的资源得不到开发利用，经济发展长期停滞在落后的状态，既加深了国内各地区经济发展的不平衡性，又加深了对国外资源的依赖性。最后，工业集中于国家的边缘地带，国家的战略后方空虚，这在战略防御上也是不利的。抗日战争初期，沿海工业就首当其冲，大批工厂直接被敌人的炮火所摧毁，剩下的也多被敌人控制利用，即使国家的经济命脉濒于灭绝，又加强了敌人侵略的物质力量。

这种分布状况显然不适应社会主义建设的要求。"逐步地改变旧中国遗留下来的这种不合理状态，在全国各地区适当地分布工业的生产力，使工业接近原料、燃料的产区和消费地区，并使工业的分布适合于巩固国防的条件，逐步地提高落后地区的经济水平，这是有计划地发展我国国民经济的重要任务之一"②。

有些同志认为，平衡是相对的，不平衡是绝对的。讲均衡分布，就是"均衡论"，违反了不平衡的规律。

---

① 《毛泽东选集》（四卷本），第 172 页。
② 李富春：《关于发展国民经济的第一个五年计划的报告》。

的确，一切平衡只是相对的和暂时的。"个别的运动趋向于平衡，总的运动又破坏平衡"[①]。生产分布的发展变化也是如此。我们要承认不平衡，允许不平衡，但不能因此而否认平衡的必要性。恰恰相反，为了适应社会主义经济按比例发展的客观规律，我们必须掌握和运用不平衡的规律，针对不平衡的实际情况，采取正确的措施，不仅在国民经济各部门之间，同时也在各地区之间，经常地、自觉地保持一定时间、一定范围的相对平衡。不平衡就需要进行调整。出现了新的不平衡，就进行新的调整。这正是社会主义国家计划工作的任务，也是我们计划经济的优越性。这和"均衡论"根本不是一码事。我们承认不平衡，允许不平衡，正是为了逐步缩小不平衡，而绝不是放任自流，扩大不平衡。也绝不是让已很集中地区的工业进一步集中，而落后地区长期被排斥在现代化建设事业之外。周恩来同志在谈到我国各民族的发展不平衡，需要各民族互助合作，共同努力，以改变这种不平衡时，明确指出："我们不能设想，只有汉族地区工业高度发展，让西藏长期落后下去，让维吾尔自治区长期落后下去，让内蒙古牧区长期落后下去，这样就不是社会主义国家了。我们社会主义国家，是要让所有的兄弟民族地方、区域自治的地方，都现代化。全中国的现代化一定要全面地发展起来……我们不能使落后的地方永远落后下去，如果让落后的地方永远落后下去，这就是不平等，就是错误"[②]。周恩来同志这段话辩证地分析了平衡和不平衡的关系，既要承认先进地区和落后地区经济发展的不平衡，又要努力去改变这种不平衡。

有些同志认为，由于各地区自然、社会因素不同，不同地区的经济发展会形成某些差异性，也就是不平衡。这种现象，可以说古今中外概不例外。特别是为了扬长避短，发挥地区优势，提高经济效果，地区经济发展不平衡更是必然的。

这种看法是把差异性简单地同不平衡画等号，由此而把均衡分布同扬长避短绝对对立起来，这是不恰当的。

我国幅员辽阔，各个地区的自然、经济、技术条件、历史发展特点，的确是千差万别的。但也可以肯定，各个地区在经济发展上，总是各有所长，也各有所短，并不是经济发展水平较高的地区，只有长处而无短处；也不是经济发展水平较低的地区，只有短处而无长处。例如，上海有强大的工业基础，雄厚

[①] 恩格斯：《反杜林论》。
[②] 周恩来：《关于我国民族政策的几个问题》，《人民日报》1979 年 12 月 31 日。

的技术力量，有利的港口条件和方便的水陆运输等长处，同时也有土地面积很小、人口密度过高、基本资源缺乏、能源紧张等短处。青海是我国最落后的地区之一，工业少，运输不便，技术力量薄弱，又深处内陆，高寒干旱，耕地少，耕作条件差，这些都是短处。但这里草原辽阔（占全国草原总面积的 20%以上，比全省耕地面积多几十倍），发展畜牧业的潜力很大，水力资源、石油、天然气、盐、钾盐、硼、铜、铅、锌、锂等自然资源也很丰富，这是它的长处。根据扬长避短的原则，上海可以在精加工工业、电子工业、传统出口产品等方面"扬长"，在这些方面"沸腾起来"；青海则可以在水力发电、钾肥、盐化工、有色金属等方面"扬长"，在这些方面"沸腾起来"；推而广之，各地区都可以从实际出发，选择自己的优势部门，分别在不同方面"扬长"，在不同方面"沸腾起来"。这样，从地区来说，都"扬长"了，从全国来说，也就是各个地区的经济生活都"沸腾起来"了。各地区都在全国国民经济体系中占有一个恰当的地位，从不同方面对全国做出贡献，而不是像旧中国那样，少数地区的经济畸形发展，而多数地区却停滞不前。这就意味着生产分布在由不平衡趋向于相对平衡。如果正确理解均衡分布的含义，正确贯彻扬长避短的原则，二者正是相辅相成的。

有些同志认为，均衡分布好是好，那是遥远的事情，不能作为指导现实生产布局工作的原则。

我们认为，绝对的静止的平衡是没有的。生产分布的发展变化，是一个由不平衡到平衡，在新的条件下又出现新的不平衡，又在更高一级的程度上趋于平衡的长期过程，这个过程是不可分割的。生产分布的不平衡，不可能在某一天自发地变成平衡。我们的任务，是从实际出发，不断调整，争取相对的平衡，这是可以做到的。我国是社会主义国家，各个地区都是社会主义国家的组成部分。它们之间在经济发展上没有根本的利害冲突，都是服从于并服务于国家四个现代化这一总目标。尽管在发展过程中，长处较多的地区，经济发展可能快一些，步子迈得大一些，富裕的程度高一些，而长处较少的地区，可能差一些。但这种差别，根本不同于资本主义盲目竞争所造成的一些地区的兴起，建立在另一些地区停滞衰落的基础上。如果说，在资本主义条件下，要实现生产的均衡分布、普遍高涨，那是不可能的，但在社会主义条件下，却具有实现这一点的优越的社会制度。经过 30 年的建设，我们从旧中国继承下来的工业分布极不平衡的状况，不是已经有了一些重大的改变吗？

如果说，我们在这方面所取得的成就，与已消耗的人力、物力、财力相比，还是不能令人满意的。那就需要进一步探讨我们在解决生产分布不平衡这个问题上的方针、方法是否正确，而不是应不应当把均衡分布作为生产布局原则的问题，也不是均衡分布能不能实现的问题。

三

调整地区比例关系，解决生产分布不平衡问题，关键是正确处理先进地区与落后地区的关系问题。在这里，有不同的方针、方法。

一是平行发展，削尖拉平。不顾各地区的条件，不管各类企业工艺上、技术经济上的特点和发展要求，大搞"遍地开花，星罗棋布"。并按一个模式，强求各地区一律以钢为纲、以重工业为中心建立起完整的体系，自给自足。在人力、物力、财力的投放上，平均使用力量，使各地区、各部门齐头并进，一拥而上。

二是择优发展，哪个地区投资最少，见效最快，就先搞哪个。让优势较多的地区先发展起来，富裕起来。有力量了，再回过头来帮助落后地区，开发落后地区。

三是先进地区与落后地区兼顾，但有所侧重。如同"一五"时期处理沿海工业和内地工业的关系那样：一方面，合理发展沿海原有工业，使之成为全国工业化的出发点和工业向内地、向新区推进的前进阵地；另一方面，在沿海工业的支援下，有计划、有步骤、有重点地在内地开辟新的工业基地，适当地扩散工业。

实践证明，第一种方针、方法是错误的。正是在这个方针的指导下，"二五"期间（主要是前三年）全国施工的大中小型项目总数多达21.6万个，新铺的大中小摊子数以万计。20世纪60年代末70年代初，又来了一次大分散，到处搞"五小工业"，重复布点，重复建设。表面来看，工业点很快就铺开了，工业生产可以均衡分布了。但实际上，由于建设条件不具备，布点不合理，许多项目不得不中途下马。不少已花了大量投资的半拉子工程完全报废，许多设备、器材被破坏和丢失。在基建上花了大量无效投资，还要花大量的维护费用。勉强搞起来的，也大量亏损，靠财政补贴维持生产，最后不得不关停并转，铺开的点子巩固不下来。由于基建战线拉得太长，分散了力量，互相牵扯，谁也上不去。其结果是先进地区不能发挥其优势，落后地区也改变不了落后的面貌，整个国民经济的效果也大大降低。

第二种方针、方法，突出了重点，克服了齐头并进的缺陷，有利于发挥先进地区的优势，提高经济效果，加快经济发展速度。但也有值得研究的问题。

当前，我国先进地区和落后地区富裕程度的差别已很明显。1979 年各省、市、自治区人均工农业产值、工业产值分组情况如表 1 所示。

表 1　1979 年各省、市、自治区人均工农业产值、工业产值分组情况

单位：万元

		人均工农业产值	人均工业产值			人均工农业产值	人均工业产值
全国平均		635.99	472.82	Ⅲ 第三类地区	上述七省市以外	466.65	310.57
Ⅰ 第一类地区	沪、京、津、辽	2425.13	2255.57		其中：蒙新藏	430.99	266.82
	其中：沪	5421.20	5214.05		川贵云	357.71	224.55
Ⅱ 第二类地区	苏、黑、吉	851.25	641.32	Ⅰ 为Ⅱ 的倍数		2.85	3.52
	其中：苏	892.31	655.31	Ⅰ 为Ⅲ 的倍数		5.20	7.26
				上海为蒙新藏的倍数		12.58	19.54
				上海为川贵云的倍数		15.41	23.22

贫富总是相对而言的。从现在各类地区的已有差别来看，沪京津辽等先进地区和蒙新藏、川贵云比起来，是不是算已经富裕起来了呢？如果不算，那么要到什么样的水平才算呢？

早在"一五"时期，沿海地区已开始大力支援内地落后地区的工业建设。经过这些年的建设，沿海地区的工业实力已大大加强了，难道现在反而无力支持吗？还要等到什么时候再回过头来支援落后地区呢？

我们认为，"一五"时期处理沿海工业和内地工业关系的方针和相应的部署，用来处理我国先进地区和落后地区的关系，基本上还是适用的。那时国民经济总投资的地区分配是，沿海地区占 41.8%，内地占 47.8%（沿海加内地不等于 100%，是因为有一部分投资未分地区）。在这个投资比例下，沿海与内地工业建设的经济效果都比较好。一方面，沿海老基地得到改造和加强，发挥了它在经济技术上的优势，为内地新基地的建设提供了大量的重要设备、原材料、资金、技术管理干部、多种设计图纸以及建设和管理现代工业的实践经验；另一方面，在沿海工业多方面的支援下，内地也较快地建成了一批大中型工业基地。五年中，全民所有制工业固定资产原值全国平均年均增长 15.8%，其中沿海地区为 12.2%，内地为 23.4%；全国工业产值年均增长 18%，其中沿海地区为 17%，内地为 20.4%，发展速度都比较快；内地工业产值占全国的比重，由 1952 年的 29.2% 稳步上升到 1957 年的 32.1%，工业偏集于沿海少数城市的分布状况，有了比较明显的改变。无论沿海工业或内地工业，基建和生产的主要经济指标也都比较好。可见，在工业建设的布局上，先进地区和落后地区兼顾，在投资比重上，适当照顾落后地区，只要各方面安排得当，是可以做到既改善生产分布，又取得较好的经济效果的。

目前我国大工业的分布还很集中，辽宁中部、京津地区、沪杭宁地区尤为突出。尽管这些先进地区具有工业建设的许多有利条件，在一定时期内，搞生产、搞建设，可以做到花钱少、见效快、收效大。但存在的问题也很多，如工业城市密集（辽中地区在半径40多公里的范围内就形成了沈阳、抚顺、鞍山、本溪、辽阳五大城市，集中了全省一半以上的工业和城市人口），能源、水源不足，运力紧张，副食品供应困难，环境污染严重，生产上、生活上的欠账多。这类地区的战略发展方向，应当是逐步调整工业结构和产品结构，在加工的深度、精度和扩大出口方面做文章；加强现有企业的技术改造，进行技术装备的更新；抓紧城市建设和环境的治理，对市内工业企业进行革、改、移、并，先还清欠账，做到能正常地、科学地、文明地生产，进一步发挥基地的作用。如果再大量增加工业项目，"面多加水，水多加面"，越滚越大，不仅不利于大工业的均衡分布，而且现有的一系列矛盾也将进一步激化，经济效果就不一定好了。从长远来说，从战略布局来考虑，工业有计划、有步骤地向小城镇和有资源优势的落后地区扩散，这是我国长期计划中应该重视的一个问题。对落后地区已形成的经济基础，应采取有效措施，加以利用，发挥其潜力。对在建项目应分类排队，该下的要坚决下，该上的应重点保上去。我国经济发展水平较低的地区也各有其优势。从大范围来看，我国以煤、水力为主的能源资源，主要分布在经济发展水平较低的地区。这些资源的分布，又往往和多种有色金属、稀有金属、化工资源结合在一起，能源开发和大耗能工业的发展条件比沿海先进地区有利得多。这些地区，农业资源也较丰富，宜农荒地、宜林荒山荒地较多，特别是草原辽阔，农业特别是畜牧业、林业及以农牧产品为原料的轻纺工业，也具有较大的发展潜力。如果有计划、有步骤地开发利用这些地区的资源，发挥其资源优势，不仅有利于促进全国生产力的均衡分布，经济效果也是可以提高的。这就需要国家和先进地区继续给予支持，而不能只看到落后地区的短处，就当作包袱，丢下不管。

当然，对落后地区的支援，加快落后地区的经济发展，不仅仅需要国家在投资上予以照顾，还可以采取其他措施。如先进地区到落后地区建立联合经营的跨省公司，先进地区出资金、出设备、出技术，帮助落后地区开发利用当地的资源，后者则以产品进行补偿；先进地区为落后地区培训技术人员，或派专家、技术人员到落后地区开展科学技术和资料、情报的交流活动，帮助落后地区、落后企业进行技术改造，提高建设和管理现代化企业的水平。这些做法，国家不需要大量投资，对落后地区、先进地区都有好处。不需要经过许多中间环节，双方直接互通有无，取长补短。这是发挥先进地区经济技术优势，帮助落后地区提高经济水平的一个多、快、好、省的新途径。有些省市已经这样做了，并取得了较好的效果。

　　我们的结论是：充分发挥社会主义制度的优越性，坚持从实际出发，正确运用不平衡的规律，方法正确，步骤稳妥，逐步使全国各个地区的经济生活"沸腾起来"，使我国生产力的分布不断趋向于相对的平衡。这是必要的，也是可能的。

载《晋阳学刊》1981 年第 2 期

企业布置集中与分散的关系

如何处理企业布置集中与分散的关系，是工业布局中一个带有方针性、原则性的问题。

旧中国工业企业的布置是畸形集中的。但由于当时整个工业发展水平很低，即使工业企业集中的少数省市，工业实力也很有限，而且还存在许多先天缺陷。如果不进行较大规模的建设，它们也不可能担负起社会主义工业化基地的任务。至于广大内地，更没有形成一个可以依托的、合乎社会主义工业基地的工业点。为了集中力量比较快地建设起一批大工业基地，通过它们以点带面，带动周围广大地区经济的发展，也就是为了奠定全国工业合理布局的骨架，在建设初期，我们不得不在全国范围内选择一批工业建设条件较好的省市，作为全国工业建设的重点，适当集中地布置一批大中型骨干项目。

"一五"时期的"156"项重大建设项目，就比较集中地布置在辽、吉、冀、晋、豫、鄂、陕、甘、川的若干大中城市，经济效果较好。一批老基地得到了加强，一批新基地较快地形成。

经过一定时期的建设，当一些重工业已集中到一定程度以后，随着全国铁路网的延伸，新矿产资源的不断发现，电网的数量和规模不断增加和扩大，全国有条件建设工业的点比较多时，企业的布置就应适当分散一些。问题是这种分散，怎样才算是适当的，又怎样做到适当分散？我国30年实践说明，企业布置的适当分散，具体来说是：

第一，现有大中工业城市，特别是人口在100万人以上的特大城市，除特殊情况外，一般不要再新建大中型骨干项目，特别是占地面积很大或占用工人很多的企业。如果需要协调生产，以充分发挥现有企业的潜力更好地支援全国，一般也只是进行一些填平补齐的扩建或一定的改建。现有企业中，有的条件不好，和其他现有企业的联系不多而迁移又比较容易的，还可适当搬到其他地方去。

第二，新建企业，应优先摆在有建设条件而原来没有什么工业的中小城镇、矿产地。

第三，新开辟的工业点，一般不要摆过多的大中型企业，特别是大而全的企业。一个点上，摆上少数骨干厂作为总厂或核心厂，然后建成若干协作配合厂，分别着重生产少数产品，和总厂或核心厂协作配套。如以大型钢铁联合企业为主的工业城市，相应地布置热电站、氮肥厂、水泥厂、重机厂和某些必须的轻工业是可以的，但不要再摆协作厂的协作厂，如染料厂、塑料厂、仪表厂等，因为企业之间直接、间接的协作面很广，如果要一个套一个，那就总套不完，套下去势必使一个点上的工业企业过分集中。

第四，工业点和工业点之间，一般要保持较大的距离，彼此之间通过铁路或大型水运干线连成一气形成一条一条的线状工业点，而不是形成范围很大的工业城市集团。

适当分散，在全国范围内把工业点铺得广一点，这有利于农村和落后地区的工业发展，易于做到生产接近原料地、消费地，促进产供销以及工业和农业在地区上的结合，也有利于战时的掩护和转移。

要做到适当分散，不能从主观愿望出发，而需要：

第一，创造条件，有步骤地进行，不能搞"遍地开花，星罗棋布"。企业分散范围的大小，工业点铺的多少，要在一定时期内全国人力、物力、财力的综合平衡下，进一步做好地区平衡，即地区内资源、产销、工业与农业、重工业与轻工业、交通运输、城市建设、消费品供应以及组织新的协作等方面的综合平衡，注意同各方面的衔接。

第二，因企业制宜。不同企业有不同的特点和发展要求，其分散的可能性和程度要具体分析，区别对待。有些企业在全国范围内比较广泛的布点是有利的，有的则不宜广泛布点。

适当分散，还需要有适当集中。即具体到一个城市或一个工业区，计划建设若干个企业时，企业的布置又应有一定程度的集中，把一些协作关系密切的企业分布在相距不远的地点，防止工厂区在郊区四面开花。这样便于按区域建立专业化的协作厂和车间。建立区域性的热电站、锅炉房、氧气站等公用设施，从而节约建筑面积、机器设备，减少生产管理人员；缩短各有关企业之间的运距，便于进行生产协作，并建立技术上的互助关系；还可避免城市架子撑得过大，过多地占用郊区耕地。

30 年来，我国在解决这个问题上是有成效的。这表现在各主要工业部门的生产基点，在各大区适当铺开，各大区的工业都在全国工业总体系中占有一定地位（见表1）。

表1　各大区工业产值在全国所占比重的变化

单位：%

地区＼年份	1952	1957	1965	1978
华东	40.7	36.3	36.2	36.33
东北	22.5	23.5	21.4	17.76
华北	14.1	15.1	16.5	16.21
中南	13.3	14.3	14.3	17.00
西南	6.6	8.4	6.7	7.35
西北	2.8	3.4	4.7	5.35

　　表1说明，从总体工业水平看，各大区还有不小的差距。按产值计算，华东最多，东北、中南、华北基本接近，西南、西北最少。但从发展趋势看，有两个重要的特点；一是在工业普遍发展的同时，落后地区的发展速度快于先进地区；在工业绝对产值普遍增加的同时，原来工业水平较低的各地区，工业产值在全国的比重有所上升。二是尽管各大区工业水平还有较大差距，但每个大区的工业实力较新中国成立初期均有很大的加强。按1970年不变价计算，1949年全国工业产值只有100多亿元，现在，即使是最落后的西北区，它的工业产值也大大超过了1949年全国工业总产值。全国有15个省市的工业产值都超过了1949年全国的工业总产值。其中仅上海市的工业产值就等于1949年全国总产值的5倍多。全国各省（区）工业实力的普遍加强，工业生产在全国范围内适当铺开，这是我国工业分布的另一个重大改进。

　　但在这个过程中，我们也走过弯路。

　　"二五"的前三年，片面强调把工业扩散到中小城镇和广大农村，理由是缩小三大差别。既未考虑全国人力、物力、财力的可能性和地区工业建设的必要条件，又未考虑企业的特点和布局上的要求，一下分散开来。从钢铁开始，到其他各行业，都到处布点，遍地开花。1958~1962年，全国施工的大中小型项目总数高达20多万个，新铺的大中小摊子数以万计。表面来看，工业分散开了，分布适当均衡了，但实际上由于任务技术条件不具备，大批开工的项目不得不中途停建缓建；停建缓建项目，还得花大量的维护费用，而且维护不好，设备、器材损坏丢失严重，不少花费了许多投资的半拉子工程完全报废；勉强搞起来的，不但不能创造财富，还要吃财政补贴，最后不得不关停并转，收缩工业点，这方面的浪费是惊人的。

　　20世纪60年代后期和70年代初，只讲需要，不讲经济效果，广泛发展

"五小工业"，又来了一个大分散，效果也不好。特别是在三线建设上，片面强调国防原则，大搞所谓"山、散、洞"，把一些骨干项目硬摆在交通不便、人烟稀少的大山沟里，靠山还要进洞，进洞还要深。同一个大企业在工艺上本来有密切联系的许多车间，又人为地拆开来，分散布置在相距很远的地点。理由是：这在防空上有利。但这样做的后果是，运费和后勤供应很困难，土石方工程量很大，基建投资多，建设工期长，长期形不成综合生产能力。建成投产后，生产指挥和厂内协作极不方便，长期处于被动。

这次大分散的后果还没有消除，1977年以来，又出现了第三次大分散的苗头：到处搞小型轻纺工厂。不问原料、燃料、动力是否有保证，技术、管理水平能否跟得上，产品是否适销对路，你搞我也搞。争原料，争动力，老厂、大厂吃不饱，新厂、小厂到处跑。较好的设备开工不足，而落后的设备吃好料，生产质次价高的产品。企业布置的这样大分散，是根本违反社会主义工业布局的要求的，造成工业布局上的混乱，大大降低了国民经济效果。

值得注意的是，在小工业过分分散的同时，大工业又高度集中。一些大城市、特大城市工业已很集中了，新建项目还要往这些城市挤，就是不愿意向中小城镇分散，从而造成大城市数目越来越多，城市规模越来越大。当前全国38个50万人口以上的大城市，集中了全国工业总产值的65%，其中辽南五大城市，冀东京、津两大城市，沪宁线上的六大城市，这沿海13大城市，集中了全国工业总产值的32%，在沿海这三块狭小的地区内，大中工业城市几乎连成一片。

有一种观点认为，在大城市扩建厂，由于可以利用现成的公用设施、运输条件，节省基建投资，对生产也有利，这种看法是片面的。

第一，在大城市建厂，就单个企业讲，投资可能省一些。但从全市来讲，多建一个大型企业，就要多占用一定数量的城建费用。根据北京市有关单位计算，现在每增加一个城市人口，平均需要增加住宅及其他设施的建筑面积计12平方米。由于市区密度和建筑密度已很高，光是要腾出1平方米的建筑用地，平均就要花费300~400元，比房子本身的造价要贵得多。如果是在郊区征用土地，代价更高，平均每亩地要花几千元到上万元，还有其他附带条件。这些钱国家不花不行，花少了也不行。现在北京市的市政公用设施基础在全国来说是比较好的，也比较齐全，但仅仅是为了填补市政公用事业的缺口，在今后几年内，平均每人就要花费150元。如果新建一个5万人口的小城市，市政公用设施的全部投资，每人平均也不过150元。企业少花了，国家多花了，统算起来不是省而是费。

第二，大城市搞工业生产有其有利的因素，但工业集中程度高，城市规模过大，也给生产带来许多矛盾，给国家增加许多负担。如供水不足、住房紧张、交通拥挤、供应困难、环境污染等。以北京市为例，1949~1978 年，全市累计新建房屋面积约等于原有房屋面积的 3.5 倍，但还有几十万户人均住房面积在 2.5 平方米以下。30 年来，北京市划进几个县，郊区农业有了很大发展，但除蔬菜外，粮食消费量的 70% 以上，公用油的 80% 以上，猪肉的 60% 以上，蛋品、水产的 90% 以上，都要靠外地调进。每年仅从外地调进的主副食及生活用品，平均每天能装 200 个车皮。每天的粪便、垃圾，需要用 430 辆大卡车来清理。北京市修了两大水库，向城市供水，还得大量开采地下水。近年来每年地下水采用量超过补给量的 30%。1955 年以来，地下水位平均每年下降 0.5米，有的地区达 1.3 米，就这样用水还不够。北京市 23 条河中，已有 16 条的污染物质含量超过国家规定的标准，环境质量显著恶化。

第三，工业不断向大城市集中，市区不断扩大（与新中国成立初期相比，北京扩大了 1.67 倍，南京扩大了 1.73 倍，广州扩大了近 3 倍，武汉扩大了 3.7倍，兰州更扩大了 8 倍），占用郊区大量的高产地和菜田，郊区耕地面积急剧减少，北方一些城市的郊区，过去一般人均耕地 2~3 亩，现在减少到 1 亩以下，北京近 30 年来，郊区耕地面积减少了 1/3，有些社、队人均耕地只有 2~3分。农业劳动生产率、土地生产率都低的情况，对农业的发展是很不利的，而且增加了工农之间、城乡之间的矛盾。

在企业布置上，还有一个对沿海布厂的看法问题。一个时期以来，有些同志看到日本搞沿海布厂、企业向沿海集中，取得了较好的经济效益，认为我国也可以走这条道路，更多地在沿海布厂。

怎样看待沿海布厂？我国的工业布局是否适合这样高度地向沿海集中？

沿海建厂，是第二次世界大战后一些国家在大型钢铁厂布局上的一个新动向。荷兰、法国、希腊、土耳其纷纷在北部海湾或地中海沿岸建厂，西德甚至从内地搬迁一些钢铁厂到北海沿岸、莱茵河口，日本更突出，第二次世界大战后新建大厂几乎全靠海，目前沿海厂的钢产量已占全国总产量的 80% 以上。在太平洋长达 1000 公里的狭长地带内，就集中了 13 个 500 万吨以上的大型钢铁基地。

这种布局形式在这些国家的发展，主要是因为它们国内资源不足，需要大量进口。日本钢铁工业所需铁矿石的 99%、炼焦煤的 88% 以上是靠海外进口，平均运距 6000 海里。这些年来，欧洲有些国家，由于铁矿贫化，焦煤奇缺，也要远从国外进口资源。原料运距的延长，运费加大，势必增加钢铁成本，削弱在国外市场的竞争能力，这是钢铁工业发展的一个不利因素。为了弥补这个缺陷，这些国家纷纷改变过去把钢铁厂设在国内原料地的做法，选择工业用水、交通、港湾等条件都较好，而又接近钢铁主要消费区的沿海，建设钢铁厂。日本还由于国土小、工业扩张、土地利用竞争激烈、地价高、购置地皮投资大，也迫使资本家宁可围海造地建厂。同时修建大型专用的燃料、原料码头和成品码头，充分利用海运，使进口的煤、铁矿石和出口的成品，不经陆路而由海上运输，码头与工厂之间用皮带运输。由于海上运费只相当于铁路运费的1/10，这就节省了可观的运费。再使用大型专用、兼用船（20万~30万吨级），进一步使运费降低。日本采用这种办法，使铁矿石每吨的运费由1962年的5.7美元下降到1971年的3.5美元。这就在相当程度上抵消了长距离进口资源所带来的消极影响，却又得到了高质量的原料，这对我们有可借鉴之处。但我们能否照搬日本的这一经验呢？

对日本的这一经验，要一分为二地进行分析。日本大搞沿海布厂，企业向沿海集中，从它的具体条件来说，从资本家利润就是一切的观点来看，无疑是有其成功的一面的。但时至今日，也暴露出许多问题。日本的有识之士认为，工业过分集中于沿海少数地区，在战略上是一个严重的缺陷，经不起任何核打击。加上经济上的问题，日本官方也强调要调整工业布局，把工业企业向不发达地区分散。我国同日本的社会制度不同，我国是社会主义国家，搞社会主义的工业布局，不能不考虑得更全面一些，不能也不应重复资本主义国家走过的弯路。

我国现在的沿海地带，工矿城市已很集中，铁路、港口的压力很大，农副产品的供给一直很紧张，工业用地、用水、能源均感不足，环境污染已相当严重。如果继续在沿海地带大搞重化工，矛盾将更加尖锐。我国有些具体情况也和日本不同。钢铁工业和其重化工，原料、燃料主要是立足于国内，产品在相当长的一个时期内，还只能以满足国内需要为主。与此相联系的是原料、燃料成品的运输也还是以陆路为主。即便单从运输的角度来考虑，钢铁企业过分集中在沿海也是不利的。

针对当前我国小工业过于分散、大工业高度集中的矛盾局面，今后我们还必须坚持"适当分散和适当集中相结合"的方针来进行调整：对于过分分散的小企业，应按专业化协作的原则进行改组，调整布点，适当集中；同时严格控制大城市的发展，多搞小城镇，使大工业逐步向小城镇和有条件的地区扩散。

载《技术经济与管理研究》1981年第2期

经济区划、区域规划的若干问题

随着四化建设的发展、国土工作的展开，经济区划、区域规划已被提到议事日程。目前正在和准备进行试点的，有上海经济区、以山西为中心的能源重化工地区、东北经济区、珠江三角洲经济区、京津经济区等。但关于经济区划、区域规划的某些基本问题，在认识上还有分歧。本文拟就其中四个问题谈些看法。

一、经济区域的地理界限

经济区域要不要有明确的地理界限？有种观点认为，经济区域不需要分疆划界，可以互相交错。理由是：划定区域界限，容易导致画地为牢，形成地区分割，不利于按经济规律发展区域的经济技术联系；经济区是一个动态的历史的范畴，它不断发展变化，划界也没有必要。我们认为，这种看法值得商榷。第一，不管什么性质、什么类型的区域，既然是区划，就需要有一定的地理界限，不然就不能称其为区划，也就不能有计划地组织实现经济区划、区域规划的任务。第二，经济区域应当是一个开放系统，但这种开放系统，并不否定区域界限的划分。同样，划定区域界限，并不等于画地为牢。多年来存在各地区画地为牢的弊病，是根源于小生产习惯势力和管理体制上的缺陷，而不是根源于一定的区域界限。第三，任何经济区的发展，都有其阶段性。随着生产的发展和生产发展条件的变化，经济区域结构、特点及其在全国地域分工中的地位会随之发生变化。因此经济区划不是一成不变的，而应根据情况的变化进行相应的调整。但这种演变，在正常情况下，都有一个量的积累过程，量变到一定程度才会发生质的飞跃。因此经济区域又总有其相对的稳定性，区域界限也就有相应的稳定性。经济区域地理界限到一定阶段需要调整，但不能因此而否定地理界限的划分。事实上，上述正在进行试点的各类型经济区，都有确定的规划范围和明确的地理界限。问题在于如何确定经济区域的地理界限。这正是经济区划需要研究解决的问题之一。从理论上讲，经济区域地理界限的确定，应综合考虑以下几点：一是包括在一个经济区内的各个部分，在经济上和发展方向上具有近似的特点，而从全经济区看与其他经济区又有明显的区域差异；二是这种由若干地域单元组合而成的大的经济地域单元，要具有能够逐步形成全国意义的地区专门化和经济综合发展的基本条件与潜力；三是具有经济发展水平较高、规模不等的经济中心和比较发达的地区，能够组织、带动整个经济区的活动；四是原则上不打乱县市级行政区划的界限（如果是一级经济区原则上不打乱省市区的界限），当与现行行政区划有矛盾时，可适当调整行政区划；五是各经济区之间不能交叉、重叠，即不能有些地域单元既属于这个经济区，同时又属于另一个同级的经济区。经济区内的各部分应在地理上连成一片，一般不宜出现"飞地"。这样划定的经济区域，显然同自然经济区域有质的差别：第一，这种经济区划服从于全国的地域分工，各经济区都有自己的地域专门化部门，经济区之间必然要进行专门化产品的交换，在经济技术上进行互补；第二，经济区的综合发展，是在地区专门化和保持、发展自己的特点与优势的基础上的综合发展，它不是平行地发展一切部门，生产一切产品，搞自给自足，而是区内地区专门化部门、直接协作配合部门和某些自给性部门之间的协调发展，防止地区经济的结构性失调，或过多、过远地进行区际之间的协作；第三，经济区划不仅描绘出区内各组成部分之间，同时也描绘出各经济区之间分工协作的发展趋势。经济区划的这种性质本身，就同画地为牢是对立的。

二、经济区划、区域规划的目的任务

经济区划、区域规划的目的任务，概括来说，是根据区域规划范围内的具体条件、特点和地域分工的客观要求，在全国统一计划的指导下，明确经济区及区内各地域单元发展的战略方针，协调区内各组成部分的经济活动，发挥全区的共同优势及区内各部分各自的优势，促进区域经济综合体的形成、发展。通过经济区划、区域规划，一方面，对内组织跨地区、跨部门的联合，逐步形成一些统一的经济实体，进而实现全经济区经济的一体化；另一方面，对外实行区际之间合理的地域分工和协作，克服原有体制下造成的壁垒森严、流通阻塞、各自为政、重复布点、重复建设、重复生产的弊端，解放生产力。从这个意义上说，经济区划、区域规划是对原有管理体制的一个重大突破，把经济管理建制中的部门原则和地区原则统一起来，走出一条解决条块矛盾的新路子，这是经济区划、区域规划的主要目的之一。但这不是经济区划、区域规划的全部任务。经济区划、区域规划既要从实际出发，解决经济区经济发展中现实存在的主要矛盾，又要面向未来，通过区域规划的制定、实施，引导区域经济沿着社会主义方向向前发展，使经济区逐步"成熟"起来，也使各经济区之间的分工协作更加合理化。经济区是一个以大中城市为中心、以全国意义的地区专门化部门为主导的地域生产综合体。经济区的形成发展，是一个由低级向高级循序发展的自然的经济过程。经济区划不是等到各经济区都发展到成熟阶段，然后再划分。在社会主义条件下，有可能也有必要根据经济区发展的客观规律，通过科学的区划，确定区域经济发展的总蓝图，制定经济区的发展战略，安排好区内各项生产建设的综合布局，使新建、改扩建的重大项目与治理工程，相应的基础结构措施、辅助设施，原有城市的改造，新城镇的建设，都能在总蓝图的指引下分期、分批实施，从而达到协调发展，充实完善各个地域生产综合体。这是经济区划、区域规划另一方面的重要任务。

为了适应我国立足沿海，循序西移这一战略布局的要求，不仅需要对沿海发达地区进行经济区划、区域规划，取得更好的经济效益，使这些经济区更加成熟，也迫切需要在中西部不发达地区和欠发达地区，开展经济区划和战略区的区域规划。"三五"以来的十多年中，我国三线建设成就不够理想的主要原因之一，就是由于在广阔的三线地区，既没有区域性的总体规划，也没有城市规划作依据，各项建设布局缺乏全局观点，各自为政，带有很大的盲目性。为了防止这种失误的重演，必须把经济区划、区域规划作为区域开发的基础工作来抓。

根据经济区划上述两方面的目的、任务，单有发达地区的经济区划、区域规划是不够的，需要有一个包括全部国土、多层次的经济区划体系。

三、经济区域与经济中心及行政区划的关系

经济中心是经济区形成的基本条件之一，也是经济区的核心部分。经济区域成熟的程度，在很大程度上取决于区内经济中心的状况。经济中心可以是单个的中心城市，也可以是一个城市群落。因此划分经济区同发挥中心城市的作用是有机地联系在一起的，把发挥中心城市的作用与经济区划对立起来是不正确的。经济区和经济中心的经济职能不同，也不能相互取代。经济区的主要经济职能是在统一计划指导之下，从经济区的总体着眼，组织全区范围内的整个

经济活动，包括协调区内各级、各类城市之间的关系，国家通过经济区划，协调全国各经济区之间的经济活动。这种经济职能是中心城市或经济中心所不能代替的。特别是在我们这样一个国土辽阔，城市化水平低，中心城市的地理分布又很不平衡的国家，更不宜把全国 200 多个城市作为安排全国地区生产布局的基本地域单元。

组织地区经济应当按经济区划，采用经济手段，以经济效益为中心，但行政区划和行政干预也不能被完全否定。问题是行政干预必须遵循经济规律，正确运用经济杠杆，辅之以必要的立法措施；同时要适应经济发展的要求，改革不利于经济发展的行政体制，调整与经济发展不相适应的行政区划。行政区划的职能同经济区划的职能并不是水火不相容的。相反，这两种区划如能分工明确，都按经济规律办事，更有利于经济区担负起组织区域经济的职能。如果说，有些地方政府包揽企业产供销等日常经营活动，采用行政命令，人为地造成地区封锁，阻碍地区经济的发展，限制中心城市的作用，那主要是执行行政区划职能的人违反了经济规律，而不是行政区划的必然产物。把行政区划同经济区划对立起来的观点是不妥当的。当社会发展还没有达到国家消亡，还必须有行政区划的情况下，组织地区经济的活动，要完全绕开行政区划，排斥行政干预也是不现实的。事实上，我国一些地区试行的市管县，就是一种经济行政区，它把行政区划与经济区划、行政职能与经济职能有机统一起来，从发展趋势看，它可能成为全国经济区划体系的一个组成部分，构成经济区内的基层经济区。

四、经济带和一级综合经济区的划分

我们国家要不要划分经济带和一级综合经济区？有些同志认为没有必要，搞好行业规划、城市经济区就够了，或者说经济带和一级综合经济区划很复杂，没有力量搞，摆不上议事日程。我们认为应当搞，而且应尽快开始。行业规划本质上还是部门规划，只是比部门规划分得更细一些。各行各业的规划，最终都要落脚到特定地区，并在特定地区进行组合。地区组合得好，井然有序，相互协调，行业规划才能顺利实现，并取得较好的综合效益；组合得不好，各自争夺最佳区位，互相牵扯，行业规划也落实不了，或综合效益不佳。也就是说行业规划还需要在地域上进行综合平衡，按区域进行综合布局，这个任务单有行业规划是完不成的。城市经济区是区划的一种形式，我国现在试点的城市经济区范围有限，如果普遍搞起来，全国将分为好几十个或上百个城市经济区，数目太多，不宜组织区际之间的分工协作，协调区际之间的经济关系，不利于国民经济的计划管理和综合平衡。搞得不好，地区分割的毛病将更加严重。因此城市经济区不宜作为安排地区比例或地区生产布局的基本地域单元。行业规划、城市经济区划都可以搞，但不能取代经济带和一级综合经济区的职能。当然，经济带和一级综合经济区的划分是很复杂的，但不是不能搞，至少从现在开始，可以做些必要的准备工作，包括进行一些理论探讨，如区划的目的、任务、原则、依据、方法，国外有关的理论与实践的对比研究，也包括动员组织各部门、各地区和社会力量，进行调查研究，收集整理区划所必需的第一手资料。一方面掌握理论方法，另一方面掌握实际材料，在这个基础上，至少画出一个粗线条的经济带和一级综合经济区是不困难的。

发展到现在，我国至少已形成比较明显的三大经济带。尽管具体的区划范围还有待进一步研究，但轮廓还是客观存在的。根据各地带现有的生产发展水平、基本条件和潜力及今后发展的趋势等方面的差异性及各地带内部在这些方面的近似性，我们可以勾画出三大经济带的轮廓及其发展方向：

（1）沿海发达地带，包括除广西以外直接靠海的 10 个省市；

（2）边疆待开发地带，包括蒙、新、青、藏、云、贵、桂 7 个省区；

（3）中部内陆地带，包括位于上述两大经济带之间的其余省区。

沿海地带工业已高度集中，城市密集，拥有经济技术上的明显优势，但其北部水源、能源、矿产均不足，南部能源、矿产资源贫乏，传统工业一般不宜再继续膨胀，不宜在传统工业结构上兜圈子，"面多加水，水多加面"，而应重点发展技术密集工业，在全国地域分工中担负起双重任务：一是在迎接新技术革命的挑战中，先行一步，在最新技术的引进、吸收、消化、转移方面，发挥基地作用；二是在全国"立足沿海，循序西移"的战略布局中，担负起第一级前进阵地的作用；边疆待开发地带，空间广阔，资源丰富，但经济基础差，交通不便，人口稀少，特别是技术力量缺乏，有巨大的开拓潜力，但近期不宜作为全国经济开拓的重点，在近期主要是打基础，做准备，同时也有重点地布置一些国家需要、建设周期较长而又能发挥其资源优势的工业项目和运输项目，以便在 20 世纪末 21 世纪初，重点建设成为全国的能源基地，电冶金、电化工基地和具有地域特点的轻工业基地与畜牧基地；中部内陆地带，兼有上述两大经济带之长，而其缺陷又不如上述地带那样突出，其地理位置正处于上述两大经济带的过渡地带，在全国总体布局中，可以起承东启西的作用，有条件作为

2000 年前全国开拓的重点。这个经济带内，有两大地区特别值得注意：一是北部以山西为中心的能源重化工基地的建设；二是南部以大三峡为中心的长江中游的综合开发，这两大地区将尽快建成为中部内陆地带的经济核心区。中间开花，东翼（即沿海地带）更上一层楼，这样边疆待开发地带的大规模开拓就有了保证。这个构想说明我国划分为三大经济带是有根据的，也是今后安排全国生产总体布局所必需的。在一级综合区划未完成前，按这样的地域单元来安排地区比例关系和地区发展方向，也比较方便。

载《经济理论与经济管理》1984 年第 6 期

综合经济区划的若干问题

一、要不要进行一级综合经济区的划分

我们认为，不但应当进行划分，而且应当尽快着手。这是因为，在中长期计划中，要正确安排地区间的发展比例关系，合理布局生产力，加强宏观控制，首先就需要有一个科学的经济区域的划分作为依托。行政区划，虽然也能担负起一定的组织地区经济活动的任务，但行政区域毕竟是出于政治上的考虑，是为了便于行政管理和控制而划分的一种区域单元，其区域范围常常同主要根据经济因素而划分的经济区域不一致，容易导致一种用行政手段管理经济，违反经济规律的僵硬的区域管理体系，人为地割断区际间的经济技术联系；按三大经济地带来安排生产力的布局，比按行政区划前进了一大步，但三大经济地带的划分相当粗略，只能反映出一定阶段中全国宏观布局的总趋势和大致的轮廓。由于我国幅员辽阔，东南西北中空间差异很大，单有三大经济地带的划分，还难以解决区际间的合理分工与地区内经济的综合发展问题，也就是难以把生产力布局的总趋向落实下来。近几年来进行地区性国土规划试点，划定了各种各样的"经济区"，由于区划的具体任务不同，工作的范围、重点不一，类型复杂，彼此之间在地域范围上不能相互衔接，在规划内容上不能相互协调，形不成一个多层次的相互联系的经济区划体系，因而也难以正确解决地域分工问题，作为安排生产力布局的基本地域单元也不合适。一级综合经济区划的本质与主要任务，是在国家统一计划指导下，根据区内的客观条件与地域分工的要求，从全区国民经济的总体着眼，确定经济区域的发展方向、目标、战略重点、产业结构及各项建设事业的综合布局，研究区域开发政策、步骤以及协调区际间和区域内各组成部分的经济活动，实现经济一体化的途径。相对来说，按这种区划来安排生产力布局是比较科学的。

二、综合经济区划原则

根据综合经济区划的本质与任务，区划的基本原则应当是：区域内部现有生产发展水平、生产发展的基本条件与潜力、面临的主要任务及发展方向的近似性，以及各区域间在这些方面的差异性。内部的近似性是产生区域经济内在凝聚力的基础。而外部的差异性则是全国地域分工的基础。经济区划按其本质来说，就是合理利用这种差异性，发挥各地区的优势与特长，充实和完善全国的国民经济体系。

具体来说，应考虑：

第一，一个综合经济区内，要拥有历史上形成的特殊的经济专业化和一定程度的经济综合发展，或者具有能够逐步形成全国意义的地区专门化和经济综合发展的基本条件与潜力。

第二，区域内要具有发展水平较高、规模不等、功能多样、有相当辐射力的经济中心与比较发达的经济核心区，能够组织带动整个区域的经济发展。

第三，区内各地域单元之间历史上已经形成和将要形成的经济技术联系。特别是区内中心城市与其吸引范围之间，在生产要素的流动上，有比较稳定的流向和相当的流量，以利于经济上的一体化。

第四，一级综合经济区划原则上不打乱省级行政区划，而考虑到行政区划因素。二者矛盾较大时，应调整行政区划以适应经济区发展的需要。

第五，同级经济区之间在地理范围上不宜交叉重叠。

这里，有几个原则性问题还需要进一步研究。

第一，综合经济区划要不要覆盖全部国土？有一种看法认为不需要，主张经济上比较成熟或近期列为全国重点建设的地区，需要进行经济区划，否则可暂时不列入经济区划系统之内。但我们不同意这种看法。因为我们现在要搞的综合经济区划，就是要根据区域经济发展的客观规律，通过区划，确定区域经济发展的总蓝图、总战略，引导各经济区域逐步由不成熟走向成熟，由低级阶段向一级阶段发展，而不是等到各经济区域都发展到成熟阶段再来划分经济区。从实践上看，经济发达地区固然需要进行经济区划，使之更加成熟；不发达地区，包括还不是国家重点建设的地区，在其发展过程中，也各有其需要解决的经济社会问题，在全国地域分工体系中，也都要承担国家或大或小、这样那样的任务，不能因为它们现在落后，就把它们扔在一旁，任其游离于全国发展潮流之外，因此也同样要进行经济区划，把它们组织在全国地域分工体系之中，明确它们各自的发展方向，以利于在全国范围内，协调发达地区、中等发达地区和不发达地区，重点地区和一般地区的发展比例关系。

第二，一级综合经济区在地理范围上要不要考虑与三大经济地带相互衔接？在苏联是考虑的，其东西两大经济地带，就分别包括数目不等的一级综合经济区。在我国也可适当考虑，但可以不单独作为区划的原则。因为苏联的一级综合经济区划据此安排全国生产力的布局，已有较长的历史，一级综合经济区划网络已经形成，而东西两大经济地带的划分和一级综合经济区划一起作为安排生产力布局的宏观地域单元，只是从第七个五年计划（1966~1970 年）才开始的。因而经济地带的划分，有必要照顾早已形成的一级综合经济区划系统。但我国没有这种情况。更重要的是，宏观经济地带划分同综合经济区划不是同一范畴，正如综合经济区划同专业经济区划不是同一范畴一样，因此，二者在地理范围上可以不强求相互衔接。

第三，在区划原则中如何看待经济中心的作用？经济中心的吸引范围及其与吸引范围已形成的经济技术联系，是一条重要的区划原则。但在具体运用这一原则时，一是不能把它绝对化、片面化。综合经济区划要着眼于整个再生产过程的空间组织，而不宜只着眼于流通这一环节。二是不能把吸引范围混同于一般性的商品流通所能达到的地理范围。一个经济中心的吸引范围比其商品交换所及的地区范围要小得多。例如，上海的商品交换范围几乎遍及全国各地，但不能认为全国都是上海的吸引范围，否则，全国有一个上海经济区就够了。三是不能只静态地看到已形成的经济技术上的空间联系，还要动态地估计到近中期生产力布局与区域产业结构调整对经济技术空间联系的影响及由此而产生的变化趋势。

第四，出海口要不要作为一级综合经济区划的一条原则？我们认为区划应考虑这一因素，但不能作为区划的一条原则。因为我国国土辽阔，只一面靠海，客观上不可能使每一个综合经济区都包括一个或若干个自己的出海口。即使把整个长江流域、黄河流域分别划为两大一级综合经济区，西藏、新疆还是没有自己的出海口。

三、一级综合经济区的具体划分

暂不包括港澳台，可考虑将全国划分为以下 6 个一级综合经济区：

（1）东北区，包括辽、吉、黑三省和内蒙古东三盟一市。以沈阳、大连、哈尔滨为中心，辽中南、哈、长、吉是全区的经济核心区。这一地区已形成明显的经济专业化，区内各地域单元和各国民经济部门之间已形成比较紧密的经济技术联系，经济的统一性和综合性也较明显，作为一级综合经济区，相对来说比较成熟。煤炭、电力紧缺，农业、轻工业与重工业的发展不够协调，是它们面临的共同性问题。加强内蒙古东部、黑龙江东部、沈阳周围的能源开发，优先发展为重工业技术改造服务的相关产业和技术，相应加强农业和轻工业，进一步发挥全国性重工业基地的作用，是本区发展的方向。

（2）华北区或黄河中下游区，包括内蒙古西部、晋、豫、冀、鲁、京、津，以天津为中心，京津唐、胶济沿线、同蒲沿线、郑洛三区是全区的经济核心区。这一地区已形成比较明显的区域经济特色，以强大的煤矿工业为依托，立足于区内丰富的矿产资源与以棉、烟、柞蚕茧、花生、芝麻为主的农业原料，采掘、原材料和制造业都比较发达。区内各省间在历史上已形成比较密切的经济技术联系。但是，水源不足，生态环境比较脆弱，交通运输与工农业生产的发展，特别是与重点建设的要求不相适应，是需要重点解决的问题。扩大以煤为主的优势矿产资源的开发规模，积极发展优势资源的加工转换，搞好能源重化工基地的建设和以运输为主的基础结构的配套建设，抓好生态农业，恢复生态平衡，建立起国民经济系统、生态系统的良性循环，是今后的主要目标。

（3）华中区或长江中下游区，包括湘、鄂、赣、沪、苏、浙、皖。以上海、武汉为中心，长江三角洲、武汉大冶区、长株潭区、安徽长江沿岸区，是全区的经济核心区。这一地区的经济综合性较强，工农业发达，生产的技术水平、经营管理水平较高，多种工农业产品地区化程度也较高。区内北煤南水，北棉南稻，东部有技术，有资金，有人才，加工能力强；有资源，有原材料，东西南北经济上的互补能力较强。对产业结构进行战略调整，以先进技术改造现有传统产业，提高新兴技术产业的比重，综合开发长江中下游，建设沿江产业密集带，加强区内东西南北的经济技术联系，更大规模地参与国内外的劳动分工，是今后发展的方向。

（4）东南区，包括闽、粤、桂。以广州为中心，珠江三角洲是全区的经济核心区。这一地区临近港澳与东南亚，侨资、侨汇、侨技是一支可资利用的建设力量；集中了全国四大经济特区、四个开放城市和两个经济开放区，可作为外引内联的桥梁与技术转移、信息传递的跳板；有全国著名的鱼米花果之乡和热带、亚热带宝地；在我国东西南北四组远洋航线中，通往东南亚、大洋洲的

"南行线"，以本区港口为起点，里程最短。通往南亚、非洲、欧洲的"西行线"，从沿海港口出发，也要先南行至新加坡才折向西行，也以本区港口的航程最短，因而具有参与现代国际分工极有利的经济地理位置条件。按贸—工—农顺序发展加工工业和商品性农业生产，建设国际海运的中转港口及港口产业，发展金融，信息业，高中档的食品、罐头、服装及热带、亚热带作物和海产品的深加工精加工工业、电子仪表、精细化工以及建立在南海石油基础上的石化工业及其后续工业，形成外向型的区域经济体系，是今后发展的方向。红水河、闽江水系水电资源及西江航运的开发，沟通西南腹地的铁路干线的建设，区域能源结构和来源的多样化，是解决区内能源问题、促进区域经济发展的重要条件。

（5）西南区，包括川、贵、云、藏。以重庆为中心，成渝地区、昆明地区、贵阳地区是全区的经济核心区。这一地区水电、钒、钛、钴、铝土、铜、铅、锌、锡、汞、锰、铬、磷、岩盐、石棉、天然气等资源富集，矿产资源与水电资源的地区组合比较理想，川、滇、黔交界区又是全国煤铁资源结合较好之地。与东部发达地区相比，能源、矿产丰富得多；与矿产资源同样丰富的西北地区相比，自然环境、现有工农业基础都要相对优越。建设大水电站群，并以此为依托，分期、分批建设多种能源—高耗能工业的联合生产基地；在粮食自给基础上建设具有区域特色的轻纺工业基地；以涵养水源为中心，以营林为基础，建设永续利用的林业基地；以铁路为骨架，公路先行，结合水电开发长江及主要支流的内河航运，是今后开拓的重点。

（6）西北区，包括陕、甘、青、宁、新，以西安、兰州为中心，关中地区、兰州地区是全区的经济核心区。这一地区煤、水、油、气多种能源、资源都较丰富，镍、钼、铂族金属，铍、锂、铌、钽、钾盐、硼、钠、硝石、石棉、镁等资源富集，又是我国空间广阔，土地资源，特别是草原资源丰富的地区。耕作业的自然环境有其艰苦的一面，但也具有日照长、辐射强、积温高、昼夜温差大、有利于作物有用成分积累的一面。主要问题是人口稀少，交通不便，经济技术基础薄弱，缺资金，缺技术，缺人才，地上地下资源的优势远没有转化为经济优势。做好草、林、矿三篇文章，以生态农业促进轻纺工业，推进其他工业和第三产业，治穷致富，逐步建立牧林果业基地，牧林产品和名土特产品的加工基地，煤、水、油、气四者兼备的能源基地，综合利用优势矿产资源的重化工基地，是今后的发展方向。

这里有几个问题还需要研究。

第一，我们把现在的上海经济区的范围扩大到两湖，划为华中区或长江中下游区，主要考虑到上海经济区需要两湖在水电、原材料上的紧密协作，向两湖转移一些大耗电、耗料工业也比较近便；两湖的发展，也需要与上海经济区的开放城市、经济开放区进行经济联合，充分利用长江之便，向东出海，并更好地利用上海经济区的资金、技术、人才。

第二，陕西的过渡性比较明显，按其基本条件、潜力与今后的发展方向，可以划入黄河中下游区，随着以山西为中心的能源重化工基地的建设，与晋、豫、内蒙古西部的经济技术联系将进一步加强。但考虑到如果将陕西从西北区划出来，西北区就缺少一个比较有力的经济中心和比较发达的省，作为全区经济发展的前进基地，难以形成地区经济网络，所以还是划入西北区。同样，如果将四川从西南区抽出来单独划为一个经济区，也有类似问题。

第三，新疆、西藏的开发，有其特殊的战略意义。但如果都单独划为一个一级综合经济区，显然缺乏基本条件。乌鲁木齐、拉萨今后相当长的一段时期内，还无法形成一级综合经济区的经济中心。所以分别划入西北区和西南区，其情况特殊，可分别划为西北区、西南区内的第二级综合经济区。但这样划分，西北、西南是不是太大了？从区域发展的历史过程看，区域的地理规模，常与经济实力成反比：经济上处于开发期、成长期的经济区域，其地域规模往往比经济上处于成熟期的区域要大。苏联乌拉尔以东土地面积占全苏 3/4，但只划分为五个一级综合经济区，其地域规模都比乌拉尔以西的经济区大得多。现阶段，我国的西北、西南地区，经济都相当落后，区域规模大一些是可以的。至于区域规模是大一些好还是小一些好，不宜一概而论，主要的是能否比较完整地体现区划的主要原则，是否有利于实现区划的主要任务。

第四，广西的归属问题。如果考虑到西南区的出海口，考虑到黔西滇东煤田、云贵磷矿及红水河的水电开发，南防、南昆铁路的修建，广西与云贵的经济技术联系将有所加强，划到西南区也可以。但从历史、现状和今后的区域发展方向看，广西与广东的经济技术联系，从总体上看还是更为密切、更为广泛，特别是考虑到对外开放、积极参与现代国际分工对我国生产力布局的影响，把广西与粤闽合为一个东南沿海经济区是比较适当的。

附带讲一下，如果考虑到现阶段我国交通运输不发达，路网密度太低，经济和自然的空间差异很大，为了便于组织地区经济活动，总体来看，区划规模可适当小一些；并考虑到 20 世纪内重点建设的布局及其对区域发展的影响，也可考虑对上述区划进行一些调整，划分为以下 10 个一级综合经济区：

（1）东北区，包括辽、吉、黑与内蒙古东三盟一市；

（2）京津冀区；

（3）上海经济区，包括沪、苏、浙、皖、赣、鲁；

（4）闽粤桂区；

（5）山西经济区，包括内蒙古西部、山西、宁夏、陕北、豫西；

（6）华中区，包括湖北、湖南、陕南、豫东。如三峡省成立，也包括进来；

（7）甘青区；

（8）新疆区；

（9）西藏区；

（10）川云贵区。

载《经济理论与经济管理》1985 年第 6 期

地区经济发展的不平衡与梯度推移论

"梯度推移"是生产力布局学中的主要范畴之一，它同经济发展不平衡的规律是紧密联系的。列宁指出："经济政治发展的不平衡是资本主义的绝对规律[①]。"这个规律产生的经济条件，就是以生产资料资本家私人占有制为基础的资本主义制度。在这个社会制度下，一切经济活动都服从于资本家追逐最大限度的利润，整个经济发展是在残酷竞争和无政府状态下实现的，资本的流动总是由利润率低的企业、部门、地区，流向利润率高的企业、部门、地区，这就必然造成企业、部门、地区之间发展的不平衡，在此基础上，形成资本主义世界范围内国与国之间经济发展的不平衡。经济上的不平衡，又必然导致它们之间政治发展上的不平衡。这种经济发展的不平衡，在资本主义的不同发展阶段上，其具体表现和意义是不同的，但只要资本主义制度还存在，就不可能根本消除。这个规律的一般表现形式有两个：一是在很长一段时期内，少数国家和一国内的少数地区，有较高的增长率，保持其经济技术上的优势，而另一些国家、地区，却长期处于停滞状态；二是某些落后的国家、地区，由于采用先进的科技成果，发展新兴产业，实现经济起飞，赶上并超过原来走在前面的国家、地区，而原来比较先进的国家、地区，由于受传统经济结构的束缚或由于原来赖以高速增长的优势的削弱或丧失，增长速度放慢而陷于衰落之中。

在社会主义条件下，从理论上讲，由于资本主义经济政治发展不平衡规律赖以存在的经济条件的消灭，这个规律将让位于社会主义基本经济规律和国民经济有计划按比例发展的规律，国内国民经济各部门之间、各地区之间从总体发展趋势看，应当是协调发展，由不平衡走向相对的平衡。从布局角度看，就是在先进地区更上一层楼，充分发挥已有的经济技术优势的同时，支持和带动后进地区，加快其发展的步伐，以动态的不平衡差，来缩小历史上已形成的静

[①]《列宁选集》（第 2 卷），第 709 页。

态不平衡差①，通过后进地区的开发，反之又支援和促进先进地区更健康的发展，从而实现全国各地区国民经济的普遍高涨和共同繁荣。这是社会主义国民经济有计划按比例发展规律的客观要求，也是这个规律的空间表现。因此，我们不同意把作为资本主义的绝对规律的经济政治发展不平衡，看作是世界各国经济发展的共同规律，因而在生产布局上，我们也应当走资本主义国家长期的畸形集中然后再扩散的老路。

"一五"期间，我们在工业的总体布局上，就已明确提出在充分利用合理发展沿海原有工业的同时，把工业建设的重点逐步地合理地转向内地的战略方针。"一五"的实践已证明这个布局方针是正确的。问题是由于历史原因，特别是由于"一五"以后，上述布局战略受到严重的干扰：一方面"躲避沿海"，严重忽视沿海工业基地的作用；另一方面在内地（"三五"以来主要是在三线）建设上急于求成，表现在国民经济总投资的地区分配上，就是把过多的投资投放在内地，特别是三线地区，建设规模脱离了内地、三线地区的客观条件，揠苗助长，欲速不达，又影响了沿海的建设，而内地、三线建设本身，也存在许多失误，这些都使得我们改变历史上遗留下来的地区间严重不平衡状态所作的努力，未能取得应有的效果。在国民经济调整中，为了尽快克服经济困难，纠正过去在布局上的失误，在一定时期内，适当调低内地、三线地区的投资比重，提高沿海地区的投资比重，这是必要的。但这不能理解为我们的工业布局集中得还不够，还应当进一步在沿海地区集中，在沿海地区继续围绕传统的工业结构，搞"面多加水，水多加面"；也不能理解为这是对内地、三线建设的全盘否定，把在那里辛辛苦苦积累起来的工业基础当作包袱扔掉，任其萎缩，抓一头，扔一头，等沿海上去了，再回过头来考虑内地边疆地区的建设。

与上述看法相联系，我们对梯度推移理论或逆梯度推移理论的基本看法是：

第一，衡量推移合理与否的基本依据。我国的现实情况是：如果把全国（暂不包括台湾地区）粗略划分为东部沿海、中部内陆和边疆三大经济带，客观上存在着两个梯度：就经济技术水平及工业生产的经济效益而论，基本上是从东向西呈阶梯形下降；就空间和多种矿产、能源而论，则基本上是呈逆梯度状态。这个格局反映了我国生产的地理分布同资源的地理分布的不协调，也表明各地带之间，各有所长也各有所短。区域开发、经济推移的主要任务之一，

---

① 静态不平衡差，指在某一时间点上，两个经济实体间经济实力的差距。动态不平衡差，是指在某一时期内，两个经济实体间在发展速度上的差距。

就是要从上述实际出发，正确运用国民经济有计划按比例发展的规律，通过社会总资源的合理分配与调度，使各生产要素的空间组合和区域经济结构的建立，有利于发挥各地带的潜在与现实的优势，相互补充，相互促进，缩小地带间经济技术上的差距，从而促进全国经济的持续增长、各族人民劳动条件的改善和生活质量的提高。这也是衡量、检验推移方向合理与否的基本依据。我们不能像资本主义国家那样，或是让少数地区发达起来，而让另一些地区长期落后下去；或是新区的崛起伴随着老区的衰败，在我们的国土上也出现所谓"阳光地带"与"冰冻地带"的对立。

第二，经济的推移，从总体上看，应当是有计划、有准备地进行，不能脱离客观实际，不讲经济效益，操之过急，仓促上阵。利用世界新技术革命的成果，建立和发展现代新兴产业群，实现产业结构的战略调整，形成一批新兴高技术工业区，发挥吸收、消化、转移世界最新技术的基地作用，在这一点上，沿海发达地区，特别是沿海的大城市，具有比较明显的优势与有利条件。这些地区的传统工业，特别是其中的加工工业已高度集中，城市密集，北部水源、能源不足，南部能源、矿产资源贫乏，重点建立和发展高技术工业，正可扬其长而避其短。从合理的地域分工观点来看，这些地区在这方面先行一步，把这个任务承担起来，这是有利的。当然这并不排斥某些不发达地区的某些部门、行业、产品，也可以直接引进采用新技术革命的成果，在这些领域内后来居上。这是因为三大经济地带的划分只具有相对意义，事实上同属于不发达地带的各个地区，情况也不尽相同。就内蒙古地区而言，它属于不发达地带，与这一地带内的其他地区，既有一些共同的特征，也有其自身的特性，如它在经济地理位置上最靠近发达地带，煤、铁、稀土、硫铁、森林资源、草原资源等十分丰富，在内蒙古、广西、贵州、云南、甘肃、青海、宁夏、新疆、西藏9个省区中，它的工业已有较好的基础，原煤、钢、生铁、成品钢材、木材、原盐、化学药品、皮鞋、家用洗衣机等产品产量均居第一，毛纺织工业居第二，制糖、罐头、烧碱、造纸、平板玻璃居第三。就资源条件而论，煤炭、木材、钢铁、稀土金属等采掘原材料工业及其加工工业，畜产品加工工业发达，已经而且今后还将进一步在全国地域分工中占有重要地位，全国重点建设的五大露天煤矿，四个就在本区。在这些具有潜力和优势的产业中，就有必要也有可能尽量采用先进技术使它们获得发展的新手段，加快其发展步伐。首先是使新技术为传统工业服务，赋予这些传统工业以新的生命力，同时在传统工业与新兴工业的结合部门，派生新的生长点，推动这些传统工业的知识密集化和高附加值化。既对全国做出独特的贡献，也带动全区经济的综合发展，开创新局面。在这个过程中，也可以有选择地开发某些新领域、新产品，为下一步实行产业结构由以传统部门为主向以新兴部门为主的方向过渡。这样既从现实出发，又面向未来，面向发展，从而能比较踏实地逐步地缩小与发达地区的差距。

上述分析表明，在社会主义条件下，根据国民经济有计划按比例发展规律的要求，赋予梯度推移理论以新的含义，即立足发达地区，把经济技术有计划、有步骤、有准备地向欠发达、不发达地区推进，而在大的推移顺序中，欠发达、不发达地区根据需要和可能，同时从两个方向（国内发达地区和国外发达地区）上吸收利用先进技术，从而在局部地区、局部领域出现逆梯度推移，殊途而同归，以此来指导我国的区域开发与经济技术的推移是可取的。这有助于加快推移的进程，同时防止资本生义国家经济发展不平衡规律所体现的两种不平衡发展形式的种种弊端，也可以避免重犯我国过去在大的推移中跳跃式西移的错误。

载《内蒙古经济研究》1984 年第 1~2 期

小议区域经济社会发展战略研究

最近两年来，我国经济社会发展战略的研究，已由全国性总体战略研究，转向不同层次、不同类型的区域性发展战略的研究，这在一定程度上使研究深入了一步。但在同时，也存在一些值得注意的问题。

一、基本指导思想问题

经济社会发展战略是对经济社会发展全局性行动的谋划和总体部署。全国的发展战略是"总战略"，具有最高的综合性，它以部门战略和区域战略为基础，又统帅部门战略和区域战略。在社会主义条件下，各级、各类经济区域，都是全国统一的国民经济综合体的构成环节，因此，区域发展战略，必须服从于并服务于全国总战略。评价区域战略，首先就要看它对解决全国性战略任务所做出的贡献。离开了这个全局，区域战略就失去了宏观的依据，同时，各个区域的自然环境、自然资源、人口民族、文化技术、历史发展特点，经济上的成熟程度又各不相同，在全国地域分工体系中的地位、作用各异，因此，各个区域的发展战略，又必须充分体现区域的特点，发挥区域的优势，从不同的方面来促进全国总战略的实现。立足本区，面向全国，这两方面的有机结合，也就是全局利益与局部利益的辩证统一，这是研究区域战略的基本指导思想。应当说，我们有些区域战略的研究，是不符合这个指导思想的。其倾向有二：

一是没有把区域这个子系统放在全国这个大系统中来研究，也不同其他同级同类区域进行对化研究，而是就区域论区域，从一个狭小的范围内，来评价地区的优势，从局部的需要、局部的可能、局部的效益出发，关起门来各搞各的发展战略。

二是不深入具体分析区域发展的条件与特点，而是照抄照搬全国或其他区域的发展战略模式，千人一面，缺乏区域的特色。这样制定出的区域战略，如果付诸实施，其后果将是各区域各自为政，互不配合，区域发展与全国发展不协调，要么这种发展不能实现，要么给全国综合平衡带来困难；而且容易造成重复布点、重复建设、重复生产，区域结构雷同，互补能力薄弱，地区优势发挥不出来，也无法形成全国的综合优势。这样的教训已经不少，我们不能再重复过去的失误。现在，我国的经济结构正从纵向联系，向地区间、行业间的横向联系发展，为了使这种横向联系发展得更快、更协调、更富有成效，充分体现上述指导思想，区域发展规划必须有全国性的协调，有区域性的协调，这是区域发展战略研究中首先要解决好的一个基本问题。

二、区情的分析问题

研究区域战略，必须知己知彼。知己，是指摸清自己的家底，明确本地区的区情；知彼，是指弄清其他区域的区情。区域经济社会发展战略的基础，是地区发展的有利条件与限制因素，经济上的优势与劣势。研究制定区域发展战略，必须认识和把握区内的这些基本情况，也就是要"知己"。但有利与不利、优势与劣势，都是相比较而存在的，具有相对性，有比较才有鉴别，只有同其他区域进行实事求是的比较，才能真正识长知短，判别优劣，从一个小范围看，可能是区域的优势，但从大范围一比较，就可能相形见绌，算不上什么优势。而且，在社会化大生产条件下，任何区域的发展都不是孤立的，而是同其他区域有着经济、技术、信息、劳务等广泛复杂的联系，彼此都有所求，这是区域发展的重要外部条件。所以要真正做到知己，必须同时做到知彼，知道其他区域的区情。知己知彼，才有可能把发展战略真正放在科学的基础之上，才能顺利实现。这里所讲的"知"是"真知"，是认识了事物的本来面貌，而不是似是而非，不能只知其一，不知其二。现在有一种倾向，就是一些地区为了多上项目，多得国家投资，常常强调自己的优势，夸大本地区在全国总体发展战略中的功能作用，而缩小忽视地区的劣势。为了说明问题，以资源优势的分析与判别为例。除少数省市外，现在几乎每个省区都说自己的矿产资源丰富，甚至同一矿种的储量，都说自己是第一。就我手头上的资料看，就发现如磷矿、天然碱、镍、硫铁矿、金刚石、水泥灰岩等，就有两个省区说自己居全国各省区第一位。矿产储量是资源评价最基本的指标，这是一个比较复杂的概念。我们经常接触到的矿产储量，同矿产资源、矿产远景是相互联系又有区别的概念。矿产储量是指近期内可以开发利用、经过批准的探明储量；矿产资源是指经过评价或勘探、计算过的，但由于某种或某些原因近期内难以开发利用的储量，一般不宜列为矿产储量；矿产远景，一般是泛指成矿地质条件有利，但未经过评价的矿产，就更不能作为设计建设的依据。反映这三项指标的数值大小相差很大，其实际意义也有很大差别。因此在评价中至少需要做些具体分析，如分清是矿产储量，还只是矿产资源或矿产远景；还要进一步分析其相对量，如人均拥有量（资源储量与人口数的对比关系）、资源密度（资源储量与土地面积的对比关系）、储采比（资源保有储量与开采量的对比关系）。当然全面评价矿产资源条件，除储量外，还要考虑质量、品位、开采的自然文件、社会经济条件，对这些因素进行综合分析，并与其他区域进行对比分析，才能判明优劣，并作为确定开发的顺序、规模、速度、开发方式、利用途径的依据之一。这里只是举例说明，研究制定地区发展战略，必须有充分的依据和坚实的基础。识长知短，才能扬长避短或扬长补短。情况不明，优劣不分，是制定不出一个科学的地区发展战略的。这方面的研究还很不够，不能要发展沿海，就把沿海说得十全十美；要开拓内地，就说内地这优那优，这种主观随意性，是同科学的战略决策不相容的。

三、基本内容问题

区域经济社会发展战略属于国民经济的宏观决策。它所要解决的问题，主要是关系到全国或上一层次地域单元的战略任务、关系到区域发展全局的重大问题，一般来说，包括较长时期内区域发展的战略目标、战略重点、战略布局、战略步骤及有关的重大对策。区域经济社会发展战略，不同于区域的年度计划或五年计划，既要从现实出发，解决现实生活中的重大问题（不是一切问题）；又要面向发展、面向未来，要在周密调查研究、摸清现实状况的基础上，科学地分析未来 10 年、20 年甚至更长一段时期内区内外物质资源、科技进步、国内外市场的变化趋势，全国建设重点地区的转移战略，来制定区域的发展战略。

（一）战略目标

中央已确定到 20 世纪末全国经济社会发展的战略目标是，在不断提高经济效益的前提下，使工农业总产值翻两番，人民物质文化生活达到"小康水平"。各区域研究制定自己的战略目标时，当然要考虑到这个大目标对本区域的要求，为实现这个大目标贡献自己的力量。但这绝不意味着各地区都要套用这个比例，都以工农业总产值年递增 7.2% 的速度发展，各地区人民的物质文化生活水平都在 20 世纪末达到同一水平。2000 年的全国工农业总产值 28000 亿元，不是各省市区都翻两番的总和。这是因为，"物之不齐，物之情也"。由于各地区发展条件的差异性，决定了各地区工农业产值增长速度的差异性，不可能在一个较长的时期内，都是等速的。发展的趋势，必然是有些地区的年增长率高于 7.2%，有些低于 7.2%，当然也可能有些是接近 7.2% 的。同样，生活水平的提高，各地区也会有快有慢，有高有低。各地区是不是都需要用工农业总产值翻番为首要目标，也是值得研究的。作为经济社会发展的战略目标，工农业总产值这项指标的局限性较大，加上提高经济效益这个前提和"小康水平"，也还有局限性。从全国地域分工合理化的要求来看，沿海地区在解决全国性战略任务中的作用，不仅仅是工农业总产值的翻番，如果以此作为首要目标，势必要围绕传统产业结构，搞"面多加水，水多加面"，在低水平上循环，不利于多种功能、多种优势的发挥；一些有矿产资源优势的落后地区，如果仅以工农业总产值翻番为目标，在价格体系不合理、根本调整又非短期内所能达到的情况下，势必影响这类地区发展采掘原材料工业的积极性，从而不利于全国地域分工的合理化。因此，可以考虑根据各地区的不同情况，从发挥各地优势、对社会做出更大贡献出发，来探索自己的战略目标，如有的可以以国民生产总值或社会总产值翻番为目标，有的可以围绕关键部门产品产量的翻番和地区经济的协调发展为目标，不一定千篇一律地采用工农业总产值翻番为目标。近几年的实践已证明，一个地区国民生产总值的增长，地区关键产业的繁荣和地区经济的协调发展，既可促进工农业产值的增长，又有利于经济效益和人民生活水平的提高，这同全国工农业总产值翻两番的战略目标的要求是一致的。

（二）战略重点

地区战略重点是地区发展的主攻方向，是全国需要与地区特殊有利条件的综合产物，它同地区产业结构密切相关。地区战略重点的转移或原有战略重点发展规模的扩大，要求地区产业结构进行相应的调整。地区战略重点的正确选择，既是全国地域分工合理化的基础，又是地区经济综合协调发展的中心环节，是地区战略目标的具体化，必须十分慎重。不能一看到什么东西是"热门"，就拿来作为自己的战略重点，一哄而起，一哄而上，不顾地区条件、特点，各地区一律以钢为纲、以重工业为中心来安排地区的生产建设，建立区域产业结构；或者是走向另一个极端，统统都以轻纺工业为纲，用压低重工业来提高轻工业比重的做法，都曾吃过苦头；在当前，不分地区，都想以电子为纲的苗头，也应注意防止。

在地区发展战略的研究中，我们常常看到这样的模式：

（1）大力改造现有企业；

（2）开发高技术产业；

（3）认真抓好旅游事业；

（4）继续发展乡镇企业；

（5）加强区内外的经济协作与联合；

（6）发展交通运输与电信事业；

（7）积极发展外贸外经工作；

（8）积极培训人才。

作为"一般发展战略"，这些内容也许都是需要的，但作为具体区域的发展战略，就显得面面俱到，重点不明，主次不分，既可用于这个区域，也可用于那个地区。没有地区重点和特点，也就失去了研究制定地区发展战略的意义。

（三）战略布局

全国有全国的总体布局，地区的生产建设也要有综合布局，这是发展战略的重要组成部分。全国或区域的经济社会发展战略是把全国或全地区作为研究对象，把各个方面、各个部门、各个层次的发展战略有机地联系起来，形成一个高层次的总体发展战略。战略目标的确定，战略重点的选择，战略步骤的划分，当然都是发展总战略的重要内容，但这些方面最终都要分解落实到特定的空间，把全国或全地区的社会总资源，按一定的时间序列，分配到各地区，并依据各地的具体条件特点，进行不同的组合、协调，才能实施和实现。布局不合理，就会直接影响战略目标的实现，妨碍战略重点的实施，打乱战略步骤。可以说，生产布局既是经济社会发展战略的重要组成部分，又是发展总战略的空间表现。没有科学的战略布局，也就没有科学的发展战略。但直到现在，地区战略布局的研究，还没有被放在经济社会发展战略研究中的应有地位。这是需要大大加强的一个环节。从现实情况看，随着区域经济的发展，开发项目的增多，我国也产生了城市人口膨胀、环境污染，地区专门化部门与一般部门，特别是与基础结构部门不协调以及地区之间、城乡之间发展不平衡等经济社会问题。社会主义区域发展战略的主要任务，就是要在全国发展战略的指导下，从区域的总体出发，通过生产要素的合理调度和区内各项建设事业的综合布局，改善和建立一个地区产业结构、城镇结构、人口结构与基础结构协调发展，并与其他区域合理分工、相互促进、国民经济宏观效益较好的区域生产综合体。从全国来说，则是使部门结构与地区结构有机结合，促进全国的综合平衡，整个国民经济的协调运转和居民劳动条件、生活质量的改善。从这个意义上说，区域生产的战略布局，更是区域经济社会发展战略的中心环节。要从这个高度来看待它在发展战略中的地位，加强这方面的研究工作。

四、综合研究问题

区域发展战略，涉及面很广，既涉及区域发展的一系列因素，又涉及国民经济各部门、再生产的各个环节，区域内的各个地方，还涉及区域与其他区域的关系，各方面的关系错综复杂，而且越是经济上比较成熟的区域，复杂的程度也越高。一个局部的重大变动，一个局部功能的重大变化，势必直接或间接地影响到与之关联的多个局部，影响到整个系统的功能。也就是说，区域发展战略是一个综合性很强的工作，必须有综合观点，加强综合研究。从认识发展的一般规律看，人们对复杂事物的认识，往往是由具体到一般，只有认识了事物的各个局部，才能深入到事物的本质，认识事物的整体。从这个意义上讲，单项的研究是综合研究的基础。但综合不是单项的简单加总。作为发展战略，更应在单项研究的基础上，进行高层次的宏观的综合，要从区域整体着眼，协调区域内各个方面经纬交织、错综复杂的关系，形成一个有机的整体功能最好的区域经济系统。从实践上看，多年来，分部门（分行业）、分地区的研究尽管还很不够，但相对而言，更为薄弱的是跨部门、跨地区的区域生产综合体的研究，缺乏区域性的总体规划，条块分割、条条之间和块块之间的脱节、资源的开发利用与治理保护之间的不协调，多由此而来。区域经济社会发展战略的研究，正是为了加强区域的综合研究，这也是区域发展战略研究的基本特点之一。否则，单项发展战略的研究，完全可以分别由各有关部门来进行。

综合研究，包含以下几层意思：

一是兼顾区域各项资源的开发、利用、治理、保护，协调这四者之间的关系，保证生产要素的保持和发展，区域内重大比例关系比较适当，地区经济社会大体按比例协调发展。而在不同区域、不同发展阶段上，又要有所侧重。

二是综合考虑发展的经济效益、社会效益、生态效益的统一，一般来说应以经济效益为基础。

三是兼顾区内外的利益，协调地区间的发展比例。既保持发扬各区的特点与优势，又能互相支援，最大限度地发挥互补作用。

关于地区生产布局问题的探讨

国家制订了"六五"计划，并将进一步制定 1986~2000 年的长期规划。在五年计划和长期规划中，都要安排地区生产布局。地区生产布局，主要是确定地区之间的发展比例，使之与部门间的发展比例有机地结合起来，促进整个国民经济协调地运转。我国幅员辽阔，地区差异性很大，直到现在，各地区之间经济发展还很不平衡。在中长期计划中，正确安排地区间的发展比例，就具有更大的意义。这里涉及两个重要问题：一是按什么样的地域单元来安排地区生产布局；二是根据什么样的指导思想来安排地区间的发展比例。

一

关于地区生产布局的地域单元的划分，已有几种意见在讨论：

（1）按 29 个省市区[①] 来安排。

（2）按六大区来安排。

（3）以大城市为中心，搞大城市经济圈，如华东地区以上海为中心，中原地区以武汉为中心，西南地区以重庆或成都为中心，西北地区以西安、兰州为中心，东北地区以沈阳为中心，华南地区以广州为中心等，把全国划分为若干个大城市经济圈，按这种经济圈来安排地区生产布局。

（4）以能源、矿产重点开发地区为中心划分经济区，安排地区生产布局。

笔者认为，区划可以有多种形式，但作为安排地区生产布局的基本地域单元，应当是以工业为主体、以大中城市为支点的综合经济区。但我国直到现在还没有这种经济区划。

"一五"计划，主要是按沿海与内地两大区域来安排工业的地区布局的；1958 年提出六大经济协作区（最初是七大区，后来调整为六大区），原意是以

---

① 本文各种区划中，均暂不包括台湾地区。

此作为安排地区生产布局的地域单元；以后又把全国划分为一线、二线、三线，来安排地区生产布局；1978 年制定十年规划时，计划以规划建设的 120 个大项目和相应组成的 14 个大工业基地为骨架，形成水平不同、各具特点的六大区国民经济体系和工业体系，基本上是按六大区来安排地区生产布局的。

以沈阳为中心的大城市经济圈，也有这种情况；以能源、矿产重点开发地区为中心的经济区，是专业或部门区划，其着眼点主要是某种资源的开发利用，作为组织安排各地区整个经济活动的地域单元也不合适。因此，比较起来，还是按综合经济区来安排地区生产布局较为妥当。

综合经济区，是根据自然条件、自然资源、人力资源、历史发展特点，已有经济基础以及在历史上已形成的经济联系，以若干个在经济上具有近似特点、彼此有较密切的经济联系，并具有形成一个地区经济综合体的基本条件的省区，结合而成为一个较大的经济地域单元，这些地域单元之间有明确的界限，但这种界限又不是一成不变的，而是随着经济的发展、条件的变化，进行相应的调整，每个这样的经济地域单元内，都具有自己的地区专门化部门，有自己的经济特色。数量不同、规模不等的大中型经济中心和经济比较发达的地区，可以带动区内各地经济的发展。基本上不打乱省级行政区划，当个别行政区划与经济区划相矛盾时，可以适当调整行政区划以适应经济区划的需要。综合经济区划的主要经济职能，是在国家统一计划指导下，根据区内的客观条件和全国地域分工的要求，从全区国民经济的总体着眼，组织区内整个经济活动，协调区内各省区之间、各部门之间的经济活动。国家通过综合经济区划，协调全国各经济区之间的经济活动。这种经济职能，是其他区划所不能代替的，是正确安排各地区之间的发展比例和各地区内部、各部门之间发展比例的一种较科学的组织形式。"六五"计划已不可能按这种经济区划来安排地区生产布局了，但在研究制定长期规划中，就很有必要抓紧综合经济区划的研究工作，作为安排地区生产布局的基本地域单元。

综合经济区如何划分，有许多问题要进行研究。是否可以考虑以六大区的划分为基础进行调整。东北地区在客观上已发展成为一个相对独立的大的经济地域单元，西南、西北地区也初步具备划为综合经济区的基本条件，问题较大的是中南、华东，同时也涉及华北区，需要着重进行调整。是否可以设想，把内蒙古分为东西两部分，东部与东北区一起组成东北经济区，西部与晋、冀、鲁、豫、京、津一起组成华北经济区或黄河中下游经济区。陕西本来也可划入这一区，但考虑到如果把陕西从西北区内划出来，西北就没有一个经济比较发达的省作为全区经济发展的前进基地，所以还可放在西北区。湘、鄂、赣、苏、沪、皖，组成华中经济区或长江中下游经济区，浙、闽、粤、桂组成东南沿海经济区，加上现有的西北、西南区，也是六大区，以此作为国家安排地区生产布局的基本地域单元。

<h1 style="text-align:center">二</h1>

我国虽然还没有正式的综合经济区划，但在客观上至少已形成三大不同类型的经济区域：

（1）沿海发达地区，包括京、津、沪、辽、冀、鲁、苏、浙、闽、粤 10 个省市。

（2）待开发的边疆地区，包括内蒙古、新、青、藏、云、贵、桂 7 个省区。

（3）处于中间地带的内地，包括其余 12 个省区。

在安排地区生产布局中，首先应当考虑如何安排这三大地区之间的发展比例。

目前，这三大地区的经济发展水平，是由东向西呈阶梯形。在 1980 年全国工农业总产值中，沿海地区占 55.73%，内地占 37.19%，边疆地区占 7.08%。如单就工业产值看，三大地区的差距还大一些，依次占全国工业总产值的 59.95%、34.28% 和 5.77%。就土地面积而论，情况恰恰相反，边疆地区占全国土地总面积的 57.9%，内地占 30.9%，而沿海地区只占 11.1%，因而从产值密度看，三大地区之间的差距更大。工农业的总产值密度，沿海地区为 34.45 万元/平方公里，内地为 8.29 万元/平方公里，边疆地区只有 0.84 万元/平方公里。工业产值密度，依次为沿海地区 27.96 万元/平方公里、内地 5.76 万元/平方公里和边疆地区 0.52 万元/平方公里。就人口密度而论，也是呈阶梯形，沿海地区为 343 人/平方公里，内地为 162.23 人/平方公里，边疆地区只有 23.75 人/平方公里。可见，沿海地区是我国人口密度和经济发展水平最高的地区，内地次之，边疆地区最低。但从经济发展的潜力来看，优势却在内地和边疆地区。从主要矿产、能源资源看，沿海地区除石油、铁矿探明储量较多以外，其他都不多；边疆地区矿产、能源资源比较齐全，水力资源、锡、汞、铌、稀土、锂、磷矿、钾盐均居全国首位，煤、铜、铝土、硫铁矿也占全国较大比重，但石油、铁矿、钨矿探明储量还较少，塔里木、准噶尔、柴达木三大盆地和鄂尔多斯台地，石油还有良好的前景。内地是全国资源最齐全、储量也最丰富的地区，除上述边疆地区已占突出地位的几种资源以外，石油、铜、铝土矿、镍、铂族金属、钼、钒、钛、硫铁矿、石棉、煤、铁、钨、锑等的探明储量均居全国首位，水力资源也占 42%。内地、边疆地区农业生产的自然环境比沿海地区差，但农业自然资源比沿海地区丰富。如边疆地区有辽阔的草原（占全国 40%以上），荒地资源丰富（其中仅新疆一地即占全国宜农荒地总面积的 30%，云、桂、内蒙古宜林荒山荒地也较多）。内地淡水水面最大（占全国 63.8%），荒地资源也不少（其中黑龙江占全国宜农荒地总面积的 21.3%，黑、川、陕、湘、赣宜林荒山荒地面积也较大）[①]。以上概略的分析已可说明，我国生产的分布同资源的分布是不一致的。经济发达地区的资源不足，而落后、比较落后的地区，却在资源的总体上占了优势，经济活动的空间也很广阔。从这个实际情况出发，在中长期计划中，必须很好地安排这三大地区之间的发展比例。

不承认地区间经济发展的不平衡，急于消除这种不平衡，搞削尖拉平，揠苗助长，过去搞过，实践证明是不可取的；另外一种做法，就是哪里投资省、见效快、赚钱多，就在哪里建设。如果说为了纠正上述偏向，尽快扭转经济上的被动局面，这样做是可以的，但如果作为长期安排地区生产布局的指导思想，就值得研究。最近几年的经济调整，实际上也是在一定程度上调整生产布局，总体看是有成效的，但也出现了一个在生产布局上值得注意的动向，即在经济技术条件较好、轻工业比重相对大一些的省区，近几年整个工业的增长速度比较快；而新开发的重工业比重偏大的地区，整个工业增长速度放慢，有些甚至出现负增长。1981 年与 1978 年相比，从全国看，轻工业产值增长了47.4%，重工业产值增长了 4.26%，工业总产值增长了 22.68%，形势很好。但具体到省区，却有四种类型、四种情况：

（1）整个工业生产出现负增长的，如甘、青、宁、藏，其中青、宁减产幅度较大，达 18%~23%。

（2）低速增长的，如贵、陕、冀、晋等，增长幅度都在 10%以下，即低于全国平均速度的一半还多。

（3）增长幅度大的，如鄂、苏、浙、闽、内蒙古等，分别增长了 33%~70%以上。

（4）中增长速度的，其余省市区。其中有些略高于全国平均水平，有些略

---

① 以上数据，均根据《1981 年中国经济年鉴》、《1980 年中国农业年鉴》、《1981 年中国农业年鉴》有关数字整理计算。

低于全国平均水平。

　　上述第一类、第二类 8 个省区中，有 7 个是位于内地和边疆的省区。最近几年来，落后地区同先进地区的差距拉大了。1981 年与 1978 年相比，工业总产值占全国比重有所下降的有 17 个省区，其中 13 个是内地和边疆地区的省区，既包括工业本来很少的青、宁、新、藏、贵、桂，也包括这些年来花了大量投资、工业已有相当基础的陕、甘、川、晋、吉、黑。这种变动，在调整期间是难以避免的，但也提醒我们：内地、边疆地区重工业比重较大的省区，在调整期间，应当怎样尽快扭转其重工业停滞或大幅度下降的趋势，把重工业搞活。在国家的中长期计划中，应当怎样正确估价落后地区已形成的工业基础，把这些地区放在一个什么位置上？是包袱还是财富？是扔掉包袱，任其垮台，还是积极扶持，促其发展？新中国成立以来，特别是"三五"以来，国家在西部地区投下的资金占全国国民经济总投资的 1/3 左右，打下了相当不错的工业基础，特别是在机械工业方面，能力大，门类较齐全，一批重点企业，单个企业规模大，设备条件、厂房条件甚至比沿海地区还好，只是因为先天不足（原有基础太差），后天又有些失调，因而发育不良，如不倍加培植，就可能枯萎。地区之间，有一定的竞争是必要的，但更重要的是联合、是互助。过分强调竞争，只能挤垮这些地区已有的工业，这不仅会造成全国性的经济损失，而且在工业布局上将出现逆转。这些地区是我国少数民族主要聚居区，社会主义实行了几十年，在经济上与先进地区的差距越拉越大，这在政治上的影响也不好。所以这种做法也不可取。正确的做法，应当是联合、扶持：在国家投资的地区分配上，仍对落后地区给予一定的照顾，支援不发达地区的基金，要管好用好；在税收、信贷政策上，应予以支持；在组织上，应逐步在有潜力的落后地区设立综合开发公司，注意资源的综合开发利用，并把产供销统一起来。在西南地区已组建了煤炭开发公司，应进一步扩大其经营范围。在西南，单开发煤不行，单调出煤不行，应把煤、水、磷、金属等资源统一规划，综合开发。单发展工业不行，工业建设要同基础结构设施的建设协调起来，运输是其中的一个关键；联合十分重要，但在联合中，先进地区不能只想进行补偿贸易，从落后地区取得原材料，应当加强技术联合，在联合中实行技术转移，加快落后地区人才资源的开发。有了这些条件，不发达地区资源上的优势和某些地区已形成的庞大固定资产的潜力，就可能发挥出来，这对全国、对先进地区、对协调先进地区与落后地区的发展比例，都是有好处的。当然，具体做法还有许多问题要研究，但作为地区生产布局的指导思想，是应当这样考虑的。

三

为了协调地区间的发展比例，从上述三大地区来看，应根据地区的条件和特点，确定其发展战略。

沿海地区在我国已属于发达地区。今后要在现有基础上，利用其有利条件，进一步提高农业的技术装备，扩大运输能力，建设起一批现代化的综合性工业基地，成为全国的主要加工工业基地、科技基地、轴转中心以至外贸出口基地。基本途径是：

（1）主要是内含式的扩大，着重于现有企业的技术改造和设备更新，改善生产条件，以提高质量，增加花色品种，提高劳动生产率，节能省料。提高加工深度、精度，以最少的资源、最小的消耗，取得较大的经济效益。

（2）在地区布局上，除国家急需而又缺门的新兴行业，或资源确有保证的采掘、原材料工业，可以上些新项目或开辟新地点以外，一般不宜铺新摊子、上新项目。特别是地区内现有人口在百万人以上的大城市，要严格控制城市规模。有条件的，要把大城市市区内的某些工业，有计划、有步骤地向中小城镇扩散。

（3）在产业结构上，应适当提高能源、交通运输业的投资比重，工业结构应以技术密集型和劳动密集型工业为主，总体结构是走向"轻而精"。

（4）在生产的社会组织形式上，坚持"外挤内联"，发展外贸，在国际上调剂余缺，以进养出，扩大出口。同时以大城市为依托，有计划地扩大大城市的横向联系和专业化协作，包括与具有资源优势而开发综合利用能力较弱的地区的联合协作，与资源并不富裕，加工工业却有基础，但技术管理落后、效益较差的地区的联合协作，也包括区内大中小工业点、城市与农村的联合协作，取长补短，互通有无。特别要加强向落后地区的技术转移，从根本上提高落后地区的生产技术水平。

边疆地区是我国生产落后但有相当开发潜力的地区，应扬其资源之长，建设一批大型采掘、原材料工业基地。其途径可采取内含式的扩大与外延式的扩大同时并进，即在提高现有生产能力利用率的同时，扩大新的生产能力；在地区布局上，要巩固提高已有工业基地、工业点，也要有计划、有步骤地开辟国家急需、又有利于发挥本区资源优势的新的产品基地，特别是要加强资源的勘探，运输线路的改建扩建、新建，技术力量的培养，农业的开发，为以后较大规模的工业开发准备条件；在产业结构上，要大力加强农林牧业，工业应以资源型工业为主，采掘、原材料工业要占较高的比重，但也要在当地资源的基础上，开展资源的综合利用，适当发展相应的加工工业和就地取材、地产地销的轻工业，减少原材料、燃料与成品的对流，提高经济效益，有利于区内经济的协调发展。

内地农业比较发达，交通运输比较方便，已有相当的工业基础，形成了一批大的工业中心，资源也丰富，是我国经济发展水平中等而发展潜力较大的地区，应当建设成为支援边疆地区的第二级前进阵地，既分担沿海地区向边疆地区供应一般产品的负担，又为边疆地区提供一些物资和技术上的支持。在发展途径上，应以内含式扩大为主，也把外延式扩大放在一定位置上。即在对现有企业进行改革的同时，也需要进行一些填平补齐、成龙配套的建设；在布局上，在巩固已有工业基地、基点的同时，要加快煤炭、煤电、大水电、有色冶金矿山的建设，在此基础上，建设一批煤炭加工和大耗能工业基地；在产业结构上，总体是轻、重工业并重，重工业占较大比重，在重工业中，应是采掘、原材料和制造工业协调发展。同时进一步发展农业，立足于区内农业原材料和非农产品原材料，较快地发展轻纺工业，除满足区内需要外，还应担负一部分支持边疆地区的任务；要加强与沿海地区、边疆地区的联合协作。同沿海地区联合协作，主要是学习沿海地区的技术、经营管理经验，提高本地区的生产技术和经营管理水平。与边疆地区的联合协作，则主要是参与边疆地区资源的开发，帮助边疆地区提高资源综合开发利用的能力。

从全国来说，总体目标就是因地制宜，在国家统一计划指导下，发挥各类地区的优势，在相互补充、相互促进中共同前进，缩小地区之间经济发展的不平衡，改善全国的生产布局，促进整个国民经济的普遍高涨，提高全社会的国民经济效益。

载《地理科学》1983 年第 2 期

论生产力的战略布局

一、战略布局是经济社会发展战略的重要组成部分

生产布局是生产的空间形式。作为一种特殊的社会经济活动，它具有两个鲜明的特点：

一是牵涉面广，影响全局。生产力的布局，涉及自然环境、自然资源、技术、人口、历史以至投资的社会环境等一系列因素，牵涉着各类型的区域、国民经济各部门、再生产的各个环节。布局合理与否，不仅影响到整个国民经济的发展，影响到地域生产综合体以至城市发展的速度、规模、方向、结构、效益及地域分工的格局，也影响到国家的战略防御，民族关系、城乡关系，还影响到各生产要素的保持和发展。特别是社会主义条件下，各部门、各地区是一个统一的有机整体，牵一发而动全身，生产布局上的每一个严重失误，不仅涉及各企业、各地区、各部门，而且往往要影响到全局，危害整个社会和整个国民经济。即生产布局的全面性质。

二是改造困难，作用深远。国民经济基建项目具有不可移动性，特别是重大建设项目、重大治理工程，一旦建设起来以后，一般来说是不宜拆迁的。因此布局合理与否，不仅仅影响到一次性投资，影响基建进程，而且在建成投产后，会在长时期内对再生产过程以及生产要素的流动、组合、运用，发生积极作用或消极作用，这种作用往往要持续几十年甚至上百年。特别是从总体上看，生产分布不合理的状况一旦形成，要加以改造，就需要花大量投资，付出巨大代价，还要花很长的时间，即生产布局的长远性质。

以上两个特点也说明，生产布局属于国民经济宏观范畴，是经济社会发展中的一个带有战略意义的问题。

最近几年来，在我国经济社会发展战略的研究中，人们重视战略目标、战略重点、战略步骤的研究，而对生产力的战略布局的研究，还没有摆到总战略

研究中的应有地位，这在一定程度上反映了人们对生产布局在经济社会发展中的作用估计不足。经济社会发展战略是把整个国家、整个社会作为研究对象，把各个方面、各个部门、各个层次的发展战略有机地联系起来，形成一个高层次的总体发展大战略，它是在较长时期内，在我国960万平方公里国土上，建设社会主义大厦的总蓝图。国家战略目标的确定、战略重点的选择、战略步骤的划分，无疑都是发展战略的研究范围，但没有战略布局的经济社会发展战略是不全面的。总战略包括上述战略目标、战略重点、战略步骤，最终都要分解落实到特定空间，并依照各地区的具体条件特点，进行不同形式的组合。总战略的实施过程，就是全国社会总资源按一定的时间系列，在空间上进行分配、流动、组合、协调的过程。因此，生产布局就是经济社会发展总战略的空间表现。布局合理有利于总战略的顺利实施，取得预期的成果；布局不合理则会影响战略目标的实现，妨碍战略重点的实施，打乱战略步骤，从这个意义上说，生产力的战略布局既是经济社会发展战略的重要组成部分，又是总战略的基础和保证。可以说，没有科学的战略布局，也就没有科学的发展战略。

从我国多年来经济社会发展的实践来看，发展战略上的重大失误，往往反映在战略布局决策等的失误上，如1958年开始的"大跃进"、20世纪60年代末70年代初的大搞"五小工业"和以后的"洋跃进"，直接表现为工业布局上的大分散：①1958年开始提出层层布局完整的工业体系和国民经济体系，直接表现为生产布局上的重复布点、重复建设、重复生产，严重背离地域分工规律和因地制宜、发挥地区优势的原则；②"三五"开始的国防第一、战备第一的经济决策，直接表现为国民经济总投资在一线、二线、三线地区分配上的比例失调，生产布局跳跃式地向西推进，表现为三线建设投资结构的过分偏重于军事工业和与之配套的重工业以及企业布置上的"山、散、洞"。从全国看，多年积累下来的基建规模过大，基建战线过长，国民经济主要比例关系失调，经济效益差，这些既是经济发展战略不当的集中表现，也是生产布局决策失误的必然结果。这也说明，要制定一个科学的经济社会发展战略，必须制定相应的区域发展战略，安排好全国生产力的总体布局。

二、战略布局的中心问题是协调地区间的发展比例关系

根据国内外的实践，解决这个问题，从客观上说，必须坚持以下几条：
一是重视落后地区的开发。在资本主义工业化过程中，一个普遍的问题

是，长期以来，产业和人口不断盲目地向沿海或发达地区集中。这种布局模式，尽管在一定时期内有利用沿海、大城市的有利条件，发挥聚集因素和规模经济效益，促进国家经济发展的一面，但同时也造成大城市的恶性膨胀，地区之间经济发展的严重不平衡，"过密"、"过稀"的矛盾不断激化，社会经济问题成堆。回过头来再着手于落后地区的开发，同时又要解决发达地区面临的种种问题，就需要付出加倍的代价，而且收效较慢。这是前车之鉴。在我国社会主义现代化过程中，我们应当遵循国民经济有计划按比例的发展规律，自觉运用价值规律，结合我国国情，走出一条处理先进地区与落后地区关系的新路子，即在战略布局中，在保证先进地区更上一层楼的同时，就要考虑为后进地区服务，支持和带动后进地区赶上先进地区前进的步伐，与先进地区同发展、共繁荣；通过后进地区的开发，反过来支援和促进先进地区更健康的发展。"一五"时期在这方面我们已取得一些经验，在新形势下，我们要使认识进一步深化。地区间经济按比例协调地发展，并不是不承认发展的不平衡，脱离地区生产发展条件，急于求成，搞削尖拉平，揠苗助长，在这方面我们有些教训应当吸取。但承认不平衡，就要针对不平衡的实际情况，找出不平衡的原因，采取有效的措施，有计划、有步骤地争取相对的平衡，而不能放任自流，让不平衡自发扩大。对部门之间发展的不平衡应当如此，对地区之间发展的不平衡也应当如此。这两者是有内在联系的。在我们这样一个幅员辽阔，地区差异性很大的大国，没有一个合理的地区结构，也就很难建立起合理的部门结构。我国的资源主要在不发达和欠发达地区，这些地区的市场也有很大潜力，忽视这些地区的开发，让它们长期落后下去，先进地区也很难持续、健康地向前发展。

二是要发挥先进地区前进阵地的作用。在资本主义国家，资本向落后地区的转移，一般来说，阻力较大。但在有利条件下，这种转移又往往伴随着原有发达地区的停滞与衰落，形成所谓"阳光地带"与"冰冻地带"的对立。在我国，一度由于工业西移的步子跨得偏大，地区间投资比例有些失调，在一定程度上影响了沿海工业的发展，影响其优势的发挥。在更长的时期内，是对沿海工业继续利用原有企业、原有设备设施，更新改造抓得不够，以致设备陈旧，场地拥挤，厂房硬烂，环境污染严重；局限于多出产品，满足国内市场需要，很少考虑面向国际市场。局限于利用国内资源，不考虑利用国外资源，因而在中西部地区工业发达到一定程度后，就出现沿海内地争原料、争市场的矛盾；偏重于加工工业生产能力的一般扩大，相对忽视能源、水源、交通运输及城市公用设施的负荷能力和环境容量。这些都在不同程度上削弱了发达地区作为前进阵地的作用，对落后地区的开发也是不利的。

三是不断提高开发落后地区的经济效益。新中国成立以来，我们对落后地区的开发注意较早，进行了大量投资，建设了大批项目，总体来看，工业增长速度快于沿海和全国的平均水平。但长期以来，基建和生产的经济效益很差。对这个问题，除了要研究制定一套能够科学地评价经济效益的原则、指标，使经济效益的对比分析更符合客观实际以外，更重要的是要有科学的开发战略。多年来，我们对落后地区的开发，往往是孤立地搞工业开发，忽视了综合开发，建设了许多工厂，但基础结构设施却没有跟上去，使新区工业发展缺乏必要的经济环境，形成了大量的固定资产，作用发挥不出来；工业开发中，多偏于军工和重工业，相对忽视轻工业的发展，轻、重工业结构失调；在资源开发中，又往往是单一开发，忽视了采掘、原材料制造业的协调发展；注意了产品的转移，忽视了技术的转移，使落后地区的工业生产建设缺乏应有的技术基础和技术力量。由于全国文教科研事业分布的不平衡，开发地区技术力量成长缓慢，从发达地区按行政命令调去的技术力量，由于生产生活条件差，也安不下心来，劳动资料同劳动力在素质上的空间组合不协调，这些都直接、间接地影响了开发的经济效益。在今后的生产布局中，要从战略的高度解决好这些问题，不断提高开发的经济效益，使布局、速度、效益得到较好的结合。

三、今后战略布局的构想

从协调地区发展比例关系出发，在今后的战略布局中，需要对生产的空间推移做出总体上的安排。

我们的构想可概括为"立足沿海，循序西移，中间突破"。所谓"立足沿海"，是指充分利用沿海地带现有基础，发挥其经济技术和经济地理位置上的优势，并在新的技术基础上更上一层楼，作为生产西移的第一级前进阵地。所谓"循序西移"，包含两层意思：一是从大趋势看，必须西移。发展到今天，我国生产布局特别是重大工业项目的布置，不宜再过分集中于少数经济发达地区和沿海大城市，应适当扩散到中西部有资源优势而经济基础还较薄弱的地区以及中小城市，以利于控制大城市的膨胀，合理发展中小城市，发展地方经济，使全国各地区之间保持相对合理的发展比例关系。二是这种推移，又必须是有准备、有步骤的，不能操之过急，揠苗助长。所谓"中间突破"，是指在西移的这个长过程中，在 2000 年以前，应把全国工业建设的重点放在中部地区。为了说明这个构想，有必要先做出布局的宏观地带划分。布局宏观地带的划分，主要考虑地带内部现有生产发展水平、发展基本条件与潜力、发展方向的近似性以及各经济带之间在这些方面的差异性。据此把全国（暂不包括港澳台）划分为三大经济地带的看法基本一致，但关于三大经济地带的具体地理范围，看法还不尽一致。

第一种看法，主张划分为东北及沿海地带，包括除广西以外直接靠海的10个省市，加上东北区的吉林、黑龙江和内蒙古的东三盟一市。理由是东北三省从"一五"开始，就是作为我国第一个工业基地进行配套建设的，三省之间有了比较密切的经济技术联系，已形成一个独立的一级综合经济区，因此划在一个经济地带内比较合适；边疆地带，包括内蒙古其余部分、新、藏、宁、青、云、贵、甘、桂等省区，主要是这9个省区是我国少数民族自治区或少数民族较多的省，财政上都入不敷出，需要中央补贴。

第二种看法，主张把包括广西在内直接靠海的11个省市划为沿海地带，把新、藏、青、宁、云、贵6个省区和川西、陕北以及内蒙古、甘肃西部地区划为边疆地带，把黑、吉、晋、豫、湘、鄂、皖、赣8个省和内蒙古、川、陕、甘的部分地区，划入中部内陆地带（还有的把东经100度以西划作西部地带）。这种划分的优点是在一个经济地带内部各地域单元的发展水平更接近，但其缺陷是打乱了一系列省区界限，既不利于资料数据的收集整理，也不利于发展规划的实施（因为省市区还是我国基本的计划地域单元）。

第三种看法，主张以人均工农业总产值为依据，把人均工农业总产值在1000元以上的划为发达地区，600~1000元以下的划为中等发达地区，600元以下的划为不发达地区。这样，不发达地区除包括五大自治区和四个少数民族较多的省以外，还包括湘、闽、陕，赣、豫、皖、川7个省共计16个省区；发达地区包括京、津、沪、冀、辽、苏、黑7个省市；中等发达地区包括其余6个省。这种划分使三大地带在地理上都没有各自连成一片，实际上只是经济类型区，而不是经济地带。同时只考虑人均工农业产值水平，而不考虑总体生产发展水平，把川、陕、豫、湘、皖也都划入不发达地区是不合适的。

第四种看法，主张把除广西以外直接靠海的10个省市划为沿海发达地带，内蒙古、新、青、藏、云、贵、桂7个省区划为边疆待开发地带，处于中间地带的其余12个省区划为中部内陆地带。这种划分，把已成为一个独立的一级综合经济区的东北区，分别划入两大不同的经济地带。从发展看，我国迟早是要划分一级综合经济区的。经济地带的划分，在地理范围上最好不打乱一级综合经济区的界限。

根据以上对比分析，权衡得失，我是同意第一种划分的。根据这种划分，三大经济地带客观上存在着两个"梯度"：就经济技术水平及工业生产的多数经济效益指标而论，基本上是从东向西呈阶梯形下降；就空间的广度和多种能源、矿产资源的丰度而论，则基本上是从西向东呈阶梯形下降。这个格局反映了我国生产的地理分布同资源的地理分布的不协调，也表明各地带之间各有所长也各有所短。生产的战略布局，就要从上述实际出发，正确运用国民经济有计划按比例发展的规律，通过社会总资源的合理分配、流动，安排好三大地带之间的发展比例关系，并确定各个地带内的发展战略。

东北及沿海发达地带，特别是沿海大城市，传统工业（尤其是其中的加工工业）已高度集中，城市密集，北部水源、能源不足，南部能源、资产资源贫乏，一般来说，传统工业不宜再继续膨胀，不能继续围绕传统的工业结构，搞"面多加水，水多加面"，而应根据现有基础，重点利用世界新技术革命的成果，改造传统工业，建立发展新兴产业群，大力发展第三产业，实行产业结构的战略调整，在最新技术的引进、吸收、消化、转移方面，发挥基地作用，同时发挥工业、贸易、金融、信息等多方面的功能。待开发的边疆地带，空间广阔，资源丰富，但经济基础薄弱，交通不便，人口稀少，特别是技术力量缺乏，有巨大开发潜力，但不宜马上作为全国经济开拓的重点，中近期主要是打基础，准备大开发的条件，同时也要有重点地布置一批国家急需而又能发挥其资源优势的工业项目。中部内陆地带，兼有上述两大地带之长，而其短处又像两大地带那样突出。其地理位置又正处于两大地带之间的过渡地带，在全国生产总体布局中，可以起承东启西的作用。相对来说，比较有条件作为 20 世纪末前全国建设的重点，特别是在煤、水两大能源及高耗能工业方面。中间突破，东翼（沿海地带）更上一层楼，西翼（边疆待开发地带）做好准备，这样更有利于在 20 世纪末 21 世纪初，全国经济开拓重点的新的战略转移。

这个构想，既考虑了东西兼顾，又突出了不同发展阶段上的开拓重点；既不是限制西移，在东部原地踏步，也不是齐头并进，仓促西移；既可避免资本主义国家经济发展不平衡规律所体现的两种不平衡发展形式（即或是让少数地区发达起来，而让另一些地区长期落后下去；或是新区的崛起，伴随着老区的衰败，出现所谓"阳光地带"与"冰冻地带"的对立）的种种弊端，又可防止重犯我国过去在大的推移中跳跃式西移的偏向。

生产布局政策

一、生产布局的政策目标

政策目标主要是指引导生产分布沿着什么方向发展变化及取得什么样的预期成果。我国既成的生产分布的基本格局虽然较新中国成立初期有了一些变化，但存在的问题还很多：

一是从全国范围看，生产分布还偏于集中。无论是工农业总产值的空间分布，还是社会总产品的空间分布，主体部分还在东南沿海沿江范围不大的地区，辽阔的中西部特别是边疆少数民族地带，还处于待开发的落后状态。

二是生产的地理分布同资源的地理分布还很不协调。从总体上看，资源优势主要在中西部，而现实的经济技术优势主要在东部。

三是产品产供销空间上的不平衡。中西部不少重要的能源、工矿、农牧土特产品产大于销，产运又失调，不得不以运定产、以运限产，而东部急需这些物资的地区，又不能及时得到满足。

四是由于布局不当、地区产业结构不合理，环境问题相当普遍，且有加重趋势。发达地带特别是工业聚集区域，"三废"污染严重。一些不发达地区，由于生态环境比较脆弱和经济基础薄弱，出现"越穷越垦，越垦越穷"、"边治理，边破坏"的恶性循环。

因此，我国国土的整治，还需要以开发为主导，对生产布局进行较大的调整。通过生产要素的空间调度、组合，协调生产的空间结构，逐步缩小地带之间经济技术水平和人均收入水平上的差距，既发挥各地区的优势与特长，又促进全国的综合平衡，建立国民经济系统和生态系统的良性循环，取得较高的综合效益，增强经济社会发展的后劲，而不能仅仅着眼于一定时期的工农业增长速度和近期的经济效益。

二、生产布局的总政策

一是生产布局的合理化，关键是宏观布局的合理化，为此需要先做出布局宏观地带的划分，拟订布局总图。布局宏观地带的划分，主要考虑地带内部生产发展水平、生产发展的基本条件和主要潜力、面临的主要任务和主攻方向的近似性，以及地带间在这些方面的差异性，并兼顾行政区划因素。把全国划分为东北沿海地带（包括除广西以外直接靠海的 10 个省市，加上黑龙江、吉林和内蒙古东三盟一市），边疆少数民族地带（包括内蒙古西部、甘、青、宁、新、云、贵、藏、桂），中部内陆地带（包括介于上述两大地带间的其余 8 个省）是适宜的。

二是正确安排三大经济地带间的发展比例关系，确定不同发展阶段内全国开拓重点空间的转移方向与规模。上述三大经济地带，客观上存在着两个"梯度"：就经济技术发展水平和现实的生产经济效益而言，基本上是从东向西呈阶梯形下降；就空间的广度和资源的丰度而言，基本上是从西向东呈阶梯形下降。这个格局反映了三大地带各有所长，也各有所短，彼此都有所求，谁也离不开谁。这是一种内在的经济动力，推动着地带间的分工协作与联合，也是制定全国生产总体布局政策的基本依据。过分强调集中布局，继续在已有一定基础的工矿区域、城市区域扩大发展，在全国范围内不做大尺度的空间结构的调整，不做战略上的转移，仅在大小城市和工业聚集地区进行小尺度的空间结构的调整，这种政策是不利于上述政策目标的实现的；全面西移，齐头并进，分散力量，也会欲速不达。正确的政策，应当是立足沿海，循序西移，中间突破。生产布局西移的方向必须坚持，生产布局需要继续展开，但西移是一个长过程，必须是有步骤、有准备地进行。从三大地带的现实情况出发，面向发展，在 20 世纪内，建设重点应转向中部，重点建设三大经济核心区：地带北部山西能源重化工基地的建设，地带南部以大三峡为中心的长江中游的综合开发，地带西部以水电、钢铁、钒、钛为中心的攀西地区的综合开发，承担起"承东启西"的历史重任；东翼以内涵为主，以技术为导向，以经济特区、开放城市和开放地带为中心，对地带行业结构进行战略调整，使地带的整个国民经济更上一层楼；西翼主要是打基础，做准备，辅之以国家急需又能发挥地带资源优势的重点项目、重点治理工程的开展。

三、边疆少数民族地带的开发政策

（一）政策目标

尽快治穷致富，并争取有一两个条件较好的省区先行一步，提前进入全国先进地区的行列。地带在全国地域分工体系中，应逐步建立和发挥四大基地的作用：牧林基地，具有地区特色的轻纺工业基地，水、煤、油、气四者兼备的能源基地，以有色稀有金属、磷、钾、盐化工、煤化工、石油化工为主的重化工基地。

（二）政策措施

（1）国家的空间投资政策。边疆少数民族地带，地域辽阔，资源丰富多样，但经济基础还很薄弱，治理开发的任务都较繁重，在经济起飞阶段，国家在投资方面给予一定照顾，在财政上给予必要的扶持是必需的。世界各国对落后地区的开发，都采取了不同形式的扶持政策。但投资和各种形式的支援，必须重点用于发挥地带的真正优势，提高其经济的内在活力，加强其"造血机制"。

（2）资源开发政策。资源的开发有一定的时序规律，并要有利于国家经济系统和生态系统的良性循环。从经济领域看，以往的开发实践证明，在一个基础十分薄弱、经济发展处于成长期的地带，过多、过快地搞重工业，搞矿产资源的大规模开发，而没有与之相适应的基础的支持，并不能促进地带经济持续稳定的增长和人民生活水平的提高。从生态系统领域看，本地带处于我国大江、大河的上游，是我国中东部的生态屏障，对广大地区的生态平衡具有重大意义，而地带内的不少地区，本身的生态环境又比较脆弱，生态环境已有所恶化。如果资源开发布局不当，将与生态资源的保护形成更尖锐的矛盾。因此地带的资源开发和产业结构的合理化，首先应重视加重生态农业的分量，调整土地资源的利用结构和农业生产结构，因地制宜地提高各类土地资源的利用程度和经济性。在此基础上，积极发展投资少、见效快的重点轻纺行业和产品，以生态农业带动轻纺工业，推进其他工业和第三产业，为矿产资源的大规模开发创造一个较好的经济环境和生态环境，避开资金不足和技术水平低的困难，发挥土地资源丰富这一优势。

矿产资源的开发要实行两个转变：一是由单一部门开发单一资源，变为组织关联部门、地区，以跨行业、跨地区的联合开发公司的方式，或以组织地域生产综合体的方式进行综合开发，提高资源的开发率。二是由单纯的矿产开发，变为资源开发与加工相结合，有区别、有选择地提高矿产的就地利用率，增加矿产的附加值。对于一定时期内不宜就地、就近加工而必须调往发达地区的能源、矿产品和原材料，需要综合运用经济杠杆来协调能源、原材料产区与加工地区的经济利益关系，如加工利润的一部分返回、国家给予适当的补贴、适当降低能源、原材料开发建设的贷款利率和税率、实行计划价格与浮动价格相结合等。总之，在价格体系全面改革以前而又不能大幅度提高能源、矿产品价格的情况下，要采取多种政策，保证能源、矿产开发地区、企业的经济利益。

在矿产开发顺序上，第一步，重点是以煤、煤电、水电为主的能源开发，辅之以其他优势矿产的适度开发；第二步，大规模开发建设多种以能源为依托，以电冶金、电化工为主体的联合生产基地，实现地带内产业结构的第一次战略调整，即由以采掘、原材料、粗加工为主的结构，改变为采掘、原材料和制造协调发展的结构。

（3）科技文教政策。边疆地带的落后，在很大程度上是科技的落后，科技的落后又主要是由于文教事业的落后。稳住并发挥现有科技力量的作用，吸引其他地带的人才，不能主要靠行政手段，而要靠政策和经济机制的作用。更为重要的是，国家要适应生产布局的调整，有计划、有步骤地调整全国文教事业的布局，加大对边疆地带的智力投资。教育落后，缺乏人才成长的社会基础，只有外地先进技术和技术力量的引进，是难以深深扎根的。必须从小学基础教育开始，全面提高人民的教育文化水平，这样的社会基础，才能源源不断地培育出各级、各类适应地带开发需要的科技人才。

（4）对外开放政策。向东对中部、东部开放，一方面吸引国内发达也区、较发达地区的资金、技术、人才，承接沿海转移过来的耗能、耗料项目、产品；另一方面利用沿海开放地带这个"跳板"，把"触角"伸到前沿，开拓地带优势产品、土特产品的国外市场，这是对外开放的一个方向。但边疆地带大部分地区离海较远，向东出海有一定限制，而开发利用地带内部的内陆、边疆口岸，向西开展与苏联、东欧、西亚、阿拉伯、南亚的经济交往却有一系列有利条件。近期可以以发展边境贸易为主，以后可以以边疆口岸为据点，联结欧亚铁路干线，发展转口贸易。重点开放一批边境口岸，建设边疆经济特区，沿海地带同国外合作的做法，也应当适用于边疆经济特区。

载国家计委国土局《国土政策座谈会材料选编》1985 年 4 月

地区经济布局中的几个方向性问题

中共中央关于"七五"计划的《建议》，把正确处理地区经济发展的关系，促进地区经济布局的合理化，列为三大全局性问题之一。并就地区经济布局中的基本问题，提出五条方向性意见。把地区经济布局放在整个计划工作中一个重要位置上，把经济社会发展的部门结构与空间结构有机地结合起来，这从一个侧面反映了我国计划思想的深化，也是适应经济体制改革和计划体制改革的客观要求，对正确解决"七五"以至更长时期内的地区经济布局这个具有全面性、长远性和战略意义的问题，具有重大的指导意义。

一、经济布局宏观地带的划分

这是安排地区经济布局的前提。经济建设讲究布局，布局先要划分基本的地域单元。新中国成立以来，我国采用过几种不同的区划来安排地区经济布局。

一是按行政区划来安排。组织地区经济活动是行政区划的职能之一，只要行政区划还存在，地区经济活动的组织、协调就不可能完全脱离行政区划。但多年来的实践证明，完全按行政区划来安排地区经济布局，也容易导致用行政手段管理经济，违反经济规律，形成一种僵硬的区域管理体系，人为地割断或阻隔区际间的经济技术信息的正常联系和流动，不利于在全国范围内建立合理的地域分工。

二是按沿海与内地两大块来安排地区经济布局。沿海与内地的划分虽然有一定依据，也起过一定作用，但这种划分过于粗略，内地的地理范围太广，反映不出地区间的差异，而且经过30多年的建设，沿海与内地的情况都发生了很大变化，再沿用这种划分来安排地区经济布局已不太合适。

三是按六大协作区来安排。最初大协作区的划分，本意是想作为综合经济区划，但以后多年来，并没有真正担负起组织地区经济活动的职能，而且从经济区划的角度看，这种划分也有不够科学的地方。简单地恢复这种区划来安排地区经济布局显然没有必要。

四是近几年来进行地区性国土规划试点，划了多种多样的"经济区"，由于区划的主要任务不同，工作的范围、重点不一，类型复杂，彼此之间在地理范围上不能相互衔接，在规划内容上不能相互协调，用以安排全国地区经济布局也不恰当。

五是有些同志主张，以大城市为中心，搞大城市经济圈，以此作为安排地区经济布局的基本地域单元。由于我国城市密度小，城市化水平低，大城市的空间分布又很不平衡，大城市经济圈不可能覆盖全部国土，据此也很难安排全国的宏观布局。

那么，在全国一级综合经济区划分出来以前，按什么样的区划安排全国的宏观布局比较恰当呢？

宏观经济地带的划分，主要考虑各地带内部现有生产发展水平、生产发展的基本条件、潜力、面临的主要任务及今后发展方向的近似性，以及地带间在这些方面的差异性，适当考虑行政区划因素。据此把全国（暂不含港澳台）划分为东部、中部、西部三大经济地带，作为安排地区经济布局的宏观地域单元是比较恰当的。关于三大经济地带的具体地理范围，还有一些不同看法，但有了这样一个大框架，全国经济建设的总蓝图就比较容易勾画出来。

二、地区经济布局的基本指导思想

地区经济布局的基本指导思想，是人们根据对生产分布规律的认识，引导经济分布沿着一个什么样的方向发展变化及其所要达到的预期目标。这里涉及两个有争论的理论问题。

一是发展到现在，我国经济布局要不要进行大尺度的空间结构的调整？有一种看法认为，在 20 世纪至 21 世纪初，应当强调集中布局，重点建设东部，在东部地带内进行小尺度的空间结构的调整就可以了，不宜进行大尺度的空间转移。等东部建设好了，蓄积了力量，再以此为依托，向中部、西部进行战略转移。另一种看法主张东西结合，相互促进。

二是在肯定布局西移这个方向的前提下，也存在不同看法：第一种主张东西并举，全面铺开；第二种主张"超越论"，将全国经济开拓的重点尽快西移，跳跃发展；第三种主张"循序论"，类似于梯度推移论。

《建议》从全局的高度，明确提出，地区经济布局的基本指导思想，是逐步由东向西推进，把东部的发展同中、西部的开发很好地结合起来，三大经济地带之间，互相支持，互相促进，使全国经济振兴，人民共同富裕。这个思想，既是从我国现实情况出发，又是面向经济发展的。

从现实情况看，我国东部、中部、西部三大经济地带，客观上存在着两个"梯度"：就经济技术发展水平及多数反映生产的经济效益指标而言，基本上是从东向西呈阶梯形下降；就空间的广度和资源的丰度而言，基本上是从西向东呈阶梯形下降。这个格局，一方面说明我国现有的经济分布还存在很大问题：一是经济的空间分布还偏于集中，全国明显地区分为发达地带、欠发达地带和不发达地带；二是生产的地理分布同资源的地理分布还很不协调，现实的经济技术优势和资源的优势在空间上是脱节的；三是许多产品产、供、销在空间上的不平衡，资源紧缺与资源开发利用不是同时并存的。这些都在不同程度上制约着全国经济的健康增长和综合效益的提高。另一方面，这个格局也说明，三大经济地带之间，是各有所长，各有所短，彼此都有所求，谁也离不开谁，这就是一种内在的经济动力，推动着地带间的分工协作与联合。

从发展上看，如果过分强调集中布局，继续在东部地带和沿海少数大城市扩大发展，而不在全国范围内着手进行大尺度的空间结构的调整，就很难避免地带间的两极分化，贫困地区与发展地区的差距越拉越大，其结果既不利于落后地区的开发，也将拖累发达地区，这是不可取的。反之，布局全面西移，齐头并进，没有重点，分散力量，也会欲速不达。脱离现实条件，跳跃式地向西推移，问题很多，也不现实，大三线建设我们已吃过苦头。正确的做法，应当是立足东部，循序西移，中间突破。也就是说，经济建设西移的方向必须坚持，经济布局需要继续展开，但西移是一个长过程，必须是有步骤、有准备，不能操之过急。从我国的国力、战略目标和三大经济地带的实际出发，同时面向发展，从"七五"开始，到20世纪末，要在加快东部发展的同时，把建设重点转向中部，在西部主要是打基础，这样的安排是积极稳妥的。

三、三大经济地带的发展方向

东部地带，有几大优势：一是科技文教发达、精英荟萃；二是经济地理位置优越，交通方便，信息灵通，同国内外有广泛的经济联系；三是海洋资源得天独厚，开发潜力大；四是基础雄厚，效益较高，资金相对富余，自我改造、自我发展的能力较强。这是我国开发程度最高、经济上相对成熟的地带，在全国经济社会中占有举足轻重的地位。但也面临一系列问题和挑战：淡水资源不足，能源紧缺；产业结构也比较落后，在工业结构中，物质消耗高、运量大、污染重的传统工业仍占很大比重，这同地带内智力资源的巨大优势及资源的相对贫乏都不相适应；工业布局高度集中，大城市的"膨胀病"相当严重；工业设备老化，基础设施薄弱。这些都使地带的经济增长速度、经济效益、竞争能力受到影响。因此，一般来说，传统工业不宜再继续膨胀，不能围绕传统工业结构，搞"面多加水，水多加面"，在低水平上循环，片面追求工业速度。而应当利用现有基础，以内涵为主，以技术为导向，以经济特区、开放城市、开放地带为中心，大力贯彻"外引内联"的战略方针，着重于产业结构的战略调整，全面提高社会总产值。这种调整，包括用新技术改造现有传统产业；积极建立发展高技术产业，提高这部分产业在整个产业结构中的比重；综合开发利用具有地带优势的海洋资源和海岸带，同时将一部分耗能、耗料多的工业和部分一般性产品，有步骤地向富能、富料地区转移、扩散；以贸—工—农为序，实现农村总体结构的调整；大力发展第三产业，加强基础结构，增强"外引内联"的能力。到 20 世纪末，我国能不能完成预定的战略目标，能不能走向世界，能不能利用世界新技术革命带来的机会，迎接这个挑战，在很大程度上取决于这个地带的工作。

西部地带，其长处是地域辽阔，空间容量大，能源、矿产资源以及大农业的后备资源最丰富，矿种齐全，配套程度较高，而且发现新矿区、新矿种以及现有矿区扩大储量的潜力都远比其他两大地带大。这里是我国资源的后方，也是潜在的市场和投资的场所。但其弱点也很明显：经济基础薄弱，地方财政收入少，交通不便；人口总体文化素质较低；不少地区生态环境比较脆弱，生态系统有所恶化；有巨大的开发潜力，但一缺资金，二缺技术，三缺人才。在全国战略布局中，不可能跨越中部而马上作为全国经济开拓的重点。中近期主要是打基础，包括资源的进一步勘探，开发线路的建设，人才的培育，现有企业特别是三线企业的挖、革、改、配（套），调整土地利用结构与农业生产结构，抓好生态农业，在此基础上，积极发展投资少、见效快具有资源优势的轻纺行业与民族特需品工业，避开资金不足、人才缺乏的困难，尽快脱贫致富，恢复生态平衡，为下一步大规模开发准备一个较好的经济环境和生态环境。同时也要有重点地布置一批国家急需又能发挥地区资源优势的骨干项目，在大规模开发前，完成一定的建设规模，以便与下一阶段的大开发相衔接。《建议》指出，"我国经济在地区的发展上应该是有重点的，但绝不是机械地等待建设好一块再建设另一块"，就包含了这个意思。我国经济社会的发展，能不能有后劲，能不能持续、稳定、协调地发展，在完成 2000 年的战略目标的基础上，到 21 世纪中叶，跻身于世界发达国家之林，这个地带具有关键作用。

中部地带，最基本的特点是它的中间地位和过渡性：在地理位置上，正处于发达地带与待开发地带的结合部，可以同时吸取其他两大地带之长，补其所短，又便于同时从东西两个方向上，开拓市场，促进本身商品经济的发展和地区专门化水平的提高；在自然资源上，它的资源丰度优于东部，在资源总体上不及西部，但在矿种和资源的相对量上，二者各有千秋，而且由于中部内外运输条件都较西部好，离经济发达的主要消费区较近，因而一般来说，开发的经济技术条件较好，开发的经济性较高，这一点在很大程度上决定了在资源的开发顺序上，中部可比西部居于优先地位；在人口密度上，它既不像西部那样地广人稀，又不像东部那样人口过于密集、空间狭窄；在经济技术基础上，与东部比还有较大差距，但其农业基础相对雄厚，是全国最主要的商品粮供应基地，某些在优势农业原材料、优势矿产资源基础上的轻纺工业、采掘原材料工业等也在全国处于较高水平。能源、矿产原材料、农业原材料的供应比东部充足，这一点优于东部。全民所有制单位的自然科技人员总数不及东部，但占职工的比重高于东部，这些又都优于西部。可以说，中部是兼有东西之长，而其短处不像东西那样突出。在开发过程中，其优势较易发挥，其短处较易弥补，因此综合起来看，中部有条件在 20 世纪内作为建设的重点地区，担负起"承东启西"的历史重任。这里是我国重点建设项目最密集的地区。在 20 世纪内，中部能不能有一个突破性的发展，既关系到东部经济的腾飞，也关系到西部经济的崛起。

中间突破，东翼更上一层楼，西翼做好准备，这样，就能更好地迎接 20 世纪末 21 世纪初全国开拓重点的新的战略转移，在地区经济布局合理化的历史进程中，开创一个新局面。

载《经济理论与经济管理》1986 年第 1 期

论梯度理论
——兼评《论中国工业布局的区位开发战略》

王至元、曾新群同志发表于《经济研究》1988 年第 1 期的《论中国工业布局的区位开发战略——兼评梯度理论》一文（以下简称"王曾文"），论述了工业布局集中与分散相结合的"区位开发战略"，同时对梯度理论和梯度开发提出了质疑。文中不乏正确的见解，但也存在一些值得商榷之处，特别是对梯度理论的评价，显然失之偏颇。

一、从"区位"谈起

提出科学的概念，或者给原有概念以新的内涵，是理论发展的一个重要方面。"区位"和"非区位"是"王曾文"中用以阐明其基本观点的一对重要概念，因此有必要从"区位"谈起。什么是"区位"？"王曾文"定义为："在这里指具有现代工业的经济地理空间，一般是城市或城市群，也可包括与城市工业关系紧密的乡（镇）。"从"区位"演绎出"非区位"。什么是"非区位"？它指"没有或者缺乏现代工业的经济地理空间"。这是对区位概念的错误解释。区位是区位论或生产布局学中的一个基本概念，它有着特定的科学内涵。"区位"一词源于德语的"STANDORT"这个复合词。"STAND"意为站立，"ORT"意为位置、点、场所。区位就是定位，立足点，日本译为"立地"，我国译为"区位"。在广泛意义上讲，区位是指特定事物或人类特定活动所占据的特定空间。单就经济活动而言，农业区位就是农业生产的分布地区，工业区位就是工业企业的分布地区、地点。"王曾文"把区位等同于"具有现代工业的经济地理空间"，并进而等同于城镇群，而把没有或缺乏现代工业的经济地理空间排斥在"区位"概念之外，创造出一个"非区位"概念。果真如此，在世界范围或一国范围内，农业区位就不存在了，农业经济活动就没有立足之地了。实际上，只要有人类经济活动的地理空间，就必然存在着这种或那种特定经济单位的区位，根本不存在什么非区位。如一时不具备建设现代工业的经济地理空间，也总会有其他某种或某些经济单位存在其中，不然，这里的人们如何生存，社会生活如何进行？不仅如此，现在荒无人烟或人烟稀少，但矿产资源富集的空间，也可成为工业区位的候选者，也存在于区位的研究范围之内。作为一个理论概念，区位是在区位论（首先是农业区位论，而后是工业区位论）出现时正式提出的，但作为一个客体，在近代工业出现以前很久，在有了人类经济活动以后早就存在于客观世界之中。所以从一般意义上讲，区位绝不仅仅是指城镇或城镇群。

"王曾文"从不确切的"区位"和"非区位"概念出发，又引申出"区位经济"和"非区位经济"。但世界上根本没有什么非区位的经济，难道传统经济就没有它自己的区位吗？即使是原始的畜牧业，牧区不就是它的区位吗？怎么能因为它是传统经济就把它排斥在"区位经济"之外，而归入所谓的"非区位经济"呢？如果区位经济就是现代经济，非区位经济就是传统经济，那就直接用现代经济和传统经济不是一清二楚吗？何必硬要使用那种含义不清、捉摸不定的概念呢？

"区位开发战略"就是建立在这些不确切的基本概念的基础之上的。从全文看，中心是要阐述作者的基本观点，即工业应首先在少数地区、地点集中优先发展，然后逐步向工业稀少或没有工业的地区、地点扩张，经过较长时间的扩张，全面实现全国经济的工业化。其实，要阐述这样的思想观点，在区位理论或生产布局学理论中，早已有明确的公认的概念。我们绝不反对创造一些新概念或赋予原有概念以新的内涵。客观事物的发展反映在相关的理论研究中，必然会出现一些新的与之相适应的概念。但新概念必须有其新的内涵与外延，而且是科学的、清晰的。如果用一些含义不清的概念来取代已有的科学概念，这无助于理论的发展，也无助于加强自己观点的说服力。

二、怎样认识梯度理论与梯度开发

"王曾文"在论述"区位开发战略"的科学性时，用了相当大的篇幅，来对比评述梯度理论与梯度开发。由于篇幅的限制，本文不专门探讨如作者所讲的"区位开发战略"是否就是唯一符合我国国情的布局战略或开发模式，只就其对梯度理论的评述，谈谈我们的看法。

西方梯度理论的形成，是同工业"生命周期"理论相联系的。它认为，一个地区经济的发展水平，主要取决于专门化部门的种类及其生产规模。而各工业部门、产品，同生物的新陈代谢一样，在其生命周期中，都要经历产生（创新）、发展、成熟、衰退四个阶段。根据它们所处的不同阶段，可划分为三类部门，即兴旺部门、停滞部门和衰退部门。处于生命周期不同阶段的部门，在空间布局上的主要要求（不是全部要求）是不同的。兴旺部门布局的主要要求是技术基础、职工素质和协作条件，其他条件相对次要，而这正是发达地区，特别是大城市的优势所在。停滞部门布局的主要要求是接近燃料原产区和新的消费区，或工资、地租、税率相对低的地区；对技术基础、协作条件的要求则不那么高，或比较容易解决，而这正是中等发达地区、中等城市的优势所在。衰退部门布局的主要要求是燃料、原材料价格低、地租低、税收低、工资低，对其他条件要求不高，而这正是待开发的落后地区的潜在优势。因此，处在生命周期不同阶段的工业部门，其最优区位正好是在不同的经济发展梯度上，二者的分布是吻合的。即兴旺部门的最优区位是在发达地区，特别是其中的大城市，也就是经济发展的最高梯度上；停滞部门的最优区位是在中等发达地区或中等城市，即经济发展的第二级梯度上；衰退部门的最优区位是在待开发的资源富集区，即经济发展的低梯度上。由此得出结论：新技术、新生产力总是首先在经济技术发达地区产生、集聚，然后随着时间的推移，依次向中等发达、不发达地区扩散、转移。这就是西方梯度理论的基本点[①]。

最近几年来，梯度理论被引入我国总体布局和区域开发的研究中，主要是针对我国经济分布的不平衡性来探讨开拓重点的空间推移，正确处理发达地区、欠发达地区、不发达地区的关系，调整经济的空间结构的基本途径。其基本点表述为：无论是世界范围内，还是一国范围内，经济技术的发展都是不平衡的，客观上已形成一种经济技术梯度。有梯度就有空间推移，正如水从高处流往低处的自然趋势一样。生产力的空间推移要从梯度的实际出发，首先让有条件的高梯度地区掌握先进技术，然后逐步依次向处于二级、三级梯度的地区推移。随着经济的发展，推移的速度加快，也就可以逐步缩小、消除地区间的差距，实现生产力分布的相对均衡。这个观点提出来以后，引起国内理论界的争论，引申出各种不同的空间推移理论，如"反梯度理论"、"并存论"、"主导论"等[②] 在此我们不拟对上述各种观点进行讨论，只是就"王曾文"中的有关

---

① 周起业：《地区经济发展中的梯度理论是怎么一回事》，《地区发展战略研究》1987 年第 1~2 期。
② 参阅内蒙古党委政研室编的《梯度理论讨论文集》。

观点做些商榷。

（一）怎样估价我国现有经济分布的基本格局

"王曾文"否认我国现有经济分布的基本格局中存在着东部发达地带、中部次发达地带、西部不发达地带的梯度分布结论。文中只列举一系列用以衡量的经济统计指标的名称，但全文却没有直接引用一个数据来论证自己的观点。既然要用统计数据来说话，我们就不得不根据作者列出的指标（个别指标因手中缺乏计算的基础数据只好省略。为了形成一个总体概念，增列了人均经济技术综合指数），进行数据处理，并将处理结果列出来，看看东中西梯度分布是否存在，如表1所示。

表1　我国东部、中部、西部各指标对比

	I 东部	II 中部	III 西部	I 为 II 的百分比（%）	I 为 III 的百分比（%）	II 为 III 的百分比（%）
一、社会总产值（亿元）	9269.17	4906.4	2440.04	187.7	377.42	201.08
人均值（元）	2141.87	1321.59	1017.23	162.37	210.56	129.92
二、工业总产值（亿元）	5200.23	2414.78	1140.63	215.35	455.91	211.71
人均值（元）	1209.47	650.45	475.52	185.94	254.35	136.79
三、（独核）工业净产值（亿元）	1639.97	761.39	366.0	215.39	448.08	208.03
人均值（元）（全体人口平均）	381.42	205.09	152.58	185.98	249.98	134.41
四、（全民单位）自然科技人员数（万人）	351.42	257.25	166.6	136.61	210.94	154.41
占职工总数（%）	8.6956	8.7405	8.1003	99.49	107.35	107.9
五、国内三种专利批准量（项）	87	18	6	483.33	1450.0	300.0
六、12周岁以上文盲、半文盲率（%）	21.78	22.95	27.69	94.9	78.66	82.88
七、（全民独核工业）全员劳动生产率（元）	18629.3	12480.3	11891.8	149.27	156.66	104.95
八、（独核工业）实现利润（亿元）	608.99	224.81	110.29	270.89	552.17	203.06
实现利税（亿元）	1028.0	427.54	208.5	240.45	493.04	205.06
资金利润率	18.04	9.73	8.86	185.41	203.61	109.82
九、（全民独核工业）人均利税（元）	4564.45	2781.7	2691.98	164.09	169.56	103.33
人均利润（元）	2629.47	1448.87	1404.62	181.48	187.2	103.15
人均综合指数（全国为100）	129.09	78.98	70.38	163.44	183.42	112.22

资料来源：根据《中国统计年鉴》、《中国工业经济统计资料》（1986）有关数据加工整理。

梯度理论所谓的梯度，是指事物的空间分布在一定方向上呈有规则的递增或递减现象。是否存在梯度分布，取决于是否存在梯度差。梯度差有的较大，在梯度图上表现为陡坡；有的较小，表现为比较平缓。梯度差即扩散地区与接受扩散地区在经济水平、技术水平、人才知识水平、社会文化环境等方面的综合差距。表 1 所列经过处理的统计数据，从单项指标看，除一项指标外，其余都表现出东部优于中部、中部优于西部的梯度差。从综合指数看更说明问题。否认东中西地带梯度分布的存在是不符合实际的。

"王曾文"以东中西三大地带各自内部的差异，特别是各地带内部以至各省区内部"区位经济"与"非区位经济"的差异明显大于地带间的差异为依据，认为肯定三大地带的梯度分布"不能揭示我国工业布局复杂情况的最基本特征"，最基本的特征是"区位经济"与"非区位经济"的差异。

"王曾文"所讲的"区位经济"与"非区位经济"，据作者自己的阐释，就是城乡之间的双重结构。城乡之间的双重结构，的确是我国现代化过程中面临的严峻现实之一，也是布局战略应研究解决的重大问题之一，这是没有疑问的。问题在于梯度理论，并不否认城乡之间的双重结构的存在，而是将此看作是梯度分布的另一种形式。三大经济地带的划分，从梯度理论的观点看，只是从宏观上反映了我国客观存在的经济技术发展水平东高、中平、西低的总体态势，但不否认发达的东部地带内部也存在着局部不发达和欠发达的地区，只是这并未改变东部地带总体水平高于中西部的现实；落后的西部地带内部，也散布着局部发达和比较发达的地区，但这并不能改变西部地带总体水平低于东部地带的实际。我们都说，与世界发达国家相比我们是落后了。这就是从国与国之间的总体水平来进行对比而得出的结论。如果把我们的上海市与美国阿拉斯加的穷乡僻壤相比，上海市的发展水平要高得多，但这能否定中国的经济技术水平落后于美国的结论吗？实际上，在任何一个国家，从大的地域单元来看，梯度分布都不可能是板块式的，正如地貌区划一样，山区、高原区也夹着低谷，在低丘、平原上有时也会出现突起的山峰。美国是"王曾文"中肯定存在着梯度分布和梯度开发的国家之一，但美国的梯度分布同样也不是绝对的，发达的东北部城市带和比较发达的俄亥俄城市带之间，就是不发达的阿帕拉契亚地区。其西部地带整体水平较低，但落基山以西至西太平洋沿岸的西雅图——浪特兰地区，却又比较发达。既然肯定美国存在着梯度分布，为什么又否定我国东中西地带的梯度分布呢？如果要求处于不同梯度的地带，其内部各地的发展水平完全一样才算是梯度分布，那么，梯度分布就根本不存在，包括作者肯定的美、苏在内。

梯度理论也不否认各地带内部以至一省一县内部，也存在着程度不同的经济技术上的差距，这种差距就是局部空间范围内的梯度分布。梯度理论所讲的梯度分布，不仅仅是指三大地带之间的梯度差，也包括各地带内部的城镇地区与农业区之间的梯度差。因此梯度理论认为，在我国的布局战略中，要妥善处理东中西三大经济地带间的发展比例关系。这个宏观地带间的关系处理好了，全国生产力布局大框架就能做好。为此，各地带也要因地制宜，制定各自的发展战略，处理好内部各地之间的发展比例关系，当然包括城镇地区与农业区之间的关系，也包括地区增长极的建设，培育、完善及与外围地区的关系。这些空间关系也是一种梯度关系。显然，用梯度分布来概括我国现有的经济分布的基本格局，比只用城乡之间的双重结构来概括更全面。以"区位经济"与"非区位经济"之间的差异来否定东中西地带的梯度分布，进而否定梯度开发，才真正是"从统计事实到经济理论都缺乏高分的根据"。

（二）怎样理解梯度开发

"王曾文"把梯度开发理解为"首先集中于个别地带，然后再逐步推移"。而且在这个别地带内，又只集中于少数"区位点域"，而其他区域都不开发这种"区位点域"。据作者说，美、苏就是这样的。这至少是对梯度开发的误解。在我国经济技术的空间推移上，梯度理论只是说明：第一，在全国大的空间推移顺序上，应由东向西逐渐推进。但这并不排斥中西部的局部地区、局部领域，也可以超前发展而后来居上。因此梯度推移并不是板块式的、整齐划一的，也会有些交错。只是这种局部的超越，在整体上不占主导地位，占主导地位的是梯度推移。第二，梯度开发说明区域经济的发展，应当是有重点的。但有重点，不是只保重点，只集中于个别地带内的少数"区位点域"，而不顾其他。不要机械地等待东部地带都建设好了，才开始向中部地带推进；等到整个中部地带都建设好了，才向西部地带推进。梯度开发的理论上的出发点之一，就是认为，生产力的空间推移，布局的展开，是一个连续不断的过程，是量的积累、部分质变到质变的过程。不可能设想，只在某一地域长期踏步，到了某年某月，突然一下子就实现某种空间推移。因此，当前的建设布局，要考虑到与下一阶段的推移相衔接，对开发地区、欠发达地区给予一定的超前投资，创造推移的条件。没有今天的这种部分的超前投资，也就没有下一步的大规模的推移[1]。可见，"王曾文"中所讲的梯度开发，并不是梯度理论所讲的梯度开发，那种梯度开发，即使是在美、苏也都不曾实行过。

还应指出的是，梯度开发是国土开发、生产力布局秩序展开的一种普遍形式。在近代工业出现以前很久，在有了人类社会经济活动、城乡分离以后，一

---

[1] 刘再兴：《论我国生产力的布局战略》，《开发研究》1987 年第 5 期。

个统一国家形成的过程，就是其生产力由高梯度地区不断依次向中低梯度推进的过程，并不是大工业出现以后才有的开发形式。开发历史悠久的我国是这样，开发历史短的美国也是这样。不仅美、苏，在第二次世界大战以后，法国从巴黎、里昂、马赛及东部、北部大工业区向中部、西部、西南部的推进，意大利、联邦德国从北部向南部的推进，日本从过密的太平洋带状工业地带向"整备地区"、"开发地区"的推进，印度从孟买、西孟加拉、古吉拉特等邦向南方的喀拉拉、泰米尔纳杜、安得拉、卡纳塔克等邦的推进，巴西从沿海地带向中西部、北部的推进，埃及从东北部向亚马逊河流域、中西部地区的推进，突尼斯从沿海地带向西部和南部地区的推进，等等，从宏观上看，都在采用梯度开发模式。

（三）梯度开发是否适用于我国

"王曾文"提出，梯度开发只存在下述情况才能成立，即"在工业开发过程中，当某一特定区域区位密集、区位规模大、水平高时，就成为发达地区，而其他区域区位稀疏、规模较小、水平较低则成为次发达或不发达地区，这时才会出现区域（或地带）之间的经济开发顺序与发展程度的梯度关系"。据此，作者认为，像美、苏等国才似乎有过梯度开发过程。而我国国情不同，因而梯度开发不符合我国国情。我们不妨粗略地回顾一下美国梯度开发的历史过程。美国生产力由高梯度的东北部向低梯度的西部推进，大体上是从 1870 年左右开始的，这就是美国历史上第一次波澜壮阔的"西进运动"。从密苏里河到落基山直抵太平洋东北部尽管是全美制造业最集中的地区，但其"区位"还并不密集，规模不大，水平也不高。属于全美性的 14 个大城市，规模最大的纽约，城市人口才 92.4 万人，第二大城市费拉德尔非亚是 67.4 万人，其余都在 10 万~30 万人。① 现在我国东部地带的经济核心区如辽中南地区、京津唐地区、胶济沿线区、长江三角洲区、珠江三角洲区的"区位"密度、规模、水平都远远超过当年的美国东北部地区的核心区（即以波士顿、巴尔摩、圣路易和芝加哥为"四角"所组成的矩形地区）。"区位"的梯度分布非常明显，如表 2 所示。

---

① ［美］拉尔夫·亨·布朗：《美国历史地理》，《商务》，1984 年。

表 2　我国东部、中部、西部 "区位" 对比

	东部	中部	西部
城市密度（个/万平方千米）	0.8623	0.7426	0.1638
城市化水平（%）	23.21	18.99	17.49
50 万人口以上城市占全国（%）	50.0	34.62	15.38
城市平均年工业产值（亿元/个）	31.31	11.63	8.90
城市工业平均固定资产净值（亿元/个）	11.31	7.54	5.83

　　资料来源：根据《中国城市统计年鉴》（1986）有关数字加工整理。

　　表 2 说明，从 "区位" 的密度、规模、水平的空间分布看，我国东中西三大地带的梯度分布状况正符合 "王曾文" 中所承认的实行梯度开发应具备的条件。既然美国当年可采取梯度开发，为什么现在的中国却又不能呢？

论生产分布规律

作为研究生产分布规律的科学，从"区位论"到"空间经济学"或"生产布局学"，已有相当长的发展历史，但什么是生产分布规律，如何表述，它在生产布局实践中又是如何体现的，这些基本理论问题，至今还缺乏深入的研究。新中国成立以来，在我国关于生产分布规律的研究中，存在着两种倾向：一是只强调特有规律的作用，否认生产分布一般规律的存在；二是认为支配社会主义和资本主义生产分布发展变化的规律是同一规律，否认有社会主义生产分布规律。

一、有没有生产分布的一般规律，如何表述

回答是肯定的。生产分布规律是生产分布发展变化的内在必然性。生产分布既然是生产存在和发展的空间形式，有生产就有生产的分布和再分布，这就是产生适用于一切社会形态的一般分布规律的客观基础。为了正确揭示生产分布的规律，并进行科学的表述，有必要先简要回顾一下生产分布发展变化的历史过程。

一切人类生存的第一个前提，也就是一切历史的第一个前提是：人类为了能够"创造历史"，必须能够生活。为了生活，首先就需要衣、食、住以及其他东西。因此第一个历史活动就是生产满足这些需要的资料，即生产物质生活本身。为了满足人类不断增长的生活需要，必须不断发展生产，同时也就要不断扩大生产的空间。人口的增长，劳动者的生活需要，必须不断发展生产，同时也就要不断扩大生产的空间。人口的增长、劳动者的数量和素质的提高、科学技术的进步，也为生产的发展和生产空间的扩大创造了条件。一部社会生产发展的历史，同时也就是生产空间不断扩大的历史。

我国农业的起源甚早，但在夏、商、西周这个漫长的历史时期内，由于生产力水平的低下，人们经济活动的空间主要集中在黄河下游两岸平原和关中地

区。从春秋战国之际到东汉，由于铁制农具的普遍使用，水利事业的发展，不少过去不能利用的泽卤之地，也逐步被开辟为农田，不仅已有的农区得到巩固和发展，同时农业生产空间也随之向西南扩展到成都平原，向西扩展到宁夏河套地区、青海湟水流域、甘肃河西走廊，向南扩展到江淮之间以及长江下游的荆湖、豫章（今江西一带）地区，向东北扩展到辽南。东汉以后，历经三国、魏、晋、南北朝到南宋，先后经过几次人口的南迁，北方比较先进的生产技术和掌握生产技术的劳动者由北方转移到江南，全国经济活动的重心也随之由北方向南方转移。南方后来居上，北方相对停滞，但北方的农业生产空间，也从辽南向北扩展到牡丹江流域；以后随着生产力的缓慢发展，以农业为主体的经济活动空间，进一步向南扩展到广东的珠江三角洲、韩江三角洲和东南沿海地区，向北又进一步扩展到东北中、北部，台湾以及辽阔的西北、西南地区也逐步得到开发。同西方资本主义国家比较起来，我国近代工业起步较晚，直到中华人民共和国成立前的 100 多年中，工业生产力发展也很缓慢，但毕竟还是有所发展，工业生产空间也缓慢地有所扩大。从大的发展阶段看，大体上第一阶段，工业生产空间主要局限于东南地区少数沿江滨海城市，如广州、武汉、上海等；第二阶段，在东南地区少数大城市进一步膨胀的同时，一方面在大城市附近出现了一批次一级的工业中心，另一方面由东南地区向北方局部地区（主要是东北的大连、哈尔滨、抚顺、本溪，华北地区的京、津、济、烟和冀鲁豫煤田区）移动，在南方的湘、桂、滇也出现了较大的有色金属矿产地；第三阶段，在东南地区的长江三角洲形成以上海为中心，以轻纺工业为主体的工业城市集团，同时工业生产空间较大规模地向北方的东北主要是辽宁地区、华北沿海地区扩展；第四阶段，东南地区相对衰落，东北重工业急剧膨胀，华北重工业抬头，工业生产空间较短时期内向西（主要是四川）局部扩展。

新中国成立以后，生产以较快的速度向前发展，工农运输业的生产空间也相应地以较快速度和较大规模由东部沿海地区向西部地区扩展。

从以上粗线条的、很不完全的描绘中可以看出，在不同的社会形态以及同一社会形态的不同发展阶段上，尽管生产发展速度有快有慢，有时还有曲折和倒退，但从总体趋势看生产还是发展的，与此相适应，生产的空间也或快或慢、以不同的广度与深度、不同的步骤和方式在扩大，生产的空间组合也随之有所变化，地区之间的经济联系日益密切和广泛。

如果我们进一步综观世界生产发展和生产分布演变的历史，也大体如此。在人类社会的早期，由于生产力水平极其低下，生产活动的内容极其简单，人类生产的空间主要是在旧大陆的暖热地带；进入文明时期以后，随着铁器的使用，人类生产空间的扩大，底格里斯、幼发拉底、尼罗河、印度河、黄河中下游流域，形成了世界四大文明发源地。进入封建社会后，南亚、东亚、南欧、西北欧、中美及南美西北部，相继发展成为世界经济比较发达、开发程度较高的地区。地理大发现，资本主义生产方式的确立和两次科技革命，大大增强了人类利用、改造自然的能力，改变了生产分布的条件。世界上形成了西欧与美国两大工业地带和包括美国西部、加拿大、澳大利亚、新西兰、阿根廷等新垦区在内的资本主义大农业地带。第三次科技革命和社会主义国家的出现，一系列新兴尖端部门的建立，世界两大工业地带进一步扩展为四大工业地带：西欧、北美、日本、苏东欧，工业化也逐步扩展到"二战"后从世界殖民体系中解脱出来的一部分亚非拉国家。如拉丁美洲的巴西、墨西哥、阿根廷，东南亚地区的新加坡、马来西亚，非洲的象牙海岸等。由于世界人口的急剧增长和发达地区人口密度的提高，许多国家都致力于开发国内的落后地区，从而使生产空间扩展到在现有技术经济条件下世界一切有可能开发的地区。

根据上述分析，我们可以得出一个结论：随着生产的发展（包括生产力及与之相适应的生产关系），生产的空间不断扩大，生产部门、生产要素、生产环节的空间组合日趋复杂化和多样化。这是一条适用于一切社会形态的生产分布规律，也就是生产分布的一般规律。

二、有没有生产分布的特殊规律？如果有，资本主义和社会主义的生产分布规律如何表述

回答也是肯定的。生产分布规律体系中，除了一般规律外，还存在着特有规律。和一般规律不同，这种特有规律，是在特定的经济条件的基础上产生和发挥作用的。随着它所赖以存在的经济条件的变化，它或是消失而改变其作用，或是退出历史舞台。旧的生产分布规律退出历史舞台，并不是由于人们要消灭它，而是由于出现了新的经济条件而使它失去效力；同样，新出现的生产分布规律，也不是由人们的意志创造出来的，而是在新的经济条件的基础上产生的。这里所讲的经济条件，主要是指与一定的生产力相适应的社会生产关系。有什么样的社会生产关系，就有什么样的特有的生产分布规律。

资本主义和社会主义的生产关系，在性质上是根本不同的，在两种不同的经济条件下，其作用和表现也截然不同。

　什么是资本主义生产分布规律，什么是社会主义生产分布规律？

　资本主义的生产分布规律可不可以这样表述：地域分工规模不断扩大，生产要素的空间组合日益具有世界规模，生产自发地向利润最高的地区集中，发达地区的兴起伴随着另一些地区的停滞或衰落。这一规律的表现和作用，可以从资本主义国家内部反映出来，更可以从资本主义世界范围内表现出来。

　在资本主义发展过程中，资产阶级对小生产进行剥夺，把这些分散的小的生产资料加以集中和扩大，把它们变成现代的强有力的生产杠杆。和生产资料一样，生产本身也从一系列的个人行动变成了一系列的社会行动，产品也从个人的产品变成社会的产品。这种社会化的大生产，由于生产工具的迅速改进、交通的方便、商品价格的低廉，成了资产阶级用以摧毁旧的生产方式、旧的生产分布形式，推行资本主义生产方式，绘制一幅新的经济地图的重炮和工具。以大工业为主体的社会化大生产，造成了人口的流动性，破坏了生产者的定居性和地方的闭关性，各个区域之间的商业交往大大扩展了；创造了广阔的区域，并且还在这种区域内，按商品的分工，建立和发展了专门化，即一个地区主要生产一种产品，有时生产某一类产品，甚至只生产产品的某一部分；小生产者在工业中与农业中平行破产，完成了工业与农业的完全分离，许多不经营农业的新的工业中心，在过去人烟稀少的地带以空前未有的速度成长起来，并把附近以至更遥远地区的居民吸引到这些经济中心来。这些工业所加工的，已不是本地的原材料，而是来自外地甚至是世界极其遥远的地区的原材料。它们生产的产品，不仅供本地、本国消费，同时供世界各地消费。资本主义世界市场的开拓，使一切国家的生产消费都成了世界性的了，地域分工规模空前扩大，生产要素的空间组合也就空前复杂和多样化了。

　从资本主义世界范围看，发达的资本主义国家资本密度高的重化工和加工工业高度发展，而落后国家有可能同发达国家竞争的工业或被禁止，或在相当程度上受到限制，于是形成资本主义国际分工的基本格局：地球上的一部分成为主要从事劳动密集型和劳动生产率低的农业、矿业生产的地区，以服务于另一部分主要从事工业生产的地区。这种国际分工是以发达的民族压迫剥削不发达的民族的方式来实现的。这种国际分工对发达的资本主义国家来说，可把不发达国家作为其国民经济发展不可缺少的工业成品的销售市场和原材料供应基地，加快国内各产业的技术改造，提高劳动生产率。垄断国际市场以致各不发达国家的市场，用高于国际价值的价格出口资本密度型商品，以低于国际价值的价格进口劳动密集型商品。这种不等价交换给发达国家带来的利益，不是由商品的价值决定的，而是由垄断价格造成的。对不发达国家来说，尽管可以从发达国家进口先进技术、设备，促进国民经济的发展，但这是以向发达国家提供较多的劳动而换取较少的劳动为前提的，是以经济技术上的依附为代价的。它抑制了民族经济稳定而综合的发展，形成单一的经济或极不合理的产业结构。20世纪70年代初，发达国家由于石油危机的冲击，开始把能耗多、效率低、利润少、占用劳动力多的加工工业向发展中国家转移，使某些发展中国家的工业结构发生了一些变化，但总体来看，发展中国家的经济结构仍比较单一，富国与穷国的鸿沟仍然很深。

在以公有制为基础的社会主义社会，存在着与此相适应的社会主义生产分布规律。即通过生产要素有计划按比例的分配，使地区之间以及地区内部各部门之间协调发展，促进各地区和全国国民经济的普遍高涨以及各生产要素的保持或发展。这个规律是社会主义基本经济规律和国民经济有计划按比例发展规律在地域上的表现。社会主义的生产目的，是不断满足社会和全体人民不断增长的物质文化生活需要。社会主义的经济是计划经济，国民经济的计划化，不仅要求国民经济各部门之间按比例协调地发展，也要求全国各地区之间按比例协调地发展。因此各生产要素或社会劳动既要在各部门之间，也要在各地区之间有计划按比例地分配。社会主义公有制把社会各生产部门、各个地区联结成为一个有机的统一整体，彼此之间有所分工，但没有根本的利害冲突；有一定的竞争，但总目标是共同的，这就有可能根据社会的需要和全局利益，有计划按比例地分配生产要素，使地区之间，地区内部各生产部门、生产环节、生产要素合理结合，保持最优的比例关系，从而使整个国民经济协调地运转，取得全社会的国民经济效益和其他效果。这里所讲的效益，是指生产布局的经济效益与政治上国防上的要求的辩证统一，全局利益与局部利益、长远利益与近期利益的统一。具体来说，包括：

（1）有利于全国各地区自然资源、社会经济资源合理而有效的开发利用，其中包括自然资源和自然环境的保护，可再生资源再生能力的保持或发展，劳动者的全面发展。

（2）有利于发挥全国各地区在经济建设方面的潜力与优势，在全国统一计划指导下，同发展，共繁荣，达到国民经济的普遍高涨。

（3）有利于落后的少数民族向先进民族的飞跃，逐步消除各少数民族地区在历史上形成的政治、经济、文化领域的落后性，促进各民族之间的团结。

（4）有利于城乡结合、工农结合、结合城市与乡村生活方式的优点而避免其偏颇和缺点。特别是从根本上改变多年来城市搞工业、农村只搞农业生产的旧的城乡分工模式。

（5）有利于提高国家的战略防御能力和国防的巩固。

在这里，有几点需要进一步进行分析。

第一，在社会主义社会，生产分布的一般规律还是起作用的，但其表现和作用与资本主义社会有很大的差异。社会主义生产空间的扩大，是从全社会各民族的经济利益出发，通过计划来实现的。而在资本主义社会，则是在盲目竞争的压力下，在剩余价值规律的自发作用下来实现的。资本从老区向新区的转移，是以资本的增值为前提的。资本从发达国家向不发达国家转移，是发达国家资本输出的一种形式，其根本目的是为了获得最大限度的超额利润，而绝不是为了促进落后国家民族经济的健康发展。这种转移，虽然在一定时间，在个别方面，在客观上对落后国家经济的发展有一定的刺激作用，但如前所述，不可能从根本上消除发达国家与不发达国家在经济利益上的对抗，不可能实现资本主义世界范围内的普遍高涨和各民族的共同繁荣。即使是在资本主义国家内部，各地区之间的关系，实质上也是各垄断集团之间的经济对抗。各地区经济实力的消长，取决于各垄断集团超额利润的多寡，要达到各地区国民经济的普遍高涨也是不可能的，虽然就发达国家的生产力发展水平来看是可以做到这一点的。尽管资本主义国家也强调国家的干预，制定种种区域开发、疏散产业和人口的规划和政策，帮助"衰退地区"、落后地区振兴经济，但结果或是实施不通，收效不大；或是一个区域之所得是另一个区域之所失。即使是衰退地区和落后地区增加了就业，增加了总收入，但也不会自行改善人均收入状况或减少失业，并且通常只是有利于一部分人而有损于另一部分人。这同社会主义国家内部先进地区和落后地区之间的关系存在着本质的区别。

第二，我们说，在不同生产方式下，支配生产分布、再分布的规律是不同的，但在同一社会生产方式下，同一生产分布规律在每个国家之间有某种形式上的变异，在生产分布上表现出多种多样的特点。这种变异和差别，就取决于各国一系列独特的具体条件。马克思指出："同一的经济基础——就主要条件来说是同一的，仍然可由无数不同的经验上的事情，自然条件，种族关系，各种由外部发生作用的历史影响等，而在现象上表示出无穷无尽的变异和等级差别①。"因此，在研究同一生产方式下的生产分布规律的作用时，还要研究其中

---

① 马克思：《资本论》（第3卷），第1033页。

每个国家的特点。虽然每个国家的生产分布都各有特点，但不能因此而低估所有资本主义国家所固有的资本主义生产分布规律的作用、表现及其与社会主义生产分布规律的原则区别。

第三，在不同生产方式下，也会有某些生产分布现象是类似的。其原因除了是生产分布的一般规律在起作用外，也是因为生产分布是有继承性的。旧制度下形成的生产分布现象，有一些合理的因素，可以在新制度下保存和发展；不合理的部分，虽不能适应新制度的要求，需要加以根本的改变，但这是一个过程，需要花很多时间和很大的力量。由于客观条件的限制，或由于缺乏经验和工作上的失误，新的生产分布的形成不可能一蹴而就。由于社会主义制度直到现在，还主要是在生产力水平低下、小生产占优势的落后国家建立起来的，这种历史因素，在相当程度上制约着社会主义生产分布规律作用的广度和深度。从我国来说，还由于小生产习惯势力的根深蒂固，指导思想上的片面性，急于求成以及管理体制、若干经济政策上的缺陷，等等，在生产布局上有不少失误，而且有些失误还是带有全局性的，这些都使我国生产布局的实践没有取得应有的效果。生产分布虽然有相当大的改进但从旧中国继承下来的不合理的生产分布状况还没有根本改变。在某些方面，在一定时期内还有所发展，但这还是违反了社会主义生产分布规律客观要求的结果，而不能由此证明社会主义没有自己特有的生产分布规律。在这里，能不能正确认识掌握并自觉地按社会主义生产分布规律办事，就具有十分重大的意义。还应当指出的是，在社会主义社会虽然生产分布还存在着旧社会的遗迹，与资本主义生产分布现象有不少类似之处，但实质和发展趋势是不同的。资本主义地区比例以及地区内部产业比例失调，是这种生产方式所固有的，比例的调整，是通过剧烈的波动和周期性的危机，自发地强制来实现的，也是不可能根本消除的。而在社会主义社会，这类比例关系的失调，并不是这种生产方式所固有的，而且可以通过人们的自觉活动，来有计划地进行调节。因而从发展变化的总趋势看，旧社会遗留下来的生产分布不合理的这种遗产，必须被消除而且必将被消除，即使这是一个长期的过程。我们的任务，就是在研究揭示生产分布、再分布的一般规律和特有规律的基础上，了解人类社会生产分布的全过程及其发展的总趋势，并正确地运用于生产布局的实践中，经济有效地解决好我国的生产布局问题，有计划、有步骤地促使生产分布向着社会主义的方向目标演变。

地区经济社会发展水平比较研究的比较

近年来，随着区域经济、产业布局、国情国力研究的深入，从定量上对我国各省市区经济社会发育程度或发展水平的比较研究，引起了学者们的重视，取得了一系列的相应成果。这项研究具有多方面的应用价值：

（1）可以从整体上更准确地把握各区的区情特点，评价各地区所处的发展阶段，估量各地区在全国区域总格局中的地位，从而为研究、制定地区发展战略提供依据。

（2）经济社会发展水平的空间差异，是划分经济类型区和综合经济区的基本依据，是产业政策区域化、重塑区域格局、在全国范围内进行生产要素有效配置和优化组合的基础工作。

（3）可以从更深层次上评价我国的国情国力，为有效地提升综合国力提供思路。

（4）可以充实、完善区域经济研究的方法。

本文以我国省、市、区经济社会发展总体水平的比较为对象，将几种研究方法及其成果做些对比研究，以期相互借鉴，形成一个更具有科学性、更便于操作的评价、比较方法。

研究 I　杨泽军、陈晓峰的研究

比较地区：除台湾、西藏外的 29 个省市区

比较时间点：1989 年

研究要点：设计的比较方案分为三个层面：第一层面，为综合发展水平的比较。第二层面，将第一层面分解为经济、社会、科技三个方面的发展水平的比较。第三层面，将第二层面的三个方面分别进行分解：经济发展水平按产业部门分解为工业、农业、流通部门以及反映国民经济状况的主要指标，如通货膨胀率、财政净贡献率；科技发展水平分解为科技资源投入能力、科技活动产业能力、科技活动对经济发展的影响能力三类；社会发展水平分解为社会发展均衡度、生活水平、人口质量、环境和社会保障四类。

根据主成分分析法，对经济、社会、科技三个方面进行不同角度的考察、分析，计算出 29 个省市区上述三个方面的得分。

经济、社会、科技三者分别按 50、30、20 的权数分配，测算出 29 个省市区经济社会综合发展总分，并按总分大小排序[①]。

研究 II   胡细银的研究[②]

比较地区：30 个省市区

比较时间点：1989 年

本研究设置了由 6 组 22 个分指标组成的评价指标体系：

（1）经济水平指标组。包括"地区国民生产总值"、"地区人均国民收入"、"地区全员劳动生产率"、"国土开发程度"（=地区社会总产值/地区国土面积）等四个分指标。

（2）经济结构指标组。包括"地区非农业从业人口占地区总从业人数之比"、"非农业部门产值占社会总产值之比"、"制造业产值（=工业总产值−采掘业产值）占社会总产值之比"、"农村非农产业产值占农村社会总产值之比"等四个分指标。

（3）经济效益指标组。包括"地区社会净产值占总产值之比"、"独立核算企业百元固定资产原值实现的产值"、"全部独立核算工业企业资金利税率"等三个分指标。

（4）经济活力程度指标组。包括一定时期内（1979~1989 年）"国民生产总值年增长率"、"地区实际积累率"（=地区国民收入生产额−地区国民收入消费额/地区国民收入生产额）、"地区城市平均问题经济辐射引力指数"（=地区城市总数×地区城市平均人口规模×3.14/地区国土面积）、"城市平均人口规模"等四个分指标。

（5）人民生活水平指标组。包括"地区农民人均年消费支出"、"地区人均消费水平"、"地区人口城市化率"、"地区 15 岁以上人口中文化人口所占比重"等四个指标。

（6）经济联系指标组。包括"地区人均货运量"、"地区运网密度"（=地区铁、公、水运总营运里程/地区国土面积）、"地区对外贸易总额占地区国民生产总值之比"等三个指标。

---

① 评价结果见《中国国情国力》1992 年第 3 期，第 70 页表 2。
② 胡细银：《西部开发论》，中国人民大学博士论文，1992 年。

计算步骤：

第一步，分省市区分别计算出上述 22 个指标值。

第二步，用极差标准化，消除不同量纲的影响，求出标准化后的指标标准值。

第三步，分别求出各省市区 6 个指标组的综合值，即各组各分指标标准化后标准值的加总。

第四步，分组加权。第 1、2 指标组权重分别取 2；其余 4 个指标组分别取 1、5。按此权值分配，求出各省市区 6 个指标组加权后总分，并按总分大小排序。

研究Ⅲ：作者借用美国斯坦福大学莫克尔斯提出关于现代化国家的 10 大标准，并略作改造，作为评价我国 30 个省市区经济社会发展水平的指标体系，进行了试算。

10 个评价指标是：

（1）人均国民生产总值。

（2）农业占国民生产总值之比。测算时改造为农业占社会总产值之比。由于这是个逆指标，需按反方向评价，因此测算时，又将此指标改为"1-农业产值占社会总产值之比"。

（3）第三产业占国民生产总值之比。

（4）非农业人口所占比重。测算时改为非农业劳动者占社会劳动者总数之比。

（5）识字人口占总人口之比。

（6）适龄青年受高等教育者所占比重。由于没有分省市区的 20~25 岁这个年龄组的人口数，我们按这个年龄组的人口占总人口的 11% 推算。

（7）城市人口占总人口比重。测算时，改为城市市区人口占总人口的比重。

（8）平均每个医生服务人口数。由于缺乏数据，我们按医生人数占卫生技术人员总数的 45% 推算，并改为医生数占总人口的比重。

（9）平均预期寿命。由于没有 1989 年的数据，采用了 1981 年的数据，其中海南包含在广东内。

（10）人口自然增长率。这是一个逆指标，测算时改为"1-人口自然增长率"。

上述 10 个评价指标中，"人均国民生产总值"、"平均预期寿命"两个指标是绝对值，量纲又不同，因此，在测算时，分别用极差标准化处理成为无量纲的标准值。这样计算出的 10 个指标值可采用直接加总的办法汇总。

　　研究Ⅳ　笔者的研究

　　关于评价指标体系的设置，我们提出了几条指标选择原则：

　　（1）不硬性划分指标组。因为有些指标按其属性，既可归入这一组，又可归入另一组，其归属很难明确划分，直接选择分指标，可省去这个麻烦。重要的是所送指标需要涵盖经济社会发展的各个主要侧面，并能反映各个侧面的基本特征，避免评价结果的片面性。

　　（2）分指标的选择，尽可能选择有一定的综合性，或结合相关指标合成复合指标，使指标之间有比较明显的内涵上的差异。避免单项指标过多，导致一些指标之间内涵差异不明显。

　　（3）在选定指标的过程中，尽可能采用无量纲指标，或进行无量纲化处理，便于汇总。"综合指数法"，既可使分指标无量纲化，又可直接采用几何平均法汇总，避免加权平均法确定权重所需的复杂的计算，或权值分配上容易产生的主观性。

　　（4）每个指标，除有公认的特定的内涵者以外，都应有具体的计算公式。计算的基础数据便于收集，尽量避免这样那样的折算、推算，保证基础数据的准确性，提高计算结果的可靠性。

　　据此，我们从大量反映经济社会发展状况的指标中，筛选出由 9 个分指标组成的评价指标体系。它们是：

　　（1）经济总规模，以国民生产总值指数（=地区国民生产总值/全国 30 个省市区国民生产总值的平均值）表示。

　　（2）经济增长活力，以一定时期内（1953~1989 年）社会总产值的年增长率表示。

　　（3）地区自我发展能力（=地区实际积累率/地区资金占用系数。式中地区实际积累率=地区国民收入生产额–地区国民收入消费额/地区国民收入生产额；地区资金占用系数=地区乡及乡以上独立核算工业企业资金总额/地区乡及乡以上独立核算工业净产值）。

　　（4）工业化结构比重数

$$(= \sqrt{\frac{\text{地区工业总产值}}{\text{地区社会总产值}} \times \frac{\text{地区工业劳动者}}{\text{地区社会劳动者}}})。$$

　　在国外，衡量工业化进程，一般只用工业占国民生产总值的比重来判断。由于我国工业化进程的特殊性，单就工业产值比重而言，我国和多数省市区工业化都已达到相当的高度；但就工业劳动者的比重而言，大多则停滞在相当低的水平上，二者很不对称。因此，我们把这两个指标综合起来，建立"工业化结构比重数"这个指标，更能反映我国工业化进程的实际。

（5）结构转换条件。以人均国民收入水平为主导指标，兼顾人口规模、资源丰富度及现有结构层次。在国外确定了一个进入结构转换加速期的临界值，即人口在2000万人以上，临界值为人均国民收入270美元；人口在2000万人以下，其中资源丰富、以工业为主的，临界值为340美元；资源丰富、以初加工为主的，临界值为580美元；资源不多的为630美元。在计算这个指标时，1989年现价人民币按20世纪80年代平均汇率3.155换算成美元。参照上述结构转换加速期的临界值的划分标准，我国30个省市区中，有22个人口在2000万人以上，其临界值取人均国民收入270美元；琼、藏、青、宁、新属人口在2000万人以下、资源丰富、以初加工为主地区，临界值取580美元；京、津、沪三市属于人口在2000万人以下、自然资源不丰富、以工业为主的地区、临界值取630美元。这个指标具体计算时，按上述三类地区分别求出每类省市区的人均国民收入指数，即以地区的人均国民收入（折成美元）为分子，以标准临界值为分母，分别求出三类地区内各省市区的人均国民收入指数。

（6）人口文化素质（=百人中大学文化程度人口/百人中文盲、半文盲数）。

（7）技术水平指数。技术水平为工业职工人均产值与工业资金产值率的乘积。将地区数除以全国平均数，即地区技术水平指数。

（8）城市化水平

$$\left(= \sqrt{\frac{地区城市市区人口}{地区总人口} \times \frac{地区城市市区工业产值}{地区工业总产值}}\right)。$$

（9）居民生活质量。以居民消费水平指数（=地区居民消费水平/全国居民消费水平）表示。

将上述9个评价指标值一一计算出来，然后用几何平均法合成一个综合评价指标，即地区经济社会发展水平综合指数。

上述四种研究结果的对比如表1所示。

上述四种研究方法，共同点是都注意到地区发展水平比较内容的相对全国性，设置了评价的指标体系，力求使所选指标能从各个主要侧面综合反映经济社会的发展状况，克服了多年来国际通用的以"人均国民生产总值"这一评价指标来衡量国家、地区发展水平的片面性，也克服了过分强调生活质量的评价指标，而忽视经济评价指标的缺陷。但在指标选择上也有明显的差异，对某些

表1　四种研究关于中国各省市区经济社会综合发展水平（M）比较的对比

I			II			III			IV		
序号	地区	M	序号	地区	M	序号	地区	M	序号	地区	M
01	沪	899	01	沪	32.3583	01	沪	6.7804	01	沪	0.8898
02	京	862	02	京	24.9722	02	京	6.6136	02	京	0.8044
03	苏	803	03	津	22.1113	03	津	6.0660	03	辽	0.6957
04	粤	730	04	辽	18.1371	04	辽	5.4453	04	津	0.6805
05	辽	674	05	粤	17.3779	05	粤	4.9459	05	苏	0.6087
06	鲁	657	06	苏	17.1869	06	黑	4.9354	06	粤	0.5951
07	浙	625	07	浙	17.0807	07	吉	4.9222	07	浙	0.5740
08	川	605	08	鲁	14.3501	08	浙	4.7954	08	鲁	0.5002
09	鄂	603	09	黑	14.1595	09	苏	4.7389	09	黑	0.4802
10	津	599	10	闽	13.5540	10	鲁	4.6128	10	鄂	0.4728
11	黑	577	11	吉	13.2780	11	晋	4.5545	11	吉	0.4482
12	吉	560	12	鄂	13.1173	12	冀	4.4811	12	闽	0.4300
13	湘	553	13	冀	12.4851	13	闽	4.3118	13	冀	0.4104
14	冀	512	14	晋	12.1133	14	鄂	4.2964	14	湘	0.3937
15	闽	467	15	湘	10.9600	15	蒙	4.2275	15	晋	0.3740
16	豫	450	16	豫	10.8443	16	琼	4.1455	16	豫	0.3601
17	陕	437	17	川	10.7059	17	豫	4.1440	17	川	0.3575
18	赣	374	18	皖	10.6149	18	桂	4.0428	18	皖	0.3464
19	皖	365	19	云	10.3347	19	宁	4.0206	19	陕	0.3454
20	新	353	20	赣	9.9772	20	陕	3.9808	20	赣	0.3418
21	晋	351	21	陕	9.9253	21	皖	3.9583	21	新	0.3256
22	云	345	22	新	9.5440	22	甘	3.9573	22	桂	0.3125
23	桂	308	23	蒙	9.3672	23	湘	3.8873	23	蒙	0.3081
24	甘	282	24	宁	9.1508	24	赣	3.8642	24	云	0.2889
25	蒙	272	25	桂	8.8007	25	新	3.6896	25	甘	0.2833
26	琼	250	26	甘	8.7847	26	川	3.6472	26	贵	0.2453
27	宁	225	27	琼	8.6642	27	青	3.6208	27	宁	0.2451
28	贵	191	28	贵	7.8972	28	贵	3.1745	28	琼	0.2340
29	青	108	29	青	7.0137	29	云	3.1202	29	青	0.2087
			30	藏	1.9575	30	藏	0.9165	30	藏	0.0947

地区的评价结果差别较大。

第一种研究，主要是提出了比较的内容，但大多没有明确提出相应的具体评价指标及其计算公式。如反映经济这一层面的指标很多，本研究选取哪些？工业、农业、流通部门的发展水平，科技资源投入能力，科技活动产出能力，科技活动对经济发展的影响能力，生活水平，特别是如环境和社会保障、社会发展均衡度等，具体指标是什么，计算式是什么，都没有说明。从评价结果看，在对比的 29 个省市区中，天津按总分排到第 10 位，居四川、湖北两省之后，这显然是值得考虑的。

第二种研究，指标数量较多，有相应的计算公式，使指标有明确的内涵，从评价结果看，在按总分的排序中，没有出现明显的偏差，比较符合实际情况，即同区域经济定性分析的结果大体一致。但分指标的选择过分向经济倾斜，社会指标明显偏少，特别是没有一个直接反映技术状况的指标。在同一指标组中，分指标的层次不同，因而重要性也不同，但都并列起来，经过无量纲化处理后就直接加总，也是一个缺陷。6 个指标组之间的权数分配或权重的确定，没有经过一定的分析方法（如通用的层次分析法）进行计算，而是从定性角度粗略判定，这不可避免地带有主观性。即使从定性角度看，经济效益指标组的重要性，也很难说就在生产发展水平和经济结构这两个指标组之下。

第三种研究，在指标设置上，突出了"人均"观念，也突出了以人为中心的思想，这是值得我们借鉴的，但完全排斥指标也有缺陷。在评价发展水平上，总量与人均量指标缺一不可。由于过分强调人均量指标，所以在评价结果上，按总体水平排序，四川排到第 26 位，而内蒙古排到第 15 位，海南排到第 16 位，宁夏也排到第 19 位，都远远高于四川的排名。这些评价结果不大符合实际。

第四种研究，在一定程度上避免了上述研究的缺陷，操作也比较方便，评价结果大体符合实际。缺陷是经济效益指标、生活质量指标分量不足。在所选的 9 项分指标中，对地区经济社会总体发展水平影响力度，有些也有差别，用几何平均法汇总有些简单化。

在指标值的汇总上，几何平均法有些简单化，采用加权平均法，又容易产生主观性。进一步研究，可考虑仿效田径赛十项全能项目的计分法。此法的优点是在计分过程中就可以无量纲化，而且可以克服加权平均法、几何平均法的缺陷。其计算方法，以人均国民收入这个指标为例。

1989 年，全国人均国民收入最高的是上海的 4600 元，得 100 分；最低是贵州的 620 元，得 0 分；全国平均为 1190 元，得 60 分。从 0~60 分，全距为 1190 元–620 元=570 元。得分全距为 60 分。在这个分数段内，得分递增系数=570 元/60 分=9.5 元，即每 9.5 元得 1 分。从 60~100 分，全距为 4600 元–1190 元=3400 元，得分全距为 40 分。在这个分数段内，得分的递增系数为 3400 元/40 分=83.5 元，即每 85.3 元得 1 分。

假定山西人均国民收入为 1010 元，及格分是 1190 元，显然山西在这个指标上的得分只能低于 60 分。在 0~60 分段内，得分递增系数为 9.5 元。山西人均国民收入额到及格的人均国民收入额之间的差距是 1190 元–1010 元=180 元。180 元/9.5 元=18.9 分，即比 60 分差 18.9 分，也就是得 41.1 分。

　　每项指标，不管其量纲如何，都可这样计算出得分数，然后将 9 项指标的得分加总，按总分大小排序。

在治理整顿中调整产业政策与空间政策

十年改革，成绩显著，但同时一系列的失误，也导致改革与发展矛盾重重，面临困境。治理整顿，势在必行。调整产业结构，相应地调整产业政策与空间政策，理顺产业之间、区域之间的关系，实现资源的有效配置，增加有效供给，是治理整顿的主要内容之一。

进入 20 世纪 80 年代以来，我国工业生产建设存在着两大结构性缺陷。一是工业生产结构向加工工业品增加了 40.6%，原材料工业增加了 80.3%，而加工工业则增长了 151.9%。在工业增加的总量中，采掘、原材料工业加在一起，只占了 19%，而加工工业却占了 33.6%。这样，在整个工业结构中，采掘、原材料工业的比重由 22.7% 下降为 23.5%，加工工业比重则由 21.7% 上升到 24.7%。

二是工业生产的地域结构，过分向东倾斜。"五五"期间，全国基本建设投资在三大经济地带间的分配，东部占 42.2%，中、西部合计占 50%。"六五"期间，东部地带所占比重上升为 47.7%，中、西部下降为 45.5%，东部已大于中、西部之和。到 1987 年，东部进一步上升到 50.81%，中、西部进一步下降为 40.23%，东部比中、西部之和还多 10 个百分点。"六五"期间，东、中、西三大地带工业新增固定资产的比重是 3.07：2.15：1（以西部为 1），中、西部在全国工业总产值中所占份额也大幅下降。1982~1988 年的六年中，东部地带工业产值占全国比重由 59.8% 上升到 62%，中部由 27.6% 下降为 25.9%，西部由 12.6% 下降为 12.1%，工业的区域结构大体上恢复到 1965 年的水平（东、中、西地带相加不等于 100% 是因为部分投资不分地区）。

因此，在治理整顿中，必须大力调整我国的产业政策与空间政策，以新的倾斜改变现在这种不合理的倾斜。

为了做好这种调整，必须解决几个理论认识问题。

一、我国产业发展到底应向哪里倾斜

"六五"期间（1981~1985年），我国工业总产值年递增10.8%，其中轻工业增加12%，重工业增加9.6%；在重工业中，属于基础工业的冶金年增长率为7%，电力为7.6%，煤炭为5.6%，石油为5.19%，均低于工业的平均增长速度。更大大低于轻工业的增长速度。在机械工业中，轻型机械年增加17%，而重型机械只增加14.1%；在化工中，轻化工年增加13.7%，而重化工只增加8.4%。

向轻加工工业，特别是向以家电为主的高档、耐用消费品制造业的倾斜，恰恰是我国主导产业选择上的一个失误。

尽管以家电为主的高档消费品工业轻加工工业，需求收入弹性较高，附加值、资金利税率也较高，但在我国现阶段，并不具有很大的相对优势，也不具备作为主导产业的全部基本条件。

第一，这类产业生产能力的形成与快速增长，主要是依赖进口装备生产线，也就是技术装备主要依赖进口。所需的主要零部件、相当一部分原材料，也依赖于进口。

第二，这种大量进口所生产的产品，是以国内市场为主，出口创汇能力低。

第三，由于这类产业从技术装备到主要零部件和部分原材料未能国产化，其发展与国内的相关产业相脱离，因而应有的关联作用大大降低。其关联作用，主要是刺激了进口贸易的大幅增长，造成大量的外贸逆差。而且正由于主要靠进口来支撑其发展，这个基础也很不牢靠。零部件和某些原材料的进口一减少，成品的产量就立即下降，已有生产能力就不能充分发挥。1987年，上海12条彩电生产线，只有7条正常运转。

第四，虽然这类产业需求收入弹性较高，国内市场条件较好，但这在相当程度上是"超前消费"的结果。我国人均国民收入不足500美元，城镇居民电视机、收音机、洗衣机、电冰箱的普及率分别达93%、52%、60%和13%，已相当于1966年日本人均收入超过1000美元的水平。这是靠挤压其他生活需求的消费支出来维持其销路的，并不利于我国需求结构的合理化。而需求结构正是决定产品结构以至产业结构的主动力。从这个意义上讲，又不利于我国产品结构、产业结构的合理化。

根据以上分析，可以看出，以轻加工工业为主导的结构调整导向是不合适的。

沿海战略提出以后，又出现一种劳动密集型出口产业导向论。其理由是：

第一，从国际环境看，当前，世界发达国家和前列的发展中国家与地区，面临产业结构新的大调整，相继让出一部分传统产业，首先是劳动密集型产业的市场，这对我国发展劳动密集型出口产业，提供了一个有利的国际条件。

第二，从国内情况看，我国人口多，到 2000 年，每年有数千万劳动力要从农业中转移出来，再加上现有工业企业中的多余劳动力也要转移，为了解决就业问题，需要更多地发展吸收劳动力多的劳动密集型产业：我国能源、运输都已是发展中的"瓶颈"，重点发展能耗低、运量小的劳动密集型出口产业，对缓解能源、运输的紧张局面也是有利的。

第三，按照李嘉图的比较成本原理，我国劳动力资源丰富而且便宜，发展劳动密集型产业在国际上可占有一定的相对优势，可以发扬我国劳动力资源之长，避开资金、技术不足之短。

劳动密集型出口产业，的确是应当发展的，但作为全国的主导产业，向此倾斜则是不恰当的。从构成主导产业的基本条件或选择基准看，与资金、技术密集型产业相比，劳动密集型产业其产品需求收入弹性小，劳动生产率增长速度低；在产业结构中，波及效果小，对整个国民经济的驱动作用不大；主要出口劳动密集型产品，只能在低水平、低层次上参与国际大循环。在国际市场上，这种主要靠低价劳动所形成的成本优势，与主要靠资金密集或技术知识密集所形成的成本优势相比，竞争能力差，而且从动态上考察，劳动力资源优势是递减的。

那么，正确的选择是什么呢？我认为，应当在重化工领域内来选择。重点优先发展能源（特点是电力）、冶金、化工、机械（主要是飞机、汽车）、建筑，同时积极扶植具有潜在优势的生产资料类电子工业、宇航工业、激光、真空、生物工程、新材料等高技术产业，构成我国的主导产业链。其依据是：

第一，上述产业在我国基础比较雄厚，发展潜力大。如果按轻、重工业的粗略划分，以固定资产净值为代表的现有资产存量，重工业是轻工业的 2.9 倍；以利润为代表的经济效益总量，重工业是轻工业的 1.94 倍；对整个国民经济增长的"作用率"，"六五"期间，轻工业为 45.7%，而重工业为 53.45%。因此，尽管重化工与轻工业相比，具有投资大、能耗高、占用能源多的缺点，但同时已有基础、经济效益总量、对经济增长时作用率也较高。

第二，上述产业在我国市场广阔、供不应求、进口替代、平衡外汇的作用显著。

第三，综合效应强，对国民经济的驱动作用大，其社会效益也较高。

第四，上述产业所需的基本资源比较丰富，开发潜力大。发展重化工的能源、矿产资源，按平均人口我国虽然不算多，但按绝对量讲，是世界资源大国之一。

第五，从主导产业阶段性转移的一般趋势看，在经济起飞阶段，一般是以重化工为主导的。从经济发展水平看，1956 年日本人均国民生产总值为 200 美元时，重化工就迅速超过轻工业，并不断拉开差距。1987 年我国人均国民生产总值已超过 1000 元，人均国民收入已达 868 元，整个重化工基础远比当年日本雄厚，具有重点发展某些重化工产业的经济力量。特别是我国已有工业结构的主要矛盾是基础工业滞后，已严重制约着国民经济的发展，包括消费资料生产的进一步发展，导致有效供给不足。缓解这种比例失调，有赖于重化工的较快发展及重化工内部行业结构、产品结构的调整。因此，全国工业结构向重化工倾斜既是必要的，也是可能的。

二、我国工业的空间结构应向哪里倾斜

"六五"以来，国家的空间政策向东倾斜，这从全局看是必要的。特别是为了克服"三五"、"四五"期间大三线建议、工业过度向西倾斜所带来的弊端，转而向东倾斜，也是国民经济大调整所必需的。但是，第一，这种倾斜的时间不宜过长，"八五"应开始调整，"九五"应有较大调整。第二，这种倾斜不宜过度。据历史经验，基建投资在三个地带间的分配，倾斜地带所占比重一般不宜大于其他两个地带之和的 50%。"三五"期间基建投资向西部地带倾斜，西部所占比重相当于东、中两地带之和的 61.5%，实践证明这种倾斜已经过度，造成许多不良后果。"六五"期间向东倾斜，东部为中、西部之和的 1.03 倍。1987 年，东部为中、西部之和的 1.26 倍，这种倾斜远大于"三五"期间的向西倾斜，倾斜明显过度，表现为不分产业、行业全面地向东倾斜。其实国家紧缺的能源、高耗能原材料工业，即使是在向东倾斜的时期内，也应当更快更大规模地向中西部富能、富料地区倾斜，这不仅关系到中、西部的开发，更重要的是关系国家的全局，也关系东部地带的健康发展。没有中、西部能源、原材料工业的大发展，2000 年全国的战略目标就很难顺利实现；没有中、西部的能源、原材料作后盾，沿海战略也不可能顺利实施，并取得预期的成果。沿海的"两头在外、大进大出"对某些产品来说是可行的，但对能源、原材料产品

来说，大多数是不可行的，其生产供应主要应立足于国内。而能源、原材料工业的布局指向是相关的自然资源。我国能源、矿产资源主要分布在中、西部，按保有工业储量的潜在价值量计算，在东、中、西三大地带的分布大致是2：4：4，即80%在中、西部。因此，能源、原材料的生产供应主要立足于国内，在空间政策上这些产业的建设重点就必须西移。

东部地带是我国最大的缺煤少电地区，12个省市区全部是煤炭的净调入区。1985年总净调入量达10517万吨，占全国五大缺煤区（京津冀、江浙沪、粤桂、辽吉、鄂湘）净调入总量的78%。由于缺煤，电力更加紧张，许多地方的企业实行"停三开四"或"停四开三"。为了缓解东部地带能源的供需矛盾，有些同志提出了三条对策：一是加快本地资源的开发与建设，"有水快流"；二是建设核电站；三是进口部分能源。

我们认为，这些对策是可以采用的，但不是解决东部能源问题的根本途径。

第一，"有水快流"。但"水"本来就不多，"快流"对加大"总流量"的作用有限，而且加快开发，也就会加快资源的枯竭。东部地带煤炭资源的探明保有储量，只能保证2.3亿吨的煤炭生产能力，按已有煤炭生产能力，加上2000年前规划的开发规模，到2000年以后，可供建新井的后备资源就差不多用完了，因此开发利用本地资源不可能缓解煤炭的供需矛盾。

第二，建设核电站。全国核燃料的保有储量，能保证核电的建设规模不大，而且建设一个核电站的投资，相当于四个同规模的煤电站的投资，靠核电能解决的能源也很有限，而且代价很高。

第三，进口能源。我国还需要出口部分煤炭、石油以换取外汇，以外汇进口能源来支撑东部地带的进一步发展。

根本出路，只能是依靠中、西部富能地区的能源工业规模的扩大。

多年来，国家为了缓解电力供需矛盾，在火电站的建设布局中，采取了两种布点模式：一是在缺煤的负荷中心建设电站，调煤发电；二是在靠煤近水的地方建设电站群，向缺煤的负荷中心输电。其中以第一种布点模式为主，即火电站的部局偏重在东部的缺煤负荷中心。"七五"前三年，沿海地区火电装机能力占全国火电装机总容量的75%，这两种布点模式各有其优缺点，但综合起来看，第一种缺陷较大。煤炭供应一紧张，按前一种模式建设起来的电站，就往往要被迫停机，位于东部的华东、东北、华北电网纷纷告急。看来火电站的布点应尽快由以第一种模式为主向以第二种模式为主过渡，即今后应更多地在中、西部具备煤电建设基本条件的地方建设电站。至于水电，由于水电资源高度集中于中西部，其开发利用率又远低于水电资源少的东部地带，因此，水电布局更要向中西部水能"富矿"区转移。加大中、西部的能源规模，加快建设进度，发挥中西部的能源、资源优势，这才是缓解东部地带能源供需矛盾的根本途径。我国当前面临的能源危机，主要原因之一，就是全国能源工业投资向中西部倾斜不够。如果还在东部兜圈子，只能延误时机，加剧东部能源供需矛盾。如果中、西部能源工业能加快发展，并与其优势矿产资源相结合，一系列国家短缺的高耗能原材料也就可以跟上来，并通过能源、原材料产业的波及效果，带动中、西部经济的起飞。即使是在向东倾斜期间，能源、原材料工业也必须向中西部倾斜。

三、冷与热

现在国内外有关人士都认为，我国经济面临的主要问题之一，是经济过热，出路是减速降温。笼统地这么讲是可以的，但应具体分析。所谓经济过热，在工业领域内，只是热在某些加工工业上，基础工业，特别是提供原材料的采掘工业以及包括农业、交通、邮电在内的整个基础产业，不是过热，不是要降温，而是应适当升温。这就是在产业政策和资金流向上，必须限制加工工业的膨胀，集中发展基础产业，包括能源、原材料工业。办法是国家直接掌握的预算内资金的投放要大幅度地向基础产业倾斜。对社会资金，国家也要通过经济杠杆，辅之以行政干预和立法制约，诱导社会资金更多地流向基础产业，提高基础产业在总投资中的比重。

根据多年的经验数据的分析，要真正缓解能源的供需矛盾，能源工业投资占基本建设投资的比重至少不低于30%；要真正缓解运能与运量的矛盾，交通邮电投资的比重至少不低于20%，即这两项应占其建设总投资的50%。但"六五"期间只占33.7%，1987年只占38.6%，而1988年煤、电投资的增长速度还比1987年下降了几个百分点。这种情况再也不能继续下去了，必须尽快调高能源材料工业的投资比重。也只有增加了能源、原材料工业的投入总量，才能在空间上把能源、原材料工业的建设向中、西部倾斜，给中、西部能源、原材料工业以有力的推动。

四、能源、原材料短缺的根本原因何在

没有钱建设规模难以扩大，这是一个原因，但不是主要原因。我国的资金是不多，但也不能说很少。现在全国一年社会固定资产投资的总规模已有3600多亿元，其中基本建设投资也有1300多亿元，拿出30%搞能源工业，一年就有400多亿元。据预测，要实现2000年国民生产总值翻两番，1986~2000年固定资产投资需45000亿元[①]。按目前基本建设投资占固定资产投资总额的37%计算，这15年中基本建设投资总量是16000多亿元。又按能源投资比重占30%计算，就有近5000亿元可用于能源建设。再按能源总投资中60%投资电、20%投资煤这个比例计算，这15年可用于投资电的基建投资有3000亿元。按每千瓦装机综合投资1300元计算，可建设2.3亿千瓦的电话；有1000亿元可投资煤炭，按吨煤能力综合投资184元计算，可建设5.4亿吨的煤炭生产能力。这还是按新建国统大矿来计算的。考虑到地方矿、乡镇矿和改扩建吨煤能力投资可大大减少、那还可建设更多的煤炭生产能力。粗算这笔账就可见我国还不能说就是没有钱发展能源。那么发展不下去的原因在哪里呢？基础工业的特点是：关联效果大，影响面广，但投资门槛高，建设周期长，内部收益率低。由于价格扭曲，不能确切反映其真实的经济效益。这是不愿发展基础工业的客观原因之一。但更深层的原因是局部的利益冲动，决策者的短期行为盛行，对我国能源、原材料产需的长期趋势缺乏认识，没有长远打算。1985年煤炭供应暂时缓和，即误认为煤炭问题不大，国统矿放慢了建设进度。"七五"前三年，新开工矿井规模平均每年只有1226万吨，比"六五"期间每年开工1890万吨减少664万吨，三年就少开工近2000万吨。由于开工规模小，"七五"转到"八五"的煤炭建设项目总能力比"六五"转到"七五"的1.4亿吨少6000吨。这样统配矿的后续能力将会出现一个较大的断层，给以后的生产造成不利的后果。据有关预测显示，1990年即使能完成10.3亿吨的计划产值，届时产需缺口仍在1亿~1.7亿吨。一方面，大批关于国际民生的企业嗷嗷待"能"、停工待料，中西部许多能源、原材料重大项目已进行了多年工作，万事俱备，只欠资金；另一方面，大量的公款却用于盖楼台馆所、进口豪华汽车、供某些人白吃白拿。1987年全国各地有账可查的白吃白拿、买豪华轿车挥霍

---

① 周林：《我国的经济实力》，新华出版社1988年。

的公款高达 530 多亿元。1988 年全国楼台馆所非生产性建设投资是 510 亿元[①]。光是 1987 年挥霍的公款就比同年全国能源工业基建总投资 329.7 亿元多 61%。按照前述单位能力投资计算，这一年就可多建设 2400 万千瓦电站、5800 万吨煤炭和 1700 万吨原油的生产能力，但这么多能源却白白浪费掉了。有钱没有用在刀刃上，没有真正把能源、原材料工业放在重点优先的地位，长期投入不足，这才是能源、原材料短缺的根本原因。对症下药，只要能有效地纠正短期行为，狠刹不正之风，下决心调整投资结构，在我们已有的国力基础上，缓解能源、原材料、交通邮电问题，是完全有可能的。这正是治理整顿的主要内容和重要目的，亡羊补牢，犹未晚也。

---

① 参见《瞭望》1989 年第 16 期。

产业政策区域化的几个问题

一、产业政策要有区域政策相配套

政策的出发点和着力点是调整、协调。调整特定的政策，协调特定的对象。事物的复杂性和关联性，要求政策配套，交互作用，以充分发挥各项政策的功能，产业政策也是如此。

从理论上讲，一个国家的生产要素，总是需要同时从两个方面进行调度和组合的。生产要素分布于不同产业，就形成了相应的产业结构；生产要素分布于不同地区，便形成了一国的产业布局（或区域或空间结构）。同样的生产要素，在产业间和地区间进行不同的组合，其运用效率是不大一样的。国家制定和执行政策，规定在一定时期内，对不同产业分别采取扶持、发展、改造、限制以致淘汰的措施，其目标是调整协调生产要素在产业间的分布，矫正已有的结构性偏差，促进产业结构的合理化和高度化，提高要素运用效率，从而提高社会生产率。同理，为了使生产要素从空间上进行合理的调度和组合，协调区域关系，并使整体结构的调整、优化落实到特定空间，就需要制定和执行区域政策。因此，产业政策和区域政策，是两个相互联系又有区别的概念。二者的总目标是一致的，都是为了优化生产要素的组合，提高整体效益。但二者回答和处理的问题又是不同的，前者主要解决整体结构优化问题，后者主要解决区域结构问题。二者相互促进、相互制约，但不能相互取代，不能认为有了国家的产业政策，各地区都按此办事，就能解决区域问题。没有区域政策配套，产业政策就难以顺利实施并取得预期成果。理由是，国家的产业政策，主要是从宏观上明确各个产业的地位、发展方向及国民经济各个领域中支持和限制的重点，但它不能体现不同地区的特性和不同的发展要求。而我们国家幅员辽阔，区域差异很大，不同区域经济发展的基本条件、潜力、限制因素和经济运行中的问题千差万别，已有的生产力发展水平、结构层次和经济发展所处的阶段也有差别。宏观产业结构的调整，如果不结合区域特点来进行，将产生两种结果：一种是国家产业政策在地区受阻，难以在各个地区贯彻到底；另一种是国家用"一刀切"的办法强制推行产业政策，使地区的发展受阻。要使产业政策得到各地区的积极响应和配合，就必须与体现区域特性的区域政策相配套。所谓"产业政策区域化，区域政策产业化"，其实质就是产业政策与区域政策相辅相成，以实现整体结构优化与区域结构优化的有机耦合。

从实践上看也要如此。

改革从一定意义上讲是利益关系的合理调整。我国10多年的体制改革，在构造区域发展主体和区域利益主体方面，取得了巨大成就，使区域经济出现了前所未有的活跃局面。但同时也暴露出一系列问题，其中最突出的是产业结构失衡和产业布局偏置并存。其表现，一是东西差距明显拉大，地区摩擦增加。东部的超速发展，对中西部产生的联动效应不大，区域关系更不协调。二是区域产业结构严重趋同，损害了分工和规模双重效益。其综合表现是在经济高速增长的同时，经济效益大幅下降。问题产生的原因是复杂的，其中主要有：

一是区域政策本身不完善。向东倾斜的区域政策有其一定的必然性和合理性，但倾斜度过大。由于缺乏明确的产业政策的制衡，东部的长线产业没有及时得到限制，在一定程度上偏离了东部应有的发展目标，而具有明显资源优势的中西部富能、富料区的能源、原材料产业，由于没有产业倾斜政策的支持和保证，未能得到应有的发展，从而加剧了全国性基础工业与加工工业的失衡。

二是在价格扭曲、区域比较利益扭曲的情况下，要素禀赋不同的地区，受局部利益的驱使，一方面竞相在低水平上发展价高利大的加工工业，而不愿花费精力在结构升级、产品换代上下功夫，或者是不愿根据宏观的需要，着力发展基础产业；另一方面采取行政手段，建立各种非关税壁垒，阻止本地资源特别是稀缺资源的流出和外地制成品的进入。由于中央宏观调控能力弱化，宏观产业政策对此鞭长莫及，而又没有科学的区域政策来有效地规范地方政府行为。解决这些问题，单有产业政策，而没有配套的区域政策，会使宏观结构的调整缺乏空间和区域基础，该限制的产业得不到限制，该支持的得不到支持，其政策功能就无从发挥。必须通过产业政策和区域政策的双重引导和约束，把产业政策的要求具体到地区，才有可能同时实现总体结构的优化和区域结构的优化。在我们这样一个区域差异大、地区利益格局已基本形成的国家，解决区域问题，区域政策的力度要比产业政策大得多。对此必须有足够的估计，把产业政策区域化作为实施产业政策的必要条件。

二、地区产业发展要同国家产业政策相吻合，国家产业政策要考虑区域有一定的差异性和灵活性

这二者不可偏废。地区经济是全国国民经济大系统的组成部分，一个地区的经济发展，理所当然地要符合国家产业政策的基本要求。地区产业结构的调整，要服从于并服务于全国产业结构调整的方向与目标，以保证大系统的优化为准则。但同时，区域又是全国相对独立的部分，在全国多层次、多元化的权益结构中，地区代表着一个权益层次。因此，一个地区的经济发展和产业结构的选拔与调整，又必须有利于发挥地区优势，保持和发扬地区的特色。这两者既有相互促进的一面，也存在相互矛盾的一面。产业政策的区域化，就是要使这二者得到辩证的统一。这是产业政策区域化的出发点和归宿。为此，第一，地区要把国家产业政策具体化和细化。各地区要从各自的个体情况出发，提出具体贯彻落实国家产业政策要求的目标和任务，包括每个地区都要分别对产业政策规定重点支持和重点限制的产业、行业、产品，加以细化，相应地，在地方政府职权范围内和区域多因素综合限定的边界内，提出在区域资源配置上，如何支持国家产业政策支持的行业、产品，又如何限制国家产业政策限制的行业、产品，这些都要具体、有可操作性，不能泛泛而论，更不能对国家产业政策采取实用主义态度，借口"地区特点"，片面强调"地区要求"，在国家产业政策之外，利用自控生产要素，执行一套与国家产业政策相悖的地方产业政策，而妨碍全国产业结构调整优化的大局。第二，国家产业政策，要考虑各地区的条件特点和合理的利益，有一定的差异性和灵活性，在差别中求统一。政策的过分集中和"一刀切"，并不利于政策的实施。地区条件特点的多样性，决定了地区产业结构模式的多样化。现有以能源、原材料为主的地区和以轻加工为主的地区，工业集聚区和农牧区，交通便捷、商品经济发达地区同自然经济格局尚未根本打破、交通闭塞的地区，可能重点扶持发展的产业、产品及应当限制的产业、产品类型，就可能与国家产业政策的规定不完全一致，各类型区间需要支持和限制的产业类型也有区别，同国家产业政策规定的吻合度也不相同。这就要区别对待，而不能强求一律。

即使是某些从全国看必须限制以致淘汰的，具体到某些地区，也不能一概而论。如有的乡（镇），经济技术基础差，但拥有较丰富的煤炭资源，是致富的主要源泉。挖小煤窑，开采成本很低，但距离煤炭消费中心较远，受运输条

件的制约，煤炭运不出去，价值实现不了。在开采煤炭资源的同时，就近利用小机组发电。从全国来说，这种小煤电属于产业政策限制和淘汰的对象。但具体到这种地区，由于煤炭到厂成本很低，即使其度电灯煤耗比大中型机组高，但度电成本比从外地调煤发电的大机组低，而且一个乡（镇），有煤、有电，还可带动其他相关乡（镇）企业的发展，这样地方经济就搞活了，人民也可得到较多实惠。对此就不应按国家产业政策去限制它。同样，国家产业政策限制的某些轻加工产品，具体到一个小范围，当地有资源但调不出去，其制成品在全国是长线，这里却短缺，就地利用地方资源，加工成制成品，地产地销，对此也应当是允许的。这种局部与整体之间的政策差异、局部与局部之间的政策差异，正是合理利用地区差异，是对国家产业政策的补充和完善。而且这种局部的灵活性，对地方有利，而又不影响全国产业结构整体调整的大局，不会肢解国家的产业政策，而是国家产业政策与地方要求相结合的黏合剂。

由于客观事物的复杂性、多样性，任何时候都不可能达到无差别的境界，没有差别也就没有政策。从这个意义上讲，在坚持产业政策的统一性、原则性的前提下，因地制宜地做出若干有差别的灵活的规定，也是国家产业政策应有之义。从以往的历史经验看，过去我们曾提出过的"以钢为纲，带动全面"、"以粮为纲，全面发展"，都属于国家产业政策的范畴，这种产业政策本身并没有错。在我国明确提出"以钢为纲"的同时，日本也在搞"以钢为纲"，只是它们没有使用这个词，而是叫"向钢铁工业倾斜"。结果日本钢铁产量上去了，并真正带动了一系列相关产业的发展，在较短时间内实现了经济的起飞。而我们的效果却很不好。根本原因就在于我们对这个产业政策的理解和执行绝对化了，没有因地制宜，而是一哄而上，在一无煤、二无铁、三无技术的地方，也要搞"煤铁会战"、"元帅升帐"。在不适合开垦种粮的山坡地、荒漠草原、湖区，也要垦荒围湖种粮，在地区产业发展上，扬其长而攻其短，其后果是人们记忆犹新的。现在贯彻国家产业政策时，这一历史教训是应当吸取的。

三、国家产业政策与地区主导产业的选择

从动态上考察，地区主导产业是因时而异、因地而异的。但其共同特征是具有双重职能：一方面，它是全国产业系统中同类产业的主要生产供应基地，与其他地区同类产业相比，它能以较高的综合效益，集中进行大规模生产，产品专门化率高，主要面向外部市场，参与全国地域分工和交换，以自己的特

长，充实完善上一级区域系统以至全国经济大系统；另一方面，它又是所在区域经济增长的驱动轮和推动地区产业结构演化的主角，通过其高关联度和辐射力，能够带动地区经济的增长，决定地区产业结构的层次，从而构成地区经济的主体、核心。这两点共同构成地区主导产业的质的规定性。如果说，产业结构就是产业部门的组合和联系，那么，主导产业就是这种组合、联系的主导环节。地区产业结构的选择、优化，本质上是围绕主导产业建立起以主导产业为核心的有序、有机开放的区域产业系统或网络。因此，正确选择地区的主导产业并保证其优先重点发展，是地区产业结构选择和演进的关键。地区主导产业的选择，既要符合国家的产业政策，也要切合地区的实际，而且首先要从地区实际出发，以地区的区位优势作为选择的基本依据，以充分发挥地区优势为目标。这样做，是否会导致与全国产业政策的目标相背离呢？我们认为，这有其可能性，但不是必然的。这是因为，能够构成地区的主导产业的产业，必须同时具有上述的双重职能，这种双重职能，正好是同国家和地区的双重利益目标相对应的。由于各地区的区位优势不同，主导产业的类型及其合理规模必然各有差异，这种差异又会导致各地区产业结构的差异。利用这种差异，使各地区各展所长、互补所短，建立合理的地域分工与区际联系，这样才能从根本上克服多年来一直困扰我们的重复布点、重复建设的弊端，以及近年来出现的地区产业结构趋同现象，使生产要素在各个区域内以至在全国范围内实现有效配置和优化组合，提高要素运用效率。越能合理利用地区间的差异，越有利于完善全国经济大系统，使之丰富多彩，生机勃勃。而这也是全国产业政策与总体布局的基本要求。地区主导产业的选择与发展是否与国家产业政策及总体布局相适应，也集中体现于此。这种适应绝不能理解为脱离地区实际地要求各地区主导产业的选择，都同国家产业政策重点支持的产业类型一致。否则，地区主导产业的同构化，必然导致地区产业结构进一步趋同，这同国家产业政策和地区主导产业选择的本意都是相悖的。

当然，由于地区利益主体的形成和确认，各地区在选择主导产业、确定其发展速度和规模时，往往更多的是从是否有利于兴地富民出发，有时就可能与国家产业政策及国家总体布局相矛盾。表现在：

第一，由于价格扭曲和管理体制上的缺陷，使不同行业的效益有很大差距，加工工业与资源型工业的效益差距往往大于资源、资金、技术等要素丰歉决定的效益差距，行业间利润率的顺序也不与行业的紧缺程度相一致，甚至还表现出相反的趋势，产业和区域的比较利益被扭曲了。能源、原材料为主地区本来具有区域比较优势的主导产业，却不能给地区带来相应的比较利益。从增强地区经济实力和财力出发，这类地区就可能不恰当地抑制与其现有主导产业的发展速度和规模，转而急于将其尚不具备主导产业必要条件的能源、原材料加工转换工业作为新的地区主导产业，加以优先重点发展，从而打乱了区际间已形成的分工协作格局，冲击了国家的总体布局，背离了国家产业政策的要求。

第二，各个地区主导产业的健康发展，要以生产要素特别是地区主导产业主产品的合理流动为前提，但出于对地区利益的追逐，可能人为地阻滞了生产要素的流动，使其他地区与之有密切联系的主导产业受到损害，也同样会产生上述与国家总体布局及产业政策相悖的现象。但这些并不是正确选择和合理发展地区主导产业所固有的弊病，而主要是外部环境造成的利益矛盾使地区主导产业的选择的结果。

解决这类矛盾，行政干预是必要的，但是靠行政命令是行不通的，更重要的是深化改革，培育市场，加强国家计划工作的科学性，同时发挥国家宏观调控与市场调节的作用。

从国家来说，应加强导向控制。一是各地区主导产业选择行为的控制。要引导各地区深入调查研究，科学地确定地区的区位优势，掌握区内外市场需求及其变化趋势；并进行区际比较，真正按主导产业的要求及其选择的基准来选择地区的主导产业。国家主管部门应对各地区选择的主导产业认真比较，反复平衡，审批确认，使地区主导产业选择行为既符合当地的条件，也符合国家的要求，同时兼顾国家、地区的利益。二是要素流动的调控。主要是综合运用经济杠杆，通过包括国家产业政策、价格政策在内的各种政策，诱导各地区生产要素合理地流向主导产业以及在区域间的合理流动。整顿流通环节，强化市场规则。三是主导产业规模控制。使各地区的主导产业，逐步由初始规模、适度规模向最佳规模发展，取得最佳的规模经济效益。过与不及，都不利于地区主导产业的形成、发展，也不利于国家宏观结构的总体调整。

为了使地区主导产业的选择同国家产业政策及总体布局相适应，还应尽快选择好全国的主导产业，并安排好国家主导产业项目的布局。

全国主导产业最终主要分解为单个项目和项目集团并落实到特定地区，这就是国家主导产业的布局问题。由于各地区发展条件、发展水平的差距大，国家的主导产业项目不可能平均分摊到各个地区。因此，国家的主导产业与地区的主导产业在产业类型上必然有差异。有些地区有国家主导产业项目的分布甚至是国家主导产业项目的重点布局区，这些项目往往同时成为所在地区的主导产业，二者就相重合或部分重合；有些地区，在一定时期内可能根本没有这种项目的分布，这样地区的主导产业就同国家的主导产业相分离，这种情况是正常的。当然，为了避免少数综合条件好、区位优势度高的地区，工业布局过分集中，国家主导产业项目在区位选择时，也应适当照顾基本具备布局必要条件的地区，而不一定都挤到那些少数具有最优区位的地区。如乙烯项目、电子工业项目，就不一定都往沿海少数大城市集中。特别是大型火电项目，区位选择的余地较大，既可布置在经济发达而缺煤的主要负荷中心，更可布置在电力负荷不大但有煤有水的不发达地区，这类国家主导产业项目，就更没有必要偏集于前一类地区。我国幅员辽阔，人口众多，到省级地区，对各类产品的社会需求都较大，而全国的运输、销售系统都还很不完善，产品长途调运的流通费用高，因此，国家的主导产业项目也不宜只集中在其最优区位，搞全国"独一无二"的项目，从一个点上，向全国各地提供产品，而可以在保证规模经济的前提下，同时在其他次优区位也适当布点生产，这在产品的总社会耗费上往往比过分集中要节省，也有利于更多地区的经济发展能得到国家主导产业的带动。与此同时，在国家主导产业项目分布较多的省区，也可将某些协作关系向处于产品经济运输半径之内的省区"泄漏"，这些省区建设和发展同国家主导产业关联度大的产业，在国家主导产业带动下，也可能发展成为地区的主导产业。

此外，国家的重点项目不一定都是国家主导产业项目。有些不属于国家主导产业项目的重点项目，布局在条件适宜而没有国家主导产业项目的地区，也可能成为这些地区主导产业的增长点。

如果以省区为单位，我国各省区都有其独特的优势条件，发展到现在，落后省区也已非"一穷二白"，因而都具有发展地区主导产业的可能性，即使这种产业类型不在国家主导产业范围之内，其中有些也可能不是国家产业政策重点支持的产业，国家也应在资金、政策上积极予以扶持，促其发展。在省域产业系统中，如果没有自己的主导产业，就很难进行资源的有效配置，从而也就会严重影响整个地区的经济增长。特别是对落后地区，这一点很重要。

四、产业政策区域化的区域划分

经济区划是产业政策区域化的必要条件，也是配套制定区域政策的地域依托。

现行行政区划，也可作为落实国家产业政策和制定完善区域政策的地域单元，但行政区划分的主要依据及其功能，毕竟不同于经济区，其地理范围也常常同区域经济发展的要求不相适应。多年的实践证明，单靠行政区划来组织管理区域经济，容易导致用行政手段管理经济，形成一种僵硬的区域管理体系。因此，在利用和改善现行行政区划作用的同时，还应有经济区的划分，以便逐步把区域经济管理体制从以行政区管理为主，转向以经济区管理为主，弱化省区对区域经济的行政控制。

如何划分？

规范的经济区划是综合经济区划，即根据现有生产发展水平、发展的基本条件、潜力、面临的主要任务及发展方向的近似性，以及区域间在这些方面的差异性，兼顾省级行政区划的完整性和地域上的连续性，首先将全国划分为若干一级综合经济区。在国家统一计划和国家产业政策、总体布局的指导下，从各区国民经济总体着眼，分别确定各区的发展方向、目标，选择区域的主导产业和产业结构，安排各项建设事业的综合布局，明确各区间发展的比例关系、分工协作任务及发展趋势。按这种区划来落实国家产业政策、安排全国产业的总体布局，是比较科学的，但我国至今还没有进行这种区划。

"七五"计划提出了三大经济地带的划分，即以经济发展水平为主导指标，兼顾地理位置和省级行政区划，将全国划分为东、中、西三大经济地带。这种区域划分相当粗略，只能反映一定时期内全国宏观布局的总趋势和大致轮廓。由于我国国土面积辽阔，东南西北中空间差异大，而且各地带内部的空间差异比三大地带间的差距更大，因此，单有这种宏观地带的划分，还难以解决区际的合理分工、各地区内主导产业的选择与产业结构演进的方向和途径等区域问题，也就是这种粗线条的区域划分，还不能作为安排全国产业总体布局的基本地域单元，也难以把国家产业政策细化落实到地区。

近年来一度受关注的设想划分类型区，即以地区工业结构特点为基本标志，以省市区为单元，以"地区专门化系数"（＝地区某工业行业产值占地区工业总产值之比/全国同行业产值占全国工业总产值之比）为主导指标，将全国30个省市区分为五种类型区。

一是以采掘工业为主的资源区，包括晋、内蒙古、黑、赣、豫、青、宁7个省区。

二是以原材料工业为主的资源区，包括冀、皖、湘、藏、甘5个省区。

三是以重加工为主的加工区，包括京、津、沪、苏、陕5个省市。

四是以轻加工为主的加工区，包括浙、闽、粤、桂、川、新6个省区。

五是资源与加工并举区，包括辽、吉、贵、鲁、鄂、琼、云 7 个省。

这种区划实际上是一种行业区划，考虑的因素过于单一，而且由于我国地区工业结构严重趋同，五种类型区中的两种资源区，其采掘或原材料工业的专门化系数大于 1，相对于其他类型区这类工业占的比重较高，但实际上，即使是以采掘或以原材料工业为主的省区，其工业结构中占比重更大的大多也还是加工业，而不是采掘或原材料工业，区划名不符实。因此不宜作为全国产业总体布局和落实国家产业政策的基本地域单元。

鉴于此，我主张在综合经济区未划分出以前，可按经济、社会发育程度，将全国各省市区划分为三大类型区。

这种划分，以工业化水平为基本标志，以省市区为单元，以"工业化水平综合指标"为主导指标。这里讲的"工业化水平综合指标"由以下 8 个分指标组成：

（1）地区自我发展能力 = 地区实际积累率/地区资金利用系数。

其中：地区实际积累率 =（地区国民收入生产额 − 地区国民收入消费额）/地区国民收入生产额。地区资金利用系数 = 地区资金总额/地区净产值。

考虑到基础数据收集的方便，地区资金利用系数可以乡及乡以上的工业为代表。

（2）工业化结构比重数 =（地区工业产值占地区社会总产值之比 × 地区工业劳动者占地区社会劳动者总数之比）$^{1/2}$。

在国外，衡量工业化进程，一般只用工业产值占国民生产总产值的比重来判断。由于我国工业化进程的特殊性，仅就工业产值比重看，大多数省市区工业化水平已达到相当高度；而就工业劳动者所占比重看，却停滞在相当低的水平上，二者很不相称。因此我们把这两个指标综合起来，建立"工业化结构比重数"这个指标，更能反映我国工业化进程的实际。

（3）结构转换条件。以人均国民收入水平为主要衡量指标，兼顾人口规模、资源丰度和已有结构层次。在国外，确定了一个进入结构转换加速期的"临界值"，即人口在 2000 万人以上的，人均国民收入达 270 美元；人口在 2000 万人以下，其中资源丰富、以工业为主的，临界值为 340 美元；资源丰富、以初加工为主的，临界值为 580 美元；资源不多的为 630 美元。考虑到将人民币换算成美元，受汇率变化的影响太大。如按 1980 年汇价，现在我国人均国民收入水平已相当高；如按现在的汇率则又明显偏低。因此，根据我国各省市的实际情况，我们确定以人均 900 元人民币为临界值。这样，按 1989 年的数据计算，全国尚未达到结构转换加速期临界值的，还有赣、豫、湘、桂、川、贵、云、藏、陕、甘 10 个省区。

（4）经济总规模。以国民生产总值表示，求出各省市区国民生产总值指数（即地区国民生产总值除以全国 30 个省市区国民生产总值的平均值）。

（5）经济增长活力。以 1953~1989 年国民收入或社会总产值的年增长率表示。

（6）人口文化素质（=百人中大学文化程度人口数/百人中文盲、半文盲人口数）。

（7）技术水平指数。

技术水平＝工业职工人均产值×工业资金产出率。

将地区数除以全国平均数，即地区技术水平指数。

（8）城市化水平（＝地区城市市区人口占地区总人口之比×地区城市市区工业产值占地区工业总产值之比）$^{1/2}$。

分省市区把上述 8 个指标值一一计算出来，然后用几何平均法，将 8 个指标处理成为一个指标，即"工业化水平综合指标"。按大小排序。以全国平均值为参照系，将高于全国平均值 30%以上的省市区，划为经济成熟区，包括沪、京、津、辽、苏、粤、浙 7 个省市，全位于沿海地带，也是我国加工制造业比较发达的地区。将略高于或不低于全国平均值 20%的，划为经济成长区，包括黑、鲁、鄂、吉、闽、湘、晋、豫、冀、川、新、陕、皖等 13 个省区。其中前 5 个略高于全国平均值，后 8 个都不同程度地低于全国平均值，但最低不超过 20%。这是我国自然资源比较丰富、资源型工业比较发达、农业基础也较好的地区。将低于全国平均值 20%以上的，划为不发达区。包括赣、内蒙古、桂、云、贵、琼、甘、宁、青、藏等 10 个省区。主要位于西部和边疆地带，大多是我国资源潜力大、开发程度低、产业结构层次也较低的地区，还是我国贫困地区的集中分布区。

在全国区域总格局中，上述三大类型区，各有各的本质特征，各有各的作用，也各有各的矛盾和问题。要把国家产业政策落实到地区，使地区产业结构的调整同全国产业结构的调整相衔接，区域间的产业结构也达到有机结合，就要从各类型区的特点出发，对不同类型区的产业发展和产业组合，有针对性地提出不同要求，重塑全国的地域分工。

第一，成熟区。产业发展和组合的方向是，以技术为导向，以产业结构升级为目标。其要点是：

（1）大力改造传统产业，使之年轻化、集约化。

（2）重点支持发展新一代的支柱产业或主导产业——高附加值和高新技术产业。

（3）拓展创汇产业，增强出口能力。

（4）加快第三产业的发展，较大程度地提高第三产业在产业结构中的比重。其中一批大中城市形成第三产业与工业并重的产业格局。

（5）限制一般加工工业的膨胀，有计划、有步骤地从两个方向上进行某些产业、产品的空间转移：一是将区内的高耗能、耗料工业向区外富能、富料区转移。二是将大城市的某些产业、产品向外国地区转移、扩散。

（6）随着比价关系的调整，中央逐步减少特别优惠政策的投入，同时调减其超额几下上缴，使之得以在较宽松的经济环境中，率先实现产业结构的高度化。

这类区域中的老工业基地，更要重点依靠技术进步，增加产业的技术含量，注入新的活力，焕发青春，防止衰退。

第二，成长区。产业发展和组合的方向是深化开发，充实结构。其要点是：

（1）加大优势能源、矿产资源的开发规模，提高农业的集约化程度，强化其作为全国性能源、原材料基地和多种农产品商品基地的地位，为协调全国基础产业与加工工业的关系做出更大贡献。

（2）在强化农矿资源开发的同时，加强加工转换能力，重点支持发展建立在区内优势农矿资源基础上的加工与深加工工业，延长产品链，提高资源的附加值和区内产业的关联度。

（3）接受、利用成熟区转移过来的先进技术，也可有重点地直接导入某些高技术层次的产业，发展一些技术开发型产品。

（4）特别要重视发挥区内三线企业资产存量大、技术力量集中的双重优势，通过调整、改造、改组，克服其先天缺陷，用较少的增量，调动其庞大的存量，释放其技术、装备、人才的潜能。一方面向区内能源、原材料工业和其他产业辐射，带动地方经济的技术改造；另一方面与成熟区进行部分水平分工，联合开发生产国内急需的重大技术装备和基础元器件，为加强国内重大装备和高技术产品的国产化能力和自配套能力做出贡献。

第三，不发达区，包括贫困地区。产业发展和组合的方向，是内外结合，启动、加强地区经济的内在活力，提高地区工业化水平。其中的贫困地区，要在开发中稳定脱贫，从根本上解决群众的问题，使多数农户过上比较宽裕的生

活。其要点是:

(1)在国家的区域政策中,对这类地区要给予必要的资金支持和税收等方面的政策优惠,帮助地区克服积累能力低、产品缺乏竞争力、市场难以扩展的制约,起到注入活力、以外力启动发展的作用。对其中的贫困地区,要继续贯彻扶持政策,在原有扶贫资金不减的基础上,适当增加扶贫贷款,并继续实行以工代赈,为脱贫提供必要的物质条件。

(2)在区域生产要素的部门分配和空间分配上,要适当集中,重点放在优势产业的扶持和区域增长极的建设上,以优势产业带动一般产业,以增长极带动面。在贫困地区,要重点加强农田基本建设,提高粮食单产,发展多种经营,进行资源开发,建设区域性支柱产业。

(3)在条件投资和产品投资之间,要保持一定的比例,一般应较多地用于条件投资,特别是交通运输建设投资和智力投资,改善投资环境,为直接生产部门的发展创造外部条件。

(4)加强对区内社会投资方向的引导,重点投入投资少、见效快的项目,增强自力更生能力,创造就业机会。特别是要重视贫困地区内的"特困区"和"贫困线"以下的群众,给他们以更多的发展机会。

(5)国家的产业政策要积极引导、鼓励成熟区、成长区到不发达区投资开发。

(6)随着区内经济活力的启动,可逐步适量调减对这类地区的财政补贴,引导地区主要通过区际贸易、区域联合,逐步用"造血机制"替代"财政输血机制"。

产业政策区域化的理论与方法

一、产业政策与区域经济的发展

1989 年，国务院关于当前产业政策要点的决定及其附件，大体上涵盖了产业结构政策、产业组织政策、产业鼓励和限制政策的主要内容，从总体上看，从根本上看，可以使全局利益与局部利益、长远利益与眼前利益相一致。但由于利益主体不同，出发点不同，所要实施的目标也有具体差别，这样，从纵向看，必然也存在着局部利益与全局利益、近期利益与长远利益的矛盾；从横向看，也存在着区域之间的目标冲突和利益矛盾。在利益主体多元化、区域发展主体和区域利益主体已经形成并得到确认的前提下，这个问题是客观存在的，不能回避，关键是处理好不同地区之间、地区与国家之间的利益关系，即发挥地区优势与全国统筹规划的关系、资源丰富地区与加工工业集中地区的关系、经济发达地区与经济不发达地区的关系。为此，制定和实施产业政策，需要立足于以下几个方面：

第一，立足于国民经济全局。各区域都要围绕矫正全国性的基础产业、基础设施严重滞后于加工工业的结构性矛盾这一关乎全局的目标，相应调整区域内生产要素在产业间的分布，提高要素，特别是稀缺要素的运用效率，促进全国总体结构的合理化。

第二，立足于各区域在全国地域分工中的地位和作用。国家产业政策必须以"区域分工"和"比较优势原理"为依据，把产业发展系列分解、落实到各个区域，明确不同区域产业结构调整的方向和产业发展系列，鼓励和支持各地区利用自己的优势条件，形成各具特色的区域产业结构，从不同方面来充实完善全国的总体结构。

第三，立足于区域特色和我国区域发展不平衡的实际，有一定的差异性和灵活性。在不违背国家产业政策总体目标导向的前提下，给地区产业结构选择、结构调整以一定的自由度，在差别中求统一。政策的过度集中和"一刀切"，并不利于政策的实施和政策功能的发挥。40多年来，我们在这方面已有很多教训，应当吸取。

第四，立足于价值规律。在价格关系未理顺以前，对按国家产业政策重点发展基础产业的地区，由于价格扭曲所造成的双重价值流失，应有明确具体的补偿政策和优惠政策，使支持和限制政策能在区域比较利益中体现出来。以此为过渡，还需要深化价格改革。按照价值规律，引导资源在产业间分配的信号是利润率的差异。产业间的利润率顺序同产业的短缺程度相一致，即短缺强度大的产业，其利润率比较高。但在我国，由于价格扭曲，价格信号失真，这二者不但不相一致，甚至出现相反的趋势。因此，仅仅列出支持和限制的目录是不够的。产业结构调整的动力机制，归根结底是比较利益。

没有相应的比较利益作保证，不逐步理顺比价关系，即使明文规定产业间的利润率顺序同产业短缺程度相一致，也可能出现该限制的没有得到限制，该发展的得不到应有的发展。或是产业政策在地区受阻，或是强制执行，使区域发展受阻。

以上四点是从全国宏观经济角度来讲的。从区域经济这一方面来说，作为国民经济子系统的区域经济，其运行和发展模式具有区别于全国国民经济的特点：

第一，区域经济具有双重调控性。一方面，国家从全局出发，通过经济杠杆和宏观调节机制，加上必要的行政措施、立法制约，直接影响区域经济的发展方向和规模；另一方面，地方政府代表着一个权益层次，在执行国家产业政策的同时，对本区域的产业发展、生产要素的分配，也有相当的影响力。出于地区局部利益的冲动，地方政府的行为可能出现短期化倾向，因此，国家必须强化宏观调控，使区域经济的发展符合国家产业政策的基本要求，地区产业结构的调整服从于并服务于全国产业结构调整的方向和目标，以保证大系统的优化为准则。但这绝不排斥合理利用区域特点，发挥地区优势，保证地区的合理利益，这也是国家产业政策应有之义。

第二，区域产业结构与全国产业结构相比，更具有倾斜性，也就是更强调优先重点发展地区的主导产业、优势产业。虽然也有个别地区主导产业与其他非主导产业的关系问题，但具体到一个区域，其内部产业间的协作配套总有其量的界限。当区际交换能比地区自己生产经营有更大的利益时，就可以放弃自己的某些行业、产品，通过区际交换、区际协作，来满足自己的需要，而不能强求自我平衡，强求区域产业体系的完整性。合理的区域产业结构应当是重点倾斜、适度协调的结构模式。

第三，具有明显的地域性。要在全国产业政策和总体布局的要求下，从地区实际出发，确定自己在全国区域总格局中的地位，在区域多因素综合限定的界限内，在支持产业政策所支持、限制产业政策所限制的产业、产品的同时，也要扬长避短，因地制宜地进行区域经济增长、结构演进的战略设计以及布局模式的选择，以形成区域特色。支持什么，限制什么，其方式和规模，应兼顾国家产业政策的基本要求和地区的需要与可能，防止新一轮的区域产业结构趋同。

第四，具有开放性。在一国范围之内，各地区间应有更大的开放性，充分利用地区差异，强化区际流通、区际交换。由于种种原因，我国市场分割、地区封锁的现象比较严重。一些地区用行政手段建立各种非关税壁垒，阻止地区生产要素的流出和外地成品的输入，妨碍生产要素的合理流动。这既不利于生产要素在全国范围内的优化配置，也不利于地区之间互换优势、互补劣势，是贯彻执行国家产业政策的严重障碍，需要国家和地方共同努力，铲除这个障碍。

制定、执行国家政策，或是要使产业政策区域化，就要充分体现区域经济的这些特性，这是产业政策区域化的重要前提。

综合起来看，国家产业政策的总体功能，就是既要维持全国国民经济的有序运行，又要创造区域经济发展所必需的公平、健康的宏观经济环境，为不同区域提供平等的发挥各自优势、参与公平竞争的机会。产业结构不是空间的抽象，一个国家的总体结构，必然要分解、落实到不同区域。只有建立在合理的地域分工基础上、能充分利用不同区域比较优势的产业结构，才是一个优化的结构。这就要求把产业结构的总体调整放在重塑地域分工格局的基础上，要逐步将多年来我国中西部与东部单一的垂直分工变为以垂直分工为主、水平分工为辅。中西部要发挥能源、矿产资源优势，进一步发展能源、原材料上游产业，同时也要在政策上支持、鼓励适度发展加工转换产业，调整、改组、改造三线建设中形成的重机械加工和某些高新技术产业，释放其生产潜能。这可以同时产生三重效应：一是通过加工转换，减重、增值，有利于中西部自我缓解能源、原材料工业发展中低效益、大运量双重因素的制约；二是有利于提高能源、原材料为主地区的产业关联度和产业结构层次，缓解价格扭曲造成双重价值流失的矛盾；三是提高中西部地区在全国地域分工中的质量与效益，并有利于提高全国重大技术装备的技术性能和成套水平。东部则要发挥技术、经济水平较高，产业结构转换能力较强的优势，把产业发展的重点转向以技术为导向，大力改造传统产业，积极发展高新技术产业、创汇产业和第三产业，并将一部分传统工业向中西部富能、富料地区转移、扩散，克服产业结构臃肿、老化的障碍，率先向结构升级、产品换代过渡。大步走向国际市场，参与国际分工。中西部加工转换产业的发展，客观上会给东部带来压力，迫使东部重点依靠技术进步、推动产业结构的高度化；东部产业结构升级，则可在一定程度上缓解全国性的基础工业与加工工业的矛盾，给中西部让渡部分原材料和市场，从而也可相应改善东部与中西部的分工格局。

要重塑这种新的区域产业结构和地域分工格局，需要在两个方面下功夫：

一是启动价格、税收、信贷等经济杠杆。包括在尽可能的范围内，适当提高初级产品的价格，降低并稳定制成品价格，初步理顺工业产品的比价关系，进而使能源、原材料的价格由双轨过渡到并轨；对东部加征资源税，促使东部加工企业节能降耗，合理利用资源；降低能源、原材料产区调出初级产品的产品税，以刺激生产；根据不同产业实行差别利率，原则上，基础产业的贷款利率应低于加工工业的平均利率等。

二是产业倾斜与地域倾斜相结合。产业政策向基础产业倾斜，必须根据倾斜产业的布局指向性，实行相应的地域倾斜。具体来说，全国能源、原材料建设的重点，要向北、南两大地带倾斜：北部以黄河、陇兰铁路为纽带，建设好以山西为中心的能源重化工基地和以兰（州）、（白）银、宁为中心的黄河上游以水电、多种有色金属为主的开发区；南部以长江和连接皖、鄂、湘、赣、川、滇、黔的铁路为纽带，其东段以开发安徽的煤、铁、铜、硫，湘、鄂、赣的水电和多种有色金属为主，西段以开发川、云、贵、桂的水电、金属矿产、化工资源为主。结合能源、矿产资源的开发，相应开辟对外运输通道。这北、南两大地带，是我国"两源"兼富之区，加强全国基础工业，主要就是加快这两条能源、原材料工业带的建设。产业政策以基础工业为支持发展重点，并不意味着全国各个地区都一律要以此为重点；产业政策限制某些高耗能、耗料工业和一般加工工业的发展，主要是限制这类产业在缺能缺料、一般加工工业过于膨胀的地区发展，并不意味着在富能、富料而加工工业薄弱的地区，也要限制这类产业的发展。产业倾斜与地域倾斜相结合，现在在原则上已确定了。大体轮廓也有了，需要的是进一步通过微观布局，即通过重点项目的区位选择来加以补充、完善。

二、产业政策与地区主导产业的选择

地区主导产业，可简单地定义为：在地区发展的各个阶段，在产业系统中处于主要的、支配地位的一个或若干个产业部门。从动态上考察，地区主导产业是因地而异的，但其共同特征是双重职能：一方面，它是全国同类产业的主要生产供应基地，与其他地区的同类产业相比，它能以较少的投资、较快的速度、较低的成本和较高的劳动生产率，集中进行大规模生产，产品的专门化率高，主要面向全国，参与全国地域分工和交换，以自己的特长，充实、完善全国大系统；另一方面，它又是所在地区经济增长的驱动轮，推动地区产业结构演进的主角，它的发展能够带动地区经济的增长，决定地区产业结构的特色，从而构成地区经济的主体、核心。这两点共同构成地区主导产业的质的规定性，而与其他非主导产业区别开来。所以地区主导产业的双重职能，正好同国家和地区的双重目标相对应。地区主导产业的选择，从原则上讲，既要符合国家的产业政策，也要切合地区的实际，而且首先要从地区实际出发，以地区的区位优势作为选择的基本依据，以充分发挥地区优势为目标。因此，正确选择地区主导产业，合理确定其发展速度、规模，是使国家产业政策与地区发展要求相结合的黏合剂，是二者结合的一个关键环节。

地区主导产业的选择方法，我们曾采用指标评价法，即根据主导产业的特性及其功能，选择了 4 个指标，——计算出河南 36 个工业行业的指标值。这4 个指标是：反映市场条件的"市场占有率"，即（某地 y 产业产品年销售额/全国 y 产业产品年销售额）×（某地 y 产业产品人均年销售额/全国 y 产业产品人均年销售额）；反映产业相对优势度的"比较劳动生产率"，即地区 y 产业净产值所占比重/地区 y 产业劳动生产力所占比重；反映产业规模的"产业专门化率"，即地区 y 产业净产值占全国同类产业净产值之比/地区全部工业净产值占全国全部工业净产值之比；反映产业关联度的"产业波及效果综合系数"，即地区 y 产业的影响力系数和感应度系数的自述平均值（式中 y 产业的影响力系数 = y 产业纵列逆阵系数的平均值/全部产业纵列逆阵系数的平均值的平均；y 产业的感应度系数 = y 产业横行逆阵系数的平均值/全部产业横行逆阵系数的平均值的平均）。将各工业行业的上述 4 个指标值分别采用加权平均法和几何平均法汇总，得出 36 个工业行业的综合评价值。按加权平均法（指标 1 权重取 0.2；指标 2 权重取 0.25；指标 3 权重取 0.35；指标 4 权重取 0.2），河南 36

个工业行业中，总分排在前 8 位的依次是：烟草加工、石油加工、有色金属冶炼压延加工、化纤、电力、煤炭采选、有色矿采选、橡胶制品业；按几何平均法汇总，总分排在前 8 位的依次是：烟草加工、饮料制造、有色金属冶炼压延加工、电力、煤炭采选、化纤、油气开采、橡胶制品业。

两种汇总方法的结果，差别只是排在第 2 位的，前者是石油加工，后者是饮料制造；排在第 7 位的，前者是有色矿采选，后者是油气开采。计算结果显示，河南主导产业的选择，在工业领域内，可在上述 8~10 个行业中挑选。

按主导产业理论，地区主导产业可以是单个工业行业，也可以是跨行业的产业群。根据河南的实际情况，如果将有色金属冶炼压延加工、有色矿采选合并，将油气开采、石油加工和化纤合并，则有色金属工业和石油石化工业，是河南可以优先选择的两个主导产业。如果把烟草加工、饮料制造及相关农业原材料生产合并，也可成为河南主导产业的备选产业。

这个试算，定量分析同定性分析基本一致，说明这种选择地区主导产业的方法是可行的。排在前 1~10 位的产业可作为河南主导产业的备选产业，至于最后选择哪几个，还需要对比其他省市区的计算结果，进一步研究确定。为此，我们又利用《中国统计年鉴》（1990）、《中国工业经济统计年鉴》（1990）的有关数据，参考 30 个省市区的同一年统计年鉴的有关数据，将各省市区的 36 个工业行业的 4 个评选指标值分别计算出来，并用几何平均法汇总，分别选出在 30 个省市区内位居前 1~9 位的产业，作为各省市区主导产业的备选产业。

这个计算显示，36 个工业行业进入各省市区主导产业备选产业行列的情况很不平衡：有的行业，如缝纫业，没有在一个省市区取得这个资格；而有些行业，主要是烟草加工、电气热生产供应、医药工业、橡胶制品业，都在 10 个以上的省市区内进入了主导产业备选产业行列。根据全国综合平衡，一个行业不可能同时在这么多省市区都确定为主导产业；同时进入多数省市区主导产业备选产业行列的产业，只是在有关省市区内部都按综合评价值大小排序可位居前列，但如果与全国同类行业相比，由于发展条件的差异性，在全国的地位、作用就有相当大的差别，其中在全国同行业排位最后的，就可能被淘汰下来，不能构成所在省市区的主导产业。因此，进入各省市区主导产业备选产业行列的产业，还需要在全国同类行业中再作比选。

第二轮比选的原则是：①在全国同类行业中排位的前后。②国家产业政策重点支持发展或社会需求量大的产业可适当多选，否则应少选。③根据所在省市区的情况，发展潜力较大、发展势头和发展前景看好的，在全国同行业排位中虽然靠后一些，但也可进入；相反，即使位次靠前一些，也可能被淘汰。④有的行业（如有色冶金）在较多省区进入主导产业备选产业行列，如各有特色，可都保留其备选资格。

经过这一轮比选后，30个省市区主导产业的备选产业及其排序都可以提出来。

计算结果显示，全国30个省市区都已形成主导产业的备选产业，多的有7~10个，少的有2~4个。按工业行业分，各工业进入地区主导产业备选产业行列的，采掘业中，煤炭采选、有色矿采选、建材及其他非金属矿采选，主要在中、西部，木竹采运业主要在中部，油气开采、黑色矿采选、采盐业东、中、西部均有；主要制造业中，机器制造业、电器机械及器材制造主要在东部，电子及通信设备制造、仪器仪表及其他计量工具制造主要在东、西部，交通运输设备制造主要在中、西部，纺织、医药工业、塑料制造业主要在东部，木材加工及竹藤草编织业主要在中部，皮毛及制品主要在中、西部，造纸、化纤主要在中、东部，食品、饮料制造、烟草加工、橡胶制品业，东、中、西部均有；主要原材料工业中，电力、煤焦及煤制品、有色冶金业主要在中、西部，石油加工、化工、黑色冶金东、中、西部均有。这可以说明，地区主导产业的正确选择及其地区布局基本上体现了产业倾斜与地域倾斜相结合的要求，也切合地区的实际，有利于发挥地区优势，形成比较合理的地域分工，便于优势互补，从而兼顾了国家与地区的双重目标。也说明，正确选择地区主导产业，可以避免产业政策"一刀切"，以及新一轮地区产业结构趋同的弊端，有利于促进全国产业结构优化与地域结构优化的有机耦合，而这正是产业政策区域化的基本目标。

三、产业政策区域化的区域划分

经济区的划分是产业政策区域化的必要条件，也是制定区域政策的地域依托。我国幅员辽阔，区域差异很大，区域关系错综复杂，为了使产业政策的实施更好地同区域特性相适应，尤其需要有一个科学的经济区的划分，以便逐步把区域经济管理从以行政区管理为主转向以经济区管理为主，弱化省市区对区域经济的行政控制。

如何划分？"七五"计划明确提出东、中、西三大经济地带的划分；十年规划和"八五"计划，回到"六五"计划的提法，划分为沿海地区、内陆地区、少数民族地区，另外又单独划出贫困地区。贫困地区是散布在上述三个地区内，而相对集中于少数民族地区。确切地说，这不是一种经济区的划分。

现在又出现了两种经济类型区的划分，其共同点是以地区工业结构特色为基本标志，以省市区为单元，以"地区专门化率"为主导指标，将全国30个省市区划分为5种经济类型区。具体划分时，又有差别。

一个方案是把全国划分为以下5种类型区：①以采掘工业为主的资源区，包括晋、内蒙古、黑、赣、豫、青、宁7个省区；②以原材料工业为主的资源区，包括冀、皖、湘、藏、甘5个省区；③以重加工为主的加工区，包括京、津、沪、苏、陕5个省市；④以轻加工为主的加工区，包括浙、闽、粤、桂、川、新6个省区；⑤资源与加工混合区，包括辽、吉、云、贵、鲁、鄂、琼7个省。

另一个划分方案，是划分为以下5种类型区：①加工型经济区，包括京、津、沪、鄂、辽5个省市；②加工主导型经济区，包括苏、闽、浙、粤、桂5个省区；③资源开发主导型经济区，包括晋、内蒙古、赣、贵、云、甘、宁、青8个省区；④资源开发和加工混合型经济区，包括鲁、陕、川、湘、皖、黑、吉、冀辽9个省；⑤特殊类型经济区，包括新、藏、琼3个省区。

这两种经济类型区的划分，实质上都是一种行业区划，考虑的因素过于单一，而产业政策区域化或产业的空间布局，都包括国民经济的各个产业，而不仅仅是工业，需要有综合性经济区划作为地域依托。这种综合性经济区划要综合考虑多种因素，而不仅仅是工业结构特点这一因素。关于综合经济区的划分，前几年理论界提出过划分原则和多种区划方案，但多是从原则出发，以定性分析为主划出来的。综合经济区的划分是一个很复杂的工作，不仅仅是划分区域界限，而是要以国家产业政策与全国生产力总体布局为指导，在摸清各区域条件、特点的基础上，从区域国民经济的总体着眼，分别确定各区域的发展方向，规定区域间的分工协作任务及其发展趋势，也就是为了研究解决产业开发区域化、区域发展产业化的问题。

在这种经济区划分出以前，作为过渡，可考虑按经济社会发育程度来划分经济类型区，即以省市区为单元，以工业化水平为基本标志，以"工业化水平综合指标"为主导指标，将全国30个省市区划为几大经济类型区。

这里讲的"工业化水平综合指标"，由以下9个分指标组成：

（1）经济总规模。以国民生产总值指数表示，即以地区国民生产总值除以全国 30 个省市区国民生产总值的平均值。

（2）经济增长活力，以一定时期内社会总产值的年增长率表示。

（3）地区自我发展能力＝地区实际积累率/地区资金利用系数。

式中：地区实际积累率＝地区国民收入生产额－地区国民收入消费额/地区国民收入生产额；地区资金利用系数＝地区资金总额/地区国民收入。

考虑基础数据的可收集性，地区资金利用系数可以乡及乡以上的工业为代表。

（4）工业化结构比重数 $= \sqrt{\text{地区工业产值占地区社会总产值之比} \times \text{地区工业劳动者占地区社会劳动者之比}}$。

（5）结构转换条件。以人均国民收入水平为主要衡量指标，兼顾人口规模、资源丰度、现有产业结构层次。国外确定了一个进入结构转换加速期的临界值，即人口在 2000 万人以上的，临界值为人均国民收入 270 美元（我国 30 个省市区中有 22 个属于这一类）；人口在 2000 万人以下，其中资源丰富、以工业为主的，临界值为 340 美元（我国没有这一类型。人口在 2000 万人以下的 8 个省市区中，京、津、沪三大城市以工业为主，但自然资源不丰富；其他 5 个省区人口在 2000 万人以下，资源一般比较丰富，但又不一定是以工业为主）；资源丰富、以初加工为主的，临界值为 580 美元（琼、藏、青、宁、新大体属于这一类型）；资源不多的，临界值为 630 美元（京、津、沪可属于这一类型）。考虑到将人民币折成美元，受汇率和货币实际购买力这两个因素的影响很大，参照上述临界值的划分，结合我国实际，我们确定，人口在 2000 万人以上的 22 个省区，以人均国民收入 900 元人民币为临界值；人口在 2000 万人以下，资源不多、以工业为主的三大城市，临界值定为 2000 元人民币；资源丰富、以初加工为主的 5 个省区，临界值定为 1800 元人民币。

（6）人口文化素质＝百人中大学文化程度人口数/百人中文盲、半文盲人数。

（7）技术水平指数。技术水平＝工业职工人均产值×工业资金产值率。以地区数除以全国平均数，即为地区技术水平指数。

（8）城市化水平 $= \sqrt{\text{地区城市区人口占地区总人口之比} \times \text{地区城市市区工业产值占地区工业总产值之比}}$。

（9）人均消费水平指数。

上述评价指标体系，包括反映经济发展、社会进步、居民生活等方面的指标，可以综合反映地区经济社会发育程度；指标的选择，所用分指标，大多具有一定的综合性。这样可避免单项指标过多、指标间近似性较大的缺陷；在指标选取时做了"无量纲化"处理，这样汇总起来就很方便；基础数据都好收集，不需经过折算，易于保证基础数据的可靠性。

分省市区把上述 9 个指标值一一计算出来，用几何平均法汇总成一个综合指标，即"工业化水平综合指标"，按大小排序，以全国为参照系，可将全国 30 个省市区划分为 3~4 种经济类型区。将综合评价值高于全国平均值 30% 以上的省市划为经济成熟区，依次为沪、京、津、辽、苏、粤、浙 7 个省市，是我国工业化总体水平及产业结构层次最高的地区，但能源、矿产资源比较缺乏，或是能源、矿产资源的开发历史久，后备资源已不多；将略高于全国平均值或低于全国平均值 20% 以下的划为经济成长区，依次为鲁、黑、鄂、吉、闽、冀、湘、晋、新、豫、川、陕、皖 13 个省区，是我国自然资源比较丰富、资源型工业比较发达、农业基础也较好的地区，其中前 5 个省区略高于全国平均值，后 8 个省区均低于全国平均值，所以也可把这一类型中的前 5 个省区单列出来，划为由成长阶段开始向成熟阶段转化的过渡地区，后 8 个省区划为成长区；将低于全国平均值 20% 以上的，划为不发展地区，包括其余 10 个省区，主要位于我国西部，大多是我国能源、矿产资源丰富、开发潜力大而开发程度低、产业结构层次也低的地区，还是我国贫困地区和少数民族的集中分布区。

载《天津社会科学》1992 年第 3 期

省级国土综合规划的若干问题

一、国土规划的大框架

国土规划是一项新的工作，它到底是干什么的？经过近几年的探索，到现在，尽管还有许多不同的看法，但在某些基本点上，还是取得了一致的意见，大体上有了一个比较公认的大框架，这就是从国土资源的分析评价入手，确定国土开发治理的指导思想或总体目标，选择开发治理的重点，规划区域产业结构和地区布局，最后提出对策、政策或措施。这里讲的"国土资源"，不能简单地从字面上来理解，认为就是国家的土地资源，也不能因为任何经济社会现象，都要依附在特定的土地上，就认为土地资源就是最主要的资源，国土规划就是土地资源规划。其实，这里讲的国土的"土"，不是一般意义上的土地，而是指特定的地域范围。国土资源就是指在一国或某一特定的地域范围内可供开发利用的各种要素，包括现在通常讲的自然资源、经济资源和社会资源三类资源。

上述大框架，基本上适用于各类地区的区域国土规划。具体一点讲，一个综合性的区域国土规划，应当包括以下几个方面和要点：

第一，区域国土资源的综合评价。其要点是：

（1）对全区整个国土资源状况做一个总体概括与评价，使人们对区域的国土资源有一个清晰的总概念。

（2）重点分析评价区域的优势资源及其特点。

（3）从现状看，从规划期内的发展看，在国土资源方面的主要限制因素和资源的潜力。

（4）外部资源，也可总称为区域国土开发的外部条件，这主要是国家的总体布局及与之相适应的国家的空间投资政策，与外区的横向联系及这种联系所引起的利用外部投入（包括资金、技术、设备、人才、信息）的可能性及可供利用的规模。

国土资源的分析评价，是编制国土规划的基本依据和出发点之一，需要掌握以下几点：

（1）资源情况的描述，要与分析、评价结合起来。在综合规划中，应以分析、评价为主，情况的描述只是为分析评价提供基础。

（2）既要如实反映资源的优势，也要客观地反映出资源的劣势。即使从总体上看是一种优势资源，但也可能同时存在局部的劣势。这种局部的劣势，在一定时间条件下，还可能成为主要限制因素，因此也应明确地指出来。

（3）对资源的优势与劣势，都要从动态中进行考察，即要估计到在进一步发展中，现有的某些资源优势可能被削弱，某些资源的劣势也有可能得到克服。也就是要把握住现有资源优势、劣势相互转化的可能性及转化的因素。

（4）资源的优势与劣势，都是相比较而存在的。这个比较，既包括区内各种资源间的对比，从这一对比中，分清优劣，也包括把区内的优势资源与省外同类资源相比，从这一比较中判明优势的程度。同一种国土资源，在与区内其他资源相比时，可能是优势资源，但把它与外省同类资源相比时，就可能出现三种情况：一是构成绝对优势；二是构成相对优势；三是相形见绌，算不上优势。

（5）将区内资源与区外可利用资源结合起来考虑。

以上五点，是分析评价国土资源应注意的。只有这样的分析评价，才能反映客观实际，在这个基础上形成的规划思想、规划内容，才可能是科学的、可行的。

第二，开发治理的战略与规划。其要点是：

（1）目标。包括目标的提法，即在规划期内，预期把区域建设成为一个什么样的区域，它在全国地域分工中承担什么样的任务及其所要发挥的作用。目标体系，即把总目标分解成若干目标指标。这个目标体系，应当包括以人的发展为中心，以经济的增长为基础，以经济结构、社会结构的合理化，生产的增长与社会、技术进步的统一为目标，以此来研究确定相关的目标指标及数值。在这方面，既要克服以单纯追求工农业总产值翻番为目标的片面性，也要防止忽视经济增长，脱离这个基础来规划不切实际的社会、环境目标。在生态环境脆弱、经济文化落后、资源富集这三者交织的地区，在目标和目标体系的确定上，就尤其要注意这三方面的协调。

（2）开发治理重点与区域产业结构规划。包括开发治理重点的选择，与此相对应的重点项目的规模、速度，重点建设对相关产业的要求及相关产业的综合发展，重点项目引起的区域产业结构变动的趋势，这种结构性变动可能产生的效益评估。

（3）地区布局。包括布局战略、关键项目的区位、各相关项目的成组布局、基础结构的建设布局。

（4）城镇体系与区域网络建设。包括省内经济区的划分，城镇体系的规模结构、职能结构和地域结构的调整，分区发展方向与区域间分工发展趋势。

这一部分，是整个国土规划的主体。

第三，对策与政策。主要有三大类：

第一类是在本省范围内，为了保证规划的实施，针对规划实施中可能遇到的重大问题，应当而且可以采取的政策、对策。

第二类是保证规划实施所必需的，单靠一省难以实行，需要由中央统一研究制定的政策、对策，可作为建议提出来。

第三类是针对本省矛盾的特殊性，需要采取的特殊政策、对策。

这一部分是国土规划实施的保证。

由于国土规划的区域性强，不同省区间的差异很大，这就决定了不同省区的国土规划，在规划内容上必须充分体现出各自的特点和重点。但同时，不同地区的国土规划，既然都是国土规划，其基本任务、性质就具有一定的共性，这就是形成上述框架、要点的客观基础，为了避免由于一些看法上的分歧而影响国土规划工作的开展，可以利用这个框架进行工作，当然，具体内容就要因地而异，框架内列出各要点，哪些可以简略些，哪些应当详细些，这可以根据各省区的不同情况而定。

二、重点问题的研究

规划中的重点问题，有些区域性强，是本地区特有的，其解决对发挥区域特色有重大意义；有些是国土规划中带有普遍性的，但由于认识上的不一致，或由于认识上的偏差，没有解决好的，也要重点加以研究，并体现在国土规划内容之中。下面讲的问题，都属于后一类。

第一，开发重点的选择问题。

一个地区的发展，在一定时期内，以什么为重点、主攻方向，这直接关系到区域优势的发挥，区域产业结构的组织，也关系到地区对解决全国性任务做出的贡献。

重点的正确选择，首先要明确重点的内涵和特点，现在人们常常是在两种不同的含义上来讲重点的：一是将急需加强的制约区域发展的薄弱环节作为重点，二是将区域发展的优势力量作为重点。实际上这两种不同含义的重点，其作用很不相同；前一种意义上的重点，其发展只对区域国民经济起一种辅助和支持的作用，在区域产业结构中不能起主导作用，只具有地方意义，而没有区际意义；后一种意义上的重点，其发展既可以带动区域经济的发展，又具有区际意义，构成区域产业结构中的主导产业。

在一些区域国土规划中，往往同时把上述两种意义上的产业，都列为发展的重点。我们也常常听到这样的议论：我们地区科技文教落后，而科技文教在区域经济发展中的作用又很大，因此科技文教应列为重点；交通不便，流通渠道不畅，阻碍了区域经济的正常运转，所以交通运输应成为重点；商业服务比较薄弱，不能适应第一产业、第二产业的发展和人民生活水平提高的需要，这也应列为重点；某些矿产资源丰富，这些资源的开发是重点；农业基础薄弱，粮食未过关，农业应是重点；轻纺品自给率低，应是发展重点，如此等等，似乎任何产业都可以某种原因作为列入重点的困难，在总资源的分配上很难掌握，其结果或是导致建设总规模不适当地扩大，基建战线太长，各方面都处理得很紧张；或是由于僧多粥少，保了这个，保不了那个，名为重点，实际上不能重点发展。因此，笔者主张在区域国土规划中，只把第二种意义上的产业作为重点。能够构成这种重点的，必须具备以下基本条件：

（1）市场条件。即这种产业的产品，不仅是本地区发展所需要的，更重要的是国家大量需要，产品输出比重大，有广阔的市场和发展的前景。

（2）建立在特殊有利的地区条件的基础上，与其他地区的同类产业相比，它能以较好的综合效益，被大批量地生产出来，具有较强的竞争能力，因而市场占有率高。

（3）综合连锁效应强。即它的发展同时具有三种连锁效应：一是向前连锁效应，也就是能刺激它下面的一些生产阶段的发展；二是向后连锁效应，也就是能刺激它前面几个生产阶段的发展；三是旁侧效应，也就是能带动刺激它所在地区经济的发展。

如果严格根据重点的科学内涵及其所必须具备的基本条件来加以衡量，那么，一个地区在一定时期内，真正可列为重点的就为数不多了，这才是正常的。

这样的产业，在生产布局学上有一个专用名词，叫做"地区专门化"产业。地区专门化产业还可划分层次：相对优势和区际意义更大的，属于主导专门化产业，处于优先发展的地位；相对优势和区际意义小一些的，属于一般专门化产业，也可列为发展的重点，但其重要性不及前者。至于地区专门化以外的产业，也可列为发展的重点，但其重要性不及前者。至于地区专门化以外的产业，可再划分为两大类：一类是与地区专门化产业直接协作配套的产业，另一类是自给性产业。自给性产业还可根据各自的特点，从中划分出三个部门：基础结构部门，具有消费趋向性的部门，"广布部门"。对于地区的综合发展来讲，上述第一类产业、第二类产业和第三类产业中单独划分出来的三个部门，都是需要发展的。但由于它们在区内外经济发展中的地位作用不同，发展的条件优劣程度不一，据此就可以比较科学地确定发展的主重点、次重点和非重点，相应安排各产业发展的顺序、比例及社会总资源的分配比例。上述第一种意义上的产业，实际上属于我们分类中的第二类产业或第三类产业，需要加强，但不宜与第一类产业并列为重点。各个薄弱环节对地区发展影响的程度也不相同，对于其中影响大的，也可适当予以较多的关注。这样层次分明，有利于突出重点，保证重点，同时也照顾一般。既能使地区对全国做出独特的贡献，又能促进地区经济的协调运转。

相对优势，是选择重点，实行倾斜政策的基本条件，衡量一个产业、一种产品具不具有相对优势及相对优势程度的大小，有许多方法，国外通常采用的有以下两种计算方法：

（1）消费产值比。计算公式是：

$$消费产值比 = \frac{表面消费额}{总产值} = \frac{总产值 + 调入额 - 调出额}{总产值}$$

（2）多涅斯—里德尔指数（REX）。计算公式是：

$$REX = \frac{净调出额}{贸易总额}$$

第二，区域产业结构的调整问题。

区域产业结构是区域经济发展水平的一个重要标志，又是区域进一步发展的一个重要因素。

区域产业结构的合理调整，首先，要明确区域产业结构合理化的标志；其次，把握结构的现状特点及存在的主要问题；再次，选择结构变化的导向；最后，制定具体的结构调整规划。

区域结构合理与否，可从以下几方面来加以衡量：

（1）把区域作为一个系统，内部各要素之间相互作用的机制是否健全，能否使彼此之间产生协同效应，也就是再生产的各个环节、国民经济各部门、各生产要素是否得到优化组合。

（2）能否充分吸收、消化、吞并、综合外部系统的外来因素，并有效地将外来因素或外部投入转换为输出，形成强大的扩张、输出能力。

（3）能否减轻以至吸收一般的经济波动，甚至在遇到巨大的波动时，也能通过自身组织机制的调节，消除因干扰而造成的不协调状态，也就是系统的应变能力是否强大。

（4）能否在系统结构保持相对稳定有序的同时，创造条件向更高层次的优化方向发展。

（5）作为全国大系统中的一个子系统，能否与国家大系统的发展相协调，以自己的优势与特长，为充实完善国家经济大系统做出自己的贡献。

我国及各地区现有的产业结构，距上述要求都有差距，但程度不同，调整的导向大体上可采取三种基本模式：

一是技术导向模式，即使区域产业结构向高技术化方向转变，也就是大力提高高技术产业在整个产业结构中的比重，直到占据主导地位。

二是结构导向模式，即使区域产业结构由以自然资源开发、原材料产业为主向加工制造方向转化，逐步提高就地加工的比重，直到加工制造占主导地位。

三是资源导向模式，就是以自然资源开发和原材料生产为主的产业结构。

这三种不同的产业结构导向，标志着经济社会发展的不同阶段，是区域经济成熟程度不同的集中反映。

我国西部地带，从总体上看，还处于资源导向阶段。在区域产业结构的演变过程中，这是一个低层次的结构模式。从现状看，这种资源导向结构，由于地区专门化水平不高，资源优势还远没有转化为商品经济优势，多种有优势的自然资源还处于待开发状态；从发展上看，由于资源的有限性和可替代性，以及随着开发规模的扩大引起开采条件的恶化趋势，容易导致区域发展的不稳定性。因此，今后区域结构的调整，首先还是要加强资源导向，也就是优势资源的开发规模要逐步扩大，同时有选择地适当加快加工制造业的发展速度，但在今后一个时期内，资源导向还是主要的。在西部地带中，陕西已形成的产业结构具有不同的特点，即一方面，它的加工制造业已有相当基础，在整个产业结构中已占相当比重；另一方面，它又有一些优势资源，开发的程度还很低，从全国地域分工的要求来看，国家还要求陕西拿出更多、更好的矿产品和原材料产品。因此，陕西产业结构的调整，应当是双管齐下，资源导向和结构导向有机结合，相互渗透。即一方面抓好优势资源的开发；另一方面向加工制造业的深度与广度进军，在总体上，保持加工制造业的相对优势。

第三，地区布局问题。

地区布局与地区产业结构是两个联系密切而又不同的问题。产业结构主要是把各种生产要素，按部门行业组合起来，协调部门行业间的比例关系，以促进生产力的发展；地区布局则主要是把各种因素进行空间组合，协调地区间的比例关系，以促进经济的发展。

包括陕西在内的西部各个省区，已形成的工业分布格局，一般存在两大弱点：一是从全省范围看，工业布局基本上还未展开，这样广大地区丰富多样的资源，不能被经济有效地吸引到国民经济的周转中来，使潜在的生产力变成现实的生产力，而且也拖了发达地区的后腿；二是整个省区内城镇的空间分布也很不平衡，大片工业落后地区，不仅没有形成一个可以组织带动地方经济发展的大中城市，连小城镇的发展也很微弱，数量既少，规模又小，功能也单一，这样又使城镇规模结构失调，现有少数大中城市同广大外围地区之间，缺乏必要的纽带和桥梁，因而区域内城乡一体化水平也低，城市经济的发展在一定程度上同农村经济的发展相脱节，其结果既不利于城市，也不利于乡村。

针对上述情况，今后地区布局的调整，一要随着重点建设和乡（镇）企业的发展，适当地把工业布局展开；二要强化现有工业中心和经济核心区，发展中等城市，适当提高小城镇的覆盖率，作为展开工业布局的阵地与依托。陕西已提出"加强关中，南北展开"的布局构想，这是可以的。但在中近期，更现实可行的是先展开北翼。北翼煤、电、运、建、化的综合开发，在后十年是势在必行的，这是全国的需要，因而也就比较容易列入国家计划。南翼的展开，在中近期难度较大。当务之急是抓好山区的多种经营，巩固提高汉中盆地现有的工农业基础，培植地方经济的"增长极"，加快脱贫步伐。开发西汉水的水力资源，修建南线铁路，是南翼展开的两大前提条件。

第四，经济区划问题。

国土规划的中心，是区域各项生产建设事业的综合布局，因此，首先必须有一个科学的经济区划作为安排布局的依托。正如下棋布子，必须先有棋盘一样。在综合国土规划中，经济区划既是地区布局的前提，又是布局的延伸与落实。

这里首先碰到的一个问题是划分什么样的经济区？一种看法认为，既然是搞国土规划，就应当划分开发治理区，这样才便于把规划落到地域上。另一种看法认为，划分综合经济区比较合适。我是同意后一种看法的。理由是：

（1）综合经济区划的本质和任务，是根据各地区的客观条件与地域分工的要求，从全区国民经济的总体着眼，确定各区域发展的方向、目标、重点、产业结构，明确区域开发的政策、步骤以及协调区际与区域内各组成部分间的经济活动，促进区域经济一体化。这样的经济区划，包括协调区域内国土资源开发、利用、治理、保护四方面的关系，当然也就可以作为安排开发治理布局的地域单元，没有必要再单独列出一个开发治理区划。

（2）综合经济区划，已积累了一些理论与方法上的成果，开展起来相对容易。而开发治理区划的性质、任务、原则、依据是什么，它与综合经济区划到底有什么本质差别，这些研究还很少，因而开展起来也就比较困难。有些同志提出了这两种区划的一些差别，如综合经济区划应当覆盖全部国土，而开发治理区划可以不全覆盖，只根据一定时期内开发治理的主要任务与要求，需要划几块就划几块。综合经济区划要解决的任务很多，囊括了区域发展的方方面面，要考虑的因素也多，开发治理区主要解决国土资源的状况就可以了，开发治理区是综合经济区划的初级形式。随着开发治理的开展，区域经济活动日益多样化，这时，就可以向综合经济区划过渡，以综合经济区划取代开发治理区划。我认为，这些差别是可能存在的，但这主要只是量上的差别，并非本质上的差异，没有回答这两种区划在基本理论、方法上到底有什么不同。

全国国土规划纲要中，以东、中、西三大经济地带的划分，作为安排全国经济总体布局的地域单元。三大经济地带下面，没有一级综合经济区的划分，只分别在不同的地方安排了以开发为主的17个重点建设区块的布局和一些以治理为主的区域、江河湖泊的布局，作为一个全国性的综合国土规划至少存在以下问题：

（1）由于三大经济地带只是一种很粗略的地域划分，它只能反映出一定阶段上全国宏观布局的总趋势与大致轮廓。我国幅员辽阔，东南西北中空间差异很大，单有三大经济地带的划分，还难以解决区际间的合理分工与区域内经济的综合发展问题，难以解决区际间的合理分工与区域内经济的综合发展问题，也就难以把生产力布局的总趋势落实下来。这个落实，就需要有一级综合经济的区划。

（2）17个重点建设区块的划分和若干治理区的划分，类似于开发治理区的划分，但开发与治理在空间上没有相互衔接，如黄土高原地区，既面临治理水土流失的重大任务，又面临建设全国性能源重化工基地的任务，这两者本来就是密不可分的。国土综合规划的中心，是要解决各大区域各项生产建设事业的综合布局，特别是像黄土高原这样的地区，国土资源开发与治理的关系非常复杂，更需要从全地区总体着眼，进行综合规划，协调二者之间的关系，但在规划纲要中，二者却在不同的地方分别规划，把开发与治理割裂开来，这将导致在规划实施中，各自为政，加剧开发与治理的矛盾。

（3）没有全国一级综合经济区的划分，没有省内综合经济区的划分，在规划内容上，还是侧重于条条规划和单项规划，这将严重削弱国土综合规划的基本特性。

所以我建议，陕西下一步编制国土综合规划时，应开展省内综合经济区的划分，哪怕是粗线条的也好。

对于综合经济区划问题，认识还在深化，争论较多，我写过两篇文章，对一些有争论的问题，进行了分析，这里不再重复，只就几个问题，谈谈结论性的意见。

（1）区划的基本原则与主要依据。基本原则是：区内的近似性及与外区的差异性。即区域内现有生产发展水平、发展的基本条件与潜力、面临的主要任务及发展方向、发展的基本途径等方面的近似性，各区间在这些方面的差异性，内部的近似性，是产生经济区内在凝聚力的基础；与外区的差异性，是区域间地域分工的基础。

主要依据：

一是一个经济区内，要拥有历史上形成的特殊的专业化和一定程度的综合发展，或者是具有能逐步形成有全国或全省意义的专门化产业与综合发展的基本条件与潜力。

二是区内已形成或正在形成一定规模、一定辐射力的地区性经济中心，能够组织带动区域经济的发展。

三是构成区域空间结构的三要素（即"节点"，即各类城镇："域面"，即"节点"的吸引范围；"网络"，即由劳动力、商品、技术、资金、信息等流动网和交通网所组成）已发展到一定水平，特别是"网络"能联结"节点"与"域面"，使二者优势得以互换，这一点正是我们所讲的综合经济区区别于自然经济区的重要因素，从而成为划分综合经济区的一个重要依据。

四是省内综合经济区划原则上不打乱县级行政区划，即考虑到行政区划因素。二者矛盾较大时，应调整行政区划以适应经济区发展的需要。

五是同级经济区之间在地理范围上不宜交叉重叠。

（2）经济区要不要有明确的地理界限？我们的结论是必须有。只是这种地理界限并不是固定不变的，当区域经济发展到一定程度以后，可以根据新的情况做适当调整。

（3）经济区要不要覆盖全部国土？应当全覆盖。由于生产分布的不平衡，一省之内，各经济区在经济上的成熟程度会有明显差异，但这并不妨碍把落后地区也划入经济区体系之内，经济区划的任务之一，就是要挖掘利用落后地区的有利条件与潜力，通过生产布局的调整，通过发达地区与不发达地区的横向联合，为经济上不成熟的经济区创造发展的条件。

（4）省内经济区划的地域规模是大一些好还是小一些好？不能一概而论，要根据各省的具体情况判断。一般来说，经济发达的省，区划的地域规模可小一些，也就是适当多划几块；经济落后的省，区划的地域规模可相对大一些，即少划几块。但总体来看，省内综合经济区划的地域规模不宜太小，不宜划得过多。过多，就不容易突出各区的特点，从而也就不易规划各区的专门化方向，不利于区域的发展。

（5）在省内经济区划中，常常会遇到一个问题：有的县，从某些因素看适合划入邻近的这个经济区；从另一些因素看，又适合划入邻近的另一个经济区，到底划到哪个经济区比较合适？这就需要进行更具体的对比分析，如综合现状与近期发展趋势。这个县在经济技术的联系上，同哪个邻近的经济区更密切、更广泛；划入哪个区，在经济上的互补能力更强，对哪个县、哪个区的发展更为有利；这个县的基本条件、特点、面临的主要任务和需要采取的措施，与邻近的哪个经济区更为近似，更便于经济区的统一规划，根据这些对比分析，择优而行。有时，同一个县，一部分划入邻近的甲经济区有利，另一部分划入邻近的乙经济区有利，这时怎么办？一般来讲，可采取两种办法来解决：一是调整行政区划，即把这个县一分为二，使之各得其所，以适应经济区划需要；二是不调整行政区划，看这个县的主体部分适合划入哪个经济区，就整个县都划入哪个经济区。原则上是不打乱县级行政区划的界限，也不要在另一个经济区内划出一块"飞地"，以免造成经济区间不必要的矛盾。

为了弥补定性分析之不足，解决区划界线问题，可采用一些数学方法。这里只介绍一种常用的聚类法。

经济区划是根据自然、经济、社会等因素（可总称为地理要素）的近似性与差异性，对一个地域（一国或一省）所进行的空间划分。国家一级综合经济区划，一般是省的组合；省内综合经济区划，是县的组合。聚类法就是通过数学计算，分别求得每两个县每个地理要素之间的差异度，把彼此间差异小的若干县划为一个经济区，其步骤是：

第一步，准备数据。设某省有 n 个县，以 x_1，x_2，$\cdots$，x_n 表示，又设每个县都有 S 种特性（都分别用指标值反映），于是每个县就分别对应着描述其各种特性的一组数，以 y_1，y_2，$\cdots$，y_s 表示，如 n 个县中的第 i 个县（x_i）的特性可表述为：

$x_i = (x_{i1}, x_{i2}, \cdots, x_{is})$。

第 j 个县（x_i）的特性表述为：

$x_j = (x_{i1}, x_{i2}, \cdots, x_{js})$。

第二步，计算每两个县之间的近似程度，通常用"欧氏距离"公式来计算。如计算第 i 个县与第 j 个县之间的近似程度（即欧氏距离），可根据下列公式：

$$|x_i - x_j| = \sqrt{(x_{i1} - x_{j2})^2 + (x_{i2} - x_{j2})^2 + \cdots + (x_{is} - x_{js})^2}$$
$$= \sqrt{\sum_{k=1}^{S} (x_{ix} - x_{jx})^2}$$

第三步，进行聚类分析，其方法是：

（1）根据上述计算结果，将欧氏距离最短的两个县划为一类。

（2）把这两个县的组合，看作一个新的样本（即聚类对象），用以代替这一类中的所有县，并以这类中所有的县指标的平均值，作为新样本的指标。

（3）反复进行前两步计算，直到所有县都能分别归并到某一类中。

为了掌握这个方法，我们把要聚类的县假设简化为 5 个县，即 x_1，x_2，x_3，x_4，x_5。根据上述计算，5 个县的各项特性指标，都分别综合为一个指标，设各县的指标值分别为 1，2，4，5，6，8，那么如何进行聚类呢？

第一步，分别计算每个县与其他某个县的欧氏距离。第 1 个县（x_1）与第 2 个县（x_2）的距离，把上述数字代入欧氏距离公式，得：

$\sqrt{(2-1)^2} = 1$。

第 2 个县（x_2）与第 3 个县（x_3）的距离为：

$\sqrt{(4.5-2)^2} = 2.5$。

按排列组合，把 5 个县中每个县与其他任何一个县的距离都一一计算出来，对比可以发现，第 1 个县（x_1）与第 2 个县（x_2）的距离为 1，是最小的，那么，就可先把第 1、第 2 个县归并为一类，假定为 G1。

第二步，把 G_1 看作新的样本，将 G_1 中的第 1 个县与第 2 个县指标的平均值 1.5，作为反映 G_1 特性的指标。

第三步，计算 G_1 与第 3 个县 (x_3)，与第 4 个县 (x_4) 的距离最小，这样，又可把第 3、第 4 个县归并为一类，假定为 G_2。

第四步，把 G_2 看作样本，将 G_2 中的第 3、第 4 个县的指标平均值 5.25，看作 G2 的指标。

第五步，计算 G_1、G_2 和第 5 个县 (x_5) 间的欧氏距离，求得 G_2 与第 5 个县的距离最小，于是就可把 G_2 与第 5 个县 (x_5) 归并为一类，假定为 G_3。

第六步，计算 G_1、G_2、G_3 中每两个县间的欧氏距离，发现 G_1 与 G_3 距离最小，可把 G_1 与 G_3 归并为一类。

分类到此结束。在聚类过程中，如果我们希望把这 5 个县分成两类，可把第 1、第 2 个县归为第一类，第 3、第 4、第 5 个县归为第二类；如果希望分成三类，则可把第 1、第 2 个县归为第一类，第 3、第 4 个县归为第二类，第 5 个县归为第三类。

根据综合经济区划的要求，反映各县特性的指标，一般可选定三组，即反映自然特性的指标组，反映经济特性的指标组，反映社会特性的指标组。每组各选多少指标，可根据需要而定。一般来说，指标选得越多，计算结果越精确，但计算工作贡献大；反之，计算越简单，但精度就越差，关键是要选择那些最能反映特性的指标。

三、工作深度问题

在规划中常常碰到工作深度问题。做得太粗略、太概括了，好像不解决问题；做得太细了，又比较琐细，不易做到高层次的综合，而且会涉及许多专业性很强的工程技术问题，不易做下去。那么，做到什么深度为好？这个最好是具体问题具体分析，很难一概而论，下面只能举例性地谈一谈：

第一，资源评价。以矿产资源为例，在综合规划中，不需要把它分解为各个矿种，每个矿种又分为若干方面，一一做具体的描述与评价，只需要：

（1）对全省的矿产资源做一个总体概括，如探得储量的有多少矿种，其中在全国占绝对优势的有哪些，占相对优势的有哪些，优势的表现，矿种配套程度如何，重要而稀缺的矿种有哪些，从总体上看，矿产资源有哪些现状特点，资源的前景如何。

（2）最好能根据省内矿产的成矿规律、分布和空间组合特点，划分为若干重要矿区，分别对各重要矿区做些分析评价。

第二，目标。要有主要的目标指标，并说明确定这些指标值的宏观依据，它比战略研究中的目标要具体些，比计划中的目标指标要少，但其依据要比计划具体些。

第三，产业结构。不需要分解为许多部门、行业，分别进行规划。主要是：

（1）对全省产业结构的现状特点有一个正确的评价。

（2）对规划期内产业结构调整的导向有一个明确的看法，明确发展的主次。

（3）重点规划一些作为今后发展重点的产业，可分别规划其发展规模、速度、基本途径；针对各自的特点，提出对策；重点项目的安排；预测重点项目的建设，对本部门及区域产业结构变动的影响。

第四，地区布局。布局战略及全省范围内总体布局的安排，主要是规划期内全省范围内布局展开的方向、途径，建设重点地区的确定；重点项目的布点及其基本依据的分析；相关项目的可行性研究要素；具体的厂址选择，交通干线的选线，矿区的总图布置等，在国土综合规划中都可不涉及。

第五，城镇问题。主要是从省内城镇体系的角度，规划出城镇体系的规模结构、职能分工，以大中城市和主要工矿区为中心，进行区域经济网络的组织，城乡一体化的趋势分析。可利用单个城镇的城镇规划成果，为城镇体系的建设布局服务。

综合规划是在单项规划的基础上来开展的。单项规划越具体越好，这是综合规划的基础。但综合规划不是各单项规划的简化和机械的加总，而主要是按照综合规划的大框架和要点，对各单项规划提供的思想、素材，进行高层次的提炼、综合、加工，来源于单项规划，又高于单项规划，即要摆脱各单项规划难以完全避免的局限性，站在全省的全局（在关键问题上，还需站在全国的全局）高度上，协调各单项规划之间的关系。要在综合上下功夫，在综合的前提下来把握工作的深度。

区域国土规划重点问题研究

一、区域国土资源的评价

国土资源的丰度及其组合特点，是区域发展的内部条件，也就是"区域容量"，它决定了一定时期内，区域发展的总目标、区域发展的最低水平和可能的最高水平、区域产业结构和经济布局变动的趋势，是编制国土规划的基本依据和出发点之一，在国土资源的评价上，必须注意以下几点：

（1）分析的客观性。国土规划的研究，有的出于争项目、争投资的原因，有的由于对区域区情没有摸清，在分析评价上，常常片面强调区域的优势，甚至夸大本区的优势，而对区域的劣势、短处却估计不足，或者轻描淡写，一带而过。这是不符合实际的。任何一个地区都不可能集各种国土资源优势于一身。从总体上看总是优劣并存；甚至从某一侧面看，也往往是长短互见。即使是局部的劣势，在一定时间、条件下，也可能成为发展的主要限制因素。因此在如实反映国土资源优势的同时，也要客观地反映出资源的劣势。识长知短，才可能做到扬长避短，扬长补短。

（2）善于比较。国土资源的优势、劣势，都是相比较而存在的。这个比较包括两个方面：一是区内各种资源之间的比较，二是区内的优势资源与外区同类资源之间的比较。同一资源，在与区内其他资源相比时，可能是优势资源，但将它与区外同类资源相比时，就可能出现三种情况：一是能构成绝对优势；二是能构成相对优势；三是相形见绌，算不上优势。有比较才能鉴别，知己知彼，才能百战不殆。

（3）从动态中考察。发展中现有的某些资源优势可能被削弱，而某些资源的劣势，也有可能得到克服或淡化。因此要把握住现有资源优、劣势相互转化的可能性及转化的因素。区域开发史证明，任何一个区域的任何一种资源优势，特别是经济资源、社会资源和非再生自然资源的优势，不可能一成不变，永远能够在全国范围内保持其领先地位。某些资源的劣势，也同样随着时间的推移有向相反方向转化的可能。知道这些，才能在规划中，明确如何充分利用现有的资源优势，使之变为更大的优势；如何挖掘潜力，促进劣势的转化；如何当现有优势削弱甚至丧失以后制定以新的资源优势来进行弥补的对策，防止由此而产生的区域发展剧烈波动。

（4）重视区内外资源的相互作用。善于把握区域发展的外部条件，区域的外部条件与其内部条件是相互作用的。特别是现代区域是一个人口、信息大量交流的开发系统，区域之间是相互依赖、互为条件的。有些经济活动，固然只需要在本区域内统筹安排，合理利用区内各要素，就可以取得"最小成本结合"的效益。但由于现代区域的经济活动的内容极其复杂，更多的经济活动必须在区域以外的组织分工协作，互换优势，互补劣势，在更广阔的空间范围内，将各种生产要素、各个生产环节，进行更合理的调度、组合、协调，才能形成"最小成本结合"，推动区域经济的发展。区域作为国家大系统中的一个子系统，受国家的经济大势、全国经济的总体布局及与之相适应的国家空间投资政策的影响很大。由于不同时期国家的空间投资政策不同，给各区域带来的历史机遇也就不同。当全国开拓重点着手向中部地带转移时，对中部地带而言，就是一个有利的历史机遇，这种历史机遇与中部地带内部的某些优势相结合，就可以形成发展的多方面的有利条件，给其发展以有力的推动。区域的外部条件，往往有两重性：一是机会，二是挑战。挑战是现实的，机会则要善于去捕捉、把握，这就要在分析区域发展条件时，不能只就区域论区域，而必须把区域的内部条件与其外部环境结合起来，以便利用机会，迎接挑战。

（5）掌握国土资源评价的重点与工作深度。以能源、矿产资源为例，在区域国土综合规划中，不需要把它分解为各个矿种，每个矿种又分为若干方面，一一做具体的描述与评价，而应当把重点放在：对全区的能源、矿产资源做一个总体概括，如探得储量的有多少矿种，其中在全国占绝对优势的有哪些，占相对优势的有哪些，优势的表现、矿种配套程度如何，重要而稀缺的矿种有哪些，从总体上看，能源、矿产资源有哪些现状特点，资源的前景如何。最好能根据区内矿产的成矿规律、分布和空间组合特点，划分为若干重要矿区，分别对各重要矿区做分析、评价。这样的分析评价，可以比较准确地掌握能源、矿产资源的优势，为确定开发的顺序、安排能源、矿产资源开发的综合布局提供基础。

二、总投资的地区分配

国土资源的开发、利用、治理、保护，都需要一定的投资作保证。总投资的部门分配，是调整区域产业结构的基本手段，是提高投资综合效益的重要条件。就一个区域而言，总投资的地区分配，应着重解决好两个问题。

（1）有利于保证一定的"区域储备"，进而有利于整个国民经济持续稳定的增长。从动态上考察，一个地区的经济，大体上都要经历以下发展过程：不发展阶段、成长阶段、成熟阶段、衰退或者是发展到更高的阶段。不同的发展阶段，各有其质的特征。在一个省内，往往是处于不同发展阶段的区域同时并存。在规划期内，区域的国土开发都要重点依靠处于成熟阶段的地区，因为这类地区在全区经济生活中有举足轻重的地位，对全区经济增长的作用率较高。但成熟区发展到一定时期以后，往往要走向相对衰退或绝对衰退，如果没有新的进入成熟期的区域来取代它，担负起骨干区域的职能，那么整个国民经济就要随之衰退。这就是建立"区域储备"的意义。因此，在投资的地区分配上，在保证发挥成熟区域作用的同时，还要在成长区中选择条件较好，潜力较大的区，进行较多的投资，加快其向成熟阶段的发展，保证大系统中各空间子系统正常的新陈代谢，从而使大系统增长活力，连绵不断。

第一，处于不发展阶段的区域。一般来说，这类地区的主要问题是：位置偏僻，距经济重心较远，相对封闭；经济发展水平低，发展机会少；市场不发育，人口素质差，商品经济观念淡薄；自我积累、自我发展能力小，而投资环境差，又缺乏吸引外部投入的能力；区域缺少甚至没有形成一定经济实力的经济中心。这类地区应采取的投资对策是：在区域资金的部门分配和空间分配上，要适当集中，重点致力于优势产业的扶持和区域增长极的建设，以优势产业带动一般产业，以增长极带动面；在条件投资和产品投资之间，要保持一定的比例，一般应较多地用于条件投资，改善投资小、见效快的项目，使贫困地区的人民脱贫致富。使不发展地区，能以较少的投资，启动地区经济的内部活力，尽快地跨过工业化的起点。

第二，处于成长阶段的区域。这类区域相对前一类区域而言，已发生质的变化，已跨过工业化的起点，有一定的物质技术基础；区域内已有若干增长极，这些增长极具有一定的极化效应，但扩散效应差；整个区域经济较有活力，增长势头较大，但产业结构单一。在投资对策上，一要在强化地区优势产业的同时，注意区域产业结构的多样化，增强区域的结构弹性；二要在进一步扩大增长极的极化效应的同时，注意加强其扩散效应，把区内生产力的布局适当展开；三要导入成熟型产业，接受利用成熟区的先进技术。在少数有条件的地方，也可直接导入某些高技术层次产业，发展一些技术开发型产品。使成长阶段的区域顺利地进入成熟阶段。

第三，处于成熟阶段的区域。这类区域，基础结构、市场机制比较完善；有比较完整的城镇体系，城镇化水平较高；人口的文化素质、技术素质较高，吸引消化新技术的能力较强；区域功能比较健全，投资效果明显高于其他类型地区，从而吸引投资的能力较大；区域优势、潜力发挥比较充分。但成熟区也有问题，而且问题比较隐蔽，繁荣掩盖着矛盾，优势掩盖着劣势。所以在投资对策上，一要大力调整区域产业结构，逐步使产业结构高级化；二要强化社会基础结构；三要抓好产业、产品的转移、扩散，把区域内的大耗能、耗料工业向外部富能、富料区转移、扩散；把大城市部分产业、产品，向外围地区转移、扩散。使成熟区域能够充分发挥骨干区域的作用，尽可能延长其繁荣期，不至于走向衰退。

第四，处于衰退阶段的区域。这类区域，产业结构老化，原有优势产业的优势严重削弱以致丧失，而又缺乏新的优势产业足以弥补原有优势产业衰退所造成的损失，导致区域经济活动的衰退，在全国的经济地位明显下降；原来赖以高速增长的优势条件，严重退化，而又缺乏可以弥补的有利因素，在成熟阶段已出现的一些不利因素，没有及时得到克服，导致区域发展的后劲不足。这类区域，由于曾经是成熟区，在衰退中还保留了成熟区所具有的某些特点，如内外部运输能力、通信能力还有相当基础，人口素质较高，有长期的技术积累，市场组织能力较强，等等。因此，应通过合理的投资对策，进行必要的扶持，调整其产业结构，借助新技术的作用，建立新的优势产业；发展与其他地区的横向联系，互补劣势，使之从衰退中走出来，向新的发展阶段前进。

（2）投资的地区分配，要适应各区域的承受能力，保证投资效果。

第一，区域结构的承受能力，包括区域农业是否因投资规模而受到严重影响，特别是副食品的供应有没有出现紧张；基础结构，特别是能源、淡水供应的保证程度是否下降，交通运输能力是否能承担因投资建设而引起的运量的增长。以上几方面，如果有问题，通过区际协作仍然难以解决，或者在当地解决需要付出巨大代价时，说明对此区域的投资规模过大，需要进行调整。

第二，区域资金的承受能力。除中央、省的投资以外，区域自身固定资产的投资能力有多大。如果地方财政收入、社会资金的筹集比国家与省投资配套建设的能力强，投资就能发挥效益；如果缺乏这种配套建设能力，一切建设都要上层投资，地方的机动财力很小，这就表明投资规模超过地方资金的承受能力。即设定的投资规模是否会引起环境质量的严重恶化，而解决环境问题，需要付出在规划期内难以承受的经济代价。

区域承受能力是投资决策和投资评价的前提。如果投资超过了区域的承受能力，投资效果肯定不好，也就用不着进行投资效果的具体估算。如果可以断定投资规模没有超出区域的承受能力，就需要进一步对区域的投资效果进行估算。

三、落后地区开发的策略

我国各省区都存在落后地区以致贫困地区。怎样解决这类地区的问题，在省区国土规划中，有几个策略问题需要研究。

（1）是开发还是救济。困难地区通常需要救济，也需要开发，但在国土规划中，应将二者区别开来，并把重点放在开发上。

开发主要是针对影响区域发展的主要问题，找出其产生的原因，利用经济手段，采取系列措施，如培植区域增长极，振兴大农业，改善交通运输，开发利用优势资源，培养人才，重点建设关键性的治理工程，以发挥区域优势，逐步走上自力更生发展的道路。对开发资金的使用，必须主要是服从于发展的需要，奠定发展的基础，即在开发中治穷，而不能变相地主要用于救济。

（2）开发资金的分配原则。在落后区域，常常存在多个贫困地区，它们的困难程度不同，各自发展的条件也有差别。开发资金的分配，是最困难者优先，还是最有发展潜力者优先？如果把有限的开发资金主要用于帮助最困难的地方，这样虽然可以较快地使这些地方的情况有所改善，但由于最困难的地方往往也是开发条件最差的地方，从总体区域开发效果来看，这样分配资金的经济效果最差。反之，如果把有限的开发资金集中用于那些开发条件最好、最有潜力的地方，如农、林、牧、特产品集散较便捷，乡（镇）企业、手工业有些基础，或靠近重要能源、矿产资源的县、独立镇，其中具有优势的主导产业，则可以较快地在落后区域形成增长极，为整个区域的长期发展奠定基础。但这样使用资金最困难的地方，是经济状况的改善要相对慢一些。但相对来说，强调最有潜力者优先的分配原则，因为这样可以治本，少数地方能较快地发展起来，由于波及效应，就可以直接带动最困难地区的发展。

（3）是移劳动力就职业，还是移职业就劳动力。在落后区域，劳动力与就业机会的分布往往不一致。有的地方，劳动力多，生产门路少，剩余劳动力多；有的地方，生产门路多，有接纳劳动力的就业条件。如何调整这种不协调的现象，不外乎两种方法：一是移劳动力就职业。即把生产门路少的地区的剩余劳动力迁移到可为他们提供就业机会的地方。二是移职业就劳动力。即把生产门路多的地区的一些进入成熟阶段、劳动密集型的行业，有计划地迁往或扩散到剩余劳动力多、生产门路少的地区，或由政府直接投资，或由政府通过诱导措施，诱导前一类地区向后一类地区投资，建设企业，为那里的过剩劳动力创造就地就近就业的机会。这两者可以并行，问题是哪一种策略效果更好。

移民就业，是一种行之有效的办法，因为生产门路多，挣钱相对容易的地方，对劳动力过剩地区的劳动者有吸引力；人口的位移，有利于改善人口的分布状况，促进劳动者与生产资料的空间平衡；劳动力迁移，有利于提高劳动者的文化技术素质。特别是对于一些生产条件极差、生活环境恶劣、人口压力大、生态已严重失调的贫困地区，有计划地实行开发型的移民，在新的地区安家创业，对缓和原住地区的人地矛盾、恢复生态平衡是有好处的。但移民就业，对开发落后地区而言，只能是一种辅助手段。因为移民本身，不能直接促进原住地区资源的开发利用，不能改变区域的产业结构，不能直接提高原住地区的生产力水平，而且移民有一定的选择性。愿意迁出的，往往是有一定技术专长的，处理得不好，会造成人才外流，而真正过剩的，素质较差的劳动力都流不出去，这些都不利于落后地区的发展。因此，从总体上看，一般应以移职业就劳动力为主。

四、区域开发重点的选择

一个地区国土资源的开发、国民经济的发展，在一定时期内，以什么为重点，这是区域发展目标体系中的主导环节。选择什么样的重点，将形成相应的区域产业结构；它关系到区域优势的发挥及发挥的程度，以及它对解决全国、全省性任务能够做出什么样的贡献。

如何正确选择开发重点？首先需要明确重点的内涵与特点。在这个问题上，国内有三种不同看法：

一是将制约区域发展的薄弱环节作为重点，也就是把"瓶颈"产业作为发展的重点。

二是把现有产业结构中产值比重大的产业作为今后发展的重点。

三是从发挥地区优势，促进地域分工的角度来讲重点。

我认为，第三种理解比较科学。作为区域发展重点的产业，应当是集双重职能于一身，即一方面构成区域产业结构的主体、核心，能带动区域经济的发展；另一方面，又具有区际意义，能够以其特长，充实完善上一级区域系统以至全国经济系统。

上述"瓶颈"产业能不能作为发展重点？

"瓶颈"产业的形成，通常是由于发展条件较差，或是经济效益不高，因而长期发展不起来。由于过分薄弱，影响到区域的发展，因此花一定力量，改善条件，使之得到一定程度的发展，这是必要的，但不应作为区域的重点。这是因为，根据比较利益原理，把力量过多地投入缺乏比较优势的产业，将抑制区域优势的发挥，降低区域的总体效益。而且"瓶颈"产业的发展，对区域一般只能起一种辅助和支持的作用，不能起主导作用，只具有地方意义，而没有多大的区际意义。

当前产业结构中产值比重大的产业，是否可选作今后发展的重点？对此要做具体分析。现有产值比重较大的产业，一般是以往发展阶段中某些优势条件作用的结果，但地区的优势条件是变动的，应对这类产业原来赖以发展的优势条件进行动态的考察：一是原有优势条件有削弱以致丧失的趋势；二是在规划期内可以保持其优势；三是原有优势条件今后有进一步加强的趋势。第一种情况，显然不能作为今后发展的重点；第二种情况，可以作为次重点；第三种情况，可以作为今后发展的重点。

在一些区域国土规划中，往往同时把上述第一、第二种意义上的产业都列为重点。这样重点太多，其结果或是导致建设总规模不适当地扩大，基建战线太长，各方面都很紧张；或是由于僧多粥少，保了这个，保不了那个，名为重点，实际上得不到重点发展。因此，笔者主张只是把第三种意义上的产业作为重点。能构成这种重点的，必须具备以下基本条件：

（1）市场条件。即这种产业的产品，不仅是本地发展所需要的，更重要的是国家大量需要，产品输出比高；不仅当前有市场，在今后一段时期内，需求还会扩大，甚至有供不应求的趋势，还会持续相当长的时间。

（2）建立在特殊有利的地区条件的基础之上，与其他地区同类产业相比，它能以较好的综合效益大批量生产，具有较强的竞争能力。人无我有，人有我优，因而市场占有率高。

（3）综合连锁效应强。通过"向前"、"向后"和"旁侧"效应，发展一个，可以带动一批，搞活一片。

（4）对区域经济增长的作用率高。

五、对策、政策、手段

对策和政策，是实现目标的保证。没有具体可行的对策与政策作保证，总目标就是空的。以往我国的各种规划、计划、目标，主要靠行政系统的指令性计划、行政手段去完成。实践证明，单纯依靠这种手段，很难协调全国、全省总目标下的各级子目标之间的关系，往往顾此失彼；而且由于行政区域的局限与小生产习惯势力的影响，常常造成条条分割、块块分割、城乡分割，严重妨碍总目标的实现。随着体制改革的深入，指导性计划增多，越来越需要以综合运用经济杠杆为主要手段，采取相应的政策，辅之以行政干预和各项立法的制约。根据国内外的实践，以下几方面都是值得研究的：

（1）在政府的组织支持指导下，对各个区域进行国土资源的综合分析评价，找出其优势和存在的问题，即西方所讲的"区域诊断"，在此基础上，制定区域开发规划，明确各区发展方向，使各个区域都认识到怎样发展，才能最好地促使总目标与各级子目标的实现。这种规划虽然只起到指导作用，但如果规划得越科学，就越有吸引力，越能使区内外的投资主体认识到，个别、局部、短期行为同总目标联系起来，为实现总目标而尽力，于公于私都有利。

（2）提供信息。包括向区内外以至国外的投资主体提供各区域发展条件、发展前景与发展趋势的信息，政府有关政策、有关立法的信息，各种市场信息、科技信息、劳动力培训信息，为这些投资主体做决策提供依据，并有利于使各投资主体的行为同总目标相协调。

（3）利用财政诱导、补偿手段，协调、调整各地区、企业、个人之间，因按规划发展可能引起的物质利益的关系。消除阻力，调动各方面的积极性，特别是对落后地区的开发。由于落后地区投资环境较差，开发初期，投资者可能因此而在经济上蒙受不同程度的损失，政府就要向他们提供种种补偿，如提供低息贷款、一定时期内减免税收、降低收税标准，以致允许加速折旧等，使在落后地区开办企业个别边际收益少所造成的损失得到补偿，有利可图。保证落后地区得以按规划目标得到开发。

（4）为了诱导生产要素按规划规定的方向流动，不至于在各产业、各地区之间投入时畸轻畸重，促进产业结构和经济空间结构的合理化，实现资源的有效配置，政府可通过公共事业建设投资的分配，研究开发经费的分配，生产任务的分配，以及商品与劳务的采购合同，使生产要素的投入方向符合总目标的要求。

（5）在价格关系没有理顺以前，价格调节是一个重要环节。适当调高能源、原材料的价格，缩小能源、原材料、初级产品与制成品之间的剪刀差；对调出的能源、原材料、初级产品进行一定数量的补贴，使这些产品的生产能在价值形态上得到补偿；适当提高原材料产地产品的自留比例，帮助这些产区适当发展加工工业和部分深加工工业，提高资源的附加值，增加这些产区的经济收入；加工制造地区，将一定比例的收益，返回能源、原材料产区；鼓励这两类地区，直接在生产过程中，进行联合协作，按一定比例分享生产成果。

（6）资助落后地区进行技术培训、职工教育，使部分劳动力按规划要求，由低效益产业向高效益产业，由农业部门向非农业部门，由生产过剩、生产萎缩部门向生产能力不足、发展前景较好的部门转移，创造条件，以适应产业结构调整的需要。

（7）通过环境立法，制约、引导重大项目的区位选择，协调企业的经济效益与环境效益的关系。可采用的手段主要有：矿产资源，特别是大型露天矿的开发，必须把土地垦复列入矿区总体规划之中，尽量减少采矿对土地资源的破坏及由此引起的生态系统失调；重大污染型项目的建设，必须做区域环境质量预评价，明确其对区域环境质量的影响，并落实对策；工矿区的开发规模、城市的发展规模要考虑环境容量及治理经费的承受能力；加强对乡（镇）企业的宏观控制。通过区域国土规划，加强计划指导，严格禁止以牺牲环境和资源为代价，去换取眼前的、局部的经济利益。

载《武汉经济研究》1987 年第 4 期

区域国土规划若干理论问题研究

经过一些地区近几年的探索，现在大体上形成了区域国土规划的一个大框架。这就是从国土资源的分析评价入手，确定国土开发治理的指导思想或总目标，选择开发重点，规划区域产业结构，安排地区布局和城镇建设，最后提出对策、政策或措施。这个大框架基本上是可以的。但从笔者接触到的一些区域国土综合规划的成果来看，也反映了在一些重大问题的认识上还有不少值得探讨之处。

一、区域国土资源的评价

国土资源的分析评价，是编制国土规划的基本依据和出发点之一。在这个问题上，以下几点是应当注意的：

（一）分析的客观性

有些国土规划的研究，在分析评价时，出于争项目、争投资的原因，或由于对区域情况没有摸清，常常片面强调自己的优势，甚至夸大自己的优势。而对劣势、短处却估计不足，或者是轻描淡写。但实际情况是，任何一个地区，都不可能集各种资源优势于一身。从总体上看，总是优劣并存，甚至从某一侧面看，也往往是长短互见。即使是局部的劣势，在一定时间条件下，也可能成为发展的主要限制因素。因此在如实反映国土资源优势的同时，也要客观地反映出资源的劣势，才可能做到扬长避短。

（二）善于比较

资源的优势、劣势，都是相比较而存在的。这个比较，既包括区内各种资源之间的比较，以分清优劣，也包括将区内的优势资源与区外同类资源的比较，以便明确优势的程度。同一资源，在与区内其他资源相比时，可能是优势资源。但将它与区外同类资源相比时，就有可能出现三种情况：一是能构成绝对优势；二是能构成相对优势；三是相形见绌，算不上优势。有比较才能鉴别，比较分析是判定优劣的基本方法。

（三）要从动态中考察资源的优劣

要估计到在进一步发展中，现在的某些资源优势可能被削弱，而某些资源的劣势也有可能得到克服或淡化。因此要把握住现有资源优、劣势相互转化的可能性及转化的因素。区域开发史证明，任何一个区域的任何一种资源优势，特别是经济资源、社会资源和非再生自然资源的优势，不可能一成不变，永远在全国范围内保持其领先地位。某些资源的劣势，也同样有向相反方向转化的可能。明确这些，才能在规划中，在如何充分利用现有的资源优势，使之变为更大的优势，如何挖掘潜力，促进劣势的转化，如何制定当现有优势削弱甚至丧失以后，以新的资源优势来进行弥补等方面提出对策，防止由此而产生的区域发展的剧烈波动。

（四）重视区内外资源配合，把握外部条件

这是指国家的总体布局及与之相应的国家对地区投资的有关政策，与区外的横向联系及这种联系所引起的利用外部投入（包括资金、技术、设备、人才、信息等）的可能性及可利用的规模。

单从一国一地的范围看，资源的优势总是有限的，如果放在一个更大的空间系统内来考察，就可能成为较大的优势。

外部条件往往具有两重性：一是挑战，二是机会。由于不同时期国家的地区投资政策不同，给各地区带来的历史机遇也就不同。在"六五"前相当长的一段时期内，国家向中、西部投资，曾给中、西部的发展以有力的推动。而"六五"期间国家投资重点已转向东部，"七五"期间这种趋势还在继续。按三大经济地带划分，大体上东部占全国总投资的45%~50%，其中改扩建和技术改造的重点摆在东部；中部是能源、原材料的开拓重点（特别是这方面新上的重大项目，重点已转向中部），占30%；西部只占15%~20%。由于国家建设的重点还在东部，这种有利的历史机遇，加上东部已有的雄厚物质技术基础和经济地理位置优势，得天时、地利、人和，形成发展的多方面优势条件。而西部的物质技术基础远不能与东部发达地区相比。从外部环境看，在全国总投资中所占的比重，暂时又有下降的趋势。这样，与东部的差距将有所扩大。西部现有的经济，在总体上还处于低水平循环阶段，必须靠国家力量的推动，外部的大量投入，才能打破这种低水平循环，向高一级的经济循环过渡。当外部投入只能低速增长，而自我积累、自我发展的能力又很薄弱时，就必然给发展带来困难。同时由于改革、开放的纵深发展，西部在经济技术上的弱点将进一步暴

露，在竞争中，某些方面将处于不利地位，带来新的压力，形成挑战性的外部局面。但挑战也是促进西部发展的一种机会。

首先，东部的大发展，面临能源和原材料短缺的矛盾，而这却是西部的优势。跨越中、西两大地带的以山西为中心的能源重化工基地的建设重点，需要由"河东"向"河西"推进；大三峡工程的难度和较长的开发周期，有可能使西部水能资源"富矿"的开发被提前；全国的能源形势，要求高耗能原材料工业更快地向中、西部转移，这些带来了发挥西部能源资源与矿产资源空间组合优势的机会。

其次，东部发达地区面临产业结构的战略调整。东部为了腾出手来发展高技术工业，就会将一部分轻纺工业，包括某些名优产品，向中、西部转移、扩散，给西部腾出一部分轻工市场。由此带来了利用当地农、林、牧、特资源，发展一系列轻纺产品生产的机会。

此外，体制改革，价格放开，使加工工业发达地区，靠吃国家廉价调拨能源、原材料所形成的低产品成本的相对优势削弱。反之，能源、原材料工业占重要地位的西部，将从价格改变中得到较多经济利益。而且，按国际和区际联系发展的一般规律，东部发达地区经济向更高阶段发展时，商品输出将逐步转向资金输出、技术输出、智力输出。而且东部"外挤"规模的扩大，必须以"内联"的扩展为基础。这样，东部生产要素的横向西移将逐步增多，西部当前资金、技术、人才缺乏的矛盾，将随着这一外部条件的变化而趋于缓和。

就外部条件而言，挑战是现实的，机会则要靠我们去把握、捕捉。

掌握上述特点，才可能使我们对区域国土资源的分析评价比较符合客观实际。在此基础上形成的规划思想和规划内容，才可能是科学的、可行的，也才有可能在规划实施中少发生一些本来可以避免的矛盾和问题。

二、开发重点的选择

一个地区的国土资源开发和国民经济发展，在一定时期内，以什么为重点，这是区域发展目标体系中的主导环节。发展目标首先要体现在开发重点上，它直接关系到区域产业结构模式。选择了不同的开发重点，将形成相应的不同的区域产业结构，它关系到区域优势的发挥及发挥的程度。一个区域在全国、全省处于一个什么样的地位，它对解决全国、全省性任务能够做出什么样的贡献，主要靠重点的正确选择。

如何正确选择开发重点？首先需要明确重点的内涵与特点。在区域国土规划中，人们常常是在两种不同的含义上来讲重点的。一是把制约区域发展而急需加强的薄弱环节作为重点；二是把具有区际相对优势和相对效益的，需要优先发展的产业作为重点。实际上这两种不同含义的重点，其作用很不相同。前一种意义上的重点，其发展只对区域国民经济起一种辅助和支持的作用，在区域产业结构中不能起主导作用，只具有地方意义，而没有区际意义。后一种意义上的重点，其发展既可以带动区域经济的发展，又具有区际意义，构成区域产业结构中的主导产业。

在一些区域国土规划中，往往同时把上述两种意义上的产业，都列为发展的重点。重点太多，等于没有重点。因此，笔者主张在区域国土规划中，只把第二种意义上的产业列为重点。能构成这种重点的，必须具备以下基本条件：

（1）市场条件。即这种产业的产品，不仅是本地区发展所需要的，更重要的，应是国家所大量需要的，产品输出比重大，有广阔的市场和发展的前景。

（2）建立在特殊有利的地区条件的基础之上。与其他地区的同类产业相比，它能以较好的综合效益，大批量地生产出来，具有较强的竞争能力，因而市场占有率高。

（3）综合连锁效应强。即它的发展同时具有三种连锁效应：一是向前连锁效应，即能刺激它下面一些生产阶段的发展；二是向后连锁效应，即能刺激它前面几个生产阶段的发展；三是旁侧效应，即能带动刺激它所在地区经济的发展。

如果严格根据重点的科学内涵及其所必须具备的基本条件来加以衡量，那么，一个地区在一定时期内，真正可列为重点的就为数不多了，这才是正常的。

相对优势，是选择重点的基本依据。一个地区是否存在有相对优势的产业，有多种衡量指标。当前西方一般是在贸易领域内寻找衡量指标。常用的是：

（1）地区某种产品出口额与同一产品进口额之比。如果出口额大于进口额，即这个比值大于1，就说明它的这种产品占有"显露的相对优势"。

（2）地区某一产品出口额在全国同一产品贸易总额中所占的比重与地区全部产品出口额在全国贸易总额中所占比重的比例关系。

（3）消费产值比。其计算公式是：

$$消费产值比 = \frac{表面消费额}{总产值} = \frac{总产值+进口额-出口额}{总产值}$$

比值小于1，就构成相对优势。比值越小，说明生产大于消费的差额越大，因而优势程度越高。如出现负值，说明优势程度更高。

（4）RNX 指数。其计算公式是：

$$RNX = \frac{净出口额}{贸易总额} = \frac{出口额 - 进口额}{进口额 + 出口额}$$

比值大于 0，表明具有相对优势，其最大值等于 1。在这个范围内，比值越大说明相对优势程度越高。

以上四种指标，都可以用来衡量产品的优势程度，可以帮助我们定量地选择重点。

三、区域产业结构的调整

区域产业结构，是区域经济发展水平的一个重要标志，又是区域进一步发展的一个重要因素。在区域产业结构的研究中，国外有多种理论，如耗散结构理论、平衡发展和非平衡发展理论、地区专门化与综合发展结合论，等等。笔者将这些理论融合为圈层结构理论，其要点如下：

（一）区域产业结构合理化的标志

衡量区域产业结构是否合理，只以农、轻、重比例关系或第一产业、第二产业、第三产业的比例关系是否协调为标志，已经不够了，应同时从以下方面来衡量。

（1）把区域作为一个系统，其内部各要素之间相互作用的机制是否健全，能否彼此之间产生协同效应。也就是再生产的各个环节，国民经济各部门、各生产要素是否得到优化组合。

（2）能否充分吸收、消化、吞并、综合系统外部的外来因素，并有效地将外来因素或外部投入转换为输出，形成强大的扩张、输出能力。

（3）能否减轻以致吸收一般的经济波动，甚至在遇到巨大的波动时，也能通过自组织机制的调节，消除因干扰而造成的不协调状态。

（4）能否在系统结构保持相对稳定有序的同时，创造条件向更高层次的优化方向发展。

（5）作为全国大系统中的一个子系统，能否与国家大系统的发展相协调，以自己的优势与特长，为充实完善国家经济大系统做出自己的贡献。

（二）区域产业结构各要素的划分

我们把区域产业结构的各组成部分，划分为三大类产业：

第一类，地区专门化产业，相当于上述的比较优势产业。这类产业因地而异，主要取决于各地区特殊有利的条件。还可划分层次：相对优势和区际意义大的，属于主导专门化产业；相对优势和区际意义小一些的，属于一般专门化产业。二者的重要性有差别，但共同构成区域产业结构的主体或核心，在区域发展中处于优先地位。

第二类，与地区专门化产业直接协作配合的产业。其作用主要是保证地区专门化产业的健康发展。

第三类，具有区内意义的产业，包括上述两类以外的所有产业。按其各组成部分的特点，又可划分出三个部门：基础结构部门、具有消费趋向性的部门，以及"广布部门"。

（三）圈层结构的基本模式

选准地区专门化产业，进行重点建设，形成地区产业结构的核心。围绕核心，根据各产业间的内在联系，特别是其他产业与核心产业内在联系的密切程度，依次安排其他产业的发展顺序。上述第二类产业，构成核心外的第一个圈层。其发展规模、速度，应尽可能与核心产业协调。上述第三类产业中单独划分出来的三个部门，构成第二个圈层。其发展规模、速度，应尽可能同上述第一类产业、第二类产业的发展相协调。上述第三类产业的其余部分，即产品为区内生产建设和人民生活所必需，但从地区条件看，难以大力发展或一时不能发展，而其产品又适合进行区际交换的产业，构成第三个圈层。这部分产业，有些可通过创造或改善生产条件，有选择地加以发展。可以争取提高自给率，但不宜要求就地平衡，可以通过国家调拨与区际交换，争取区内供需的相对平衡。

圈层结构中的各组成部分，由于发展条件的优劣不同，在全国和区内的地位作用不同，因而力量的投放可以不同，发展的规模也应有别。这样形成的区域产业结构，既是一个有机的开放系统，又可形成合理的地域分工与区际联系；既能保证重点，又有利于地区的协调发展；既与国家计划相衔接，又具有地区特色和地区的相对优势。

圈层结构理论，综合了发展经济学中"平衡增长论"与"非平衡增长论"的合理成分，而克服了这些理论的偏颇。

平衡增长论认为，不发达国家、地区的经济中，通常存在着恶性循环：人均收入低→需求不足→投资少→资本不足→劳动生产率低→收入低。其中需求不足，市场狭小，是恶性循环的重要环节。要打破这种恶性循环，出路就在于充分利用、发挥各部门需求的互补性。在各部门同时投资，以平衡增长，创造需求，扩大市场，消除需求方面的障碍。这个理论，包含了圈层结构理论中综合发展的思想。其缺陷是不分主次，全面推进。事实上不发达国家、地区，往往不具备全面增长的资本和其他资源。如果同时投资，平行发展所有产业，势必在资本、技术、市场等问题上产生矛盾，互相牵扯，结果是谁也上不去。非平衡增长论正是基于这一点，认为平衡增长是不可能的，投资只能有选择地在若干对经济增长起主导作用的产业进行，其他产业则利用主导产业投资带来的外部经济而逐步得到发展。这种优先发展主导部门，以主导部门带动整个经济的思想，同圈层结构理论的地区专门化思想有相同之处。其缺陷是在主导部门的选择上，笼统地强调在一定的发展阶段上，应当选哪些部门作为主导部门，而忽视了各国各地区的各自特点。事实上在同一发展阶段上，不同国家、地区由于它拥有的优势生产要素的不同，完全可以有不同的主导部门。

圈层结构理论，在地区产业结构问题上，强调地区专门化与地区综合发展的有机结合，综合发展是在地区专门化的基础上的综合发展。综合发展必须围绕地区专门化这个核心，而不是脱离地区主导产业，不是要求任何产业都在一国、一地区范围内就地平衡，从而克服了平衡增长论的缺陷。优先发展主导产业或地区专门化产业，并不意味着一国、一地区只能发展具有相对优势的产业、产品，而要着眼于地区经济的协调。主导产业的选择，必须因地制宜，这些又克服了非平衡增长论的机械性。

（四）区域产业结构导向的选择

区域产业结构系统，是一个不断发展的过程。在不同的发展过程，在不同的发展阶段上，结构变化的导向是不相同的。有两种基本导向：

一是技术导向。就是使区域产业结构由以资源的开发为主向加工制造方向转化，直到加工制造业占主导地位。

二是资源导向。即以自然资源开发为主的产业结构。

这两种不同的导向，标志着区域经济发展程度的不同。我国发达地区，大体上已开始进入技术导向阶段。但重点还是以新技术改造传统产业，同时积极建立发展高技术产业，实现区域产业结构的更新。中等发达地区，它的加工制造业已有相当基础，在区域产业结构中已占有相当比重。另外，又拥有丰富和比较丰富的能源、矿产资源，开发程度还不高。从全国地域分工的要求来看，国家还需要它拿出更多、更好的能源、矿产品和高耗能原材料产品。因此，区域产业结构的调整，应当是双管齐下，资源导向与结构导向有机结合，相互渗透。即一方面要抓好优势资源的开发，另一方面要向加工制造业的深度、广度进军，并在总体上，逐步使加工制造业处于相对优势地位。不发达地区，从总体上看，还处于资源导向阶段。在区域产业结构演变过程中，这是一个低层次的结构形式。从现状看，这种资源导向结构由于地区专门化水平低，资源优势还远没有转化为商品经济优势，多种有优势的自然资源还处于待开发状态。从发展上看，由于资源的有限性和可替代性，以及随着开发规模的扩大引起的开采条件的恶化趋势，容易导致区域发展的不稳定性。特别是由于管理体制上的毛病和价格的扭曲，资源导向结构的区域经济效益低。综合上述两方面的情况可知，结构的调整，首先还是要加强资源导向，即逐步扩大优势资源的开发规模，同时通过资源的综合开发、综合利用，有选择地、适当地发展一些加工制造业。但在今后一段时期内，资源导向还是主要的。

就不发达地区而言，区域产业结构的调整，有两种观点需要进一步研究：

一是认为在世界新技术革命浪潮中，各个地区、各个领域，都应该引进、采用高精尖技术，跳过传统工业化和传统技术阶段，以实现经济的超越发展。这种愿望是可以理解的，但不现实。由于经济技术发展的一体性，任何经济增长，都离不开一定的技术。区域产业结构的合理化，与技术结构的合理化是一致的。但技术必须同区域经济、文化环境相适应，才能开花结果。世界新技术革命的兴起和高技术产业群的涌现，是工业化的发展和深化。它不是从天而降的，而是植根于工业化过程中长期积累起来的经济技术的土壤之中。我国不发达地区，发展到现在，除数量有限的几个大中型工业中心以外，从总体上看，都还没有完成传统的工业化，连资源导向这种低层次的区域产业结构发育得也不健全。不少地方，甚至还没有摆脱自然经济的格局，人们的商品经济观念还很淡薄。在这种区域经济文化环境中，技术结构还应当以适度技术为主，发展适度技术，以促进区域产业结构的调整。当然，这并不排斥在部分地方、局部领域，也可以同时从国内外直接引进一些新技术，来加快传统产业，特别是优势产业的发展步伐。但在总体上，区域产业结构的调整还不宜采用技术导向。

二是加工增值问题。这是强化资源导向，并向结构导向转化的一个中心环节，但也要适度。因为我国发达地区，能源、原材料严重不足。加快高耗能、耗料工业向富能、富料区的转移，是把东部的经济技术优势同西部的资源优势相结合，把东部的发展同中西部的开发结合起来的一个战略步骤。西部能源、原材料的东送，东部技术、资金的西移，这种东西交流还要发展。因此，一些富能、富料区不可能也不应当把自己的能源、原材料全部或绝大部分就地消化。同时，不发达地区的加工技术水平、经营管理水平的提高，也需要一个过程，就地消化能源、原材料的能力有一定的局限性。如果短期内过分扩大加工能力，对地区来讲，可能比单纯输出能源、原材料的经济效益要好一些，但从社会的综合效益看，就可能降低。所以笔者主张在资源导向地区，国家应当在资源的分配上，考虑这类地区自身的需要，促进其加工制造业的发展。但应当适度，不能操之过急。现在的主要问题是，由于管理体制上的缺陷和价格的扭曲，造成能源和原材料产区创造的价值，相当一部分随着能源和原材料的廉价调拨而无偿地转移到加工制造业发达地区。而在效益的评估上，对这一点又不加考虑或考虑很少，这些都是应当改进的。为了增强不发达地区的实力、财力和活力，调动资源导向地区发展能源、原材料初级产品生产的积极性。在进行体制、价格改革的同时，还需要中央制定一些优惠政策。东西部技术、资金、能源、原材料的交流，应更多地通过发展区域间的横向联合来实现。

四、经济区划问题

国土规划的中心，是区域各项生产建设事业的综合布局。因此，首先必须有一个科学的经济区域作为安排布局的依托。在研究、编制区域国土规划的过程中，应当同时开展省内经济区划。这里就几个问题，谈谈笔者的意见。

(一) 区划的基本原则与主要依据

基本原则为区内的近似性以及与外区的差异性。即区域内现有生产发展水平、发展的基本条件与潜力、面临的主要任务及发展方向、发展的基本途径等方面的近似性，各区域间在这些方面的差异性。内部的近似性，是产生经济区内在凝聚力的基础；与外区的差异性，是区域间地域分工的基础。

主要依据是：

(1) 一个经济区内，要拥有历史上形成的特殊的专业化和一定程度的综合发展。或者是具有能够逐步形成有全国或全省意义的专门化产业和综合发展的基本条件与潜力。

(2) 区内已形成或正在形成一定规模、一定辐射力的地区性经济中心，能够组织带动区域经济的发展。

(3) 构成区域空间结构的三要素 ("节点"，即各级、各类城镇；"域面"，即节点的吸引范围；"网络"，由劳动力、商品、技术、资金、信息等流动网和交通网所组成)，已发展到一定水平。特别是"网络"能联结"节点"与"域面"，使二者得以互换优势。这一点正是我们讲的综合经济区区别于自然经济区的重要因素，从而成为划分综合经济区的一个重要依据。

（4）省内综合经济区原则上不打破县级行政区划，即考虑到行政区划因素。二者矛盾较大时，应调整行政区划以适应经济区发展的需要。

（5）同级经济区之间在地理范围上不宜交叉重叠。

（二）经济区划要不要覆盖全部国土

结论是应当全覆盖。由于生产分布的不平衡，一省之内，各经济区在经济上的发展程度会有明显差异，但这并不妨碍把落后的地区也划入经济区体系之内。经济区划的任务之一，就是要挖掘利用落后地区的有利条件与潜力，通过生产布局的调整和开展发达地区与不发达地区间的横向联合，为经济不发达地区创造发展的条件。

（三）省内经济区划的地域规模是大一些好，还是小一些好

这个问题不能一概而论，要根据各省区的具体情况来决定。一般来说，经济发达的省区，区划的地域规模可相对大一些，即少划几块。但总体来看，省内综合经济区划的地域规模不宜太小，块不宜划得过多。过多就不容易突出各区的特点，从而也就不易规划各区的专门化方向，不利于区域的发展和区域分工。

（四）定量化问题

在省内经济区划中，常常会遇到一个问题，既有的县，即可划入邻近的这一个经济区，也可划入邻近的另一个经济区，到底划到哪个经济区比较合适？这就需要进行更具体的对比分析。如综合现状与近期发展趋势，看这个县在经济技术联系上，同邻近的哪个经济区更密切、更广泛。就划入哪个经济区，在经济上的互补功能更大，对该县、该经济区的发展都更为有利。这个县的基本条件、特点，面临的主要任务和需要采取的基本措施，与哪个经济区更为近似，更便于经济区的统一规划、统一实施。再根据这些对比分析，选优而行。有时，同一个县，一部分划入邻近的甲经济区有利，另一部分划入邻近的乙经济区有利，这时怎么办？一般可采取两种办法来解决。一是调整行政区划，即把这个县一分为二，以适应经济区划的需要；二是不调整行政区划，看这个县的主体部分适合划入哪个经济区，就将整个县都划入哪个经济区。原则上是不打乱县级行政区的界限，也不要一个经济区在另一个同级经济区内搞"飞地"，以免造成经济区域间不必要的矛盾。

为了确定区域的地理界线和地理范围，也可采用一些数学办法，常用的有

聚类法。

上面讲到，经济区划就是根据自然、经济、社会等因素（简称地理要素）的近似性与差异性，对一个地域（一国或一省）所进行的空间划分。省内综合经济区的划分，就是县的组合（或聚类）。聚类法就是通过数学计算，分别求得每两个县之间地理要素的差异度或近似度，把彼此间差异小而近似度大的若干县划为一个经济区。其步骤是：

第一步，准备数据。设某省有 n 个县，以 X_1，X_2，$\cdots$，X_n 表示。又设每个县都有 S 种特性，于是每个县就分别对应着一组描述各种特性的数，以 Y_1，Y_2，$\cdots$，Y_s 表示。如 n 个县中的第 i 个县（X_i）的特性可表述为（X_{ii}，X_{i2}，$\cdots$，X_{is}）；第 j 个县（X_j）的特性表述为 $X_j = (X_{j1}$，X_{j2}，$\cdots$，$X_{js})$。

第二步，计算每两个县之间的近似程度（通常用"欧氏距离法"计算）。如计算第 i 个县与第 j 个县之间的近似程度（即欧氏距离），可根据下列公式计算：

$$\left| X_i - X_j \right| = \sqrt{(X_{i1} - X_{j1})^2 + (X_{i2} - X_{j2})^2 + \cdots + (X_{is} - X_{js})^2}$$

$$= \sqrt{\sum_{k=1}^{S} (X_{ik} - X_{jk})^2}$$

第三步，进行聚类分析，其方法是：

（1）根据上述计算结果，将欧氏距离最短的两个县划为一类。

（2）把这两个县的组合，看作一个新的样本（即聚类对象），用以代替这一类中的所有县，并以这些县指标的平均值，作为新样本的该项指标。

（3）反复进行前两步计算，直到所有县都分别归并到某一类中。

为了掌握这个方法，我们把要聚类的县简化为 5 个，即 X_i，X_2，X_3，X_4，X_5。根据上述计算，5 个县的各项特性指标，都分别综合为一个指标，设各县的指标值分别为 1，2，4，5，6，8。那么如何进行聚类呢？这又可分为以下步骤：

第一步，分别计算每个县与其他某个县的欧氏距离。如第 1 个县（X_i）与第 2 个县（X_2）的欧氏距离，把上述数字代入欧氏距离公式，为 $\sqrt{(2-1)^2} = 1$。

第 2 个县（X_2）与第 3 个县（X_3）的距离为 $\sqrt{(4.5-2)^2} = 2.5$。

按排列组合，把 5 个县中每个县与其他任何一个县的欧氏距离都一一计算出来。经对比，可发现第 1 个县（X_i）与第 2 个县（X_2）的距离 1。是最小的。那么，就可先把第 1 个县（X_1）与第 2 个县（X_2）的距离 1，是最小的。那么，就可先把第 1 个县与第 2 个县归并为一类，假定为 G₁。

第二步，把 G₁ 看作新的样本，将 G₁ 中的第 1、第 2 两个县的特性指标的平均值 1.5，作为反映 G₁ 特性的指标。

第三步，计算 G₁ 第 3 个县（X₃）、第 4 个县（X₄）和第 5 个县（X₅）之间的欧氏距离，发现第 3 个县与第 4 个县的距离最小。这样，又可把第 3、第 4 两个县归并为一类，假定为 G₂。

第四步，把 G₂ 看作新样本，将 G₂ 中的第 3、第 4 两个县的指标的平均值 5.25，看作 G₂ 的指标。

第五步，计算 G₁、G₂ 和第 5 个县（X₅）的欧氏距离，求得 G₂ 与第 5 个县（X₅）的距离最小，这样，就可把 G₂ 与第 5 个县（X₅）归并为一类，假定为 G₃。

第六步，计算 G₁、G₂、G₃ 中每两个县的距离，发现 G₁ 与 G₂ 距离最短，可把 G₁ 与 G₂ 归并为一类。

分类到此结束。在聚类过程中，如果我们希望把这 5 个县分成两类或划成两个经济区，可把第 1、第 2 两个县划在一起，第 3、第 4、第 5 三个县划在一起。如果希望划为三个经济区，则可把第 1、第 2 两个县划为第一个经济区，第 3、第 4 两个县划为第二个经济区，第 5 个县划为第三个经济区。

根据综合经济区划的要求，反映各县特性的指标，一般可选定三组指标，即反映自然特性的指标组，反映经济特性的指标组，反映社会特性的指标组。

加强定量研究，提高国土规划的科学性与可操作性

一、区域国土资源丰度的综合评价

已有的国土规划成果中，在国土资源的评价上，较多的是将各类国土资源，分别分解为各个因子，一一进行描述，指出其优势和劣势，虽然也引用了一些数据，但这种分析评价，还是偏重于定性，而缺乏真正综合性的评价指标，难以从总体上进行横向对比。由于各地区各单项因素的优劣不同，某一地区在某些单项因素上有优势，另一地区在另一些单项因素上有优势，如何比较判断这两个区域国土资源的优劣，单项因素的评价就解决不了这个问题，这就要依靠定量的综合评价。

根据公认的国土资源的内涵，我们相应地将国土资源分解为三类：

第一类，自然资源。一般可分解为能源、矿产、水、土、气、生物，其中土、气、生物资源内在联系密切，为计算简化，可以将土地资源进一步分解为耕地、林地、草地、可供养殖的淡水水面；能源资源分解为煤、水、油、气，将四者都折算成标准煤。其折算系数，原煤为 0.7143，原油为 1.4286，天然气为 1000 立方米=1.33 吨标准煤，水电资源按 1989 年全国火电千度电耗标准煤 0.397 吨乘以 100（年），折成标准煤；矿产资源，将各矿产分别计算其工业储量（也可以是探明储量）的潜在价值量（=某矿种的储量×采选回收率×计划调拨价格），然后汇总；水资源，以水资源总量表示，即地表水、地下水扣除重复以后的资源量。

以省市区为单元，利用"自然资源综合优势度"公式：

$$\text{地区各类自然资源综合优势度} = (mn - \sum_{j=1}^{m} d_{ij}) / (mn - n) \tag{1}$$

式中：m 为被统计的自然资源种数，本处为 4。

n 为对比地区数。如在省市区间对比，n=30。

$\sum\limits_{i=1}^{m} d_{ij}$ 为某省（以 i 表示）被统计的四大类自然资源的绝对量占全国的名次之和。

按照上述公式计算，可将各省市区的各类自然资源分别汇总为一个从总体上反映各地区自然资源绝对丰度的综合评价指标值；同时利用"自然资源人均拥有量综合指数"从相对量上来评价地区各类自然资源的丰度。

设 X_1 为地区能源资源人均拥有量，X_2 为地区矿产资源人均拥有量，X_3 为地区水资源人均拥有量，X_4 为地区土地资源人均拥有量，将 X_1、X_2、X_3、X_4 分别除以全国相应自然资源的人均拥有量，即得地区各类自然资源人均拥有量综合指数，分别以 $\overline{X_1}$、$\overline{X_2}$、$\overline{X_3}$、$\overline{X_4}$ 表示，则：

地区各类自然资源人均拥有量综合指数 = $(\overline{X_1}、\overline{X_2}、\overline{X_3}、\overline{X_4})^{1/4}$

这个综合指标可以反映地区自然资源的相对丰度。

进一步将上述两大综合评价指标值的乘积开平方，汇总成为一个反映地区自然资源总丰度的综合评价值，如表 1 所示。

表 1　中国各省市区自然资源丰度排序

序号	省市区	自然资源/综合优势度	序号	省市区	自然资源/人均拥有量综合指数	自然资源/总丰度 序号	自然资源/总丰度 省市区	序号	省市区	自然资源禀赋系数
1	青	1.1609	1	藏	7.0307	1	藏	1	藏	169.0072
2	内蒙古	1.1034	2	内蒙古	3.3244	2	青	2	青	28.9469
3	藏	1.0920	3	青	3.3231	3	内蒙古	3	宁	11.9462
4	新	1.0805	4	新	1.9495	4	新	4	内蒙古	6.8025
5	云	1.0345	5	晋	1.7087	5	云	5	新	4.7192
6	黑	0.9540	6	云	1.5984	6	晋	6	贵	2.7209
7	贵	0.9080	7	宁	1.2663	7	黑	7	云	2.6662
8	川	0.8966	8	贵	1.2109	8	贵	8	晋	2.5568
9	晋	0.8391	9	黑	1.1693	9	宁	9	甘	1.7344
10	宁	0.8046	10	陕	1.0408	10	川	10	陕	1.6121
11	陕、甘并列	0.7816	11	川	0.9956	11	陕	11	黑	1.0509
12	桂	0.7126	12	甘	0.7144	12	甘	12	吉	0.8085
13	吉、赣并列	0.6322	13	皖	0.5655	13	桂	13	桂	0.7751
14	皖、辽并列	0.6207	14	辽	0.5172	14	皖	14	赣	0.5959
15	湘	0.5977	15	桂	0.5146	15	辽	15	川	0.5262
16	冀、闽并列	0.4943	16	吉	0.4859	16	吉	16	皖	0.5202
17	粤、豫并列	0.4713	17	湘	0.4340	17	赣	17	闽	0.3820
18	鲁、鄂并列	0.4138	18	赣	0.4154	18	湘	18	湘	0.3564
19	京	0.3563	19	冀	0.3637	19	冀	19	辽	0.2998
20	浙	0.3103	20	豫	0.3178	20	豫	20	京	0.2885

续表

序号	省市区	自然资源/综合优势度	序号	省市区	自然资源/人均拥有量综合指数	自然资源/总丰度 序号	省市区	序号	省市区	自然资源禀赋系数
21	津	0.2184	21	闽	0.3004	21	闽	21	津	0.2569
22	苏	0.2069	22	鲁	0.2868	22	鲁	22	冀	0.2495
23	沪	0.460	23	鄂	0.2837	23	鄂	23	鄂	0.2135
24			24	京	0.2501	24	粤	24	豫	0.2025
25			25	粤	0.2081	25	京	25	鲁	0.1256
26			26	津	0.1383	26	浙	26	浙	0.0888
27			27	浙	0.1332	27	津	27	粤	0.0832
28			28	苏	0.1271	28	苏	28	苏	0.0545
29			29	沪	0.0560	29	沪	29	沪	0.0423
30			30							

注：海南包括在广东内。

自然资源禀赋系数＝人均自然资源拥有量综合指数/人均国民生产总值数

第二类，经济资源。主要分指标为：经济总规模、经济增长活力、地区自我发展能力、工业化进展程度、技术水平。

第三类，社会资源。主要分指标为：人口数量与素质、城市化水平、居民生活质量。

我们将上述两组指标合并，建立了一个地区经济社会发育程度的综合评价指标体系，包括以下分指标：

经济总规模，以国民生产总值指数（＝地区国民生产总值/全国 30 个省市区国民生产总值的平均值）表示。

经济增长活力，以 1953~1989 年社会总产值的年增长率表示。

地区自我发展能力（＝地区工业占地区社会总产值之比×地区工业劳动者占地区社会劳动者总数之比）$^{1/2}$。

结构转换条件，以人均国民收入指数表示。

人口文化素质＝地区百人中大学文化程度人口数/百人中文盲、半文盲人数。

技术水平指数＝工业职工人均产值×工业资金产出率。将地区数除以全国平均数即地区技术水平指数。

城市化水平＝（地区城市市区人口占地区人口总数之比×地区城市市区工业产值占地区工业总产值之比）$^{1/2}$。

居民生活质量，以居民消费水平指数（＝地区居民消费水平/全国居民消费水平）表示。

将上述指标值一一计算出来，然后用几何平均法处理成为一个综合评价指标，即地区经济社会发育程度综合指标，如表 2 所示。

表 2　中国各省市区经济社会发育程度比较

省市区	国民生产总值指数	社会总产值年增长率（1953~1989 年）	地区自我发展能力	工业化结构比重数	人均国民收入指数	人口文化素质	技术水平指数	城市化水平	居民消费水平指数	经济社会发育水平综合指标	序号/省市区	综合评价值为全国平均值的倍数
全国	1.00	0.0840	0.4148	0.3317	1.000	0.0894	1.00	0.4354	1.000	0.4247		1.00
京	0.866	0.1230	0.7160	0.4882	2.7317	1.0690	1.6642	0.7548	1.86	0.8588	1 沪	2.245
津	0.5383	0.0870	0.7843	0.5616	2.3331	0.5235	1.7499	0.7545	1.82	0.7323	2 京	2.022
冀	1.4579	0.0810	0.4934	0.3335	0.9361	0.0631	0.7502	0.3519	0.92	0.4027	3 津	1.724
辽	1.7505	0.0860	0.5617	0.4875	1.6627	0.5792	0.8418	0.6556	1.54	0.6862	4 辽	1.616
沪	1.3234	0.0870	1.0011	0.6428	3.8680	0.5915	2.2372	0.6447	0.66	0.9533	5 苏	1.399
苏	2.3342	0.0940	0.8850	0.4320	1.3680	0.0853	1.7943	0.4461	1.18	0.5943	6 粤	1.378
浙	1.5005	0.0990	0.8237	0.4051	1.4020	0.0670	1.6566	0.4964	1.24	0.5519	7 浙	1.300
闽	0.7859	0.0920	0.6099	0.2911	1.0555	0.0787	1.2239	0.3460	1.15	0.4316	8 鲁	1.154
鲁	202831	0.0900	0.6774	0.3247	1.0892	0.0581	1.2197	0.5158	0.91	0.4903	9 黑	1.115
粤	2.4923	0.0910	0.6787	0.3232	1.4449	0.1282	1.6537	0.3832	1.38	0.5852	10 鄂	1.113
桂	0.6639	0.0690	0.5601	0.1915	0.1606	0.0745	0.8095	0.3200	0.76	0.3281	11 吉	1.045
琼	0.1651	0.1260	0.3606	0.1930	0.9605	0.0888		0.2239	0.94	0.2581	12 闽	1.016
晋	0.6683	0.0760	0.3882	0.3875	0.8553	0.1221	0.4701	0.4113	0.83	0.3694	13 冀	0.948
内蒙古	0.4887	0.0710	0.2267	0.2897	0.8402	0.0960	0.3321	0.4661	0.98	0.3119	14 湘	0.911
吉	0.6010	0.0800	0.3448	0.3908	1.0706	0.2050	0.6071	0.6261	1.23	0.4436	15 晋	0.870
黑	1.1127	0.0690	0.3815	0.4491	1.2414	0.1969	0.5045	0.6087	1.21	0.4738	16 新	0.841
皖	1.0890	0.0680	0.5450	0.2486	0.7712	0.0360	0.8143	0.3456	0.83	0.3423	17 豫	0.839
赣	0.6971	0.0720	0.4535	0.2799	0.7082	0.0610	0.6808	0.2912	0.82	0.3287	18 川	0.833
豫	1.5694	0.0870	0.5194	0.2574	0.7090	0.0526	0.6545	0.3156	0.66	0.3560	19 陕	0.818
鄂	1.3289	0.0840	0.5000	0.3236	0.9941	0.0994	1.0695	0.5758	1.07	0.4726	20 皖	0.806
湘	1.2176	0.0770	0.4873	0.2436	0.7620	0.0942	0.7706	0.3953	0.80	0.3870	21 赣	0.774
川	1.8919	0.0810	0.3467	0.2415	0.6838	0.0591	0.6449	0.3170	0.82	0.3538	22 桂	0.773
贵	0.4480	0.0700	0.2855	0.1972	0.5307	0.0321	0.5069	0.3284	0.64	0.5452	23 内蒙古	0.734
云	0.5995	0.0800	0.4563	0.1916	0.6535	0.0318	0.7071	0.3242	0.74	0.2906	24 云	0.684
藏	0.0416	0.0303	0.0666	0.0480	0.6602	0.0128	0.1169	0.1779	0.94	0.0956	25 甘	0.680
陕	0.6456	0.0930	0.2816	0.2907	0.7225	0.0948	0.6649	0.3850	0.85	0.3472	26 宁	0.630
甘	0.4119	0.0760	0.2894	0.2528	0.7258	0.0394	0.5912	0.4431	0.81	0.2886	27 琼	0.601
青	0.1148	0.0860	0.1345	0.2558	0.8780	0.0538	0.2866	0.2895	1.06	0.2238	28 贵	0.577
宁	0.1060	0.0880	0.2606	0.2715	0.8259	0.0730	0.4607	0.4407	0.88	0.2679	29 青	0.527
新	0.4131	0.0800	0.2908	0.2452	1.0345	0.1451	0.4789	0.4514	1.24	0.3573	30 藏	0.225

注：①社会总产值年增长率，海南为 1981~1989 年，其余均为 1953~1989 年。②人口文化素质计算的基础数据为 1990 年人口普查数。③综合指标中，海南只计算了 8 个分指标。

资料来源：根据《中华人民共和国一九八五年工业普查资料（4）》、《中国统计年鉴》（1990）、《中国工业经济统计年鉴》（1990）、《中国城市统计年鉴》（1990）有关基础数据整理计算。

利用表 2 的综合评价值，不仅可综合反映各省市区经济社会发育发展的总水平，还可作为划分地区所处经济发展阶段的依据。我们以全国平均值为参照系，可把全国 30 个省市区划分为分别处于 4 个发展阶段的地区：

（1）综合水平高于全国平均水平 30% 及其以上的省市区，可划为进入成熟阶段的地区，包括沪、京、津、辽、苏、粤、浙 7 个省市。

（2）综合水平高于全国平均水平 10% 以上的，划为由成长向成熟转化的过渡阶段地区，包括鲁、黑、鄂 3 个省。

（3）综合水平略高于或低于全国平均水平 20% 以下的，划为处于成长阶段的地区，包括吉、闽、冀、湘、晋、新、豫、川、陕、皖 10 个省区。

（4）综合水平低于全国平均水平 20% 以上的，划为处于不发展阶段的地区，包括赣、桂、内蒙古、云、甘、宁、琼、贵、青、藏 10 个省区。

对区域发展阶段的评析，可以从总体上、从更深层次上把握地区的区情，明确地区在全国区域总格局中的地位。在区域发展过程中，从不发展到成长再到成熟，是区域经济发展的 3 个重要阶段。处于不同发展阶段的区域，在社会组织、调度、运用生产要素的方式及其效果等方面有质的差异，据此也就能比较容易、准确地制定今后的发展战略，规划出比较符合客观实际的发展蓝图。既有利于防止脱离实际、盲目追求"超越"发展，又有利于克服因循守旧、缺乏开拓进取精神的滞后状态，使区域国土开发治理规划建立在科学的基础之上。

二、地区主导产业的选择与确定

选择地区主导产业，仅有一般性的选择原则还不够，还应做定量研究，即建立评选的指标体系。根据主导产业的特点、功能及基础数据可收集性，我们从 20 多个指标中筛选出 4 个评价指标，即反映市场条件的"市场占有率"（＝地区某产业年销售额占全国某产业年销售额之比×地区某产业人均年销售额指数）；反映产业相对优势度的"比较劳动生产率"（＝某产业的国民收入与地区国民收入总额之比/某产业的劳动力与地区劳动力总数之比）；反映产业规模的"产业专门化率"（＝地区某产业净产值与全国同类产业净产之比/地区全部产业净产值与全国全部产业净产值之比）；反映产业关联度的"产业综合波及效果"（＝产业"影响力系数"与"感应度系数"的算术平均。式中某产业的影响力系数＝该产业纵列逆阵系数的平均值/全部产业纵列逆阵系数的平均值的平均）；某产业的感应度系数（＝该产业横行逆阵系数的平均值/全部产业横行逆阵系数的平均值的平均）。

选择步骤：第一步，以省市区为单元，分别计算出各省市区 40 个工业行业的上述 4 个评价指标值，用几何平均法或加权平均法汇总，求出各行业的综合评价值。

第二步，按各省市区各行业综合评价值的大小排序，各选出居前列的 8~10 个行业。

第三步，有些行业，主要是轻加工行业，在不少省市区（如烟草加工有 18 个，饮料制造有 8 个）都进入前 8~10 位，而一个行业不可能同时在许多省市区都被选为主导产业，这就需要根据国家的产业政策、行业布局的指向性及地区的有关条件的优势度，在省际之间进一步评比，从中选出该行业发展条件和发展前景更好的省区（优中择优），列为其主导产业的备选产业之一，而在另一些省区就可能在第二轮比选中淘汰下来，不能选作该省区的主导产业。

第四步，经过上述两轮比选，最后提出各省市区可供选择的主导产业。如表 3 所示。

表 3　我国省市区主导产业的备选产业

地区	主导产业备选产业（产业综合评价值）
京	化工（1.5812）、黑色冶金（1.0993）、交通运输设备制造（1.0428）、印刷（1.0171）、电子及通信设备（0.8970）
津	化纤（1.5993）、化工（1.2174）、采盐（1.1450）、医药工业（0.8407）、电子及通信设备（0.8255）、电气机械及器材（0.8117）
冀	黑色矿采选（1.2762）、电（0.8223）、采盐（0.7924）、医药工业（0.7886）、黑色冶金（0.6488）
辽	黑色冶金（2.1883）、石油加工（2.12787）、采盐（1.4976）、有色冶金（1.0782）、纸（0.8418）、化工（0.7734）
沪	化纤（2.9996）、电子及通信设备（1.3994）、橡胶制品（1.4069）、仪器仪表（1.3631）、文体用品制造（1.2808）、机械工业（1.2017）
苏	化纤（1.4976）、电子及通信设备（1.1983）、纺织（1.0436）、塑料制品（0.9815）、机械工业（0.8420）、化工（0.7819）
浙	工艺美术品制造（1.0816）、塑料制品（1.0793）、纺织（0.8842）、皮毛及制品（0.7128）、仪器仪表（0.7120）
闽	木竹采运（1.2871）、电子及通信设备（0.8576）、纸（0.7931）、食品制造（0.5046）
鲁	油气开采（1.2571）、石油加工（1.0809）、橡胶制品（0.8973）、饮料制造（0.8272）、纺织（0.6967）
粤	电器机械及器材（1.0900）、文体用品制造（1.0303）、塑料制品（1.0230）、医药工业（0.9805）
桂	有色矿产选（0.9327）、食品制造（0.5840）、纸（0.4006）、电（0.3811）
琼	黑色采选（1.6849）、化纤（1.0975）、采盐（0.5734）、橡胶制品（0.5710）、食品制造（0.3361）
晋	煤炭采选（1.6849）、焦煤气/煤制品（1.4091）、黑色冶金（0.7776）、电（0.6355）、饮料制造（0.5687）
蒙	木竹采运（1.3188）、采盐（0.8654）、皮毛及制品（0.7227）、煤炭采选（0.6638）、黑色冶金（0.6046）、建材/非金属矿采选（0.5692）
吉	木竹采运（1.3927）、医药工业（1.1090）、交通运输设备制造（0.9351）、化工（0.8627）、纸（0.6678）

续表

地区	主导产业备选产业（产业综合评价值）
黑	油气开采（3.9716）、木材采运（2.1409）、石油加工（1.3900）、木材加工（0.8229）、煤炭采选（0.6463）、选纸（0.5865）
皖	烟草加工（1.3476）、有色冶金（0.5287）、黑色冶金（0.4435）、煤炭采选（0.4377）、电（0.4199）
赣	有色矿采选（1.5912）、木竹藤草制品（0.5981）、有色冶金（0.4531）
豫	烟草加工（1.0852）、电（0.6800）、有色冶金（0.6719）、化纤（0.6485）、煤炭（0.5912）、油气开采（0.5065）
鄂	交通运输设备制造（1.0097）、黑色冶金（0.9818）、电（0.6140）、纺织（0.5800）
湘	有色冶金（0.9113）、有色矿采选（0.7581）、石油加工（0.6258）、化工（0.6145）、造纸（0.5262）
川	采盐（0.7586）、黑色冶金（0.7436）、仪器仪表（0.6140）、电子及通信设备制造（0.5995）、饮料制造（0.5527）
贵	烟草加工（1.5723）、有色冶金（0.5905）、饮料制造（0.4606）、电（0.4475）、非金属矿采选（0.3766）
滇	烟草加工（3.3511）、有色冶金（1.0094）、有色矿采选（0.4954）、化工（0.3068）
藏	黑色矿采选（1.7423）
陕	电子及通信设备制造（0.8606）、仪器仪表（0.6978）、交通运输设备制造（0.5529）、有色矿采选（0.4697）
甘	有色冶金（1.8064）、石油加工（0.9944）、电（0.5162）、化工（0.4216）
青	采盐（1.4205）、电（0.6309）、油气开采（0.5977）、有色矿采选（0.3113）
宁	橡胶制品（1.1298）、有色冶金（0.6169）、电（0.4691）、焦煤气/煤制品（0.4591）、煤炭采选（0.4473）、仪器仪表（0.4243）
新	采盐（1.9104）、油气开采（1.1319）、石油加工（0.5432）、皮毛制品（0.4268）

资料来源：根据《中国统计年鉴》（1990）、《中国工业经济年鉴》（1990）有关数据计算整理。

三、项目研究

在国土规划开展的初期，强调国土规划的框架性，不主张在国土规划中进行项目研究。现在看来，重大项目研究应是国土规划的内容之一，特别是地区性国土规划，必须有这方面的内容。省级国土规划重大项目较多的，最好有一个专题研究，既对影响地区发展，又对全国同行业有较大影响的项目，——做专门研究。研究内容可包括3个方面：

（1）项目建设系列基础数据的测算，包括项目建设规模（总投资、主产品的生产能力和产量）、建设性质、建设地点、投产后新增固定资产、产值、利税、用地、用水、用电、运量、职工数。

（2）宏观论证。包括产品市场潜力分析与预测、地区建设条件、国家投资的可能性及地区配套能力、地方集资的可能性和渠道、项目本身的效益及其国民经济效益或负面效应、可能遇到的矛盾和对策。

（3）项目排队，即根据项目的轻重缓急、建设条件的成熟程度安排项目的建设时序。这个专题研究的成果，可在总体规划的主导产业发展规划和布局规划中反映。

这种研究的意义是：

（1）将资源开发、结构调整、产业布局、环境整治的总体构想落到实处，加强规划的可操作性，便于纳入省市区和国家的中长期计划，使国土规划更贴近现实的经济生活。

（2）利用重大项目研究提供的各种投入产出数据，可以进行要素的综合平衡；可以从定量上进行产业结构、空间结构变动趋势分析；可以进行宏观经济效益评估；还可检查项目规划是否符合总体规划的要求，也可检验总体规划的构想设计是否可行。

（3）可以建立项目储备，一旦国家有需要、有能力，要上就可以上，及时抓住外部的有利机遇，而又不至于仓促上阵或坐失时机。

因此，项目研究是国土规划中很重要的一个环节。当然，总体规划的主要任务还是总蓝图的勾画，总体部署的安排，但在这个前提下，有重大项目的建设布局，把框架性和可操作性结合起来，比单纯的框架性更好。

近几年来编制的总体规划，一般都涉及一些重大项目的内容，或附有项目规划表，但由于缺少一个项目专题研究，反映在总体规划中都还比较粗略，而且一般的缺陷是原则性地提到项目建设的必要性，对可行性缺乏必要的论证；谈到项目的产出，而对项目建设所需的各种投入没有进行预测，因而可操作性还不强，达不到项目研究的预期目的，应当更细一点。

四、宏观经济效益的评估

效益，是规划的出发点和归宿，是衡量规划科学性与可行性的基本标志。这里讲的效益，首先是社会效益，即地区产业系统的职能效益，通过区际联系在区外实现的经济效益，也就是地区产业系统对国家增加社会财富所做出的贡献，特别是在全国紧缺产品上满足全国社会需求的程度。如果满足全国社会需求的程度较高，即使地区产品的总成本高一些、利润率低一些，其经济效益也可认为是较好的。因为其产品能大量输出满足其他缺乏这些产品的地区的急需，使这些地区因缺乏这些产品而大量闲置的生产能力得以充分发挥出来，创造更多的社会财富，由此产生的这部分经济效益，应计算在输出这些产品的地区。因此，评估地区的经济效益，除了计算地区范围内产业系统的直接经济效益以外，还应计算相关地区使用本区产品所增加的效益。在价格双轨制、价格扭曲、价格既不能如实反映价值又不能反映供求关系的情况下，评估以能源、原材料初级产品为主地区的经济效益，尤其要注意这一点。尽管在现实生活中，这类地区的价值流失不能收回以提高其效益，但在效益评估时，至少要考虑到这一点，这对规划决策是很重要的。

单从区内来看，可从总体上和各主要侧面来评估地区规划的经济效益。总体效益评估，可选用下列公式计算：

（1）规划期内，新增投入与其产出的对比。

（2）地区产业（以工业为例）全要素净产出率。

$$全要素净产出率 = \frac{总产出年增长率（以总产值表示）}{总投入年增长率（=\alpha \times 资金年增长率 + \beta \times 劳动力年增长率）}$$

$$（3）经济效益系数 = \frac{地区工业资金利税率与工资利税率的加权平均}{全国工业资金利税率与工资利税率的加权平均}$$

权重：资金利税率取 0.3~0.4；工资利税率取 0.6~0.7。

比值大于 1，说明地区工业经济效益高于全国平均水平；小于 1，则地区工业经济效益低于全国平均水平。此式也可用作纵向对比，即将分子改为规划末期的数据，分母改为地区基期的数据。系数大于 1，说明效益提高；小于 1，说明效益下降。

$$（4）工业实际利润率 = \frac{已实现部分的盈利额}{全部工业生产成本 + 固定资产税 + 流动资金贷款利息}$$

"已实现部分"指总产出中已销售出去的部分。

从主要侧面评估，可选用下列公式计算：

（1）地区产业结构变动所带来的效益，以"结构效益指数"衡量。

$$结构效益指数 = \frac{\sum P_{ji} \times Q_{ji}}{\sum P_{ji} \times Q_{oi}}$$

式中：分子是 j 地区规划末期各工业行业的资金利税率分别乘以各相应行业的资金占 j 地区工业资金总额比重之和；分母是 j 地区规划末期各工业行业的资金利税率分别乘以 j 地区基期各相应行业的资金占基期 j 地区工业资金总额的比重之和。

指数大于 1，表示规划末期结构素质较之基期有所改善，使地区工业总体效益有所提高；反之，说明规划末期的结构素质比基期恶化，使地区工业总体效益下降。

（2）地区布局的变动所带来的布局效益，即布局的改善状况。通常用产业"集中指数"来衡量（以全国社会总产值的分布为例）。

$$经济集中指数 = (100 - \frac{H}{T}) \times 100$$

式中：H代表按各省市区人均社会总产值大小排序，从大到小，依次将相对应的省市区的社会总产值相加，加到其和等于全国社会总产值一半时的有关省市区的人口之和。T代表全国总人口。

将规划末期的集中指数与基期的集中指数相对比，即可看出布局状况的变动。

此指标的判断：指数如小于50，说明经济分布相对分散；50~60，说明分布相对均衡；70~80，说明相当集中；大于90，说明过分集中。

（3）地区自我发展能力的提高或降低。

（4）地区居民人均消费水平的提高或降低。

如果地区规划末期测算数据较全，可根据前面讲过的经济社会发育发展程度综合评价指标，测算规划末期地区经济社会发育总水平，并与基期的相对照，则更能全面反映出规划的宏观效益。

应当说明的是，任何数量分析方法都有其局限性，必须在定性分析的指导下来进行。进行定量分析，不是要替代定性分析，而主要是克服定性分析的主观随意性，弥补定性分析的不确定性。

编制工业专题规划的内容与方法

编制工业规划，容易产生两种偏向：一是把计划中的行业计划搬过来，或者说按计划的思路来编制国土规划，缺乏国土规划的特色，满足不了国土综合规划的要求；二是停留在一般的定性描述上，缺乏比较精确的数量分析与论证，可操作性不强。怎样防止这两种偏向，今天笔者主要来讲工业专题的内容和方法，也就是按国土规划的要求，提供一个工业专题规划的思路。

地区工业规划，包括两大部分：第一部分是工业总体规划，即把地区工业作为整体，综合分析其发展条件、特点、问题、今后发展的构思和部署；第二部分为主要工业行业规划。

第一部分　工业总体规划

一、地区工业发展条件的分析、评价

工业发展和布局，受多种因素的制约，但其中最直接的是：

第一，工业资源。包括能源、矿产资源和农业原材料资源。

对能源、矿产资源，不要分解为矿种，一个一个地描述，这样不容易从整体上判断地区能源、矿产资源条件的优势，也容易同后面的行业规划相重复。在工业总体规划中提及的能源、矿产资源，重在综合，重在评价：一是资源的丰度，包括地区能源、矿产资源的潜在价值量（＝分矿种的工业储量×采选回收率×调拨价格，分矿种计算最后汇总），也包括质量和品位。同是1亿吨煤炭储量，发热量不同，同是1亿吨铁矿储量，品位不同，表现在价值量上就有区别。二是资源组合度，即各种资源的配套情况，也包括在矿产资源结构中，关键性矿种所占的地位。在100多种矿产中，在国民经济中用量大，对能源、原材料工业发展具有决定意义的有 10 多种，如煤、石油（含天然气）、铁、钢、铝、磷、硫、盐等。三是开采条件，包括矿层厚度、埋藏深度、倾角大小，也包括运输条件。四是资源分布特点，是集中分布，还是零散分布，与相关工业生产能力的分布是基本一致，还是严重"错位"。五是地区主导矿种（或优势矿种）在全省以至在全国同类矿产中的地位。

农业原材料资源，则着重分析：地区农业对工业的支撑能力，包括粮食自给自足程度，可供加工利用的农副产品的种类，主要农副产品的产量、质量、收购量，这些农副产品的区域化、专门化水平和发展前景以及加工的深度。地区农业原材料资源的丰度，可直接以各种农副产品的年收购值表示，也可以利用农业原材料的加工工业产值占地区轻纺工业总产值的比重表示。

第二，水资源条件。地区水资源总量、现状工业用水量、工业用水的行业分配与地区分配上的矛盾。今后通过开源节流扩大工业水资源供应量的可能性及可能增加的工业用水量。水源地分布与工业生产分布的组合状况。已有工业集中区和规划工业区水资源的保证程度。

第三，市场和运输条件。

评价地区经济效益，现在还没有一个公认的既科学又简便的评价方法。这里介绍几种常用的计算方法：

（1）全要素净产出率 =

$$\frac{\text{工业总产出（以总产值表示）年增长率}}{\text{总投入年增长率（}\alpha \times \text{资金年增长率} + \beta \times \text{劳动力年增长率）}}$$

（2）经济效益系数 = $\dfrac{\text{地区工业资金利税率与工资利税率的加权平均}}{\text{山西地区资金利税率与工资利税率的加权平均}}$

权重：资金利税率取 0.3~0.4

工资利税率取 0.6~0.7

比值大于 1，说明地区工业经济效益高于全省平均水平，小于 1，则低于全省平均水平。

（3）工业实际利润率 = $\dfrac{\text{已实现部分的盈利额}}{\text{全部工业生产成本} + \text{固定资产税} + \text{流动资金贷款利息}}$

注："已实现部分"指总产出中已销售出去的部分。

二、地区工业发展特点分析与发展规划

（一）工业总量分析和总量规划

包括地区工业总规模和工业化水平两个指标。

地区工业总规模包括地区工业总产值、工业净产值、工资总额、工业职工人数及所占全省相应总额的比重（指这种指标的人均值指数，即 $\frac{\text{地区各指标的人均值}}{\text{山西各指标的人均值}}$）。

（二）地区工业结构分析和结构规划

地区工业化水平，国外一般用工业产值比重这个指标衡量即可。在国内，由于我国的工业化进程的特殊性，单从工业产值比重看，我国和许多地区都已达到相当的工业化水平，但从工业劳动力的比重看，却停留在相当低的工业化水平上。因此，须把这两个比重综合起来，以"工业化结构比重数"这个指标来表示，以此反映我国和各地区的工业化进程。

从总体上进行结构分析。

第一，分析工业结构与地区资源结构是否协调，能不能发挥地区的工业资源优势，即在地区各种工业发展要素中，供给比较充分、价格比较便宜的生产要素是哪些，利用这类生产要素的工业行业的产品，是否得到优先、重点发展，从而取得比较低的比较成本。即比较成本＝地区某行业的销售成本/全省同类行业的销售成本，如果计算结果小于1，说明地区这一行业的成本低于山西省或全国的平均值，这个行业就具有比较优势。这种行业在工业结构中占的比重越大，工业整体效益就越好，工业结构也就越合理。反之，具有比较优势的工业资源，相关工业没有得到应有的发展，而生产规模较大的工业，在资源上又不具有优势，这种不协调的资源结构和生产结构，是难以形成经济优势的。

第二，地区主导产业是否形成，主导产业的个数、类型、规模、主导产业与其他产业的关系，即主导产业的产业优势，是否辐射到地区的相关工业，带动地区相关产业的发展。

第三，分析工业结构效益。可以用结构效益指数加以衡量。如何计算与工业分类有关。我们国家的工业，过去分为12个大的工业部门：煤炭、电力、冶金、机械等。新的分类是把工业分为40个行业，分得比较细。具体到地区一级，工业行业往往不全，为了便于对比，我们在计算时，基本上还是采用原来的分类，按 12 个大的部门，因为这 12 个大的部门每个地区基本上都有。

计算时常采用结构效益指数。

这个指数，如果大于 1，说明该地区的工业结构比较好，它能够保证这个地区的工业总体效益高于全省的平均水平，如果计算的这个指数小于 1，那就说明这个地区的工业结构素质不高，影响到这个地区的工业总体效益低于全省平均水平。

第四，地区工业结构转换条件的分析。一般是以地区人均国民收入来表示。

根据地区的产出规模、人口规模、资源丰度和结构现状，大体上像临汾这一类地区产业结构加速期的临界值可定为人均国民收入 340 美元，这就要具体计算一下全区的人均国民收入是多少，地区各个县的人均国民收入是多少。可以按 1980 年的汇价进行计算，如果达到或者超过了，那就说明我们这个地区已达到结构转换加速期的条件。这样我们就可以对地区的工业结构做较大幅度的调整；反之，如果没有达到这个水平，就说明现在整个工业的实力，使我们的结构调整还不能大规模进行，这就是工业结构转换条件的分析。从我们国家来看，现在正好进入了结构转换的加速期，所以最近几年，全国和各个省都把结构调整作为经济建设中十分重要的问题加以重视，包括我们现在讲的治理整顿，重点也转移到结构调整和提高效益上来了。这是因为我国的人均国民收入已经超过了 340 美元的临界值，进入了产业结构调整加速期。

上述这四点都是从总体上来分析地区工业结构。在这个基础上，我们可以再进一步，从不同的层次、不同角度来分析。方法如下：

第一，生产结构分析。这个分析一般是用霍夫曼指数表示。所谓霍夫曼指数，就是这个地区的轻工业占工业总产值的比重。这个指数主要用来衡量地区轻、重工业发展的比例是否协调。在西方发达国家，这个指标还是工业结构水平的一个重要标志和衡量工业结构演进的一个基本指标。在西方发达国家，它的工业结构演化一般趋势是这样的：在工业化初期，轻工业的比重比较大，甚至于占绝对优势。工业进一步发展后，轻工业比重下降，重工业比重上升，一直到重工业占优势，再进一步发展，就是轻、重工业的比例大体上相对稳定在一个相差不大的水平上。现在我国轻、重工业的比例大体上达到了这个水平，相对稳定在轻、重工业各占一半的水平。但是具体到各个地区情况就很不一样。由于工业发展的条件不同，这个指标在不同的地区其实际意义也是很不一样的。例如，在农业比较发达、人口密集地区，轻工业的比重大一些，这个结构是合理的。而在山西这一类的省区，能源、矿产资源很丰富，农业基础比较差。在这样的地区，重工业的比重高一些可能是合理的。所以我们在轻、重工业结构分析上，不能简单地用轻工业比重大一些还是重工业比重大一些来判断这个结构是不是协调，是不是合理。轻、重工业相互协调，并未表现在轻、重工业产值的比重上，主要表现在重工业能不能为地区轻工业的发展提供足够数量的、适销对路的生产资料，包括轻工业发展所需要的技术装备及工业原材料。也就是说重工业的方向，是自我服务、自我循环，和轻工业相脱离，还是在自我服务的同时，也为轻工业服务？轻、重工业融合，重工业向轻工业渗透，做到这一点就可以说轻、重工业的比例是协调的。不能简单地用哪一个比重大或小来进行衡量。这是从轻、重工业这个层次来分析结构。

第二，分析重工业内部采掘、原材料、制造业三者的比例关系是否协调。全国现在比较大的问题是结构严重失调。我们这个地区情况好一些，这里采掘工业基础比较好，弱点是加工转化相对不足。与全国结构严重失调相比我们在这方面还算比较好。

第三，分析轻工业内部以农产品为原材料和以非农产品为原材料的两大类轻工业的比例关系。因为轻工业可以因原材料不同而分为两部分：一类是以农产品为原材料，另一类是以非农产品为原材料，两者也有一定的比例关系。是否协调需做调查研究。

地区结构分析，为我们提供了一个新的结构分析的思路，方法就是从地区主导产业和非主导产业的关系来分析结构，这种结构分析和上面的那种结构分析不同，它是把地区的产业分为三大类。第一类，主导产业。主导产业的基本特征是必须同时具备两种功能，一是在全国其他地区同类产业当中，具有明显的相对优势，如产出规模比较大，产品调出的比重较高，能承担全国地域分工的某一项重大任务。二是主导产业是地区工业结构中的主体或核心。它的发展能够带动地区经济的发展，能够促进地区结构的转换。同时具备上述两种功能的产业才能叫主导产业，所以我们所讲的主导产业有它特定的含义，它不同于优势产业、支柱产业、战略产业。这些产业可能具备主导产业的某些功能，但不同时具备上述两大功能。现在对主导产业的提法很乱，有的用优势产业，有的用支柱产业，有的用战略产业，也有的用主导产业，把这些概念混到一起。我们建议在规划里尽量用主导产业，这个建议国家计委也已接受。

第二类，关联性产业。这里所讲的关联性产业，就是同主导产业关系最密切的产业。它包括前向关联产业、后向关联产业。所谓前向关联产业，就是吸收利用主导产业产品的产业，后向关联产业就是向主导产业提供生产资料的产业。

第三类，自给性产业。包括以上两类产业之外的其他所有产业。这类产业构成很复杂。根据这类产业中的某些特点，我们又单独地在自给性产业里面，划分出三部分。这个产业结构如图1所示。

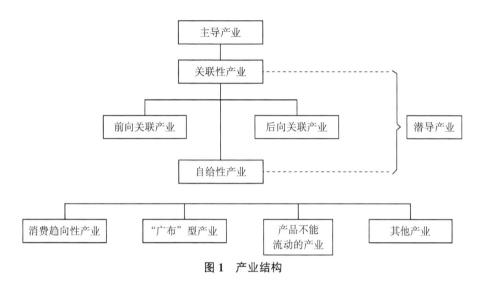

图1　产业结构

所谓消费趋向性产业，就是这类产业的产品不适合长途运输，如果长途运输易变质损坏，这在运输布局学上叫不可运性，它只适合布置在消费地区。所谓"广布型"产业，指这类产业的产品需求量比较大，需求面也比较广，但要求的条件不高，很多地区都可以发展，可以广泛地分布。产品不能流动的产业，它的产品既不能储存，又不能在空间进行移动，如交通运输业。

除了这三大产业以外，我们还单独提出一个"潜导产业"。所谓"潜导产业"就是它现在并不是很重要，作用也不是很大，但是这类产业的潜力比较大，或是代表将来工业的发展方向，或是具有很大的发展潜力，前景比较好，可以在比较短的时间内上升为地区主导产业。

正确选择地区主导产业，确定它合理的发展规模，然后以它为核心，合理安排主导产业和其他非主导产业的关系，这个过程就叫工业结构的优化。

根据上面的分类系统可以看出，主导产业和其他非主导产业的关系是不同的。其中关联性产业同主导产业的关系最密切，这类产业在发展上就应当尽可能同主导产业配套。在建设的程序上，要尽可能同主导产业衔接；在建设规模上，要尽可能同主导产业相适应。自给性产业里单独划分出来的三部分产业，其特点决定了这部分产业应尽可能创造条件，在地区范围内相对地平衡。

其他工业不需要在地区什么都发展，可以通过主导产业产品的调出，来交换地区所缺少的各种生产要素。也就是说在地区的结构演进中，既不能自成体系、自给自足，也不能把地区主导产业的生产协作链条都抛在区外。这两种倾向在过去发展中都出现过。一种是所谓的自成体系，自给自足，结果吃了苦头。另一种是西部地区的许多大型企业，这些大型企业都是孤零零的，而它们的生产协作链条都放在东中部，也造成不协调。这两种倾向要同时防止。

概括来讲，地区工业结构的调整应做到这么几点：优先重点发展主导产业，配套发展关联性产业，积极发展需要就地平衡的自给性产业，扶持潜导产业。通过主导产业产品的输出，对全国全省做出我们这个地区的贡献，同时换回地区所缺少的生产要素，也就是对外互换优势，互补劣势，提高地区产业和全国、全省相关产业的互补性；提高区内产业间的关联性和协调性，提高地区结构性效益。这样才能促进整个地区经济的协调运转。

对临汾地区没有专门研究，临汾地区现有工业结构主要存在两大缺点。一是产业的集中度不高，也就是说主导产业没有得到很好的发展。从 1985 年统计数据来看，地区最大的两个产业煤和电，都只占工业总产值的 16%，因此，规模效益就不够，输出能力不强，显得地区工业没有特色。二是结构的转换能力太差，产品链很短，主要是一些初级产品、上游产品没有向下游产品、精细产品延伸，因此，必然是附加值少，经济效益低。针对临汾地区工业结构的缺陷，今后 20 年之内特别是在前 10 年，临汾地区工业结构调整的核心就是正确地选择主导产业。首先需要对地区现有比较重要的工业行业做一些定性分析（大体上提出我们这个地区主导产业是不是形成了。如果形成了，是什么？如果没形成，近期有可能形成的是哪些），得出一个大致的概念。然后再进一步通过数学方法，即通过主导产业的评价指标，加以计算、衡量，把数量分析与定性分析结合起来，进一步确定地区主导产业。根据主导产业的属性，地区主导产业的选择可用四个指标计算并衡量：

（1）反映产业市场潜力的"市场占有率"。

（2）反映产业比较优势度的"比较劳动生产率"。

（3）反映产业规模的"专门化率（区位商）"。

（4）反映产业关联度的"波及效果系数"。

这四个指标中，市场占有率已讲，比较劳动生产率等于在某一个时期以内，某一个产业净产值的年增长率做分子，分母是某行业劳动人数的年增长率。专门化率等于地区某行业净产值占全省同行业净产值的比重，除以地区全部工业净产值占全省全部工业产值之比。一般大于 1，说明该产业规模比较大，集中程度高。波比效果系数等于影响力系数和感应度系数的几何平均值。要用投入产出表提供的逆矩阵系数来计算。如果有地区投入产出表就可计算，如果没有，可借用省投入产出表。通过公式把这几个指标计算出来，这四个指标值既可以采用几何平均法也可以采用加权平均法，把它们综合成一个数据，叫地区主导产业综合评价指标。如果是加权平均，我们根据四个指标在形成主导产业当中的地位和作用，适当地加权。专门化率最易于反映主导产业的基本特性，权重取 0.35；比较劳动生产率的权重取 0.25；其他两个指标取 0.2。最后根据各行业的综合数据大小排序，就可以从前几个中挑选出地区的主导产业。这是主导产业的选择。

　　主导产业选出后，就要在投资上、政策上保证优先重点地发展。除了选择主导产业以外，同时还需进一步研究关联性产业发展的规模和速度。从定性分析上看，焦煤采选可能成为地区的一个主导产业，如果是把焦煤采选作为地区主导产业之一，就应当考虑发展焦煤采选业的关联性产业，特别是发展焦煤采选业的前向关联产业，就是利用焦煤做原材料的产业。可以考虑从焦煤出发，进一步发展乙炔化工，也可以考虑焦油和苯的加工，提取中间产品萘酚苯，就可以进一步发展制药、染料这些精细化工。另外，还可以利用焦煤制成合成氨。本地区硫铁矿比较丰富，我们调出精硫矿，同外区交换精磷矿，还可制成磷肥。如果经分析论证，焦煤采选业可以作为地区主导产业之一的话，那么下一步就要围绕它，发展它的关联性，特别是前向关联性产业，直接向化工这方面延伸。把延伸的产业同焦煤的采选联系在一起，就能构成临汾地区的一个重大的主导产业。这对于我们经济结构的优化是十分有益的。

三、工业分布和布局规划

（一）地区工业总体分布状况分析评价

　　可以用几种方法进行定量分析。一是地区内最不发达地区同最发达地区之间的"静态不平衡差"。

$$静态不平衡差 = (1 - \frac{小值}{大值}) \times 100$$

　　其中小值指最不发达地区工业总产值，大值指最发达地区工业总产值。差值越大，说明地区工业分布越不平衡。

二是地区工业集中指数。

地区工业集中指数 $= 100 - \dfrac{H}{T} \times 100$

其中，H 代表地区工业总产值加到相当于地区工业总产值一半时的人口数。T 代表地区总人口数。

其中关键是求 H 值。我区以县为单位，按各个县市的人均工业产值大小排序，相应地把各县市工业总产值和人口列出来。计算出地区工业总产值的一半是多少，然后把工业总产值按排序相加，加到这几个县工业总产值之和略小于地区工业总产值的一半为止（不能大于它）。然后从下一个县的总产值中抽出所差数值的工业总产值与前几个县的工业总产值相加，使之等于地区工业总产值的一半。从这个县里抽出的差值与该县人均工业产值相比，就可大致计算出与这部分工业总产值相当的人口数。把这部分人口数同前面几个县的人口数相加之和就是我们所求的 H 值。指数如果小于 50，说明地区工业分布相对分散；50~60，说明分布相对均衡；70~80，说明相当集中；大于 90，说明高度集中。

三是地区工业集中度的绝对指标。就是以县为单位，按各个县的工业总产值占全区工业总产值的比重大小排序，前 3 位的工业总产值占地区工业总产值比重之和。

用上述三种方法都可以判断地区工业分布状况。

地区工业分布状况是集中好一些，还是分散好一些，不能简单地下结论。一般地讲，一个地区在工业化的初期，或者说在开发的初期，条件较差，工业布局难以展开，工业就集中在少数条件比较好的地点，所以在这个阶段，工业分布集中是合理的。随着工业进一步发展，地区经济实力加强，工业发展条件改善，工业布局可以而且应当适当地展开，在正常情况下，工业集中度应相应地下降。工业在发展到比较高的水平时，工业集中度更低，走向相对均衡。在工业布局上不能搞平均主义、"撒胡椒面"，这样布局将导致力量分散，要防止这个偏向。还应防止另一种偏向，工业布局长期地过度集中在少数地点，这样易于在经济上造成各地区优势资源不能被很好地利用，优势不能很好地发挥，形不成地区的整体优势。过分集中还会引起地区间的摩擦，诱发一系列的社会问题，这个问题在我国很突出。山西的总体布局提出依托中部，开发两翼，也就是基于这样一个原因。临汾地区这个问题还不尖锐，但在规划中也要注意。

（二）工业地域类型的分析

工业地域类型可按工业水平划分为：工业发达地区、中等发达地区、不发达地区；也可按工业结构特点划分为：以采掘、原材料工业为主地区、以加工制造业为主地区、加工制造业比较协调发展的综合性地区。分区做一些对比分析，包括各个地区的主要优势和主要限制因素，各个地区工业发展规模和水平以及在地区的地位和作用，各个地区工业能源、原材料、水资源的消耗量和它的平衡状况，各主要工业产品产、运、销三者之间的平衡状况。

（三）工业经济效益地域差异形成的原因分析

上述这三点都是对地区工业分布现状的特点和问题所做的分析。需要在这个基础上进一步研究地区工业布局规划。

地区工业布局规划应当包括地区工业布局模式的选择和布局框架的构造。在地区这一级，开发成长阶段，地区工业布局的框架还没有形成，在这种情况下，适宜采取点轴延伸和点轴开发的模式。这个模式的具体运用包括研究现有工业点如何加强提高、新点的建设、已有轴线的加强和延伸，还要考虑新轴线的开发。以点的等级为基础，确定这个地区在规划期内一级开发轴线是什么，二级开发轴线是什么，以构造工业布局框架。此外，还应研究在规划期内重点开发区（或工业核心区）布局如何安排，各区主攻方向是什么，重点项目的区位选择和项目的建设规模（以基建投资表示），新增产值及利税，新增的用水、用电、用地、新增的运量，新增的职工人数，这些数据都要测算出来，便于进行综合平衡，也便于进行经济效益分析。

四、宏观效益分析

这是工业规划的出发点，也是其归宿。判断一个规划是否成功很大程度上取决于这方面的分析是否能做好。建议算好几笔账：

第一，按此规划进行，规划期内工业投资的效果系数。大体上匡算并与"七五"计划实际进行对比，看是提高了还是降低了。

第二，主要工业行业产值（或产品）在全省所占地位是提高了还是降低了，以及主要工业产品的输出能力是扩大了还是缩小了。

第三，反映地区工业经济效益的一些指标是否有所改善。

第四，地区工业结构素质是否提高。

第五，地区工业分布状况是否有所改善。

这几笔账都可用前述计算公式以及重点项目研究测出的指标，从宏观上测算规划的效益。另外，要进行综合平衡，特别是地区稀缺生产要素的综合平衡。临汾地区稀缺生产要素可能主要是：资金、水、运输能力。综合平衡光靠工业专题的同志搞不了，需要与其他领域的同志协作，可以提出地区建设规模多大，需要多少投资，投资来源如何解决。投资来源不外乎几个方面：一是靠地区工业资金积累，根据国民生产总值增长速度或国民收入增长速度和积累率，大体上可以框算出今后几年内地区经济的发展，可以提供多少内部积累；二是国家的投入，特别是重大项目投资；三是地区内部社会集资，也包括和外地联合而吸引地区的投资，从这几种渠道集中起来的资金与国土规划总投资相比，看能否平衡。水资源的平衡，工业组就不能单独规划，可以提出规划期间工业建设规模，工业布局及工业结构。需要多少水，能不能平衡就需同水资源组的同志进行协调。运力的平衡，要根据工业规模、产量、结构，计算出主要工业品调出量，需要占用多少运能，这需同交通组的同志协调，运输量与运输能力是否平衡，需要加强或建设哪些线路。这些平衡工作须反复进行，才能使我们的规划工作有良好的可操作性。

第二部分　主要工业行业规划

工业的总体规划研究方法和思路对行业规划也是有参考意义的。当然，行业规划有其特点。进行总体规划，应当是强调它的综合性和整体性，是框架性的。而行业规划必须深入、具体，各行业有各自本身的特点，分行业进行研究时，既要符合国土规划的一般要求，与工业总体规划的基本要求相衔接，又要突出自身的特点。这是从方法上应当注意的。

下面分行业进行研究，这里只能提出个框架。

一、现状分析

第一，资源状况。应具体地进行评价。

首先要对煤炭资源做一个总体分析评价。包括储量（应当有分级储量，包括资源总量、探明保有储量、精查储量、详查储量、普查储量；工业规划的依据主要是精查储量，但详查储量是今后进一步扩大规模所必需的），煤种、煤质（特别是煤质应具体分析，我们这里是炼焦煤，那就要按照炼焦煤的基本质量指标的要求，一个一个地数量化，把炼焦煤质量与其他地区的炼焦煤相比，把这个地区的煤炭优势凸显出来），煤层的赋存条件（根据一些指标定量化），煤炭的焦运条件，洗煤的供水条件等。这是先总体做一些分析评价，然后要分煤田或勘探区分别做对比分析，要分析出各煤田、各个勘探区煤炭资源的优缺点和开发条件的优劣。

第二，开发利用现状。包括总规模（其中含矿井对数、设计能力、实际产量），煤炭工业在本地区工业中及在全省煤炭工业中的地位和作用，资源开发利用率和保证程度，现有保有储量中生产井和在建井占多少，还没有动用的储量是多少。

二、冶金工业现状及特点

包括冶金资源开发利用程度和冶金工业总规模、冶金工业内部黑色与有色的比例关系、黑色冶金工业内部采选焦化、冶炼加工的比例关系、冶金工业的布点状况、冶金工业的企业规模分析、重点企业与小铁厂的一般技术经济指标的对比分析。

三、发展规划

主要是：建设总规模和内部结构的调整，重点企业的扩建改造及扩建的合理规模以及这类企业扩建、改造的投入产出分析，小钢铁的调整、整顿和提高，铁矿石的矿山建设和布局。

当然从临汾现状来讲，冶金工业难以成为优势产业。临汾地区优势条件是煤炭资源丰富，但矿石资源条件差。由于区位的限制，我们不可能调出焦煤、调回铁矿石来扩大我们的钢铁工业规模。将来侯月线建成后，可连接到石臼所港，可以考虑从外面进铁矿，扩大钢铁工业规模。另外，从总量上看，我国钢铁量还不够，品种质量更差，还需要有比较大的发展。从全国来看，钢铁工业总布局大多是"以煤就铁"的方式，同时也可以考虑另外一种方式——"以铁就煤"。我们地区炼焦煤条件很好，调进铁矿来发展钢铁工业，这一可能性还可以进一步分析、论证。

四、焦化工业

（一）发展焦化工业的重要性

从地区外部来讲，发展焦化工业能适应国家冶金工业发展及焦煤出口的需要。从地区内部讲，在地区产业结构中，焦化工业可以发挥承上启下的作用。所谓承上，就是依托煤炭的采选，促进焦煤资源的开发；所谓启下，就是可以把重工业向轻工业和农业渗透，促进地区农、轻、重的协调发展。还可以提高焦煤资源的附加值，改变我们地区多年来单一出卖煤炭的这种局面。

（二）焦化工业的现状

需要分析生产规模、企业规模、产品结构，特别是焦化副产品的回收利用状况、布点的形式及对比分析，如焦化工业可以单独布点，也可以与钢铁工业联合，这种不同的布点形式在经济技术上各有何优缺点，焦化工业对煤的转换率，焦化工业产品供求销售状况，包括调出去多少，区内自用多少，用在哪些方面，重点焦化厂和小焦化厂的成本效益分析。

（三）发展规划

一是总量的扩大。包括现有重点焦化厂扩建改造能增加的产量，新建项目所增加的产量，建设小焦化厂增加的产量。二是多层次加工，产品链的延伸。从焦煤出发可以开发一系列中间产品，一直到下游产品的开发；从焦油、粗苯的加工，到一些中间产品的提制，一直到精细化工产品的开发、焦炉煤气的合理利用。这些方向都可以认真研究。与石油化工相比，焦化工业比较难开发，技术上不成熟。根据我国的实际情况，要更进一步发展有机化工工业，就要分两条路子：一是依靠石油、天然气，发展石油化工；二是依靠煤，建设不同的煤化工体系。山西煤量大，煤种多，发展煤化工条件好，但在这方面做得很不够，长期停留在发展焦炭，没有向下延伸。在山西总体规划里应当有这方面具体的规划，很好地安排山西煤化工的地域分工。不同的地区有不同的煤，且不同的煤种分布集中，很明显地形成了不同煤种的富煤区，在煤化工业的发展上应该有分工，过去的规划里没有很好地反映出这个问题。从煤化工来讲，世界上已经发展到第三代。第一代煤化工是焦化，第二代是乙炔氯碱化工，第三代是甲醇–C_1化学。作为能源重化工基地，山西这几年是把煤发展上去了，而化工却没跟上，在这方面山西还是大有前途的，如果山西好好安排一下，对于提高整个能源重化工基地建设效益和后劲都有很大作用。临汾地区也应发展一下这方面的工作，哪怕少发展一些也是很有好处的。三是布点的调整。焦化厂适宜发展规模经济，发展较大的联合，明确是普遍发展些小焦化厂，还是相对集中地发展几个大焦化厂，与之相联系，是一般地发展焦炭，还是真正以焦为基础，多发展一些下游产品，形成一些联合性的骨干企业。

五、机械工业

（一）现状分析

包括规模，在地区工业结构中的地位和作用，在行业结构和产品结构上有何特点，明确其中具有相对优势的产品是什么，金属材料的来源，产品的销路，技术装备和设计开发能力，机械工业的专业化分工与协作水平。

（二）发展规划

包括发展方向。机械工业方向主要是改造和改组两者相结合。改造是指技术改造，工艺设备的更新，解决现有机械工业的技术落后问题；改组主要是解决多头管理重复生产的问题。使其逐步转向以重点产品为龙头，组织好专业化分工和协作，以及军工企业与民用企业的分工协作。要调整服务方向，承担省内机械工业专业化分工协作任务；为地区重点建设服务，为重点项目提供备品、备件、易损件及部分设备；为地方经济发展服务，生产农机具、小型矿山设备、轻工机械。

（三）重点项目规划

按照项目的内在联系，组成几个生产系列（不要一个项目一个项目地罗列），形成哪几个生产系列，可根据长期发展的外部条件及上述发展方向的要求，在现有产品中选择主导产品，并围绕主导产品延伸，形成系列。

六、轻工业

（一）现状分析

包括生产规模、行业结构、相对优势产品、分布格局、主要轻工产品产销平衡状况、原材料供应与生产能力的平衡状况、经济效益分析。

（二）发展规划

轻工业进一步发展的依据包括两个方面。第一个依据是市场预测。要做轻工产品的市场预测，就要研究我们这个地区的总人口，特别是城镇人口的增长速度，城乡居民人均收入水平提高的速度，居民购买力和消费结构变化的趋势，还要考虑重工业发展不仅要求轻工业提供更多的消费品，而且还要求轻工业提供一部分生产资料，也就是重工业的发展要求轻工业中生产资料的部分也要有所发展。另外，还有一个影响因素，就是社会固定资产投资规模的增长速度。在我国现有情况下，固定资产投资中，大约有40%转化为消费，加大固定资产投资规模，也是启动轻工业产品市场的一个重要推动力（在研究市场疲软这一问题上，也要考虑适当扩大基本建设规模这一点）。需要根据上述几方面很好地分析一下我们地区轻工业产品的市场条件。

第二个依据就是原材料供应。包括农业原材料可供量的增长，重工业可以给轻工业提供什么原材料。我们地区是重型结构，特别是将来焦化、化工效益提高后可以给轻工提供丰富的原材料，要考虑如何利用这两部分原材料（农业、重工业）来调整轻工业结构，提高轻工业效益。

（三）发展方向

轻工业发展方向，可以从三个方向考虑。第一个方向是为区内能源重化工建设服务，同时也依托重工业改善轻工业原材料的结构，提高以非农产品为原材料的那一部分轻工业的比重。这是轻工业发展的一般趋势。通过改变轻工业原材料结构来改变轻工业的产品结构。以非农产品为原材料，产品品种多，生产工艺相对稳定，技术水平也高，这样可以促进整个轻工业产品质量的提高，和经济效益的提高。第二个方向是立足地区农业原材料，提高农副产品加工深度，提高区内市场占有率。第三个方向是抓好区内有地方特色、相对优势的农副产品的加工、运销和研究开发，形成若干拳头产品，面向区外。

（四）主要轻工行业的发展规划

不要每个行业都发展轻工业，宜选择若干有特色、有优势、有前景的行业，做一些研究规划就可以了。每个行业都应包括发展规模、产品方向、产品市场预测、原材料来源和保证程度、重点项目的选点布厂和依据、投资成本和效益分析。

论国土规划的理论基础

我国的国土规划工作已经开展了 10 年。从起步、探索、试点到全面展开，现在已进入了深化、提高的阶段。加强国土规划基础理论的研究，把感性认识提炼、上升为理性认识，使规划成果既符合客观实际，又有坚实的理论基础，是国土规划深化的基本途径之一。

国土规划是一门科学。就其研究对象和基本内容来讲，它是空间科学或区域科学的一个分支。其理论基础，来源于区域经济学、生产布局学、发展经济学。其理论基石是：区位论、地域分工论和空间投资论。

一、区位论

区位论最初的主流思想认为，企业区位选择的主要目的是降低产品的成本。影响产品成本的有三个因素：一是运费；二是劳动力费用；三是集聚因素。三个因素中影响最大的是运费，而运费又被假定为运输距离和货物重量的乘积。假定一个加工企业所需原料来源地与产品市场区在空间上是分离的，那么在这两点的连接线上（如果中间没有障碍），运费的最低点，就是企业的最佳区位。如果原料不是来自一个地点，假定 A 为原料 I 产地，B 为原料 II 产地，C 为市场区，则工业企业总是在 A、B、C 所形成的三角范围内选点。如果在加工过程中，两种原料都"失重"（即重量减轻），那么原料的重量必然大于成品的重量，因此，企业的最佳区位，就是靠近 A 点和 B 点，但更靠近失重较大的原料产地；如果其中原料 I 的用量比原料 II 大，则最佳区位是靠近 A点。多种原料、多个市场区也可应用这个原理，只是应用更加复杂。但影响成本的，不仅是运费，当劳动力费用或集聚因素带来的节约能抵消较高运费时，那么企业的最佳区位，就会由运费的最低点转向劳动力费用的最低点或集聚经济的最高点。区位选择，就是要选择三项指标总费用中最小、产品总成本最低的地点。这就是区位论中的"成本决定论"，又称古典区位论。

·随着市场经济的进一步发展，市场的空间形式与功能日益成为制约工业布局的重要力量，相应地，古典区位论发展成为"利润决定论"，更加强调市场的作用。从供给与需求的结合上来考察，一个新工业点的形成与发展，都离不开它周围的消费者。消费需求量的大小，或者说市场容量的大小，在区位选择上就成为优先考虑的主导因素。而市场需求量又取决于消费强度、消费倾向、产品价格、市场半径、产品推销技术、单位产品运费等相关因素。最低成本只是作为影响企业总利润的一个因素而发挥作用。因此，成本最低点不一定就是利润最大点。而企业家关心的，主要是利润最大而不是成本最低。正是利润的高低左右着区位选择，这就是区位论中的"利润决定论"。

随着科技的进步，人们收入和闲暇时间的增加，导致区位决定因素发生新的变化。20 世纪 60 年代以来，现代区位论更强调行为的作用，认为区位的决策者，是人性的人，不是经济性的人。因此区位选择必然受到决策者的志向、能力、知识、现实观察力及对信息收集分析与评价所付出的精力的影响。现代企业家，不仅关心赚钱，同时更追求舒适安静的生活。包括优美的自然环境、宜人的气候、完善的社会设施、良好的社会秩序以及享受文化、娱乐活动的机会等。因此区位决策者的思想行为和价值观念往往成为区位的决定因素。决策者所满意的区位，不一定是成本最低或利润最大的最优区位。现代区位论，在研究对象上，从个别企业区位扩展到区位体系，认为工业区位、农业区位和城市区位都不是孤立的，而是相互联系的，每一种区位和选定，都必然引起连锁反应，从而影响经济的空间结构，在研究方法上，从单项因素扩展到多项因素的综合研究。

二、地域分工论

地域分工论的主体是"比较优势原理"（包括静态比较优势原理和动态比较优势原理）和地区主导产业理论。

静态比较优势原理的要点是：

（1）每个区域或国家，"生产要素禀赋"各不相同。如果利用地区（或国家）禀赋好、相对丰富的生产要素来从事商品生产，就处于比较有利的地位，而利用禀赋差、相对稀缺的要素来生产，就处于比较不利的地位。因此，各国、各地区在地域分工以至国际贸易中，应当专门生产上述前一类商品，而较少生产后一类商品，以发挥各自所拥有的生产要素的优势。

（2）地域分工、区际交换的直接原因，是生产要素供给的不同，决定了生产要素的价格差异，在产品中，较多地利用比较便宜的生产要素，产品成本就会低一些，其价格自然会比外地同类产品低一些，从而在市场竞争中处于有利地位。

（3）地域分工、交换最重要的结果是，各地都能更有效地利用各种生产要素。如果各种生产要素能在空间上自由流动，就可达到这一点。但由于某些生产要素的自然特性，由于地区间、国家间各种错综复杂的利害关系，在我国，还由于体制上的缺陷和价格的扭曲，造成生产要素在空间上的相对不流动性，因而还达不到上述理论的结果。对前一种限制因素，即某些要素因自然特性具有不可流动性，通过商品流通可以得到克服。如甲、乙两地，甲地地多人少，乙地地少人多，甲地虽然不能将其土地资源直接转移到乙地，但如果甲地更多地开发利用自己的土地资源，把较多的劳动力投放在农业生产上，把多余的农产品输往乙地，乙地就可把劳动力从农业转移到制造业，将多余的制成品转往甲地。通过商品交换，就等于甲地的土地资源使用了乙地的劳动力，而乙地的劳动力使用了甲地的土地资源，使两地富余的生产要素都得到比较充分的利用，两地都从中受益。至于后一种限制因素，在商品经济洪流的冲击下，可以不断得到克服。在我国，则需要通过深化改革来逐步消除。

根据上述原理，劳动力资源丰富的地区，发展劳动密集型产业比较有利，矿产资源富集区，发展资源密集型产业比较有利，资金供给比较充分的地区，发展资金密集型产业比较有利。这就是静态比较优势原理。我们提出的扬长避短，发挥地区优势，就是从这个原理中推导出来的。

动态比较优势原理，是静态比较优势原理的发展和完善。其基本观点是：地区比较优势不是一成不变的。有的产业，从当前看，虽然是幼小的，在市场竞争中没有比较优势，但如果它对地区国民经济的发展有重大意义，或代表着经济发展的方向，就应加以扶持，经过一段时期的努力，达到增长曲线上的转折点，也可以转化为具有比较优势的产业，在竞争中处于有利地位。这个原理又叫做"扶持幼小产业说"。其实质是用动态的观点来看问题：某一时期具有比较优势的产业，随着时间的推移，原来赖以高速增长的优势条件，不断恶化以致丧失，这时就不能死抱着这种产业不放；相反，有的产业，原来发展的条件并不好，但随着时间的推移，主观的努力使不利条件向有利方面转化，发展势头大，发展前景看好，对这类产业，就应有意识地加以扶持、培育。这就是动态比较优势原理。

地区主导产业理论，这是结构理论中的基本理论，其基本观点是：在区域发展过程中，各个产业在地区产业系统中的地位、作用是不同的，其中有一个或几个产业处于主要的支配地位，构成地区的主导产业或主导产业群。现代区域经济成长的过程，实质上是产业部门的成长过程。成长首先是从主导产业开始的。这种产业具有双重功能：一方面，它是全国同类产业中主要的生产供应基地，与其他地区同类产业相比，它能以较少投入、较快速度、较低成本和较高的劳动生产率，集中进行大规模生产，产品专门化率较高，主要面向全国，直接参与全国地域分工，以自己的特长，充实、完善全国经济大系统；另一方面，它又是所在地区经济增长的驱动轮，推动区域产业结构演化的主角。这两方面共同构成地区主导产业的质的规定性。

主导产业对地区经济增长的影响，具体表现为三个方面：一是前瞻影响，即主导产业对吸收其产品的产业的影响；二是回顾影响，即主导产业对向其提供生产资料的产业的影响；三是旁侧影响，即主导产业对地方经济和城市的影响。主导产业就是通过这三种影响，将自身的产业优势，辐射到地区其他产业，增加地区经济活动的容量，带动、促进区域经济的发展。

地区产业结构的优化，本质上就是正确选择地区的主导产业，合理确定其发展规模和速度，以此为核心，协调地区主导产业与其他非主导产业的关系，既提高地区与外区经济上的互补性，又提高区内产业间的关联度。根据主导产业理论，地区的产业系统可分解为主导产业、支柱产业、关联性产业、基础性产业以及存在于后三类产业中的"潜导产业"。这类产业分类系统框架如图1所示。

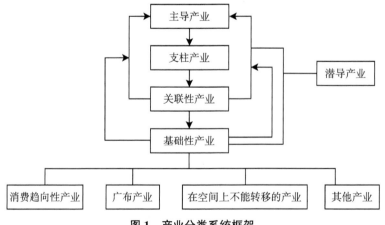

图1 产业分类系统框架

在上述框架图中，主导产业以外的其他产业，可统称为非主导产业，主导产业一经确定，就要从投入和政策上保证它能得到优先重点发展，使之超前启动，强化其两大功能。支柱产业是地区产业系统中产值比重较大的产业，其发展状况对地区经济总量的扩张有较大影响，但或许由于与全国同类产业相比，地区比较优势不大，或者其产品的绝对量虽大，但主要是供区内消费，调出比重小，在全国地域分工体系中不占重要地位，因此它是地区的支柱产业，但还构不成地区的主导产业。在地区产业发展方向上，支柱产业主要是提高其产业素质，为稳定和扩展地区经济总量做出贡献。

关联性产业。即直接配合主导产业的产业，它们在投入产出或工艺、技术上与主导产业的联系最直接也最密切，可以说是为主导产业的建设、发展而存在的，因此，在发展上应尽可能与主导产业配套，适应主导产业的要求，在建设时序上相衔接，在增长速度、规模上与主导产业相协调。各地区主导产业类型不同，关联性产业类型也就不同。

基础性产业。它是主导产业发展的基础，也是其他产业发展的基础，其发展速度、规模要兼顾地区各个产业，但应优先保证主导产业发展的需求。基础性产业，门类最多，特点各异，我们又从中分解出三个部分：一是消费趋向性强的产业，即产品可运性差、不宜大量长途调运的产业；二是"广布"产业，即产品需求量大面广、发展条件要求不高，可以广泛分布的产业；三是产品既不能储存，又不能进行空间转移的产业，如运输业。在基础性产业中，单独划出的这三部分产业，应当积极创造条件，争取在地区范围内相对平衡，至于其他基础性产业，有条件发展的就相应发展，不具备条件或自己生产经营效益太低的，就可通过区际协作、区际交换，求得相对平衡。所以，地区内产业关联度的提高，协调产业间的关系，既不是全面推进，平行发展各类产业部门，自成体系，自给自足，又不是把主导产业的生产协作链条都甩在区外，使主导产业与地方经济相分离，而是要根据产业间的内在联系，特别是根据主导产业与各非主导产业联系的密切程度，提出不同的要求，确定不同的发展速度、规模。

概括来说，地区产业结构的调整、优化，其基本思路是：选准并优先重点发展主导产业，使之有效地承担起全国地域分工任务，并增强其带动地区经济发展的辐射力；配套发展关联性产业，特别是主导产业的前向关联产业，尽可能延长产品链条，提高支柱产业的产业素质，保持、巩固其已有的支柱作用；积极发展需要就地平衡的基础性产业，特别是其中的"瓶颈"产业，克服其对地区经济的制约作用；扶持潜导产业，使原有主导产业因条件的变化、主导作用削弱以后，新的主导产业可以及时接替，保证区域经济系统正常的新陈代谢，对于现在还没有形成主导产业的地区来讲，选择和培植"潜导产业"就更加重要。

三、空间投资论

国土资源开发、利用、治理、保护，都需要一定的投资做保证。总投资的部门分配，是调整区域产业结构的基本手段之一；总投资的空间分配，是调整经济布局的基本手段。空间投资论，主要是研究总投资的空间分配，提高布局效益。其基本观点是：由于经济分布不平衡规律的作用，在一国、一省、一个经济区的范围内，往往同时存在几种处于不同发展阶段的地区，如处于不发展阶段、成长阶段、成熟阶段、衰退阶段或向更高阶段发展的四类地区。处于不同发展阶段的地区，各有其质的特征，各有各的作用，也各有各的矛盾、问题，在区域总投资的分配上，就是根据各类地区的特点、条件及存在的主要问题，分别采取有针对性的投资对策，保证不同地区的不同发展要求，而不能在投资的空间分配上畸轻畸重，也不能平均分配、"撒胡椒面"。效益与均衡这两大布局政策目标的矛盾，主要靠合理的空间投资来解决。简单地说就是：在特定的规划期内，在地区总体布局中，要重点依靠处于成熟阶段的地区，这是因为这类地区在全区域整个国民经济生活中占有举足轻重的地位，对全区域经济总量增长的作用率高。这类地区投资对策的主要目标，是使之充分发挥"骨干地区"的作用，并尽可能延长其繁荣期，避免走向衰退。但成熟区发展到一定时期以后，难免要走向相对衰退，甚至绝对衰退，其作用和地位要相对下降甚至绝对下降，如果没有新的进入成熟期的地区来接替它，那么整个区域就要随之衰退。为了保持正常的新陈代谢，使整个区域增长的活力连绵不断，就需要在成长区中，选择条件较好的，给予较多的投资，深化开发，加速成长，使之尽快进入成熟期，这有些像培养接班人。对于不发展地区，投资对策的主要目标，是用外力启动地区经济的内在活力，通过对其优势资源的开发利用，扩大地区经济总量，增加就业岗位，提高居民收入，首先解决居民的温饱问题，进而跨上工业化的起点，脱贫致富；对处于衰退阶段的地区，投资对策的主要目标，是使之能平稳地衰退，避免出现负增长，使其衰退不致对全区域整个国民经济产生剧烈的震荡。最好是给它注入新的活力，如利用这类地区在其成熟阶段积累下来的比较雄厚的技术力量、较好的交通运输条件和对外联系的渠道，开展区际横向联合，研究开发高新技术产品，调整产业结构，使之从衰退中走出来，向新阶段前进。由于我国国情的特点，国内还没有出现西方那样典型的衰退区。但在以矿产资源为基础，以矿业起家、开发历史较久而已有产业结构过于单一的重点工矿区、工矿城市，在规划中，就要从战略的高度，考虑到随着时间的推移，由于开采条件的恶化甚至资源枯竭，将引起这类地区主导产业的衰退，从而使地区经济增长势头削弱的可能性，及早采取对策。关键的一条对策，就是在用较多投入进一步强化矿业的同时，也要有一定数量的投入，开辟新的生产门路，使地区产业结构多样化，增强结构弹性，提高应变能力。特别要注意选择和扶持新的主导产业、支柱产业。

上述三大基础理论中，区位论主要着眼于企业利益；地域分工论主要是解决地区优势的发挥问题，主要着眼于个别区域的利益；空间投资论主要是从总体出发，正确处理区际关系，构造区域新格局，主要着眼于更高层次的总体利益。

在上述三大基础理论的指导下，通过对一系列具体的区域开发方式和空间组织形式的理论概括，形成了区域国土规划的理论模式。应用较广的有增长极模式、点轴模式、地域综合体模式和网络开发模式。

增长极模式的出发点是经济增长的不平衡性。一个区域的开发，只有经济总量指标是不够的，还必须把国民经济按地理单元分解为产业、行业和工程项目。在区域发展过程中，增长不是在区内每个产业、行业都以同样的速度增长，而是在不同时期，增长的势头，往往相对集中在主导产业和创新企业上，随后波及其他产业、企业；从空间上看，这类产业、企业，也不是同时在各个地方都发展，一般集中在某些城镇中心先发展起来，然后向外围扩散。这种集中了主导产业和创新企业的工业中心，就是区域增长极。

在区域开发和区域经济运行中，增长极具有两种效应：第一种是极化效应，即在极点上，由于主导产业和创新企业的建设，首先对周围地区产生一定的吸引力和向心力，周围地区的劳动力、农副产品、原材料等资源被吸引到极点上来。随之对外区、外省也能产生一定的吸引力，外区、外省的资金、人才、技术、产品以致某些建设项目，也被吸引到极点上来。这两种吸引，形成大量的外部投入，从而使极点的经济实力、人口规模迅速扩大。这个过程就是极化效应。极化效应可以产生以下作用：一是形成极点的自我发展能力，不断积累有利因素，为自己的进一步发展创造条件；二是产生巨大的规模经济效益，从而增强极点的外部竞争能力；三是乘数效应强化了极点的极化效应。因此，极化效应是增长极形成的首要标志。但极化效应并不是无限的，在极化过程中，同时存在着两方面的制约因素：一是从企业内部看，规模经济效益随着生产要素的不断投入，受"收益递减"规律的作用，企业的边际效益在达到最高点后开始下降，从而对投入的吸引力减小；二是任何一个极点，其地域范围总是有限的，即极点的空间容量、环境容量和经济容量都是有限的，极化到一定程度后，进一步极化就会导致"城市病"的产生，如环境污染、高失业率、住房紧张、交通拥挤等，这些"城市病"将损害早期的外部经济，以致转化为外部不经济。这两方面的制约因素，会削弱增长极的极化效应，使扩散效应逐渐成为区域经济的首要问题。

第二种是扩散效应，即增长极通过其产品、资金、人才、信息的流动，将其经济动力和创新成果，传导到广大腹地，促使腹地经济成长。扩散效应也是有条件的。从供需关系角度看，扩散地区与接受扩散地区之间的相互作用，需要有一个前提条件，即它们之间的一方有大量剩余生产要素可以而且愿意向另一方扩散，而另一方对这些要素又恰恰有需要，并有吸收力，这时才能实现增长极与波及地区之间的作用过程。这种关系即互补性。正是这种互补性，构成了空间交互作用的基础，交互作用的双方，增长极一方是矛盾的主要方面。

极化效应与扩散效应，从理论上讲，是相辅相成的。前者主要表现为生产要素向极点的集聚，后者主要表现为极点生产要素向外围的转移，二者都可以从不同的侧面，带动整个地区经济的发展。但在不同发展阶段上，这两种效应的强度是不同的：一般来说，在增长极的初期阶段，极化效应是主要的；当增长极发展到一定规模后，极化效应削弱，扩散效应加强；再进一步发展，扩散效应逐渐占主导地位。

这个理论模式主要适用于这样的地区：地区经济以传统的农业为主，有丰富的资源，但由于物质技术条件差，开发程度低。区内中心城市数量少、规模小、经济功能差、不能组织带动地区经济的发展。这类地区的经济发展和布局，就可以运用增长极的理论模式，即根据地区的有利条件，在适当地点，配置一两个规模较大、增长迅速、技术水平较高、波及效果较大的工业企业，形成地区的增长极，逐步带动地区的发展。这个理论模式，也可以称作"据点开发"模式。

点轴开发，是增长极理论的延伸。从区域经济成长的过程看，工业总是首先集中在少数条件较好的城市或企业的优区位，呈点状分布。这种工业点，既可叫做区域增长极，也是点轴开发模式中的点。随着经济的发展，工业点逐渐增多，点和点之间，由于生产要素交换的需要，需要用交通线路以致动力供应线、水源供应线，相互连接起来，这就是轴线。这种轴线，首先主要是为工业点服务的，但轴线一经形成，对人口、产业也具有吸引力，吸引人口、产业向轴线两侧集聚，并产生新的点。点轴贯通，就形成点轴系统。由于轴线是以不同等级的中心点为基础的，相应地就会形成不同等级的点轴系统。在一国范围内，经济布局如何展开，就是正确地确定点轴的开发顺序。首先重点开发条件最好、潜力最大的一级轴线，然后逐步扩展到二级开发轴线、三级开发轴线。在一定时期内，一般应以一级开发轴线为主干，辅之以二级轴线、三级轴线的部分开发，这就是点轴开发。在地区工业有所发展而发展程度还不高、地区布局框架还未形成的情况下，可运用点轴开发模式，来构造地区总体布局的框架。与增长极开发不同，点轴开发是一种地带开发，它对地区经济发展和布局展开的推动作用，要大于单纯的据点开发。

点轴开发，是一级轴线的开发，并不是全线同步开发。在各极轴线上，有些地区能源、矿产资源富集，用水、用地、交通条件较好，市场容量较大，这类地区，就可采取地域生产综合体的开发模式，进行综合开发，以地区主导资源的开发为基础，形成地区的主导产业或主导产业群，同时围绕主导产业，相应发展其前向关联产业或后向关联产业，综合开发利用其他自然资源，强化基础设施，在纵向上，形成从资源开发到加工，直到综合利用、废料回收的产业链；在横向上，包括与之相关的配套产业，形成以主导产业为中心，产运销、金融、科技在空间上有机结合的地区经济综合体。这种开发是一种区域开发，在一个不大的区域内，产业关联度很高，能促进资源的闭合循环、高效使用，使产业结构的优化同空间布局的合理化有机地结合起来，构成综合经济核心区。这个开发模式的一个重要前提是在不大的地域范围内，密集着丰富的能源、矿产资源。全国国土规划纲要中提出的 19 个重点开发区中，有相当一部分在性质上就属于地域综合体的开发模式。

在布局框架已经形成，点轴系统比较完善的地区，进一步开发就可采用网络开发模式，进一步构造现代区域的空间结构。一个现代化的经济区域，其空间结构必须同时具备三大要素：一是"节点"，即各级、各类城镇；二是"域面"即节点的吸引范围；三是"网络"，由商品、资金技术、信息、劳动力等生产要素的流动网及交通通信网组成。网络开发，就是强化网络和已有点轴系统的延伸，提高区域各节点之间、各域面之间，特别是节点与域面之间生产要素交流的广度和密度，促进地区经济一体化，特别是城乡一体化。同时通过网络的外延，加强与区外其他区域经济网络的联系，或者是将区域的经济技术优势向四周区域扩散，在更大的空间范围内，将更多的生产要素进行合理的调度、组合。这是区域开发比较完备的一种开发模式，是区域经济走向成熟阶段的标志。可以说，这是点轴开发、地域生产综合体开发模式的延伸和质的飞跃，主要适用于发达地区。全国 19 个重点开发区的少数区，如长江三角洲区、珠江三角洲区等，就属于网络开发模式。与地域生产综合体模式相比，相同点是都重视产业间在空间上的有机组合。不同点是，前者主要是利用地区的能源、矿产资源优势，后者主要是利用地区已积累起来的经济技术优势；前者主导产业的地位更突出，后者产业结构更加复杂、区域功能更加多样；前者一般是在开发成长区采用，后者主要是在经济成熟区采用。

由上述可知，区域开发与地区布局的不同理论模式，解决问题的侧重点是有所不同的，其适用范围也就不一样。一个国家、一个大的经济区域，不同层次的开发布局以致同一层次但处于不同发展阶段的不同地区，理论模式的选择，应当是因地制宜，各有侧重，而从总体上看，又须综合运用多种理论模式，使之相互补充，有针对性地解决不同层次、不同地区的开发布局问题，对于幅员辽阔、地区差异很大的我国来说，尤其应当如此。

国土规划的数学方法

最近几年，国土规划应用了一些数学方法和数学模型，如投入产出模型、层次分析法、灰色系统、系统动态学模型等。今天笔者不讲这些数学模型，而是结合国土规划内容，讲讲基础数据比较容易收集、不需要用计算机就可以计算出结果，简便易行而计算结果经验证是可信的一些数学方法。

一、国土资源综合评价方法

已有国土规划成果，在国土资源的综合评价上，较多的是把各类国土资源分别分解为各个因子，一一进行描述，然后指出其优势或劣势。虽然也引用了一些数据，但这种分析评价还是偏于定性，而缺乏真正综合性的评价指标，难以从总体上看出这个地区的国土资源与其他地区相比到底处于一个什么样的地位。下面介绍几种资源综合评价的方法。

(一) 矿产资源潜在价值量计算

某矿种潜在价值量＝该矿种储量×采选回收率×计划调拨价

式中"储量"可以是保有储量，也可以是工业储量，以平衡表上的数据为准。

一个矿种一个矿种的计算，最后汇总，即可得出地区的矿产资源潜在价值量。矿产价值总量计算出来后，除以人口数即可得出人均矿产价值量，再与全国、全省及其他地区比较。

(二) 矿产资源综合优势度

首先，要确定几个基础指标：

(1) 被统计的矿种数（按储量表上的矿种计算），用 m 表示。如被统计的矿种为 50 种，则 m=50。

(2) 对比的地区数，用 n 表示。如对比地区共 11 个，则 n=11。

(3) 地区（以 i 表示）被统计的 50 种矿产的储量占全省的名次之和，用

$\sum\limits_{j=1}^{m} d_{ij}$ 表示。地区没有的矿种，不能用"0"表示，应以全省各地、市中该矿种储量名次最低那个位次，作为地区这一矿种的名次。

地区矿产资源综合优势度 $= (mn - \sum\limits_{j=1}^{m} d_{ij}) / (mn - n)$。这个公式还可扩展为计算地区自然资源的综合优势度。假定自然资源分解为矿产资源、能源资源、水资源、光热资源、耕地资源五大类，即 $m = 5$，按上述方法可以计算出地区自然资源综合优势度。

（三）人均自然资源拥有量综合指数

如果自然资源仍分解为上述五类。先求出地区每一类的人均拥有量（光热资源不能计算人均量，可用多年平均量替代），然后以地区所在省这五类资源的人均拥有量为 100，就可用 $\dfrac{\text{地区人均量}}{\text{全省人均量}}$ 分别求出地区每类自然资源的人均量指数。再用几何平均法，分别以 x_1、x_2、x_3、x_4、x_5 代表上述五类资源人均量指数，$\sqrt[5]{x_1 \cdot x_2 \cdot x_3 \cdot x_4 \cdot x_5}$ 即可得出地区人均自然资源拥有量综合指数。自然资源条件的好坏，还有一个资源的空间组合问题。一个地区各类自然资源的组合状况，可用"组合指数"表示，用"标准差"计算。假定用 x_1、x_2、x_3、x_4、x_5 分别表示上述五类自然资源量占全省的比重，则其平均值 $\bar{x} = \dfrac{\sum x_i}{n} = \dfrac{x_1\ x_2\ x_3\ x_4\ x_5}{5}$，

标准差 $= \sqrt{\dfrac{\sum (x_i - x)^2}{n}}$。

标准差值大，说明地区各类自然资源占全省比重畸大畸小，组合指数高，组合状况较差，配套能力弱；相反，标准差值小，说明组合指数低，组合状况好，有利于地区综合发展。

由上述可知地区自然资源条件的优劣与资源丰度成正比，与资源组合指数成反比，这两个指标结合起来的评价公式为：

$\dfrac{\text{自然资源丰度}}{\text{资源组合指数}}$

（四）地区人均经济资源（或要素）拥有量综合指数

基础指标：

（1）资产存量（以人均工业固定资产净值表示）。

（2）资金供给能力（以地区实际积累率 $= \dfrac{\text{地区国民收入生产额} - \text{地区国民收入消费额}}{\text{地区国民收入生产额}}$

表示）。

（3）智力资源（以千人中大学毕业生人数表示）。

（4）劳动力资源（以在业人口占社会总人口比重表示），用上述方法可以计算出地区人均经济资源拥有量综合指数，可以反映出地区经济发展水平和地区经济实力。

（五）社会资源人均拥有量综合指数

基础指标：

（1）城镇化水平。

（2）人均社会消费基金。

（3）人口出生率。

（4）人口预期寿命。

（5）婴儿死亡率。

（6）非食品支出占生活消费总支出的比重。

用上述方法可以计算出地区人均社会资源量综合指数。

（六）地区自我发展能力指数

$$地区自我发展能力 = \frac{地区实际积累率}{地区资金占用系数}$$

$$式中 "资金占用系数" = \frac{固定资产净值 + 定额流动资金}{利润 + 税金}$$

以全省自我发展能力为 100，即可求出地区自我发展能力指数。

（七）如要单独评价地区自然资源开发利用程度，可用"自然资源贡献度"计算

$$自然资源贡献度 = (农业产值 + 矿业产值) / 总人口$$

（八）单独评价地区人力资源规模，可用"人力资源规模"计算

$$地区人力资源规模 = \frac{d \cdot g}{D \cdot G} \times (a + am + \beta h)$$

式中：d、g 分别表示地区的总人口、平均寿命。

　　　　D、G 分别表示全省的总人口、平均寿命。

　　　　a 表示接受过初等教育的人口占总人口的比重。

　　　　m 表示接受过中等教育的人口占总人口的比重。

　　　　h 表示接受过高等教育的人口占总人口的比重。

如以接受过初等教育的劳动者的工资为 1，α、β 分别代表接受过中等教育、高等教育的劳动者的工资倍数。其取值可根据全省的实际数据。

二、地区经济增长目标值测算

在我国现行统计口径中，反映经济增长的综合性指标有社会总产值、国民生产总值、国民收入、工农业总产值。这四项指标含义不同，作用不同，可以同时采用，也可以只用其中的国民生产总值和国民收入。这些指标增长值的预测，有几种数学方法，但笔者还是推荐比例法。因为这四项指标的增长速度有一定的比例关系。国民生产总值只是近几年（1978 年以后）才被纳入我国统计指标中，一般还不大熟悉；国民收入、社会总产值指标我国虽然早已采用，但到地、县也不一定都有这方面的统计数；只有工、农业总产值这一指标，大家最熟悉，历史和现状统计资料也最容易收集、最完整。其中的工业总产值，在规划中有项目研究，根据各项目的建设规模，就比较容易测算出在规划期内工业的增长值及其年增长速度。工、农业之间的增长速度上有一定比例，根据多年数据，工、农业产值年增长速度之比，比较协调的是工业产值年增 1%，农业产值年增 0.4%~0.5%。按此比例，有了工业增长速度就可测算出农业增长速度。有了工、农业总产值增长速度，就可按比例法测算出其他三项指标的增长速度。其增长速度之比，大体上是工、农业总产值年增 1%，社会总产值年增 0.99% 左右，国民生产总值年增 0.85% 左右，国民收入年增 0.81% 左右。总体概念是：工、农业总产值增长速度大体与社会总产值增长速度同步，前者略快于后者；国民生产总值增长速度大体与国民收入增长速度同步，前者略快于后者。前两者又略快于后两者。当然，不同地区、不同时期，上述比例关系有所不同，不宜简单套用，但在正常情况下，偏离度不会很大。

利用比例法，还可测算出其他一些指标的增长速度，如在国民生产总值中，第二产业年增 1%，第一产业年增 0.5% 左右，第三产业年增 1.03% 左右。

工业产值年增 1%，运输业产值年增 1.08%~1.2%，能源工业产值年增 0.4% 左右。

国民收入年增 1%，发电量年增 1% 以上，居民消费水平年增 0.4%~0.5%，全民固定资产投资年增 1.3%~1.4%，财政收入年增 1.1% 左右等。

一定的产出应有一定的投入做保证。工业增长的投入，有资金、用水、用地、用电、职工、运量等，在项目规划中，都有可参考的参考值。

农业的产出与投入也有一定的比例关系。大体上，农业产值增长 1%，相应地，农用动力增长 1.2%，化肥施用量增长 1.3%，良种供应增长 0.85%，财政支农资金增长 0.63%，农业贷款增长 2.4%左右。

三、地区经济、社会综合发展指数

衡量一个地区经济、社会发展的总水平可用此指数。

将经济、社会发展分解为三组指数，每组包括若干分指数：

（1）生产指数（国民生产总值、按国民生产总值计算的劳动生产率）。

（2）生活指数（人均消费水平、成人识字率、人口自然增长率、婴儿死亡率）。

（3）生态指数（森林覆盖率、人均森林面积、"三废"处理率）。

分别求出每组指标中各分指标的指数，得出三个综合指数，分别以 x_1、x_2、x_3 表示。这三个综合指数中，生产指数是最主要的，假定 f_1 表示 x_1 的权值（取 0.4），f_2 表示 x_2 的权值（取 0.3），f_3 表示 x_3 的权值（取 0.3），则：

$$\text{地区经济、社会综合发展指数} = \frac{x_1 f_1 + x_2 f_2 + x_3 f_3}{f_1 + f_2 + f_3}。$$

四、选择地区主导产业的数学方法

可选用以下四方面指标进行计算、比选：

（1）市场潜力（又叫市场基准），用需求收入弹性系数表示：

$$\text{需求收入弹性系数} = \frac{\text{某产业产品需求量的增长率}}{\text{地区人均收入水平的增长率}}$$

弹性系数大于 1，即可认为富有弹性；小于 1 就是缺乏弹性或无弹性。从市场角度，地区主导产业应选那些需求收入弹性大的产业。这个指标用起来有一个缺陷，即弹性大的多是附加值高、非生活必需品的加工工业，而在我国现阶段，对广大人民来讲，生活必需品的需求量还是最大的；而且由于各地区人均收入水平和消费水平差别较大，以致同一产品在不同地区的弹性系数大小也不一样。为了克服这种缺陷，可采用"市场占有率"。

$$\text{地区某产业市场占有率} = \sqrt{\frac{\text{地区某产业产品年销售额}}{\text{全省（或全国）某产业产品年销售额}}}$$

$$\times \sqrt{\frac{\text{地区某产业产品人均年销售额}}{\text{全省（或全国）某产业产品人均年销售额}}}$$

（2）产业相对优势度。常用的衡量指标有比较劳动生产率和 RNX 指数。

$$某产业比较劳动生产率 = \frac{某产业的国民收入占地区国民收入的比重}{某产业的劳动力占地区劳动力总数的比重}$$

$$RNX \text{ 指数} = \frac{某产业的净输出额}{某产业的贸易总额} = \frac{输出额 - 输入额}{输入额 + 输出额}$$

指数大于 0，即具有相对优势，其最大值为 1，

在 0~1，此值越大，相对优势度越大。

（3）产业规模。以专门化率表示。

$$某产业专门化率 = \frac{地区某产业净产值占全国同类产业净产值之比}{地区全部产业净产值占全国全部产业净产值之比}$$

专门率大于 1，表示该产业集中程度较高，规模较大，此值越大，规模越大。

（4）产业关联度。用产业影响力系数和感应度系数表示。

这两个系数的计算，要利用省或全国投入产出表的逆阵系数表。

$$某产业影响力系数 = \frac{该产业纵列逆阵系数的平均值}{全部产业纵列逆阵系数的平均值的平均}$$

将上式中的"纵列"改为"横行"，即可求出某产业的感应度系数。

如两个系数都大于 1，说明该产业关联度高，波及效果大；小于 1，则相反。主导产业应选择那些两个系数都大于 1 的产业。但这种产业为数很少，只有黑色冶金、有色冶金、重化工、重机械、纺织等。因此运用此标准时，可结合其他标准，如其他标准能达到，只要两个系数中有一个大于 1，另一个略小于 1 时，也可选作地区的主导产业。如农业、电力、煤炭及炼焦、石油、商业都是影响力系数大于 1 而感应度系数小于 1；轻化工、轻机械、建材、食品、造纸及文教用品工业，都是感应度系数大于 1 而影响力系数小于 1。如果两个系数都小于 1，则一般不宜选入。

上述指标计算的结果，对同一产业来说，可能有的标准可达到，而另外的标准达不到，因此需要将各指标值再进一步进行综合计算。一般可采取加权平均法。上述指标中，对主导产业选择影响最大的是专门化率和相对优势度。这两项指标最能反映出主导产业的本质特征。如在上述指标中选出"市场占有率"、RNX 指数、专门化率及由影响力系数和感应度系数综合而成的产业关联度指标（两个系数值的几何平均）四项指标，其中专门化率权值取 0.3，RNX 指数取 0.3，市场占有率取 0.2，产业关联度指标取 0.2，加权平均值即为主导产业综合评价指标。按综合评价指标值大小排序，从中选出主导产业。

五、评价地区产业结构素质的方法

（1）以结构影响指数衡量。

假定以资金利税率作为计算经济效益的基础指标，则：

$$结构影响指数 = \frac{\sum p_{ji} \cdot q_{ji}}{\sum p_{ji} \cdot q_{oi}}$$

$\sum p_{ji} \cdot q_{ji}$ 代表 j 地区各工业部门的资金利税率分别乘以各相应工业部门的资金占 j 地区工业资金总额的比重之和。

$\sum p_{ji} \cdot q_{oi}$ 代表 j 地区各工业部门的资金利税率分别乘以对比地区（可以是全国的或省的或某一地、市）各相应工业部门的资金占对比地区工业资金总额的比重之和。

指数大于 1，说明 j 地区工业结构素质较高，使其整体效益高于对比地区；指数小于 1，说明 j 地区工业结构素质差，影响到地区总体经济效益不如对比地区。

（2）地区产业结构素质也可用"效益超越系数"衡量。

$$效益超越系数 = \frac{净产值的增长率}{总产值的增长率}$$

比值大于 1，说明结构素质较好，结构性效益较大；小于 1 则相反。

六、评价地区经济布局状况的方法

用"空间集中指数"衡量。如以工业布局为例，则：

$$地区工业空间集中指数 = 100 - \frac{H}{T} \times 100$$

式中，H 代表达到地区工业总产值一半时的各县的人口数，

　　　　T 代表地区总人口数。

算法举例：求 1985 年运城地区工业（含乡及乡以上独核工业）的空间集中指数。

第一步，计算出地区各县、市的人均工业产值，并按大小排序，同时按此顺序排列出各县、市的工业总产值和总人口数。

表1 各县、市的人均工业产值

	人均工业产值（万元/人）	工业总产值（万元）	人口（万人）
垣曲	649.1	12333	19.0
运城	641.3	27896	43.5
永济	545.8	18665	34.2
……	……	……	……

第二步，按上述顺序，将垣曲、运城和永济的工业总产值相加，其和为 58894 万元，大于全区工业总产值的一半（115034 ÷ 2 = 57517 万元），因此只能将垣曲和运城的工业总产值相加，其和为 40229 万元，比地区工业总产值的一半还差 57517 万元 – 40229 万元 = 17288 万元。需从第三位的永济工业总产值中抽出 17288 万元，再加上垣曲和运城的工业总产值，其和正好等于全区工业总产值的一半。

第三步，永济的人均工业产值为 545.8 元，17288 万元相当于 $\frac{17288\,万元}{545.8\,元}$ = 31.7 万人。垣曲、运城的人口和这 31.7 万人相加，其和为 94.2 万人，即为式中的 H，代入上式。

$$运城地区工业空间集中指数 = 100 - \frac{94.2}{385.2} \times 100 = 100 - 24 = 76$$

集中指数大于 50 为相对分散；50~60 较为均衡；70~80 为相当集中；90 为高度集中。

按此衡量，运城地区工业分布属于相当集中型，表明其工业主要分布在少数几个点上，工业发展处于初级阶段，布局框架尚未形成。

如果要反映地区内不发达地区对相对发达地区发展不平衡的情况，可用"静态不平衡差"表示。"静态不平衡差"指在某一时间点上（如某年）两个地区经济实力的差距，计算公式为：

$$静态不平衡差 = \left(100 - \frac{小值}{大值}\right) \times 100$$

式中，小值、大值可用国民生产总值、国民收入或社会总产值表示。

如果要对比规划末期与基期两地区发展水平上的差距是扩大了还是缩小了，只需把这两个时间点上两地区的静态不平衡差分别计算出来，加以对比，即可看出。

七、宏观经济效益评估方法

最一般的评估方法是用投资效果系数。

$$投资效果系数 = \frac{规划期内国民收入新增额}{规划期内社会固定资产投资额}$$

系数越大，效果越好。

投资引起国民收入的增加，有一个时间间隔，即"时滞"，假定"时滞"为 1 年，则上式可改为：

$$投资效果系数 = \frac{规划末期下一年比基期年国民收入新增额}{规划期内社会固定资产投资总额}$$

考虑到上式分子中，国民收入不能代表总产出的全部，可改为国民生产总值。

为了排除计算效益时价格扭曲或价格大起大落的影响，可用"经济效益系数"来评估。

$$某地区经济效益系数 = \frac{地区资金利税率与工资利税率的加权平均值}{全省资金利税率与工资利税率的加权平均值}$$

比值大于 1，说明地区经济效益高于全省平均水平；小于 1，则低于全省平均水平。

式中，资金利税率和工资利税率的权值分别取 0.6~0.7 和 0.3~0.4。或者是前者取 0.3~0.4，后者取 0.6~0.7。

考虑到产品销售情况以及资金占用对地区经济效益的影响，可用"地区产业利润率"衡量地区宏观经济效益。

$$地区产业利润率 = \frac{sp}{(c+v)+(fr+zr)}$$

式中，s 代表产品已实现部分，p 代表利润额，c + v 代表成本，fr 代表固定资产税，zr 代表流动资金贷款利息。

分产业计算，然后加总。

八、推荐一项指标综合法

在计算过程中，经常碰到一个问题，即若干指标值用什么方法最后汇集为一项综合指标值。如果各单项指标的作用大小很难区分，几何平均法是最简便的；如果各单项指标作用的大小明显不低于得分（0分）标准，用高低标准的指标全距除以得分全距，计算出得分递增系数，从而计算出各项指标的得分。假定上述9项指标中，有一项是人均国民收入，我们就以此为例说明计分方法。1989年，全国人均国民收入最高的是上海的4600元，得100分；最低的是贵州的620元，得0分；全国平均为1190元，得60分。

0~60分，全距为1190元 – 620元 = 570元；得分全距为60分，在这个段内，得分递增系数 $= \dfrac{570 \, 元}{60 \, 分} = 9.5$ 元，即在这个段内，每9.5元得1分。

60~100分，全距为4600元 – 1190元 = 3400元，得分全距为40分，在这个段内，得分的递增系数为 $\dfrac{3400 \, 元}{40 \, 分} = 85.3$ 元，即每85.3元得1分。

现在求山西省在这项指标上得多少分。1989年，山西人均国民收入为1010元，及格分是1190元，显然山西在这项指标上得分只能低于60分。在0~60分的段内，得分递增系数为905元，山西人均国民收入到及格的人均国民收入之间的差距是1190元 – 1010元 = 180元，$\dfrac{180 \, 元}{9.5 \, 分} = 18.9$ 分，即比60分少18.9分，也就是得分60分 – 18.9分 = 41.1分。每项指标都这样计算出得分数，然后加总，9项加总最高分为900分。按总分大小排序就可进行对比。

区域联合的理论基础

区域（城市也是一种区域。从世界范围看，国家也是一种特殊的区域）联合协作，是一个世界性的历史趋势。时至今日，任何一个国家，不管其社会制度如何、经济发展阶段如何，都不可能生存在"经济真空"之中，孤立于世界发展潮流之外，不可能取得经济的健康增长而跻身于世界先进民族之林。在一国范围之内，更不可能靠建立自给自足封闭式的区域经济体系而进入先进地区的行列。从理论上讲，在社会主义国家，社会化大生产与以公有制为主的生产关系的结合，多渠道、统一市场的形成，国家统一指导协调，本应比其他任何社会制度的国家，更有条件也更能广泛开展区域联合，求得整个国民经济的协调运转。但事实上，多年来我国的区域横向联合，还没有得到应有的发展和展开，其广度与深度都远不能适应有计划的商品经济发展的要求。这里有许多主、客观原因，理论准备不足是其中的主要原因之一。本文拟结合一些经济学说探讨区域联合的理论基础。

一、相互依赖理论

区域联合，从本质上说就是区域间的相互依存。马克思、恩格斯早在100多年前，就明确提出并分析了随着资产阶级开拓了世界市场，世界经济必然相互依赖的原理。随后列宁、斯大林在不同的历史发展时期，都先后阐述了这一原理。西方经济学家也重视和阐述了世界经济相互依赖的理论。特别是第二次世界大战后，就西方发达国家之间的相互依赖关系，以欧洲共同体为代表的区域一体化的相互依赖关系，"南北"之间、"南南"之间的相互依赖关系，从理论上进行了探讨；建立了一些复杂的数学模型，设立了衡量相互依赖程度的指标，进行了定量分析；分析了相互依赖对社会总体和各方的得与失、利与弊；研究了相互依赖的机制。

定量分析相互依赖程度及其发展趋势，是西方相互依赖理论的一个重要组成部分。通常使用以下指标：①国际贸易增长速度与国内国民生产总值增长速度之比。如果贸易增长速度快于国内国民生产总值增长速度，比值大于1，说明相互依赖程度较高；相反，则说明相互依赖程度较低。②出口贸易额占国内国民生产总值的比重。这一比重越高，说明相互依赖程度越大。③国际资本的流动总额的增长速度。④世界劳务出口的增长速度。⑤国际间的信息流量。

直到现在，上述指标中，国家贸易方面的指标还是最基本的。有关资料表明，国外各类型国家经济上的相互依赖程度是在不断加深的。我国从总体趋势看，也在加深。但1953~1978年，依赖程度处于很低的水平，年平均进出口总额的增长速度慢于社会总产值的增长速度，二者的比值小于1；1979~1985年，随着对外开放的展开，相互依赖程度才显著提高，其中除个别年份外，出口额占社会总产值的比重呈直线上升。但直到现在，与发达国家相比，我国仍处于低水平。

在相互依赖这个问题上，尽管马克思主义者同西方经济学家的立足点不同，但都承认相互依赖的必然性与必要性，这就说明，相互依赖虽然在不同社会制度下有其某些特殊的具体的表现形式，但却具有一般的本质的原因。这些原因主要是：

（1）生产力具有一种内在的扩张力。当生产力发展到一定程度后，就会超出原有的地域范围，向新的区域转移、扩展、延伸，在新的区域集中、发展起来。

（2）商品经济的发展，必然要冲破分散、狭隘、封闭的自给自足的自然经济格局。在广阔的空间范围内代之以相互往来和相互依赖。交通、通信手段的现代化，大大缩短了世界的空间距离，方便了生产要素的流动，加深了相互依赖的程度。而这又将给社会生产力的发展开拓广阔的余地，促进商品经济更大规模的发展。一般来说，商品经济的发展同相互依赖程度的提高是呈正相关关系的。

（3）各国、各地区之间的差异性，决定了各自发展模式的多样性，形成各自的经济社会特色。而任何一个国家、地区，在经济发展条件上总是优劣并存、长短互见、彼此都有所求，这是一种内在的经济动力，推动着各国、各地区间相互依赖以进行相互补充。

（4）在技术加速率的作用下，技术的空间推移规模大大扩大，推移的速度大大加快，技术的更新期则大大缩短。这种形势，一方面，使新技术开发国需要扩大技术市场，促进更高水平技术的研究开发，以保持其新技术的领先地位；另一方面，技术落后国家，也需要引进国外新技术，促进自身的技术进步和经济的发展、新技术群和高技术产业群的研究开发，耗资巨大，使任何一个国家、地区已无力单独进行，而要求广泛的协作。这种技术的空间推移和协作，更加深了经济上的相互依赖。

总之，相互依赖已是一种客观的必然，而不是某些人的主观愿望。

应当指出，相互依赖这个概念常常被误认为一方依附于另一方，一方单纯为另一方的利益服务，从而把相互依赖同独立自主绝对对立起来。在旧的国际经济秩序下，在相互依赖中，对某些国家来说的确要冒一些风险，可能产生不利效应，但也不能因噎废食，割断国际间的相互依赖关系，而孤立地发展。闭关锁国，将一方面失去利用外部有利条件来发展自己的机会，即丧失了相互依赖所带来的促进自己发展的有利效应；另一方面，又将使自己的经济发展在国际风云中，在不利的国际环境下，难以提高适应性、调整性和竞争力，最终会造成对外部更大的依赖性，甚至沦为附庸。

在我们国内，有些同志对相互依赖也存在某种程度的恐惧感。在对待区域联合问题上，与比自己发达的地区联合，担心自己被别人吞并，变成人家的"殖民地"；与比自己落后的地区联合，又恐怕肥水流入外人田，自己吃亏。应当说，这是对相互依赖理论缺乏全面正确的理解。就国际间的相互依赖而言，我们是要坚持独立自主的，但这同相互依赖并不是对立的。我们要坚决改变旧的国际经济秩序，尽力消除在现有相互依赖的世界经济体系中，中心—外围不同质不对称所带来的不合理状态，但同时不论国际经济环境如何，重要的是在国际交往中，善于扬长避短、趋利避害，选择正确的战略和策略，正确处理与不同类型国家的相互依赖关系，以取得主动权，扩大相互依赖的有利效应，增强自力更生、独立自主的能力，而将其不利效应减少到最低程度。就国内的区域联合而言，情况与资本主义世界范围内国与国之间的关系还有很大的不同：

第一，国内区域间的关系，各方的根本利益是一致的，总目标是共同的。

第二，社会主义制度本身，可以从全局出发，调整、协调区域间的物质利益关系。

第三，改革的洪流，正在破除封闭性内循环经济存在的主、客观条件，扫除相互依赖中的种种障碍。

这些都有利于扩大相互依赖的有利效应。因此，相互依赖理论，在社会主义条件下，更具有适用性和更广阔的前景。

二、比较成本学说与地域分工论

相互依赖理论与比较成本学说及地域分工论是密切相关的。西方的比较成本学说与地域分工论，是随着资本主义生产方式的发展，适应自由贸易的需要而产生的一种经济学说。从亚当·斯密开始，中经大卫·李嘉图到赫克歇尔、俄林以致后来的琼斯、莫洛内、华尔克等，经历了几个演变阶段。

斯密的绝对成本学说（实际上是比较成本学说的一种特殊表现）的基本观点是：假定甲、乙两国都需要 A、B 两种产品，甲国 A 产品的生产费用低于乙国，B 产品的生产费用高于乙国，这样两国就无须各自都生产这两种产品，而是分工生产，分别扩大两种产品的专门化程度，然后进行交换，这样双方都可节省劳动得到好处。但其基本前提是，一个国家必然会有某种商品在生产方面占有绝对优势，才能参与国际分工。如果某国没有一种商品在生产上处于绝对优势，那怎么办？是实行贸易保护主义，限制外国商品进口，还是任凭外国商品进口，遏制本国生产的发展？斯密学说回答不了这个问题。

李嘉图的比较成本学说（这是这个学说发展的一个决定性阶段，其影响一直延续至今）的基本观点是：假定甲、乙两国都需要 A、B 两种产品，甲国生产这两种产品的生产费用都低于乙国，都具有绝对优势。在此情况下，甲国也无须同时大量生产这两种产品，而是在两种产品中优中择优，多生产优势更大的那种产品。乙国生产这两种产品，虽然都处于劣势，但也不是两种都不生产，它可以生产对自己不利程度小的（即具有相对优势）的那种产品，用以与甲国交换本国需要、相对生产成本较高的产品。李嘉图认为，两国产品的交换，取决于生产这两种产品的比较（或相对）成本，而不是由生产两种商品耗费的绝对成本所决定的。这是因为两国劳动生产率的差异，并不是在任何产品上都是同等的。

赫克歇尔—俄林理论模式（被认为是比较成本学说的完整化、现代国际分工理论的开端）的特点，是把国际分工、国际贸易与生产三要素（土地、劳动力、资本）联系起来，提出了"生产要素禀赋差异"这个概念，认为地域分工、国际贸易产生的原因是各国、各地生产要素禀赋上的差异，不像上述古典学派那样认为是由劳动生产率的差异所产生的。其基本观点是：

（1）每个区域或国家，生产要素禀赋各不相同，如暂不考虑需求情况，利用自己相对丰富的生产要素从事商品生产，就处于比较有利的地位；而利用禀赋差、相对稀少的生产要素来生产，就处于比较不利的地位。因此，各国、各地区，在地域（国家）分工—国际贸易体系中，应专门生产上述前一类商品，而较少生产后一类商品，以发挥各自所拥有的生产要素的优势。

（2）地域分工与贸易发生的直接原因，是生产要素供给的不同，决定了生产要素的价格差异。产品中较多利用这种比较便宜的生产要素，产品成本就会低一些，其价格自然会比外国、外地同类产品低一些。

（3）通过贸易，对生产要素在各国、各地区间进行重新分配，这样区域间、国际间的生产要素价格和商品价格就可趋于均等化。

俄林以后的琼斯等的"区域比较利益"论，把赫克歇尔—俄林理论模式直接用于工业区位的比选，用区域比较利益来说明工业区位的趋势，认为国内各区域生产要素的相对丰裕程度，以及由此产生的资本—劳动比率的差异，是工业区域形成的决定性因素，如劳动力资源丰富地区，发展劳动密集型产业比较有利；在资本要素的供给比较富裕的地区，发展资本密集型产业比较有利。鲍得温又进而把资本—劳动比率的差异，补充为工业的"发展与研究密度"和"熟练劳动力供给"，指出一个地区"发展与研究密度"越大，设备、工艺、产品的技术创新可能性越大，从而对工业越有吸收力；假定这个因素为既定，则熟练劳动力供给越充分，对工业也越有吸引力。

对比较成本学说，国内外有多种评价。完全否定者认为，它是从发达国家的利益出发的，是维护旧的国际经济秩序、旧的国际分工格局的理论依据；完全肯定者认为，它不仅是指导西方国家国际分工、国际贸易的科学理论，也可把它作为指导我国对外贸易的原则；多数人则认为，比较成本学说，的确是为殖民主义对外经济扩张辩护的，它把国际分工看作是不受社会生产方式制约的自然的范畴，特别是从李嘉图以后，后继者完全割断了这个学说与劳动价值论的联系，代之以各种庸俗的价值理论（如边际效用价值论等），这些庸俗部分应当抛弃。但学说中关于生产要素禀赋差异的概念，关于按区域比较利益、比较优势进行分工的原则，特别是关于两利相较取其大，两害相权取其轻的原则，对我国参与现代国际分工以及安排国内的区域布局、开展区域横向联合，都是有参考价值的，至少是在这些经济活动中应当考虑的重要因素。在理论上，有助于我们冲破长期以来各地区单干求全、自给自足的思想禁锢。

马克思主义经济学家，在研究社会一般分工的基础上，吸取了比较成本学说中的"合理内核"，形成了自己的地域分工理论。

（1）赋予地域分工以科学的内涵。社会生产专业化以致商品生产的各个阶段的专业化，在空间上表现为地区专门化，导致地域分工。地域分工是在广阔的区域内，按商品分工实行生产的专门化，各地区专门生产某种产品，有时是某一类产品甚至是产品的某一部分。这种分工，把一定的生产部门固定在国家的一定地区。

（2）地域分工是生产力发展到一定阶段的产物。在自然经济条件下，经济单位和地域单位都很狭小，地区经济活动超不出地主的世袭领地和小市集的界限。新的生产力引起地域分工的发展。首先是工场手工业的出现，使地域分工成了各国的经济特点；产业革命，进一步扩大了地域分工的范围，达到了世界规模，扩展为国际分工和国际交换。

（3）地域分工的性质及其进步意义。地域分工是生产力发展的表现和结果。但生产力总是在一定的生产关系下发展的，因而地域分工的性质必然受生产关系的制约。在资本主义条件下形成的地域分工，必然带有强制性、畸形性和剥削性的特点。揭示这种社会属性，并未因此而否定地域分工的进步意义。这种进步意义在于它可以节约社会劳动，促进生产力的发展。而生产力的发展，在任何情况下总是一种进步的历史趋势。充分利用地域分工是节约社会劳动的主要手段之一。社会主义更需要节约社会劳动，并有计划按比例地分配社会劳动，因而在社会主义国家，地域分工也是一种历史必然趋势。由于地域分工性质的变化，地域分工会带来更大、更全面的社会劳动的节约，促进生产力的协调发展。

（4）全面地、动态地分析地域分工的因素。这些因素包括地区自然条件、自然资源的差异性；地理位置、产品销售市场与生产地点的距离及由此而产生的整个周转时间的差别；技术状况及由此而产生的生产受地方局限性的差异；历史发展特点及历史上已形成的生产力发展水平的差异以及民族特点、种族关系等。区域比较利益、比较优势以及由此形成的地域分工，是多种因素综合作用的结果，但第一，各地区生产要素禀赋的差异，能不能得到合理的利用，真正形成区域的比较优势，取得比较利益，以及能不能在一国范围内，通过各地区禀赋不同的生产要素的流动、组合，发挥组合效应，以形成更大的综合优势，取得全面的社会劳动的节约，归根结底，还是取决于社会生产方式。第二，各地区生产要素禀赋是可变的，即使是自然条件方面的禀赋，其作用也随着生产方式的变革而有很大的不同，因此，具有比较优势、比较利益的产业，也不是一成不变的。

衡量是否存在相对优势的部门或产品及其优势的程度，西方一般是在贸易领域探寻衡量指标，常用的是：

（1）某国（或地区）某一产品出口额与同一产品进口额之比。如出口额大于进口额，就可以说它的这种产品占有"显著的相对优势"。

（2）某国（或地区）某一产品出口额在世界同一产品贸易总额中所占比重与该国（或地区）全部产品出口额在世界贸易总额中所占比重的比例关系。

（3）"消费产值比"。其公式是：

$$消费产值比 = \frac{表面消费额}{总产值} = \frac{总产值 + 进口额 - 出口额}{总产值}$$

比值小于 1，就构成相对优势，比值越小，说明生产大于消费的差额越大，因而优势程度越高。如出现负值，说明优势程度更高。

（4）RNX 指数。其公式是：

$$RNX = \frac{净出口额}{贸易总额} = \frac{出口额 - 进口额}{进口额 + 出口额}$$

比值大于 0，则说明具有相对优势，其最大值等于 1。在 $1 \geqslant RNX > 0$ 范围内，比值越大说明相对优势程度越高。

应用以上两项指标都可以来衡量产品的优势程度，可以从定量上帮助我们选择区域发展的重点，研究区域分工的趋势。

地域分工理论，强调一个"分"，由此必然导致企业和区域间的联合。"分"与"合"是相辅相成的。李斯特正是在斯密分工论的基础上，运用生产力的协同性和整体性的观点，论述了联合的重要性。分工要是没有联合，在生产上能产生的推动作用就很小。没有总体的协同性就不会产生高效率。因为在一个复杂的生产过程中，10 个人所共同生产的多于 1 个人所独自生产的绝不是 10 倍，也许是 30 倍以上；1 个人用一只手所做的工作比 1 个人用两只手所做的工作，绝不是只少一半，而是要少到无限极。不只是一个企业内部如此，任何一个生产部门，也都是只有依赖于其他一切生产部门的联合，才能得到发展。

李斯特这种把分工必须与联合结合起来，总体大于各个孤立部分简单加总的思想，对区域分工与联合也是适用的。特别是现代经济已发展为一种非常复杂的实行专业化协作的经济，各个部门、企业、地区之间，都不能没有分工，也不能没有联合。商品经济要求发展横向联合，形成统一的市场和四通八达的经济网络。横向联合，就是各区域、各领域之间的互相开放。彼此之间，以各种生产要素互相投入，你中有我，我中有你，互相服务，互相依存，协调行动，这样才能实现商品经济发展的上述要求。从客观上看，单个地区、单个企业总是各有所长、各有所短的，而且各自长短的具体表现又不相同，如果各干各的，互相分割，各自的长处就容易被自己的短处所抵消。一经联合，扬长避短，互相补充，情况就会改观，就可形成一种新优势，比较全面的综合优势。使先进地区、企业得到发展的机会，后进地区、企业得到提高的机会，这对联合的各方，对整个社会都很有利，宏观效益和微观效益都比较明显。这也是商品经济和现代化大生产条件下区域经济发展的客观要求。

多年来，在我国，由于商品经济、地域分工的观念极其淡薄，而产品经济论、自然经济论却占统治地位，对现代区域经济运动的一般规律缺乏认识，在区域发展中，各区域都追求自我服务，自我循环，自成体系，既不注意保持和发扬各个区域固有的特色和优势，又忽视扩展、加深一个区域系统与外部区域系统交往的广度和深度，这是我国地域分工、区域联合开展不起来的理论认识根源。在经济管理体制、计划体制上，习惯于按行政区划，用行政手段来管理经济、编制计划。每个省、区、市，作为一级行政单位，有其明确的地理界限，有特定的管辖范围，它不能超越自己行政区域的范围，去规划设计其外部各类区域的经济活动。但现代区域的经济活动内容极其复杂，国内外各种联系非常广泛，有些经济活动，固然可以在一省一市管辖范围内统筹安排，就可以取得"最小成本结合"，但更多的经济活动，必须在一省一市管辖范围以外组织分工协作，才能将各种生产要素、各个生产环节，进行更合理的调度、组合、协调，更充分发挥区内外各种因素的独特作用，并产生一种超越于各单个区域的强大合力，推动各区域经济系统的协调发展。但由于僵硬的行政区域管理系统，人为地把经济活动束缚在按行政隶属关系的条块之中，造成条块分割，互不配合，物资、技术、资金、信息等各种流通渠道不畅，使区域分工缺乏必要的条件和保证，这是区域分工、区域联合开展不起来的组织根源。改革开放，就是要破除产品经济论、自然经济论的观念，冲破条块分割的管理体制，按照商品经济和现代化大生产发展的客观要求，正确运用相互依赖、地域分工的理论，来组织区域经济和全国经济活动。因此，加深对相互依赖理论、地域分工理论的认识、研究，变革不适应于区域经济发展的思想观念，就有其重要的现实意义。

载《经济理论与经济管理》1987 年第 1 期

区域发展战略中的两个重要问题

最近几年来，我国区域经济的研究，进展较快，地区发展战略，区域国土规划、地区经济布局等问题，越来越引起有关决策部门和社会经济学家的重视，这是我国经济工作、计划工作和经济科学的一大进步。但由于这些研究在我国起步较晚，理论基础比较薄弱，方法也不够完善，迫切需要吸取国外空间科学、发展经济学的有关科研成果，并根据我国的实际，加以改进和发展，促进我国区域经济研究的深化。本文只就区域发展战略和区域国土规划都涉及的两个重要问题，借助国外的相关理论方法，做些初步剖析。

一、区域发展阶段分析

正确认识经济发展所处阶段，有利于明确前进的出发点和面临的任务，便于针对主要问题制定相应对策，促进区域国土开发和区域经济持续稳定的发展。

区域经济发展阶段如何划分？

罗斯托的经济成长论，提出了历史发展的直线模式，认为一个国家、地区，都需要经历六个经济成长阶段：

（1）传统社会。没有现代科学技术，生产力水平很低，75%以上的人口从事农业，在社会组织中起主导作用的是家族和民族。

（2）为起飞创造前提的阶段。这是从传统社会向起飞阶段转变的过渡社会。

（3）起飞阶段。工业革命伴随着社会生产方式的急剧变革，生产力飞跃发展，增长成为正常现象。

（4）向成熟推进阶段。现代技术广泛应用于各个经济领域，经济发展虽然有波动，但相对稳定。

（5）高额群众消费阶段。工业高度发达，生活方式现代化，高档耐用消费品在广大群众中推广普及。

（6）追求生活质量阶段。群众追求时尚与个性，消费欲望呈现出多样性和多变性。以服务业为代表的提高居民生活质量的有关部门成为主导部门。

西方普遍认为，这是对国家、区域经济发展阶段的典型划分。其基本思路主要是根据"资本积累水平"和"主导产业的变动"而来。认为在起飞前提阶段，积累水平在5%左右，起飞阶段提高到10%以上，成熟阶段则稳定在10%~20%。随着发展阶段的不同，经济的主导部门也相应转换：起飞前提阶段的主导部门体系，主要是食品、饮料、烟草、水泥等工业部门；起飞阶段是非耐用消费品的生产部门，如纺织；向成熟推进阶段是重工业和其他制造业；高额群众消费阶段和追求生活质量阶段则分别为耐用消费品工业部门和服务业部门，包括教育、环境卫生、住宅建设、文化娱乐等。

发展阶段的这种划分，在一定程度上反映了发达资本主义国家经济发展的历史轨迹，但经济的发展历史并不一定都表现为这种直线模式。各国、各地区发展的初始条件、社会文化特征不同，经济发展模式，特别是主导部门的选择、发展政策目标的制定，必然表现出种种差异。由于经济发展不平衡规律的作用，即使是处在罗斯托所讲的某个发展阶段的国家，其各个区域所处的发展阶段也会有明显差异。发达国家、发达地区的今天，并不一定就是不发达国家、不发达地区的明天或后天。现实生活说明，世界和区域经济发展具有多元化格局。如按照积累水平和主导部门的变化，我国早已进入向成熟推进阶段。如果说过去多年来我国的发展政策偏离了典型的发展阶段模式，是不正常的。但经过近几年的大力调整，我国和大多数地区的积累水平，也保持在上述成熟阶段的水平。1984年，我国湖南省积累水平最低，也在12%以上；青海是我国最落后的省区之一，其积累水平却超过了40%。就主导部门而论，我国许多落后地区主导部门体系已转向重工业。世界石油输出国家，其主导部门体系的转换同上述发展阶段的划分也极不一致。

日本有的学者（如井村干男等），参照国内外学者的划分，提出按基本条件（或称"形态"）与工业化进展程度、贸易结构变化相结合的思路，来划分发展阶段。

在基本条件中，认为决定因素是自然资源和人力资源，分别用"自然资源贡献度"和"人力资源规模"作为判断指标。

$$自然资源贡献度 = \frac{农业产值 + 矿业产值}{人口数}$$

此值在300美元以上为资源大国，100~300美元为资源中等国，100美元以下为资源小国。

$$人力资源规模 = \frac{人口数 \times 平均寿命}{全世界平均寿命} \times （接受过初等教育的人口比重 + 1.39$$

接受过中等教育的人口比重 + 1.94 接受过高等教育的人口比重）

此值在 8000 万标准人口单位以上者为人力资源大国，2000 万~8000 万人为人力资源中等国，2000 万人以下为人力资源小国。

式中，1.39 和 1.94 为调整人力资源数量的系数，表示接受过初等教育的劳动力的工资为 1 时，接受过中等教育、高等教育的劳动力的工资分别为 1.39 和 1.94。

$$工业化进展程度 = \frac{制造工业产值}{国内生产总值}$$

假定：比值在 10% 以下，为工业化的第一阶段；10%~17%，为工业化的第二阶段；17%~23%，为工业化的第三阶段；23% 以上，为工业化的第四阶段。

反映贸易结构变化的指标是：

当 $\frac{农业产值 + 轻工业产值}{初级产品进口额 + 轻工制品进口额} < 1$ 时，为工业化的第一阶段，与此相对应的是制造工业在国内生产总值中的比重在 10% 以下；

$\frac{农业产值 + 轻工业产值}{初级产品进口额 + 轻工制口进口额} > 1$，而 $\frac{初级产品出口额 + 轻工制品出口额}{初级产品进口额 + 轻工制口进口额}$ < 1，为工业化的第二阶段。

与此相对应，制造工业比重在 10%~17%，$\frac{初级产品出口额 + 轻工制品出口额}{初级产品进口额 + 轻工制口进口额}$ > 1，$\frac{重工业产值}{重工制品进口额} < 1$，为工业化的第三阶段。

与此相对应，制造工业比重在 17%~23%；

$\frac{重工业产值}{重工制品进口额} > 1$，或 $\frac{重工制品出口额}{重工制品进口额} > 1$，

为工业化的第四阶段。与此对应，制造工业比重在 23% 以上。

根据上述指标，把发展中国家（或地区）划分为五类。不同类型国家、地区，应相应地采取不同的发展战略。

第一类，资源大国型。自然资源和人力资源都丰富。应以丰富的自然资源、人力资源和巨大的国内市场为基础，促进农、轻、重工业平衡发展，为此要努力提高国内资本积累水平。

第二类，自然资源大国型。劳动力少而自然资源特别是矿产资源丰富。应首先利用其丰富的自然资源，发展重工业，出口原材料。但必须注意逐步摆脱

单纯出口原材料的状态。

第三类，资源中等国型。经济发展程度较高，应首先迅速发展劳动密集型轻工业，随后再逐步发展其他工业。

第四类，资源小国型。自然资源和人力资源都比较稀少。应首先发展面向出口型的轻工业，随着工业化的发展，发展重点逐步转向重工业，然后转向高技术、高增值产业。

第五类，石油输出型。初级产品特别是石油输出比重很高，外汇收入几乎全靠石油出口。由于石油收入多，人均国民生产总值也较高，但产业结构很单一，其轻、重工业的出口对进口的比例都停留在很低的水平上，贸易依赖程度（即进出口额占国民生产总值的比重）低。石油价格的不稳定对经济增长的影响很大。应有效地利用石油收入，去开发、利用国内的人力资源和其他自然资源，来推动工业化的进程。

上述划分，把发展条件、发展特点与发展阶段及今后的发展战略结合起来。其着眼点主要是划分发展中国家（或地区）的类型，对我们划分区域类型是有参考价值的。但没有明确反映出不同类型发展中国家（或地区）现在正处于什么发展阶段，又分别要向哪个发展阶段发展。

对发达与不发达的划分，或衡量国家、地区的发展程度，是分析发展阶段的基本环节。在这方面，不同国家选用的划分指标也有差异。

美国，主要根据下述指标把全国划分为三类地区：

（1）相对繁荣地区（或发达地区）。其标志是，工业化程度较高，有较高的增长速度；就业比较充分（或高就业率，或就业率上升）；地方财政收入增加，人均收入水平高于全国平均值较多。

（2）衰退地区（或萧条地区）。其标志是：历史上已经工业化，但以后生产增长速度多年来越来越不正常，停滞占主导地位；失业率高，成为慢性病；劳动力或资本严重外流；地方财政枯竭；经济自我调整能力低。

（3）不发达地区。其标志是：处于发展道路的起点，跟不上其他地区发展的步伐，其发展机会也比其他地区少；高失业率，低收入，住房、卫生、文教设施水平低；缺乏有竞争能力的优势产业，总产出增长速度低。

意大利，主要用以下四项指标来划分发达地区与不发达地区：

（1）劳动人口占总人口的比重。

（2）失业率。

（3）人口外流规模。

（4）人均社会开支总额。在西方发达国家，由于失业问题尖锐，高失业率伴随着低收入和人口大量外流。改善这种状况，是区域开发政策，特别是"有问题地区"开发政策的主要目标，因而在衡量区域发展程度时，多强调就业率和人口区际流动这类指标。

我国国情不同。从全国看，就业率高，而且在发展水平高低差别明显的地区之间，就业率的差异很小。由于种种原因，我国人口的区际流动数量有限，流动的方向，也不一定是由落后地区向发达地区流动，相反，由发达地区（一般也是人口密度较大的地区）向落后地区（一般也是人口密度较小的地区）的流动都比较重要。因此，用这类指标来衡量区域发展程度，在我国实际意义不大。

1985 年世界银行报告书，用人均国民生产总值（换算为美元）作为划分发达与不发达的依据。在我国也曾有人主张以人均国民生产总值或人均工、农业产值为依据，来判断区域发展程度。以 1981 年为例，人均工、农业产值在 1000 元以上者划为发达地区；600~1000 元划为中等发达地区；600 元以下者划为不发达地区。据此，把沪、京、津、冀、辽、苏、黑等 7 个省市划为发达地区；吉、浙、鲁、晋、鄂、粤等 6 个省划为中等发达地区；新、湘、闽、陕、蒙、甘、青、宁、赣、豫、皖、川、桂、云、藏、贵 16 个省区划为不发达地区。

我们认为，作为反映一国、一地区经济发展的一项指标，人均国民生产总值或人均工、农业产值在某种程度上可以反映国家、地区经济发展程度，但单用人均值这项指标，而完全不考虑经济的总规模，不考虑产业结构、产品结构的特点，也会产生判断上的失误。如许多石油输出国家、地区，尽管其人均产值很高，有些甚至高出世界上一些经济大国，但就其经济总规模、社会基础结构、产业结构来看，无论如何也不能说这类国家、地区经济发展程度很高或已进入经济成熟阶段或更高的发展阶段。在我国，仅根据人均工、农业产值，把湘、闽、陕、川、豫等省与青、藏等省区并列为不发达地区，也显然反映不出各省区所处的实际发展阶段。

参照国内外各种划分的依据，我们认为，单以某一项指标为依据，很难从总体上判断一国、一地区发展程度及其所处的经济发展阶段。区域经济发展程度及其所处的发展阶段，既是一个相对的、动态的概念，是可变的，但同时又是一个渐进的过程。发达与不发达的形成，是诸种主、客观因素在动态组合中逐渐演变的结果。尽管随着技术加速律的作用和技术空间推移速度的加快，区域间的发展程度及其所处经济发展阶段的变化可以相对加快，但这种变化，一般还需要有一个过程，要经过一定时间，因而发达与不发达及其所处经济发展阶段的划分，又具有一定的稳定性和质的规定性。因此在划分上要综合考虑多种因素及区域发展过程中的主要方面的状况，要能反映出发达与不发达及其所处发展阶段的质的特征。笔者主张用以下指标来做划分：

（1）工业化程度。

（2）经济总规模和相对规模（如人均产值及经济密度等）。

（3）区域经济结构与经济机制的自我调整能力（结构变动导向及投入产出的增长率）。

（4）城市化水平及城镇体系发育程度。

（5）居民文化技术素质、就业率与就业结构、社会劳动生产率。

（6）地方财政收支状况。

（7）人均收入水平、非食品支出占生活消费总支出的比重。

（8）对外联系的广度和深度，输入输出结构。

这里既重视总水平和人均水平，也特别注意经济、社会结构及区域经济机制运行效益。

根据专家意见和统计资料，将上述指标数值分别加权，求出加权平均总分，可以从总体上判断区域经济发展程度，进而判断其所处的发展阶段。不同发展阶段，社会组织、调度、运用诸因素的方式及其后果有质的差异，据此也就能比较容易、比较科学地制定今后的发展战略，规划出比较符合客观实际的发展蓝图。既有利于防止脱离实际盲目追求"超越"发展，又有利于克服因循守旧、缺乏开拓进取精神的滞后状态。因此，在地区发展战略和区域国土规划中，在分析了区域资源之后，应进一步对区域的发展程度及其所处发展阶段进行综合分析。

二、总目标与目标体系的设置

由于对发展的范畴理解不一，研究规划发展的政治经济背景不同，各个国家和地区发展总目标的确定与目标指标体系的设置也就各有差异。长期以来，对发展有两种明显不同的理解：一种是西方的传统观点，认为发展就是经济的增长。经济增长不但是发达国家和地区发展的主要目标，也是发展中国家和地区发展的主要目标。另一种观点则强调，发展应以社会—人的发展为中心，经济增长只是一种手段，目标是社会的进步，包括消除贫困、失业和不平等。经济增长和发展是两个不同的概念。有的人更认为，经济增长目标只适用于发达国家、地区，社会发展目标则适用于发展中国家、地区。由于对发展目标的理解不同，目标指标的项目和结构也就不同。我们认为，从（一个国家、地区）社会这个大系统看，不应当把这两种理解截然分开和对立起来。不管是发达国家、地区，还是发展中国家、地区，都应当以经济、社会、科技的协调发展为发展的总目标。经济增长不一定等于发展，经济进步也不一定等于社会——人的进步。经济增长了，并不意味着全体社会成员经济条件和社会政治状况的改善。但社会进步，在任何情况下，又都离不开经济增长。没有经济的增长，就不可能有社会——人的进步。因此，确切的表述应该是，以人的发展为主体，经济增长为核心，求得社会在总体上的协调健康发展。目标指标体系的设置应体现这个总目标。这项目标指标体系，由以下三组指标构成：

第一组，经济增长的目标指标。

1968 年，联合国的"国民经济核算体系（SNA）"规定，综合反映一个国家、地区的经济活动有相互联系的四项指标，即国民生产总值（GNP，指一定时期国民经济各项生产、服务活动所形成的物质产品和提供劳务总额中，扣除原材料等中间产品的消耗以后的数值）；国民生产净值（NNP，指国民生产总值中扣除厂房、机器设备、房屋及其他经济活动所用设备的折旧以后的数值）；国民所得（NI，指国民净产值中扣除各种间接税，再加上补助金以后的数值）；国民总支出（GNE，指国民生产总值在各领域中使用情况的数值，它与国民生产总值是一致的）。其中国民生产总值是核心指标。它可以从总体上判断一个国家、地区经济社会发展的水平，以其发展速度作为反映经济增长的综合性目标指标是有用的。但其局限性是在计算范围上，把明显属于上层建筑的政府机关、法院、军队、警察的活动以及如赌场、跑马场、妓院等反映西方生活腐朽性的行业，也都计入国民生产总值中；对同属家务劳动的女佣的工资计入国民生产总值，而家庭主妇的家务劳动却又不计入。由于国民生产总值只计算了通过市场交换的产品和提供的劳务，同一国家、地区在市场交换比重不同的阶段，计入的项目多少不同，因而不能如实反映国民生产总值增长速度的实际。进行国际比较时，国民生产总值都要换算成统一货币单位。由于汇率的变动，加上各国、各地区价格水平的不同，也直接影响到不同国家、地区国民生产总值的实际水平。因此，在把国民生产总值的增长速度作为经济增长的目标指标时，至少在计算范围上要做些调整。

我国和苏东欧的物质产品平衡体系（MPS）中，反映经济增长的指标采用了社会总产值（指工业、农业、建筑、交通邮电、商业五个物质生产部门的总产值之和）、国民收入（指社会总产值 C + V + M 中，扣除非移价值 C 以后的数值）和工农业总产值三项指标。前两项指标，可以考察、评价社会物质生产的规模、水平，但不能概括整个经济社会的发展水平和人民生活水平的全貌；后一项指标，可以考察、评价社会生产力最基本的工农业生产的规模、水平，但由于计算范围更狭窄，而且计算方法又不完善，不能概括整个经济的发展水平。

上述各指标，各有其不同的作用，也各有其局限性，所以不能互相代替、互相融合，可以同时并存。

考虑到各国、各地区人口数量的多少和国土规模的大小相差悬殊，为了更准确地反映经济增长，应列入上述各总量指标的人均值和分布密度的指标。为了简化一些，反映经济增长目标，可选用以下几项指标：

（1）国民生产总值的增长速度和人均值的增长速度、国民生产总值密度。

（2）社会总产值增长速度和人均值增长速度。

（3）国民收入增长速度和人均值增长速度。

（4）工农业总产值增长速度和人均值增长速度、工农业总产值密度。

上述的总量指标中，经过调整后的国民生产总值和国民收入两项指标的增长，作为反映经济总量的增长的目标指标是比较合适的。

第二组，社会进步的目标指标。

这方面，国外采用的指标很多，可分为五大项：

（1）物质生活水平提高的目标指标，包括：

吃——人均每天摄取的热量（卡）；人均每天的蛋白质消费量（克）。

穿——纤维人均年消费量（公斤/人/年）。

住——人均居住面积（平方米）。

行——小汽车普及率或千人自行车拥有量。

用——每年人均能耗（公斤标准煤），耐用消费品的普及率或千人拥有量。

卫生保健——自来水普及率（%），每个医生负担的居民数，每张病床负担的居民数。

（2）文化生活水平提高的目标指标，包括：

教育——中小学在学率（%），成人识字率（%），高校学生在校率（%）或占全国人数的比率（%）。

文化——收音机、电视机、电话的普及率（%）或千人拥有量，千人拥有报纸数，千人拥有书籍册数。

（3）科技进步的目标指标，包括：

固定资产装备率（%），人均科研经费，万人中科研人员数，百万人计算机安装数，科技成果商品率及其利用率（%），产品、设备更新系数。

（4）社会差别缩小的目标指标，包括：

大城市与中小城市物质、文化生活上的比较，城乡物质、文化生活比较，体力、脑力劳动者物质、文化生活比较，发达地区、不发达地区人均收入水平比较。

（5）综合性指标。包括：

婴儿死亡率（%），65岁以上老人率（%），死亡率（%），平均寿命或平均期望寿命（岁）。

第三组，生态环境改善的目标指标。

森林覆盖率（%），人均森林面积（亩），城镇人均园林绿化面积（平方米），水土流失控制面积（平方公里），区域环境质量（包括三废治理目标指标）。

为了进行综合，国内外提出了一些综合方法，其中有代表性的有：

（1）生活质量指数（PQLI）法。由婴儿死亡率、平均期望寿命、成人识字率三项指标综合而成，用以反映国家、地区人民的收入、营养、卫生保健、环境和居民教育等方面的总水平。这项指标值，从0~100，数值越大，说明生活质量越高。但此指标只反映了生活水平提高的目标，反映不出经济增长的目标指标。

（2）ASHA指标法。

其计算公式是：

$$ASHA = \frac{\text{就业率} \times \text{识字率} \times \text{平均寿命} \times \text{人均国民生产总值}}{\text{出生率} \times \text{婴儿死亡率}}$$

以此值2023作为典型目标。这项指标兼顾了经济增长和生活质量的提高。

（3）经济社会综合目标指数法。

第一步，分列各项目目标指数值：

（1）生产指数，包括社会总产值、国民收入、工农业总产值、劳动生产率。

（2）生活指数，包括人均收入水平、人均消费水平、消费结构、识字率或文盲率、人口自然增长率。

（3）生态指数，包括森林覆盖率、人均森林面积、水土流失控制面积、环境质量。

第二步，运用统计学上的加权平均数公式，即

$$X = \frac{X_1 f_1 + X_2 f_2 + X_3 f_3 + \cdots\cdots}{f_1 + f_2 + f_3 + \cdots\cdots} = \frac{\sum Xf}{\sum f}$$

X 代表综合指数，$\sum$ 代表总和，X_n 代表分指数，f 代表权数。

具体计算方法，分为三个层次：

（1）生产指数、生活指数、生态指数加权平均得综合指数。

（2）生产指数、生活指数、生态指数由各指标组内的各要素加权平均而得。

（3）各要素指数，为规划目标数值与分别计算能达到的数值之比而得出的相对数。

现代区域发展，往往是多目标的，其中主要的，一般包括经济增长、增加就业、公平分配、基本需要的满足、生态环境的改善等。这些目标之间，有相辅相成、相互促进的一面，也有矛盾的一面，后者就是目标冲突。其主要表现是：

（1）经济增长与增加就业。一般来说，经济增长速度高，可以增加就业，提高居民生活水平。但如果为了奠定工业化的基础，要优先发展重工业，由于重工业多是资金密集型工业，有机构成高，投资大，需要提高投资率，就会制约就业的增加；反之，快速增加就业，劳动力多了，每个劳动力平均固定资产就会减少，劳动力生产率相对降低，从而影响经济增长。

（2）经济增长与收入分配。衡量收入分配是否公平，西方常用基尼系数。

如果 50% 人口的收入占总收入的 50%，30% 人口的收入占总收入的 30%，就形成一条 45° 的直线，此线表示收入分配的绝对平均。如果 50% 人口的收入只占总收入的 20%，30% 的人口的收入只占总收入的 10%，就形成一条曲线。假定直线与曲线间的面积为 B，直线右三角区面积为 A，则 B/A=基尼系数。此数越大，说明收入分配越不公平。

经济增长与收入分配的关系，一般来说，经济快速增长，国民收入增加，就有可能改善各类劳动者的收入状况。但增长的好处并不是平均分摊到各类劳动者身上。如果发展目标偏于公平分配，就难做到多劳多得，从而挫伤劳动者的积极性，降低社会劳动生产率，影响总体增长速度。反之，要调动劳动者的积极性，提高社会劳动生产率，就要拉大收入的差距，与公平目标发生矛盾。

（3）经济增长与满足基本需要。经济增长有利于满足基本需要。但如果国民收入用于满足基本需要的比重过大，就要降低积累率，影响下一段经济增长

速度。反之，不恰当地提高积累率，就会使基本需要满足的程度降低，人们从增长中得不到什么实惠。

（4）经济增长与生态环境。在经济高速增长中，有可能改善生态环境，提高环境整治能力。但也可能破坏生态环境，降低区域环境质量。

各种发展目标的实现，都需要有一定的投入做保证。在一定时期内总收入既定的情况下，为实现这个目标的投入比重过大，实现其他目标的投入比重就会偏低，这是目标冲突产生的基本原因。所以目标冲突实质上就是总投入分配或社会总资源分配上的矛盾。要协调目标冲突，一般来说，在总投入的分配上有两种选择：一是"替代选择"，即在多目标中，决定选择某一目标，而放弃其他目标，以便集中资源，保证这一目标的实现；二是"延岩选择"，即不是在多目标中做一取舍，而是确定何者优先。

优先目标的选择原则是：

（1）对总目标实现的直接贡献的大小。一般来说，对总目标实现直接贡献最大，应优先考虑。

（2）一个目标对其他目标作用力的强度。这种作用力又表现为两个方面：一方面，由于此目标的实施，对其他目标产生较大压力，迫使其他目标要尽快实施；另一方面，此目标的实施，有利于其他目标的相继实施。

（3）实现总目标的总投入最小或社会总收益率最大。

假定 A、B、C、D 四个目标，实施的顺序不同，总投入大小不同。

如果 A→B，B→C，C→D，各需 10 个单位的投入；A→C 需 12 个单位的投入，A→D 需 25 个单位的投入；由于 C、D 的实施，B→C，C→D 都只需 5 个单位的投入。

如图 1 所示。

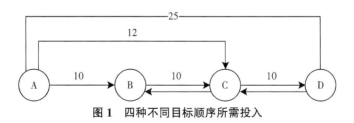

图 1　四种不同目标顺序所需投入

则四种不同的目标顺序，需要四种不同的总投入：

（1）A $\xrightarrow{10}$ B $\xrightarrow{10}$ C $\xrightarrow{10}$ D，30 个单位（10＋10＋10）。

（2）A $\xrightarrow{12}$ C $\xrightarrow{5}$ B $\xrightarrow{12}$ D，29 个单位（12＋5＋12）。

（3）$A \xrightarrow{10} B \xrightarrow{12} D \xrightarrow{5} C$，27 个单位（10＋12＋5）。

（4）$A \xrightarrow{25} D \xrightarrow{5} C \xrightarrow{5} B$，35 个单位（25＋5＋5）。

按总投入多少的顺序，在上述四个目标顺序中，A→B→D→C 这个顺序总投入最少，应选择这个目标顺序。

但这只是从总投入角度讲的。如果这个目标顺序的总所得也是最大的，那么肯定要选择这个目标顺序。但总投入最少的目标顺序，不一定就是总所得最大的目标顺序。为简化起见，假定有 A、B 两个目标，所需投入大致相等，但其所得不等。设 A 目标所得与所费之比为 10%，B 为 8%，当时通行的利率为 9%，按报酬率看，A 目标应优先。但如果 B 目标的实施，能为 A 目标的实施创造更大的外部经济，使 A 目标的报酬率提高到 14%，B 目标报酬率和利率都不变，从总体利益或社会总收益率看，报酬率较低的 B 目标优先反而更有利，因而 B 目标应优先。

以上是根据西方发展经济学中有关理论模式推论的，提供了解决目标顺序选择的一个思路，但难以作为决策的依据。我们认为，从我国实际出发，要协调目标冲突，从根本上讲，就是确定规划期内各个发展目标在总目标中的地位，目标有主有从，投入分配有多有少，既保证主要目标的优先，又兼顾其他目标的需要。我国还是一个发展中国家，因此从总体上看，经济增长仍是发展目标中的主要目标，在经济增长的基础上促进其他目标的现实。但在不同地区，情况很不相同，主要目标的选择及主要目标与其他目标关系的安排应有差别。如在发达地区，特别是其中的大城市，技术进步、社会进步的目标，就比一般的经济增长更加重要；在贫困地区，就需要更多地重视脱贫致富，尽快在开发中解决人民的温饱问题；生态问题突出的地区，就要更多地注意遏制生态恶化的趋势，改善生态环境。与此同时，也要针对目标冲突产生的具体原因与表现，采取有效措施来加以协调。如经济增长与增加就业的矛盾，需要坚持控制人口，使人口劳动力的增长速度大致与经济增长带来就业机会增加的幅度相适应；开发劳动力资源，发展劳动密集型产业，增加就业岗位；向生产的广度、深度进军，吸收消化农业剩余劳动力；加强对职工的培训，提高职业转换能力。解决经济增长与满足基本需要的矛盾，关键是确定积累与消费的比例、生产性投资与非生产性投资的比例，大力提高投资效益。解决经济增长与生态环境的矛盾，要着眼于生态环境动态的高效益的平衡。积极开展资源的综合利用，对综合利用采取优惠政策，尽可能把"三废"消灭在生产过程之中；建立和健全综合性环境质量标准指标体系（规定植被覆盖率、水土流失率、污染物质在区域环境中的最高浓度、生活区的卫生标准等指标），加强环境监测，掌握国土环境的动态情况及发展趋势，逐步形成全国环境监测网络；完善环境立法，依法办事。对人为活动造成的环境破坏和污染，必须按"谁破坏，谁治理"的原则，责成有关单位承担治理责任。污染型的重大建设项目，要把区域环境预评价列为项目论证的主要内容之一。重大采掘项目的建设，必须把"复土还用"作为矿区总体规划的组成部分。项目建设期间治理工程的投资要列入项目的总投资，项目投产后要从生产费用中提取规定的资金建立治理基金，更新改造资金，生产发展资金也应拿出一定比例用于环境治理。资源开发凡属下列情况之一者，视其轻重程度，分别限制、禁止开发或采取相应的防治措施后才允许开发：可能造成土地沙化、盐碱化、水土严重流失的；可能导致森林、草场、湖泊面积和航道里程减少的；可能引起风、沙、水害和泥石流等自然灾害的；将严重影响环境、直接危害人民安全与健康的；将严重影响珍稀动、植物繁衍和导致自然保护区、名胜风景区遭受破坏的；在目前科技条件下难以合理利用的重要资源。要合理布局工业，既要防止过分集中，超过区域环境容量；又要防止过分分散，造成面的污染。

目标冲突是客观存在的。规划就是要正视矛盾，积极协调，而不能把各个目标割裂开来绝对对立起来，保一个而扔掉其他。在一些生态环境脆弱、经济落后而资源开发潜力巨大、开发利用治理保护的关系异常复杂的地区，尤其要统筹兼顾，全面安排，合理布局，审慎地协调好目标冲突。

载《经济与社会发展》1988 年第 2 期

区域开发理论模式研究

区域开发理论模式繁多，应用较广的是增长极理论、点轴开发理论和区域生产综合体理论。这些理论模式，在现代区域开发和经济布局中各有其理论意义和实践意义，也各有其局限性和一定的适用范围，将它们进行比较研究，综合运用，用其长而补其短，既是理论发展的需要，也是实践的需要。本文正是沿着这个思路，侧重于阐述运用这些理论模式于实践中需要进一步研究的问题。

一、增长极理论

增长极理论的出发点是经济增长的不平衡性。一个区域的开发，只有经济增长的总量指标是不够的，还必须把国民经济按地理单元分解为产业、行业和工程项目。在区域发展过程中，增长不是在区内每个行业都以同样的速度增长的，而是在不同时期，增长的势头往往相对集中于主导部门和创新企业，然后波及其他部门、企业；从空间上看，这类部门、企业，也不是同时在各个地方都发展，一般集中在某些城镇中心首先发展起来，然后向外围扩散。这种集中了主导部门和创新企业的工业中心，就是区域发展的增长极。

在区域开发和区域经济运行中，增长极具有两种效应：第一种是极化效应。即在极点上，由于主导部门和创新企业的建设，首先对周围地区产生了一定的吸引力和向心力，周围地区的劳动力、农副产品、原材料等资源，被吸引到极点上来；随之对外区、外省也可能产生一定的吸引力，外区、外省的资金、人才、技术、产品以致某些建设项目，也被吸引到极点上来。这两种吸引，形成大量的外部投入，从而使极点的经济实力、人口规模迅速扩大。这个过程就是极化效应。极化效应可以产生下述作用：一是形成极点的自我发展能力，不断积累有利因素，为自己的进一步发展创造条件；二是产生巨大的规模经济效益，从而增强极点的竞争能力；三是乘数效应强化了极点的极化效应。因此，极化效应是增长极形成的首要标志。但极化效应并不是无限的。在极化过程中，同时存在着两方面的制约因素：一是从企业内部来看，规模经济效益随着生产要素的不断投入，受"收益递减"规律的作用，企业的边际效益在达到最高点以后开始下降，从而抑制了资本继续投入的势头；二是任何一个极点，其地域范围总是有限的，即极点的空间容量、环境容量和经济容量都是有限的，极化到一定程度以后，进一步极化就会导致"城市病"的滋生，如环境污染、高失业率、住房紧张、交通拥挤等。这些"城市病"将损害早期的外部经济，以致转化为外部不经济。这两方面的制约因素，会削弱增长极的极化效应，使扩散效应逐渐成为区域经济的首要问题。

第二种是扩散效应，即增长极通过其产品、资本、人才、信息的活动，把经济动力与创新成果传导到广大的腹地，促进腹地经济的成长。扩散效应也是有条件的。从供需关系角度看，扩散地区与接受扩散地区之间的相互作用，需要有一个前提条件，即它们之中的一个有某种或某些东西可以提供，而另一个对这种或这些东西又恰恰有需要，并有吸收能力，这时才能实现增长极与波及地区间的作用过程，这种关系即互补性。正是这种互补性，构成了空间交互作用的基础。交互作用的双方，增长极一方是矛盾的主要方面。

极化效应和扩散效应，从理论上讲，是相辅相成的。前者主要表现为生产要素向极点的集聚，后者主要表现为极点生产要素向外围的转移，二者都可以从不同的侧面，带动整个区域经济的发展。但在不同的发展阶段上，这两种效应的强度是不同的：一般来说，在增长极发展的初期阶段，极化效应是主要的；当增长极发展到一定规模以后，极化效应削弱，扩散效应加强；再进一步发展，扩散效应逐渐占主导地位，尽管增长极可以通过其生产要素的重新组合，产生新的极化效应，但由于总体规模的局限，这时的极化效应相对其扩散效应来讲，难以继续占主导地位。这是增长极发展的一般趋势。增长极建设的根本目的，不仅仅是极点本身的发展，能量的积累，更重要的是极点能量的释放，带动其外围地区的经济增长。

增长极理论是在发达国家的条件下，为了寻求经济的增长而提出的一种理论模式，在发展中国家也得到广泛应用，成为区域开发的基础模式之一。但它应用于发展中国家时，也产生了一些新的矛盾，常常不能达到理论本身所预期的目标，即逐步暴露出它的局限性，因此不能照搬，而必须结合发展中国家的实际，注入新的内容。

第一，关于增长极的目标模式。增长极理论原来的目标模式是追求经济增长。但经济增长并不等同于经济发展。经济增长是指在一定时期内国民生产总值或人均国民生产总值总量的扩大，而经济发展的含义则广泛得多，它是指随着经济增长而同时出现的经济结构、社会结构以致政治结构、观念形态的变化。对发展中国家来说，经济发展意味着贫困、失业和收入不均三大状况的改善。发展中国家当务之急是实现经济发展，而不仅仅是经济增长。但实际上通过增长极的建设，往往是有增长而无发展，贫困、失业和收入不均问题未能解决，甚至还有所加剧。因此，虽然可以沿用"增长极"这个概念，但更确切的应当是"发展极"。发展极的任务比增长极的任务更复杂，既要把先进的物质生产要素向外围地区扩散，还要把商品经济观念和现代化的组织结构、生活方式，扩散到外围地区。

第二，关于增长极的职能。增长极理论认为增长极最主要的职能是第二产业，核心是建立规模巨大的现代化工业企业或工业综合体。从发展中国家的实践看，把增长极等同于工业综合体或工业化，这是不全面的。工业发展的确可以促进区域经济的增长，但工业增长仅仅是增长极的主要职能之一，而不是其职能的全部。在多种情况下，增长极要同时具备三种职能：一是作为服务中心，既满足区域的基本需要，也满足区域的特殊需要。二是作为创新和发展的促进中心。为此，除要具备满足区域以至于全国最终产品需求的某些加工制造业，还应当有吸收区域农村剩余劳动力的能力。增长极的规模，也不一定都是大型、超大型的现代化工业企业或工业综合体。在市场狭小的情况下，孤立发展大工业企业，很容易形成产品的有效需求不足；在劳动力资源丰富而资本严重短缺时，增长极也不只是发展资金、技术密集型企业，而应同时鼓励某些劳动密集型产业的发展。在这样的经济社会条件下，建设多个中等规模、采用适用技术的企业，比只建设个别大型的资金技术密集型企业更有效率，更容易促进增长极的形成。三是作为社会交往中心、信息中心。为此，要有能满足实现社会职能的服务设施，第三产业是各级、各类增长极所必不可少的。

第三，增长极体系的建设。在发展中国家，在工业化初期，由于城市化的总体水平很低，农业人口比重过大，城市覆盖度小，形不成城市体系，严重限制了增长极的扩散效应，增长极也就难以发挥带动区域发展的作用。因此，增长极的建设，不能只发展某一类型的单个的增长极，不宜盲目追求增长极的大型化，而应当重视增长极体系的建设，特别要注意在落后地区培植县一级、地区一级的增长点、增长中心。不同层次、不同类型的增长极，规模与经济实力不等，职能不一，服务面的大小也不同，但空间分布相对广泛，彼此之间有一定的分工，它们都是一定地域范围内社会经济活动的集聚点，并分别将其积累的能量向各自的吸引范围辐射，逐步形成城市经济网络和区域经济网络，这样才能有效地发挥增长极的扩散效应。

第四，在个别增长极的发展过程中，要重视增长极区域基础的加强。在许多发展中国家，按增长极理论模式建设增长极时，一个比较普遍的倾向是，极点上的工业化与周围农村的农业发展相脱节，少数增长极孤立发展，同农村的联系很薄弱，形成区域经济的二重结构，要打破这种不合理的空间格局，关键是强化工、农业的互补性和关联性，互换优势，互补劣势，创造一个增长极与区域经济的和谐关系。

第五，极化效应与扩散效应的统一。这是增长极发展的理想状态，但这不是一个自发的过程。在发展中国家和新开发地区，通常表现出来的是极化效应远大于扩散效应。扩散效应之不足，除外部环境外，也同增长极本身产业结构的转换能力有关。要使增长极长期稳定地发挥其两种效应，必须及时调整其产业结构，率先走向"高度化"。在这方面，比较成功的一个例子是日本以东京都为核心的大经济区。这个大经济区包含四个层次的小经济区：一是东京、大阪、名古屋三大城市，即这个大经济区的三大增长极；二是三大城市周围地区，它们与三大城市融为一体，成为三大城市圈；三是三大城市圈周围地区；四是其他地方圈。第二次世界大战后40多年来，这个大经济区的发展过程，就是一个增长极极化效应不断强化和扩散效应不断扩展的统一过程。最初，三大城市工业发展处于领先地位，后来逐渐放慢，现在相对落后于其他三个层次的小经济区，其工业生产占全国的比重也下降到最末位。也就是说，作为区域增长极的三大城市，以工业发展为主体的极化效应由强变弱，其工业的扩散效应，由近及远，由小到大有步骤地层层展开。与此同时，三大城市产业结构发生了根本变化，工业已不再是三大城市的唯一支柱产业，第三产业的重要性逐步赶上并超过了第二产业，其结果是工业发展速度虽然慢了，地位也相对下降了，但三种产业净产值的增长速度，反而高于全国平均水平。这样，三大城市在大经济区和全国的地位及其功能，继续得到提高和加强，始终起着"头"和"眼睛"的作用。这一点很值得我们长江三角洲地区、辽中南地区、冀东地区增长极发展参考。上海这种类似于东京都的增长极，发展到现在，正面临着经济上的战略转换，即其产业结构的战略调整，要尽快地由以传统的第二产业为主体，转向以新兴产业为主体；从单一的传统的工业基地的职能，转变为社会总产值全面增长的多种职能，而不能继续围绕传统的工业兜圈子，搞"面多加水，水多加面"，在低水平上自我循环。上海经济区的空间结构，也可考虑分为四个经济圈层：一是上海及其周围地区，组成一个大城市经济圈；二是以沪、杭、宁为中心的长江三角洲小经济区；三是长江三角洲区外围的浙东北、苏北、皖北、皖中地区，组成第三个层次的小经济区；四是浙、闽、赣、皖其他地方圈。在每个经济圈层内，各有其不同等级的增长极，各自与其腹地相互作用，在上海经济区内，组成以上海为中心的增长极体系。这种开发模式，已经不同于原来意义上的增长极开发模式，它克服了增长极原有理论的许多局限性。

二、点轴开发理论

点轴开发理论可视为增长极理论的发展。

点轴开发理论从实证出发，认为工业生产，无论是采掘工业、原材料工业，还是加工制造业，都是产生在点上、集聚在点上的，点是工业分布的最基本的形式。这种点就是点轴开发理论中的点，类似于上面所讲的增长极。点的形式，是地理位置、劳动力、资本、资源、水利、交通等群体因素的综合优势和某些偶然因素相互作用的结果。群体优势，造成"外部的经济"；偶然因素造成有利的历史机遇，从而具有最经济的工业区位。

点和点之间都不是孤立的，而是由线状的基础设施联系在一起的。这种连接各点的主要交通线，以致水源供应线、动力供应线，就是轴线。轴线的建设又可形成新的有利区位或有利的投资环境，因为轴线降低了运输费用，从而降低了产品的成本。所以新的轴线对人口、产业具有新的吸引力，吸引人口、产业向轴线两侧集聚，并产生新的城市和居民点。

在点和轴的关系中：点处于主导地位，轴线首先是为点服务的。反之，轴又对新点的形成以及老工业点的兴衰产生深刻影响。点轴融合，形成点轴系统。由于轴线是以不同等级的点为基础的，相应地就会形成不同等级的点轴系统。在总体布局中，经济的空间布局如何展开，要根据点轴层次的不同，安排点轴开发的顺序，确定重点开发轴线。首先是重点开发全国一级轴线，然后依次逐渐扩展到二级开发轴线、三级开发轴线。例如，有的主张，在20世纪内，我国一级开发轴线是两条：一条是东部沿海地带，另一条是长江干流沿线。这两大轴线相交，构成了T形布局的格局。以一级开发轴线为主干，辅之以二级开发轴线、三级开发轴线的部分开发。等到一级开发轴线开发到一定程度，二级开发轴线可以上升为下一个时期的一级开发轴线，这样全国工业布局，有次序地沿着轴线展开，就可在全国范围内，形成规模不等、经纬交织的工业地带或工业走廊。

点轴开发模式的主要优点是：可以发挥各级中心城市的作用，并带动城市的发展；可以保证工业开发所必须的基础设施；可以防止工业布局过分集中或过分分散的弊端，是指导工业布局的重要理论之一。从实践看，这种开发理论模式也有其局限性。

第一，点轴开发模式，比较适用于开发程度很低、尚未奠定布局骨架的国家与地区。我国发展到现在，布局的骨架已初步形成，特别是作为国民经济重要组成部分的乡（镇）工业占了全国工业企业单位总数的80%，占全国工业总产值的1/5以上，它们分布广泛，已呈"面"的发展。而且我国工业资源的地理分布，具有既相对集中而又相当广泛的特点，适用于集中开发和分散开发相结合。所以从全国看，点轴开发就不能体现全国生产力总体布局的趋势和大框架。从地区看，在西北、西南一些省区，采取点轴开发的模式是可以的，但在如渤海圈内、长江三角洲区内、珠江三角洲区内，在中部地带比较发达的省份，甚至在西部地带比较发达的地区，工业布局的进一步展开，也不是点轴开发所能体现的。这类地区，网络开发或地域生产综合体的开发，就更能体现其布局要求。也就是说，点轴开发模式，并不适用于各类地区。

第二，点轴开发，一级轴线的选择，一级、二级、三级轴线的划分，没有提出明确的标准和原则，带有很大的主观随意性，以点轴开发论为基础的T形布局格局的构想就引起了许多争论。许多人认为，T形布局既不能反映20世纪内我国布局展开的总趋势，如把新建项目相当密集的以山西为中心的能源重化工基地这一大块排斥在重点开发之外，更不能反映出2026年或2050年全国布局展开的大趋势。有的主张，一级开发轴线应当包括三条，即加上陇海—兰新轴线，构成π形布局；有的主张应包括四条，即再加上西江轴线，构成形布局。不管是几条，每一条轴线都很长，东西南北延伸，跨越了东、中、西、南、中、北，所经地区，同时包括发达地区、中等发达地区和不发达地区，而在一定时期内，不可能整个轴线都成为开发建设的重点。所以单用点轴开发理论，并不能确切地确定地区开发的顺序。

第三，构成现代区域空间结构，必须具备三要素：一是"节点"，即各级、各类城镇；二是"域面"，即节点的吸引范围；三是"网络"，由劳动力、商品、技术、资金、信息等流动网和交通运输网所组成。只有点，或只有点轴，是构不成现代区域空间结构的。

在总体布局和区域开发中，增长极理论、点轴开发理论，应同地域生产综合体理论结合运用。

三、地域生产综合体理论

作为一个经济范畴，地域生产综合体的含义，是指在一定的空间范围内，国民经济中具有稳定的相互联系的各种设施与劳动力资源、自然资源的总和。在统一规划的指导下，综合体内的各个企业，既相互联系又相互制约，构成一个有机的整体。

这种开发模式的显著特点，一是以专门化部门为主体。地域生产综合体的组成比较复杂，包括物质生产部门和非物质生产部门，但这并不意味着综合体内的各组成部分的作用是同等的，其中专门化部门是综合体的主体和核心，决定着综合体在全国地域分工体系中的地位，也决定着综合体内其他部门发展的速度、规模。二是多部门的协调发展。在综合体内，既要有面向全国或大区的专门化部门，也要有围绕专门化部门建立相应的辅助性、服务性和基础设施。专门化部门的成长及其作用发挥的程度，在很大程度上取决于辅助部门、服务部门、基础设施协作配套的水平。综合体内各企业之间的联系，可以是垂直的，也可以是水平的，更多的是这两种联系的交织。三是综合体的建设，一般是为了解决一定类型、一定级别的国民经济任务，有国家和地方大规模的投入，因此它的发展是跳跃式的，即能以较高的速度发展起来。

地域生产综合体的建设布局，一般需要具备以下条件：

（1）在一定的空间范围内，拥有丰富的自然资源，有大规模综合开发的资源条件。

（2）对地区的自然经济社会资源，有深入细致的研究，能够对其优势资源的国民经济效益进行确切的评价，并能保证综合开发利用这些资源的合理性。

（3）拥有较大的开发潜力，能够保证区内多种资源的同时开发及各相关企业的同步建设。

这种开发模式，可以取得较高的效益。这是因为，综合体内的各个企业，采取了成组集中布局，可以节省建设用地，减少开支；可以使用统一的基础设施，既能节省基础设施费用，又能提高基础设施的利用率；便于原燃料的综合利用，实现经济效益与环境效益的统一；由于多种企业的有机结合，既可提高劳动力资源的利用率，又可消除企业职工性别比例上的失调，特别有利于妇女劳动力的就业。这些都有利于发挥地区的整体优势。

区域生产综合体建设，是区域开发的一个较好的模式，也是生产力空间推移的一个较好形式。苏联在这方面取得了巨大的成就，积累了一定的实践经验。但在实践中也存在不少问题。问题不在于这种开发理论模式的本身，而主要在于苏联的组织管理经济的体制同综合体发展的内在要求不相适应。

在组织管理经济上，条块分割一直是困扰苏联的一个老大难问题。地域生产综合体这种开发模式，是以跨部门、跨地区的生产专业化与协作为特点的，从理论上讲，这有利于打破条块分割，但实际上，地域生产综合体中的基本建设投资和社会生产组织工作，都是由中央各部门和主管部门按基建计划、拨款计划及工程项目名称表进行的，由于部门的本位主义，综合体内各个部门经常不能按比例把应当提供的资金，按时拨给共同使用的建筑项目，致使相互联系的企业在建设时序上经常不能同步建设；或在建设规模上，不能相互衔接，这样就出现了：以部门管理原则为主的管理体制，使地域生产综合体这一先进的开发模式不能充分发挥其作用。为了克服这些缺陷，苏联已着手在组织上建立与地域生产综合体相适应的协调机构。这种协调机构是部门机构与地方机构的补充，其任务主要是协调和监督。包括制定地域生产综合体综合发展的远景规划、五年计划和年度计划，监督规划、计划的实施，草拟加入综合体的各部门按比例发展的建议。这种机构具有相当大的权力：对上，可直接向国家计委提出综合体发展的建议，它未做出结论以前，国家计委不能通过任何关于综合体的计划文件；对下，有权做出综合体内各有关主管部门都必须执行的决定，能在地方上进行跨部门的管理。

载《农村发展探索》1989年第2期

刘再兴文集

ZONG TI PIAN
总体篇

我国煤炭资源开发布局中的几个问题

煤炭是我国能源的重要基础。1977 年在我国能源的生产与消费构成中，煤均占 70%。煤炭资源开发布局的合理与否，对促进四个现代化关系很大。最近，有些同志提出集中力量开发北煤，特别是开发晋煤。这种主张是有道理的，但也有一些值得商榷的问题。

一、集中开发北煤，应兼顾地区产销平衡

煤炭资源的开发布局，需要综合考虑多种自然、经济、技术因素，减少投资和直接生产费用；也要适应整个工业布局的要求，使煤炭生产尽可能接近主要消费区，以利于地区产销的基本平衡，节省运输费用。我国煤炭资源的分布总体来说是北多南少。各大区内资源的分布与消费区的分布也不协调。例如，华东煤藏 87% 集中在安徽、山东，而工业主要在以上海为中心的长江三角洲地区；中南煤藏 80% 集中在河南，而工业主要在武汉、珠江三角洲地区；西南煤藏 67% 在贵州，而工业主要在四川；西北煤藏 87% 在陕、新、宁，而工业较多的甘肃，煤藏偏少。东北情况好一些，但也有 53% 的煤炭资源在北部的黑龙江，而工业主要集中在南部的辽宁。除储量外，还有一个煤种问题。我国四种主要炼焦煤种中，瘦煤、焦煤、肥煤都有 1/2 左右集中在山西一省，拥有大型钢铁企业的华东、中南、东北，炼焦煤都较少。在地区分布上也不理想，东北钢铁工业集中在辽宁，而炼焦煤多在黑龙江；西南钢铁工业多在四川，而炼焦煤多在贵州。这也影响到煤炭的地区产销平衡，造成北煤的大量南运。

但不能因为煤炭资源分布不均衡，就认为争取煤炭地区产销平衡的原则就不正确了。

第一，不从客观实际出发，片面强调煤炭地区产销平衡，当然不正确。例如，有个时期，主观强调江南地区的产销平衡，情况不明，就急于上马，以致造成严重损失。但这更多的是对地区产销平衡原则的理解片面，主观安排不当

所造成的，不能简单地归咎于地区产销平衡原则。

第二，把煤炭资源条件不好的江南八省一市作为一个单元，要求在这个地区内搞产销平衡，虽然有困难，但不能因此而笼统地否定地区产销平衡的必要性和可能性。根据煤炭资源的分布状况，在大区范围内争取煤炭地区产销的相对平衡，是有可能的。因为每个大区内部，都拥有一个或几个资源条件好或比较好的省、自治区，如东北有黑龙江，华东有山东、安徽，中南有河南等，即使是探明储量在全国所占比重很小的大区，绝对数量也相当大。如中南区只占全国 3.6%，是大区中探明储量最少的，但绝对数量仍有 220 亿吨，如果合理开发，在中南逐步提高自给率，是可能的。其他大区的资源条件都比中南好，可能性就更大一些。事实上，经过这些年的努力，西南、西北两个大区已经做到了地区产销基本平衡。

第三，在大区内争取产销的基本平衡，是我国煤炭资源开发布局的目标和方向，它的实现需要有一个过程，要积极创造条件，有计划、有步骤地进行。当然，地区产销平衡，要服从于全国总体产需平衡。在突出重点、保证重点的前提下，逐步做到地区平衡。多年来的实践证明，坚持了这个原则，效果就比较好；背离了这个原则，效果就比较差。

几个五年计划期间煤炭工业基建投资在地区分配上的变化情况，说明"一五"全国煤矿工业投资在地区分配上，突出了建设条件较好的东北、华北，首先保证了速度和全国建设的重点，有利于全国产需平衡；同时也照顾了需要照顾而又有一定条件的重点缺煤区，提高其煤炭自给率。总体来看是合适的。"三五"期间，过分强调"三线"建设的进度，急于争取江南地区的产销平衡，全国煤矿工业投资的重点，转移到西南、中南，西北投资也有大幅度的提高。而东北在"二五"，特别是"三五"期间，投资比重大幅度下降；煤矿工业建设条件最好的华北，"三五"期间投资比重也大大调低。其结果是，降低了全国煤炭生产发展的速度。这说明，不首先从全国产需平衡着眼，保证重点，而急于同时在多数地区要求产销平衡，分散资金和力量，不但解决不了缺煤地区的产销平衡，反而引起全面的紧张。"四五"期间发现了这个问题，有所调整。

根据上述历史经验，今后在开发布局上，总体来说应多开发北煤，突出华北，保证重点，同时较多地照顾缺煤最多的华东、中南。也不排除在江南地区，要继续花一定的力量，在有希望的地区进行探勘，寻找资源，积极对现有地方中小煤矿进行技术改造，革新挖潜，并选择条件较好的进行适当的扩建新建。江南 9 个省市煤炭资源条件也有差别，其中湖南、江西，相对来说就比较好，多发展一些也是可以的。广东是江南地区资源条件最差的省份之一，从1966 年以来，根据需要与可能，积极发展地方中小煤矿，到 1978 年，煤产量就增加了近 5 倍，自给率由 20% 上升到 60%。虽然其基建投资、生产成本比开发北煤高，但每年减少了几百万吨煤的北煤南运。如果这几百万吨煤由山西运到广东，把运输费用和损耗算进去，也并非经济合理。相反，如果不考虑地区的产销平衡，对南煤的探勘和开发利用采取消极态度，不仅缺煤问题会日益严重，就是只解决运输问题也会成为一个巨大的困难。

二、北煤开发，要适当向南推进，不宜过分集中于山西

开发北煤，主要是为了解决华东、中南的缺煤问题，也考虑到少量煤的出口。适应这个需要，北煤开发本身也有一个合理布局的问题。这就涉及山西、河南、山东、安徽、苏北的煤田开发规模。单从资源条件看，无疑是山西最好，这里集中了全国 1/3 的探明储量和 1/2 的主要炼焦煤种及优质无烟煤的储量。量多、质好、品种全；大煤田多，煤层赋存情况好，一般比较稳定、平缓，距地面近。与现在世界上最大的阿帕拉契安煤田相比，山西的资源条件更好。阿帕拉契安煤田煤区探明储量只有 1300 多亿吨，山西比它多 60%。但就产量说，阿帕拉契安煤田年产量已达 4 亿多吨，山西还不到 1 亿吨，潜力很大。开发山西大煤田，一般来说，投资少、见效快、生产成本较低。因此在山西多发展一些是可以的。但有些同志主张应集中力量，尽量加大山西煤的开发规模，相应缩小、放慢山东、安徽、河南、苏北煤田的开发规模和建设进度，这就值得研究了。煤炭发展的规模，不仅仅取决于资源条件，同时要综合考虑整个工业布局、建设地区的农业基础、省内外的运输条件等。山西的国民经济结构已有不少问题。多年来，一直是农业与工业不相适应，轻工业与重工业严重不协调。1978 年山西农、轻、重之比为 1：085：2.15，人均粮食产量低于全国水平，农副产品和轻工业产品的供应长期紧张。如果把有限的建设投资过多地集中于煤矿建设上，不适当地扩大它的生产建设规模，势必要以重工业为中心来安排国民经济计划，将使国民经济结构更不合理，矛盾更加突出；山西现年产煤 9600 多万吨，调出 4400 多万吨，铁路负担已很重，煤炭运量占省内铁路货运输量的比重远高于其他省（区），而且出去得多，进来得少，大量放空车。山西省内只有一条同蒲线纵贯南北，同蒲路以西广大地区尚无铁路干线。运输能力远远不够，而且在相当长的时期内难以改变，即使生产出更多的

煤，也运不出来。这与其他国家不同。例如，阿帕拉契安煤田大量采用管道运输，铁路运输则采用专列、大型车皮，装卸高度机械化，拉货多，车辆周转快。鲁尔区更是水陆运输都很方便，运力很大。还有许多其他条件也不同。上述两大煤炭基地内，工业高度综合发展。阿帕拉契安地区，煤产量占全国69%，钢产量占全国60%，发电量占全国24%。鲁尔区煤产量占全国82%，钢产量占全国61%，发电量占全国30%，氮肥产量占全国50%，80%的煤能被就地消耗掉，调出的煤比重小。山西现在的煤产量占全国15.7%，但钢产量只占全国的3.3%，发电量只占全国的4%，55%以上的煤要调出，所以运输问题很大。为了解决运力不足的问题，可以相应扩大洗煤能力，加大精煤外运的比重，相应地减少煤炭运量；也可建大型坑口电站，就地吃掉一些煤。但是洗煤厂、大火电站，都要消耗大量的水（如洗1吨煤，需用0.5~1吨水，一个150万吨/年的洗选厂，要保证水源5000吨/日），而山西整个来说是缺水的，洗选厂、火电站建设得多了，势必要和农业争水。原煤洗选后，剩下大量中煤和煤泥。一般洗1吨原煤，要出中煤、煤泥0.3吨，难选的煤要出0.5吨。中煤、煤泥发热量低，含水分高，只能就近用作动力和民用燃料。假定近期晋煤开发规模扩大到2亿吨，又假定一半入洗，一年就有中煤、煤泥3000万~5000万吨。在山西一省内如何充分利用这大量的中煤、煤泥，又是一个问题。山西已形成的洗选能力还不到原煤生产能力的10%，要大幅度提高洗选比重，还得大规模新建洗选厂。当然，上述问题是可以解决的，但需要时间和大量的投资，涉及面较广，不是近期所能奏效的。因此，我们认为，与其不适当地加大晋煤的开发规模，不如抽出一定力量积极开发山东、安徽、江苏、河南的大煤田。这四省煤炭探明储量虽然不及山西与内蒙古，但储量很大，仅两淮、兖州、徐州、平顶山四大煤田，探明储量就已达400亿吨，而且这几大煤田一般也具有煤层厚、煤种全、煤质好的特点，可以进行大规模的开发。

从投资看，"一五"中山西新建的轩岗、义棠、潞安三矿，吨煤投资平均为45.04元，同样属于新建的河南平顶山、鹤壁矿，平均为41.17元，后者比前者还少。老矿区建新井，山西的大同、阳泉矿，新增吨煤生产能力平均为36.45元，安徽的淮南是41.39元，河南的焦作是48.05元。山东、江苏的新汶、枣庄、贾汪矿，由于水文地质条件差，新井吨煤投资也只比山西平均高10元左右。把以上新老矿区合起来看，山西吨煤投资平均为40.74元，鲁、苏、皖平均为43.92元，河南为44.61元。鲁、苏、皖比山西高3.18元。

从生产成本看，1956年，山西的潞安、阳泉、汾西、大同、西山、轩岗矿，平均吨煤生产成本为 8.71 元，河南的焦作、宜洛矿平均为 8.89 元，鲁、苏、皖的枣庄、新汶、淄博、贾汪、淮南诸矿，平均为 11.23 元。如按 1000 万吨计算，鲁、苏、皖的生产成本共比山西高 2520 万元，河南比山西高 180 万元。

从运输费用看，吨煤从大同运到上海，运费是 17.4 元，而淮南煤到上海只 5.6 元，差 11.8 元，按 1000 万吨计算，由淮南供上海比由大同供上海，运费一项可节约 11800 万元。

把以上三方面综合起来看，假定在 10 年内，按新建井 1000 万吨计算，建在安徽，投资和生产成本共比建在山西多 28380 万元，但可节约运费 118000 万元。考虑到 10 年内，为了维持 1000 万吨的简单再生产，煤矿还得不断进行一些基本建设，假定这种基建的投资在安徽比在山西多一些，扣掉多余支出，建在安徽比建在山西经济效果更大。

计算煤炭资源开发布局的经济效果，不能只计算基建投资和直接生产费用，同时要计算煤炭到达消费区的运输费用，不算后一笔账，是不能得出确切的结论来的。

山东及徐、淮煤田的开发，也有运输问题，但比山西好解决。这些大煤田靠铁路、大运河或淮河支流，距江、海也比山西近得多，有条件更多地利用水运和组织水陆联运。铁路运输方面，已有津浦、淮南、徐（州）阜（阳）诸线，正在建设和近期计划建设的还有皖赣线及连接淮北、淮南矿区和接连兖州煤田与连云港的铁路线。水运方面，已有相当数量淮南煤在裕溪口下长江运往沪、宁，大运河已列为近期重点建设项目，如果需要，还可开辟淮申线。这样淮南煤可不经过换装，直接经水运到上海，每吨煤就可比现在节约运费 1 元，而且减轻了津浦、淮南线的压力。这一带的煤走海运也比山西近便得多。如兖州、徐州和淮北的煤到连云港，其运距只有大同到秦皇岛的 30%~50%，太原到青岛的 24%~41%。在山西进一步大规模开发煤炭资源所遇到的其他问题，在鲁、苏、皖、豫解决起来也比较容易一些。

以上分析说明，在一定时期内，在北煤的开发布局上，集中较大的力量开发晋煤是必要的，但其规模不能过大，而鲁、苏、皖、豫的大煤田，也应同时抓紧建设，由这里分别给上海、武汉等缺煤区一部分煤炭，既可弥补晋煤的不足，又在一定程度上促进了华东、中南地区的产销平衡，意味着缩短了北煤南运的运距。这也说明，不能把保证重点同地区产销平衡原则绝对对立起来，也不能把开发晋煤同开发鲁、苏、皖、豫的煤田对立起来。

我国钢铁基地建设和布局中的若干问题

新中国成立以来，我国钢铁工业用较大力量建设了九个钢铁基地。到 1978 年底，这九个基地累计投资约占全国钢铁工业总投资的 48%；累计积累约占全国钢铁工业累计积累的 92%，等于累计投资的两倍。1978 年，钢产量占全国总产量的 70%，它们是我国钢铁工业的主体。与中小型钢铁工业相比，钢铁基地建设的经济效果是比较好的。

这九个基地，按建设性质分，可分为三类：一是新建的，如包钢、武钢、攀钢；二是在原有基础上进行大规模扩建的，如鞍本钢、太钢、重钢、马钢；三是在原有若干中小企业的基础上，经过合并、改扩建加上新建而形成基地的，如上钢、京津唐。按地区分布分，沿海地区有四个，内地有五个。

如果分别分析九个基地建设的经济效果，则是改建、扩建比新建的好，沿海地区比内地的好。

评价企业建设的经济效果，国外主要采用"投资利益率"这一比较综合性的指标。在具体计算"投资利益率"时，一般又分为考虑货币的时间价值和不考虑货币的时间价值两类方法。当不考虑"时间因素"时，多采用"财务表法"（又叫"投资返回率法"），我们习惯称为"投资效果系数法"，即在一定时期内企业累计积累与累计投资之比。在我国有时也把年度"积累率"（即利润加税金之和与企业固定资产净值加占用的流动资金之和的比例率）作为评价经济效果的指标。

就投资效果系数看，我国新建的钢铁基地平均为 0.26，而改建、扩建的平均为 3.45，也就是后者的投资回收期比前者要短得多。

就 1978 年的积累率这个指标看，新建的钢铁基地平均为 10.2%，即每百元资金提供的利润和税金为 10.2 元，改建、扩建的为 21.4%，比前者高出 1 倍。

用上述两个指标来衡量布局的经济效果，则近海地区的最好，越往边区越差。根据经济效果的大小，可分为三级：上钢、鞍本钢和京津唐（投资效果系数为 2.52~8.12，1978 年积累率为 25.7%~50.8%）为第一级；马钢、武钢、太钢、重钢（投资效果系数为 0.4~1.35，积累率为 10.4%~17.5%属第二级；包钢、攀钢（投资效果系数为 -0.00~-0.27，积累率为 2.6%~6%）属第三级。

上海钢铁工业的资源条件差，煤和生铁都要从四面八方调进来，但它的经济效果最好，这主要是由于：①充分利用了原有钢铁工业基础，新增单位生产能力的综合投资少。②在钢铁工业内部结构中，钢和钢材的比重大。③自己不开采矿山。④工人的技术水平和劳动生产率高。

包钢、攀钢的经济效果差，主要原因是：

平地起造，矿山和附属工程多，单位生产能力的综合投资较多；主要生产环节没有及时配套，成品材比重小；矿石的选矿和综合利用的技术问题长期没有解决，包钢靠近矿山还要吃外地矿。同样是新建，同样要开采矿山，但武钢经济效果比包钢、攀钢好，后两个因素起了重要作用。

上述九个基地的具体情况不同，在评价其经济效果时有一些不可比的因素，但可以说明，大型钢铁基地的布局要取得较好的经济效果，至少需要综合考虑下述因素：尽可能利用原有基础，尽可能平衡内部结构。如需要分期、分批建设时，一定要系列地配套建设；布点和建设规模，不但要考虑矿石的储量、质量、开采条件，也要解决好矿石利用的技术问题。

这里提出一些今后钢铁基地建设和布局需要研究的技术经济问题。

一、改扩建与新建的关系

从第二次世界大战后世界钢铁工业发展的历史经验看，有两种类型、两种途径。一是以美国为代表，主要走改扩建的道路，二是以日本为代表，主要走新建的道路。1957~1976 年，日、美用于钢铁工业的累计投资都是 270 亿美元左右。这期间，美共新增炼钢能力 4000 万吨，平均吨钢投资 675 美元，日共新增炼钢能力 1.37 亿吨，平均吨钢投资为 197 美元。1961~1965 年，每增加 1 吨钢的投资，美国为 293 美元，日本只有 149 美元。日本钢铁工业的投资效果比美国好。看来改扩建和新建还是要兼顾，这两方面的国外经验都可借鉴。

现在我国钢铁工业布点较广泛。现有钢铁企业多数设备比较陈旧，工艺落后，有些重点企业还不配套，潜力较大。立足于现有基础，走重点改建、扩建的道路是必要的。但也不能排斥在条件好的地区建设新的钢铁联合企业，开辟新基地。

现有钢铁基地，哪些可以扩建，多大规模，哪些不宜扩建，需要区别对待。以鞍本钢为例：20 世纪 70 年代以前，鞍本钢的扩建经济效果好。1970 年提出鞍钢翻番，钢铁各扩大到 800 万吨。但既无全面规划，也不作可行性研究，就仓促上马。上马以后，项目由 45 个追加到 112 个，投资原规划为 10.57 亿元，到 1979 年已花了 17.5 亿元，投资增加 37%，翻番还未实现。同年提出本钢按 300 万吨生铁、200 万吨普通钢、20 万吨特殊钢的规模扩建，已投资 15.4 亿元，冶炼和初轧的主体工程是建成了，但水源、电力、运输、燃料却都还未落实。在这种情况下，鞍本钢再大规模扩建就不一定恰当。从辽宁说，现有的经济结构已是极端偏重于重工业。1978 年重工产值占工、农业总产值的 63.9%（全国平均是 42.6%），工业布局又过分集中。在辽宁中部半径 40 公里的范围内，已形成五大城市，集中了全省一半以上的工业产值和城市人口，带来了交通拥挤、用水紧张、污染严重、商品供应困难、住宅缺乏、能源不足。再发展钢铁势必扩大这些矛盾。辽宁发展钢铁资源丰富，探明储量占全国 22% 以上，按矿铁比 4：1 计算，也可保证 2500 万吨生铁的规模，但只考虑这个有利条件是不行的。辽宁钢铁工业已形成的生产能力是：炼铁 1095 万吨，炼钢 985 万吨，而轧钢只有 506 万吨，内部结构明显不合理：铁钢比大，而钢材与钢之比太低。今后如按 1000 万吨综合平衡，把轧材能力逐步配套，把钢铁工业基本上稳定在这个水平上，可能更合适一些。

其他如京津唐、马钢是否扩建，前者要同冀钢统一考虑，后者要和上海的钢铁工业统一安排；太钢应主要配合山西煤炭能源基地的建设，调整产品品种，不宜大规模扩大生产能力，重钢受煤铁资源、工业用地、交通运输等条件限制，攀钢受用地等条件的限制，都不宜扩建；武钢需要和一米七轧机及原有轧机配套，进一步扩建炼钢、炼铁，达到双 600 万吨的规模；包钢根据矿石基地的新情况，可逐步按 300 万吨钢的综合生产能力建设。可见在国民经济调整好以后，我国钢铁工业要有一个较大发展，光靠现有基地的扩建是不够的，还应考虑新基地的建设。

在新钢铁基地的布局上，有两点需要研究。一是长期以来，我们把国防原则绝对化，人为地设置了一个禁区，即新建的大型钢铁联合企业，一律不得摆在沿海地区，只能摆在内地。宝钢的布点冲破了这个禁区。从国外经验看，在一定条件下，沿海布厂在经济上是有利的。但有些同志由此认为今后我国钢铁工业也应像日本那样，大量进口铁矿，搞沿海布厂。日本沿海布厂经济效果较好，有许多具体因素：如国内煤铁资源缺乏，钢铁工业所需矿石的 99%、燃料煤的88%以上要靠海外进口，钢铁成品又有相当部分要出口。把钢铁厂摆在沿海，采用20万~30万吨级的大型专用、兼用船舶，充分利用廉价海运，当然比摆在内地好；日本国土狭小，工业扩张，土地竞争激烈，地价很高，购买地皮投资很大，迫使资本家宁可填海造地建厂；他们利用先进的建筑技术装备，建港造地建厂统一安排，码头和工厂之间直接用皮带运输，不再换装，这就在很大程度上抵消了长距离进口资源所带来的消极影响，却又得到高质量的原料。但我国的具体情况与日本不同。我国钢铁工业燃料立足于国内，铁矿石也基本上要立足于国内（这些资源主要分布在内地），钢铁产品也以满足国内需要为主，与此相联系的原料、燃料、成品的运输还要以陆路为主。即使铁矿石都进口，运量比铁矿石大得多的燃料还得经陆路运到厂内；由海运进口的矿石经过换装，用驳轮转送到厂，这样一折腾，在运输上就很不经济了。此外，我国沿海一带工业已经集中，工矿城市密集，铁路港口的压力很大，能源、供水不足，环境污染严重，如果运量大、能耗高、用水量大、污染厉害的钢铁工业再进一步向沿海集中，配套工业相应地发展上去，将带来许多技术经济上的问题。

二是我国已建的钢铁基地都是移煤就铁型的。由于我国矿石品位低，一般炼1吨铁需用原矿4吨，而吨钢的综合能耗才2吨标燃。据此，移煤就铁比移铁就煤节省运量。但只要在矿区经过选矿，调出精矿，这个运量是可以降下来的。

我国大型煤基地较多，今后还要开辟新的煤基地，其中有不少是储量大的多牌号煤区，这种煤基地建大钢铁厂的还很少。今后钢铁基地的布点，是否也可以发展些移铁就煤的或钟摆式的？

二、钢铁工业的企业规模和技术政策问题

既然集中布点，建设现代化的大型钢铁联合企业，比分散建设许多技术落后的小厂，经济效果好。那么，今后钢铁工业的发展，应当怎样考虑企业规模和技术政策？为了从根本上改变我国钢铁工业落后面貌，解决品种不全的问题，我们需要建设高度现代化的大厂（500万~1000万吨）。但根据我国的具体情况，更多的还是要利用国内技术设备、企业规模小一点的厂（如100万~300万吨）。因为，企业规模越大，技术越先进，一次性投资越多。另外，各方面的协作配套困难。已建成的武钢一米七轧机，如满负荷生产，共需电力24万

千瓦，其中冲击负荷 12.2 万千瓦。按要求，电网装机容量应为冲击负荷的 20 倍，即需要有一个 250 万千瓦以上的大电网。而 1978 年整个湖北的装机容量才 300 万千瓦，组织在湖北电网内的才有 100 多万千瓦。不得不重新安排黄龙滩、黄石、青山、荆门四个水火电站，并与河南电网联网，形成一个 332 万千瓦的联网。但现在还只能给一米七轧机 13 万千瓦的电力，保证 80 万~100 万吨钢材之需。需要等葛洲坝一期工程完工，加上平顶山火电上去了，才能最终解决用电问题。这样一套轧机，一年所需备品、备件辅助材料（如机电配件、轧辊、橡胶杂件、化工原料、包装用木材、油脂等），品种多、型号杂、数量大、精度大、要求严。这还只是就一套一米七轧机而言，如宝钢就复杂了。所以这样的钢铁企业发展多了我们是发展不起的。如果技术水平低一点，规模小一点，多发展几个点，对我们这样一个技术落后、交通运输不便的国家，可能更好一些，也有利于开发和利用我国四大铁矿区以外的十多个重要矿区的资源。

载《技术经济和管理现代化通信》1980 年 11 月 10 日

怎样评价"三五"以来的铁路建设布局

30 年来，我国用于铁路的基建投资有数百亿元。在铁路投资的地区分配上，大体上用于京广线以西地区的占 2/3，用于京广线以东地区的占 1/3，二者投资之比为 2：1。全国新建铁路的 75% 分布在京广线以西地区。但当前全国铁路总运量的 80% 以上是由东北和沿海地区的铁路来承担的。于是有些同志认为，铁路建设的这种布局是不合理的：

一是铁路的投资方向偏离了国民经济发展对铁路运输的客观需要，这是造成当前铁路运输紧张被动的主要原因之一。

二是内地新建铁路造价太高，不经济，如成昆、襄渝线，平均每公里造价高达 300 万~400 万元。

三是有些线路修建过早，建成后运输任务不足，突出的如阳安线、襄渝线等。

正因为这样，现在必须调整铁路建设的投资方向，把建设重点转移到东北和沿海现有铁路的改造上来。

上述看法是有道理的。在投资不足的情况下，为了缓和当前铁路运能与运量的矛盾，这样做也是必要的。但值得进一步探讨的是，30 年来（包括"三五"以来）把铁路建设重点放在京广线以西地区，是否恰当？

我们认为，从总体布局看，这样安排基本上是恰当的。

首先，我们要历史地看问题。

新中国成立初期，全国 2.1 万公里铁路的 82% 集中在东北和沿海地区，京广线以西广大地区只有铁路 3780 公里，其中青海、宁夏、新疆、西藏、四川等省根本没有铁路。"一五"开始，铁路建设的重点即开始放在内地。到"二五"末期，内地的运输状况虽然有所改善，但和国民经济发展的需要仍然很不适应。以西南为例。西南（不包括西藏）是我国的大后方，地区辽阔，资源丰富。据 1962 年统计，西南三省土地面积占全国 12% 以上，人口占 15% 以上，探明的锡矿、汞矿储量居全国第一，铝土矿、磷矿占全国 1/2，铜、锌各占 1/3，铁矿占 1/6，煤占 1/10，水力资源占 1/2，森林面积占 1/4，粮食产量占 20%，油菜籽占 45%，牛、生猪头数占全国第一。但山川阻隔，交通梗塞，铁路运输状况很不理想：一是铁路数量少，密度小。1962 年，三省共有铁路 2799 公里，只占全国 8%，平均每万人 0.28 公里（当时全国平均是 0.56 公里，其中东北是 3.2 公里），每 100 平方公里有铁路 0.24 公里（当时全国平均是 0.37 公里，其中东北是 1.06 公里）。二是铁路技术标准低。在 2799 公里铁路中，准轨只占 65.6%，米轨占 28.4%，寸轨占 6%。其中米轨、寸轨不但坡度大（米轨最大坡度 27%，寸轨 30%），而且曲线半径小（最小半径米轨为 85 米，寸轨为 65 米，准轨 164 米），大大限制了已有有限铁路线路的运输能力。三是三省中，当时云南还没有与全国铁路网相连，云南进出的物资还需绕道越南，经国际联运。川、滇、黔三省之间也无铁路相通，互不衔接，物资不能通过铁路交流。铁路分布又不平衡，云南铁路偏于东南部，贵州铁路偏于中部和东南部，四川铁路偏于川中和川东南，而三省主要矿产地、水力资源集中地区，多不通铁路，大大限制了资源的开发利用。四是铁路运量占货运总量的比重太小。1962 年，三省货运量中只有 27.6% 由铁路来承担。

一句话，铁路建设拖了西南经济发展的后腿。在这种情况下，即使不利用三线建设，西南的铁路建设也应继续发展。从总体来说，铁路线的向西伸延，是同全国"工业西渐"的总体布局相一致的。

1958 年以后，西南几大干线事实上已经铺开。贵昆、川黔、湘黔、成昆、内昆、川豫六大干线先后上马，其中除川豫线很快就停建外，其他五大干线都进行了不少投资，铺了一些轨，但没有一条修通。到 1963 年 2 月，这五大干线已花费投资 8.5 亿元，占当时设计投资的 28%；已铺轨 1018 公里，占设计总长度的 1/4。"三五"以后西南的铁路建设，不过是利用了已经铺开的摊子，做了局部的调整。如内昆北段建成了 380 公里，南段停建，川豫线改为襄渝线。也就是说，"三五"以后建成的西南几大干线，只是襄渝线是新开工、新投资的，其余都是利用"三五"以前已铺开的摊子。如果不利用这个摊子继续建设，岂不是更大的浪费？

其次，从现状和发展看。

这几大干线的建设是否必要？应该说是必要的。从布局上看，正是这几大干线的建成，在西南地区初步形成了以成都、贵阳、重庆为中心的铁路网骨架，既把西南三省直接联系起来，也使整个西南有了四条铁路从不同方向分别与全国铁路网相连，改变了西南地区多少年来交通梗塞的局面。试想，如果没有这几大干线，现在会是一个什么局面？从经济上看，没有这几大干线，攀西大铁矿、黔西大煤田不可能大规模开发，攀钢基地也无法建成；全国长期紧缺的云贵磷矿无法大量外运；云南的木材也运不出来；云贵丰富多样的有色金属、水力资源要大规模的开发也不可能。有些同志总是以襄渝线为例，说修早了，没货运。这个问题是存在的，但这与其说是铁路布局上的问题，不如说是组织工作上的问题。襄渝线是四川也是大西南的一条重要进出通道，虽然有平行的长江，但川江运量、港口吞吐能力均不足，每年进出川的货运量不到200万吨。近年来，四川的煤本可出川200万吨支援湖南，但川江不能承担，只好限产；四川的土特产国内外都需要，因出川运力不足，只能满足出川需要量的一半；经四川中转的贵州磷矿，也因出川运力不足，造成积压，不得不以运定产。可见，主要问题并不是没有货源可运，不是襄渝线修早了，恰恰相反，是襄渝线配套没跟上，这条线的襄樊到达县段，原设计是一次电化，但实际上电化没上去，只好用内燃机车过渡，这样一改变，相应的信号设备、内燃机车的检修都未配套，只能分段通车，不能发挥全线应有的作用。也正因为这样，襄渝线现在要加紧电化。

从国防上看，没有这几大干线，云南还孤立在全国铁路网之外，西南的边防力量将大大削弱，自卫反击战的胜利就不能不受影响。这里有一个怎样正确看待铁路的特点及其作用问题。

大家都说，铁路是国民经济的先行官，是现代工业的先驱。既然是先行官，就要上得早一些，发展得快一些，走在工农业生产的前头，为国民经济的发展开路。如果铁路建设总是跟在工、农业屁股后面跑，哪里运能紧了，就到哪里去补充补充，头痛医头，脚痛医脚，那就只能成为后行，只能总被动。美国工业由东北部向西部的转移，苏联工业由欧洲部分向亚洲部分的推进，都是以铁路干线先行为前提的，都是先修通铁路，然后工业大规模在新区发展起来。

大家也总说，铁路生产的特点是它的产品为"吨公里"，在生产过程中，生产和消费合而为一，同时开始，同时结束。吨公里是不能储存的，它不能随要随有。既然有这个特点，那么铁路就必须保持一定的后备力量，也就是运能与运量之间要有一定的富余能力作为后备能力，才能应付不时之需。没有后备，就不能先行。因此，我们评价一条铁路应不应该修，是否修早了，不能只看一时，不能看到一时运力有富余就断定是修早了。

铁路线路中，有一种线路叫做"开发线路"，其特点是从老基地、经济发达地区的老干线延伸到待开发的落后地区。这种新线路，不仅使落后地区、资源丰富地区的资源得到开发利用，同时也将给沿线地区工、农业生产的发展、新的经济中心的出现创造条件。由于资源的开发，矿山的建设，从设计施工投产到达到设计能力，需要有一个过程；新线沿线新生产中心的崛起，也要有一个过程，也就是新线运量的增长要经历一定时间。所以开发线路投产后，在一定时期内，运量不足，运能相对富余的现象是正常的。相反，如果新线一修通，设计能力马上就达到了，运量再一增长，它又不相适应了。从这个观点来看内地新线建设，总体来说，不是运力大了，修早了，现在看，大部分是技术标准低了，设计能力小了。由于技术标准偏低，通车能力又小于设计能力，以致建成后不久，就显得运能不足。贵昆、成昆、湘黔、川黔诸线，现在不都暴露出这个问题吗？湘黔、贵昆设计能力各为 800 万吨，但实际只有 300 万~400 万吨；成昆设计能力 1100 万吨，实际只有 500 万吨；川黔设计能力 600 万吨，实际只有 280 万吨。这些干线现在都显得通车能力不足，而不是运量不足。如云贵两省年产磷矿 450 多万吨，需经川黔、成昆线外运，由于运能不足，一年要积压 100 多万吨；六盘水矿区已建矿井设计能力 1000 万吨，已形成生产能力 720 万吨，加上贵州的地方煤矿，一年可东运 500 多万吨，但由于贵昆、黔桂线在麻尾限制口，运能只能满足需要量的 52.4%，贵昆、湘黔线在大龙限制口，运能只能满足需要量的 48.3%，这些干线上的"卡脖子"区段，大大限制了黔煤东运，只能东运 250 万吨。很明显，这里的矛盾，不是铁路运能过剩，而是运能不足。西南重工业比重很大，随着重工业发展，运量还会显著上升，这个矛盾将更突出。

最后，怎样看投资效果。

西南新修的几大干线，单位造价都较高，有的很高，这是事实。但有的同志认为，西南几大干线平均每公里造价比沿海的高 5~6 倍，甚至 10 倍，因而投资效果很不好。这种说法不科学：

一是不同时期不好直接对比。沿海新的线路，主要是 20 世纪 50 年代修的，西南几大干线，主要是在 20 世纪 60 年代中期到 70 年代修的，时间不同，不能简单地加以对比。因为从全国范围看，现在新修铁路，其单位造价比 50 年代都要高一倍到几倍。"一五"、"二五"时期，全国平均新线每公里造价只有 57 万~64 万元；"三五"、"四五"是 173 万~141 万元，现在是 215 万元。同一类地区，现在的造价也比"一五"高得多。如表 1 所示。

表 1　全国平均新线每公里造价在"一五"时期与现在的对比

单位：万元/公里

	"一五"平均	现在
平原地区	40	100
丘陵地区	50	120
一般山区	80	200
困难山区	120	250~270

现在在沿海地区新修铁路，其单位造价也比"一五"时期高得多。

二是单独抽出一条线来比，也不好比，应综合地比较。新中国成立以来，全国大平均，新线路每公里造价为 101 万元，其中京广线以西地区，平均是 118 万元，只比全国平均水平高 16.8%，比东部地区的 62 万元也只高 90%。这个"高"，还要具体分析，它主要是由于内地地形地质条件复杂，桥隧多，土石方工程量大。以成昆线为例。该线由成都平原穿过高山峡谷到滇中高原，其间翻越几处大的分水岭，河谷线路约占全线长度的 70%；泥石流在沿线分布很广，地震烈度在七度以上的地段有 550 多公里；全线共开凿隧道 427 座，总长 340.99 公里，占全线长度的 31.48%，在我国建路史上达到了高峰。其中两公里以上的隧道 34 座，有两座均在 6 公里以上，是当时全国铁路干线上最长的两座隧道；全线架设大中小桥 991 座，总延长 106 公里；有涵洞 226 座，平均每公里 2.1 座；为了跨越急流大河、宽谷深沟和不良的地质地段，缩短全线架桥时间，部分桥梁采用了大跨度钢梁和不同的桥跨结构。其中金沙江大桥的 192 米钢桁梁，一线天的 54 米大跨空腹式石拱桥，都是国内铁路最大跨度的桥梁。很明显，修建这样异常艰巨的工程，其单位造价高是不可避免的，不能简单地因此而断定其经济效果不好。

有的同志认为，修新线花钱多，改造旧线花钱少，这也要做具体分析。一般来说，改造旧线比修新线要省，但也要看到，旧线改造干扰多，困难多。为修复旧线，就要改造车站，牵动大，还会影响运输。单线改造，要在运营条件下进行，困难更大。石太线电化长 230 公里，设计任务书规定投资 1.8 亿元，平均每公里投资 76 万元；但核算结果是 3.8 亿元，每公里投资 169 万元；现在已花费 5.7 亿元，平均每公里投资 250 万元。其中主要是因为拆迁购地花钱太多，这样搞下来也不节省。

在当前强调改造旧线是必要的、正确的，但也不能走到另一个极端，笼统否定新线建设的必要性。我国铁路线还太少，分布也还很不平衡，占全国土地面积一半以上的西部地区，铁路线更少。而西部地区却是我国能源、有色金属、稀有金属、磷矿、钾盐储量丰富的地区。为了开发西部地区的资源，发挥其资源优势，也为了用西部地区的资源促进东部地区工业、农业的进一步发展，在长期规划中，必须安排好新的开发线路的建设。如果不看远一点，只看到眼前，只在老线上下功夫，将造成今后更长期的被动。

现在铁路运输全面紧张，最主要的原因是什么？应当说是铁路投资不足。"四五"与"一五"相比，全国基建投资增长了 2.1 倍，工业投资增长了 2.5 倍，而铁路投资增长不到 2 倍；"五五"与"一五"相比，全国基建投资增长了 2.7 倍，工业投资增长了 3 倍，而铁路投资只增长了 1.3 倍。如果与国外相比，我国铁路投资不足表现得更为明显。世界上主要资本主义国家在工业化初期都有一个发展交通运输的高潮，把大量投资集中在修建铁路上。德国在 1826~1870 年，总投资的 70% 用于铁路，俄国在 1861~1873 年，投资的 63% 用于铁路，美国在 1880~1890 年，平均每年新修铁路 10000 公里，把全国 70% 的钢材产量用来修铁路。到 19 世纪末 20 世纪初，主要资本主义国家的铁路网已经形成，为工业的大发展准备了运输条件。我国原有铁路很少，比较大规模的铁路建设是在新中国成立以后与社会主义工业的发展同时进行的。在"四五"以前，铁路投资占国民经济总投资的比重都在 11% 以上，运能和运量的矛盾还不是很突出。但 1976~1979 年，铁路投资比重大幅度下降为 6.9%，1980 年又下降为 4.2%，1981 年铁路投资还进一步压缩。铁路基建用钢材占钢材产量的比重，"一五"为 10%，现在只有 1.1%。很明显，我国铁路建设规模同国民经济的发展是不协调的。总体少了，在布局上就很难解决矛盾。如雪中送炭，内地多发展一点，沿海就显得更少了；相反，如果锦上添花，在沿海多发展一点，内地又显得更少了。所以铁路投资在沿海与内地（或东部与西部）的分配上，虽然内地投资比例是高了一些，但造成铁路全面紧张的根本原因却不在此。今后的根本出路，在于国民经济总投资的分配上，适当提高铁路投资的比重，至少要逐步回升到 10% 以上，从而使铁路投资在分配上，得以兼顾东西部地区和新改建的紧迫需要。如果不抓住这个主要环节，只是剜肉补疮，就很难真正把铁路放在先行官的位置上，从根本上缓解我国铁路运输紧张被动的局面。由于铁路建设周期长，欠账又多，现在更需要采取断然措施，下大决心安排好铁路建设与国民经济其他部门的投资比例关系。亡羊补牢，犹未晚也。

载《经济理论与经济管理》1982 年第 2 期

建立合理经济结构，必须调整工业布局

我国经济发展中的基本问题，是多年积累下来的基建规模过大，基建战线过长，国民经济的主要比例关系失调，经济结构不合理，这些弊病集中表现为经济效果不好。这些问题的产生，有多方面的原因，多年来工业布局上的失误，是其中主要原因之一。1958~1960年，20世纪60年代末70年代初以及粉碎"四人帮"以后在"洋跃进"的思想影响下，工业布局出现了三次"大分散"，在布点上脱离现实条件，大搞"遍地开花"、"星罗棋布"，其中仅"二五"期间，全国施工的大中小型项目的总数多达21.6万个，新铺的工业点数以万计；1958年提出建设六大区工业体系，有条件的省也建设工业体系，以后发展到一些地县市也要发展自己的工业体系，一个厂也单干求全，自成体系，而且不顾地区的具体特点、条件，要求一律按"以钢为纲"、以重工业为中心的模式来发展地区体系。一时间，大体系、中体系、小体系、小小体系齐头并进，严重背离地域分工的规律，造成工业布局上的重复布点，重复建设，重复生产；"三五"开始，不恰当地突出三线建设，要求过高过急，工业布局脱离原有阵地跳跃式地向西推进。在战备第一的思想指导下，三线建设的投资构成极端偏向于军事工业及与之配套的大工业。在企业布置上大力发展"山、散、洞"。工业布局上的这些重大失误，是造成全国经济建设上上述问题的重要原因之一。因此，要建立合理的经济结构，必须调整工业布局。

工业布局属于国民经济的宏观决策，具有全面性质、长远性质和战略意义。这就要求工业布局的决策，必须具有全面观点、长远观点和战略观点，善于统筹兼顾，全面安排。这是一个很复杂的问题，涉及的问题很多，本文仅就以下三个方面予以探讨：

第一，调整沿海与内地以及一二线与三线建设的投资比例。

正确处理沿海与内地，一二线与三线建设的关系（有些同志概括为东西部的关系），是合理布局我国生产力的基本环节。"一五"期间，为了改变旧中国工业分布极不平衡、极不合理的状况，使工业分布接近原燃料产地和消费地区，适合巩固国防的条件，并逐步提高包括少数民族在内的落后地区的经济水平，在充分利用、合理发展沿海工业的同时，开始把工业建设的重点合理地移向内地。这期间，全国国民经济总投资的地区分配，大体上是沿海地区占41.8%，内地占47.8%（沿海加内地不等于100%，是因为有部分投资未分地区），其中三线地区占30.6%。在这个投资比例下，沿海内地（包括三线地区）工业建设的经济效果都较好。一方面，沿海老基地得到了改造和加强，发挥了经济技术上的优势，为内地新基地的建设提供了大量的重要设备、原材料、资金、技术管理干部、多种设计图纸以及建设和管理现代工业的实践经验；另一方面，在沿海工业强有力的支援下，内地（包括三线地区）也较快地建成一批大中型基地，内地的工业资源、劳动力资源被动员起来，参加到全国国民经济的周转中来。五年中，沿海和内地的工业固定资产和工业产值的年平均增长速度都较高，其中内地的增长速度又快于沿海和全国的平均速度，在全国所占的比重稳步上升，工业偏集于沿海少数地区的现象有所改变。但从"三五"开始，不恰当地突出三线建设。1966~1979年，三线累计投资占同期全国国民经济总投资的40%以上，其中"三五"期间，内地投资比重达66.8%，比沿海地区多1.16倍。三线投资比重更猛增到52.7%，比一二线投资的总和还多。在短期内，三线搞这样大的建设规模，一方面挤占了一二线的建设，使一线的老基地、老企业得不到改造和加强，二线从"一五"开始新建的一批工业基地也不能巩固提高，影响了这些已有基地优势的发挥；另一方面，也大大超越了三线地区现实的可能性，使得三线地区各方面都很紧张，其结果是投资效果差（如单位能力投资加大、建设工期拖长、生产的技术经济指标不好），遗留的问题多（如半拉子工程多、生活欠账多、粮食不足、城市工矿区副食品自给率低、轻纺工业品供应紧张）。在当前的情况下，不可能也不应当拿出很多资金来继续发展这种效果很差的建设。为了使有限的资金更好地发挥作用，就必须适当调低内地（包括三线）的投资比重，相对提高沿海地区的投资比例，使沿海老基地、老企业，得以进行厂房的维修、设备的更新、工艺的改革、原燃料动力基地的加强、运输条件的改善，更好地承担起生产高精尖新产品和出口产品的主要任务，进一步发挥其经济技术上的优势。

从30年正反两方面的经验和经验数据来看，在国民经济总投资的地区分配上，就沿海和内地说，投资比例保持在40:50，即1:1.25左右，就一二线和三线的关系说，三线投资比重保持在30%左右，可能是恰当的。"三五"、"四五"期间，内地、三线地区的投资比重显然太高了。1979年，全国国民经济总投资的地区分配，内地所占比重已调低到 50.88%，其中三线地区调低到 34.7%。在今后几年调整期间，内地（包括三线）的投资比重，还可继续调低一些，但也不能调得过低。一般来说，内地投资比重应稍高于沿海，三线地区的比重应不低于 30%。这一方面是综合分析过去 30 年来各个发展阶段的经验数据及其实际效果而推定的；另一方面也是考虑了我国工业的主要分布还在东部沿海，而多种矿产资源、能源资源、农业原材料，主要分布在西部地区。

在当前全国原燃料供应不足的情况下，西部地区的原燃料要首先保证东部工业的急需。但从长远看，为了发挥西部地区的资源优势，使沿海与内地、东部和西部更好地实行地域分工，西部地区主要矿产资源、能源资源的开发，相关的加工工业的发展，必须放在一个相当重要的位置上，这不仅有经济上的意义，也有政治上、国防上的意义。东部沿海的工业，虽然也可以进口原材料，出口加工产品，以缓和东西部工业争原材料、争市场的矛盾，但这只能是一个辅助性的措施。东部沿海地区的工业，不可能也不应当完全脱离国内西部地区的原燃料和市场，不能放着国内的资源不去开发利用，而过多地进口原材料，不能让西部地区永远处于落后状态。开发边远贫困落后地区，是当前世界上许多国家都在推进的问题，而且具有很大的重要性。发达国家如日本、法国等，发展中国家如埃及、巴西、象牙海岸等，都重视开发国内的落后地区。社会主义工业布局，更应当积极促进国内各地区相对均衡的发展。我国西部地区，经过 30 多年的建设，已有了相当可观的经济基础，这个基础是来之不易的，如果不注意扶持，已有的工业生产就有垮下去的可能。事实上，最近几年来，西部有些省（区）的工业生产已出现连续下降，带来的困难很多，这种趋势如果继续下去，对国家对地区都是不利的。在调整期间，由于国家财政困难，在投资的地区分配上，侧重于东部沿海地区是可以的，但也要适当照顾西部地区。首先要在调整中稳住现有工业，利用西部地区已有的基础，利用其较好的原材料和能源条件，在国家安排生产任务时，把一些能耗高而国家又急需的产品，尽可能在这些地区多安排一些；有些能发挥西部地区优势、国家又需要而建设周期较长的项目，还要抓紧落实，以便在国家经济调整好以后，使西部地区能有较快的发展速度，不致与全国的差距拉得过大。这也就是说在调整中，不能把西部地区当作包袱，扔下不管，片面在东部沿海地区"面多加水，水多加面"，扩大东西部经济发展的差距。当然，西部地区的开发，不一定像过去那样，完全由国家投资。在国家投资的同时，也可以在国家计划指导下，根据互助互利的原则，资源丰富的后进地区同资源不足的经济发达地区，开展经济联合和技术协作，联合开发落后地区的资源。对联合项目，国家可给予优先安排，银行发放贷款给予优惠待遇。这样，可以吸引地方、企业的财力、物力，帮助解决落后地区的资金、技术问题，加快落后地区的经济建设，这是一条开发落后地区的新路子。

第二，因地制宜，调整地区工业结构和产品结构。

根据我国的国情，从全国来说，必须把有限的资金，更多地用于发展农业、轻工业，把消费品的生产放在战略位置上，变多年来的重型结构为轻型结构，这样做是完全必要的。但具体到各个地区，必须因地制宜，防止新的"一刀切"。我国幅员辽阔，地区差异性很大，这种差异性，决定了地区产业结构的多样性，不能用一个模式到处乱套。

从全国来说，大致可分为以下三大类地区，在调整地区工业结构时，应区别对待。

（1）比较定型的重型结构地区，可以东北为代表。新中国成立前东北就是全国重工业最集中的地区。新中国成立后，又是作为全国第一个重工业基地来重点建设的。在全国的支援下，东北先后完成了鞍钢的总体改造，大大加强了以重型机械、发电设备、运输机械为主的机械制造业，大力发展了石油、石油化工、煤化工，相应地扩大了煤、电、有色金属、木材、水泥等的生产能力，已形成一个以钢、油、化、木为主导，重工业门类较齐全的重型工业结构。重工业产值占区内工业总产值的70%，占全国重工业产值的21%，在全国有举足轻重的地位。这些重工业部门基本上是建立在当地的资源基础之上的。很明显，在这类地区，今后还要发挥其重工业的优势：一方面在全国进一步发挥重工业基地的作用，另一方面支援区内的农业现代化和基础薄弱的轻工业。问题不在于它的重工业比重较大，调整工业结构的方针所要求于重工业的，也不是轻、重工业的比重谁大谁小，而在于重工业的服务方向要端正过来。多年来，东北重工业自我循环的现象比较严重，辽宁尤其突出。辽宁年产钢800多万吨、钢材500多万吨，而省内轻工业每年需用的17万吨钢材（只占全省钢材产量的3%）却不能完全满足，约有1/3靠进口和外省调入。辽宁机械工业产值100多亿元，而为轻工业服务的不到0.9%，真是"靠着青山无柴烧"。这就很有必要调整其重工业的产品结构，为农业提供更多、更好的农业机具、化肥、农药、农用塑料、农用汽车，为轻纺工业提供更多、更对路的设备、原材料，为加快发展区内农业轻工业做贡献。有些重工业企业，还可直接生产工艺相近、产品对路的日用工业品。东北的重工业发展历史久，有些资源长期开发、储量减少，新增储量慢，特别是油田后备资源不足，煤炭资源强度开发较长，水力资源开发率也较高，现在东北煤电供应不足，石油产量难以继续扩大，能源缺口有扩大的趋势。能源短缺，影响着东北整个国民经济的正常运转，因此，东北的重工业还需要为区内节能、增能做贡献。在调整重工业产品结构，控制重工业，特别是大耗能工业继续扩充的前提下，腾出力量，较快地发展甜菜制糖、亚麻与柞蚕丝纺织、造纸以及以工业品为原材料的轻纺工业，改变这类地区多年来生产资料的生产同消费资料的生产很不协调的状况。

（2）轻、重工业都有较好基础的地区，可以关内沿海诸省市为代表。这里农业比较发达，是旧中国轻纺工业最集中的地带，新中国成立以来，又比较大规模地发展了一些重工业，现在轻、重工业都较发达，加工工业能力大、产值多、产品品种多、质量较高、技术水平和经营管理水平较高、经济效果较好。许多轻纺产品多年畅销港澳和东南亚，并逐步进入欧美，在国际市场上有较强的竞争力。但能源缺乏，农业原材料也相对不足，运力紧张。在这类地区，就应发挥其技术上和经济地理位置上的优势，工业结构、产品结构的调整，应着重在加工深度、精度和扩大出口品方面下功夫，进一步形成轻重工业并举、多品种、高质量、高效率的工业结构。在全国地域分工中，起技术基地、高精尖新产品基地和出口品生产基地的作用。这里的重工业基础也较好，应通过调整其产品结构，为轻纺工业的设备更新提供设备，多开辟原材料来源，进一步提高轻纺工业的产量、质量，增加花色品种。同时为开发能源及有关的交通运输部门的技术改造提供装备，并使某些重工业产品更多地进入国际市场，为扩大出口服务。

（3）具有资源优势，基本上是新中国成立后新开发的地区，包括内蒙古西部、晋、豫、鄂、湘、陕、甘、宁、青、川、云、贵等地。这类地区经济技术水平还较低，但也具有某些显著的优势：一是矿产资源丰富，特别是能源资源、黑色与有色金属资源以及某些化工资源的探明储量，都占全国较大比重；二是棉、麻、毛、油菜籽、芝麻、烤烟等农业原料产量较多；三是宜农荒地、宜林荒山荒地、草原等农业自然资源也较丰富。

这个地区的工业结构属于重型结构，在工业总产值中，重工业占很大优势，轻工业比重低于全国和沿海地区，特别是晋、宁、青轻工业比重只有28%~29%，甘肃只有18%。在重工业中，国防工业机械工业又占很大比重。这种工业结构，现在暴露出的问题很多：一是经济效果差。以川、云、贵、陕、甘、宁、青7个省区为例，工业资金占用量占全国20.2%，等于上海的3.24倍，但提供的利润税金只占全国 11%，等于上海一市的 56.8%。二是轻纺工业品供应紧张。三是地方财政收入少。这些年来，这类地区工业摆了不少，形成了相当可观的工业基础，但穷困的面貌改变不多。这类地区工业结构产品结构调整的任务更艰巨也更复杂。从近期说，调整的主要任务之一，是结合国防工业管理体制的改革，变军工民用各搞一套为军民结合、平战结合。按专业化协作原则，开展军工民用工业的联营。使国防工业从单一的军品生产，逐步转向既生产军品，又生产市场需要的日用工业品。同时利用军工、重工的技术优势，协助地方，特别是轻工业进行技术改造，提高工艺水平，促进这类地区轻、重工业比较协调的发展，有利于提高国防工业、重工业的设备利用率，降低生产成本，把在地区工业结构中占很大比重的重工业搞活，扭转最近几年来由于重工业生产大幅度下降、影响整个工业生产下降的被动局面。也可以利用本地的农业原材料、矿产资源，与沿海地区进行跨省区的联营，提高现有工业的经济效果。从长远来说，要真正发挥这类地区的资源优势，还是要重点开发山西、渭北、豫西、贺兰山、黔西、滇东的大煤田，建立全国性的煤炭基地；重点开发黄河干流上游、长江中上游主要支流、西南水系丰富的水力资源，建设大水电基地。在能源资源大规模开发的基础上，发展有色金属、稀有金属工业、化学工业。这是解决我国能源问题，加速发展有色金属工业、化学工业的重要途径，也是改变这类地区落后面貌，改善全国工业布局的重要环节。

第三，调整城建布局，逐步改变大工业高度集中、小工业过于分散的矛盾状态。

多年以来，在我国工业企业的布置上，既有盲目追求"遍地开花、星罗棋布"的倾向，也有把眼睛总盯着少数大城市，把大中型项目硬往大城市挤的倾向。这样就造成我国工业分布上小工业过于分散，大工业高度集中的矛盾现象。

小工业过分分散，在我国国土辽阔、运网密度不大，而且很不完善的情况下，运输问题很不好解决；工业企业铺得太散，不利于组织专业化协作，加强企业间的技术经济联系；也不利于统一规划，集中必要的通信、信息、水电气等公用设施，职工的生活福利设施、文教卫生设施、服务设施，以及银行、信托等金融设施，而这些都是工业健康发展所必需的经济环境，没有这样的经济环境，工业很难茁壮成长。我国小工业生命力不强，一遇到调整，就要大批关并转，这是一个很重要的原因。反之，大工业过于集中，则会使大城市数目越来越多，城市规模越滚越大，大城市的地区分布越来越集中，带来供水不足、住房紧张、交通拥挤、供应困难、环境污染、工农业用地矛盾尖锐，既影响了人民的生活，又不利于生产的进一步发展。因此，我们现在既要解决小工业过于分散的问题，又要解决大工业过分集中的问题。

对于过分分散的小工业，凡属盲目兴建起来，基本条件不具备，经济效果太差的，破坏了资源；与大中型工业争原材料、燃料、动力，妨碍大中型工业发展的；产品不对路，没有销路的，要有计划、有步骤地关停并转。保留下来的，要进行改组，调整布点，适当集中，进行技术改造，提高其经济效果。特别是要走小而专、小而精、小而活的路子，采取多种形式，与附近的大中型企业进行联营或协作。

对于大工业过分集中的问题，从根本上说，是要严格控制新建项目再往大城市挤。发挥大城市经济枢纽的作用，主要是利用它们已有的基础，而不是让大城市继续膨胀和延伸。今后大城市建设的重点应摆在城市改造上，包括对市区内工业企业进行革、改、挖、并的调整，先还清欠账；利用现有厂的设备，一步步对原有设备进行技术改造，改善生产条件，搞好环保；挖、革、改要在加工深度、精度方面做文章，不要只追求增加生产力，不能变相搞基建，搞"面多加水，水多加面"。现有的中等城市，工业还可摆一些，但不能过多，否则，又会发展成为新的大城市，重蹈大城市的覆辙。今后新建的大中型企业，应尽量摆到小城镇和有资源的后进地区。

从国内外的实践经验看，解决这两方面的问题，关键是调整大中小城市建设的布局，改变多年来偏于发展大城市，忽视小城镇建设的倾向，把城市建设的重点，逐步转移到小城镇的建设上来。据统计，现在全国人口 20 万人以下的小城市有 110 多个，设镇建制的镇和未设镇建制的县城有 3200 多个，还有 5 万多个公社所在地。这些小城镇有着大中城市所不能代替的独特作用：小城镇介于大中城市和广大农村之间，这种有利的经济地理位置，可使它们在大中城市和农村之间发挥纽带和桥梁作用；它们点多面广，有辽阔的区域和多种可供选择利用的建设条件，既可以容纳大量新建项目，又可就近容纳农村剩余的劳动力，从而分散或减轻大城市的压力，减少大城市由于人口、产业过于集中所带来的种种弊病。加强小城镇建设，逐步改善小城镇的经济环境，也可使扩散开来的小工业有了依托，并加强其对人口和产业的吸引力，这远比单纯采用行政手段，更能有效地抑制人口和产业向大城市集中。这是从根本上改善全国工业布局，逐步缩小城乡差别、工农差别，促进地区经济相对均衡发展的一个战略措施。当然，这是一个比较长期的战略目标，但从现在开始，就应当创造条件，分期分批地进行。

大工业过分集中，大城市的庞大化，地区经济发展严重不平衡，人口猛向大城市流入，人口过密、过稀的矛盾不断激化，这是世界上各个工业发达国家都遇到的一个老大难问题。日本从 1962 年开始，先后制订了三次全国综合开发计划，其中心内容就是诱导工业从高度集中的大城市向落后地区扩散，通过落后地区的工业开发，来促进中小城镇建设，促进地区经济相对均衡的发展。当然，在日本那种社会制度下，要真正解决这个问题是困难的。但他们有些做法是好的，在某些方面已收到一定成效。如为了使更多企事业单位愿意到落后地区投资厂，更多的人口乐于到落后地区安家落户，日本政府采取了一些法律上、经济上的措施。它们根据国土开发成熟的程度，把全国分成"过密地区"、"整备地区"和"开发地区"三类。在过密地区，原则上抑制开发；在整备地区和开发地区布置大中小规模的开发据点，优先配备交通、通信系统，把这些开发据点联系起来，发展文教卫生事业，开辟商业、服务网点，为工业开发准备必要条件。同时对到指定地区建厂的企业，在财政、金融、税制上给予补助。在开发地区，有了这样的经济环境，加上这类地区劳动力、工业用地比较便宜，自然环境又比大城市好，生活费用也比大城市低，工业人口扩散的阻力大为减少，小城镇得到较快的发展。我国有比日本更好的社会条件，只要指导思想明确，结合小工业的调整、巩固和发展，制定发展小城镇的统一规划，根据各地的地理、资源条件、发展历史和原有基础，合理确定工业和小城镇的布点，确定适合当地情况和城镇产业结构，并制定鼓励发展小城镇的具体政策，积极扶助小城镇的集体企业，开辟小城镇建设的资金来源，就有可能通过调整城建布局，逐步解决小工业过于分散、大工业过分集中的矛盾，使全国工业布局出现一个新的面貌。

载《晋阳学刊》1982 年第 3 期

论新形势下沿海与内地的关系

最近一个时期以来，有关部门先后在大连、天津召开了沿海 9 个省市和沿海八城市经济问题讨论会，在贵阳、成都召开了三线建设问题讨论会，沿海与内地的关系问题，重新引起了人们的关注。本文拟就在新形势下如何处理沿海与内地的关系谈些不成熟的看法。

一、简短的历史回顾

沿海与内地的关系，本质上是先进地区与落后地区的关系，同时还直接涉及各民族地区之间的关系，经济建设与国防建设的关系，因而是国民经济战略布局中的一个核心问题。"一五"期间，党中央就明确提出了正确处理沿海工业和内地工业关系的方针，并据此安排了工业总投资的地区分配和基本建设地区分布的部署，取得了良好的效果：既促进了工业的发展速度，也开始改变着全国工业的分布状况，沿海和内地的关系比较协调，在一定程度上各自发挥了自己的优势。"二五"计划基本肯定了这个方针，并进一步做了比较切实可行的部署。但 1958 年以后，由于"左"的影响，先后提出工业建设要在短时期内"遍地开花，星罗棋布"；以钢为纲，以重工业为中心，建立大区以至省市完整的工业体系；特别是"三五"提出战备第一，三五年内完成大小三线建设，工业布局跳跃式地向西推进，打乱了"工业西渐"的正常步骤，既挤占了一二线的建设，影响了沿海地区优势的发挥；又超越了三线地区的客观条件，造成各方面的紧张，沿海和内地的发展同受影响。最近几年来，通过对内地建设特别是三线建设经验教训的分析总结，人们对沿海地区在我国经济生活中的地位作用及沿海与内地的关系问题，有了新的认识，沿海与内地的关系进行了一些调整。尽管在这个问题的认识和实践上有过曲折，但经过 30 多年的建设，沿海和内地的情况都有相当大的变化，与 20 世纪 50 年代初期相比，沿海地区的经济实力大大加强了，内地闭塞落后的面貌也有所改观。按现行行政区划和

1970 年不变价格计算，1949 年全国工业产值超过 10 亿元的只有沪苏两个省市，而且全在沿海地区。现在工业产值超过 100 亿元的就有 18 个（不包括台湾地区），其中分布在内地的占了 44.4%。按城市分，工业产值超过 30 亿元的有 26 个，其中位于内地的占了 38.5%。总体来看，沿海与内地的差距缩小了，工业布局展开了。在这个新的起点上，在开创社会主义建设新局面的进程中，怎样进一步处理好沿海与内地的关系，推动后进地区赶先进，先进地区更先进，赢得全国经济的全面高涨，仍是我国经济建设中一个具有战略意义的问题。

二、沿海内地生产发展条件特点的对比

沿海与内地是一个矛盾的统一体。要处理好二者的关系，首先就要认识和把握矛盾双方的特点及形成这些特点的条件。以往我们在处理这一关系上的失误，在很大程度上就是由于对双方的条件特点认识不足。一个时期片面强调一方的优势而忽视其劣势，另一个时期又片面强调另一方的长处而忽视其短处，这就很难避免决策上的失误。从理论上讲，任何一个地区，在生产发展条件上，总是优劣并存，长短互见。不同的是优劣长短的具体表现、优势的大小和劣势向优势转化的难易。沿海和内地，作为两大地域单元，在生产发展条件上具有明显的差异性。

（1）土地与人口。沿海地区土地面积小，只占全国的 14.6%，其中面积最大的广东也不过 22.1 万平方公里。但人口众多，占全国总人口的 46%，其中山东一省人口即达 7300 万人。全国人口在 5000 万人以上的有 7 个省，沿海地区占了 4 个。人口密度平均高达 322.4 人/平方公里，其中苏、鲁分别为 576.5 人/平方公里和 483.2 人/平方公里，不算京、津、沪三大城市，是全国人口密度最大的两个省。与沿海地区相比，内地特别是边疆地区则是地广人稀，土地面积占全国 85.19%，而人口只占 54%，平均人口密度仅 64.8 人/平方公里，其中西藏为 1.51 人/平方公里，青海为 5.22 人/平方公里，新疆为 7.79 人/平方公里，内蒙古为 16 人/平方公里。

（2）土地资源利用结构。沿海地区，土地垦殖指数、森林覆盖率较高，淡水和海水可供养殖面积较大，耕作业发展的水、土、气资源条件一般来说优于内地，但就人均占有土地资源来说，内地则高于沿海。沿海地区平均耕地为 1.22 亩，林地为 1.08 亩，水面面积为 0.07 亩，而内地分别为 1.76 亩、2.52 亩和 0.33 亩，特别是大面积的草原基本上都在内地，荒地资源的 78.7%、其中宜

农荒地的 88.5%、宜林荒山荒地的 73.5% 以及可供养殖淡水水面的 70.1% 都在内地。内地农业全面发展的潜力大于沿海。

（3）主要矿产、能源资源。总体来看沿海地区比较贫乏，除铁矿、石油、盐业资源占全国较大比重，以及辽、鲁的煤，福建的水力，广东的铜、硫铁矿，鲁、冀的铝土矿，闽、粤的钨矿，辽宁的钼矿还比较丰富外，其他都还不及内地。据现有资料，我国能源资源中的煤、水力、天然气、铀矿，金属矿物中的钨、锑、锡、汞、铜、铝土、钼、镍、铂族金属，钒、钛、锂、稀土、铌等，化学矿和非金属矿物中的磷、硫、钾盐、石柠、云母等，探明储量的大部分以致绝大部分都在内地。

我国资源的优势，明显在于内地。由于内地地质勘探工作较少，今后进一步扩大储量的潜力更大于沿海地区。

但从经济发展水平和经济效益看，沿海地区明显高于内地。

表 1 说明，在经济发展水平方面，就绝对值而言，沿海高于内地，大体上是 60∶40，就人均值而言，差距更大一些，就产值密度而言，差距更悬殊；在经济效益方面，沿海劳动生产率明显高于内地，特别是就资金利税率而言，

表 1　全国、沿海与内地各项指标对比

		全国	沿海	内地
一、	总水平			
	工农业总产值	100.0	60.5	39.5
	农业	100.0	49.87	50.13
	轻工业	100.0	67.68	32.32
	重工业	100.0	60.58	39.42
二、	人均值（元/人）			
	工农业总产值	673.7	885.5	493.1
	农业	165.6	179.4	153.8
	轻工业	238.5	350.7	142.8
	重工业	269.6	354.8	196.9
三、	产值密度（万元/平方公里）			
	工农业总产值	6.89	28.55	3.2
	工业	5.2	22.77	2.2
	农业	1.69	5.78	1.0
四、	交通运输量	100.0	53.6	46.4
五、	外贸出口收购量	100.0	75.0	25.0
六、	工业职工劳动生产率（元/人·年）	11605	13417	9791
七、	全部独立核算工业			
	全部资金占用量	100.0	48.87	51.13
	利税总额	100.0	66.08	33.92
	资金利税率（%）	25.06	33.89	16.62

沿海约高出内地 1 倍。如分省看，差距更明显。如资金利税率最高的上海和最低的青海相差 24 倍。

综上述分析，沿海与内地各有自己的长处和短处，资源优势在内地，经济技术优势在沿海，彼此都有所求，形成一种相互依存、不可分割的经济关系。这也是一种内在的经济动力，推动着沿海与内地携手合作，共同发展。

三、处理沿海与内地关系的指导思想

从上述历史经验和现实情况出发，今后处理沿海与内地的关系，应该根据什么样的指导思想？

不承认地区之间经济发展的不平衡，脱离地区生产发展条件，急于消除这种不平衡，搞削尖拉平，揠苗助长，过去搞过，实践已证明这是不可取的。反之，任凭不平衡的自发扩大，把目光只局限在沿海地区，走美国先发展东北、西北部而后转向南方，日本先发展京滨地区而后转向内陆与落后地区，先高度集中然后扩散的老路，我们认为也是不可取的。最近几年来，有些同志总爱以美、日为例，论证说地区之间经济发展的极不平衡，在相当长的历史阶段里，产业和人口不断向沿海城市高度集中，是世界各国经济发展的共同规律，也是我国必须走的道路。果真是这样吗？我们不妨简要地回顾一下美、日地区经济发展的历史过程及其得失。美国资本主义工业化首先是从大西洋沿岸的东北部开始的，然后推进到中西部大湖沿岸各州及太平洋沿岸的加利福尼亚州，以后东北部和中西部又联结成一个统一体，即北部工业地带，在长达 70 多年（1870~1940 年）的时间里，北部工业地带一直是全国工业畸形集中、大城市密集的地带，而南方各州在这漫长的时期内，基本上是落后的农业区和采矿区，直到第二次世界大战期间，工业才开始扩大规模地向南部转移，近二三十年，在北方的工业和城市显露衰败趋向的基础上，南方出现了迎头赶上的势头。日本的工业，到 19 世纪末主要集中在京滨、阪神、中京和九州工业地区，20 世纪 50 年代中期，又进一步向"三湾一海"地区集中，联结成太平洋带状工业区，而南九州、四国南部、本州东北部和北海道一直是工业稀疏地区。直到 20 世纪 60 年代中期以后才开始出现工业向落后地区扩散的趋向，这个过程，大体上也经历了 60~70 年的时间。工业长期无限制地、盲目地向沿海少数地区集中的布局模式，尽管有利用沿海有利条件，发挥聚集因素的作用，促进经济发展的一方面，但同时也造成大城市的恶性膨胀，地区之间经济发展的严重不平衡，"过密"、"过稀"的矛盾不断激化，社会经济问题成堆，特别是用地、用水、能源、运输、供应、环境污染等方面的问题极其突出。回过头来解决这些问题需要庞大的财政支出，对资本家来说在这类地区再投放资本已是无利可图。在重重矛盾面前，政府才被迫采取分散工业的方针。工业布局的适当集中，城市的合理发展，在经济上是有利的。过分集中，畸形发展，并不是世界各国经济发展的共同规律，只能说符合资本主义剩余价值规律和盲目竞争规律。

有些同志还把苏联同美、日相提并论，说苏联也是先发展俄罗斯和乌克兰，然后东移。这是不确切的。沙俄时代，俄国工业的分布极不平衡，大工业偏集于北方区和中央工业区。苏联建国后不久，由列宁亲自主持制订完成于1920年的"全俄电气化计划"中，就十分重视克服地区经济发展不平衡的现象。在"二五计划"时期，苏联就开始把工业建设的重点东移，建立第二煤钢基地，以后一直比较重视和推行"工业东渐"的政策。

我们是社会主义国家，社会主义经济是计划经济。国民经济有计划、按比例发展的客观规律，不仅要求国民经济各部门之间按比例协调地发展，也要求地区之间按比例协调地发展，调动各地区的积极性，开发利用各地区的资源，促进全国和各地区国民经济的普遍高涨。我们在处理沿海与内地关系时，应符合社会主义这一客观规律的要求。

地区之间经济按比例协调地发展，绝不是意味着无视各地区的客观条件，要求等速度、等规模的发展，搞平均主义，而是说在先进地区更上一层楼的同时，就应当为后进地区服务，支持和带动后进地区跟上先进地区前进的步伐，与先进地区同发展、共繁荣；通过后进地区的开发，反之又支援和促进先进地区更健康地发展。这样做也是符合我国现实情况的。如前所述，我国国情的基本特点之一，是生产的地理分布同资源的地理分布很不协调。沿海地区是我国经济精华的所在和科学技术荟萃之地，充分利用沿海地区之所长，首先在沿海的中心城市，运用两种资源，打开两个市场，学会两套本领，内联外挤，发挥这些经济枢纽的多种功能和多种作用，较快地增强我国的经济实力，这无疑是重要的。多年来，特别是三线建设时期，这一点严重地被忽视了，当前特别需要解放思想，克服这一倾向。但是，在强调发展沿海，面向海外的同时，必须坚持自力更生为主。无论从当前或从长远看，我国的经济建设，还是要主要依靠国内资源、国内市场，因为我们拥有比较丰富而又相当齐全的资源，又有世界上最广阔而潜力巨大的国内市场，这两方面的潜力和优势，我们还远未发挥出来。这些资源和市场，主要是在内地。这就需要把沿海的发展同内地的发展有机地结合起来。今后 20 年为了实现全国工、农业总产值翻两番的战略目标，也必须如此。能源问题是今后发展的重要限制因素之一。靠大量进口能源，来支持翻两番，显然是不现实的；加快沿海地区兖济徐淮的煤炭开发，抓紧海底油田的勘探开发，是增产能源不可缺少的一个环节；但更现实可靠的，还是更多地开发山西、蒙南、陕北、豫西、黔西、贺兰山的煤，开发利用黄河上游、长江中上游主要支流和西江的水力资源，这是满足全国和缺能地区经济发展对能源需求的基本途径。与此直接相联系的煤炭加工、大耗能工业的发展，为输送能源而新建、改造的线路，也必然要把内地放在重要位置上。进一步地说，农业急需的磷肥、钾肥工业的发展，重工业所需的基本原材料生产的发展，也在很大程度上取决于内地多种矿产资源的开发状况。目前，我国能够提供较多的商品粮和皮棉、油菜籽、芝麻、烤烟、羊毛等主要农业原材料的，也主要是内地。上述资源虽然也可以通过以进养出，从国外进口一部分，但从全国看，进口只能是辅助性的，特别是能源和某些矿产，过多地仰赖国外是不可能也是不经济的。我们不像日本、英国，国内资源贫乏，国内市场狭小，不得不主要依靠进原材料，出口产品，来支持已形成的庞大的加工工业生产能力；我们也不能像美国那样，放着国内丰富的资源不去开发利用，而大量从国外进口。我们应当是花力气来合理开发利用我国内地丰富多样的资源，把背靠国内同面向海外结合起来，把沿海地区经济技术上的优势同内地的资源优势结合起来，这样我们就有更大的回旋余地，而不致在国际政治经济形势发生巨变时，陷入被动的困境。

有些同志认为，内地建设经济效益差，而且拖了沿海地区的后腿，有所得必有所失，不如先让沿海地区搞上去再说，这也是值得商榷的。

第一，内地建设，许多属于新区开发，平地起高楼，重大项目的相关投资远大于老区，资金占用量大，直接影响了投资效益，这是不可避免的，世界上其他国家在新区开发的一定时期内都是如此。而且这些多支出的相关投资，不仅是主体工程所必需的，也会产生其他方面的效益。如果不只是从某一单项工程、其一工业来看，而是从一个地区的综合开发、综合发展来看，这也是值得的。如果因此而否定新区开发，那么生产布局将长期展不开，只能围着少数地区兜圈子。

第二，内地建设，也并不是任何时候、任何项目都是经济效益差的。"一五"内地建设就基本上把合理布局和经济效益统一起来了。即使是在三线建设中，失误很多，但也有些项目是发展得比较好的，如黄河上游的几个大中型水电站、甘肃境内的几个有色金属基地、西南的攀钢和一批大中型水电站等。

第三，即使是在一定时期内经济效益差的，只要从实际出发，采取有效措施，经济效益也是可以提高的。最近几年的调整，内地已有不少多年亏损的企业，包括一直被认为是三线建设失败典型的二汽，也较快地转亏为盈，进入全国少数盈利大户（年盈利亿元以上）之列。现在它的产品，不仅在国内供不应求，还打入了国际市场，二汽做得到的，内地其他许多企业也是可以做到的。

第四，内地建设尽管经济效益较差，但毕竟形成了相当可观的工业基础和相当庞大的固定资产，这是今后内地进一步发展可资利用的重要基础。加以培植，促其发展，就会给国家创造财富；反之，当作包袱，扔下不管，任其枯萎，这个损失将是巨大的，而且对沿海地区的进一步发展也是不利的。

诚然，发展沿海而又兼顾内地，在人力、物力、财力的地区分配上，在某些产品的供产销中会有一些矛盾。但这些矛盾毕竟还只是在根本利益一致、总目标一致的基础上的局部性矛盾，只要我们善于发挥社会主义制度的优越性，解决好指导思想、管理体制、价格政策等方面的问题，运用好财政信贷等经济杠杆，真正在平等互利的基础上，组织好沿海与内地的各种形式的经济联合和技术协作，这些矛盾是可以解决的。我们可以走出一条正确处理先进地区与落后地区关系的新路子来。

载《经济效益与管理问题研究》1983 年

论我国生产力布局战略

一、布局战略的抉择

我国生产力的地区布局，要不要继续展开，沿什么方向展开，怎样展开？有三种可供选择的战略：一是"全面东倾"。即在今后相当长的一段时期内，集中力量建设东部，发挥东部的经济技术优势及临海的区位优势。等东部建设好了，积聚了足够的财力、物力，再着手向中西部做战略转移。二是超越发展，即充分利用新技术革命带来的机会和西部的资源优势，把全国建设重点更早、更多地转向西部，实现西部的跳跃发展，也就是进行逆梯度推移。三是梯度开发，即东西兼顾，按三大经济地带由东向西进行梯度推移，并同局部范围的逆梯度推移相结合，将生产力布局有步骤、有秩序地展开。

笔者是主张采取第三种布局战略的。

首先，从理论上讲，考虑这个问题，有三个理论出发点：一是布局的展开，是生产力发展的一般趋势。由于人口的增长，物质资料需求总量的加大和需求结构的多层次化；劳动技能的积累，特别是科学发展引起的技术进步，生产力具有一种内在的扩张力，反映在空间上，就使生产力超出原有地地域范围，向新的区域扩展、延伸，在新的区域集聚、发展起来，从而引起生产力空间结构的变化，更多的生产要素得以投入国民经济的周转中来，促进社会生产力的发展和国家任何实力的加强。因此，生产空间的扩大，布局的展开，是生产力发展的必然趋势。一部社会生产发展史，可以说同时就是一部生产力不断扩张、生产空间不断扩大的历史。尽管由于种种干扰，这种趋势并不一定表现为直线型，往往有曲折、有波动，扩张的规模有大有小，速度有快有慢，但从人类社会发展的总趋势看，这种扩张、扩大是不可阻止的。

二是生产力的空间推移，布局的展开，是一个连续不断的过程，是量的积累，部分质变到质变相继进行的过程。不可能设想，在某一地域长期原地踏步，到了某年某月，突然一下子实现了某种空间推移。因此，当前的建设布局，就要考虑到与下一阶段的空间推移相衔接，对待开发地区给予一定的"超前投资"，创造推移的条件。没有今天这种部分的超前投资，也就没有今后大规模的推移。

三是生产力的空间推移，新技术的扩散，有其内在规律性。一般来说，这种推移、扩散，常常是向"梯度差"较小的方向推移，向引力大于斥力的方向推移。处于创新时期的新产业、新技术，其流向首先是局限在发达地区之间，在同一技术层次的地区间相互转移的比较多。随着新产业、新技术依次进入发展期、成熟期、衰退期，才逐步流向中等发达地区、不发达地区。所以从总体上看，梯度推移是符合生产力空间推移的客观规律的。但这又不是绝对的。在处于低梯度的不发达地带中，已有少数区域增长极，形成一定的资金场、技术场、市场场，它们对产业、技术的吸收力，可能比处于高、中梯度地带内的非增长极地区要大；由于增长极的极化效应和扩散效应的作用及由此形成的外部经济，其投资效果也可能比高、中梯度地带内的非增长极地区要好，或者是低梯度地带内的某些地区，资源引力场特强，如某种或某些关键性的矿产资源、土地资源或水资源机具有独特的组合优势，而发达地区又缺少这些资源，对这些资源的需求量还很大。这样，在这两类地区的局部领域内，也可能超前吸引来某些新技术，形成某些较高层次的产业、产品，实现有限范围的超越发展。在空间推移的大趋势中，这种有限范围的逆梯度推移，实质上也是符合空间推移规律的。

以上三个基本点，从理论上同时说明，作为全国生产力布局的总战略，"全面东倾"和"超越发展"两种战略，在理论上都是有缺陷的。

其次，从我国的实际看，我国东中西三个经济地带，客观上已形成两种梯度：就经济技术的发展水平而言，基本上是从东向西呈阶梯形下降；就空间的广度和资源的丰度而言，则基本上是从西向东呈阶梯形下降。这个格局，一方面说明，我国现有生产力的空间分布还存在许多问题：一是生产力的空间集中程度过高，地区间的发展很不平衡。在这方面同我国有可比性的有两个国家：美国、苏联。用"静态不平衡差"、"空间集中指数"等公式进行对比计算的结果表明，我国工业空间分布的不平衡性远大于美国，也大于苏联。二是生产的地理分布同资源的地理分布很不协调。全国矿产资源的潜在价值在三大地带的分布，大体上是东部占 15%，中部占 42%，西部占 43%，即中西部占了 85%。而 1985 年，全国工业总产值的分布，大体上是东部占 61.2%，中部占 26.54%，西部占 12.26%，中西部合计才占 38.83%。很显然，经济技术优势同资源优势在空间上是脱节的。三是许多产品产、供、销空间上的不平衡。最典型的是煤炭。东部缺煤少电，工业生产能力不能充分发挥，每年要因此而损失 25%~30%的工业产值。而中西部煤炭开采出来，就地消化的能力有限，由于产运失调，运又运不出去，不得不以运定产、限产，严重影响了煤炭生产能力的利用和煤炭资源优势的发挥。从而出现了资源紧缺地区与资源开发利用不足地区的同时并存。这些问题，已在不同程度上制约着全国经济的健康增长和综合效益的提高。另一方面也说明，三个地带之间，各有所长也各有所短，彼此都有所求，谁也离不开谁，这既是一种内在的经济动力，推动着三个地带的联合协作，取长补短，也在客观上提供了展开布局、循序西移的可能性。

三个地带的划分，大体上体现了全国生产力发展水平东高、中平、西低的总体态势，这是主要的一面。但也要看到，各地带内各地区之间也存在着自己的梯度差：发达的东部，还有局部不发达、欠发达的地方；不发达的西部，也散布着局部发达、比较发达的地方，也具有相当规模、相当水平的产业、产品。因此，由东向西的梯度推移，并不是板块式的，不是整齐划一的，而会出现某些交错。即西部的局部地方、局部领域，有必要也有可能超前发展。这种局部范围的逆梯度推移，同大顺序上的梯度推移，都符合我国实际，二者是相辅相成、殊途同归的。

综合以上分析，在布局战略的抉择上，如果过分强调集中布局，全面东倾，机械地等待东部地带都建设好了，回过头来开始建设其他地带，让生产力长期在东部超负荷的集聚，就很难避免地带间的两极分化，落后地区与发达地区的差距越拉越大，现有生产力分布格局中存在的各种不协调将更趋严重。其结果不利于落后地区的开发成长，也将拖累发达地区，还要增加国家的财政负担，牵制整个国民经济的发展。这种牵制作用主要表现为：中西部生产上不去，其产品可供量就不能增长，从而不能满足全国和东部对中西部产品不断扩大的需求；中西部效益上不去，能源、原材料成本下不来，采用这些能源、原材料的东部企业的生产成本就要提高，从而影响国民经济的整体效益；中西部市场不发展，消费不足，需求疲软，就不利于吸收、容纳东部产品，从而限制东部的生产规模和国民经济总规模。从系统论观点来考察，如果三个地带在发展关系上极度失调，全国生产力系统的整体能力，就只能以最低因素的水平为基准来决定。一个国家，特别是像我们这样一个幅员辽阔、大片地区开发潜力大而开发程度很低的国家，如果只有少数地区获得发展，多数地区长期很难发展甚至没有发展，要实现整个国家的繁荣富强是不可能的，社会主义建设了30多年，如果再过40年、50年，还有大片地区游离于现代化的主流之外，其居民连温饱问题都不能真正解决，或者只属于"机会型脱贫"或"输血型脱贫"，而缺乏自身持续发展的活力，那是说不过去的。反之，脱离东部，跳过中部，希望把开拓重点一下转移到西部，实现西部的超载发展，这既是国力所不能承受的，也将超越西部现实条件的可能性，超过投资的承受能力，揠苗助长，欲速不达，显然是不现实、不可取的。

正确的布局战略，应当是从三个地带处于不同发育阶段的这个实际出发，面向2000年、2050年全国经济社会发展的战略目标，既坚持布局西移的方向，又以积极稳妥的态度，先着手进行开拓重点向中部地带的推移，并逐步扩大推移的领域与规模，滚动式地将生产力布局循序展开。在国家的空间投资政策上，应针对三个地带的特点、条件，采取相应对策，兼顾三个地带发展的客观要求：即使进入成熟期的东部，在经济技术上更上一层楼，扩展并延长其作为全国骨干区域的作用，发挥展开布局的第一个台阶的功能；使处于成长期的中部，得以加快其向成熟期过渡的步伐，形成全国生产力布局的第二个台阶，发挥其"承东启西"的任用；使处于发育期的西部，启动和加强地带经济的内部活力，脱贫致富，健康地跨过工业化的起点，进而着手经济发展的第二三部曲，增强全国经济发展的后劲。要注意不同时期重点建设地区的转移和衔接，防止建设重点在东西两极大幅度的摇摆，造成生产力空间推移上的大起大落。

我国总体布局的政策目标，是从宏观上协调好各空间子系统的发展比例关系，把东部的发展同中西部的开发很好地结合起来，发挥、挖掘各地带的优势与潜力，尽快使东西部从比较单一的产品联系，发展到产品、技术、资金、人才、信息等经济因子交错转移的多元化联系，强化地区间的关联性和互补性，经过较长期的空间结构的调整与开拓重点有秩序的空间转移，使全国经济振兴，各族人民共同富裕。这就是我国生产力布局战略的基本思路。

二、布局战略中若干认识问题的研讨

在布局战略的抉择上，之所以有较大分歧，一个重要原因是对一系列相关问题的认识不同。因此有必要就这些问题做进一步的研讨。

（1）全国开拓重点的转移与全国经济重心的转移，是两个不同的命题，前者是指在一定时期内，社会总资源的地区分配重点放在哪里，即国家空间投资政策重点的选择和转移；后者是指在某一时间点上，在某一时间点上，全国现实的经济主体在哪里，即在哪里总体经济实力最雄厚，在全国经济生活中居于主导地位。开拓重点的转移，并不意味着经济重心的转移。美国在第二次世界大战期间，特别是在第二次世界大战后，开拓重点就转向西部，但全美的经济重心到现在还是在东北部。苏联从第二个五年计划时期开始，就着手把开拓重点东移，而且以后一直坚持东移战略，但至今，全苏的经济重心仍在其欧洲部分。这两种转移的实现，存在着很大的时间差。从现在开始，我国着手把开拓重点向中部转移，然后根据情况，进一步西移，是可行的。但经济重心的转移，则要经历一个很长的历史过程。即使是在开拓重点西移以后，在很长一段时期内，东部还将保持其全国经济重心的地位。所以在布局战略的抉择上，不能把这两种转移混为一谈。现在要讨论的是，要不要和能不能把开拓重点循序西移的问题，而不是经济重心的西移问题。有些同志却把这两个不同的命题混在一起，这就难以有共同语言。

（2）东部的进一步发展，会不会进一步扩大东西间的差距？这有可能，但不是必然的。如果总体布局得当，工作做得好，就可以通过东部对中西部的"动态不平衡差"，逐步相对缩小中西部对东部的"静态不平衡差"。动态不平衡差是指在某一时期内，两个经济实体间在经济增长速度上的差异；静态不平衡差，是指在某一时间点上，两个经济实体间在经济实力上的差距。不平衡差都是指小值对大值而言的。两种不平衡差发展变化的趋势，可能是同向的，也可能是逆向的。如果是逆向的，就可以缩小静态不平衡差。

不平衡差的公式为：小值/大值 = X/100；（100 - X）就是小值对大值的不平衡差。用此式计算，新中国成立 30 多年来，由于中西部工业增长速度快于东部（即东部对中西部的动态不平衡差），中西部对东部的静态不平衡差呈逐步缩小的趋势，即由 1952 年的 55.82，逐步缩小为 1957 年的 48.29，1985 年的 36.66。如果这个期间没有布局上的重大失误，中西部对东部的静态不平衡差缩小的幅度还会更大一些。至于在今后一个时期内，东部采取技术导向发展模式，中西部采取资源导向发展模式，这样会不会拉大东部与中西部的技术差距？这里的关键在于我们的技术政策和产业政策。为了加速中部优势能源、矿产资源的开发，中西部在这些领域内的骨干企业，应引进、采用先进技术，赋予这些传统产业以新的发展手段，提高其技术水平。在传统原材料工业发展的基础上，应开发新型材料产业群，这种产业不同于传统意义上的原材料工业，而是新技术革命的一分子和高技术产业的物质基础。正如传统的原材料工业曾经是近代大工业的发动机，推动着近代加工制造业的发展一样，中西部新型材料工业的发展，也将推动着中西部高技术产业的成长。沿着这个途径也可逐步实现产业结构的高级化，从而缩小与东部的技术差距。而且根据技术空间推移加速律，如果东部发展成为经济更加繁荣、科技高度发达的地带，则这种技术梯度所造成的技术流将会加大，流动速度更快，推移的技术水平也更高，中西部就有可能在更高水平上接受来自东部的技术流，加快自己的技术进步和经济增长速度，这也有利于相对缩小与东部的差距。总之，只要布局战略、总体部署符合生产力、新技术空间推移的客观规律，东部的发展，正是中西部崛起不可缺少的外部条件，也是逐步缩小东西差距的必经阶段。

（3）开拓重点逐步向中、向西推移，会不会降低东部的增长速度和经济实力，从而影响全国战略目标的实现？这二者的确有矛盾的一面，处理不当，矛盾还会突出。但从根本上讲，这两方面的统一是主要的。战略目标同战略重点是密切相关的。战略目标的实现，有赖于战略重点的实施。从物质生产角度看，能源、原材料短缺，是实现全国战略目标的主要限制因素之一，更是东部继续增长的主要限制因素。东部尽管可以通过对外贸易来部分弥补能源、原材料的不足，但根本出路，还主要是立足于国内生产供应。能源、原材料工业多属资源型工业，其布局指向性主要是相关的自然资源。而这些资源的优势是在中、西部。东部从总体上看则处于劣势。所以要加强这个薄弱环节，保证全国战略目标的实现，显然主要不能靠东部的自我发展，而要靠中西部首先是中部的开发。开拓重点向中部转移，不是什么都转移。就产业而言，首先重点是煤炭、煤电、水电、高耗能耗料工业的转移，这些正是东部进一步发展所急需，又是东部没有条件大发展的。中部以致西部局部地区这些工业上去了，对东部发展只有好处。开拓重点向中部的转移，也包括某些传统工业向中部的扩散，这也有利于减轻东部发达地区的负担，使之腾出手来，集中较大力量来加快产业结构的调整，提高其整个经济的素质。因此，这样的重点转移，既是全国生产力布局循序西移的一个战略步骤，也为东部在经济技术上更上一层楼提供一个重要的外部条件。这同保证全国战略目标的实现是一致的，而不是对立的。

（4）生产力空间推移与效率的关系，即均衡与增长、效益的关系，是布局战略抉择中争论的一个焦点。对这个问题，以下几点是值得思考的：

第一，如何正确评价新中国成立以来我国生产力空间推移的得失。对此应做具体的历史的分析。"一五"期间，我国工业建设的重点已开始转向内地。以156项为中心的600多个重大项目，大部分是摆在内地的。实践的结果，基本上取得了速度、效益的辩证统一。从速度看，全国总体增长速度较快，其中内地增长速度又相对快于沿海；因而在工业的地区分布上，内地工业占全国的比重稳步上升；从效益看，"一五"时期在内地开工和建成的一批重大工业项目，投资效果一般都较好，发展的后劲也较大，大部分至今仍是内地以至全国效益较高的骨干企业。其原因是这个期间，经济建设受非经济因素的干扰少；内地与沿海投资的比例关系较协调，建设重点虽然开始转向内地，但重点并不过重；内地建设不是全面铺开，而是择优布点，适当集中；重点项目的区位选择工作做得很细。可见速度、效益与建设重点西移，并不是对立的。1958 年开始，大跃进打乱了"一五"时期行之有效的布局战略，布局混乱，效益不佳，内地受的影响更大。至于三线建设，更是在一种特殊历史条件下的特殊产物，是在和平时期按战时体制来搞经济建设、搞生产布局。"躲避沿海"，跳过中部，工业布局跳跃式地西移，一线、二线、三线投资比例严重失调。三线建设本身又要求过高过急，在布局上搞"山、散、洞"，严重背离工业区位的客观要求；在投资方向和投资结构上，过分偏于国防工业和重工业。在工业建设上，主体工程同基础设施又严重脱节。三线建设的历史机遇也不好，开始不久，就遇到十年动乱。三线建设投资效益差有其很复杂的历史背景。在这种历史背景下，西部大三线建设的效益固然不佳，东部的小三线建设效果同样不好。因此，在布局效益的评价上，应排除外部干扰的不正常现象，按正常时期的正常情况来做对比分析。如按"一五"的思路，把工业建设重点逐步地合理地向内地推进，生产力空间推移的效益就会大不一样。三线建设的历史教训是应吸取的。大地带的梯度推移，正是吸取了三线建设的跳跃式西移的教训。但也不能"一朝被蛇咬，十年怕井绳"，由此而否定开拓重点逐步转移的必要性。

第二，经济效益同经济空间集聚程度呈一定的正相关关系。国家工业化的初期或在待开发的广大地区，由于资金、物力和区域基础设施的限制，适当集中在少数点轴上进行重点开发，的确比遍地开花、分散力量、形不成集聚效果更能获得较高的增长速度与效益。但不能简单地认为，经济空间集聚程度越高，效益就越大。据国外学者研究，经济的集聚点——城市，其规模经济效益的下限是 15 万人口以上，上限是 100 万~200 万人口。在 15 万~100 万人口范围内的城市，基本公用服务成本比 15 万人口以下的城市便宜，也比 100 万人口以上的城市便宜，一般生活条件不致恶化，就业前景良好；15 万人口以下的城市，生活条件较好，但经济效益较差，就业机会不足；100 万~200 万人口的城市，就业情况较好，但生活条件随之恶化；超过 200 万人口的城市，整个生活条件严重恶化，生活费用高昂，就业紧张，竞争激烈，污染严重，犯罪率提高。笔者根据 1985 年我国 324 个设市城市的统计资料，按规模分为 200 万人口以上、100 万~200 万人口、50 万~100 万人口、20 万~50 万人口、20 万人口以下五级。采用了四组指标进行对比分析，其结果是：

（1）在反映工业经济效益，包括七个指标的指标组中，只有百元固定资产提供利税、全员劳动生产率两个指标与城市规模呈正相关关系，其余的如百元产值提供利税、百元资金利税、职工人均净产值，20 万人口以下的城市组优于 20 万~50 万人口的城市组；百元固定资产提供产值，20 万~50 万人口的城市组优于 50 万~100 万人口的城市组；资金周转天数，50 万~100 万人口的城市组优于 100 万~200 万人口的城市组，也优于 20 万~50 万人口及 20 万人口以下的城市组。

（2）包括三个指标、反映城市公用设施的指标组中，万人拥有铺装道路面积、城市园林绿地和覆盖率，100 万~200 万人口的城市组优于 200 万人口以上的城市组，也优于其他城市组；人均居住面积，20 万人口以下的城市组最高，50 万~100 万人口的次高，而 200 万人口以上及 100 万~200 万人口的城市组均较低。

（3）在反映商业服务善的指标组中，六个指标有五个都以 100 万~200 万人口的城市组最好，而 200 万人口以上及 20 万人口以下的城市组均差。

（4）在反映文化卫生设施的指标组中，六个指标有四个都以 100 万~200 万人口的城市组最高，没有一个是 200 万人口以上的城市组最高的。

上述指标组还不能反映出其他方面的效益和问题，如大城市、特大城市普遍存在的"城市病"、城市生态环境质量、城市建设费用、平均安排一个劳动力就业需要国家投资，等等，从这些方面看，中小城市一般优于大城市和特大城市。

国内外的实践说明，集聚与效益在一定范围内是呈正相关关系的，但超出这个"度"，形势就会逆转，而且还会产生严重的社会问题、生态问题。这时，在城市和工业密集区附近进行小尺度的空间结构的调整，虽然可以解决一些矛盾，但不能解决根本问题，反而容易导致更高的空间集聚，使经济社会的各种矛盾更加激化，这正是许多发达国家长期苦恼的一个棘手问题，我们不能重蹈人家的覆辙，特别是我国的大城市、特大城市，城市管理水平比人家低，城市产业结构比人家重，城市基础设施比人家差。在同等规模下，我们的"大城市病"更加严重，控制大城市的膨胀，防止工业的无限集中，对我国尤为重要。

第三，在经济效益的评价中，要考虑多年来经济体制和价格体系上的缺陷。我国中西部的开发，需要采取资源转换战略，在一定时期内，产业结构是以资源导向为主，能源、原材料和初加工工业占较大比重。在经济体制存在缺陷和价格扭曲的情况下，资源开发地区创造的价值，相当一部分无偿地转移到东部加工制造业发达地区，其实际效益不能完全反映出来。而加工制造业发达地区靠吃国家廉价调拨能源、原材料所形成的产品成本的相对优势和"高效益"中，就存在相当的水分。利用我国常用的衡量经济效益的指标，来对比分析东西部经济效益的差距，也就存在着相当程度的失真。

第四，新开发地区企业建设的外部投资，远大于发达地区。在计算发达地区的投资效益时，要不要按比例地在投入量中加上历史上积累下来的投入，这是一个值得研究的问题。当然这种计算很复杂，也难计算清楚，但在对比分析中至少应考虑到这一因素。发达地区特别是其中的大城市，由于已积累起来的投入，对新的投入有较强的吸引力，形成一种"投资惯性"。而待开发地区，由于已积累起来的投入很少，缺乏吸引消化新投入的能力。在国家的空间投资政策中，就应当对前者的"投资惯性"进行适当的抑制，而不能放任自流；对后者则应积极创造条件，培植、强化其吸引消化新投入的经济机制。否则，高密度地区将无限膨胀，而低密度地区将永远摆不上开发的议事日程。

第五，均衡与效率，是只要一头还是兼顾？有些同志认为，均衡与效率两个政策目标是互相抵触的：为了提高效率，就要牺牲均衡；为了均衡，就要牺牲效率。我们认为，这两者的确有矛盾的一面，但在一定程度上又是互为前提的。过分强调效率而放弃均衡的目标，将造成地区间、人民间的两极分化，会引起社会不安定，从而也就丧失了效率提高的社会保证。一个动荡不安的社会环境，是很难有高效率的。反之，过分强调均衡，会使效率太低，从而丧失了均衡的物质来源。因此，这两个政策目标是一对相互依赖、相辅相成的矛盾统一体，把二者割裂开来、绝对对立起来，偏好任何一方，都会给社会经济带来损害，使两个目标都难以实现。看来问题的实质，不是只要一方，不要另一方，而是如何协调二者之间的关系。可能这二者之间难以找到一个最佳点，但却存在一个合理的区间。平衡的两端，一端是以不影响经济效率，不出现浪费与损失为界限；另一端是以不妨碍各地优势的发挥，不出现两极分化为界限。地区间先富后富和共同富裕，就是兼顾并协调这两种政策目标的基本原则。在布局战略的抉择上，应坚持这条基本原则。

有的同志认为，经济增长与均衡发展之间存在着一种倒"U"型相关规律，即二者呈反向运动，至于何时可达到"U"型的拐弯处，出现同向运动，则取决于国土面积大小和经济基础强弱。国土面积越大，经济基础越薄弱，则这种反向运动延续时间就越长。我们认为，这种现象是存在的，但提高到普遍规律的高度则是不确切的。从我国的实践来看，1953~1956 年，全国工业的年平均增长速度为 11%，这不能不说是较高的增长速度。同期，我国东西部工业的静态不平衡差，由 1952 年的 55.82 下降到 1985 年的 36.66，30 多年就下降了19.2，即地区相对均衡发展的趋势也较明显。二者之间基本上是呈同向运动的，特别是其中的 1953~1957 年的五年中，全国工业年增长速度为 18%，是历次五年计划中增长速度最高的，也正是在这个期间东西部工业的静态不平衡差缩小的幅度也最大，五年中缩小了 7.53。这就说明，均衡与增长之间呈倒"U"型的相关关系，并不是一个普遍规律。二者到底呈什么样的相关关系，主要取决于布局战略和总体部署是否恰当。

三、生产力总体布局框架

一定时期的生产布局战略，需要有与之相适应的总体布局框架，便于布局战略的实施。

（一）安排布局框架的地域单元的划分

最近几年来，我国理论界曾先后提出几种布局宏观地域单元的划分：

（1）两分法。即以 400 毫米等雨线为界，把全国划分为东南和西北两大部分。以这样一个主导的自然因子为依据，如用来划分宏观气候地带还可以，用作研究我国人口布局问题的地域单元，也有一定意义，但用作规划生产力布局框架的地域单元，则是不合适的。按此划分，尽管两大地区在国土面积上相差不大，但从发展条件与经济技术发展水平来看，则相差过于悬殊。而且这条分界线一旦画下去，就打乱了一系列省区的界限。这样划分，在经济上没有什么实际意义，并且同全国布局循序西移的总战略相脱节，也给资料、数据的收集整理带来不必要的困难，因而是不可取的。

（2）三分法。即综合考虑发展的基本条件与潜力、现有生产力发展水平、地理位置特点，适当考虑现行省级行政区划的完整性，把国土划分为东中西三大经济地带。对这种划分，虽然还有些不同看法，如有人认为，按上述因素考虑，应把划入西部的川、陕两省，划入中部地带，因为它们的基本条件、特点，更接近于中部，而与西部其他省区差异较大。但考虑到在未来西部地带大规模开发中，更好地发挥川陕两省的基地及地带"增长极"的作用，同时，虽然它们划入西部地带，但在全国开拓重点转移过程中，并不妨碍它们比西部其他省区先行一步。因为第一，在开拓重点转向西部以前，西部地带的局部地区有必要也有可能超前发展。第二，三大地带的划分，只是近似地反映我国现有生产力发展水平东高、中平、西低的总体态势，并不意味着各种地带内的各地区，在发展水平上都是近似的，三大地带不管如何划界，这种差异都会存在。从总体上看，这样划分，同划分的基本依据与布局战略一致，因而也是可以的。

我国幅员辽阔，东南西北中空间差异很大，三大地带的划分，只能反映出一定阶段上全国宏现布局的总趋势与大致轮廓，还难解决区际间的合理分工与区域内经济的综合发展问题。为了更具体地落实生产力布局的总趋势，《全国国土总体规划纲要》在三大地带下，又划分了19大重点建设区块，但其覆盖面太小。在总体布局地域体系中，缺乏把上述两个地域层次衔接起来的中间地域层次。因此，一级综合经济区的划分，就成为安排生产力布局框架的一个必不可少的环节。对此，已提出较多方案。其中具有代表性的有两个：

（1）七大区构想，即把全国划分为以下七大区：东南"黄金海岸"区，以香港、高雄、厦门"大金三角"为核心，进而把周围一连串大中小城市和广大农村网络起来；长江大流域，东起东海之滨的上海，西到攀枝花，以长江为纽带，联结20多个城市，形成一个世界上独一无二的纵横交错、城乡联结、上下相通的大流域经济网络；陇海、兰新大铁路经济地带，东起连云港，西到伊犁，形成现代的"丝绸之路"、世界最长的"大陆桥"；黄河经济地带，东起下游胜利油，中经晋陕蒙大煤田区，西到上游大水电站群，组成全国能源重化工基地区；环渤海经济区，面对太平洋，联结辽、海、黄三个流域，港口、铁路密集，是全国轻重工业基地、东北华北华东三大区的结合部、交通枢纽区和"天然养鱼池"；东北区，处于欧亚两大陆经济交往、技术交流的通道上，大连是西伯利亚"大陆桥"的中转站，将担负着促进东北亚国际经济合作的战略任务，在国内则发挥全国重工业基地的作用；西南区，自然资源极为丰富，结合状况也极为理想，是全国冶金、化工、建材三大原材料及水火兼备的能源基地，又是全国动、植物资源宝库和自然生态屏障。

（2）六大区构想，即把全国划分为六大区：东北经济区，包括东北三省及东蒙三盟一市，为重工业型，以冶金、机械、石油、化工、森工为主。黄河流域经济区，包括青、甘、宁、晋、冀、鲁、京、津、豫北、关中、陕北、内蒙古中西部。下分四个二级区：以钢铁、石油、石化、海洋化工、某些高档日用消费品为核心的京津冀区，以能源、石化、纺织及棉、烟、花生、水果等经济作物为中心的山东区，以能源重化工为中心的晋、豫北、内蒙古中部地区，以能源、有色冶金、盐化工、畜产品加工为中心的陕、甘、宁、青和蒙西地区。长江流域经济区，包括川、甘、宁、青和蒙西地区。长江流域经济区，包括川、鄂、皖、苏、浙、沪、陕南、豫南、赣北、赣中、湘北、湘中、黔北。下分上中下游三个二级区：以军工、机械、高耗能工业为主体的上游区的四川、黔北区，以能源、钢铁，有色冶金、机械为中心的中游区，以技术密集型和出口导向型产业为中心的下游区、南方经济区，包括云、桂、粤、闽和湘南、赣南、黔南地区，以港口、水电开发为中心。新疆区和西藏区由于面积辽阔，条件特殊，战略地位重要，宜分别划为两大经济区。[①]

我们认为，从综合经济区划与规划生产力布局框架的角度看，第一种划分的一个明显缺陷是，经济区之间在地域上重叠交叉太多，并把流域区划综合经济区划混在一起。长江流域区上游与西南区、陇海兰新大铁路经济带与黄河流域区的上中下游地区大部重叠，环渤海区，既与东北区南部又与陇海兰新铁路经济带的东段及黄河流域区的下游区重叠；反之，又有相当一部分地区被排斥在这个区划之外，不能覆盖全部国土。东南区、西南区、东北区，是综合经济区划类型；长江流域区、黄河流域区属流域区划型；陇海兰新带属铁路区划型。这种区划，既难以承担起综合经济区划的任务，也勾画不出脉络分明的全国生产力总体布局的框架。

第二种划分，除带有第一种划分的某些缺陷外，更明显的缺陷是实际的划分与提出的划分原则自相矛盾较多。如区划原则之一，是经济区划不需要也不可能严格地分疆划界。但实际上，所划分的新疆区、西藏区，疆界很明确，其他四大区在地域上分别包括哪些省市区和地区，也都有明确的地理界限。原则之二，是每个大区经济的综合发展程度较高。但实际上，新疆、西藏两个大区都不具备这个条件。原则之三，是每个大经济区，都有一个以城市为依托的主要经济中心和一批层次不等的次级经济中心形成规模不等的、由一批城镇群组成的"极核"地区，成为带动整个地区经济发展的据点。实际上，不仅新疆、西藏两个大区不具备这个条件，长江流域区和黄河流域区由于东西延伸太长，也很难形成相对独立的统一的经济实体。原则之四，是充分考虑自然地理和生态系单元，使生产力布局与国土开发治理相结合。实际上，西藏区是青藏高原

---

① 陈栋生：《我国生产力布局的几个问题》，《生产力布局与国土规划》1986 年第 4 期。

的一个组成部分，新疆区是蒙新高原的一个组成部分，都不是一个独立的自然地理单元。前四大经济区在综合自然区划上，多分属不同的自然地理单元。完整的流域与完整的自然地理单元，是两个不同的范畴。

在这里，涉及怎样理解和把握综合经济区划的任务及原则依据问题。我们认为，不同的区划任务，其区划的原则依据以及具体的地域范围是不同的。就区划的任务而言，可分为两类：

一是单一功能区划。其任务是为了解决经济社会发展中某项特定发展目标而划分的区域，如农业区、能源经济区、贫困地区等的划分。

二是多功能综合区划。是为了解决区域发展的多目标问题。又可分为两种不同的区划：①流域区划。即大致以分水岭为界线，把整个河流的流域面积划为一个经济区，其目的主要是为了解决水资源的综合利用以及与此相联系的整个流域的综合整治开发问题。②综合经济区划。是根据全国地域分工的要求与区域的客观条件，从全区国民经济的总体着眼，确定区域的发展方向、目标、战略重点、产业结构及各项建设事业的综合布局，研究区域开发政策、步骤以及协调区际间的区域内各组成部分经济活动、实现经济一体化的途径，这是更典型的多功能综合区划。落实布局战略，规划生产力布局框架，需要依托这种地域单元。

这种区划的基本原则是区内多因素的近似性及与外区的差异性。既区域内现有生产力发展水平、发展的基本条件与潜力、面临的主要任务及发展方向、发展基本途径等方面的近似性，又有各区域间在这些方面的差异性。这里讲的近似性，不是完全相同；所讲的差异性，也不是说毫无共同点。区域内部也会存在各种的差异性，但从总体上看，这种差异性与区内的近似性相比，或与这一区域同外区的差异性相比，在相对程度上都要小一些。内部的近似性，是产生经济区内在凝聚力的基础；与外区的差异性，是区域间地域分工的基础。

区划的主要依据是：①一个经济区内，要拥有在历史上形成的特殊的专业化与一定程度的综合发展，或者是具有能逐步形成有全国意义的专门化产业与综合发展的基本条件、潜力。②区内已形成或正在形成一定规模、一定辐射力的区域性经济中心或经济核心区，能够组织带动区域经济的发展。③构成现代区域空间结构的要素（即"节点"，即各类城镇；"域面"，即"节点"的吸引范围；"网络"，由各生产要素的流动网及交通网组成）已发展到一定水平，特别是"网络"能联结"节点"与"域面"，使二者得以互换优势，互补劣势。这一点正是综合经济区同自然经济区相区别的主要因素，从而构成划分综合经济区的一个重要依据。④原则上不打乱省级行政区划，即考虑到行政区划因素。二者矛盾较大时，应调整行政区划以适应经济区发展的需要。⑤同级经济区之间，在地理范围上不宜交叉重叠，各有其明确的地理界限。尽管这种地理界限并不是固定不变的，当区域经济发展到一定阶段以后，可以根据新的情况做适当调整。但在一定发展阶段中，一定的地理界限总是要有的。⑥综合经济区划应覆盖全部国土。在一国范围内，各经济区在经济上的成熟程度不同，但这并不妨碍把落后地区也划入经济区划体系之内，因为经济区划的任务之一，就是要挖掘利用落后地区的有利因素与潜力，通过生产布局的调整，组织经济区之间的横向联合，为经济上不成熟的经济区创造发展的条件，启动其内部的经济活力。

根据综合经济区划的任务、原则依据，流域区划与综合经济区划尽管都以多目标性与单一功能区划相区别，但多功能综合区划中的这两种区划，也存在明显的差别。可以同时进行这两种区划，并各自形成自己的区划体系，但不宜把二者混在一起，形成一个统一的区划方案。

为了克服上述两种区划的缺陷，笔者主张把全国划分为六个一级综合经济区，即东北区（包括东北三省和东蒙三盟一市）、黄河中下游区（包括内蒙古中西部、晋、豫、冀、鲁、京、津）、长江中下游区（包括湘、鄂、赣、沪、苏、浙、皖）、东南区（包括闽粤桂，以后还可包括港澳台）、西南区（包括川、贵、云、藏）、西北区（包括陕、甘、青、宁、新）。针对已提出的几种区划方案，在各区的地域范围上提出以下几点看法：

（1）把现在的上海经济区的范围扩大到两湖，划为长江中下游区。主要考虑到上海经济区需要两湖在水电、原材料上的紧密协作，向两湖转移一些大耗电工业也比较近便；两湖的发展，也需要与上海经济区的开放城市、经济开放区进行经济联合，充分利用长江之便，东向上海，并更好地利用上海经济区的资金、技术、人才，组织在一个经济区之内，更便于统一规划，在生产要素上进行互补。

（2）陕西的过渡性比较明显，按其基本条件、潜力与今后的发展方向，可以划入黄河中下游区。但这样一来，西北区就缺少一个比较有力的经济中心和比较发达的省作为全区经济发展的前进基地，难以形成地区经济网络，所以还是划入西北区为宜。同样，四川如从西南区抽出来单独划为一个经济区，也有类似问题。

（3）新疆、西藏虽然面积辽阔，条件特殊，战略地位比较重要，但如果都单独划为一个一级区，显然缺乏基本条件。在今后相当长的一段时期内，也很难形成一个一级综合经济区，但其情况特殊，可分别划为西北、西南区内的二级区。

（4）广西的归属问题。如考虑到西南区的出海口，考虑到黔西滇东煤田、云贵磷矿及红水河水电资源的开发，南防、南昆铁路的修建，广西与云贵的经济联系将有所加强，划到西南区也可以。但从历史、现状和今后的区域发展方向看，广西与广东的经济技术联系，从总体上看还是更为密切、广泛，特别是考虑到对外开放，积极参与现代国际分工对我国生产力布局的影响，把广西与粤、闽合为一个东南沿海经济区是比较恰当的。

（二）按三大经济地带安排的生产力布局框架

根据三大经济地带的划分，安排各地带的重点建设区域，从而勾画出全国生产力总体布局的框架，这同时突出沿海与长江干流两大开发轴线、以"T"形布局为主导的布局框架相比，更能反映出全国生产力布局的实际及其发展趋势，也同从东向西逐渐推进的布局战略比较衔接。其具体构想是：

（1）东部地带。一方面以技术为导向，以内涵扩大再生产为主，重点抓好渤海湾地区、长江三角洲地区、珠江三角洲地区三大主要发达地区产业结构的调整，实现产业结构的高级化；另一方面结合资源的综合开发、综合利用，促使产业、人口和其他生产要素向地带内开发不足地区转移、扩散，重点建设好冀东滨海地带、黄河三角洲地区、镇海—定海—普陀经济圈、闽南三角洲、西江工业走廊和海南岛。在全国地域分工中，东部地带要担负起两大任务，一是北起渤海湾地区，中经长江三角洲，南到海南岛和北海地区，形成面向太平洋开放的东大门，充分利用世界经济布局大变动所带来的机遇和地带的临海区位优势、经济技术优势，进军世界市场，在更广阔的天地里，在高水平的竞争中，注入新的推动力，提高地带的经济技术素质，加强创汇和平衡外汇收支的能力；二是在更高的水平上，从资金、技术、信息、高技术产品等方面，更强有力地支持和带动中、西部地带的开发。

（2）中部地带。内涵与外延并举，加快建成为全国最大的能源供应基地和以能源为依托的重化工基地，承担起"承东启西"的历史责任：向东，提供能源、原材料，接纳东部转移扩散的项目、产品，支持东部的结构调整和经济增长；向西，输送适用技术，积累大规模开发利用能源、原材料产业的技术经验，提供西部缺少的商品粮、重型机电设备、钢铁、某些日用工业品，中转东西交流的生产要素和信息，成为下一步大规模开发西部的桥梁、纽带。同时在

"承东启西"中壮大输出产业，拓宽输出市场，推动地带经济突破性地发展。为此，需要加强三大网络，重点开发三大区块。

三大网络是：①在开发北煤南水的基础上，加强以坑口电站、路口电站及大中型水电站为主力、水火相济、南北沟通的区域输电网络；②开拓晋煤外运通道，开辟江、淮、黄的内河航运，形成贯通东西南北的运输网络；③通过对江河的综合治理综合开发及引水工程的建设，形成南水北调的水资源调度网络。

三大区块是：①黑龙江东部、西部以煤、煤电、石油、化工、森工及粮豆转化为主体的工业开发；②蒙西南、山西、豫西、两淮地区，以煤、煤电、铝、钼、金、稀土、铌、煤化、石化及其后续工业为主的综合开发；③长江中游产业密集带，以水电、有色冶金、磷化工、机械、电子及优势农产品的深加工为主。

（3）西部地带。20世纪内，主要是打基础，做准备，迎接下一阶段的战略转移。但由于西部地带幅员最辽阔，地带内的差异更大。就省区而言，其东部的川陕，经济发展水平明显高于其西部的诸省区。在一省区范围内，经济中心与外围地区在发展水平上也有很大的反差。因此，在大体布局上，应是先东后西，首先集中较大力量，开发东部的川陕，使之先行一步，建立起大规模开发西部的桥头堡。其他省区，当务之急是发展地方经济，尽快脱贫致富。同时各省区都要有重点地适度开发以下两类地区：一是更好地发挥现有中心城市作为区域增长极的作用，向外围地区扩展其扩散效应；二是重点开发资源组合优势明显、国家又急需其产品的地区，主要是：黄河上游的水电铜铝铅锌基地，陕北、宁东、滇东的煤、煤电、煤化工基地，攀西地区的水电、钢铁、钒钛基地，滇西的水电铅锌基地，乌江流域的水电、铝、汞、铁合金基地，云贵的磷化工和柴达木的盐化工基地，并在资源储量和运输有保证的条件下，扩大准噶尔、塔里木、柴达木、四川盆地油气资源的开发规模。

（三）按一级综合经济区安排的布局框架

在划分六个一级综合经济区的基础上，确定各区的主攻方向，可以进一步更综合地勾画出全国生产力布局的框架。

（1）东北区。以沈阳、大连、哈尔滨为中心，辽中南、哈长吉全区的经济核心区。这一地区已形成明显的经济专业化，区内各地域单元和国民经济各部门之间，已形成比较紧密的经济技术联系，经济的统一性和综合性也较明显，是我国比较成熟的一个一级综合经济区。煤炭、电力紧缺，农业、轻工业与重工业的发展不够协调，是面临的共同性问题，加强内蒙古东部、黑龙江东部、沈阳周围的能源开发，积极开发第二松花江与嫩江的水电资源，扩大原材料生产规模，加速机械工业的技术改造，优先发展为重工业技术改造服务的相关产业和技术，相应加强农业、轻工业和港口建设，进一步发挥全国性重工业基地的作用，是本区发展的方向。

（2）黄河中下游区。以天津为中心，京津唐、胶济、同蒲沿线、郑洛平区，是全区的经济核心区。这一地区已形成比较明显的区域经济特色，采掘、原材料和制造业都比较发达，区内各省市间在历史上已形成比较密切的经济技术联系。水源不足，生态环境比较脆弱，交通运输与工农业生产的发展，特别是与重点建设的要求不相适应，是急需重点解决的问题。扩大以煤、油、铝土、铁矿为主的优势矿产资源的开发规模，积极发展优势资源的加工转换，搞好能源（煤、煤电、石油）、重化工（冶金、机械、煤化工、石油化工、海洋化工）基地的建设，和以运输、供水为主的基础结构的配套建设，抓好生态农业，恢复生态平衡，建立起经济系统、生态系统的良性循环，是今后的主要目标。

（3）长江中下游区。以上海、武汉为中心，长江三角洲、武汉大冶区、长株潭区、皖中长江沿岸区，是全区的经济核心区。这一地区工农业发达，生产的技术水平、经营管理水平较高，经济的综合性较强，多种工农业产品的地区专门化程度也较高。区内北煤南水，北棉南稻。东部有技术、资金和人才，加工能力大；西部有资源和原材料，东西南北经济上的互补能力较强。对产业结构进行战略调整，以先进技术改造传统产业，开发新兴产业，提高高技术产业和创汇产品的比重，综合开发长江中下游，建设沿江产业密集带和长江中下游平原综合农业生产基地，加强区内东西南北的横向联合，更大规模地参与国内外的劳动分工，更好地发挥对内对外辐射扇面枢纽的作用，进一步发展成为全国最大的经济核心区，是本区面临的主要任务。

（4）东南区。以广州为中心，珠江三角洲是全区的经济核心区。这一地区临近港澳与东南亚，侨资、侨汇、侨技是一支可资利用的建设力量，集中了全国六大经济特区、四个开放城市和两个经济开放区，可作为外引内联的桥梁与技术转移、信息传递的跳板；有全国著名的鱼米花果之乡和热带、亚热带宝地；在我国东西南北四组远洋航线中，无论是通往东南亚、大洋洲的"南行线"，还是通往南亚、非洲、欧洲的"西行线"，都以本区港口的航程最短，因而具有参与现代国际分工极有利的经济地理位置条件。按贸—工—农顺序发展加工工业和商品性农业生产，建设国际海运的中转港口及港口产业，发展金融、信息业、高中档食品罐头服装及热带、亚热带作物和海产品的深加工、精加工工业、电子仪表、精细化工以及建立在南海石油基础上的石化工业及其后续工业，形成外向型的区域经济体系，是今后发展的方向。红水河、闽江水系水电资源及西江航运的开发，沟通西南地的铁路干线的建设，区域能源结构和来源的多样化，是解决区内能源问题、促进区域经济发展的重要条件。

（5）西南区。以重庆为中心，成渝、昆明、贵阳地区是全区的经济核心区。水电资源、钒、钛、钴、铝土、铜、铅、锌、锡、汞、锰、铬、磷、岩、盐、石棉、天然气资源富集，矿产资源与水电资源的地区组合比较理想，川滇黔交界区又是全国煤铁资源结合较好之地。与东部发达地区相比，能源、矿产丰富得多；与矿产资源同样丰富的西北地区相比，自然环境、现有工农业基础都要相对优越。建设大水电站群，并以此为依托，分期分批建设多种能源—高耗能工业的联合生产基地；在粮食自给基础上建设具有区域特色的轻纺工业基地；以涵养水源为中心，以营林为基础，建设永续利用的林业基地；以铁路为骨架，公路先行，结合水电开发长江及主要支流的内河航运，是今后开拓的重点。

（6）西北区。以西安、兰州为中心，关中地区、兰州地区是全区的经济核心区。煤水油气多种能源资源都较丰富，镍钼铂族金属、铍、锂、铌、钽、钾盐、硼、钠、硝石、石棉、镁等资源富集，又是全国空间广阔，土地资源，特别是草原资源丰富的地区。耕作业的自然环境有其艰苦的一面，但也具有日照长、辐射强、积温高、昼夜温差大、有利于作物有用成分积累的一面，主要问题是人口稀少，交通不便，经济技术基础薄弱，缺资金、缺技术、缺人才，资源的优势远没有转化为经济优势。做好林、草、矿三篇文章，以生态农业促进轻纺工业，推进其他工业和第三产业，治穷致富，逐步建立畜、牧、林、果基地，牧林产品和名优土特产品的加工基地，煤、水、油、气四者兼备的能源基地，综合利用优势矿产资源的重化工基地，是今后的发展方向。

一级综合经济区的生产力布局，在布局系统中，具有承上启下的功能：上同三大经济地带的生产力布局相协，下同跨省市或省区内的重点建设区块相衔接。既包括区域增长极的建设、点轴开发和点轴延伸，又包括地区生产综合体的建设和网络开发。一个个区域网络相连，进而形成全国的经济网络，这样，全国生产力总体布局的框架，就可以更清晰地勾画出来。有了这个框架，具体项目的布点和区位选择，就有了宏观和中观依据，防止各自为政、争夺最佳区位和区域摩擦所引起的种种弊端，促进全国生产力布局的合理化。

载《开发研究》1987 年第 5 期、第 6 期和 1988 年第 1 期

20世纪90年代中国生产力布局政策目标取向的定量研究与对策

正确的布局政策目标取向，就是要寻求效益（指适度的速度和综合效益）与均衡（指各类区域在全国区域总格局中发展机会的平等，也兼顾结果的相对平等）最佳的"结合区间"。也就是正确处理中国的东西关系。

效益与均衡，是西方经济学中"效率"与"公平"这对矛盾的放大。美国学者阿瑟·奥肯指出："如果平等与效率双方都有价值，而且其中一方对另一方没有绝对的优先权，那么在它们冲突的方面就应该达成妥协。这时，为了效率就要牺牲某些平等，为了平等就要牺牲某些效率，然而作为更多地获得另一方的必要手段（或者是获得某些其他有价值的社会成果的可能性），无论哪一方的牺牲都是公正的。"这个观点基本上是正确的，但必须补充一点，即在政策目标取向上，为了一方不能使另一方牺牲过大，在这里，掌握适当的"度"和加强正确的宏观调控是至关重要的。

我国是一个经济文化发展很不平衡、区域差异很大的发展中大国。由于各地区客观条件和已有基础的巨大差异，不可能在短期内，使各地区都整齐划一地繁荣昌盛起来，只能使一部分现有技术经济基础和综合条件较好的地区，通过利用其已有的优势，更上一层楼，先富裕起来，发挥其"骨干区域"的作用，多交利税，较快地增强国家的经济实力和财力。不能截长补短，一方面抑制、削弱发达地区的经济活力；另一方面对不发达、欠发达地区揠苗助长，以此强制拉平，求得低水平的区域均衡。这种靠牺牲效益、没有物质基础的区域均衡，只能导致各区域的共同贫穷。这当然是不可取的，也是不现实的。区域也像生命有机体一样，有其生命周期。从动态上考察，一个区域大体上都要经历以下发展过程：由不发展阶段发展到成长阶段，由成长阶段进入成熟阶段，这是区域发展的一个质变。到成熟阶段后期，又面临新的转折点：或是由成熟走向相对衰退以致绝对衰退；或是二次创业，向更高阶段发展或延长其繁荣期。不同区域经历某个发展阶段所需时间的长短是不同的，表现为区域间发展的不平衡性：有的地区后来居上，有的地区从原来的领先地位变为相对落后，有的地区则在一个长时期内没有什么起色，于是先进和落后、发达与不发达的区域排序发生变动。因此，区域的超前发展是有可能的。但这并不意味着区域发展可以跨越某一或某些发展阶段而一步登天，只是指某些落后区域，在内部条件和外部机遇有效结合的作用下，有可能用较短的时间走完先进地区走过的道路，否定区域发展客观存在的阶段性，从主观的善良愿望出发，急于实现区域均衡，只会事与愿违，欲速不达。但同时，在有计划的商品经济条件下，区域发展又是不放任自流的（即使是在市场经济国家，对此也不是完全放任自流的），先富起来的发达地区，也应当在平等、互利、互惠、互补的基础上，发挥自己的势能，带动、促进、支援不发达、欠发达地区，跟上发达地区前进的步伐，在不同的起点上向前迈进。贫穷不是社会主义，少数地区、少数人富起来，多数地区、多数人长期贫困落后，也不是社会主义。社会主义制度的优越性之一，就是共同富裕。因此，先富后富，共同富裕，是国家宏观布局政策的正确目标取向，也是处理区域关系的战略指导思想。这是邓小平同志的一贯思想（不仅仅是在南方讲话中才提出的），也是一个完整的思想。在总体布局中，应全面贯彻，有机结合，而不能各取所需，各执一方。

在 20 世纪内，效益与均衡这两大政策目标合理的"结合区间"应当是：区间的一端，以不影响 2000 年全国第二步战略目标的实现为界限，即保证后 10 年全国国民生产总值年增长 6%（或更快一些），以资金利税率为代表的经济效益有较明显的提高，全国人均国民生产总值达到 800 美元，大体上是小康水平；区间的另一端，以不致出现两极分化、保证社会安定为界限，即东西差距不再继续扩大，或把差距扩大的幅度，控制在一个较低点上，至少是比 20 世纪 80 年代的扩幅有所缩小。

为此，我们进行了初步的定量研究。

研究后 10 年地区差距的变动及其控制"度"，首先需要初步测定全国总产出的年增长率。

在制定 1981~2000 年战略目标时，在总产出的年增长速度上，提出了 20 年翻两番。由于第一个 10 年（1981~1990 年）已经翻了一番多，因此"八五"计划和十年规划提出后 10 年国民生产总值年增长 6%，从现在国内外形势和发展趋势看，后 10 年的增长速度还可快一些，如这个 10 年再翻一番，年增长率达 7.2%。

以 1978 年为 100，按可比价格计算，1990 年全国国民生产总值为 9835 亿元。后 10 年（1991~2000 年）如年增 7.2%，则 2000 年全国国民生产总值可增加到 19670 亿元，为 1980 年的 4.73 倍，即翻两番多，参照全国总体增长速度，以此为参照系，提出三种设想：

设想 I

东部年增 7.5%，2000 年国民生产总值达 10904 亿元；中、西部合计年增 7.2%，2000 年总产值达 9090 亿元。全国总计达 19994 亿元，10 年年增 7.3%，可达到后 10 年再翻一番的要求，并略有超过。

1990 年，以国民生产总值为代表的总产出，中、西部（以下将中、西部合并，简称"西部"）对东部的静态不平衡差指两个地区之间在一定时间点上经济总规模上的差距，其计算公式为：$(1 - 小值/大值) \times 100)$，为 $\left[\left(1 - \dfrac{4545}{5290}\right) \times 100\right] \times 14.08$，按上述设想，到 2000 年，这个不平衡差变为 $\left[\left(1 - \dfrac{9090}{10904}\right) \times 100\right] \times 16.64$，比 1990 年扩大了 2.56。这个扩大幅度只相当于前 10 年扩幅（7.39）的 34.6%，扩幅明显缩小。

关于小康水平目标，如以全国人均国民生产总值 1000 美元为标志，由于人民币折算美元，受汇率与货币实际购买力的影响很大，折算结果相差很大，有的认为我国目前人均国民生产总值还只有 300 美元，有的认为已超过 1000 美元。一般认为比较切合实际的是 500~700 美元，1990 年全国人均国民生产总值按可比价格计算为 860.6 元/人，如此数相当于 500 美元，则折算系数为 1.4343。2000 年要达到全国人均国民生产总值 1000 美元/人，折成人民币（可比价）应为 1450 元/人，为 1990 年的 1.6849 倍，10 年年增 5.4%。

按上述设想 I 全国国民生产总值增长速度、规模及其地区分布，又据预测，2000 年全国总人口将达 127548 万人，其中东部 57227 万人，中、西部合计为 76321 万人[①]，那么，到 2000 年东部人均国民生产总值可达 1905 元/人，中、西部合计达 1191 元/人，全国人均达 1568 元/人，在总体水平上也可达到目标值。

1990 年，中、西部对东部人均国民生产总值的静态不平衡差为 $\left[\left(1 - \dfrac{680}{1122}\right) \times 100\right] \times 39.40$，按此设想，到 2000 年这个差距变为 $\left[\left(1 - \dfrac{1191}{1905}\right) \times \right.$

---

① 袁永熙：《中国人口总论》，中国财经出版社 1991 年版。

100〕$\times 37.49$，比 1990 年缩小了 1.91。绝对差由 1990 年的 442 元/人，扩大到 714 元/人，扩大了 272 元/人，但相对差由 1∶1.65 缩小为 1∶1.60（以中、西部合计为 1）。

设想Ⅱ

1991~2000 年，东部总产出年增 7.2%，2000 年达 10580 亿元，中、西部合计年增 7.5%，达 9368 亿元。全国总计达 19948 亿元，10 年年增长率大体上也是 7.3%，也超过了后 10 年再翻一番的总产出目标。

在总产出的东西差距上，按此设想，2000 年的静态不平衡差为 〔$(1 - \frac{9368}{10580}) \times 100$〕$\times 11.46$，比 1990 年缩小了 2.63。

从人均国民生产总值的东西差距变动趋势看，按设想Ⅱ，到 2000 年，东部人均国民生产总值为 1849 元/人，中、西部合计为 1227 元/人，全国人均为 1564 元/人，也超过了预期的 1450 元/人。

东西人均国民生产总值的差距为 〔$(1 - \frac{1227}{1849}) \times 100$〕$\times 33 \colon 64$，比 1990 年缩小了 5.76，比设想Ⅰ缩小幅度大。人均国民生产总值的绝对差为 622 元/人，比 1990 年的 442 元/人只扩大了 180 元/人，而相对差则由 1∶1.65 缩小为 1∶1.51，也比设想Ⅰ缩小幅度大。

设想Ⅲ

按 20 世纪 80 年代东、中西部年增长速度之比来考虑。1981~1990 年，东部国民生产总值年增 9.6%，中、西部合计年增 8.7%，增长速度之比为 1∶1.103（中、西部合计为 1）。1991~2000 年，设想中、西部年增 7.2%，到 2000 年，国民生产总值达 9090 亿元；东部年增 7.9%，2000 年总产值达 11315 亿元。全国总计为 20405 亿元，10 年年增 7.5%，为 1980 年的 4.9 倍。

按此增长率，到 2000 年，中、西部对东部国民生产总值的静态不平衡差为 〔$(1 - \frac{9090}{11315}) \times 100$〕$\times 19.67$，比 1990 年扩大了 5.59。

人均国民生产总值的不平衡差为 〔$(1 - \frac{1191}{1977}) \times 100$〕$\times 39.76$，比 1990 年的 39.39 扩大了 0.37；绝对差为 786 元/人，比 1990 年（442 元/人）扩大了 344 元/人；相对差 1∶1.66，比 1990 年扩大了 0.6%。

设想Ⅳ

后 10 年，按 20 世纪 80 年代全国及东部与中、西部的年增长速度来考虑。

东部年增 9.6%，2000 年国民生产总值达 13230 亿元，中、西部年增 8.7%，2000 年总产出达 10467 亿元。全国总计为 23697 亿元，为 1980 年的 5.69 倍，大大超过了 20 年翻两番的原定目标。

按此比例增长，到 2000 年，中、西部对东部总产出的不平衡差为 $\left[(1-\dfrac{10467}{13230})\times100\right]\times20.88$，比 1990 年扩大了 6.8。

人均国民生产总值的静态不平衡差为 $\left[(1-\dfrac{1371}{2312})\times100\right]\times40.7$，比 1990 年扩大了 1.3；绝对差为 941 元/人，比 1990 年扩大了 499 元/人，扩大了 1.13 倍。

上述四种设想主要指标汇总如表 1 所示。

表 1　四种设想主要指标汇总

		设想 I			设想 II			设想 III			设想 IV		
		东部	中、西部	全国	东部	中、西部	全国	东部	中、西部	全国	东部	中、西部	全国
国民生产总值（亿元）	1990 年	5290	4545	9835	5290	4545	9835	5290	4545	9835	5290	4545	9835
	后 10 年年增长率（%）	7.5	7.2	7.3	7.2	7.5	7.3	7.9	7.2	7.3	9.6	8.7	9.1
	2000 年	10904	9090	19994	10580	9368	19948	11315	9090	20405	13230	10467	23697
	总产出排序			3			4			2			1
	总产出的静态不平衡差												
	1990 年		14.08			14.08			14.08			14.08	
	2000 年		16.64			11.46			19.67			20.88	
	差距变动（扩大+缩小-）		+2.46			-2.62			+5.59			+6.80	
人均国民生产总值（元/人）	绝对值												
	1990 年	1122	680	860.6	1122	680	860.6	1122	680	860.6	1122	680	860.6
	2000 年	1905	1191	1568	1849	1227	1564	1977	1191	1600	2312	1371	1858
	绝对差												
	1990 年		442			442			442			442	
	2000 年		714			622			786			941	
	绝对差变动（扩大+缩小-）		+272			+180			+344			+499	
	相对差												
	1990 年	1：1.65			1：1.65			1：1.65			1：1.65		
	2000 年	1：1.60			1：1.51			1：1.66			1：1.65		
	相对差变动（扩大+缩小-）	-3%			-8%			-0.6%			+2.42%		

资料来源：测算的基础数据根据《中国统计年鉴》(1991)。

上述四种设想中，前两种（Ⅰ、Ⅱ），在 2000 年的总产出上，相差有限，都可达到并超过原定的 2000 年比 1980 年翻两番的目标。其中设想Ⅱ比设想Ⅰ全国总产出只少 46 亿元，这个差额，相对于 2000 年全面 19948 亿~19994 亿元的总规模而言是微不足道的。在总产出的东西差距上，设想Ⅰ比 1990 年有所扩大，但扩大幅度在 3.0 以下，设想Ⅱ可缩小 2.62。就人均国民生产总值而言，2000 年两个设想的人均值都可达到 1500 元/人以上，东西间的人均值绝对差都比 1990 年有所扩大，但扩大幅度大的设想Ⅰ，也只扩大了 272 元/人，扩幅较小的设想Ⅱ只扩大了 180 元/人。而人均值的相对差两个设想都比 1990 年有所缩小，以设想Ⅱ缩小的幅度较大。

至于设想Ⅲ，2000 年全国的总产出只比设想Ⅰ和设想Ⅱ分别多 411 亿元和 457 亿元，或分别多 2.05% 和 2.29%，但东西间总产出的静态不平衡差分别比设想Ⅰ和设想Ⅱ多 18% 和 71.6%，人均国民生产总值的东西差距分别比设想Ⅰ和设想Ⅱ多 10.1% 和 26%，全面权衡，此设想不及设想Ⅰ和设想Ⅱ。

设想Ⅳ，保持了 20 世纪 80 年代的高增长势头，到 2000 年，全国国民生产总值大大超过 20 年翻两番的原定目标，但总产出的东西差距扩大到 20.88，10 年扩大了 6.8。1981~1990 年，中、西部对东部国民生产总值的静态不平衡差扩大的幅度已经偏大，扩幅达 7.39，在此基础上后 10 年再扩大 6.8，相当于 20 世纪 80 年代扩幅的 92% 以上，人均国民生产总值的绝对差更扩大 1.13 倍。

四个设想比较起来，设想Ⅰ和设想Ⅱ都可满足兼顾总体效益与适当控制东西差距扩大幅度的政策目标取向的要求；设想Ⅲ全国总产出比设想Ⅰ和设想Ⅱ扩大有限，而东西差距扩大幅度明显加大；设想Ⅳ明显的优点是 2000 年全国的总产出大大增加，但东西差距扩大幅度也很大。因此，全面权衡，可考虑在前两个设想中择其一。这两个设想中，从政策目标取向看，设想Ⅱ较优，但中、西部要以快于东部的速度增长，难度较大。将目标值和目标实现的可能性结合起来考虑，设想Ⅰ相对较先。

上述设想的实现，关键因素之一是资金的平衡和筹措。

资金平衡的测算。

按合理的增长比例，国民收入年增长率大体与国民生产总值增长率同步。以上述第一种设想为例。后 10 年东部国民收入年增 7.5%，10 年国民收入累计为 56591 亿元（以 1952 年为 100，按可比价格算，下同）。积累率取 42.5%（1989 年为 40%），10 年可提供积累 24051 亿元。积累总额中，固定资产积累占 56%（1989 年为 54.09%），10 年可提供固定资产积累 13469 亿元。

中部地区国民收入年增 7.3%，10 年国民收入累计 31709 亿元。积累率按 33.5%（1989 年为 32%）计，10 年累计积累 10623 亿元。固定资产积累占积累总额 48.5%（1989 年为 47%）计，10 年可提供固定资产积累 5152 亿元。

西部地区国民收入年增 7.2%，10 年国民收入累计 17251 亿元。积累率 36.1%（1989 年为 35.1%），10 年积累共 6228 亿元。固定资产积累占积累总额 52%（1989 年为 50.2%），10 年可提供固定资产积累 3239 亿元。

东、中、西部加总，10 年全国国民收入生产总额 105551 亿元，积累总额 40902 亿元（积累率为 38.8%，1990 年为 36.2%），其中固定资产积累 21860 亿元。

投资需求。按过去多年的比例，国民收入每增 1%，全民固定资产投资需年增 1.3%~1.4%。后 10 年，考虑到依靠技术进步、体制改革、强化管理、努力提高投资效果，降低增加单位国民收入所需的投资额，设想后 10 年，这个比例，东部取 1∶1.1，即国民收入年增 7.5%，全民固定资产投资年增 8.25%，10 年共需 11903 亿元，全社会固定资产投资为全民固定资产投资的 1.6328 倍，10 年共需 19499 亿元。

中部地区上述比例取 1∶1.15，即国民收入年增 7.3%，全民固定资产投资年增 8.395%，10 年共需 5658 亿元。全社会固定资产投资为全民固定资产投资的 1.5246 倍，10 年共需 8626 亿元。

西部地区上述比例取 1∶1.2，即国民收入年增 7.2%，全民固定资产投资 8.64%，10 年共需 3804 亿元。全社会固定资产投资为全民固定资产投资的 1.3431 倍，10 年共需 5110 亿元。

地区加总，后 10 年全国共需全民固定资产投资 21365 亿元，全社会固定资产投资 33235 亿元。

各地区固定资产积累与所需固定资产投资的平衡状况是：如按固定资产积累与全民固定资产投资需求相比，东部是积累大于投资需求 1566 亿元，中部地区缺 506 亿元，西部地区缺 565 亿元，中、西部合计缺 1071 亿元；如按固定资产积累与全社会固定资产投资需求相比，东部缺 6030 亿元，中部缺 3474 亿元，西部缺 1871 亿元，中、西部合计缺 5345 亿元。

全国可提供的固定资产积累与全社会固定资产投资需求相比，共缺少资金 11000 多亿元。

从全国看，平衡资金供求，首先要继续扩大对外开放，更多地吸引外商投资。这是因为外商在华投资，可实现六个方面的功能：弥补我国资金不足，弥补外汇不足，引进技术，引进管理方法，开拓国际市场，增加利税收入。而利用国内民间资金，只能实现其中的第一、第二两种功能。但国内民间资金数量巨大，相当一部分民众具备了投资办企业的经济实力。目前，全国拥有民间金融资产的经济实力。目前，全国拥有民间金融资产的总量已达 13000 多亿元，相当于我国现有固定资产投资国内贷款水平 15 年的投资额，或 40 年来全国工业资产价值的总和。截至 1990 年，我国实际接纳外商投资额不足 300 亿美元，而上述国内民间资金相当于 2000 多亿美元，是现在外商在华投资额的 8 倍。这庞大的民间资本正在寻找恰当的出路。但由于多种原因，尚未形成民间投资的良性循环机制，而且被排斥在优惠政策之外，民间资金兴办的企业数量有限，其中生产性企业就更少。如果制定实施一些鼓励内资的优惠政策，给民间游资提供一些更好的投资出路，将民间资金大量转化为生产建设资金，这对平衡全国、全社会固定资产投资的需求，也是一条值得重视的途径。

从地区看，上述各地区固定资产积累中，都包括了应上缴的部分在内。国家通过国民收入再分配，以全民固定资产投资的形式，按一定比例投入各地区。东部上缴得多，投回的相对要少；中、西部上缴得少，投回的相对多，这个趋势，在今后 10 年内还不能改变。由于后 10 年，中、西部建设的重点还是能源、原材料工业，这类产业一般一次性投资大，回收周期长，即使工业品比价关系逐步理顺，以能源、原材料等上游产业为主的地区，在交换中还是要处于相对不利地位。而这类产业在后 10 年又非大规模发展不可。因此，国家能够调控的全民固定资产投资，还应较多地向中、西部富能、富料及其重点开发区倾斜，其幅度以平衡中、西部可提供的固定资产积累与地区全民固定资产投资需求之间的差额为界限。这一点满足了，就可满足中、西部全社会固定资产投资需求总额的 69%。

至于地区固定资产积累与地区全社会固定资产投资需求之间的差额，则需多方筹措。由于资金矛盾主要在中、西部，特别是西部，为此，需要有一系列的政策做保证。

（1）深化改革，理顺关系，减少能源、原材料主产区的价值流失量，这等于增加了对这类地区的投入，而且这是一笔可观的资金。根据中部地区的山西和西部地区的甘肃过去多年的情况，能源、原材料生产规模越扩大，其价值流失量也越大。这种价值流失量远大于同期国家向其能源、原材料工业的投入量。因此，只要通过价格改革，使能源、原材料产品与加工产品、初加工产品、精加工产品的比价相对合理，使产业间的利润率顺序大体同产业的稀缺强度相一致，能源、原材料主产区的自我积累能力就会有明显的提高。如果短期内做不到这一点，国家在政策上就应从以下两方面给予支持：一是支持能源、原材料重点区的加工转换产业的发展，以减少因价格扭曲造成的价值流失量；二是支持以产业链相联系的区内协作，减少因大批大中型企业因生产协作链条甩在区外造成的协作障碍而引起的生产成本提高，减少价格扭曲和协作障碍两方面所造成的损失，就可相对增加地区的自我发展能力。

（2）发挥国家投入的诱导作用，加上政策优惠的激励，引导东部资金的横向西移，增加中、西部的外部投入量。

（3）改革金融，调动各区域内部集体投入的积极性，并将群众手中的剩余购买力，更多地转化为地区建设资金，这也大有潜力可挖。

首先，利用好城乡居民银行存款余额。1989 年，城乡居民银行储蓄存款余额，东部有 2949.6 亿元，人均 647.7 元；中部有 1468.9 亿元，人均 372 元；西部也有 742.6 亿元，人均 291.8 元，而同年，城乡个人固定资产投资，东部为 630.53 亿元，只占其城乡居民银行储蓄存款余额的 21.38%；中部 273.34 亿元，占其存款余额的 18.61%；西部 124.25 亿元，占 16.73%。按城乡居民储蓄率（=人均银行储蓄存款余额/人均国民收入），1989 年，东部为 41.9%，中部为 37.3%，西部为 35.5%。今后 10 年，随着集体经济、个体经济的发展，居民收入水平的提高，城乡居民的储蓄率和银行存款余额还会有较大增长，可资利用的部分也会加大。按上述设想 Ⅱ 计算，到 2000 年，按 1989 年现价计，人均国民收入，东部将上升到 2022.9 元/人，中部 1910.9 元/人，西部也达 1548.2 元/人。如储蓄率在 1989 年基础上只需适当提高，如东部提高到 43.9%，人均银行储蓄存款余额就可扩大到 888.1 元/人，总额达 5082 亿元；中部储蓄率提高到 38.8%，人均储蓄存款余额可达 741.4 元/人，总额达 3402 亿元；西部储蓄率提高到 37.5%，人均额可扩大到 580.6 元/人，总额可达 1767 亿元，全国城乡居民银行储蓄存款余额总计为 10251 亿元。如果把东部城乡个人固定资产投资占城乡居民银行储蓄存款余额的比重提高到 30%，2000 年城乡个人固定资产投资就有 1525 亿元，按可比价格计为 775 亿元，10 年年增 9.2%，累计达 5360 亿元；中部这个比例提高到 25%，城乡个人固定资产投资就有 851 亿元，按可比价计为 433 亿元，10 年年增 12%，累计达 2732 亿元；西部提高到 22%，城乡个人固定资产投资也可有 389 亿元，按可比价计为 198 亿元，10 年年增 12.1%，10 年累计 1245 亿元，这样可分别满足东、中、西部后 10 年全社全固定资产投资总需求的 27.5%、31.7% 和 24.4%。

其次，培育证券市场，创造一个良好的个人投资环境。一方面，加强宣传引导，使城乡居民认识到将剩余购买力进行投资，于国于己都有利，并指导投资去向及对资产项目投资的选择。我国目前个人投资可供选择的资产项目有政府和企业债券、房地产、股票等。债券，特别是政府债券，安全可靠，收益比银行存款高；房地产，较其他资产保值可靠，收益也可观；股票，收益高，但风险大。应引导个人更多地向安全与盈利结合较好的方面投资，以利于保持个人投资的积极性。另一方面，主管部门要制定完善相关的政策、法规，明确投资主体的权利和义务，并创造条件，稳步扩大股市试点，积极培育其他证券市场，在保证国家证券市场集资主体地位的同时，支持更多的有条件的大型企业和重点建设项目参与股市集资或扩大企业内部股票的发行；发展一批中介组织，如资产评估组织、会计师事务所、审计事务所、证券公司，帮助企业进行证券市场集资，代理一些中小企业发行债券，给个人投资创造机会和良好环境。根据当前的条件和可能，在发展证券市场上，应循序渐进，稳妥推行。当前主要是发展债券市场，启动股票市场。

（4）扩展银行的集资功能。发挥信托的作用，开发委托存、贷款、投资等业务，办好代理发行债券、股票等业务；开展上下级银行联合贷款、兄弟行之间携手发放横向贷款业务，探索外商、开发区和银行三方联合投资经营的路子，提高金融渗透经济的功能。

（5）实行差别利率，开征投资方向调节税，用经济手段引导投资方向，调控投资结构。对国家优先发展产业实行零税率，对国家鼓励发展的产业实行低利率，对国家严格限制发展的项目课以重税。

（6）有差别地确定"拼盘"资金比例。有些项目的建设投资，实行中央与地方"拼盘"的办法，这是弥补资金缺口的积极措施，但不宜不加区别地要求各地都拿出同样比例的"拼盘"资金。对资金更紧缺地区的属于产业政策支持，又服务于外区的项目，应适当降低地方"拼盘"资金的比例。

（7）组建由国家和地区联合投资的流域梯级开发公司。国家将已建和在建的梯级电站划归公司经营管理。开发公司除多方筹资外，用自己管辖的水电站产生的效益，对流域其他梯级电站进行连续滚动开发。

（8）通过地产市场集资。改革国有土地使用制度，实行有偿使用。结合地区开发开放区的建设，划出若干片土地，吸引外资成片开发，收取土地出让费，形成第一笔资金；外商在成片土地上投资建设基础设施，得到第二笔"收入";招商进来的项目投资,是地区的第三笔"收入";随之而来的服务业、房产业等的兴起,就业的增加、税源的扩大,又是一笔"收入"。活跃的地产市场,可源源不断提供地方财源。不仅如此,地区产业的兴起,本身就是地区产业结构优化的一个重要因素,又是进一步调整区域产业结构、空间结构的重要手段。土地是"皮",产业是"毛","皮"怎样分布,"毛"怎样生长。要诱导什么产业发展,在什么地方发展,通过地产业及其相关政策,控制好土地的供应量和用途,就是一种有效的调整结构的手段。

载《市场经济研究》1993 年第 1 期

20 世纪 90 年代中国生产力的总体布局

40 年来，中国生产力布局主要经历了三个重要阶段：一是"一五"时期，以协调沿海与内地关系为主线，开创工业布局的新局面；二是"三五"、"四五"大三线建设时期，以备战和建设战略后方为基调、以工业为主体生产力布局跳跃式地向西推进；三是 20 世纪 80 年代以争取总体速度、效益为目标，生产力布局大幅度地向东倾斜。从布局结果看，这几个阶段各有得失。第一阶段的安排比较适度，虽然也出过偏差，但纠正较快。"三五"以至"四五"的大三线建设，是我国生产力布局向西的一次战略大转移，基建投资大幅度向西倾斜。其结果是，在中、西部一些经济文化落后的地区，较快形成了一批专门化率高、外辐射能力强的重化工行业，特别是川、陕的国防科工系统的总规模跃居全国第一、第二位，构造了一个以重工业为主的现代工业基本框架。中部，特别是西部地区工业产值占全国的比重有所提高，但总体速度和效益都相对下降。20世纪 80 年代，在布局政策的目标取向上，来了一个急转弯，投资转而向东倾斜，而且倾斜度比"三五"的向西倾斜大得多。其结果是，东部工业得以超速增长，从而使全国保持了 13.2% 的高增长率，国家的综合国力明显增强；高新技术产业的兴起、对外开放地带的形成及其由南向北的扩展，给中国国民经济系统注入了新的因素和活力。但整体效益有所下降，地区差距拉大，同时出现了东南沿海的超速增长与北方老工业基地的相对停滞并存、地区产业结构的趋同等。这些问题，只有通过区域政策与产业政策的双重引导与制约，才能得以矫正，并向产业结构优化与空间结构优化有机耦合的状态演进。其中区域结构的调整、生产力的合理布局又是这种演进的基础。

一、20 世纪 90 年代中国生产力布局的指导思想和基本原则

从以上中国生产力布局演变过程的分析中可以看出，协调区域关系、改善生产布局，首先要科学地确定布局政策的目标取向。这就是寻求效益（指适度

的速度和综合效益）与均衡（指各类区域在全国区域总格局中发展机会的平等，也兼顾结果的相对平等）最佳的"结合区间"。具体来说，就是如何正确处理中国的东西关系、相对发达地区与不发达、欠发达地区之间的关系，既保证有较好的总体效益，又不致过分拉大地区间的差距，以至差距有所缩小，至少是把差距拉大的幅度控制在一个较低点上。这是"八五"计划和十年规划中带有全局性、战略性的问题之一。

我国是一个经济文化发展很不平衡、区域差异很大的大国。由于各地区客观条件和已有基础的巨大差异，不可能在短时期内，整齐划一地使各地区都繁荣昌盛起来，只能使一部分现有技术经济基础和综合条件较好的地区，通过利用其已有的优势，更上一层楼，先富裕起来，发挥其"骨干区域"的作用，多交利税，较快地增强国家的经济实力和财力。不能截长补短，一方面抑制、削弱发达地区的经济活力；另一方面对不发达、欠发达地区揠苗助长，以此强制拉平，求得低水平的均衡，只能是各区域的共同贫穷。这当然是不可取的，也是不现实的。区域，也像生命有机体一样，有其生命周期。从动态上考察，一个区域大体上都要经历以下发展过程：即由不发展阶段到成长阶段，由成长阶段进入成熟阶段，这是区域发展的一个质变。到成熟阶段后期，又面临新的转折点：或是由成熟走向相对衰退以致绝对衰退，或是二次创业，向更高阶段发展或延长其繁荣期。不同区域经历某个发展阶段所需时间的长短是不同的，表现为区域间发展的平衡性：有的地区后来居上，有的地区从原来的领先地位变为相对落后，有的地区则在一个长时期内没有什么起色，于是先进和落后、发达与不发达的区域排序发生变动。因此，区域的超前发展是有可能的，但这并不意味着区域发展可以跨越某一发展阶段而一步登天，只是指某些落后区域，在内部条件和外部机遇有效结合的作用下，有可能用较短的时间走完先进地区走过的道路。否定区域发展客观存在的阶段性，从主观愿望出发，急于实现区域均衡，只会事与愿违，欲速不达。但先富起来的发达地区，也应当在平等、互利、互惠、互补的基础上，发挥自己的势能，带动、促进、支援不发达、欠发达地区，跟上发达地区前进的步伐，在不同的起点上向前迈进。贫穷不是社会主义，少数地区、少数人富起来，多数地区、多数人长期贫困落后，也不是社会主义。社会主义制度优越性之一，就是共同富裕。因此，先富后富，共同富裕，是国家宏观布局政策的正确目标取向，也是处理区域关系的战略指导思想。

在20世纪内，效益与均衡这两个政策目标合理的"结合区间"应当是：

区间的一端，以不影响 2000 年全国两步战略目标的实现为界限，即保息后 10 年全国国民生产总值年增长 6%，以资金利税率为代表的经济效益至少回升到 20 世纪 80 年代初的水平，全国人均消费水平以货币表示，在 1989 年 700 元/人的基础上再翻一番，达到 1400 元/人，大体上是小康水平；区间的另一端，以不致出现两极分化、保证社会安定为界限，即使东西差距不再扩大或缩小，至少是把后 10 年东西差距扩大的幅度，控制在较低程度上，如 3 个百分点内。1989 年，东部与中、西部国民生产总值的相对差为 1∶1.2983（以中、西部合计为 1）。参照后 10 年全国国民生产总值年增长 6% 的水平，可以设想，东部保持 6% 的年增长率，中、西部合计保持 6.0%~6.3% 的年增长率，这样到 2000 年，东、西部总产出的相对差距就可稳定在 1990 年的水平上，或缩小 2.8 个百分点；也可设想，东部保持 6%~6.3% 的年增长率，中、西部总产出的相对差距扩大的幅度，也可控制在 3 个百分点内。

2000 年东、西部人均消费水平，如以全国平均达 1400 元/人为参照系，其中东部 1989 年平均是 814.8 元/人，要增加到 1400 元/人，后 10 年只要保持 5.6% 的年增长率就可以了，此时，东部在整体上可达到小康水平，部分地区如沪、津、京可达 2300~3200 元/人，即进入富裕水平；中、西部合计 1989 年人均消费水平为 685 元/人，如果也要在 2000 年达到小康水平，后 10 年的年增长率就要达到 7.4%，这是很困难的。按人均消费水平的年增长率大体与其国民生产总值的年增长率一致，后 10 年，中、西部国民生产总值年增长率 6.0%~6.3%，人均消费水平可达 1200 元/人，与东部的 1400 元/人的差距只在 200 元/人左右，比 1989 年的差距 133.8 元/人，只扩大了 66.2 元/人，但相对差距略有缩小，这是可以接受的。这样，中、西部现有人均消费水平在 800 元/人以上的吉林、新疆，2000 年就可超过 1400 元/人；在 700 元/人以上的湖北、青海，可达 1300 多元/人；现有人均消费水平最低的贵州（441 元/人）、河南（456 元/人），2000 年也可分别达 800~840 元/人，即实现稳定的温饱水平。人均消费水平提高目标还可作另一种设想，即后 10 年，东部平均年增长 6.0%~6.3%，中、西部合计平均年增长 6.0%，这样，到 2000 年东、西部人均消费水平的绝对差要比上述设想大一些，达 273 元/人，这时，由于中、西部总平均已达 1200 元/人，相对差距只扩大了 2.5 个百分点，这也是可以接受的。可见，只要指导思想正确，政策目标取向合理，工作做得好，效益和均衡这两个目标是可以辩证统一的。

与上述布局政策目标取向和指导思想相适应，20 世纪 90 年代中国生产力布局的基本原则是：统筹规划，合理分工，优势互补，协调发展，利益兼顾，共同富裕。在总体布局中，要正确处理三个关系，即发挥地区优势与统筹规划的关系；资源富裕地区与加工工业集中地区的关系；经济发达地区与经济不发达地区的关系。其基本精神是：承认地区差距的客观存在，从差距的实际出发，确定不同地区在全国总体布局中的地位，针对不同地区的主要问题，争取有效的政策投入和不同规模的资金投入，通过经济杠杆和宏观调节机制，引导生产要素的空间流向，给各类地区创造各自发挥优势的条件，增强各类地区的自我发展能力。各地区的优势得以发挥，地区间的相对差距就会逐步缩小，部分地区还可能后来居上；各地区合理分工，各展所长，优势互补，也就可以形成国家的整体优势。这是使布局效益与均衡两大政策目标合理结合的基本途径。

二、20 世纪 90 年代中国生产力布局框架的构造与区域格局的重塑

总体布局框架，指一定时期内全国生产力布局的宏观安排。它从总体上反映出全国生产力布局发展变化的态势。

总体布局框架，可采用多种模式进行构造。本文提出两种构造模式：

（一）按三大经济地带安排总体布局框架

综合运用增长极、点轴开发、地域生产综合体、网络开放的理论模式，根据三大经济地带的划分，从三大地带的发展条件、发展特点及其在全国地域分工体系中的地位、作用出发，确定各地带内部的重点建设地域，勾画出全国的布局框架。

三大地带的自然资源及其经济社会发展程度对比如表 1 所示。

表1　三大地带的自然资源及其经济社会发展程度对比

	全国	东部	中部	西部
一、自然资源人均量指数				
1. 土地资源人均量指数				
耕地	1.00	0.74	1.34	1.21
有林地	1.00	0.51	1.13	1.58
草地	1.00	0.22	1.13	2.45
可供养殖淡水水面	1.00	0.57	1.71	0.57
四类土地资源人均量综合指数	1.00	0.4664	1.3079	1.2783
2. 水资源人均量指数	1.00	0.6735	0.8361	1.9195
3. 一次能源资源人均量指数	1.00		1.6041	1.6821

	全国	东部	中部	西部
4. 矿产人均量指数	1.00	0.3780	1.2606	1.7290
四大类自然资源人均量综合指数	1.00	0.3812	1.2194	1.6344
二、经济社会发展程度				
1. 经济规模（国民生产总值指数）		1.6332	0.8948	0.4722
2. 经济增长活力（53-89 社会总产值增长率指数）	1.00	1.0752	0.8866	0.9642
3. 自我发展能力		0.6883	0.4438	0.3210
4. 工业化结构比重数		0.3862	0.3088	0.2419
5. 结构转换条件（人均国民收入指数）	1.00	1.3092	0.9670	0.6961
6. 人口文化素质		0.1190	0.0798	0.0541
7. 技术水平指数	1.00	1.3879	0.6617	0.5984
8. 城市化水平		0.4745	0.4420	0.3492
9. 居民消费水平指数	1.00	1.0583	0.9002	0.7265
工业化水平综合值	0.4247	0.7180	0.5069	0.3886

资料来源：各指标计算的基础数据，自然资源方面，采用原国土局编：（中国国土资源汇编）；人口数据采用 1990 年人口普查有关数字，参考《中国统计年鉴》（1990）、《中国工业经济统计年鉴》（1990）。

从表 1 中可以看出，在总体上，在三大地带之间，自然资源的丰度，是由西向东呈阶梯形下降；而在经济社会发育程度上，则是由东向西呈阶梯形下降。尽管各地带、内省市区间有很大差异，但综合起来看，并未改变上述基本态势。

上述区情的差异性，决定了各地带发展方向、目标任务的差异性。

东部地带。经过近 10 年的高速增长，东部经济总量急剧扩大，既积累了进一步发展的能量，也暴露出一系列矛盾、问题。20 世纪 90 年代，东部的发展，需要以调整产业结构和空间结构为主线，攀登新台阶。基本点是：

（1）优先强化环渤海区、长江三角洲地区、珠江三角洲地区三大经济核心区，着力点是以技术当先导，以内涵扩大再生产为主，下力量调整产业结构，再工业化与信息化同步发展，相互推动，率先实现地区产业结构的协调化和高度化，区域功能的多样化，取得新的比较优势和比较利益。

（2）依托核心区，扩大地带内资源开发的规模和深度，促使产业、人口及其他生产要素，向地带内开发不足的低谷地区转移、扩散。包括以蒙东煤田开发为后盾，以区内港口、电站建设为先行，加速矿产及农业资源的开发，以能源、化工、建材、有色冶金和轻工为重点，向辽西扩展；以铁矿、深水岸线、海洋资源开发为重点，向冀东滨海地带扩展；以石油、石化及配套产业为主，向黄河三角洲推进；以大中型港口建设为基础，以海运、港口产业为中心，建设浙江镇海—定海—普陀经济圈；以金融、信息、食品加工、电子仪器仪表、精细化工、旅游为主，把特区经济、侨乡经济、区域经济三者融为一体，建设好闽南三角洲；基础设施先行，改善投资环境，以发展热带、亚热带经济作物、海产品的深加工精加工、石油化工及后续工业、国际海运中转港及港口产业为重点，加速海南大特区的开发；以红水河梯级开发、综合治理及流域内有色金属、建材资源、热作资源的开发利用为主，形成西江工业走廊。

（3）扎扎实实建设好开放城市的经济技术开发区和高新技术产业中心。引导外资流向，因地制宜确定引用外资的重点产业，跟踪世界高科技的最新动态，以高科技的研究开发和转化为主，形成若干高层次的区域增长极。除了建设好国家正式批准建立的开发区以外，省、市也可自办开发区，修路筑港建机场，引进现代通信设备，自我开发、自我开放。这不仅可在短期改善投资环境，也有利于沿海开放闯过缓步发展阶段，前进到一条新的起跑线上。当然，地方自我开发开放，也要与国家计划相互衔接，成为国家开发开放的重要补充。面对这种新的发展形势，国家应因势利导，鼓励支持在省、县、乡（镇），分别创办不同规模、不同层次的乡（镇）企业开发区，由当地农民、内地乡（镇）企业以及其他愿意投资的国内外企业参加开发。这将大大缓解进一步开发与国家财力不足的矛盾，加快开发区的建设、成长和扩展开发开放区的空间范围。以此为基础，可较快形成多层次的区域增长极体系。

（4）利用沿海岛屿与已有的农场、林场、养殖场、种畜场，吸引外资，开发经营成片土地，开辟外商农业综合区，发展高产、高效外向型农业，使农业对外开放，也迈出新步伐，促进地带农业的现代化，开创农业出口创汇的新局面。

（5）完善城镇体系，开创城乡一体化新格局。沿海沪、京、津等大城市进一步发挥三大功能：一是发挥对生产要素集聚、扩散和转换的功能，促进地带或所在区域要素的优化配置；二是发挥优化自身产业结构和结构转换上的引导与促进作用，引发地带、区域城乡产业结构的连锁反应，带动地带区域以至全国的产业结构优化与转换；三是发挥对宏观与微观调控的功能，既将国家宏观决策指令分解、辐射出去，又运用自身比较有效的市场机制和经济信息的诱导以及企业间、区域间的联合协作，对所在地区内外企业的运行进行微观的调控。

与此同时，要有重点地建设一批经济发展水平高、交通通信等城市服务发达的中等城市，分别联结其周围为数众多的工业小城市，构成我国密度最高、最繁荣的城市群体，使社会文明程度迈向一个更高的层次。

　　城市建设的发展，一些大城市外环线的建成及城市住宅的向外延伸，环外城郊形成一批"都市里的村庄"。这种"都市里的村庄"，一方面，顺应城市发展的大趋势，利用有限耕地和其他要素，建设副食品基地、为城市加工配套服务的企业和第三产业，由传统单一封闭的农业经济过渡到现代化综合性的城郊经济；另一方面，将大批从土地中解放出来的剩余劳动力，转移到为城市服务的非农业，闯出一条具有中国特色的农业现代化与乡村城市化的道路。

　　在全国地域分工中，东部地带要担负起两大任务：一是北起渤海湾地区，中经长江三角洲地区，南到海南和北海地区，形成面向太平洋的东大门。在改革开放和实施沿海发展战略实践的基础上，更大胆地开放，利用世界经济布局和产业结构大调整所带来的机遇及地带临海区位优势、已有的经济技术优势，既更多、更有效地吸引利用外资，引进世界先进技术、先进管理经验，又更大步地进军世界市场，在更广阔的天地里，在高水平的竞争中，注入新的推力，提高地带的经济技术素质，创建若干个多功能的国家级经济中心，在世界占一席之地。二是由上述重点建设区块，连成沿海产业密集带，在更高的水平上，从资金技术、信息、高新技术产品等方面，更强有力地支持和带动中、西部地带的开发。同时取得中、西部更多的支持、合作，通过东西互补，融合成更强大的外向发展、创汇和平衡国家外汇收支的能力。更有机地联结国际市场和国内市场，双向循环，内外联动。

　　中部地带。内涵与外延并举，加快建设成为全国最大的能源生产供应基地和以能源为依托的全国性的重点化工基地，承担起"承东启西"的历史重任：向东，提供能源、高耗能原材料，接纳东部必须转移扩散出来的项目、产品，支持东部地带的结构调整和经济增长；向西，输送适用技术和部分高新技术，积累大规模开发利用能源、原材料产业的技术经济，提供西部地带缺少的商品粮、重型机电设备、钢铁、某些日用工业品，中转东西交流的生产要素和经济信息，成为加快西部开发的桥梁、纽带。同时，在"承东启西"中壮大输出产业，拓宽输出市场，推动地带经济有一个突破性的发展。

　　在布局上，在宏观层次上重点是加强三大网络。一是在开发北煤南水的基础上，加强以坑口电站、路口电站及大中型水电站为主力，水火相济，形成南北串联的区域输电网络；二是开拓晋煤外运通道，开辟江、淮、黄的内河航运，形成贯通东西、南北的运输网络；三是通过对江河的综合治理、综合开发及引水工程的建设，形成南水北调的水资源调度网络。

　　在上述布局框架下，在北部、南部分别展开重点开发区的建设。

北部建设以煤、油为基础的能源重化工基地。主要开发区是：黑龙江东部以煤为基础，煤、电、煤化综合开发区；黑龙江西部以油、气为基础，石油、石化及其后续工业的工业区；内蒙古东部，以褐煤为基础，煤电、煤化、有色、森工、建材综合开发区；内蒙古西部，以沿黄地带为主轴，向南北、东西推进，建设以钢铁、稀土、铌为主的包头工业区，以铜铅锌、硫铁矿为主的狼山—临河工业区，以煤、电为主的准噶尔—东胜—托县—达旗工业区，依托煤、电，以乙炔氯碱化工、建材为主的乌海工业区；以同朔为中心的晋北工业区，主要是动力煤、火电；以太原、古交、介休为中心的晋中工业区，主要是炼焦煤、火电、钢铁、甲醇及焦油加工；以临汾、河津、垣曲、运城为中心的晋西南工业区，主要是有色（铝、铜）、煤炭、煤化与盐化工；豫西工业区，主要是煤、电（含水电）、铝、钼、金、煤化、石化；以煤、电、化、建为主的两淮工业区。

中部地带南部，重点发展以优势能矿资源和优势农业资源为基础的加工制造业。20世纪内重点建设以下工业区：以武汉为中心的江汉平原工业区，重点发展冶金（中原板、薄板、带钢、矽钢片、大型钢材、特钢）、机械（电子、电器机械、汽车制造、造船、重型机械）、化工（磷化工、盐化工、精细化工）、纺织及食品制造（粮、油、肉类的深加工）。长（沙）株（洲）潭（湘潭）工业区，主要发展硬质合金、有色冶金、机电、车辆、化工、麻纺织、食品。以南昌、九江、贵溪、景德镇为中心的赣东北工业区，主要是铜、稀土、钽、铌冶炼、盐化工、高级卫生洁具及肉、鱼、茶加工。

20世纪末21世纪初，以三峡工程为先导，综合开发利用其辐射区内的多种优势资源，加上以山西为中心的能源重化工基地的基本建成，将使"中部崛起"战略，进一步由规划蓝图变为现实，也将强有力地担负起在全国总体布局中"承东启西"的战略任务。

西部地带。在经济发展水平上，处于全国第三级梯度上，但在空间的广度、自然资源的丰度上却处于我国高梯度上。虽然从总体上看，这里还是我国的一个待开发区。但经过40年的建设，它已远不是新中国成立初期基本与现代文明相隔绝的封闭落后的地带。这里已打下一定的经济基础，形成了一些具有全国意义的工业行业和一大批装备精良、资产存量大、技术力量集中的大型骨干企业，发展起如西安、兰州、重庆、成都等综合性经济中心和一批中等经济中心与为数更多的专门化率较高的工业小城市。为了较快发挥其独特的能源、矿产资源优势，为了缓解全国性的基础工业与加工工业严重失衡的矛盾，也为加强民族团结、稳定大局的需要，20 世纪 90 年代需要加快西部开发步伐。

由于西部地区幅员最辽阔，地带内区域差异更大。就省区而言，其东部的川陕，经济发展水平明显高于其以西诸省区。两省土地面积只占西部地带的 14.1%，却集中了该地带国民收入生产额的 54.5%，固定资产净值的 50.2%，工程技术人员的 56%。在同一省区范围内，经济中心与外围地区在发展水平上，也有很大反差。因此，在地带总体布局上，首先应集中较大力量，开发东部的川陕，使之先行一步，架起大规模开发西部的桥梁。但同时，各省区也都有重点地适度开发以下两类地区：一是更好地发挥现有经济中心作为区域增长极的作用，向其外围地区扩展其扩散效应；二是重点开发各自资源富集、组合优势明显、国家又急需其产品的地区。布局框架是：

（1）加强与延伸陇海—兰新轴线、包兰—兰青轴线、以重庆、成都、昆明、贵阳为四极的"口"字型轴线。基本途径：一是以轴线上的大城市产业结构与地域结构的调整为中心，强化其综合功能，发挥其一级开发据点的作用；二是轴线上中小城市建设，一般还要以强化其经济功能为主，增强其吸引力与辐射力，形成二三级开发据点；三是轴线上的工业布局，由高密度地段向低密度地段推进，防止生产要素进一步向轴线上已有大城市拥集。

（2）着手开发以下新轴线：

一是纵贯陕西的南北纵轴线。重点开发煤炭、油气、铅锌、金、铜等优势资源，发展煤化工、石化及有色金属冶炼工业。

二是内昆—南昆轴。以红水河水电及川南、滇东、黔西南火电为依托，重点开发川南的煤、磷、硫、矿，黔西南、滇东的煤、铜、铅锌。

三是青藏轴。依托青藏铁路一期工程，输入龙羊峡水电，开发柴达木的池盐、钾盐、镁盐、油气、铅锌、石棉。

四是澜沧江中游。修建广通—大理铁路，重点开发澜沧江水电、铅锌、磷矿。

后两条轴线，是西部地带经济布局向西推进的前哨。

（3）综合开发几个重点区块。

陕宁北部接壤区。在开发神府、贺兰山、灵武煤田的基础上，抓好煤炭利用上的多元化：一是靠煤近水，建设陕北、贺兰山火电基地；二是发展煤化工，以第二代煤化工为主，在石嘴山、神府形成较大规模的乙炔氯碱化工基点，并在神府起步，发展第三代煤化工——甲醇 C_1 化工。

渭北工业走廊。为弥补关中加工为主、能源、原材料基础薄弱、结构缺漏大，重点开发渭北"黑腰带"，建设渭北火电基地，积极发展煤化工，开发金、钼、铅锌、建材资源，发展有色冶金、建材工业。在陕甘宁盆地大气田开发的基础上，利用关中的经济技术优势，建设天然气化工。在布局上，以区内陇海铅线为主轴，以西安为中心，向东延伸，建设煤、电、化、冶综合发展的渭南工业区；向西延伸，建设以有色为主的宝鸡工业区；中部建设以特钢、精细化工、新型材料为主的西安工业区；以煤、建材为主的铜川工业区。

黄河上游区。以龙青段水电开发为龙头和依托，一方面带动煤炭开采、水电建设；另一方面促进有色、化工、建材工业的发展。加快龙青段梯极开发步伐，开发华亭、靖远等煤田，新扩建兰州、靖远、平凉等大中型火电站。依托电力和当地及毗邻地区的优势资源，发展有色金属系列（镍、铜、铅锌、铝、金属镁、稀土）、盐化工系列（钾肥、纯碱、硫化碱、硼酸）、建材系列（水泥、平板玻璃、建陶、包装材料）。在布局上，以沿黄地带为主轴，以兰州为中心，向四周扩展，建设以有色（铜、铅锌、铝、稀圭）为主的白银工业区，以镍、铜为主，综合回收稀有分散元素的金川工业区，以铝工业为主的西宁工业区，以盐化为主、综合发展铅锌、石油、石化、石棉工业的柴达木工业区，以煤、电联合开发为先导，重点发展铁合金、铝、碳素制品、电石的连海工业区。

川滇黔接壤区。这是西部资源组合优势最明显的地区之一，有条件综合发展能源和多种原材料工业。区内煤、水兼富，可以水火并济。煤重点扩建六盘水，积极开发兴义、织纳、恩洪、昭通、川南煤田。水电近期重点是开发雅砻江，着手开发金沙江、大渡河；冶金工业是黑色与有色并举，扩建水钢、昆钢、重钢，综合发展提钒提钛，做好攀西二基地的前期工作。扩建东川、会理铜矿、会东铅锌矿，相应建设西昌综合冶炼厂，回收锡、镉、银等伴生金属；化工是硫磷盐化及天然气化工并举。重点建设以水电为龙头、钢铁钒钛为重点的攀西工业区，以硫、磷、盐化、天然气化工为主的川南工业区，煤、电、纲综合发展的六盘水工业区，煤、电、有色金属综合发展的昭通工业区。

滇西区。电运先行，以有色、磷化为重点。开发澜沧江梯级，修建广通—大理铁路、南昌铁路，开发澜沧江下游航运。重点建设兰坪铅锌基地，昆阳、海口、安宁等磷矿，建设黄磷、重钙及其他磷化工产品生产基地。

乌江流域。以水电为依托，建立铝、磷生产基地。加快乌江梯级开发，开发建设猫场、遵义铝土矿区和贵州铝厂及开阳、息烽、瓮福磷化工基地。

为了解决煤、磷运输问题，一要加强改造现有铁路干线，开发利用乌江航运，加强运输手段；二要实行就地加工转换。煤炭洗选，运出精煤，洗中煤、褐煤就地发电，以输电替代部分运煤。发展煤化工、磷化工，减少原煤、磷大矿外运量。

新疆区。本区资源丰富多样，但区位条件与运输条件差，能源、矿产资源长期未进入大规模开发。今后煤炭开发规模，以满足区内需求为主，少量东运补河西西部的不足。中近期可望参与全国地域分工的主要是石油、石化、有色稀有金属工业。

石油开发规模，一是取决于地质勘探进度；二是取决于运输手段。石油勘探重点，二在北疆准噶尔腹地，这是新疆目前的主要石油产区，近期增产条件较好；一在南疆塔里木盆地，正在加速勘探，"八五"可揭开开发序幕，"九五"可初成气候；三在吐—哈盆地，这是新疆三大油区中，区位条件和已有运输条件最好的，自然环境也相对优于其他两大油区，是近期即可投入开发的新油区。到 2000 年，新疆可望成为全国第三大石油产区。依托油气资源，开发独山子、库尔勒两个石化工业点。

本区稀有金属资源开发历史已较长，但主要环节比例失调，今后重点是扩大冶炼、加工能力。一是利用乌鲁木齐地区的煤、电及较好的工业基础和较强的技术力量，扩建锂盐及制品厂；二是在能源、矿产资源较好的阿勒泰地区，新扩建联合企业，增加产品品种，如发展铜铍合金，开发锂盐系列产品，同时拓宽产品使用领域，扩销促产。

（二）划分综合经济区，构造全国总体布局框架

综合经济区，是根据自然资源、人力资源、历史发展特点、已有经济基础以及在历史上已形成经济联系，以若干个在经济上具有近似特点、彼此有较密切、较稳定经济联系、具有形成一个地区经济综合体基本条件的省区，结合而成为一个较大的经济地域单元。这些地域单元之间有明确的边界，在地界范围上，不交叉重叠；每个经济地域单元，都具有自己的地区专门化部门，有自己的经济特色，有数量不同、规模不等的大中型经济中心和经济比较发达的核心区，可以带动区内各地区的发展；原则上不打乱省级行政区划的界限。当个别行政区划与经济区划相矛盾时，可适当调整行政区划以适应经济区划的需要。

综合经济区划的主要经济职能，是在国家总体战略指导下，根据区内的客观条件和全国地域分工的要求，从全区国民经济的总体着眼，组织区内整个经济活动，协调区内各组成部分之间的经济活动。国家通过综合经济区划，协调全国各经济区之间的经济活动。这是正确安排各地区之间和各地区内部、各部门之间发展比例关系的一种较科学的组织形式，它比三大经济地带这种粗略的地域划分，更能清晰地勾勒出全国总体布局的框架，将客观经济与微观经济有机地结合起来，促进全国经济的协调发展。

根据综合经济区划分原则，我们筛选出反映地区自然、经济、社会特点的评价指标，运用模糊聚类法，提出了新的六大经济区划分方案。各区经济、社会、自然特点如表 2 所示。

表 2　六大区自然资源丰度与经济社会发育程度对比

指标		全国	东北	华北	华中	东南	西南	西北
土地面积（万平方公里）			79.04	183.98	92.26	55.17	232.95	304.35
总人口（万人）			9809	29080	32452	13711	17759	7112
人口密度（人/平方公里）			124.0	158.1	351.7	248.5	76.2	23.4
人均量指数	耕地	1.00	1.5979	1.0515	0.7629	0.6340	0.9227	1.8608
	有林地	1.00	1.9421	0.2587	0.6371	1.1004	1.7954	1.0618
	草地	1.00	0.7812	1.1274	0.1136	0.3573	1.9751	3.5263
	淡水水面	1.00	1.8571	0.5714	1.5714	0.7143	0.5714	0.6429
土地资源人均综合指数		1.00	1.4566	0.6470	0.5427	0.6496	1.1693	1.4558
水资源人均量指数		1.00	0.6508	0.2362	0.7650	1.5631	2.3756	1.1823
能源资源人均量指数		1.00	0.3770	2.0803	0.1778	0.1021	1.0847	2.6122
矿产资源人均量指数		1.00	1.0137	1.5763	0.2813	0.1628	1.9310	1.2717
自然资源综合优势度			0.4167	0.6389	0.5556	0.1944	0.7500	0.3611
自然资源人均综合指数		1.40	0.7758	0.8414	0.3796	0.3604	1.5531	1.5463
自然资源总体丰度[①]			0.5686	0.7332	0.4592	0.2647	1.0793	0.7472
经济总规模[②]		1.00	1.1193	1.3037	1.9070	1.3 57	0.5380	0.3692
经济增长活力[③]		0.0838	0.0785	0.0845	0.0852	0.0875	0.0789	0.0839
地区自我发展能力[④]		0.4148	0.4694	0.5601	0.7082	0.6154	0.3568	0.2720
工业化结构比重数[⑤]		0.3316	0.4595	0.3419	0.3644	0.2804	0.2280	0.2746
结构转换条件[⑥]		1.00	1.3653	1.0010	1.1200	1.1105	0.6497	0.8053
人口文化素质		0.0877	0.2331	0.0937	0.0846	0.0979	0.0448	0.0770
技术水平指数		1.00	0.6772	0.9199	0.7955	1.3835	0.6289	0.5585
城市化水平		0.4354	0.6342	0.4480	0.4519	0.3518	0.3185	0.4115
居民消费水平指数		1.00	1.3415	0.8987	1.0579	1.1245	0.7757	0.9262
经济社会发育程度的综合评价值[⑦]		0.4237	0.5331	0.4484	0.4859	0.4725	0.2924	0.3150

注：①＝$\sqrt{自然资源综合优势度 \times 自然资源人均量综合指数}$。

②＝$\sqrt{国民生产总值指数 \times 国民生产总值人均量指数 \times 国民生产总值密度指数}$。

③以 1953~1989 年社会总产值年增长率表示。

④＝地区实际积累率/地区资金利用系数。

⑤＝$\sqrt{地区工业产值占地区社会总产值之比 \times 地区工业劳动者占地区社会劳动者总数之比}$。

⑥以人均国民收入指数表示。

⑦7 项经济社会指标值的几何平均值。

　　根据各区的条件、特点，确定各区的主攻方向，形成全国生产力总体布局的框架。

　　（1）东北区。包括辽、吉、黑三省和内蒙古东三盟一市①。以沈阳、大连、哈尔滨为中心，辽中南、哈长吉大（庆）齐（齐齐哈尔）是全区的经济核心区。这一地区已形成明显的经济专业化，区域内各地域单元和国民经济各部门之间，已形成比较紧密的经济技术联系，经济的统一性和综合性也较明显，是我国比较成熟的一级综合经济区。煤炭、电力紧张，农业、轻工业与重工业的发展不协调，设备、工艺老化，近10多年来经济增长活力下降，是面临的共同性问题。加强内蒙古东部、黑龙江东部、沈阳周围的煤炭开发，稳定作为全国主力油田的大庆、辽河油田的产量，积极开发第二松花江与嫩江的水电资源，着手进行黑龙江的梯级开发前期工作，优先发展为重工业技术改造服务的相关产业和技术，相应地加强农业、轻工业和港口建设；依靠技术进步，改造、振兴老工业区，进一步发挥全国性重工业基地作用，是本区发展的方向。

　　（2）华北区（黄河中下游区）。包括京、津、冀、晋、内蒙古（西）、鲁、豫。以津京为中心，京津唐秦、胶济沿线、同蒲沿线、郑洛三平（顶山）、呼包、石邯邢地区，是全区的经济核心区。这一地区已形成比较明显的区域经济特色：以强大的煤矿工业为依托，立足于区内丰富的矿产资源与以棉、烟、柞蚕茧、花生、芝麻为主的农业原材料，采掘、原材料和制造业都比较发达。区内各省市区间的历史上已形成比较密切的经济技术联系。水源不足，生态环境比较脆弱，交通运输与工农业生产的发展，特别是与重点建设的要求不相适应，是急需重点解决的问题。扩大以煤、油、铝土、铁矿、海盐为主的优势矿产资源的开发规模，积极发展优势资源的加工转换，搞好能源（煤、电、石油）、重化工（冶金、机械、电子、煤化工、石油化工、海洋化工、精细化工）基地的建设，完善以运输、供水为主的基础结构，抓好生态农业，逐步建立起区域经济系统和生态系统的良性循环，是今后发展的主要目标。

　　本区东西两部分，自然资源丰富、经济发展总体水平、产业结构特点有较大差异，互补性强，发展方向也有所不同，可进一步划分为两个子区：一是东部包括京、津、冀、鲁的环渤海区，以发展知识、技术密集型产业为主；二是西部的晋、豫、蒙（中西部）区，重点发展能源，原材料及其加工转换产业。

　　（3）华中区（长江中下游区）。包括沪、苏、浙、皖、赣、鄂、湘。以上

① 在区划上应包括这一带，但因统计资料无法从内蒙古分出来，故蒙东仍并入华北区。

海、武汉为中心，长江三角洲、武汉—大冶区、襄（樊）十（堰）宜（昌）沙（市）区、长株潭区、皖中长江沿岸、南（昌）贵（溪）景（德镇）区，是本区内的经济核心区。这一地区工、农业发达，海陆内河运输方便，生产的技术水平、经济管理水平较高，经济的综合性较强，多种工、农业产品的地区专门化程度也较高。区内北煤南水，北棉南稻，东部有技术、有资金、有人才、加工能力大；西部有资源、有原材料，因此东西南北经济上的互补能力较强。重点对产业结构进行战略调整，以高新技术改造传统产业，开发新兴产业，提高高新技术产业和创汇产品的比重，积极发展第三产业，综合开发长江中下游平原综合农业生产基地，进一步发展高中档轻纺工业，加强区内东西南北的横向联合，更大规模地参与国内外的劳动分工，更好地发挥对内对外辐射扇面枢纽的作用，进一步发展成为全国经济实力最强、综合技术水平最高的经济核心区，是本区面临的主要任务。

本区可分为两个子区：一是长江三角洲区（包括沪、苏、浙），重点建设高新技术产业群和具有高精尖新特色的加工制造业。二是中游、湘、鄂、赣、皖区，重点建设以大运量、高耗水工业和集约化商品化农业生产为主的沿江经济走廊。

（4）东南区。包括闽、粤、桂、琼。以广州为中心，珠江三角洲是全区也是全国最具经济活力的经济核心区，闽南三角洲、西江工业走廊，是发展势头大的后起的重要经济小区。这一地区临近港澳与东南亚，侨资、侨汇、侨技是一支可资利用的建设力量；集中了全国 5 大经济特区、4 个开放城市和 2 个经济开放区，可作为外引内联的桥梁与技术转移、信息传递的跳板；有全国著名的鱼米花果之乡和亚热带宝地；在我国东西南北 4 组远洋航线中，通往东南亚、大洋洲的"南行线"，以本区港口为起点，里程最短。通往南亚、非洲、欧洲的"西行线"，从沿海港口出发，也要先南行至新加坡才折向西行，也以本区港口的航程最短，因而具有参与现代化国际分工极有利的经济地理位置条件。按贸—工—农顺序发展加工工业和商品性外向型农业生产，发展金融、信息产业、高中档食品罐头服装及热带、亚热带作物和海产品的深加工精加工工业、电子、仪表、精细化工，以及建立在南海油气资源基础上的石化工业及其后续工业，形成外向型的区域经济体系，是本区发展的方向。红水河、闽江水系水电资源及西江航运的开发，沟通西南腹地及联结北煤产区的铁路干线建设，促进区域能源结构和来源的多样化，是解决区内能源问题，保证区域经济发展的重要条件。

（5）西南区。包括川、贵、滇、藏。以重庆为中心，成渝地区、昆明地区、贵阳地区是全区的经济核心区。这一地区水电资源、钒、钛、钴、铝土、铜铅锌、锡、汞、锰、铬、磷、岩盐、石棉、天然气等资源富集，矿产资源与水电资源的地区组合比较理想，川、滇、黔接壤区又是我国煤铁资源区；与能源、矿产资源同样丰富的西北地区相比，自然环境、水源、农业、轻加工工业的基础要相对优越。建设大中水电站群，并以此为依托，分期分批建设多种能源、高耗能工业的联合生产基地；在粮食自给基础上建设具有区域特色的轻纺工业；以涵养水源为中心，以营林为基础，建设永续利用的林业基地；以铁路为骨架，公路先行，结合水电开发长江及主要河流的内河航运，是本区今后开拓的重点。

区内可分为川贵滇和西藏两个亚区。前者是西南开发的主体，后者以"一江两河"的开发为重点，以改造入藏公路为前哨，打开西藏开发局面。

（6）西北区。包括陕、甘、青、宁、新。以西安、兰州为中心，关中地区、兰银（白银）地区是经济核心区。这一地区煤水油气多种能源资源都较丰富，镍、钼、铂族金属、铍、锂、铌、钽、钾盐、硼、钠、硝石、石棉、镁等资源富集，又是全国空间广阔，土地资源，特别是草原资源丰富的地区。耕地作业的自然环境有其艰难的一面，但也具有日照长、辐射强、积温高、昼夜温差大，有利于作物有用成分积累的一面。与西南区对应，构成我国自然资源最丰富，开发潜力最大，但开发程度还低的待开发地带。西北主要问题是经济技术基础薄弱，自我积累、自我发展能力低，二元结构的特点与弱点在产业上和空间都表现得很突出。产业结构缺漏大，而且层次低。经过 40 年的建设，已形成了专门化率高、全国占有重要地位优势行业、优势产品，建设起为数不多但总体水平并不亚于发达地区的经济中心城市，一批大中型骨干企业，在某些新产品（包括上天的尖端产品）的研究设计开发上足以与发达地区的骨干企业并驾齐驱。已积累起来的这些先进生产要素与丰富多样的自然资源相结合，构成了加快西北开发的必要条件。

今后发展的方向是：做好林、草、矿三篇大文章，在开发中积累能量，治穷致富。同时适应国家的急需，利用本区的区域比较优势，以水电为龙头，以有色、稀有金属资源，盐类资源，优质动力煤资源的重点开发为主体，加快陕甘宁盆地、新疆三大盆地的油气资源勘探步伐并投入开发，逐步形成煤、水、油气四者兼备的综合性能源基地、综合利用优势矿产的重化工（多种有色稀有金属冶炼、盐化工、石油化工、煤化工）基地。结合土地利用结构和农业生产结构的调整，大力种草种树，改良草场，建设基本农田，并与大中型蓄水引水工程建设相结合，开垦宜农荒地，扩大灌区，建设好关中平原、河套平原商品粮基地以及有地区特色的瓜果基地、名优土特产的加工工业，使区域经济总量和综合效益有较大提高，产业结构和空间结构有所改善，困扰地区的水土流失、风沙危害，较多地得到治理和控制，为下一步进入大规模开发，创造一个比较良好的经济环境和生态环境。

20 世纪 90 年代中国区域经济格局的塑造与对策研究

一、以沿海为主轴

沿海地带，继续贯彻沿海战略，以技术为导向，以结构的协调化、高度化为主要目标，跟踪世界经济区域化的走势和国内地域分工、优势互补的要求，更大规模地利用国内外两个市场、两种资源，注入新的活力。创造新的比较优势，攀登新的台阶。重点建设"一环"（环渤海区）、"一岛"（海南）、"一湾"（北部湾）和"三个三角"（长江三角洲、珠江三角洲、闽东南大三角）。其着力点是：

（1）着眼长远，注重效益，进行产业结构的战略调整。第三产业放在优先发展的位置，大力发展金融、贸易、房地产、信息咨询业，使第三产业比重明显提高，首先在大城市实现"三二一"型产业结构。第二产业中，加快高新技术产业的发展，提高新兴支柱产业的比重。现有传统工业在提高质量的基础上求得新的发展，抓好高新技术的应用，开发一批新门类产业，同时坚决调整一批不符合区域产业政策或没有发展前途的行业、产品；第一产业逐步向城郊型现代化和高产、高质、高效农业转变。

（2）扎扎实实建设好开放城市的经济技术开发区和高新技术产业开发区，以高科技的研究开发和转化为主，形成一批高层次的区域增长极。

（3）完善城镇体系，开创城乡一体化新格局。一方面，充分发挥沪、京、津等特大城市对生产要素集聚、扩散的和转换的功能，促进沿海地带或所在区域要素的优化配置；发挥优化自身产业结构和结构转换上的引导与促进作用，引发沿海地带城乡产业结构的连锁反应，带动沿海地带以至全国产业结构的优化与转换；运用自身比较有效的市场机制和经济信息的诱导以及企业间、地区间的联合协作，对所在地区内外部企业的运行进行微观的调控。另一方面，有重点地建设一批经济发展水平高、交通通信等城市服务发达的中等城市，分别联结其周围多数更多的工业小城市，构成全国密度最高、最繁荣的城市群体，使社会文明程度迈向一个更高层次。

（4）依托核心区，扩大沿海地带内部资源开发的规模和深度，促使地带的产业、人口及其他要素，向地带内部开发不足的"低谷"转移、扩散，加强沿海地带的整体优势。

上述几个重点建设区块，以长达 18000 余公里的海岸线为纽带，联结成为全国最大的产业密集带和对外开放的主前沿，面向东亚以至世界，辐射中西部。

二、促进长江干流腾飞

以浦东开放开发为契机，以上海为龙头，推动长江干流（重庆以下）产业带的建设。作为上海直接腹地的长江流域各省的沿江地带，一方面可与浦东开放开发接轨，将一部分生产要素直接注入浦东，进而与国际市场接轨；另一方面发挥各自的优势，为浦东开发服务，或承接浦东的辐射，推动自身的发展。

作为长江三角洲两翼的江浙，江苏以沿江苏、锡、常、南（通）、宁、镇（江）、扬（州）7 市为重点，利用其已有经济技术优势和地缘优势，进一步建设成为以经过技术改造的传统加工业和新兴的高技术产业为主体的经济核心带，并以此为辐射源，分别加快江苏沿海（南起南通，北至连云港）和东陇海沿线（连云港—徐州）以及浙江省内浙南、浙西的开发建设。

皖、赣、鄂、湘及川东，分别重点建设皖江经济带、昌九工业走廊、岳（阳）长株潭经济带、以武汉为中心的长江中游经济带、以宜昌为中心的鄂西沿江经济带及以重庆为中心的川东沿江区。

由上述重点建设区带组成长江干流产业带。

作为沿海与沿江产业带交汇处的上海，将发挥资金流、商品流、信息流三大优势，从三个方面为长江流域服务：利用外高桥高度开放的自由贸易区，促进沿江带外向型经济的发展；利用较高层次的产业结构和引进、吸收、消化、创新的先进技术，向沿江带扩散，带动沿江产业结构调整和技术水平的提高；通过金融证券、各类商品交易市场、高新技术产业和现代信息咨询业等方面的发展，将沿江带商品经济的发展提高到一个新水平。沿江产业带东段以高新技术产业群及具有高精尖新特色的加工创造业为主；西段以大运量、高耗水、大耗电工业和集约化、商品化农业为主，以黄金水道、超高压输电走廊、南水北调线路为纽带，东西联动，南北拓展，加工工业与其他工业、高新技术产业和传统产业、沿海开放与沿江开放相互推动、相互融合，进而形成与沿海地带并驾齐驱的产业密集带。

三、深化黄河中上游优势资源的开发

黄河中上游、陇兰沿线，是中国能源、矿产资源最密集的地带之一。经过40 多年的建设发展，已远不是新中国成立初期基本与现代文明隔绝的封闭落后地区。这里已有了一定的经济基础，形成一些具有全国意义、远辐射力强的工业行业，一批装备精良、资产存量大、技术力量集中的大中型企业，发展起如郑州、洛阳、西安、兰州等综合性的区域经济中心、一批中等经济中心和一些专门化率较高的工业小城市。为了发挥其独特的资源优势，缓解全国性的基础工业与加工工业严重失衡的矛盾，也为了有效地扩大开放、加强民族团结、稳定大局，20 世纪 90 年代要加快开发步伐，作为全国煤炭、电力、石油、有色金属和铁路建设五大产业战略西移的主战场之一。在区域布局上，重点建设中游以山西为中心的能源重化工基地，上游以兰州为中心的综合开发区。以"三西"煤炭和黄河龙青段（向下延伸及北干流）水电资源开发为基础，以冶金（铝、镁、铜铅锌、稀土、镍、铂、钼、金、铁合金）、化工（焦化、乙炔氯碱化工、甲醇 C_1 化学、石化、盐化、硫酸、复合肥料）、轻型、新型建材为重点，以能源、原材料工业为依托，逐步向两头延伸：一头通过改组、改造，释放三线企业的潜能，有选择地发展高新技术产业和重大技术装备制造业（航空航天、电子、仪器仪表、数控机床、新型材料、核技术应用、高压输变电设备、电气器材等）；另一头立足于当地有特色的农牧资源和重化工提供的非农产品原材料发展轻纺工业，从而与地带的机电产业、农业、轻工业相融合，促进地带支柱产业的多元化，提高资源附加值和区内产业关联度，使增长速度与效益同步提高。

黄河中上游的开发，与下游环渤海区相联结，将构成全国最大的煤、水、油、气四者兼备的能源工业带和冶、化、建综合发展的原材料工业带。

四、加快西南重化工带的建设

川、云、贵、桂，是我国能源、矿产资源密集、矿种齐全、空间组合优异的地带。与能源、矿产资源同样丰富的黄河中上游相比，这里的水资源、气候资源、生态环境相对较好，但地形复杂，对外交通条件相对较差；经济社会发育程度低于黄河中游区，与黄河上游区相近，资源开发潜力更大。

20世纪90年代，产业发展系列：一是突出水电、有色、磷硫盐化和天然气化工。对本地带而言，这些产业既具有基础性，又具有主导性，是在全国具有明显地区比较优势的部分。20世纪90年代，地区水电进入更大规模的梯级开发阶段，除在建的几个超过100万千瓦的大型水电站外，还有10多个大型水电站分别在雅砻江、金沙江、澜沧江、乌江上陆续投入开发，到2000年地区水电建设总装机规模将超过2000万千瓦，成为全国最大的水电基地和西电东送的主力。与此相配套，建设西南能源基地联结粤港澳地区的南方电力走廊（由无（生桥）广（广东佛山、江门）、天鲁（布格）、天贵（阳）等大型超高压输电线路组成），形成联结黔、云、桂、粤，电力总装机超过3000万千瓦的南方大电网。以能源工业为龙头，建设全国最大的磷矿肥、磷化工、锡工业、铅锌工业、钒钛工业基地，重要的黄金、铝工业基地。二是改组、改造机电工业，重点是航天、大型发电设备、重型机械、轻型汽车、大马力内燃机、燃气轮机车、电子通信导航设备，既培育地区高新技术产业的生长点，又提高地区在全国地域分工中的层次和效益。三是巩固提高具有优势、有地方特色的轻纺工业（烟、酒、糖、丝等），扩大区外市场占有率，增强地区的财力和经济实力。四是拓宽"瓶颈"产业，主要是强化大农业这个基础，开辟对外通道，并提高地区内部的运网密度。

在空间布局上，重点开发川滇黔接壤区、滇西区、乌江流域、西江工业走廊。

上述两条能源、原材料产业带，即是强化基础工业、协调全国工业结构的主力，也是改善全国工业布局、协调区域关系的重要环节。

五、以沿边开放为突破口，启动南北边疆地带的发展

中国陆地边界线长达2.1万多公里，绝大部分在少数民族地区。在漫长的边疆地带，水、土、森林、草原、煤、水电、石油、铜铅锌、稀土稀有贵金属（锂、铍、钽、铪、锆、钛、金）、石墨、白云母等资源丰富，但经济基础更薄弱，是中国资源开发潜力较大的地带。

与中国毗邻和接壤的周边国家有15个，北部的辽、吉、黑、内蒙古、新疆与朝鲜、独联体及蒙古，南部的藏、云、桂与东南亚、南亚，在资源结构、

产业结构、技术结构上有很强的互补性，构成了中国边疆地带与周边国家开展边境贸易、经济技术合作的物质基础。陆地边境线有近 30 个民族与邻国同属一个民族，语言文字相通，风俗习惯相似，还有 10 个民族、约 1500 万人信仰伊斯兰教，与海湾伊斯兰有着传统的经济文化联系。这些又构成了中国边境地带与周边国家交往的社会基础。

对中国来说，沿边开放有着多方面的意义：

——与沿海开放带相呼应，有利于东西双方向开放、南北相互补充的全方位、多层次开放新格局的形成。

——以边贸为先导，可扩大地方财政收入，吸引内地、沿海的人员、商品、资金的流入，带动边境地带的资源开发、第三产业的发展、城镇的繁荣，还可提高边境人民的商品经济意识、竞争意识和开发精神。

——有利于边疆地带、内陆与沿海的相互促进，改善全国的产业结构和区域格局。

——有利于睦邻，改善中国经济发展的国际环境。

但同时，中国的沿边开放，也面临日趋激烈的竞争：一方面，周边国家同中国比改革、开放，以更灵活、更富有吸引力的政策措施，同中国争夺西方的资本、技术，加强其经济发展和国际交往的主动权；另一方面，西方国家同中国比技术、比实力、比办事效率，与中国争夺东南亚、南亚、中亚、西亚、东北亚的市场、原材料。因此，要深化沿边开放，也需要有长远目标、总体规划，积累后劲，不能满足于小打小闹做买卖，而要扎扎实实地做工作：

——增加开放口岸，加强开放口岸的建设和边境交通运输建设，提高与邻国的过货能力。

——按外向型调整边境地区的产业、产品结构，提高出口商品质量，增加花色品种，使出口商品逐步向多样化、高档化发展，以适应不断变化的周边国家市场的需求。

——扩大内联，依托内地，增强边贸出口能力。

——与周边国家相对应，建立自由投资贸易小区。

——扩大对外联系范围。从单一的易货贸易，发展成为"三来一补"、工程承包、劳务输出，进而发展到合资办厂、开矿、种植作物；合作对象，由原来的毗邻一线，向双方腹地纵深发展，扩大到更多地区和部门。

上述由几大条带为骨架构建的区域经济格局，将有利于全国范围内的资源优化配置，改善区域产业结构和空间结构，推动合理分工、优势互补。

上述区域格局的形成，需要采取的重大政策措施是：

1. 产业政策与区域政策双重调控，产业结构调整与空间结构调整联动

国家产业政策，从全局出发，规定了全国产业发展系列，明确了当前支持和限制的重点，指明了总体目标导向。但仅仅如此还不够，还需要对各个产业，特别是对重点支持的主导产业在全国的布局确定一个总体的框架，将全国产业发展系列按照地域分工和比较优势的原则，分解、落实到各个区域，明确不同区域产业结构调整方向和产业发展系列，鼓励、支持各地区利用自己的优势条件，形成各具特色的区域产业结构，从不同方面来充实、完善全国的总体结构。从国家来说，在制定、执行产业政策时，要立足于区域特色和我国区域发展不平衡的实际，有一定差异性和灵活性。在不违反国家产业政策总体目标导向的前提下，给各地区产业结构的选择、结构调整以一定的自由度。从地区来说，各区域要在国家产业政策的基本要求下，从地区实际出发，确定自己在全国区域总格局中的地位，在区域多因素综合限定的边界内，在支持国家产业政策所支持、限制产业政策所限制的产业、产品的同时，也要扬长避短，因地制宜地进行区域经济增长、结构演进的战略设计以及地区布局模式的选择，以形成自己的特色。支持什么，限制什么，其方式和规模，应兼顾产业政策的基本要求和地区的需要与可能，防止新一轮的区域产业结构趋同。

产业政策与区域政策的双重调控，其出发点和着力点就是，既要维持全国国民经济的有序运行，又要创造区域经济发展所必须的公平、健康的宏观经济环境，为不同类型地区提供平等地发挥各自优势、参与公平竞争的机会。要把产业结构的调整同地域分工格局的重塑有机地结合起来，逐步改变多年来中西部与东部单一的垂直分工为主、水平分工为辅。国家在政策上要重点支持中西部发挥其能源、矿产资源优势，进一步发展能源、原材料等上游产业，尽快形成规模，扩大输出能力，为缓解全国基础工业与加工工业失衡矛盾，做出更大贡献；同时也要支持对中西部地区产业结构起协调作用的产业的相应发展和加强，包括支持在地区优势能源、矿产资源基础上，适度发展资源加工转换产业，延长产品链条，并在加工转换产业中，培植新的地区主导产业的成长；支持西部调整、改组、改造三线建设时期形成的重机械加工和某些高新技术产业，释放其资产存量、技术装备和技术力量的潜能，形成地区高新技术产业的生长点；支持对兴地富民有利，又可促进立体产业健康发展的、有地方特色的轻纺工业行业的发展，较快提高这类产业在区内的市场占有率。这样可同时产生三重效应：一是通过加工转换、减重增值，有利于中西部自我缓解能源、原

材料工业发展中低效益、大运量带来的资金匮乏、运能不足这双重因素的制约；二是有利于提高能源、原材料为主地区的产业关联度和产业结构层次，缓解价格扭曲造成的双重价值流失的矛盾；三是提高中西部地区在全国地域分工的质量与效益，并有利于提高全国重大技术装备的技术性能和成套水平。

2. 空间投资政策和资金筹措

资金是我国进一步发展的最大制约因素之一。但其制约程度在地区上也很不相同。我国区域经济发展的不平衡、集中表现之一就是地区自我发展能力的差距明显。1952~1989年，地区实际积累率，东部是41.78%，中部是28.25%，西部是20.52%，中西部合计为28.4%，比东部低13.53个百分点。同期国民收入生产额与使用额之差，东部是生产额大于使用额，累计大于7400多亿元；中西部则是使用额大于其生产额，累计大于1200多亿元。换言之，中西部37年间的国民收入使用额中，有1200多亿元是通过国家国民收入的再分配，从东部上缴利税中转移到中西部去的。但其中中部却与西部的情况还有所不同。中部9省（区），除晋、内蒙古、赣3省（区）外，都是生产额大于使用额，因而总体来看，中部是生产额大于其使用额1100多亿元；西部9省（区）无一例外都是使用额大于生产额，累计大于2400多亿元，即西部国民收入使用额中，11.7%是靠外部转移过来的。因此资金匮乏，突出地表现在西部地区，但中东部的低谷区也同样存在。多年来，西部地区的经济建设，特别是工业开发，主要是靠中央的强投入，区域的基建规模、增长速度同中央的投资规模紧密相关。

从投资效果考虑，国家的空间投资政策，从总体上看，应是适度倾斜与总体协调相结合，这样才会有较高的总体效益（如"一五"时期），如果过度倾斜，无论是向西或向东总体效益都是不好的（如"三五"时期和20世纪80年代）。从今后来看，像三线建设时期那种"镶嵌式"的中央强投入的机遇不会有了，同样像20世纪80年代那种投资和政策单一而过度向东倾斜的机遇也不会有了。因此，解决地区资金问题基本思路，必须是多管齐下，区别对待。一般来说，能源、原材料工业、大型交通通信、大江大河的综合治理的重大项目，主要靠国家投资；重大技术装备、机电仪一体化产业的发展，主要是利用现有骨干企业的基础，国家和所在省市区，在政策上支持这类产业的改组、改造、挖潜、配套，使之走上自我积累、自我发展的道路；地方经济的发展，主要靠政策投入、社会集资和地方财政。这样多方协作，形成合力，增强"造血"机制与自我积累能力，与此同时，也需要政策上创造筹资条件，扩大资金

来源:

——改革价格,理顺关系,使能源、原材料产品和加工产品、初加工产品与深加工产品比价相对合理,使产业间的利润率顺序大体同产业的稀缺强度相一致,减少能源、原材料初级产品主产区"双重价值"的流失,这等于增加了对这类地区的投入。

——改革金融,积极促进股市和证券市场的发育。东部沿海得风气之先,可以走在前面。但对中西部地区,国家在金融政策上,也应在保持国家证券市场筹资主体地位的同时,积极鼓励支持其有条件的大企业和重点建设项目参与股市集资,适当扩大证券投资的比重。鉴于股票公开交易要求条件较高,在中西部地区大中型企业集中的大城市,可先进行股市试点、集中建设少数股票交易所,启动股票市场,重点还是扩大企业内部股票的发行。同时积极培育发展一批中介组织,如资产评估组织、会计师事务所、审计事务所、证券公司,帮助企业进行证券市场筹资,代埋一些中小企业发展证券,以吸引更多的闲散资金,支持地区经济建设。

——组建区域开发银行。其主要职能是:发挥信托作用,开发委托存贷款、投资等业务,办好代理发行债券、股票等业务;开展上下级银行联合贷款、兄弟行之间携手发放横向贷款业务;探索外商、开发区和银行三方联合投资经营的路子,支持地区重点产业的开发建设。其资金来源:一是国家从财政上拨出专款作为创始资本;二是中央银行和专业银行的贷款;三是国际开发援助机构的贷款或捐款;四是向国内发行债券的收入。

——组建由国家和地区联合投资的流域水电梯级开发公司。国家将已建和在建的梯级电站划归公司经营管理。开发公司除多方筹资外,用自己管辖的水电站产生的效益,对流域其他梯级电站进行连续滚动开发。

——有差别地确定"拼盘"资金的比例。有些项目的建设投资,实行中央与地方"拼盘"的办法,这是弥补资金制缺口的积极措施,但不宜不加区别地要求各地都拿出同样比例的"拼盘"资金。对资金更紧缺地区的产业政策重点支持的项目,应适当降低地方"拼盘"资金的比例。

——国家鼓励、支持发展的能源、原材料产业,无论是否在特区或开发区内,国家都在税收、信贷等方面给予优惠政策,促进加工为主发达地区的生产要素向中西部富能、富料区的转移。

3. 加大开放的力度,向纵深发展

对外开放向纵深发展,包括开放空间的扩大、开放模式的多样化、开放层次的提升、开放度的加深、开放形式由初级形式向高级形式发展。在注意利用外资的"总量"问题的同时，也要重视利用外资的"结构"问题。

下游产业与上游产业相比，利润较高；沿海与内地相比，前者技术经济条件好、交通方便、劳动者素质较高、经济效益较好，后者技术经济基础及自然、人文环境相对较差。以追求利润为准则的外资在产业投向和空间投向上，自然会偏于轻加工和沿海城市。在敞开国门的初期，我们可以适应外资投向的这种自然趋势，但长此下去，则不利于我国产业结构和空间结构的调整，也不利于我国全方位开放的新要求和长远战略目标的实现。我国对外开放，不是为开放而开放，根本目的在于通过吸收现代经济活力，参与国际分工和交换，改善国内的资源配置，改善我国及各地区的经济运行机制，从而加快我国现代化的进程。因此，今后也需要综合运用我国的产业政策和区域政策，因势利导，诱导外资投向，而不能长期放任自流。为此，对出口导向的外资企业所给予的优惠政策，应同样适用于进口替代和增强我国经济发展后劲所必需的外资企业；对于直接有利于改善投资环境经营电站、大型水利工程、研究开发以及如房地产、证券交易所、银行分支机构、农业综合开发、交通通信的外资企业，也应放宽政策或给予优惠，以利于在改善投资环境的投资中，有更多的外资参与；优惠政策，还应同投资风险挂钩。这样，即使外资有利可图，也有利于我国总体目标导向的实现。

政策优惠是扩大开放的一个重要条件，但更重要的是整体投资环境，特别是软环境的塑造。要从政府的功能与效率、政策的配套性与连续性、经济体制、企业素质、法制建设、社会风尚、文教水平等入手，塑造良好的投资环境。这也是能否用好、用活、用足优惠政策，充分发挥对外开放政策效应的关键。这里特别值得注意的是，在扩大对外开放的强劲势头下，各地区为了吸引外资而互相攀比，竞相提出更多、更大的优惠条件，引起激烈竞争，从而产生一系列消极影响；过多的政策优惠，将减少政府财政收入，削弱政府提供吸引外资的社会环境能力；过度竞争，形成相互抵消效应，反而造成对外资吸引力的下降；饥不择食，短期可能使外资额上升，但从长远看将因结构性偏差和社会环境污染等形成未来的代价；自我竞争、锦上添花性的政策优惠，减轻了外资间的竞争压力，也不利于诱导外资向我们需要的方向移动、扩展。因此，为了吸引更多外资并充分发挥外资的正面效应，一方面，要由单纯依靠优惠的刺激转变为大力改善投资环境；另一方面，政策的优惠度应同我们的总体目标的结合度呈相关关系。这是我国对外开放进入更高层次的紧迫选择。

六、区域联合政策

改革开放以来，我国的区域经济合作蓬勃发展，促进了生产要素的合理流动和地域分工的合理化；加快了商品流通和市场体系的发育；提高了企业的规模效益和资源开发利用效率，从而对繁荣经济、协调区域关系、改善产业结构的空间结构发挥了重要的推动作用。随着社会主义市场经济体制的建立，市场经济的发展对区域合作提出了更高的要求，区域合作如何适应这些要求，纵深发展，是一个亟待研究解决的问题。

（1）转换观念。市场经济的本质是开放性，与以封闭、半封闭为特征的自然经济相区别；它是横向扩张，与带有纵向联系的计划经济相区别。与市场经济上述特征相适应，任何区域，不管其发展水平如何、特点如何，都应敞开大门主动加强与外区分子和能量的交换，在相互交换和横向联系中互换优势，互补劣势。因此，首先就要破除自成体系、画地为牢的陈旧观念，树立大市场、大流通的观念，这是打破地区封锁、条块分割，促进合作的前提。

（2）坚持互惠互补。市场经济具有公开性、平等性，等价交换是商品经济和市场经济的基本特点。市场经济体制在自动调节经济运行、优化资源配置、提高经济效率方面有明显的优越性。市场调节的机理作用是与个人、局部的利益追求相联系的，具有自发性、短期性，因而在宏观资源配置和全社会利益（包括区际利益）调节方面，又存在一定的局限性，必须有科学有效的政府宏观调控。区际关系，说到底是物质利益关系。因此在区域联合中，在坚持市场配置资源的同时，各级政府也要通过市场，并作为市场上的一种经济力量，运用经济杠杆有意识地影响、调控经济，健全市场体系，规范市场行为，理顺比价关系，引导生产要素的流向，使之有利于各地区形成合理的地区产业结构，建立合理的地域分工体系，合理布局生产力，创造一个各地区得以发挥各自优势、公平参与市场竞争的宏观经济环境，将竞争与合作有机地统一起来，使合作各方都能从中得到实惠。协调好区际利益关系，这是使区域合作向纵深发展的必要条件。

（3）扩大合作的空间范围与领域。区域合作，包括同质区间以水平分工为基础的合作和异质区间以垂直分工为基础的合作。前者如西西合作、东东合作，后者如东西合作。从优化全国的产业结构和空间结构的角度看，特别要加强东西合作。我国的自然资源重心偏西，而既有生产能力和经济要素重心偏东，东西之间的互补性强，彼此都有所求，这是开展、扩大东西合作的内在动力。重要的是将这种合作拓宽加深。

——加强东部发达地区先进生产要素的横向西移，与中西部富能、富料区联合开发国家短缺的能源、矿产资源，既提高中西部地区能源、原材料产业的生产能力和技术水平，将资源优势更多地转化为商品经济优势，又保证东部加工工业集中区有稳定的能源、原材料来源，促进自身产业结构的升级。

——联合建设基础设施。重点是联合建设西电东送的输电网络，西煤东运的交通通信网络，共同发展远洋运输和跨国公路。

——联合对外。内地到沿海、边疆口岸设置"窗口"，沿海经、内陆、沿边联合组建一批较大规模的外贸联营公司、一批具有较强实力的专业出口加工区；利用特区、沿海开放城市和沿边口岸的优惠政策，联合引进外资，合办"中中外"企业，发展"三来一补"加工业务；联合组织对外经济技术合作，发展劳务输出；沿海地区利用内陆地区丰富的能源、矿产资源、低廉的劳动力和土地，以及三线企业的资产存量与技术优势，兴办内陆特区；内陆的三线企业，也可成建制的或部分地移向沿海城市，利用当地的地缘、交通、信息、销售渠道优势和政策优惠，壮大自己，走向国际。要重点加强辽、吉与津、冀、鲁的区域联合，共同参与东北亚经济圈的建设；加强新疆与陕、甘、宁、青的区域合作，联合走向中亚、西亚；加强西南与两广的区域合作，联合走向东南亚、南亚。通过区域联合，促进全方位多层次对外开放新格局的形成。

——联合发展区域市场。以区域大市场为中心，建设跨省（区）、布局适当、流向合理的商品集散市场，放开价格，调剂余缺；组建区域开发银行，重点支持区域重点产业的生产建设；组建区域性金融市场，利用资金间歇和时差，相互拆借资金。以区域统一市场，促进全国统一市场体系的发育成长。

——联合发展科学技术，进行人才交流；对共同性的难题，统一组织力量进行专题攻关。相互转让科研成果，尽快转化为生产力。

区域合作的深化，中心是在统一市场下，将单一的商品联系，转化为资金、技术、信息、研究、开发多经济因子的交错联系，这是区域合作迈向新台阶、取得实质性进展的集中表现，是重塑我国区域新格局的重大举措。

载《国土开发与整治》1993 年第 3 期

论中国经济区的划分

多年以来，我国在经济建设中，缺乏科学的空间观的指导，对中国错综复杂的区情及其深刻的差异性把握不准，认识不足。在全国生产力的总体布局和区域格局的塑造上产生不少失误，而且至今，还没有一个科学的综合经济区域的划分作依托，区域产业结构的调整，区域关系的协调，都难以落到实处。近10多年来，虽然理论提出多种多样的区域构想，但基本上都是根据定性分析，而没有根据区划的原则、依据。设置区划的指标体系，因而也难以形成一个建立在科学基础上的区划方案。有的把邹家华同志提出的20世纪90年代中国需要重点规划、开发建设的7个区域，误认为就是全国经济区的划分。

进一步开展经济区划的研究，是新形势下具有重大理论和实践意义的课题之一。

经济区划，是根据自然、经济、社会条件对全部国土的战略划分。综合经济区划主要的经济职能，是在国家总体战略指导下，根据各区内的客观条件与地域分工的要求，从全区国民经济的总体着眼，确定经济区域的发展方向、目标、战略重点、产业结构及各项建设事业的综合布局，研究区域开发政策、步骤以及协调区域内部的各种经济活动。国家通过经济区划，运用经济杠杆、区域政策、产业政策的诱导和宏观调控，协调全国各经济区之间的经济活动。这是构造全国生产力总体布局框架、重塑区域格局的一种比较科学的组织形式。它把全国和省两个地域层次衔接起来，是承上启下的中间地域层次。

一、经济区划的原则依据和指标体系

经济区划分的基本原则是区内多因素的近似性及与外区的差异性。内部的近似性是产生经济区内在凝聚力的基础，与外区的差异性，是区际分工的基础。划分的主要依据是：

——具有形成有全国意义的专门化产业与综合发展的基本条件、潜力。

——已形成或正在形成一定规模、一定辐射能力的经济中心或经济核心区。

——"节点"、"域面"以及联结节点、域面的"网络"已发展到一定水平。

——原则上不打乱省级行政区划，而考虑到行政区划因素。

——同级经济区之间，在地理范围上不宜交叉重叠，各有其明确的地理界限；同一区域系统应由同一层次的区域所组成。

——国家一级的综合经济区划应覆盖全部国土。

经济区划的指标体系。我们设立了三个指标组：

(1) 反映自然特征（以衡量丰度的指标为代表）的自然资源指标组。自然资源分解为能源、矿产、水、土、气、生。其中土、气、生资源内在联系紧密，为计算简化，以土地资源为代表，并将土地资源进一步分解为耕地、有林地、草地、可供养殖的淡水面积；能源资源只包括煤、水、油、气四大常规能源资源。在量化时，将四者都折算成标准煤；矿产资源，分矿种分别计算其工业储量的潜在价值量（＝某矿种的工业储量×采选回收率×调拨价格）；水资源以地表水、地下水和扣除重复量以后的水资源总量来衡量。

以省市区为单元，利用"自然资源综合优势度"公式（$= m \cdot n - \sum_{}^{m} d_{ij} / (m \cdot n - n)$），m 为自然资源种数，此处 m＝4，n 为对比地区数，此处 n＝29（海南暂包括在广东）；d_{ij} 为 j 区域第 i 个自然资源量占全国的位次，将各省市区自然资源汇总为一个从总体上反映各地区自然绝对丰度的综合评价值；同时利用"自然资源人均拥有量综合指数"$= 4\sqrt{X_1 \cdot X_2 \cdot X_3 \cdot X_4 \cdot X_1}$，$X_2$，…，$X_4$，（分别表示各类自然资源人均量指数）公式，汇总为一个反映各地区自然资源相对丰度的综合评价值，将这两个自然资源的综合评价值的乘积开平方，汇总成为一个反映各地区自然资源总丰度的综合评价值（见表1）。

表 1　各省市区自然资源丰度排序

序号	地区	自然资源综合优势度	序号	地区	自然资源人均拥有量综合指数	序号	地区	自然资源总丰度
1	青	1.1609	1	藏	7.0307	1	藏	2.7708
2	内蒙古	1.1034	2	内蒙古	3.3244	2	青	1.9641
3	藏	1.0920	3	青	3.3231	3	内蒙古	1.9152
4	新	1.0805	4	新	1.9495	4	新	1.4514
5	云	1.0345	5	晋	1.7087	5	云	1.2859
6	黑	0.9540	6	云	1.5984	6	晋	1.1974
7	贵	0.9080	7	宁	1.2663	7	黑	1.0562
8	川	0.8966	8	贵	1.2109	8	贵	1.0486

序号	地区	自然资源综合优势度	序号	地区	自然资源人均拥有量综合指数	序号	地区	自然资源总丰度
9	晋	0.8391	9	黑	1.1693	9	宁	1.0094
10	宁	0.8046	10	陕	1.0408	10	川	0.9448
11	陕	0.7816	11	川	0.9956	11	陕	0.9019
12	甘	0.7816	12	甘	0.7144	12	甘	0.7472
13	桂	0.7126	13	皖	0.5655	13	桂	0.6056
14	吉	0.6322	14	辽	0.4859	14	皖	0.5925
15	赣	0.6322	15	桂	0.4340	15	辽	0.5666
16	皖	0.6207	16	吉	0.5172	16	吉	0.5542
17	辽	0.6207	17	湘	0.5146	17	赣	0.5125
18	湘	0.5977	18	赣	0.4859	18	湘	0.5093
19	冀	0.1943	19	冀	0.4154	19	冀	0.4240
20	闽	0.4943	20	豫	0.3637	20	豫	0.3870
21	粤	0.4713	21	闽	0.3004	21	闽	0.3853
22	豫	0.4713	22	鲁	0.2868	22	鲁	0.3445
23	鲁	0.4138	23	鄂	0.2837	23	鄂	0.3426
24	鄂	0.4138	24	京	0.2501	24	粤	0.3132
25	京	0.3563	25	粤	0.2081	25	京	0.2985
26	浙	0.3103	26	津	0.1383	26	浙	0.2033
27	津	0.2184	27	浙	0.1332	27	津	0.1738
28	苏	0.2069	28	苏	0.1271	28	苏	0.1622
29	沪	0.0460	29	沪	0.0560	29	沪	0.0508

（2）经济因素指标组。分指标为：经济总规模（以国民生产总值指数表示）；经济增长活力（以 1953~1989 年社会总产值年增长率表示）；地区自我发展能力（＝地区实际积累率/地区资金占用系数）；工业化结构比重数（＝［地区工业产值占地区社会总产值之比×地区工业劳动者占社会劳动者总数之比］1/2）；技术水平指数（＝地区工业劳动生产率×地区资金产值率/全国工业劳动生产率×全国资金产出率）；结构替换条件（以人均国民收入指数表示）。

（3）社会资源指标组。分指标为：人口文化素质（＝地区大学文化程度人口占总人口之比/地区文盲、半文盲率）；城市化水平（＝［地区城市市区人口占地区总人口之比×地区城市市区工业产值占地区工业总产值之比］1/2）；居民生活质量（以城乡居民人均消费水平指数表示）。

将上述两组分字表值一一计算出来进行处理。得出各省市区经济社会发育程度的综合指标值（见表2）。表中 1 为国民生产总值指数，2 为社会总产值年增长率，3 为地区自我发展能力，4 为工业化结构比重数，5 为结构替换条件，

6 为人口文化素质，7 为技术水平指数，8 为城市化水平，9 为城乡居民人均消费水平指数，M 为经济社会发育水平综合指数。

表 2　各省区经济社会发育程度的综合指标值

地区	1	2	3	4	5	6	7	8	9	M	按 M 值大小顺序		
全国	1.0000	0.0840	0.4148	0.3317	1.00	0.0894	1.0000	0.4354	1.00	0.4244			
京	0.8660	0.1230	0.7164	0.4882	1.67	1.0690	1.6642	0.7548	1.86	0.8004	1	沪	0.8898
津	0.5383	0.0870	0.7843	0.5616	1.40	0.5235	1.7499	0.7545	1.82	0.6805	2	京	0.8004
冀	1.4579	0.0810	0.4934	0.3335	1.27	0.0631	0.7502	0.3519	0.92	0.4104	3	辽	0.6957
辽	1.7505	0.0860	0.5617	0.4875	2.32	0.5792	0.8418	0.6556	1.45	0.6957	4	津	0.6805
沪	1.3234	0.0870	1.0011	0.6428	2.33	0.5915	2.2372	0.6447	2.66	0.8898	5	苏	0.6087
苏	2.3342	0.0940	0.8850	0.4320	1.91	0.0853	1.7943	0.4461	1.18	0.6087	6	粤	0.5951
浙	1.5005	0.0990	0.8237	0.4051	1.96	0.0670	1.6566	0.4964	1.24	0.5740	7	浙	0.5740
闽	0.7859	0.0920	0.6099	0.2911	1.46	0.0787	1.2239	0.3460	1.15	0.4300	8	鲁	0.5002
鲁	2.2831	0.0900	0.6774	0.3247	1.48	0.0581	1.2197	0.5158	0.91	0.5002	9	黑	0.4802
粤	2.4923	0.0910	0.6787	0.3232	2.03	0.1282	1.6537	0.3826	1.38	0.5951	10	鄂	0.4728
桂	0.6639	0.0690	0.5601	0.1915	0.85	0.0745	0.8095	0.3200	0.76	0.3125	11	吉	0.4482
琼	0.1651	0.1260	0.3606	0.1330	0.57	0.0888		0.2239	0.94	0.2340	12	闽	0.4300
晋	0.6683	0.0760	0.3882	0.3875	1.19	0.1221	0.4701	0.4113	0.83	0.3740	13	冀	0.4104
内蒙古	0.4887	0.0710	0.2267	0.2897	1.16	0.0962	0.3321	0.4661	0.98	0.3081	14	湘	0.3937
吉	0.6010	0.0800	0.3448	0.3908	1.49	0.2050	0.6071	0.6261	1.23	0.4482	15	晋	0.3740
黑	1.1127	0.0690	0.3815	0.4491	1.73	0.1969	0.5045	0.6087	1.21	0.4802	16	豫	0.3601
皖	1.0870	0.0680	0.5450	0.2486	1.08	0.0360	0.8143	0.3456	0.83	0.3464	17	川	0.3575
赣	0.6971	0.0720	0.4535	0.2799	0.99	0.0610	0.6808	0.2912	0.82	0.3418	18	皖	0.3464
豫	1.5694	0.0870	0.5194	0.2574	0.96	0.0526	0.6545	0.3156	0.66	0.3601	19	陕	0.3435
鄂	1.3289	0.0840	0.5000	0.3236	1.37	0.0994	1.0695	0.5758	1.07	0.4728	20	赣	0.3418
湘	1.2176	0.0770	0.4873	0.2436	1.06	0.0942	0.7706	0.3953	0.80	0.3937	21	新	0.3256
川	1.8919	0.0810	0.3467	0.2415	0.96	0.0591	0.6449	0.3170	0.82	0.3575	22	桂	0.3125
贵	0.4480	0.0700	0.2855	0.1972	0.74	0.0321	0.5069	0.3284	0.64	0.2453	23	内蒙	0.3081
云	0.5995	0.0800	0.4562	0.1916	0.91	0.0318	0.7071	0.3242	0.74	0.2889	24	云	0.2889
藏	0.0416	0.0303	0.0666	0.0480	0.43	0.0128	0.1169	0.1779	0.94	0.0947	25	甘	0.2833
陕	0.6456	0.0930	0.2816	0.2907	1.01	0.0948	0.6649	0.3850	0.85	0.3454	26	贵	0.2453
甘	0.4119	0.0760	0.2894	0.2528	1.01	0.0394	0.5912	0.4431	0.81	0.2833	27	宁	0.2451
青	0.1148	0.0860	0.1345	0.2558	0.57	0.0538	0.2866	0.2895	1.06	0.2087	28	琼	0.2340
宁	0.1060	0.0880	0.2606	0.2715	0.53	0.0730	0.4607	0.4407	0.88	0.2451	29	青	0.2087
新	0.4131	0.0800	0.2908	0.2452	0.67	0.1451	0.4789	0.4514	1.24	0.3256	30	藏	0.0947

注：2 中，海南为 1981~1989 年，西藏为 1986~1989 年；M 中，海南只包括 8 个指标；西藏在汇总时未计入。

二、区划的步骤方法与区划方案

第一步，根据各省市区经济社会发育水平综合评价值的大小，分为四级：

综合评价值在 0.5 以上的划为第 1 级，包括沪、京、辽、津、苏、粤、浙等 7 省市；0.4 级以上的划为第 2 级，包括鲁、黑、鄂、吉、闽、冀等 6 省；0.3 以上的划为第 3 级，包括湘、晋、豫、川、皖、陕、赣、新、桂、内蒙古等 10 个省区；0.3 以下的划为第 4 级，包括云、青、贵、宁、琼、甘、藏等 7 省区。

又根据自然资源总丰度，将各省市区划为四级：综合评价值在 1 以上的划为第 1 级，包括藏、青、内蒙古、新、云、晋、黑、贵、宁等 9 个省区；0.5 以上的划为第 2 级，包括川、陕、甘、桂、皖、辽、吉、赣、湘等 9 个省区；0.3 以上的划为第 3 级，包括冀、豫、闽、鲁、鄂、粤等 6 省；0.3 以下的划为第 4 级，包括京、浙、津、苏、沪等 5 省市。

第二步，根据经济社会、自然资源特点，将全国 30 个省市区划为 6 大类型区：

第一类，经济发达（第 1 级）而自然资源贫乏（第 4 级，个别为第 3 级）的，包括京、津、沪、苏、浙、粤等 6 省市。

第二类，经济较发达（第 2 级）而自然资源较贫乏（第 3 级）的，包括闽、鲁、鄂等 3 省。

第三类，经济不发达（第 4 级）而自然资源丰富（第 1 级）的，包括内蒙古、贵、云、藏、青、宁等 6 省区。

第四类，经济欠发达或不发达（第 3~4 级）自然资源丰富或较丰富（第 3~4 级）的，包括晋、新、陕、川、皖、湘、甘、赣、桂、琼等 10 省区。

第五类，经济发达或比较发达（第 1~2 级）自然资源丰富或比较丰富（第 1~2 级）的，包括辽、青、黑等 3 省。

第六类，经济欠发达（第 3 级）自然资源较贫乏（第 3 级）的，包括冀、豫两省。

第三步，进一步聚类，将上述 6 大类型区归并为 4 大类型区（见表 3）：

第一类：经济发达较发达，自然资源贫乏较贫乏。

第二类：经济不发达或欠发达，自然资源丰富较丰富。

第三类：经济发达较发达，自然资源丰富较丰富。

第四类：经济欠发达，自然资源较贫乏。

第四步，上述 4 大类型区中，除辽吉、黑地区属同一类型，在地理上又连成一片，可划为一个经济区外，其他 3 大类型区中，同属一类型的省（市、区）都有些被其他类型区的省（市、区）所隔开，在地理上不连成一片，不符合经济区划的要求。如将连片要求这一因素计入，上述 4 大类型区可划分为

表 3 按经济社会发育水平与自然资源丰度划分的类型区

区域类型	经济社会发育总水平		自然资源总丰度	
	评价值	级别	评价值	级别
第一类				
京	0.8004	1	0.2985	4
津	0.6805	1	0.1738	4
鲁	0.5002	2	0.3445	3
沪	0.8898	1	0.0508	4
苏	0.6087	1	0.1622	4
浙	0.5740	1	0.2033	4
鄂	0.4728	2	0.3426	3
粤	0.5951	1	0.3132	3
闽	0.4300	2	0.3853	3
第二类				
内蒙古	0.3081	3	1.9152	1
晋	0.3740	3	1.1974	1
陕	0.3435	3	0.9019	2
甘	0.2833	4	0.7472	2
青	0.2087	4	1.9641	1
宁	0.2451	4	1.0094	1
新	0.3251	3	1.4514	1
川	0.3575	3	0.9448	2
贵	0.2453	4	1.0486	1
云	0.2889	4	1.2859	1
藏	0.0947	4	2.7708	1
皖	0.3464	3	0.5925	2
赣	0.3418	3	0.5152	2
湘	0.3937	3	0.5093	2
桂	0.3125	3	0.6056	2
琼	0.2340	4		3
第三类				
辽	0.6957	1	0.5666	2
吉	0.4882	2	0.5542	2
黑	0.4802	2	1.0562	1
第四类				
冀	0.4104	3	0.4240	3
豫	0.3601	3	0.3870	3

10 个经济区：①东北区，包括辽黑吉三省；②京津区；③蒙晋区；④冀豫区；⑤沪苏浙区；⑥皖赣湘区；⑦闽粤区；⑧桂琼区；⑨川贵云藏区；⑩陕甘青宁区。还剩下山东、湖北。山东与河北、河南相比，经济社会发育程度高一个档次，但自然资源丰度、自然环境近似，在地理上又连成一片，可划入上述的冀

豫区；湖北在经济社会发育程度上和自然资源特点上与沪苏浙区接近，但在地理上被皖赣隔开，不能直接划入沪苏浙区。但它与湘赣皖接壤，同处长江中游，自然环境类似，所以可划入湘赣皖区。

这样划出的 10 个经济区，基本上符合自然经济社会特点，类似地理上连成一片的区划要求，但其中有些区只包括两个省区，而且经济实力较弱，或自然资源贫乏，难以承担起一级综合经济区的任务。为了弥补这一缺陷，同时再考虑全国生产力总体布局态势及今后区际分工协作发展的趋势，我们在上述 10 个经济区划分的基础上，进行适当调整合并成 6 大经济区，即中国一级综合经济区划方案：

Ⅰ东北区，包括辽、吉、黑三省及内蒙古东部。

Ⅱ黄河中下游区，包括京、津、冀、鲁、蒙（中西部）、晋、豫。下分两个子区：

Ⅱ₁坏渤海区，包括京、津、冀、鲁。

Ⅱ₂黄河中游区，包括蒙（中西部）、晋、豫。

Ⅲ长江中下游，包括沪、苏、浙、皖、赣、湘、鄂。下分两个子区：

Ⅲ₁长江三角洲区，包括沪、苏、浙。

Ⅲ₂长江中游区，包括皖、赣、湘、鄂。

Ⅳ东南沿海区，包括闽、粤、桂、琼（将来可划入港澳台）。

Ⅴ西南区，包括川、贵、云、藏。下分两个子区：

Ⅴ₁川滇黔区。

Ⅴ₂西藏区。

Ⅵ西北区，包括陕、甘、青、宁、新。

各大区经济社会发展水平和自然资源丰度对比（见表4）。

表4 中国六大区自然资源丰度与经济社会发育程度对比

指标	全国	东北	华北	华中	东南	西南	西北
土地面积（万平方公里）		79.04	183.98	92.26	55.17	232.95	304.35
总人口（万人）		9809	29080	32452	13711	17759	7112
人口密度（人/平方公里）		124.1	158.1	351.7	248.5	76.2	23.4
耕地	1.00	1.5979	1.0515	0.7629	0.6340	0.9227	1.8608
有林地	1.00	1.9421	0.2587	0.6371	1.1004	1.7954	1.0618
草地	1.00	0.7812	1.1274	0.1136	0.3573	1.9751	3.5263
淡水水面	1.00	1.8571	0.5714	1.5714	0.7143	0.5714	0.6429
土地资源人均量综合指数	1.00	1.4546	0.6470	0.5427	0.6496	1.1693	1.4558
水资源人均量指数	1.00	0.6508	0.2362	0.7650	1.5631	2.3756	1.1823

续表

指标	全国	东北	华北	华中	东南	西南	西北
能源资源人均量指数	1.00	0.3770	2.0803	0.1178	0.1021	1.0847	2.6122
矿产资源人均量指数	1.00	1.0137	1.5763	0.2813	0.1628	1.9310	1.2717
自然资源综合优势度		0.4167	0.6389	0.5556	0.1944	0.7500	0.3611
自然资源人均量综合指数	1.00	0.7758	0.8414	0.3796	0.3604	1.5531	1.5463
自然资源总体丰度		0.5686	0.7332	0.4592	0.2647	1.0793	0.7472
经济总规模	1.00	1.1193	1.3037	1.9070	1.3057	0.5380	0.3692
经济增长活力	0.8480	0.0785	0.0845	0.0852	0.0875	0.0789	0.0839
地区自我发展能力	0.4148	0.4694	0.5601	0.7082	0.6154	0.3568	0.2720
工业化结构比重数	0.3317	0.4595	0.3419	0.3644	0.2804	0.2280	0.2746
结构转换条件	1.00	1.8151	1.2862	1.4510	1.0947	0.7261	0.7294
人口文化素质	0.0894	0.2331	0.0937	0.0846	0.0979	0.0448	0.0770
技术水平指数	1.00	0.6772	0.9199	0.7955	1.3835	0.6289	0.5585
城市化水平	0.4354	0.6342	0.4480	0.4519	0.3518	0.3185	0.4115
居民消费水平指数	1.00	1.3415	0.8987	1.0579	1.1245	0.7757	0.9262
经济社会发育程度的综合价值	0.4247	0.5502	0.4611	0.5001	0.4717	0.2960	0.3116

三、关于区划方案的几点说明

（1）在区域划分上，内蒙古东部应划入东北区。这是辽、吉、黑最近的能源补给基地，其开发也需要辽、吉、黑就近提供经济技术信息等方面的支援。因统计资料还不能将其从内蒙古自治区中单独分出来，所以在基础资料整理计算上，还暂放在内蒙古并入黄河中下游区。我们建议，适当调整内蒙古现行行政区划，但又不违反行政区划的民族原则，可考虑将内蒙古自治区分为东西两个省级自治区。东区划入东北区，西区划入黄河中下游区。

（2）将沪、苏、浙与皖、赣、鄂、湘划分为一个经济区，主要考虑前者需要后者在水电、原材料上的紧密协作，向后者转移一些大耗电工业也较近便；湘、鄂、赣、皖的发展，也需要沪、苏、浙的开放城市、经济开放区近来横向联合，充分利用长江之便，东向上海，并更好地利用苏、浙、沪的资金、技术、人才、信息。组织在一个经济区内，更便于统一规划，优势互补。

（3）陕西的过渡性地较明显，按其基本条件潜力与今后的发展方向，可以划入黄河中下游区。但这样一来，西北区就缺少一个比较有力的经济中心和比较发达的省作为全区开发的前进基地，难以形成地区经济网络，所以还以划入西北区为宜。同样，四川如从西南区抽出来单独划为一个经济区，也有类似问题。

（4）新疆、西藏虽然面积辽阔，条件特殊，战略地位比较重要，但如果都单独分为一级区，显然缺乏基本条件，在今后相当长的一个时期内，也很难形成一级综合经济区。但其情况特殊，可分别为西北、西南区的二级区。

（5）广西的归属问题。考虑到西南区的出海口，黔西滇东煤田、云贵磷矿及红水河水电资源开发，南防、南昆铁路的修建，广西与云贵的经济联系将大大加强，划到西南区也可以。但从历史、现状和今后的区域发展方向看，广西与广东的经济技术联系，从总体上看还是更为密切、广泛的，特别是考虑到对外开放、积极参与现代国际分工对我国生产力布局的影响，把桂与粤、琼、闽组织为一个东南沿海经济区是比较恰当的。

四、分区发展方向

（1）东北区。包括辽、吉、黑三省和内蒙古东三盟一市。以沈阳、大连、哈尔滨为中心，辽中南哈长吉大（庆）齐（齐齐哈尔）是全区的经济核心区。这一地区已形成明显的经济专业化。区内各地域单元和国民经济各部门之间，已形成比较紧密的经济技术联系，经济的统一性和综合性也较明显，是我国比较成熟的一个一级综合经济区。煤炭、电力紧张，农业、轻工业与重工业的发展不够协调，设备、工艺老化，近10多年来经济增长活力下降，是面临的共同性问题。加强内蒙古东部、黑龙江东部、沈阳周围的煤炭开发，稳定作为全国主力油田的大庆、辽河油田的产量，积极开发东二松花江与嫩江的水电资源，着手进行黑龙江的梯级开发前期工作，扩大能源、原材料来源；加速机械工业的技术改造，优先发展为重工业技术改造服务的相关产业和技术，相应加强农业、轻工业和港口建设；依靠技术进步，改造，振兴老工业区，进一步发挥全国性重工业基地的作用，是本区发展的方向。

（2）华北区（或黄河中下游区），以津京为中心，京津唐秦、沿线、同蒲、沿线、呼包、石邢邯地区，是全区的经济核心区。这一地区已形成比较明显的区域经济特色；以强大的民煤矿工业为依托。立足于区内丰富的矿产资源及以棉、烟、柞蚕、茧、花生芝麻为主的农业原材料，采掘、原材料和制造业都较发达。区内省市区间在历史上已形成较密切的经济技术联系。水源不足，生态环境比较脆弱，交通运输与工农业生产的发展、特别是与重点建设的要求不相适应，是急需重点解决的问题。

扩大以煤、油、铝土、黄金、铁矿、海盐为主的优势资源的开发规模，积极发展优势资源的加工转换，搞好能源（煤电石油）、重化工（冶金、机械、电子、煤化工、石油化工、海洋化工、精细化工）基地的建设；完善以运输、供水为主的基础结构；抓好生态农业以及建立在优势农业原材料基础上的生产品加工工业，逐步建立起区域经济系统和生态系统的良性循环，是今后发展的主要目标。

本区东西两部分，自然资源丰度，经济发展总体水平，产业结构特点有较大差异，互补性强，发展方向也有所不同，可进一步划分为两个亚区：一是东部包括京津冀鲁的环渤海区，以发展知识、技术密集型产业为主；二是西部的晋豫蒙（中西部）区，重点发展能源、原材料及其加工转换产业。

（3）华中区（或长江中下游区）。包括沪、苏、浙、皖、赣、鄂、湘。以上海、武汉为中心，长江三角洲，武汉—大冶区、（樊）十（堰）宜（昌）沙（市）区、长株潭区皖中长江沿岸、南（昌）贵（溪）景（德镇）区，是本区内的经济核心区。这一地区，工农业发达，海陆内河运输方便，生产的技术水平、经营管理水平较高，经济的综合性较强，多种工农业产品的地区专门化程度也较高。区内北煤南水，北棉南稻，东部有技术，有资金，有人才，加工能力大；西部有资源，有原材料，因此东西南北经济上的互补能力较强。重点对产业结构进行战略调整，以高新技术改造传统产业，开发新兴产业，提高高新技术产业和创汇产品的比重，积极发展第三产业；综合开发长江中下游平原综合农业生产基地。进一步发展高中档轻纺工业；搞好浦东开发开放和三峡工程两大跨世纪的工程；加强区内东西南北的横向联合。更大规模地参与国内外的劳动地域分工，更好地发挥对内对外辐射扇面枢纽的作用，进一步发展成为全国经济实力最强、综合技术水平最高的经济核心区，是本区面临的主要任务。

本区可分为两个子区：一是长江三角洲区，重点建设高新技术产业群和具有高精尖新特色的加工制造业；二是中游湘鄂赣皖区，重点建设大运量、高耗水、大耗电工业与集约化商品化农业生产为主的沿江经济走廊。

（4）东南区，以广州为中心，珠江三角洲是全区也是全国最具经济活力的经济核心区，闽南三角洲，西江工业走廊，是发展势头大的后起的重要经济小区。第一块，临近港澳台与东南亚，侨资、侨汇、侨技是一支可资利用的建设力量；集中了全国5大经济特区、4个沿海开放城市和两大经济开放区。可作为外引内联的桥梁与技术转移、信息传递的跳板；有全国著名的鱼米花果之乡和亚热带、热带宝地；在中国东西南北4组远洋航线中，通往东南亚、大洋洲的"南行线"，以本区港口为起点，里程最短。通往南亚、非洲、欧洲的"西行线"，从沿海港口出发，也要先南行至新加坡折向西行，也以本区港口的航程最短，因而具有参与现代国际分工极有利的经济地理位置条件。

今后发展的方向是：按贸—工—农顺序发展加工工业和商品性外向型农业生产，建设国际海运中转港口及港口产业，发展金融信息产业，高中档食品罐头服装及热带作物和海产品的深加工、精加工工业，电子、仪表、精细化工以及建立在南海和部分进口石油资源基础上的石化工业及其后续工业，形成外向型的区域经济体系；开发红水河、闽江水系电资源及西江航运，建设沟通西南腹地及联结北煤产区的铁路干线，积极发展核电，促进区域能源结构和来源的多样化，解决区域能源问题，保证区域经济的发展；以5大经济特区、4个沿海开放城市和两大经济开放区为依托，进一步密切与港、澳、台及东南亚的经济技术联系，建成为"大中华经济圈"的重要组成部分。

（5）西南区。包括川、贵、云、藏。以重庆为中心，成渝地区、昆明地区、贵阳地区是全区的经济核心区。这一块，水电资源、钒、钛、铬、铝土、铜、铅、锌、锡、汞、锰、铬、磷、岩盐、石棉、天然气等资源富集，矿产资源与水电资源时空间组合比较理想，川滇黔接壤区是全国煤铁资源结合较好之地。与东部发达地区相比，能源、矿产资源丰富得多；与能源、矿产资源同样丰富的西北区相比，自然环境、水源、农业、轻加工工业的基础要相对优越。今后的发展方向是：建设大中型水电站群，并以此为依托，分期分批建设多种能源—高耗能工业联合生产基地；在粮食自给基础上建设具有区域特色的轻纺工业；以涵养水源为中心、以营林为基础，建设永续利用的林业基地；以铁路为骨架，公路先行，结合水电建设开发长江及主要支流西江的内河航运，改革、改造、改组三线企业，建立高新技术产业生长点和重大设备重要的生产协作基地。

区内可分为川贵和西藏两个亚区。前者是西南开发的主体；后者以"一江两河"的开发为重点，执行大规模开发利用太阳能的"阳光计划"，打开西藏开发局面。

（6）西北区，以西安、兰州为中心，关中地区，兰银（白银）地区是经济核心区。这一地区，煤、水、油、气多种能源资源都较丰富，镍、钼、铂、核金属、铍、锂、铌、钽、钾盐、硼、钠、硝石、石棉、镁等资源富集，又是全国空间广阔，土地资源特别是草原资源丰富的地区。耕作业的自然环境有其艰苦的一面，但也具有日照长、辐射强、积温高、昼夜温差大，有利于作物有用成分积累的一面。与西南区北南相对应，构成我国自然资源最丰富、开发潜力最大，但开发程度还低的待开发地带。西北主要问题是经济技术基础薄弱，自我积累、自我发展能力低，二元结构的特点与弱点在产业上和空间上都表现得很突出，产业结构缺漏大，而且层次低。经过 40 年的建设，已形成了专门化率高、在全国占有重要地位的优势行业、优势产品，建设起为数不多但总体水平并不亚于发达地区的经济中心城市，一批大中型骨干企业，在某些新产品（包括上天的尖端产品）的研究设计开发商足以与发达地区的骨干，企业并驾齐驱。已积累起来的这些先进生产要素与丰富多样的自然资源相结合，构成了加快西北开发的必要条件。

今后发展的方向是：做好林、草、矿三篇大文章，在开发中积累能量，治穷致富。同时适应国家的急需，利用本区的区域比较优势，以水电为龙头，以有色、稀有金属资源、盐类资源、优质动力煤资源的重点开发为主体，加快陕甘宁地新疆三大盆地的油气资源勘探步伐并投入开发，逐步形成煤、水、油、气四者兼备的综合性能源基地；依托能源，综合利用优势矿产资源，建设以多种有色稀有金属冶炼、盐化工、石油化工、煤化工为主的重化工基地；综合土地利用结构和农业生产结构的调整，大力种草种树，改良草场，建设基本农田，并与大中型蓄水引水工程建设相结合，开垦宜农荒地，扩大沃区，建设好关中平原、河套平原商品粮基地以及有地区特色的瓜果基地、名优土特产的加工工业，使区域经济总量和综合效益有较大提高，产业结构和空间结构有所改善，困扰地区的水土流失、风沙危害较多地得到治理和控制，为下一步进入大规模开发，创造一个比较良好的经济环境和生态环境。

载《学术论丛》1993 年第 1 期

中国资源配置的历史、现状与发展趋势

资源配置是经济社会发展中的战略性问题之一。综观人类社会配置资源演变的历史过程，大体可分为四个阶段：一是自然配置阶段；二是市场配置阶段；三是计划配置与市场配置并存阶段；四是超市场配置与超计划配置并存阶段。在中国，如果撇开自然经济条件下的自然配置阶段，新中国成立以来，主要是两个阶段，即计划配置资源阶段（1978 年以前）和计划配置与市场配置两种配置相互补充的混合型配置阶段（1978 年以后）。

不同类型的资源配置，具有不同的特点。对这些特点进行客观的对比分析、评价，有利于克服认识上和选择上的偏颇及由此造成的资源配置活动的损失与浪费。

一、计划体制下中国资源配置的特点及得失

计划配置资源和市场配置资源，是人类优化资源配置发展史上的两个主要模式。

计划配置资源是通过计划调节或以计划调节为媒介而实现各种资源在产业间、地区间的组合与再组合。它首先在社会主义革命胜利后的苏联成为资源配置的主导方式。中华人民共和国成立以后，也随之采取了这种配置模式。这种配置模式具有如下特点：

（1）投资决策高度集中、以条条为主。区域（更不用说企业）既不是发展的主体，也不是利益的主体，而仅仅作为全国国民经济总体布局中的一个因素来加以考虑和设置。产业和投资的地区分配，主要服从于国民经济的宏观构造，却很少考虑区域优势和地区自主权的发挥。区域经济的垂直联系强化，而水平联系微弱。

（2）在资源空间配置的理论指导上，否认生产力布局的一般规律，片面强调特有的分布规律，简单地将地区经济发展平衡与不平衡，作为社会主义与资

本主义布局规律的分野。因而在布局战略上，强烈追求生产力的均衡布局。在实践上，以均衡布局为目标，主要采取三种方法：

一是将工业建设的重点，转向内地，加大内地投资的比重，加快内地工业化的进程，以缩小内地与沿海的差距。

二是以工业布局大分散，搞"遍地开花"、"星罗棋布"、层层建立独立完整的工业体系的方法，以均衡地区布局。

三是以中央密集投资，以行政命令调集人、财、物上"三线"，强行"嵌入"的方式，使工业布局跳跃式地西移，以求东西部的平衡。

这种资源配置模式及相应的宏观部署，在一定时期内，在集中必要力量、较快建成一批重大项目，促进落后地区的开发，强化社会主义的经济基础，矫正旧中国遗留下来的工业分布过分偏于沿海少数地点的畸形格局等方面，曾经起过积极作用。

1978 年前的 30 年中，在全国经济总量不断扩大、基本奠定了社会主义经济基础的同时，工业布局也逐步展开，辽阔的中、西部地区的资源优势得到了一定程度的发挥，在一些基本没有现代文明的地方，初步打下了工业化的基础。

（1）这个阶段，中西部以快于东部的增长速度，提高了工业产值在地区社会总产值中的比重，也加大了地区工业在全国的份额。

（2）先进的生产要素集中于能源重化工和部分加工工业，建成了一大批大中型骨干企业，较快形成一批专门化率高、外辐射能力强的工业行业，奠定了中、西部在全国工业空间布局中的特殊地位。

分省区看，云、甘、晋、皖的有色金属，黑、新的石油，晋、陕、豫、黑的煤炭，川、鄂的钢铁，晋、皖的焦炭，湘、吉、川、贵的铁合金，吉林的汽车，河南的拖拉机，川、陕、黑的大型电站设备、超高压输变电设备，黑、鄂川的重型机械，甘肃的石油机械，云、贵、湘、鄂的磷化工，四川的天然气化工，川、陕的国防科工系统，以至蒙、青的毛皮，黑、云的糖，云、豫的卷烟，豫、陕、鄂的棉纺织，吉林的纸等，各自构成所在省区的主导产业和优势产品。而且在某些高新技术领域，如核工业、电子工业、航空航天、激光技术、光缆传导技术、新型合成材料等，也建成了一批装备精良、人才荟萃的大中型骨干厂和专业研究机构。这 30 年中，这些重点行业累计向全国输送了大量多样的有色金属（铜、铅、锌、锡、镍、铂族金属，钼精矿、稀土精矿及其制品，钒、钛、电解铝、碳素制品）、钢铁、铁合金、电石、磷化工产品、木材、毛皮、烟、酒、糖，也输送了多种机电仪一体化产品，并为中国核工业、宇航工业的发展做出了重大贡献。

（3）形成了一批工业集聚、实力较强的大中型综合性工业城市，一批专业化程度高、其主导产品在中西部以至全国同类行业中占据重要地位的小城市，还有一批以军工机械电子为主的小工业点。城市的兴起，标志着地区由农村经济向城市经济的转变。

因此，从一个方面说，计划配置资源，是人类继市场配置资源之后，优化资源配置的又一种努力，是资源配置方式的一种新变革，并开辟了市场配置与计划配置资源并存的新阶段。但中国的实践也证明，尽管计划配置资源可收到一些较好的效果，但也存在一系列难以克服的弱点与缺陷：

（1）在计划模式下，资源配置的主体是政府，特别是中央政府及其代表者，产业的地区布局，投资的地区分配，建设重点的选择，各地区的发展方向、发展重点及区际的分工协作，均由中央政府靠计划一手包揽，地区，特别是本应作为市场主体的企业，只是政府行政机构的附属物，是资源配置的被动的执行者。不管政府配置决策是否得当，都无权变动，这就扼杀了各地区，特别是企业配置资源的主动性、积极性和创造性，不能促使地区、企业运用自己的权力，努力去实现资源的最优配置，使有限资源发挥最大的效率。

（2）计划配置资源，只着眼于全局的整体利益，这固然是其积极的一方面，但另一方面，却忽视甚至抹杀了局部利益。由于缺乏资源配置的激励机制，各地区、各企业也就不愿意在诸多的投资机会中进行比较、选择（也无权选择），确定最有利的投资方向和资源的有效组合，从而不能使资源使用效果最大化。

（3）用计划配额统管资源和分配资源。配额排斥了选择，统管排斥了竞争。没有竞争，也就没有资源优化配置的冲动和压力，没有资源合理流动的经济条件，从而不能发挥按效率配置资源的作用。

（4）计划配置要求计划必须具有高度的完备性，而计划的完备性，又有赖于信息传递的多渠道、快速度，便于在纵横交织的信息网络中，全方位、多角度地掌握、分析、运用信息。但从决策结构及信息技术角度看，仅靠少数政府机构，要把有关生产、消费、贸易和各地区、各行业、各企业的一切必要的信息，都及时输送到中央主会部门，由这少数部门，对这些信息进行处理，去伪存真，然后及时反馈到各地区、各行业、各企业，但即使是在信息时代，也不可能达到如此精密、准确、及时的高度。以这种纵向传递信息为依据做出计划、配置资源，由于受信息源的局限，往往使计划与实际脱节，降低资源配置的准确性。随着经济规模扩大和经济联系复杂化，更难保证计划的准确性。特别是当信息源基于自身私利，在提供信息时搞"假大空"，或决策者在决策时，基于对形势的不正确判断，让客观迁就主观，以政治目标取代经济目标，依据这样的信息和主观意志来配置资源，其后果就可想而知。

（5）以行政命令配置资源，也缺乏灵活性，不能根据市场信息及时做出相应的反应，发现问题，迅速调整资源的流向流量，因此，也就难以使资源利用经常保持在大体均衡和协调的状态。

计划配置资源的这些缺陷，如果与不合理的社会体制和不完善的管理制度结合起来，就必然导致经济生活缺乏生机与活力，形成资源配置的低效率和低效益。因此，必须对这种配置模式进行变革。

二、改革开放中中国资源配置特点及其得失

进入 20 世纪 80 年代以来，中国的经济体制、经济发展战略等都发生了很大变化，资源配置也随之进入了一个新的阶段，出现了一些新的特点：

（1）随着经济体制改革和简政放权等一系列改革措施的实施，国家对宏观经济和资源配置的直接控制，逐步向间接控制转化。一方面，市场范围不断扩大，市场机制对资源配置的调节作用显著加强；另一方面，指令性计划明显减少，中央及各部门的资源配置权力有所削弱。区域作为发展主体和利益主体的地位得到承认，过去那种高度集中的计划体制和中央政府主宰一切的状况不复存在。在资源配置上，由中央指令性计划控制转变为国家、地方、企业、个人多重影响，市场与计划双向调节。纵向联系弱化，水平（横向）联系发展迅速。

（2）随着全国经济发展战略的转变，经济发展目标由单纯追求发展速度转向提高经济效益。由于沿海与内地经济效益水平的显著差距，加快沿海地区经济发展就成为提高总体效率和资源使用效率的主要步骤，这样就直接导致全国布局重点和投资重点的战略东移，特别是向东南沿海倾斜。

（3）在理论指导上，摒弃了均衡论，引进了增长与均衡呈倒"U"型相关论，突出了效率优先的布局政策目标取向。

（4）在上述大背景下，这个阶段与前一阶段投资的地区分配有明显差异。

1978 年前的计划配置阶段，产业和投资的地区分配，从总体上看，是以向内地倾斜来争取内地与沿海的均衡发展。1953~1978 年，全国全民基建投资投放在中西部（或内地）的占 54.99%，东部沿海占 35.93%（不分地区），二者

投资之比为 1∶1.53（以沿海为 1），其中"三五"期间，投资重点更大幅度地向中西部倾斜。这 5 年中，全民基建投资投放在中西部的占 64.7%，东部仅占 26.9%，二者投资之比为 1∶2.4。西部仅四川一省投资占全国的比重即高达 13.6%，相当于东部 11 个省市区投资总和的一半以上。

1978 年以来，投资重点转向沿海，争取充分发挥沿海的区位、经济、技术、人口素质的综合优势，以提高总体经济效益和资源使用效率。1979~1991 年，沿海占全国全民基建投资总额的 49.17%，中西部仅占 42.75%，即沿海 12 个省市区（增加了海南省）的投资，相当于中西部 18 个省区投资总和的 115%。这期间，对外开放，引进外资，兴办了一批三资企业。外商直接投资的空间投向，更高度集中于沿海，特别是东南沿海。1979~1992 年，外商直接投资项目计 41988 个，协议金额共 523.13 亿美元，沿海地区占了项目总数的 89.7% 和协议金额的 81.4%，而内地省区只分别占 9.5% 和 7.1%（余为国务院部门）。沿海又主要集中在东南的粤闽两省，两省占项目数的 57%，占金额的 52.6%，从而更加大了全国投资（包括内外资）向东部沿海的倾斜度。

上述一系列变化，大大刺激了中国区域经济的发展。

（1）调动了地方发展经济的积极性，出现了前所未有的活跃局面。由于资源配置主体结构的变化，地方成为配置或投资主体，区域经济增长的主动因素，不再是中央政府投资的推动，而是在改革中迸发出来并不断加强的区域利益主体的扩张冲动，这就改变了过去那种以产业部门经济为主体的国民经济流程，形成了以区域经济为主体的新的国民经济流程，区域经济对国民经济的贡献明显提高。

（2）增强了区域经济自我组织、自我发展的能力，提高国民经济的宏观效益。由于地方配置资源的权限扩大，增强了地方配置资源的责任感，改变了以往区域资源配置完全取决于中央计划和政府投资的被动局面。由于在资源配置上责、权、利开始结合，地方经济实力的加强，也使地方优化其资源配置有了较宽松的经济环境和经济能力，出现了区域经济增长，主要是依靠地方、企业自筹资金的拉动。投资渠道的多元化和资金来源的多样化，有利于提高国民经济的总体效益。

（3）注入了新的因素和活力。1978 年打开国门以来，外商直接投资成为中国投资中的一个新因素。尽管其规模还不大，三资企业产值占全国总产值的比重还不高，但毕竟已在一定程度上弥补了建设资金之不足，并随之引进了一批先进技术和现代化管理经验，扩大了出口创汇能力，促进了外贸的发展。特别是三资企业，经济效益一般较高，其人均产值、人均利税、劳动生产率比国内同类企业高出 4~10 倍，对我国经济增长起到了重要的促进作用。外资投向集中的东南沿海地区，也是我国经济增长迅猛的地区。广东及深圳的崛起，在很大程度上源于外资及相应优惠政策强有力的推动。

（4）推动了区域的横向联合。由于区域经济主体地位的确立，区域间的关系由过去那种单纯的以计划为媒介的纵向联系，转变为以市场为媒介、各地区在平等互利的前提下，发展多种形式、多种内容的横向联系，比较自由地寻找各自合适的产品销售对象和理想的协作伙伴。与以往的纵向联系相比，地区间的横向联系，更有利于推动全国生产力布局由东向西的推进，促进资源开发的合理配置以及资金的合理使用，促进商品流通和社会主义统一市场的发育，促进技术的扩散和人才的合理流动，提高规模经济和集聚效益。其综合效应，是促进了全国和不同类型区域经济的发展。

（5）与前一阶段相比，这一阶段，各地区的增长速度和经济发展水平都有不同程度的提高。在 30 个省市区中，1979~1991 年，国民收入年增长速度高于 1953~1978 年的有 23 个。从三大经济地带看，则都有不同程度的提高，从而保证了全国的年增长速度比前一阶段提高了 2.3 个百分点。

（6）重点建设成绩显著。在加强市场配置资源调节作用的同时，在改革计划思想、内容、形式、方法的基础上，进一步发挥了计划配置资源、进行重点建设的积极作用。从 1982 年开始，国家按合理工期组织建设的重点项目总计 319 个，到 1989 年，完成投资 2486 亿元。这批项目规模大重点突出（主要集中在能源、原材料、运输邮电等基础产业），技术先进，布局合理。它的建设取得了明显的社会效益：一是创造了项目建设管理的某些新经验，对投资体制改革具有重要指导意义；二是引进了世界先进技术，为技术移植提供了有利条件；三是发挥了引导投资方向、改善了投资结构（包括地区结构）的指导作用；四是形成了一批利税大户，为财政增收和增加积累奠定了物质基础；五是较快地扩大了短线产品、高新技术产品的生产能力，增强了国家的综合实力。

上述成就证明，与经济体制、发展战略的转变相适应的资源配置模式的变化，是中国资源配置方面的一个历史性进步，这条路子是走对了，但还不够。由于市场不健全，国家缺乏有效的宏观调控手段，与利益独立化倾向联系的短期行为与局部利益的冲动，加上价格扭曲问题尚未根本解决，因此，这种配置模式在取得比较理想的发展速度和发展规模的同时，也出现了一系列区域不协调问题：

（1）区域发展不平衡加剧。在全国既有区域格局中，既有东西问题，即东西差距明显拉大国民收入、社会总产值、工业总产值中西部对东部的相对差距（以东部为1），1978年分别为1：0.90、1：0.84和1：0.67，到1991年，分别为1：0.83、1：0.68和1：0.57；也有南北问题，即在沿海地带内部，东南沿海的超速增长与北方老工业基地的相对停滞并存。1979~1991年，东南沿海的苏、浙、闽、粤，国民收入年增长速度达10.3%~12.3%，大大高于全国的8.3%和沿海地带的8.9%的平均水平，而津、冀、辽、沪的年增长率只有6.7%~7.9%，不仅大大低于上述东南沿海几省，也低于沿海地带和全国的平均水平。还有核心—边缘区的问题。中国陆地边境线长达2.1万多公里，环绕大半个中国，长期处于发展主流之外，也处于对外开放的末梢，其发展与开放同东南沿海形成强烈反差。这种不平衡的格局，显然不利于全国总体优势的发挥。

（2）区域工业结构严重趋同。反映同构化的工业结构"相似系数"高达0.87（最高为1），而反映地区结构特色的"专业化系数"却很低（0.243）。这种趋同是在低技术层次上或"虚高度化"上的趋同。前者如加工工业集中区与资源富集区同在一般轻加工工业上的平面扩展，后者如靠重复引进支撑起来的家电工业在技术经济条件不同地区的同时扩张。这就背离了地域分工规律和发挥地区优势的原则，其直接后果是损害规模经济和集聚效益。

（3）区域间的过度竞争，引发资源大战、销售大战，直到地区分割，市场分割，破坏市场规则，直接妨碍生产要素的合理流动，使中央和地方、地方与地方摩擦加剧。

这些问题的集中表现，是整体经济效益的下滑。如以1980年全国工业"经济效益综合指数"为1，则1992年只有0.599，即下降了40%。

上述得失，均呼唤着在20世纪80年代改革开放的基础上，进一步深化改革，扩大开放，确立资源配置的新思路、新模式。

三、适应社会主义市场经济体制的要求，进一步转换布局战略和资源配置模式

（一）重新选择布局政策的目标取向

上述不同阶段资源配置特点、问题的实证分析，给我们的历史启示是：

在中国这样一个区域差异极大的发展中大国，资源配置，必须从战略高度，妥善处理效率目标与均衡目标的关系，不能只追求一种目标而放弃另一种

目标。同样，在中国这样一个经过 40 多年建设、各类区域已有不同的经济基础，但区域发展还很不平衡的大国中，不可能在没有区域协调的构架下，能长期保持较高的资源配置效率和经济持续、快速、健康发展。问题在于中国面对这样一个实际：全国能源、矿产资源分布重心偏西，而现实的生产力与经济要素分布重心偏东。这种双重错位的空间格局，带来资源配置上的两难选择：如果继 20 世纪 80 年代之后，布局重点进一步向东倾斜，保持其超速增长的势头，就需要更大规模、更长距离地从中西部调集能源、矿产资源产品而输出成品，这将使国家承担十分昂贵的运输流通费用、管理费用，支付超额的追加成本，而且进一步拉大东西差距；如果把布局重点在总体上转向资源富集而经济技术条件相对较差的中西部地区，这不仅涉及资产增量的变动，还要考虑资产存量的转移，并受到经济要素错位的制约以及价格扭曲的障碍，而牺牲等量投入在现有经济重心所能得到的经济效益，为此，必须支付可观的机会成本。要摆脱这个困境，就需要确定布局政策的目标取向。

从历史经验看，过分偏于均衡目标（如"三五"时期），将损害总体经济效益，这种靠牺牲效益、缺乏物质基础的区域均衡，只能是区域的普遍贫穷，这种均衡也是维持不下去的；反之，过分偏于效率目标（如 20 世纪 80 年代），将进一步拉大地区差距，甚至造成地区间的两极分化。各地区、各民族在经济利益关系上的失衡，是各地区间、各民族间发生摩擦的根源，或者说，经济矛盾会引发一系列社会矛盾。而动荡不安的社会环境，对不同类型区域的发育、成长、壮大，都必将产生负面效应。

正确的扶持，只能是适度倾斜，总体协调，效率优先，兼顾公平。

适度倾斜，就是要在各个发展阶段，正确选择建设重点，在投资和政策上适当向之倾斜，使之超前启动，先富起来，多交利税，较快增强国家综合国力。

总体协调，就是向重点地区的倾斜度要以不致产生地区两极分化为上限，同时要发挥重点地区的势能，扩展其扩散效应，支援、带动落后地区的开发发展，将地区差距扩大的幅度控制在一个较低点上。根据我们多方案的测算，如以 10 年为期，20 世纪 90 年代，如果东西差距（以静态不平衡差表示）拉大的幅度控制在 3 以内，比 20 世纪 80 年代的扩幅有所缩小，这样仍可以保证 2000 年全国第二步战略目标的超额实现，并保持东部快于西部的增长势头。如以人均国民生产总值来衡量，到 20 世纪末，东西部居民生活水平的差距，从总体上看，大体上可由 1990 年接近小康与接近温饱的差距，转化为进入富裕与进入小康的差距，这是人们心理上可以承受的区域差距。

效率优先，就是要把提高资源配置效率放在首要地位，保证全国第二步战略目标的提前实现，并为 21 世纪第三步战略目标的实施与实现打好基础。

兼顾公平，就是要通过区域政策的引导、杠杆调控、立法制约，创造一个发挥各类地区各自比较优势、公平参与竞争的宏观经济环境，逐步做到合理分工，加强联合，互换优势，互补劣势，各方得利，国家受益。

这种布局战略的理论基础，是重点论与协同论的有机结合，效率与公平的论证统一。其基本特点是，以效率为实现公平提供必要的物质基础，以公平为效率创造一个稳定有序的社会环境。

（二）进一步转换资源配置模式，提高空间投资的总体效益

作为资源配置的重要模式，市场配置与计划配置各有长短。

市场配置资源有多方面的优越性：

（1）市场机制承认各配置主体的权力和经济利益。资源的投向、投量，由各配置主体自主掌握，因而有利于调动各配置主体的主观能动性。对利益最大化的追求，激励配置主体根据市场价格信号，计算、选择最有利的投资方向和实现资源的有效组合，以取得资源使用效率的最大化。

（2）市场配置资源的功能，是靠市场竞争规律的客观作用实现的。在优胜劣汰的激烈的以致是残酷的竞争中，各配置主体有优化资源配置的内在冲动，也有外在的压力。为了生存和发展，必须依据成本—效益原则来配置资源，因而有利于促进资源自动向高效率的地区、企业流动。

（3）市场配置资源的信息传递，是纵横结合、以横向传递为主。各配置主体在市场上直接见面，可从市场各个角落获取经济信息，特别是市场供求变动、价格涨落的信息，便于及时做出相应的反应。通过调整资源的流向、流量，使配置的资源结构在较高程度上逼近市场要求，因而可提高资源配置的准确性，促进资源的及时流动和优化组合。

人类优化资源配置的历史证明，市场配置资源的产生，是以市场经济的产生和发展为前提条件的，又是市场经济发展的一种强有力的杠杆。但实践也证明，市场、市场机制也不是万能的，单纯依靠市场配置资源，也有种种弊端：

（1）这种配置主要依靠市场自发力量。由于这种自发力量的作用，虽然微观配置主体的配置活动，比较精心、准确，转换也较快。但对全社会资源配置活动，在总体上形不成合力，也不感兴趣，因而全社会资源配置活动的转换总是滞后，由此导致大的经济波动和危机。

（2）市场配置是以利益独立化和社会权力分散化为前提的，市场调节的机

理作用是与个人、局部的利益追求相联系的。受个人、局部利益的驱使，尽管在微观资源配置领域是有效的，但在宏观领域，有些全局性的经济活动，如经济总量的平衡，重大比例和地区布局，基础设施和基础工业等重大工程建设，新兴产业的培植，贫困地区的扶持，效率与公平关系的处理，环境、资源的治理保护等，是市场管不了或管不好的，因而在宏观资源配置和全社会利益的调节方面，都有很大的局限性。

（3）让微观配置主体进行充分的市场竞争，虽然可启动其生机与活力，但各有所求，各行其是，甚至以邻为壑，也易造成严重的经济秩序问题和其他社会问题。

这种配置的固有缺陷，要求运用计划、规划手段，发挥计划手段可从整体和长远利益出发考虑资源的宏观配置，能集中必要力量解决关系全局的重大问题的优势，以弥补市场机制的不足。

社会主义市场经济体制的建立，就是基于对不同类型资源配置模式的冷静理智的分析、评价，吸取市场和计划两种配置手段之长，而避其所短。在充分发挥市场配置资源的基础性作用的同时，强化和完善国家的宏观调控，将二者有机地结合起来，使微观配置活动与宏观构造相一致，微观配置效益与宏观配置效益耦合，活力与秩序兼得。这是在建设社会主义市场经济体制过程中我们所要采取的配置资源的基本模式。

（三）加强和完善固定资产投资的调控功能，改善投资的地区分配

在一个国家以至一个大的地域单元内，经济发展的不平衡，是工业化过程中一个带有普遍性的问题，只是在不同国家、不同地区和发展的不同阶段，不平衡度有较大差异。这种不平衡，是多因素长期综合作用的结果，有其必然性。不平衡也不一定就是坏事，它可能成为促进不发达、欠发达地区追赶发达地区的压力和动力，也推动着发达地区为保持其已有优势地位而更上一层楼。因此，面对地区不平衡的现实，不能脱离实际，不能不讲经济效益，从主观愿望出发，人为地去截长补短、"劫富济贫"，以追求低水平的地区平衡。但如果地区差距长期无限制的拉大，则不利于国家、地区的协调发展和总体优势的发挥，也将引起一系列社会问题。由于地区不平衡，常常集中表现为人均收入悬殊，这直接关系到地区间、居民间的切身利益，是一个极其敏感的问题。因而对此不能放任自流，任其发展。解决这个问题，需要发挥市场机制的作用，把地区、企业推向市场，在竞争中发挥各自的比较优势，逐步缩小地区间的差距。但市场经济并不是完全可以自动平衡的经济。完全靠市场机制作用，作用还有限，常常使地区矛盾越积越多，解决起来更加复杂和困难。正因为如此，第二次世界大战后，即使是成熟的市场经济国家，也都强调以区域政策来调整、协调区域关系。许多国家区域政策的核心，就是解决或缩小发达地区与不发达、欠发达地区的差距问题以及"有问题地区"的振兴问题。中国地区不平衡度远大于一些发达国家。美国、日本贫富地区人均收入的差距现在是1倍左右，而1990年，中国上海的人均国民收入是贵州的7.37倍。即使不计三大市，在省区间对比，辽宁人均1990元，而贵州只有654元，前者是后者的3.04倍。调控地区经济发展就更为重要。

从我国国情、区情出发，借鉴国外在这方面的实践经验，应当从以下几个方面，调控产业和投资的地区分配，从而调控地区间发展上的巨大差距。

（1）杠杆调控。即综合运用经济杠杆，利用财政补贴、银行信贷倾斜、差别利率、投资方向调节税等手段，调整投资结构，引导投资投向。

（2）就业机会向剩余劳动力方向移动。即在落后地区因地制宜地开发利用其优势资源，建立和发展优势产业，启动其内部经济活力，创造就业机会，就地就近吸收、消化剩余劳动力；同时进行职工培训，提高剩余劳动力的素质和就业能力，遏制人口向大城市的集中或盲目外流。

（3）在落后地区建设增长极。通过增长极的极化效应和扩散效应，形成地区性的经济中心，以点带面，促进落后地区开发发展。

（4）利用经济杠杆和政策法规，限制大城市、特大城市的过度膨胀，诱导其先进生产要素向符合区域政策、产业政策的方向转移、扩散、强化大城市、特大城市的区域基础，这同时也就是为大城市、特大城市更健康的发展创造外部条件。

（5）对相对停滞的老工业基地和走向衰退的工矿区，主要是利用其历史上已积累起来的技术基础、经济网络，采取发展高新技术产业、建立替代产业的方法，二次创业，焕发青春。

（6）引导和调整外资投向。1992年以来，中国利用外商直接投资已进入了迅猛发展时期。仅这一年外商直接投资协议金额即达587.36亿美元，实际利用额为112.9亿美元，分别为前13年（1979~1991年）总额的1.02倍和42%。它日益成为影响中国经济发展不可忽视的一个重要因素。从外资的自然趋势看，在产业投向上偏于轻加工；在空间投向上偏于东南沿海。在敞开国门初期，我们可以适应外资投向的这种自然趋势，但长此下去，随着投资规模的扩大，将更不利于我国产业结构与空间结构的调整，也不利于我国全方位开放的新要求和长远战略目标的实施。我国对外开放，不是为开放而开放，根本目的在于通过吸收现代经济活力，参与国际分工与交换，改善我国国内的资源配置，改善我国和地区的经济运行机制，从而加快我国现代化进程。因此，对外资投向的引导，也应成为加强宏观调控的重要因素之一。为此，一要扩大基础设施、基础产业、技术产业以及第三产业利用外商直接投资的比重，改善三资企业发展的产业布局；二要引导外商直接投资由东南沿海"北上西进"，使以珠江三角洲、闽东南、长江三角洲为中心的外商投资热，尽快向北方和内陆辐射，争取在 20 世纪 90 年代末使落后地区的三资企业有一个较快的发展，调整外商投资的区域布局。

载《开发研究》1994 年第 1 期

抓住机遇，尽快建成全国能源重化工基地的中心

一、对比中的启示

机遇，是指由内外两方面有利条件造成的经济大发展的良好机会。造成机遇的内外因素是交互作用的，但外部条件对机遇的形成往往起更大作用。对一个地区来讲，内在因素相对较易把握，而且如自然环境、自然资源等方面的有利因素对地区经济发展是经常起作用的，而外部条件，既不容易把握，又一纵即逝。因此抓机遇，更应重视外部环境通过内因对地区经济发展造成的良好机会。

20 世纪 80 年代，深圳的崛起，广东的起飞，固然有其内因作依据，但从深圳或广东经济发展的内在因素总体来看，在全国兄弟省市中并不是很优越的。像毗邻港澳、侨胞众多、对外经济联系有悠久的历史等有利因素是早已存在的，但在闭关锁国的大环境下，这些因素并未带来与之相匹配的发展经济的机遇；相反，其处于国防前沿的区位条件，反而在很长一段时期内是其发展的一个限制因素。只是到了 20 世纪 80 年代，在体制改革、敞开国门这个新的大环境中，这些因素与外部条件相结合，深圳首先成为全国第一个经济特区，广东走在全国改革开放的前沿。短短十几年，深圳从一个荒凉渔村，迅速崛起成为广东第四大城市（按市区非农业人口计），人口虽然迅速集聚，但就就业率而言是全国城镇待业率最低的城市，1991 年待业率只有 0.1%。就经济实力而言，（市区）国民收入迅速增长到 95 亿元，如不计三大市，位居全国 479 个设市城市第 7 位，高于长春、哈尔滨、成都、重庆、西安、兰州等大城市。按人均国民收入计，深圳（按市区总人口计）高达 22085 元/人，位居全国 479 个设市城市首位，比沪、京、津三大市分别高 2.61 倍、3.89 倍和 4.55 倍，比位居全国第二位的大庆，也高出 36.4%。崛起之快，在国内以至在世界城市发展史上都是罕见的。

广东，在 1978 年前近 30 年中，经济虽然有所发展，但其增长速度在全国处于中间偏低水平。按可比价格计算，国民收入年增长率只有 5.3%，低于全国 6%的平均水平。而 1979~1991 年，年增长速度高达 12%，仅略低于浙江的 12.3%，居全国第 2 位。国民收入在全国的位次（按当年价格计），从 1978 年的第 6 位上升到 1991 年的第 1 位，国民生产总值从第 6 位上升到第 1 位，工业总产值从第 8 位上升到第 3 位（仅次于江苏，略低于山东），居民消费水平由第 8 位上升到第 5 位，按经济总规模而言已跃居全国首位。特殊的机遇造成了特殊的速度，是全国少数跳跃式发展的省区之一。

山西省进入 20 世纪 80 年代以来，也面临有利的外部环境。按照国家的战略部署，山西被选为全国能源重化工基地的中心。国家密集投资，在山西布置了一大批能源、重化工和铁路建设的重点项目。1982~1989 年，全国按合理工期组织建设、在组织施工各环节给予优先安排的重点项目为 319 个，计划总投资 3100 多亿元，累计完成 2486 亿元，这批项目规模大、技术先进、重点突出（主要集中在能源材料和交通等基础工业、基础设施上），在地区布局上，主要集中在沪、鲁和晋，山西一省即占计划总投资的 6.23%和完成投资总额的 6.63%，其中包括大同、古交、阳泉、平朔、晋城、潞安六大煤矿区，建设总规模 5500 多万吨，占全部煤炭重点建设项目总规模的 44.5%。还包括漳泽、神头、大同、太原的六大电厂，神大京津 50 万伏输变电工程，90 万吨硝酸磷肥的山西化肥厂，230 万重量箱的太原平玻厂，120 万吨铝氧的山西铝厂一二期工程以及南北同蒲复线、大包复线、新太焦复线电化、大秦、焦枝、侯月线等铁路项目。这些重大骨干项目的建设，不仅大大强化了山西的基础产业，由于其投资乘数效应和前后向关联作用，带动了地区整个国民经济的增长，同时对缓解全国性的煤炭、铝氧的供需矛盾，起了决定性的作用，对改善全国的路网布局和输电网络，也发挥了重大作用，奠定了山西在全国地域分工中的特殊地位。但如果同广东进行横向对比，山西在 20 世纪 80 年代所取得的成就还存在着相当大的差距。经济总量在全国的位次，与广东的急剧提升相比，山西本来就不高的位次进一步后移。国民收入生产额由 1978 年的第 17 位后移到 1991 年的第 21 位，国民生产总值由第 15 位后移到第 20 位，工业总产值由第 17 位后移到第 18 位，居民消费水平由第 22 位后移到第 25 位，与广西、安徽、河南、贵州、甘肃同为全国居民消费水平最低之列。对全国做出的巨大贡献与地区经济实力的提升、居民生活水平的改善很不相匹配。

这个差距产生的原因是复杂的。

从内在因素对比，山西与广东各有长短。山西的优势在于自然资源丰富，劣势在于经济社会发育程度偏低。如将自然资源分解为水、土、一次能源、矿产资源四类，山西自然资源综合优势度为 0.8391，居全国第 9 位，广东为 0.47138，居第 1 位，自然资源人均拥有量综合指数，山西为 1.7087，居全国第 5 位，广东为 0.2081，居第 25 位，自然资源总丰度，山西为 1.1974，居全国第 6 位，广东为 0.3132，居第 24 位，山西明显优于广东。在经济社会发育程度上，山西的综合指数为 0.3740，居全国第 15 位，而广东为 0.5951，居第 6 位，广东又明显优于山西。在区位条件（指自然地理位置和经济地理位置）上，广东位于东南沿海处与国际交往的前沿，自然环境总体上优于山西。山西位于中部内陆地区，国际交往条件较差，自然环境也较差。但山西处于中国缺能区的中心，距经济发达、能源、原材料需求量大而能源、矿产资源贫乏的地区都较近，国内区际交往条件较优，至少不次于广东。

所以，内在因素不是造成山西与广东 20 世纪 80 年代经济发展差距的主要原因。主要原因，在于外部条件的差异。

进入 20 世纪 80 年代以来，山西虽然被选作全国能源重化工基地的中心，国家安排的重点建设项目的投资远大于广东。重点项目的计划总投资和累计完成投资总额占全国的比重，山西分别为 6.23% 和 6.63%，广东分别为 2.04% 和 2.48%。但广东处于改革开放的前沿，改革的力度与对外开放度远大于山西，其资金来源渠道多，特别是外资大量投入，因而投资总额远大于山西，1979~1991 年，全民基建投资，广东累计达 1000 多亿元，而山西只有 510 多亿元。1982~1991 年，全社会固定资产投资，广东有 2727 亿元，山西只有 910 亿元，山西只有广东的 1/3。资金是市场经济发展和区域发育、成长、起飞的关键因素。山西与广东资金投入上的巨大差距，无疑是二者经济发展差距的主要原因之一。

从投资结构看，山西偏于重化工，广东偏于轻加工，这本来是由各自的区域比较优势所决定的，从地域分工、发挥优势角度看，都是合理的。问题在于计划体制的缺陷和价格的扭曲，造成资源开发主导型的重型结构地区的双重价值流失，而加工主导型地区，却能较易取得双重利润，使得前者的区域比较优势得不到相应的比较利益，而后者的区域比较优势可以带来超额的比较利益。这种利益分配不均的分工格局，在计划体制下，对地区经济的影响被掩盖了，而在改革开放大潮中，随着区域发展主体和利益主体地位的确认，但改革又不配套的情况下，就成为影响这两类地区经济发展的一个主要因素。正是这个外在因素的作用，山西丰富的能源、矿产资源对社会投资，特别是外商的直接投资的吸引力，就远不如轻加工发展条件较好，又具有毗邻港澳的地缘优势和政策优势的广东。

因此，可以说，20 世纪 80 年代山西与广东在经济发展上的差距，实质上是改革开放度上的差距，是外部机遇上的差异。没有改革开放的大环境，就不会有深圳的崛起和广东的起飞。

外部机遇不同，这是客观存在的。但面对机遇，是否珍惜、抓紧、抓准、抓好，却是一个主观能动性问题。在这方面，广东的实践经验是值得重视的，也是值得山西反省的。

二、新的形势、新的机遇

进入 20 世纪 90 年代，山西面临的机遇，将更好于 20 世纪 80 年代。这主要表现在：

第一，国家全方位、多层次对外开放战略的提出与实施。在开放空间上，沿海、沿江、沿边、沿线的开放，外资的"北上西进"，势必波及处于内陆地区的山西。在开放领域上，对外商开放了基础工业、基础设施投资的绝大部分领域，有远见的外商，也日益认识到中国的能源、原材料产业是一个既有巨大潜力，从长远看又有利可图的投资领域，这牵引着外资的投向。山西以其丰富的能源、矿产资源，比较雄厚的能源重化工基础，具有资源开发技术积累、成本较低的劳动力、相对低的地价，对外商投资的吸引力将日益增强。山西借助紧邻京津鲁之便和新欧亚大陆桥纽带，东联西出，双向开放，大有可为。在国内，基础工业、基础设施的投资来源，主要是雄厚的预算外资金和民间资金，山西以其优势能源、矿产资源开发的有利条件和同行业中较好的经济效益，加上政策优惠，也将吸引缺能少料、加工工业集中地区的预算外资金和民间资金，形成多元化投资渠道，弥补国家资金之不足，有效地缓解资金上的制约。

第二，社会主义市场经济体制的建立。市场经济本质上是一种平等竞争的关系，一种相互依存、利益与共的关系。中国的能源、矿产资源分布重心偏西，而经济要素和现实生产力分布重心偏东。这种空间结构格局，客观上有利于上述关系的形成、发展。沿海发达地区经济的进一步增长，需要广阔的国际国内市场。中国市场大，不仅大在 4.7 亿人的东部市场，更大在 6.6 亿人，但目前还处于低收入水平、亟待开拓的中西部市场。而中西部潜在市场的形成，必须以当地经济的加快发展为前提，这又有赖于发达地区在资金、技术、人才、信息等方面的投入与支持。通过市场的办法，而不是用过去计划经济那一套办法，就会形成这样一种良性循环。在旧的计划体制下，能源和主要的原材料、初级产品，价格本来就很低，而且又不能放开，而下游产品价格偏高，却放开了，因此，以上游产品为主地区与以加工产品为主地区，就处于不均等的竞争条件下，而损害了前者的比较利益。根据价值规律、供求规律，产业间的利润率顺序同产业的稀缺程度是一致的，但多年来，这二者不但不一致，而且在很大程度上被颠倒了。改革价格，提高能源、原材料初级产品的价格，是中国市场经济发展的内在要求，是势在必行的。上游产品价格上涨的上限，只要略低于国际市场的离岸价格，就可保持其竞争能力。作为价格改革的第一步，是新事新办。凡是依靠股份集资新增能力的使用，一律实行新价，如新煤新价、新电新价等，并逐步提高双轨制中新价格的比重。第二步，价格全部放开，出双轨制过渡到单一价格。建立科学的合理的价格机制，使基础产业的产品价格，能保证维持简单再生产，包括成本、更新改造、大修所需费用；保证按期还贷和上缴税利；保证企业的合理利润水平，据此确定基础工业产品价格。能源、原材料产品价格的上扬，区际利益分配的调整，会较大幅度地提高能源、原材料工业自我积累、自我发展的能力，改善多年来高收入、低产出的机制，也将提高其对外部投入的吸引力，这就给能源、原材料产值比重和输出比重均较大的山西，进一步发展能源、原材料工业提供了一个有利的外部因素。资源配置的市场化，也迫使缺能缺料地区通过与富能、富料地区的横向联合，保证自己的能源、原材料供应及产品在能源、原材料主产区的销售份额，这在客观上也成为促进山西经济发展的契机。

第三，巨大的市场潜力。能源、原材料产品的市场预测，不能只着眼于近期、短期需求量的波动，而应作科学的中长期趋势预测。在个别年度、季度，某些能源、原材料产品的市场需求量可能出现某些下降，但从中长期看，从总体上看，我国能源、原材料是短缺的。目前，世界人均年消耗矿物原料约 20 吨，我国不过 2 吨，相差太远。从国民经济发展的需求看，我国对能源、矿产产品的需求量正处于上升期。世界经济史证明，社会经济对能源、矿产产品的消耗强度，可用增长曲线来描绘。在工业化的初、中期，消耗强度逐年递增，在工业化成熟阶段，消耗强度逐步减弱，需求增长率放慢，但需求的绝对量仍在增长。大体上，人均国民生产总值在 1000~4000 美元时，消耗强度最大。要保证 2000 年中国人均国民生产总值在 800~1000 美元，20 世纪 90 年代，能源、矿产产品的年增长率应达 8% 左右，一直到 21 世纪中叶，人均国民生产总值达到 4000 美元，这几十年间，可能是中国矿产原材料消耗量增长率最高的时期，能否过好基础工业关及相应的基础设施关，将成为我国经济能否持续、快速、协调发展的关键。这样巨大的需求量，靠进口是不行的，必须把能源、原材料产业真正放在战略重点的位置上，保证其优先重点发展。

由于能源、原材料产业布局的指向性和我国能源、矿产资源分布的基本格局，在产业政策向基础产业倾斜的同时，在空间政策上必须将能源、原材料工业的建设重点，更快、更大规模地向中、西部富能、富料地区倾斜。20 世纪 90 年代，中国生产力总体布局框架中，固然还需要以沿海、沿江地带为主轴，但同时，必须抓紧抓好黄河中上游—陇兰沿线及西南这两条能源重化工带的建设，这是支撑沿海沿江两大主轴线健康发展所必需的。山西在这个大框架中，处于上述第一条能源重化工带的中心地位。这个中心地位，既是指它的地理位置而言，也是指其重要性而言。在大布局中的这种地位，20 世纪 90 年代将比 20 世纪 80 年代明显加强，这也是山西 20 世纪 90 年代加快能源重化工发展的一个历史性机遇。

第四，对外通道的形成。在全国路网总体布局中，重点建设、完善的大通道中，至少有三条（秦皇岛—大同以远的东西通道、天津—太原以远的东西通道、包神—神朔—朔黄东西通道）直接与山西有关。这三大通道的建设、完善，将有效地缓解多年来困扰山西经济发展的瓶颈制约，为增强山西与东部经济技术上的互补功能，促进山西经济发展提供了又一个有利因素。

内外部多重有利因素的有机结合，造成了 20 世纪 90 年代山西加快能源重化工建设的良好机遇。

三、抓住机遇、加快发展

20 世纪 90 年代山西的机遇，就是加快建成为全国能源重化工基地的中心。这既是本身优势之所在，又是全国社会主义市场经济发展的客观要求。为此，需致力于以下几个方面：

（一）以建设好能源重化工基地为中心，优化地区产业结构

作为能源重化工的重要组成部分，20 世纪 80 年代集中相当力量扩大煤炭开发规模是正确的。实践证明，正是山西在煤炭工业上的突破，不仅有力地缓解了全国性的煤炭供需矛盾，创造了难以完全用货币计量的社会效益，而且通

过煤炭的各种收入，成为山西进行基本建设的重要财源，带动了山西整个国民经济的发展。但经过 20 世纪 80 年代的大规模建设，煤炭开发已达到相当规模，今后建设的重点就应适时转向煤炭的加工转换，首先是把更多的煤炭转化为电力，也就是把电力作为山西第二个主导产业，加以优先重点发展。如果说，20 世纪 80 年代初，中国的能源问题，突出地表现为煤炭的供不应求，全面紧缺，那么到 20 世纪 90 年代，则更突出地表现为电力缺口不断扩大，供需矛盾更广泛、更尖锐。从地区能源工业内部结构演化的一般趋势看，当地区煤炭达到一定规模后，电力的增长速度就要大大快于煤炭，通过转化率的提高，改善能源的产品结构，提高能源资源的利用效率。在整个产业的关联运动中，电是由初级产品向深加工产品转化的中介和桥梁，它以其影响，可以推动煤炭工业、发电输变电设备制造业的发展，更以其前瞻影响，带动吸收其产品的产业发展。由于一切现代化的生产都离不开电，特别是大耗电工业，电力的保证程度和供给价格，更是其发展的首要区位条件。中国原材料工业的长期滞后，在很大程度上就是受电力供应的制约。换言之，原材料问题，实质上也是电力问题。电力的燃料来源是多样的，但就中国而言，不仅在过去、现在，而且在今后相当长的一段时期内，即在能源结构由以传统能源为主向以新能源为主转换完成以前，还主要靠煤炭。在运输上，煤炭是大宗散装物资，本身价格比较低廉，过多和过长的距离运输，给运输带来难以承受的压力，而且追加的运输流通费用，往往大于生产的直接费用，使煤炭工业内部收益率和社会效益都随之下降，特别是煤炭运输超过一定的经济运输半径时更是如此。如果更多地就近转化，以输电替代部分运煤，就可从多方面提高地区的综合效益。山西煤多，分布广，虽然从总体看缺水，但从局部看，也不乏水源相对富余区或现有水源开发利用不足的地方。随着引黄入晋工程以及南水北调东、中线工程的建设，山西的水源条件相对改善，足以支持晋电的进一步扩张。山西位于我国缺煤少电的辽、京、津、济沿线、沪杭宁、武冶、长株潭等地区的中心，随着超高压输变电网络的形成，"三北"电网、华中电网、华东电网的联网，山西送电均在经济半径之内，具备了提高煤炭转化率的基本条件。抓好这个环节，将有利于更好地发挥山西的能源基地的作用。

但电力还只是产品链延伸的中介，当电力发展到一定阶段后，还需要进一步向原材料工业转化。山西铝、铜资源丰富，铁矿还有一定的开发潜力，以煤为主的化工资源丰富，采用不同工艺路线发展多种化工的煤种又齐全，石膏、石灰及煤矿石、炉渣、赤泥等建材资源富余，煤、电、冶、化、建综合发展、相互促进，既有条件，也会有更高的综合效益。

20 世纪 90 年代，山西能源转换工业，重点应在铝工业和煤化工两方面有所突破。山西铝厂长期孤零零发展铝氧的局面，需要尽快转变，抓好电解铝、铝材和配套的电站建设；第二铝基地应尽快定点上马，使铝工业真正成为山西第三个主导产业。煤化工需要相对集中地建设好 2~3 个焦油加工及配套的下游产品的骨干企业和新一代煤化工的起步企业，逐步形成第四个主导产业。煤、电、铝、化主导产业群的形成，将更好地发挥山西"两源兼富"的优势，也是山西名副其实地建成能源重化工基地的重要标志。

笼统地说，挖煤、倒煤或自然资源在经济发展中的贡献系数日趋缩小，都是不全面的。根据山西的实践，如果长期坐在资源堆上唱资源歌，单纯挖煤、卖煤，地区经济的确是难以持续、快速、协调地发展，人民的生活水平也难以大幅度提高，单一而初级的产业结构是富不起来的。但如果是在把握、利用资源优势、形成优势产业的基础上，适时地加强资源转换、减重、增值的能力，在转换中创建新的支柱产业、主导产业，创造新的比较优势，带动新的相关产业的发展，情况就大不一样了。能源、原材料工业是基础，有了这个基础，就有发展的后劲，就有结构演进的坚实基础。能源、原材料工业的这种基础地位，无论是对发展中国家、地区，还是对高度工业化的国家、地区都是一样的，只不过这个基础，有的是建在国内、区内，有的是建在国外、区外，有的是同时建在国内外、区内外。美、日、西欧，是世界上进入"后工业化"阶段的国家、区域，正是这些国家、区域，是能源和主要原材料人均消耗量最多的地区，如果没有内部、外部或内外部能源、矿产产品的支撑，都不可能完成其重化工的结构演进阶段，也难以维持其现有的庞大的国民经济体系，甚至也不能保证其居民现代化生活的需求。可见，能源、原材料工业的基础地位，并未因工业化的进程而丧失。对处于开发成长阶段的山西，有一个结构协调、整体素质较高的强大的能源重化工基础，就可以主动地从两个方向上向加工制造业渗透：一方面向机械—电子工业渗透，促进地区装备部门的发展，形成某些高新技术的生长点；另一方面向轻纺和支农工业渗透，促进区内农轻重的协调。以基础工业支持加工工业，以机—电—仪一体化这种高层次的加工工业，武装和提高基础工业，为更大规模、更经济有效地开发能源、矿产资源创造条件，形成区域经济的良性循环，这是资源主导型结构地区产业结构优化和演进的必由之路，也是建设好能源重化工基地的综合标志，而这正是国家赋予山西的历史任务。如果只从局部、近期利益出发，避"重"就"轻"，离开这个中心，致力于价高利大的轻纺工业的发展，追求结构的轻型化，这对山西而言实质上是抑长就短；如果重加工、轻基础，把主要力量用在加工工业上，追求高加工度化或高技术化，对山西而言，不仅背离了地域分工原则，加剧了全国基础工业的失衡，也脱离了山西经济发展所处阶段，坐失能源重化工化的良机，让到手的机遇又"飞"了。

（二）依托中部，加大向东西推进的力度

第一，这是调整山西工业布局的战略步骤。发展到现在，山西已有工业分布格局存在一个很大缺陷，即空间的集中度过高，中部同蒲一线，集聚了全省大中型企业和产值的绝大部分，而东、西部现代工业很少，除少数点外，大片地区尚未形成有相当实力的工业基点。在中部一线，工业又偏集于太、同二市。《山西国土综合开发总体规划》虽然早已看到这一点，正确地提出了"依托中部，开发两翼"的布局方针，但从实践结果看，投资的地区分配，仍继续在中部一线倾斜，向东、西推进的动作不大，东西部与中部的差距有拉大趋势。1985 年，全省 10 个设市城市，集中在中部同蒲沿线的有 7 个，7 市工业（乡及乡以上全部工业）产值占全省的 52.2%，东西部 3 市合计占 11.1%。到 1991年，全省设市城市增加到 13 个，分布在中部同蒲一线的有 10 个，其工业产值占全省的比重进一步提高到 57.24%。但一个新的趋势是：在中部一线，大、同二市工业的集中度略有降低。1991 年与 1985 年相比，二市占全省工业产值之比由 43.1% 下降为 41.39%，占中部城市工业总产值之比，由 82.5% 下降为74.3%，二市为中部其他城市工业产值之和的倍数，由 4.71 倍下降为 3.34 倍。但总体上看，这两个集中度仍偏高。由于山西工业结构是以运量大、占地多、耗水大、污染重的能源重化工为主，工业的高度集中，就意味着污染源的集中，货运量的集中，工业用地、用水的集中，这些集中，势必造成城市、大工矿区污染严重、环境恶化；占用大量适宜性广、宜于农耕的平川地；运能与运量的矛盾加剧。为了减轻中部一线空间、环境、水资源和交通运输上的压力，协调工业与环境、水、土资源的关系，山西的工业布局，必须向东、西两个方向展开，较大幅度地调整工业的空间结构。

从能、矿、水、土资源以及环境容量看，向经济密度偏低，特别是密度过低的西部沿黄河推进，是改进山西工业布局、促进工业和国民经济协调发展的战略步骤。

第二，是完善，充实山西能源重化工基地的重要环节。从山西能源重化工基地建设的进展看，20 世纪 80 年代，煤炭工业发展得快，但重化工这一大块进展较慢，能源与重化工的发展相当不协调，能源就地就近转化的能力偏小，其结果是导致煤炭运输能力越来越紧张，积压量越来越大，不利于煤炭工业本身的健康发展。虽然煤、电输出量的增加，对缓解全国能源供求矛盾起了重大作用，但从山西来看，资源的附加值还不大，影响了企业与地区综合效益的提高；全国的能源形势、运输状况和高耗能原材料工业空间分布的缺陷，迫切要求在富能、富料地区，加速布置高耗能原材料工业，包括变多年来我国钢铁工业布局的模式为就燃料布局，在水电资源富余地区实行水电—铝工业联合开发的同时，也在富煤地区实行煤—电—铝联合开发，在富油地区发展石化工业的同时，积极在富煤地区实行煤—合成气—甲醇化学的综合发展，将国家越来越紧缺的上述高耗能原材料工业的建设重点，向中、西部富能区转移，这对改善全国工业布局、减轻煤炭运输压力、经济有效地加快高耗能原材料工业的发展速度，以至充实山西能源重化工基地的行业、产品结构、繁荣山西经济，都具有重大意义，这也是国家下决心建设以山西为中心的能源重化工基地的总目标，但山西的建设状况，与上述要求差距较大。要完成这样的建设任务，在山西都压在中部一线，显然是它承担不了的。利用兼有能源与资源的双重优势，加快东、西部地带，特别是西部沿黄地带的建设，就成为一个重要的环节。

第三，是晋西北、中部贫困地区脱贫致富、变"输血"机制为"造血"机制的必由之路。

向东、西部推进的可能性是，晋东、晋西能源与资源空间组合好，东、西部均有一些相对富水区或有开发潜力的水源区，空间相对广阔，环境能容量较大；山西中部经过多年的重点建设，经济实力大大加强，具有支援、带动东西开发的技术经济力量，也有将某些能源、原材料工业向东、西扩散腾出手来，更多地致力于技术改造、结构升级、产品换代、发展高新技术产业和第三产业的内在要求。

加大向东、西部推进的力度，重点在于加强东、西部以交通运输为主的基础设施，开辟对外通道，创造积极参与全省以至全国地域分工的必要条件，搞好水源地的开辟，协调好地区工、农、城市生活用水的关系，避免重复以往多年来临渴掘井、争夺水源、剜肉补疮的被动局面，正确选择各自的主导产业并向之倾斜，使晋西的焦煤、焦化工、水火结合的电力工业、综合性的铝工业，晋东的火电、无烟煤、化肥及配套的酸碱工业、第三代煤化工、建材，较快地形成规模。在空间布局上，晋西加快北、中、南河保偏兴、离柳、河津工业区的建设，尽快形成区域的增长极；晋东以阳泉、长治、晋城三市为中心，以太焦线为主轴，石太、邯长、侯月线为次轴，重点建设好潞安工业小区、长治市南部工业小区、阳泉工业区、沁水—阳城工业小区。

中部一线，一方面要释放其已积累起来的能量，向东、西部扩散；另一方面要致力于产业结构的提升、区域功能的综合化。在中部一线，也要把目光投向同、太之间及其以南的"低谷"。与工业布局相适应，并适应乡（镇）企业适当集中的要求，加强地区经济中心城市建设，提高其组织带动地区经济发展的职能，因地制宜地发展小城镇，提高其覆盖度，特别是在城市化水平很低的晋西地带，更要抓好中心城市的选建和小城镇的发展，使工业化与城市化同步发展，相互推动。

（三）加快乡（镇）企业的发展

20世纪80年代，山西乡（镇）企业的发展滞后于沿海发达地区，是山西与沿海地区差距拉大的重要原因和重要表现。同样，山西东、西部乡镇企业的发展滞后，也是东、西部与中部差距拉大的重要原因。如与广东相比，20世纪80年代山西国有大中型企业建设、发展的势头大于广东，但经济总体发展速度却低于广东。这个对比说明，国有大中型企业固然是区域经济增长的主导力量，搞活国有大中型企业，是区域经济增长的重要环节。但是单靠国有大中型企业，区域经济的发展也要受到很大限制。即使是从建设全国性能源重化工基地的角度考察，单靠国家投资、发展国有大中型企业，由于受资金来源的制约和体制上的缺陷，也难使国家的重点建设与地方经济相互融合、协调发展，也难使空间布局合理展开，从而常常形成双轨运行的二元结构，不利于区域经济的总体发展。乡（镇）企业，为农村社会经济的发展开辟了新的道路，从长远一点看，是农村实现小康、走向富裕、最终实现农村城市化、农业现代化的必由之路。农村、农业的发展，又是国有大中型企业在地方生根、开花、结果的肥沃土壤。乡（镇）企业以其自主、灵活的运行机制，可以有效地组织利用地方的人力、财力和分散的工业资源，可以在空间布局上展开，形成新的增长点，弥补国有大中型企业之不足；还可为国有大中型企业协作、服务、配套，既减轻国有大中型企业办社会的沉重负担，又可促进地方经济与国家重点建设的协调发展，是山西能源重化工基地建设中的一支重要力量。因此，必须把乡（镇）企业的发展作为加快能源重化工基地建设的重要组成部分和重大举措之一。

在不发达、欠发达地区发展乡（镇）企业也有其困难和诸多限制因素，为此，既需要合理规划，正确引导，加强管理，更需要放宽政策，积极扶持，创造一个比较宽松的政策环境。

第一，立足当地资源，以市场为导向，以资源开发、加工为突破口。山西能源、矿产资源丰富，分布面广，也有一些具有地方特色的农业资源，还有较多的可资利用的国有大中型企业的边角废料，以优势资源开发加工为主来创办乡（镇）企业，是加快乡（镇）企业发展的重要途径。

第二，在布局上相对集中，连片开发。各地区可因地制宜在城郊、交通沿线、资源丰富的乡（镇），兴办工业小区，适当集中资金、技术、人才，提供优惠政策与优质服务，培植支柱产业，实现集聚效益和规模经济，同时把发展乡（镇）企业与调整农村产业结构、小城镇建设三者有机地结合起来，相互推动。

第三，搞活农村金融，建立农村资金市场，吸引社会闲散资金，开辟资金来源，加大乡（镇）企业的投入。

第四，多轮驱动，多轨运行。发挥"三资"企业、私营企业、股份制企业产权明晰、利益直接、机制灵活、易与乡（镇）企业对接的优势，在条件差的地方放手发展个体私营经济，推动乡（镇）企业迅速起步；条件好的地方大力发展"三资"企业，推动乡（镇）企业上新台阶；对现有乡（镇）企业进行股份制改造，新办企业采取一种或多种生产要素入股的办法，一开始就发展成股份制或股份合作。这种新型的企业组织形式，既适应农村现实生产力水平，又适应社会化大生产的客观要求，可作为乡（镇）企业发展的一种主要形式。上述三种形式的企业，只需要宽松的政策，不需要政府直接投资，是缓解资金紧张、加速发展乡（镇）企业的有效途径。

第五，加强与国有大中型企业的横向联合，吸引城市大中型国有企业的资金、技术、人才信息，发挥其优势，克服其限制因素。

刘再兴文集

DI DAI PIAN
地带篇

发达地区区域发展战略

这里讲的发达地区，是从以下两种意义来讲的：一是从我国现阶段总体发展水平，相对于国内不发达和欠发达地区而言的；二是从较大地域范围内的综合状况而言的。发达地区内也存在局部不发达或发展势头较大的欠发达地区，而不发达地区内也往往散布着局部比较发达的地区。因此这种分类是相对的，也是可变的。现区域经济的发展是一个渐进的过程，发达地区的形成，是其主、客观因素在动态组合中多种优势因素长期积累的结果。尽管随着技术更新速率的提高以及技术空间推移速度的加快，使得大地域单元间经济技术梯度差的变动相应加快，但这种梯度差的缩小以致消失，一般还需要有一个量变过程，要经历一定时间，因而发达与不发达地区的划分，又具有一定的稳定性。我们就是在上述前提下来研究发达地区的发展战略。

一、战略依据

区域发展的战略依据，一般包括以下三个方面：

（一）区域的现实优势

衡量区域的发展程度，可以用多种指标。由于各国在不同发展阶段上，以及区域政策目标的不同，选用的指标也有某些差异。如美国根据下述指标将全国分为三类地区。相对繁荣区：工业化程度较高，有较高的增长速度；就业比较充分（或高就业率，或就业率上升）；地方财政收入增加，人均收入水平高于全国平均值较多衰退地区或萧条地区：历史上已经工业化，但以后生产增长速度几乎处于停滞状态；失业率高，成为慢性病；劳动力或资本严重外流；地方财政枯竭；经济自我调整能力低；曾经带动区域经济发展的主导部门，种种原因处于不利地位而停止增长或出现衰退，而新兴部门发展缓慢，不足以弥补老部门停滞或衰退带来的损失。落后地区或不发达地区：处于发展道路的起点，跟不上其他地区发展的步伐，其发展机会也比其他区域少；高失业率；低收入；住房、卫生、文教设施水平低；缺乏有竞争力的优势产业，总产出增长速度低的，划为落后地区或不发达地区。

意大利则用劳动人口占总人口的比重、失业率、人口外流规模、人均社会开支额四项指标，划分发达地区与不发达地区。

在西方发达国家，由于失业问题严重，高失业率往往伴随着低收入和人口的大量外流，改善各种状况是区域开发政策，特别是"有问题地区"开发政策的主要目标，因而在衡量区域发展程度时，着重强调就业率和人口区际流动这类指标。而我国国情不同，从全国看，就业率高，而且在发展水平高低差别明显的地区之间，就业率的差异很小。由于种种原因，我国人口的原区际流动有限，流动的方向也不一定是由落后地区向发达地区流动，相反，由发达地区（一般也是人口密度较大地区）向落后地区（一般也是人口密度较小地区）的流动却比较重要。因此，用这类指标来衡量区域发展程度，在我国实际意义不大。根据我国的实际，综合国外常用指标，可用以下划分指标：

（1）工业化程度及总产出规模；

（2）区域经济结构与经济机制的自我调节能力；

（3）城市化水平；

（4）居民的文化科技素质与就业结构；

（5）地方财政收支状况；

（6）人均收入水平与消费结构。

根据上述衡量指标，我国发达地区一般具有以下特点或现实优势：

（1）科技文教发达，精英荟萃。就社会文化基础而论，发达地区识字率较高而文盲率较低。12周岁以上文盲率全国平均为24%，不发达地区高达30%以致40%以上，发达地区一般在20%；高等教育比较发达，全国高等学校46%分布在发达地区。在校学生总数中，大、中、小学生之比（以大学生为1），全国平均为1：34.8：97.1，发达地区平均为1：27.5：67.2，即发达地区的高校在校学生数占全部在校学生的比重，比全国平均值高40%，即发达地区高校每年可为国家输送几十万大学毕业生；每千人拥有大学毕业人数，全国平均为4.4人，发达地区平均为5.94人，高达35%，其中北京为37人，上海为24人，天津为16人，比全国平均值高7.18~2.64倍；全民所有制单位自然科技人员数，40%以上分布在发达地区，多集中在京津沪三大市，占全国总数的12.32%。占地区职工总数的比重，全国平均为8.64%，三市分别为9.11%~13%。在自然科技人员中，工程技术人员、特别是科学研究人员占全国的比重更高，前者占全国总数的 44.99%，后者更是高达 59.59%。智力资源雄厚，这既是区域发展水平的标志之一，也是区域进一步发展，特别是进一步开发新产业，促进区域经济结构高级化的最可贵的资本。

（2）人口与经济密度高，经济机制相对健全。列入我们探讨的发达地区、土地面积占全国的 11.17%，人口占全国的 31.44%，人口密度为全国平均值的 3.34 倍；工农业总产值占全国的 53.81%，其中工业总产值占全国的 58.3%；人均工农业总产值为全国平均值的 1.44 倍；工农业产值密度为全国平均值的 4.82 倍。许多重要工业产品产量占全国很大比重，如表 1 所示。

表 1　重要工业产品占全国比重

	占全国总产量 70% 以上	占全国总产量 60% 以上	占全国总产量 50% 以上
一、在被统计的 27 种主要轻工业产品中	化纤（74.17%）	毛段（65%）	棉纱（58.4%）
	呢绒（71.22%）	罐头（66.2%）	布（58.4%）
	纺织品（80.2%）	化学药品（60.4%）	合成洗涤剂（52.7%）
	自行车（78.1%）	精铝制品（65%）	机纸（52%）
	缝纫机（95.6%）	洗衣机（68.5%）	麻袋（52.3%）
	手表（81.8%）	皮鞋（62.8%）	灯泡（55.5%）
	电冰箱（71.2%）		啤酒（57.1%）
	电视机（74.7%）		
	电风扇（89.98%）		
	收音机（86.3%）		
	照相机（85.76%）		
	原盐（72.58%）		
二、在被统计的 30 种主要重工业产品中	纯碱（80.4%）	烧碱（66%）	钢（56.4%）
	化学农药（72.3%）	金属切削机床（65.2%）	生铁（54.5%）
	乙烯（76%）	拖拉机（64.5%）	钢材（59%）
	塑料（78.2%）	内燃机（66.1%）	平板玻璃（56.6%）
			矿山设备（53.5%）
			发电设备（51.2%）
			轮胎外胎（56.7%）
			硫酸（52.3%）

资料来源：根据《中国统计年鉴》（1985）有关数字计算整理。

我国发达地区，多滨江靠海，而且多处于大江大河的下游，拥有较开阔的平原，自然环境相对有利，因而农业生产比较集约，交通运输相对发达。农业中粮作单产水平比全国平均值高 15%，运输线路（包括铁路正线延展里程、公路里程和内河航道里程）密度比全国平均值高 1.75 倍，货运密度大，占全国 30.7% 的运输线路长度，集中了全国货运总量的 50% 以上，特别是水运上更占有绝对优势。邮电业务总量占全国 58% 以上，信息比较灵通。这些既有利于地区参与现代国际分工，也有利于扩大与其他地区的横向联合，促进自身商品经济的发展和地区专业化水平的提高。

由于商品经济比较发达，发达地区专门化水平较高，按如下专门化率公式计算：

$$地区产品专门化率 = \frac{地区 A 产品占全国 A 产品总量的比重}{地区全部产品占全国全部产品的比重} \times 100\%$$

在工业产品方面，如北京的呢绒、洗衣机、发电设备、汽车等产品，专门化率都在 200% 以上，乙烯更是高达 1017%。专门化率在 200% 以上的，还有天津的缝纫机、自行车、手表、原盐、纯碱、拖拉机，辽宁的钢、纯碱、某些重型机械产品、石油制品；上海的缝纫机、手表、电视机、发电设施、乙烯；江苏的丝织品；广东的糖；河北的原油、原盐、机车；浙江的丝品、洗衣机、麻纺织品；福建的机纸、电视机、原盐、糖、水电、木材；山东的石油、盐、客车等。农产品中，地区专门化水平较高的，有河北的棉花；辽宁的柞蚕、海水产品、芝麻；江苏的桑茧；浙江的黄红麻、桑茧、茶叶、柑橘、海水产品；福建的甘蔗、茶叶蕉、油菜籽、海产品；山东的棉花、烤烟、葡萄；广东的甘蔗、花生、柑橘、香蕉、海产品、淡水产品等。发达地区产品专门化率达 100%，构成地区专门化产品的工农产品的为数就更多。以地区专门化部门为主体，发达地区的产业结构与落后地区比相对协调一些。以农托重之比为例，全国平均为 1：1.06：1.08（以农业为 1），发达地区为 1：1.46：1.38，而欠发达和不发达地区分别为 1：0.70：0.79 和 1：0.60：0.78。这个对比，说明发达地区工业化程度较高，轻重工业都已达到相当水平，而轻工业略占优势。在轻工业中，对以非农产品为原材料的部分，占的比重高于其他地区，在重工业中，制造业的比重也高于其他地区，前者说明发达地区轻工业对农业、对自然环境的依赖性较小，后者说明工业产品的附加值较大。这种产业结构，有利于扩大地区总产出的规模，并使工业布局的机动性加大。

（3）城镇水平较高，城市规模较大。城镇化水平同工业化水平是呈正相关关系的。据第三次人口普查数字，城镇化水平全国平均为 20.58%，发达地区平均为 24.17%；根据对 295 个城市的统计数据分析，发达地区占上述城市总数的 31.5%，城市密度为 0.675 个/万平方千米，为全国平均密度的 2.18 倍；在城市规模结构上，特大城市、大城市、中等城市、小城市所占比重，分别为 11.83%、12.9%、31.18% 和 44.09%，与全国平均值相比，特大城市比重高 83.7%，大城市比重高 22.7%，中等城市比重高 13.5%，而小城市比重低 20.7%；在城市工业实力上，平均每个城市工业年产值为 36.66 亿元，比全国平均值高78%。年工业产值在100亿元以上城市数，占全国同类城市总数的78%，年工业产值50亿~100亿元的城市占全国同类城市总数的65%，仅沪、京、津、沈阳、无锡、杭州、广州七市的工业总产值即占全国295个城市工业总产值的29%，占全国工业总产值的25%。上述指标说明，在发达地区，以大中城市为中心组织区域经济网络的条件较好。

（4）经济效益较好，人均收入水平较高，拥有较大的国内市场。发达地区全民所有制工业企业年提供的利税额，经常占全国利税总额的70%，资金利税率比全国平均水平高10%左右。企业自我发展的资金相对充裕，而且是国家财政的主要来源地。由于我国工资制度的地区差异较小，发达地区全部职工人均工资与全国平均值相差不大，但农民人均纯收入和农民人均生活费支出明显高于全国平均水平。如表2所示。

表2　发达地区农民人均年纯收入与人均生活费支出

	农民人均年纯收入		农民人均生活费支出	
	绝对数（元/人）	高于（+）或低于（-）全国平均值（%）	绝对数（元/人）	高于（+）或低于（-）全国平均值（%）
全国总计	355		273.80	
京	664	87.04	431.44	59.04
津	505	42.25	371.07	35.53
冀	345	−2.82	243.20	−11.18
辽	477	34.37	335.00	22.35
沪	785	121.13	619.04	26.09
苏	448	26.20	360.34	31.61
浙	446	25.63	369.16	34.83
闽	345	−2.82	287.87	5.14
鲁	404	13.80	287.24	4.92
粤	425	19.72	346.19	26.44

资料来源：根据《中国统计年鉴》（1985）有关数字计算整理。

综合来看，发达地区农民人均年纯收入比全国平均水平高19%，农民人均生活费支出比全国平均水平高16%。发达地区加上人口密度大，总人口多，因而社会商品零售额占全国48.83%，按人均计算，比全国平均水平高30.4%。

根据西方发展经济学成长阶段论的观点，我国发达地区，已进入由起飞阶段向成熟阶段推进的阶段，在全国经济社会生活中占有举足轻重的地位。

（二）发达地区发展中的主要限制因素和问题

我国发达地区与国内其他地区相比，是发达的，拥有多种现实的优势，但也面临严重的挑战和问题。

（1）淡水资源缺乏，特别是北部。京、津、冀、鲁、辽、沪、苏、浙、闽、粤 10 个省市，水资源总量只占全国 20%，但人口占全国 37% 以上，人均水资源量只有 1468.5 立方米，相当于全国平均值的 55.7%，特别在北方发达地区，水资源更紧缺，京、津、冀、辽、鲁 5 个省市，水资源总量只占全国 3.6%，而人口占全国 17.9%，人均 538 立方米，只及全国平均值的 20.4%，其中北京只及全国平均值的 15%，天津更只及平均值的 6.6%。发达地区平均亩耕地拥有水资源量为 949 立方米，只及全国平均值的 75%，其中京、津、冀、辽、鲁为 292 立方米，只及全国平均值的 23.6%。在北方城市聚集区，由于水资源缺乏，地下水超采日趋严重，北京地下水超采率达 20% 以上，形成大面积的地下水位下降漏斗，漏斗面积达 1000 平方公里。河北漏斗面积 5000 平方公里。天津地区更为严重，区域下降漏斗面积达 7000 平方公里，漏斗中心水位已降至 -63 米以下。据计算，沈阳市如按目前超采速度（超采率已达 23.8%），12 年内地下主要含水层将全部疏干，北京西郊部分地区已经处于疏干状态。由于城市缺水，许多原是综合利用的水库已转为以城市、工业供水为主，从而造成了工农业间、地区间、用水部门间的矛盾。南方发达地区，水资源总量相对多一些，但在城市、工业、人口密度区，用水也感不足。按正常增长量计算，到 2000 年，发达地区缺水量将占全国同期总缺水量的 53% 以上，其中北方发达地区占 35% 以上，届时将形成辽中南、冀东、鲁东、长江下游四大片严重缺水区。北方最缺水的发达地区，还是污径比（排放污水量与多年平均径流量之比）最高、污染最严重的地区。如海滦河流域片污比高达 0.106（即每 9 立方米水中就有 1 立方米是污水），居全国首位；辽河为 0.052，居第 2 位。污径比高，稀释能力大减。南方发达地区的上海、广州、南京废水污水日排放量很大，污染程度也日趋严重。水体污染，更加加剧了水源供需的矛盾。水资源供求的恶性循环，酝酿着更深刻的用水危机。

水资源是一种不可替代的资源，水源紧缺，对国民经济和人民生活的影响是多方面的。虽然从长远来看，跨流域引水与海水淡化相结合，可以开辟解决北方发达地区水源的道路，但跨流域引水，工程规模大，引水距离长，水费高，在中近期，由于经济技术条件的限制跨流域引水是远水难解近渴。引黄济冀津，工程量虽然较小，但调水费也很高，而且从全流域考虑，只能少量调用。海水淡化还只是刚刚起步，而且只宜在滨海地带就近利用。这是我国发达地区面临的主要限制因素之一。

（2）解源紧缺，缺煤少电。从总体上看，我国发达地区，解源矿产资源比较贫乏，除海洋资源、某些建材资源及北部的铁矿资源、南部的某些有色金属资源还有一定潜力外，煤炭和陆地油气后备资源已不多，而消耗量巨大。从全国看，煤炭、水电资源是我国保证程度较高的资源，但由于地区分布的不均衡，发达地区这两种资源的储量均不多。按煤炭保有储量计算，发达地区仅占全国的 6.27%，而煤产量已占全国的 25%，开发强度大。开发利用储量主要集中在北部几个正在大规模开发的矿区，这意味着后备资源不多，可供规划开发的新区少，直接制约着开发规模的急剧扩大。多年来，煤炭地区产需严重不平衡，除河北略有多余，山东基本自给外，其余都是净调入区。全国余煤省区每年净调出的煤炭总量中，70% 以上是调往发达地区的，其中辽、京、津、沪、杭、宁、闽、粤都是我国主要缺煤区。而且从资源、产、销三者的关系看，缺口还将不断扩大。

发达地区水电资源也少。按可发量计算，发达地区仅占全国的 4.2%，而水电发电量都占全国 25% 以上。开发强度也较大，除浙南、福建外，经济性较高的大中型优良水电资源多开发完毕。

由于两大主要能源的缺乏，不能不制约着电力工业的建设规模。而地区工业集中，特别是高耗能工业的相当集中，电力消耗量大，供需也很不平衡，发电量占全国 47.4%（这已经比其煤、水电资源所占比重高出很多），但工业总产值占全国 58%，比发电所占比重高 10% 以上，一些能耗高的产品产量，如钢占全国 57.3%，平板玻璃占全国 59.1%，火电占全国 54.6%，分别比其发电占全国的比重高 9.9%、11.7% 和 7.2%。甚至能耗很高的铁合金也占全国 1/3，水泥占 47.7%，电石占 47.4%。

作为高质能源的油气，还有一定的扩大储量的潜力，海底油气资源可能有重大突破，潮汐能源有开发前景，但从整体上看，按人均能源资源量计算，发达地区仍是缺能区。资源、产、销三者之间的不平衡，是发达地区另一个重要的限制因素，特别是靠国家廉价调拨能源的时代已经结束，对发达地区的影响将进一步突出。

（3）产业结构还处于较低层次，存在一系列结构性问题。尽管相对而言，发达地区工业化程度较高，轻工业、重工业、原材料工业与加工工业都有相当基础，制造业比重较高，与开发区域的资源导向型产业结构相比要先进，但第一，如按生产要素的密集度来划分，即使是沪、京、津这样的大都市，其工业结构中，物耗高、运量大、污染严重的传统工业也仍占绝对优势，技术密集、知识密集产业还处于起步阶段，占的比重还很低。这同发达地区内部智力资源的优势及资源的相对贫乏是不相适应的，也同国内不发达、欠发达地区缺乏合理的分工。随着能量原材料供应紧张和价格的上涨，中、西部加工工业的发展，以及以电子等新技术为导向的太平洋区域的崛起，这种高物耗的传统产业结构，既面临世界新技术革命的挑战，特别是面临近在咫尺的亚太新兴工业国（和地区）的挑战，也面临国内其他区域工业的挑战。第二，由于多年来发达地区的发展模式不从地区的实际出发，而是片面强调第二产业，特别忽视第三产业的发展，不仅新兴的第三产业发展微弱，甚至传统的第三产业的发展也很缓慢，有些甚至不如新中国成立初期的发展水平，第一、第二、第三产业结构严重失调。仅以第三产业中的商业为例，发达地区设市城市人均商业机构及从业人员数与全国 295 个城市平均值的对比如表 3 所示。

从表 3 中可以看出，全国设市城市中作为第三产业主要组成部分的商业，无论是从万人拥有各类商业机构和各类商业从业人员数，还是从全部商业从业人员占职工总数的比重来看，发展水平都是很低的。发达地区的各城市，尽管在全国经济社会生活中占有重要地位，但其商业发展水平与全国各城市的平均水平相比，基本上是相近的，有的指标高一些，有的还低一些。第三产业的这种落后状态，既不能适应城市内部第一、第二产业发展的需要，更不能适应城市发挥综合功能的需要。

表 3　全国发达地区商业机构和从业人员

	全部商业机构		全部商业从业人员		
	绝对数（个）	万人拥有（个/万人）	绝对数（人）	万人拥有（人/万人）	商业人员占全国职工总数（%）
全国 295 个城市	4689245	94.19	13728342	275.75	15.71
发达区各城市	2652849	98.34	7483824	278.82	16.37
京	58770	62.18	419679	444.01	11.18
津	60095	75.22	254517	318.58	9.30
沪	86037	71.91	465604	386.46	9.55
辽	331416	93.03	1073805	301.41	12.73
冀	185323	113.93	540925	332.53	15.32
苏	643675	104.30	1457485	236.17	19.77
浙	272775	99.91	591428	216.63	18.39
闽	100567	82.77	258185	212.50	15.36
鲁	473084	105.40	1160114	258.46	24.19
粤	440457	107.49	1262088	308.00	23.74

注：商业包括零售商业、饮食业、服务业、贸易中心、各部门附设门市部。

资料来源：根据《中国城市统计年鉴》（1985）有关数字计算整理。

发达地区第三个结构性问题。作为区域产业结构主体的第二产业，多年来，只重视生产能力的扩大和产量、产值的增长，忽视相关基础设施的建设、设备的更新改造、"三废"的治理等，最终导致地区发展内动力严重落后于运量的增长，辅助设施、公用设施、生活设施欠账很多，不少老工业中心的工业企业，场地拥挤，厂房破旧，设备老化，职工的技术装备水平低于一些不发达地区和中等发达地区。如全民独立核算工业企业，平均每一职工拥有固定资产原值，全国295个城市平均为14503元，其中200万人以上的城市平均为13874元，而上海只有11237元，沈阳13146元，广州10764元，都低于武汉的17989元；100万~200万人口的城市平均为16586元，而南京只有14507元，青岛11037元，济南12231元，都低于太原的18932元和兰州的21209元；50万~100万人口的城市平均为15686元，而杭州只有8586元，无锡10257元，苏州9303元，都低于郑州的11296元、昆明的12388元、贵阳的16426元、包头的23429元、大同的16702元；20万~50万人口的城市平均为13359元，而常州只有11873元、南通10271元、潍坊10626元，低于湘潭的13171元、宜昌的12541元、银川的12766元、遵义的14077元、乌海的13519元。发达地区工业固定资产净值占原值的比重，也低于一些不发达和欠发达地区。上述结构性问题，都使得发达地区经济的增长速度、经济效益和竞争能力受到影响。1978~1984年，整个发达地区工业的增长速度不仅低于其他地区，也低于全国的平均速度，其中特别是沪、辽、京、冀的增长速度明显低于其他地区。

（4）经济布局特别是工业布局的基本格局变动不大。就大地带而言，沿海地带是我国的发达地带，但在这个地带内，工业的主体部分还主要集中在辽中南、京津冀、长江三角洲、珠江三角洲四个老工业集聚区，特别是集中在其中的大城市。辽中南9个城市的工业产值占辽宁省84%以上，其中沈阳、大连、鞍山、抚顺、锦州，五市占辽宁工业总产值的70%；京津冀工业主要集中在京、津两市，两市占70%以上；长江三角洲地区工业主要集中在十个大中城市，占沪苏浙工业总产值的76%，其中沪、锡、杭、苏、常五市即占沪苏浙工业总产值的64%；珠江三角洲工业主要集中在广州，占广东全省工业总产值的1/3。全国年工业产值在100亿元以上的城市一共有9个，7个就分布在上述四个老工业集聚区。大城市的工业又偏集于市区，与此相对照的是，辽西、冀西北、山东胶济线沿线以外地区、苏北、浙西、闽西、粤西、海南岛等大片地区。尽管与新中国成立初期相比，工业也有所发展，但工业化水平还低，这些地区中小城市的力量也很单薄，缺乏足以组织带动地方经济发展的地方性经济中心。与大城市高密度的市区相对照的是，远郊区的低密度经济。

发达地带内也明显地存在三个梯度差：一是地带内，不包括三大市，各省间人均工业产值之差为 1:3.65，如包括三大市，则各省市间的高低之差为 1:14.28；二是省内工业集聚区与其外围地区的梯度差，各省设市城市与城市以外地区人均工业产值之比为 1:6.3；三是一个大城市管辖范围内，市区与郊区之间的梯度差，一般为 1:5。如表 4 所示。

表 4 发达地区梯度差

	一、省市间梯度差	二、城市与外围地区的梯度差		三、城市内市区与市区以外地区的梯度差	
	人均工业产值（元/人）	省内各市人均工业产值	城市以外地区人均工业产值	城市内市区人均工业产值	城市市区以外地区人均工业产值
发达地区	1058.00	1437.50①	229.90②	3383.15	664.49
京	2974.87			4586.94	486.21
津	3147.56			4621.86	226.73
冀	528.98	1268.64	217.29	2581.50	1151.48
辽	1580.46	1450.47		3598.92	519.43
沪	6177.34			8146.45	3359.70
苏	1102.14			4209.57	540.93
浙	836.09	-1062.55	246.51	2687.10	819.00
闽	432.42	739.22	177.47	1809.28	496.77
鲁	597.41	872.8	204.82	1713.33	580.20
粤	595.04	804.62	179.81	2284.50	421.75

注：①②未包括京、津、沪、苏。
资料来源：根据《中国城市统计年鉴》（1985）有关数字计算。

发达地区布局上的另一个问题是，各大城市之间缺乏合理的分工，甚至是相互毗邻的京、津两市之间，沪、杭、苏、锡、常各市之间，也大量重复建设，以致结构雷同，互补能力薄弱，难以形成一个高效率的有机结合、协调发展的城市群体。最典型的是京、津两市，这两大城市相互毗邻，形成和发展的历史过程很不相同，地理环境有较大差别，历史上已形成的主要职能有明显差异。这两大城市本应从上述差异出发，确定各自的战略发展方向、战略重点，强化各自的主要职能，并围绕各自的主要职能进行总体规划，安排各项建设事业的综合布局，从而形成各具特色、相互补充的城市群体，但多年来，两市基本上都按照以工业为主体、自成体系的同一发展模式来进行各自的生产建设，你强的我也强，你弱的我也弱，在主体产业上没有形成合理的分工，在总体结构上没有各自的特色，自我循环、机构臃肿，不仅限制了各自优势的发挥，而且导致水源缺乏、电力不足、交通拥挤、通信不畅、住房困难、污染严重、第三产业落后的严重局面，削弱了特大城市作为区域经济网络的带动作用。由于上述总体布局中存在的问题，制约着生产要素在地域上的优化组合。

（三）面临的战略任务

我国发达地区，与国内其他地区相比，经济密度和经济实力是较高的，但与国外发达地区相比，人口密度高得多，而经济密度、经济实力却低得多。如西欧的发达地带，从法国北部的巴黎大区，经荷兰的兰斯塔德、西德西部、英国的东南英格兰，向南呈线形延伸，上至莱茵河，跨阿尔卑斯山，直达意大利北部，在这个范围内，高密度和次高密度地区，人口密度一般是 50~250 人/平方公里，而人均产品产值达 1500~1700 英镑。我国沿海发达地带，平均人口密度为 361 人/平方公里，而人均工农业产业折合英镑数，只及上述地带的 20.6%~18.2%。如根据罗斯托的经济成长阶段论的分析，西方发达国家的发达地区，已分别进入了高额群众消费阶段（社会进入工业高度发达的时期，以汽车、耐用消费品、家庭摆设的推广使用为标志）和追求生活质量阶段（以服务业为代表的提高居民生活质量的有关部门成为主导部门），而我国发达地区，还没有进入成熟阶段（社会有效地把现代技术应用到各个领域）。因此，我国发达地区还面临着向成熟阶段以至更高发展阶段推进的严重任务。不仅如此，就是与国内不发达、欠发达地区相比，发达地区也并不是处处都发达，就某些方面或某些地方看，也有落后的情况，而且，事物总是发展变化的，发达地区不一定就能永远保持其发达地位。在一定时期、一定条件下形成的发达地区，在另一时期、另一些条件下，也有可能转化为"特别地区"、"萧条地区"或"冰冻地区"，这在西方发达国家中已是不乏先例的。英国的英格兰北部、西坎伯兰、中苏格兰和南威尔士，法国北部的里尔、鲁贝、图尔昆地区，德国的莱因—鲁尔区，美国的新英格兰、阿巴拉契亚中心矿区等，都是典型的例子。

近几年来，我国的上海，也深切感觉到自己的许多传统优势正在失去。因此，发达地区要保持其发达地位，就必须适应变化了的形势和条件，另辟蹊径，使自己更上一层楼，而绝不能老大自居，故步自封。

如果我们从更大的历史跨度和更广阔的空间背景来看，发达地区则面临更为复杂艰巨的任务。

首先，把发达地区放到世界经济的背景中来考察。

在世界经济发展的战略态势中，一个极其重要的现象是，太平洋地区正在崛起，世界经济重心正从大西洋地区向太平洋地区转移。其标志，一是环太平洋的东西两大技术带（东带从加拿大经加列福尼亚到得克萨斯，西带从北端的日本到南端的澳大利亚）已经形成，处于东西两岸的美国西南部和日本列岛，高技术产业密集，发展迅速，将日益成为 21 世纪世界性的高技术综合体；二是横跨太平洋的贸易量正在超过大西洋，美国同太平洋地区的贸易量与贸易值都已比它同西欧的高；三是东京、中国香港、新加坡已上升为世界重要的金融中心，这些地区是当前世界经济中最富有活力的地区，而且还有发展潜力。太平洋沿岸，包括了亚洲、大洋洲、北美洲和拉丁美洲大小 30 多个国家，总面积占世界陆地面积 1/3，人口占世界一半以上，资源丰富，特别是中国大陆和大陆架，能源、矿产资源开发的潜力巨大，只要制定完善的开发计划并调整供求，可在很大程度上弥补太平洋一些国家能源、原材料供应之不足。经济实力强大的美、日两国是太平洋地区的主要投资口，在一定程度上可满足区域内发展中国家资金的需求。从多种条件看，在今后一段时期内，美、日、加的经济增长率将比西欧国家高，东盟国家、墨西哥、中国的经济增长率仍将在世界领先，这样，太平洋地区的国民生产总值和人均收入的增长都将大大超过世界经济的平均增长水平。即使考虑到当今世界朝向多极化方向发展，考虑到太平洋诸国在意识形态、政治制度和经济发展水平等方面的巨大差异及多种多样的矛盾，同时考虑到西欧及世界其他地区的发展势力，在未来的世界格局中欧洲并不一定衰落，但亚太地区的崛起及其在世界经济中心的地位作用提高，在多极化世界中必然成为重要的一极，这已是一个明显的趋势。我国是太平洋诸国中开发潜力很大，在经济上方兴未艾的一个大国。我国长远的总战略，是在 20世纪 50 年代，进入世界发达国家之列，成为亚太地区崛起的主要力量之一。我国东部发达地区，处于我国和太平洋地区结合部的前沿地带，在世界经济布局大变动和我国长远的总战略中，担负着特别重要的任务。需要把地处西太平洋中心的长江三角洲，与南太平洋相连的闽、粤、港及北方的经济核心区辽中南与京津冀，建成面向太平洋开放的东大门，摆出全线参与现代国际分工，特别是参与太平洋诸国、诸地区的地域分工的战略态势，以充分利用世界经济布局大变动趋势所带来的机会和自身所处的经济地理位置及较强的经济技术基础，发挥两个"扇面"和四个"窗口"的作用，将其发展成为我国进军世界市场的据点，为实现我国长远的战略目标做出贡献。

其次，从全国经济布局的战略态势来考察，我国经济布局战略的基本指导思想是，加强客观存在的东部、中部、西部三大经济地带间的横向联系，协调三大地带的发展比例关系，在加速东部地带发展的同时，把能源、原材料建设的重点转向中部，并积极做好下一步大规模开发西部地带的准备，把东部的发展同中、西部的开发结合起来，做到相互支持、相互促进。全国经济布局要有计划、有步骤地从东向西推进，发挥各地带的优势与特长，经过较长期的区域结构的调整和开拓重点有秩序的空间转移，促进全国各地带国民经济的普遍高涨、共同繁荣，这个变化的总趋势，也是明确的。尽管在总线布局的态势上的看法还有分歧，但不管是"T"形开发（即以沿海地带和长江流域作为国家一级重点轴线进行重点开发）或"F"形开发（即以沿海地带、陇海沿线和长江沿岸作为重点轴线进行重点开发），或是"东靠西移"（即建设好东部松辽、渤海湾、长江三角洲、珠江三角洲4大经济区，并以此为依托，长江、黄河、西江三大流域向西推进），或是"弓箭形布局"（即把全国建设的重点放在作为"弓"的沿海带、作为"弦"的包头—太原—郑州—武汉—广州地带、作为"箭"的重庆以下直到上海的长江沿岸，作为"箭头"的长江三角洲），或是"立足沿海，循序西移，中间突破"，位于东部的发达地区，在总体布局态势中始终处于一个十分重要的地位，在布局西移的过程中，这些发达地区都要起着支撑点和前进阵地的作用，这一点在上述各种观点、各种想法中都是被肯定了的。

上述发达地区的现实优势，发展中的主要限制因素、问题和面临的战略任务，就是研究制定发达地区发展战略的战略依据。

二、战略转换

综合以上分析，可以看出，我国发达地区是与国内其他地区相较而言的，然而与发达国家的发达地区相比，我国的发达地区还存在很大的差距，其集中表现在我国发达地区过去多年的发展，仍旧是开放型的，即使是作为地区国民经济主体的工业，其技术结构、产业结构、产品结构都还相当落后，产值的增长主要靠大量物质资源的投入，技术进步的推动作用不甚显著。甚至像上海这样的发达地区，过去多年来，能源消耗的增长基本与工业产值的增长同步，而钢材消耗的增长速度远远超过产值的增长速度，工业增长对能源、原材料的依赖十分严重，产品的国际竞争能力低。在我国经济体制新旧转换时期，发达地区原有的一些矛盾将凸显出来，而原来的某有利因素正在消失，面临的困难随之增加。一是工业产品在国内市场上的优势正在改变。在闭关锁国的情况下，我国广大地区工业落后，发达地区凭借原有的经济技术优势，工业产品比较容易在国内市场占据统治地位。但现在许多不发达和欠发达地区的工业成长起来，差距正在缩小，甚至不发达和欠发达地区的产品已超过发达地区。随着中外合资、外商独资企业的出现，发达地区的某些产品更面临着外商的激烈竞争，而且这种趋势还在加强。二是发达地区所需的能源、原材料的供给情况及价格正在发生变化。能源、原材料来源按计划价格调拨的比重下降，自筹协作部分比重日益增大，大幅度提高了能源、原材料的成本，原来依靠吃国家廉价调拨能源、原材料所具有的比较成本优势正在削弱；三是随着技术空间推移速度的加快，发达地区原有的技术优势地位，也受到其他地区技术进步的冲击。从国际环境看，世界新技术革命的迅猛发展和太平洋地区的崛起，虽然给我国发达地区带来了新的机会，但同时也带来了新的风险和挑战。在国际市场上，在传统技术基础上的初级产品的需求量和价格呈下降趋势，以出口初级产品为主的我国发达地区，对外贸易的形势日益严峻。与我国发达地区邻近的一些亚太国家、地区，经济技术实力较强，产品竞争能力较强，我国发达地区的产品要打进国际市场，这与过去主要面向国内市场相比，风险要大得多。此外，引用外资在资金使用上的风险也大大增加。

根据发达地区发展条件的变化和面临的新形势、新任务，我国必须实行战略转换，确定新的发展战略模式。

（一）总目标

经济与社会紧密相连构成一个整体，二者相互促进，也相互制约。经济是社会发展的基础，没有经济的增长，不可能有社会与人的进步，因此任何一类地区的发展目标体系中，都要以经济增长为前提，发达地区也不能例外，甚至像北京这类具有独特职能的城市地区，繁荣经济也是其发展目标体系中的一个重要环节。问题在于：经济增长的内容结构、速度、规模，第一，应当同地区基本条件、城市的主要职能相适应；第二，要同国家总战略目标对地区的主要要求衔接，有效地承担起在全国地域分工体系中承担的任务；第三，要体现经济与社会的内在统一要求，使经济增长与社会发展的目标相互协调，尽可能发挥二者相互促进的作用，尽量减少相互矛盾的不利效应，因此必须从总体的、综合的观点出发，确定发展的目标体系。根据我国国情和发达地区区情，参照国外实践，这个目标体系可包括以下两大组指标：一是经济增长目标指标，主要包括国民生产总值（或社会总产值）、工农业总产值、人均产值以及投入与产出的对比指标组；二是社会发展目标指标，包括就业机会和工作条件、居民收入、消费与储蓄、劳动保险与社会福利、住房与生活服务、科研与教育培训、卫生与环保、文化与体育、生活时间的分配、社会秩序与安全。这里强调的社会发展目标，一是因为经济增长虽然是社会与人的发展的物质基础，但经济增长不一定就等于发展。国民生产总值或人均产值的增长，不一定就意味着全体社会成员经济条件和社会状况的改善。二是因为发达地区在发展阶段上，正处于向成熟阶段推进，发展目标是在 2006 年进入成熟阶段并进一步向更高发展阶段（高额群众消费阶段或追求生活质量阶段）推进，社会发展目标的重要性日益增加。

从总体上看，到 20 世纪末发达地区的总目标，应当是以开放城市、经济特区、开放地带为依托，以技术为导向，以产业结构和地区布局的战略调整为中心，全面贯彻"外引内联"的战略方针，依靠和带动国内其他地区，面对太平洋，通向全世界，达到国内技术水平最先进，产业结构和地区布局比较优势，商品经济最发达，企业和产品具有国际竞争能力，社会基础设施比较完善，人均国民收入水平最高，科技、教育、信息、资源等基础最雄厚，区域综合优势比较充分的发挥，"外引内联"有突破性的发展，在全国"四化"建设中起先导作用。

由于发达地区生产发展水平不一，发展条件各有短长，上述总目标具体到不同的发达地区，还应各具特点，如辽中南、京津冀、长江三角洲、珠江三角洲，在地区主导产业、产业结构、技术结构、产品结构与总体经济实力等方面都有所不同，在发展目标，特别是增长速度，人均收入水平的目标上，就不能划一。如以省为地域单元，属于发达地区的各省内部各地区之间，情况差别也很大，因而在发达地区发展的总目标体系中，还应当有不同的层次：一般来说，城市集聚区可作为第一个层次，应以社会总产值的翻番和国民经济的集约化为主要目标，发展成为全区的经济贸易金融信息科技文教中心；第二个层次是省辖市及省内其他中小城市地区，应根据各自的优势、特点，建设好各自的主导产业，增强实力，提高辐射力、吸收力，发展成为能够组织带动本区域经济活动的经济中心；第三个层次是其他广大地区，应根据各自的条件，分别建成为能源、原材料、食品、畜牧、水产、瓜果、商品粮的基地，积极发展乡（镇）企业和小集镇，加速农村的工业化与城镇化。不同层次的地区，因地制宜，从实际出发，各有自己的主要目标或主攻方向，相互补充，这更利于实现发达地区的总目标。

（二）发展模式

我国发达地区，从总体上看，可以考虑采取结构导向与技术导向相结合的发展模式。前面讲过，我国发达地区发展到现在，产业结构还比较落后，如果继续围绕传统的产业结构兜圈子，搞"面多加水，水多加面"，钢多了搞铁，铁多了又搞钢，在低水平上循环，沿着这个老路子走下去，虽然也可以取得一定的增长速度，但现有的结构性矛盾将更加激化，如能源、原材料供应将有更大的缺口，运输和污染将更加严重，技术上的优势将逐步丧失，社会综合效益将明显下降，这样对全国的贡献有很大局限性，走向世界市场也会受到限制。近年来，上海的口岸出口总值已呈下降趋势，出口换汇成本和外贸亏损率逐年提高，其中一个很重要的原因，就是产业结构不合理带来出口商品结构的落后，初级产品、劳动密集型产品、传统技术产品占80%以上。要摆脱类似困境，必须另找新路，这就是大力调整产业结构、产品结构，提高物耗少、污染少、精加工、深加工、附加值大的产业、产品的比重，使经济由集约化的初级阶段（生产的增长与资源消耗的增长同时实现）、中级阶段（在资源消耗量比较稳定的情况下，实现生产的增长），逐步向高级阶段（生产增长了而资源消耗相对减少）转化，从单位资源、单位原材料和单位产品中，产生更多的最终产品，提高产业结构的素质，才能比较有效地缓解现有的结构性矛盾，保证经济应有的增长和区域系统的协调运转。

产业结构的合理化，与技术结构的调整直接相关。因此，结构导向的发展模式必须与技术导向的发展模式有机结合。这里讲的技术导向，不是单指高精尖技术，而是指高技术与传统技术相结合的"技术复合体"，或者说是与地区经济文化环境相适应的适度技术群落。

有的同志认为，发达地区，应当以高技术发展高技术产业为主，实现高技术化和产业结构高级化，这样才能大幅度缩小同发达国家的技术差距。我们认为，我国发达地区，至少是在20世纪内，还不宜采取这种技术导向的发展模式，这是因为：第一，从高技术引进的可能性看，引进高技术需要大量外汇。在技术竞争中，高技术出口国，总是在保有该技术产品市场优势地位时，才有可能向外扩散新技术。我国发达地区尚无力使同类产品与技术输出国相抗衡，而只能以自己的传统产品支付引进费用，即引进高技术的能力取决于自己的传统产业在国际贸易中的换汇能力，这种换汇能力是难以在短期内大幅度提高的，从而不能不制约引进的规模。第二，技术引进了，能否被有效利用，充分发挥其效益，取决于一系列条件。这就是，一要拥有广泛发展的基础工业；二要有雄厚的技术人才和产业资源的积累；三要对设备和技术开发拥有较强的持续投资能力；四要拥有较高的开发产品能力和聚合质量管理能力；五要拥有先进的集成电路技术。显然，在我国发达地区中，能具备这些必要条件的地区是不多的。在所提供的一系列基本条件同采用高技术所要求的条件之间差距较大时，过多地引进采用高技术，将使吸收消化创新时差拉长，效率下降；第三，高技术能否被迅速推广，使高技术产品生产达到一定的经济规模，也取决于上述条件具备的状况。

当然，忽视高技术的引进利用，也将影响我国发达地区经济发展的后发力量，并陷入经济—技术的"滞后循环"而无力自拔，导致与发达国家的技术差距越拉越大。要打破这种"滞后循环"，必须在有限范围内有选择地集中开发若干有条件的高技术产业、产品，形成高技术产业的成长点和"增长极"，通过产业的前向、后向连锁，带动整个地区产业的技术改造和结构调整。

根据以上分析，在现阶段，就发达地区的总体上讲，应当采用传统技术中渗透高技术、突破若干高技术领域的这种技术导向发展模式，这样才能使高技术的引进同支付能力，同高技术扎根、推广的环境相适应，使高技术与传统技术相互融合，相互促进。

在发展模式上，还要进行由"内向循环"向"外向循环"的转换，世界经济史说明，一个国家、地区的现代化，是同社会化的程度呈正相关关系的。闭关自守，故步自封，孤立于世界历史发展潮流之外，必将失去利用外部有利条件来发展自己的机会，又将使自己的经济发展，在国际风云中，在不利的国际环境下，难以提高适应性、调整性和竞争力，从而不可能实现现代化。因此，必须扩大视野，跳出一国、一地区的狭窄天地，实行对外开放，运用两种资源，打开两个市场，学会两套本领，在更广阔的天地里，实行劳动分工，扬其长而避其短，以人之长补己之短，在高水平的竞争中确立和发挥自己的优势。从国内来说，更应加强扩展区域间的横向联系，即推进多种形式、多种内容的"内联"，这也是一种对外开放。通过两种对外开放，提高社会化乃至国际化的程度，这是实现现代化的必由之路。我国发达地区的有利条件和限制因素说明，这类地区更应该也更有可能扩大开放的范围，更有效地利用外部的信息、市场、生产要素，解决扩大再生产的条件问题。尽管这样做，要承受国际竞争的压力，要冒一些风险，但正是在竞争的风险中锻炼，在竞争中求生存、求发展，才能锐意改革，开辟新路，提高区域系统的素质，增强抗干扰力和应变力，这实际上也就是注入一种新的推动力。我国现有的发达地区，追溯其发展历史，不就是在国内外竞争中成长发展起来的吗？何况现在参与国际分工、国际竞争的社会条件，已远非昔比，现在不是寄人篱下、仰人鼻息，而是在与国外互为吸引力场和辐射力场的矛盾运动中，发挥自己能够发挥的作用，并以此获得自己应该获得的利益。

在国内，发达地区更应该对其他地区敞开大门，互相开放，彼此之间以各种生产要素互相投入，既欢迎外地的商品、资金、技术的投入，做到近悦远来，也舍得将自己多余的资金、技术、设备和信息投入、传递到外地，把自己的经济技术优势同外地的资源、空间，已形成的固定资产的优势、潜力有机地结合起来，这样既可避免自己的长处被自己的短处所抵消，又可形成一种比较全面的综合优势，使自己得到发展的机会，同时也使不发达、欠发达地区得到提高的机会，这对双方，对整个社会都很有利，微观、宏观效益都较明显。地区分割，人为地把经济活动束缚在按行政隶属关系的条块之中，形不成统一市场和四通八达的经济网络，违反商品经济发展规律和社会化大生产的客观要求，如若不改变这种自我循环的发展模式，发达地区就很可能在狭窄的天地中停滞、萎缩。

当然，要实行这种转变，在国际交往中，要甚于选择正确的战略和策略，取得主动权，扩大国际交往的有利效应，将不利效应减少到最低限度。在国内开放中，发达地区的主动权要大一些，重要的是正确处理各方的利益关系，即根据社会主义经济规律体系的要求，根据交往各方提供的资金、原材料、技术、势力、场地、设备、设施等条件，确定分享经营成果的比例，平等互利，兼顾各方的经济利益。对发达地区来说，尤其要兼顾加工地区与能源、原材料地区的经济利益，调动能源材料产地的积极性。在国内，同国际交往又有所不同的是，要多一点大家风度，发达地区顾名思义是比较发达、比较富裕，自己富裕了，有义务、有责任支持、带动不发达和欠发达地区跟上来，走共同富裕的道路。人们多次讲到首钢的例子，首钢资金充裕，技术力量雄厚，经营管理经验丰富，为什么不可以拿出来投放到唐山地区，集北京唐山的优势，共同开发冀东铁矿和深水岸线，带动整个冀东滨海地带的综合开发呢？两者结合其综合效益比首钢自己单干，铁多了搞钢，钢多了搞轧，老区摆不下，又搞飞地铺的老模式，新摊子要好得多。

三、地区产业结构的战略调整

区域产业结构，直接关系到区域自然资源、社会经济资源能否得到有效的组合和利用，关系到地区优势能否发挥及发挥的程度，区域经济能否在良性循环的轨道上运行，经济、科技、文教、社会能否得到全面协调的发展，最终关系到全国国民经济能否持续稳定协调的发展。因此区域产业结构问题，是区域发展中的战略环节之一。

合理的区域产业结构，应当是区域系统内部各要素间相互作用的机制比较健全，能使彼此之间产生协同效应，再生产的各个环节、国民经济各个部门、各生产要素得到优化组合；能充分吸收、消化、吞并综合外部系统的外来因素，并有效地将外来因素或外部的投入转换为输出，形成强大的扩张、输出能力；能减轻以至吸收一般的经济波动，甚至在遇到巨大的波动时，也能通过自组织机制的调节，消除因干扰而造成的不协调状态；在系统结构保持相对稳定有序的同时，能创造条件向更高层次的优化方向发展；能与国家经济大系统的发展相协调，以自己的优势和特长，为充实完善国家经济大系统做出独特的贡献。

从全国来看，我国的产业结构系统，显然距上述要求有很大的差距。多年来，我国国民经济的大起大落，国民经济效益长期不高，是同全国经济的结构性失调直接相关的。在我国发达地区，已形成的区域产业结构，应当说与全国的产业结构相比，要相对进步一些，但以区域产业结构合理化的要求来衡量，在许多方面也存在相当差距。由于发达地区在全国国民经济大系统中占有特别重要的地位，担负着比其他地区更为复杂艰巨的任务，因而产业结构的调整更具有紧迫性。上述发达地区发展战略模式的转换，既规定了地区产业结构调整的方向，又在很大程度上取决于产业结构的合理调整。下面具体分析一下发达地区产业结构调整的主要方面：

（一）利用新技术改造现有传统产业

目前，传统产业还是发达地区国民经济的主体，新兴高技术产业还需要它们积累资金，提供市场，培训、提高掌握使用新技术的队伍，同时从全国看，我国经济实力的加强，也主要依赖于发达地区现有产业的进一步发展，撇开它们，另起炉灶，既不可取，也不现实。但安于现状，复制古董，也没有出路。在新技术革命浪潮中，怎样对待现有传统产业，传统产业何处去？这是当前西方发达国家面临的紧迫问题之一。尽管他们在高技术领域大力进行角逐、竞争，力图取得世界领先地位，但在此基础上产生的新兴高技术产业仍不能取代传统产业。而传统产业又面临市场不振、生产萎缩的困境。为了摆脱这个困境，发达国家采取了种种措施：一是提供信贷，对第三世界增加工业装备及技术的输出，以至直接在第三世界投资设厂，利用当地廉价劳动力以降低成本；二是把一些销路不佳、利润率不高甚至亏损的企业转移到第三世界；三是设想把国内传统工业，逐步都迁移到第三世界，自己全力建立和发展新兴技术产业，并通过新技术对迁出企业进行控制。但这些措施均不能解决根本问题：一是第三世界有能力接受发达国家资本、技术、设备输出的国家为数不多，同时接受这些输出后的商品，不管是在当地销售还是回销发达国家，都得挤占一部分西方传统市场；二是有许多企业不可能向国外转移，即使能转移国外的，由于接受国廉价劳力所带来的成本节约，能否抵偿这种迁移的种种耗费？而且第三世界也不可能都接受那些利润率低甚至亏损的企业；三是即使上述措施的外部条件都具备了，但国内传统产业工人的失业问题仍然存在，要把本国工人全部由传统产业都转移到新兴产业，绝非短期之内可以实现的。正因为这样，尽管西方发达国家把传统工业列为"夕阳工业"，但实际上还是不得不花大力量以新技术革新传统工业，提高传统工业的劳动生产率，增强国际竞争能力，在有限的世界市场上保持立足之地。这样当然也不能全部解决其结构性问题，特别是结构性失业问题。但对我国发达地区来讲，这条道路倒是十分必要的、可行的。多年来，我们对发达地区，特别是对其老工业基地，只强调做贡献，而忽视技术进步与设备更新，致使老工业基地的作用逐渐削弱，急需新技术改造老工业基地及其传统产业，使之获得新的发展手段，提高其素质，注入新的活力以恢复其青春，这样做花钱较少，但收效大，见效也快。如传统工业装备了电子计算机，就可以提高生产效率与产品质量，降低能源、原材料的单耗，加快产品的更新换代速度；在传统产品上增加电子设备，就可大大提高传统产品的附加值；用计算机进行数据处理、储存，检索经济信息，就可大大提高经济决策与管理水平。因此，用新技术改造传统产业，是发达地区产业结构调整的首要内容，既能较快地改变其现有产业结构特别是产品结构的落后性，也可为新兴产业开发确立深厚的根基。

当然，面对为数众多的传统产业的技术改造，也不能一哄而起，各自为政，应从区域的全局出发，抓准突破口，选好重点行业，即经济效益较高、产品在国内外市场上销路较好的行业，如纺织、服装、食品、生活用机械等，或者是技术相对落后，但为各行各业提供装备的产品，如机床、仪表、轻纺机械、节能设备等，优先进行改造。同时也要面向未来，面向发展，制定一个较长期、大规模的改造规划，明确技术改造的战略目标，确定全地区技术改造的总规模，制定技术改造的技术政策以及重点行业、企业在规划末期必须达到的技术水平，安排对全局有影响的重大技术改造项目及最大措施，争取在20世纪末，使发达地区现有优势产业基本上转移到现代技术基础之上，不仅在部分产品上，而且在主要装备、关键工序上接近亚太地区和世界的先进水平。

（二）建设与发展高技术产业

在利用新技术改造传统产业的同时，发达地区应逐步增加高技术产业在投资比重。这是因为：

（1）从理论上讲，社会发展史证明，发达地区生产发展的前途，主要不在于扩大同种产品的数量，而在于开发新产业、新产品，发展新品种，创造新的使用价值，满足区内外日益发展的多样化需求，单靠几种传统产业、产品是不行的，即使是具有很大优势的传统产业、产品，由于区内外情况的变化，其优势地位也不可能永远保持。西方发达国家萧条地区或"冰冻地带"的出现就证明了这一点。

（2）这是我国迎接世界新技术革命挑战的需要。我国还是一个经济、技术落后的大国，科技人才缺乏，财力有限，基建投资不能过大。地区经济发展又很不平衡，发达地区与不发达地区差距很大，不可能在一切地区、一切领域都跳过传统的工业化阶段，直接采用最新技术发展技术产业，而只能在某些地区、某些领域先行一步。客观条件允许超越的，要不失时机地进行超越，条件不具备的则不能蛮干，不能搞"一刀切"、遍地开花。我国各区域中，建立发展高技术产业的综合条件较好、有可能在这方面先行一步的，还是发达地区。发达地区的技术梯度较高，这种梯度所造成的技术流将会加大，技术流的速度会更快，空间推移的技术水平也会大大提高，从而使其他地区有可能在更高的水平上接受来自发达地区的技术流，加快其技术进步速度。这种有重点地提高发达地区的技术梯度以加快国内技术的空间推移，有利于缩小我国与发达国家技术上的差距。

（3）这是调整发达地区产业结构的需要。前面讲到的发达地区的一些限制因素，是同其产业结构的落后性有关的。由于高技术产业是集约性的产业，具有省能、省料、省空间、省劳动力的特点，而且能生产大量的替代材料，对地区整个国民经济还有很强的超前带动性。美国长期落后的西部、南部，较快发展成为"阳光地"，在很大程度上得力于高技术产业的崛起，现在一度衰落的被称为"冰冻地带"的北部，同样依靠高技术产业重新出现新的生机。因此，在我国发达地区，有计划、有步骤地建立发展高技术产业，既有助于缓解发达地区运输紧张，能源、原材料供应不足的矛盾，也有利于促进传统产业的技术改造，提高地区总体结构水平与区域经济的综合效益，使之在新的基础上实现新的腾飞。

根据高技术产业发展的要求，从我国国情和发达地区区情出发，发达地区高技术产业的发展，还要采取"有限目标、突出重点"，由于计算机渗透最强，影响面最大，首先要以电子技术为突破口和生长点，把计算机产业搞上去。我国计算机产业虽然已有30年历史，近几年发展也较快，但计算机的应用、生产、技术水平以及在这方面的投资水平，与发达国家的差距还很大。"六五"期间累计生产的大中小型计算机、微型机及外部设备数量，只能满足国内市场需求的1/2。计算机产业占工农业总产值的比重只有0.16%。覆盖面较窄、深度不够、水平较低，急需以基础最雄厚的发达地区为重点，探索新的发展模式，加快发展速度，其途径是：面向应用，以应用立业，以应用促进制造，为应用而开发更多的新产品、新项目，提高应用水平，拓宽应用领域，为生产发展开辟更大的市场；加强软件特别是应用软件的开发，开拓信息服务业，并把这摆在发展硬件制造的前面；南以上海为中心，北以北京为中心，各自加强横向联合，使应用、科研、教育、制造协调发展；发挥发达地区的智力资源优势，加强基础理论和体系结构、人工智能、网络、汉字处理等重大课题的研究，在科研方面走在全国前面，并缩小与国外的差距；国家在政策、投资等方面给予扶持。在加快电子产业发展的同时，也要逐步向新能源、新材料，海洋工程、生物工程、激光技术、遥感技术、宇航工业等领域扩展，逐步形成若干新兴产业，到20世纪末，使这部分产业占到一定的比重，这是发达地区产业结构调整的一个方向性内容。

（三）大力发展第三产业

积极加强基础结构部门的建设，改善发达地区的投资环境和生活环境，促进"外引内联"，同时为提高第一、第二产业劳动生产率，方便人民生活提供多方面的优质服务，把生产和经营有机结合起来，并为新成长起来的劳动力提供就业岗位，这是发达地区调整产业结构的当务之急。

我国发达地区，特别是其中的城市集聚区，第三产业长期落后。以北京为例，1984年近郊区商业网点数只有1952年的1/3，万人拥有从业人员还不到1952年的1/6，若与一些发达国家的首都相比，其落后状况更为明显。

发展第三产业，要安排好两大比例关系。

一是第三产业与第一、第二产业的比例关系。我国发达地区第三产业在产业结构中的比重，大大低于发达国家的水平，需要大力发展，但发展第三产业，主要目标是解决区域第三产业发展水平低于区域经济所要求的结构比例，而不是盲目追求立即赶上发达国家目前已达到的结构比例。因为第三产业的发展规模、速度，取决于生产力水平和社会分工程度，离开这个基础，要求第三产业的比重尽快赶上并超过第一、第二产业合计所占的比重，那是不现实的，也是不合理的。那么，按发达地区现在经济水平对第三产业的要求，第三产业达到多大的比例才比较适应呢？由于缺乏基本的统计数据，我们只能以商业为例作分析。在我国发达地区的省市中，设市城市商业机构较多，商业从业人员数占全部职工总数的比重较高，与区域经济发展相对适应的是广东与山东，这个比重约24%。如果发达地区全部设市城市达到这个水平，约需增加商业人员350万人，此数字约相当于现有商业人员数的47%，从单个城市看，珠海市这个比重较高，约28%，如发达地区全部设市城市平均达到这个水平，约需增加商业人员532万人，相当于现有数的70%。这个不完全的分析足以说明，按发达地区区域经济所要求的结构比例来看，第三产业的比重是亟待提高的。

二是安排好第三产业内部的比例关系，这又包括，从大多数人的消费水平和社会经济效益出发，处理好高、中、低档层次的比例。如最近几年来新建的饭店宾馆，中、低档床位满足不了需要，而高档床位问津不多的现象，应尽快予以调整。这种现象的出现，不仅是由于国内消费水平的限制，也由于即使是国外来华者，也并不是百万富翁都乐于在这方面花大钱的。不注意这个实际，盲目追求高档次，就不能适应消费多层次的要求，也必然降低第三产业的经济效益。第三产业内部的比例关系，还包括传统行业与新兴行业的比例关系。在近期，一般要以商业服务和区域内地方性的交通运输这些传统的第三产业为主，先解决好居民的吃、穿、用、行问题。第三产业的发展规模要受第一、第二产业发展和居民消费水平以及流动人口增减的影响，这些在很大程度上是个政策问题，只要政策对头，调动各方面的积极性，发展也比较容易。新兴的第三产业，应逐步作为发展的重点，其中又主要是智力产业、信息产业、金融产业、房地产产业，特别要发挥智力资源比较雄厚的优势，建立扩展信息库，兴办技术市场，发展咨询服务，增强对全国科技文化和知识的辐射作用。

发展第三产业，特别是新兴的第三产业，需要相当的人力、物力、财力，因此要改变过去多年来把第三产业当作福利或慈善事业来办的老路，应该走企业化的新路，向服务—盈利—积累—扩大再生产的方向发展，也需要空间，这就要借助经济手段，利用级差地理，促进产业置换，即将部分不适合在发达地区、城市发展的第二产业外迁或停产，腾出空间，发展第三产业，特别是市中心的繁华地段，寸土如金，单位空间的商业产值很高，更应采用相关手段和相应政策，积极提高商业经济的空间密度。

（四）抓紧抓好农业产业结构的总体改造

我国发达地区，与其他地区相比，农业生产比较集约，商品率较高，农村农副工业比较发达，地方交通比较方便，在经济地理位置上又相对靠近港澳和东南亚市场，农村温饱问题基本解决，不少地区正在向小康水平过渡，这些都是农村产业结构总体改造的有利条件。但同时农村第一、第二、第三产业之间，农业五业之间，种植业、粮食与经济作物之间，粮食作物、经济作物内部各品之间的关系，也还不够协调，不同地区农业结构存在不同的薄弱环节，都有调整问题、协调发展问题。调整可分为三个层次：一是粮食作物、经济作物等种植业层次；二是农、林、牧、副、渔业层次；三是农村经济层次，包括农、工、商、建、运、服务业等。调整的原则，一要根据国情、区情，即自然环境、自然资源、经济技术条件、生产发展水平等情况，因地制宜，各有侧重；二要从国内外市场要求出发，既考虑当前人民现有的消费水平，又要着眼于发展和提高，使生产发展与消费水平相适应，发达地区人民消费结构的变化比其他地区大，结构调整要向较高层次发展，由自给型内向式农业向出口外向型的经济结构转变；三要根据国家、地区财力、物力、投入、运输距离、运输能力等，量力安排生产建设项目。

单从农业结构看，发达地区农业生产大体可分为三种类型：

一是土地资源相对较多，水平较高，回旋余地较大的地区，农业的农、工、副业三业产值中仍占相当比重，在农业中，仍以种植业为主，农、牧、渔、桑、菜多种生产有机结合，发挥了较好的综合效益。

二是人多地少、城镇集中、土地生产力高、就业门路较广的地区，拥有较强的乡（镇）工业基础，种植业虽然也保持较大的比重，但选择性的多种经营也较发达。

三是经济作物占重要地位的地区。种植业为主，林、牧、副、渔比重低，农副产品加工利用差，再生产能力薄弱，多以原材料或初级产品的形式输出，发展深加工和综合利用的潜力大。

从总体上看，发达地区要由农、工、商走向贸、工、农，即以澳港和国际市场为目标，积极发展出口创汇产品，首先要把鲜活商品、加工食品、轻纺产品作为出口重点，承担起鲜活商品出口创汇的大部分任务以及加工食品、轻纺商品出口创汇的一部分任务，先把对港澳的出口搞上去，并争取逐步进入日本、东南亚、中东市场，以贸促进农村第一、第二、第三产业的协调发展，逐渐形成出口创汇—引进技术—再扩大出口创汇的良性循环，这不仅突破了过去以种植为主的传统农业结构，也逐步改变农、林、牧、渔、副的大农业结构，使农业劳动力不仅向乡（镇）工业转移，而且向第三产业转移。为此，要下力气建设好贸—工—农一条龙生产体系，不断改善农副产品出口生产体系。这种生产体系，是专门承担出口商品生产、出口商品率高、质量符合出口要求的产品的生产基地，也包括为出口服务的科研、加工、储运等企业。以上是就发达地区农业结构调整的一般目标和方向而言的。农业生产的区域性很强，发达地区内部农业情况也有较大差异，因此还需要根据各发达地区的不同条件，确定不同的具体目标和措施，逐步建立不同类型、不同程度的外向型农业结构。

（1）城郊型农业。主要是沿海大中型开放城市的郊区（如沪、津、青、厦等），近期主要是满足中心城市巨大市场的多方面需求，一般以鲜活产品为主。随着全国农业商品生产的进一步发展，外地进入城市的农产品越来越多，郊区农业将逐步增加外向型比重。

（2）乡（镇）型企业。主要地长江三角洲、珠江三角洲、闽南三角洲、胶东半岛、辽东半岛等经济开放区，农业生产作为农、工、副业的组成部分，以保证乡（镇）工、副业发展为目的，形成工、农一体化。目前还是内向型与外向型相结合的农业，但应努力创造条件，朝外向型方向发展。

（3）农村型农业。离城镇较远，工、副业发展较慢，主要是通过挖掘农业内涵潜力和不断扩大农业外延潜力，以提高农业的社会经济效益和生态效益。

（4）外贸型和特区型农业。主要是经济特区，其有发展外贸的良好港口条件，毗邻港澳，应逐步形成以外贸为主要目的的农业生产结构，农业投资可以引进和利用外资为主，农产品的销售以国际市场为主，力争形成具有国际先进科学技术和管理水平的农业，为国家多创外汇，为实现农业现代化提供经验。

四、地区布局的安排

如果说产业结构的调整，主要是协调部门之间的关系，将物质资料生产的诸因素组织起来，促进生产力的发展，那么，地区布局，则主要是解决诸因素的空间组合和协调地区之间的关系，以促进生产力的发展。生产诸因素，分别从不同侧面作用于生产力，但这些因素的作用既各不相同，又都不是孤立的，它们既要通过产业结构的调整进行再组织，也需要在地域上进行新的组合、协调，组合、协调得越好，就越能发挥诸因素各自的独特作用，并产生一种超越于各单项因素的强大的合力，推动着生产力持续稳定的发展。产业结构问题、地区布局问题，是生产存在发展的两种形式，是区域经济发展战略中两个主要环节。这二者侧重解决的问题不同，但同时又是密切联系不可分割的。地区优势产业的发展，地区产业结构的调整，最终都要落脚到特定的空间，并促进地区布局的改进，反之，布局合理，又可以促进地区优势产业的形成发展和地区产业结构的合理化。因此，与上述产业结构的调整相呼应，发达地区的生产力布局也要进行战略调整。

区域布局调整的原则方向，一是趋优布局，提高布局的综合效应；二是加强扩展区内外不同层次的部门、业行间的联系，打破地区界限，按纵向和横向进行组合、协调，提高地区专门化水平，取得组合效应和一定的规模经济效益；三是实行"阶梯式"的地域分工。区内先进地区的技术、设备、管理经验和某些项目、产品，按"阶梯"逐层转移，适应各种地区的消化能力与承受能力。相对后进的地方，在不断提高自身经济技术水平的同时，将优质原材料、半成品按"阶梯"逐层向先进地区输送，使先进地区得以集中较大力量，进行技术更新，结构调整，并减轻高密度地区产业、人口、环境的压力。这种地域分工，有利于发挥不同地区各自的优势、特长。当然这种"阶梯式"地域分工并不是机械的、绝对的，它不排斥在局部地区、局部领域的超越发展；四是以不同规模的城镇为中心，组织发展完善地区经济网络，促进城乡一体化。

具体来说，发达地区生产力布局的调整，主要是解决好以下布局问题。

（一）安排好发达地带的宏观布局

根据全国总体布局对发达地带的要求，结合处于发达地带内各区域的具体条件、特点，安排好发达地带的宏观布局。其中心是抓好渤海湾、长江三角洲、珠江三角洲等主要发达地区的优势产业，并围绕优势产业，调整各自的产业结构。

渤海湾地区，这里是我国最大的铁矿富集区（以鞍本、冀东两大铁矿区为主体，保有储量占全国 1/3，可开发利用及可扩建矿山的储量，更占全国 2/3），又处于全国最大的炼焦煤区的北东缘，并紧靠以山西为中心的全国最大的煤炭基地。辽河、大港、胜利油田及渤海大陆架有丰富的油气资源，还有丰富的海盐资源和多种建材资源，在一个地域范围不大的城市集聚区，多种关键矿种如此密集，是全国少有的，也是发达地带内资源开发潜力最大的地区。冀东滨海还有大面积连片的盐碱滩地和低产地，可提供农业以外的建设用地。这里是全国最大的重工业基地，集中了全国五大钢铁中心（鞍、本、京、津、唐）和两大特钢厂（抚顺、大连），钢产量占全国 1/3 以上。石油、石化、盐碱化工、机械、电子、纺织等均占全国重要地位，有大连、秦皇岛、天津三大海港，冀东还有新建大港的深水岸线，可以建成我国北方最大的海港群。铁路密度也是全国最高的。背靠"三北"广阔的腹地，与"三北"地区有着较广泛的经济技术联系。因此这个地区优先发展以重工业技术改造服务的相关产业和技术，开发区内优势资源，发展以区内以至"三北"地区特有资源为基础的精加工深加工工业，积极开发新材料、海洋工程、机—电—仪一体化产品等高技术产业，同时利用渤海大海港群和"大陆桥"的地理优势，扩大转口贸易及港口产业。

长江三角洲地区，以上海为轴心，以苏、锡、常、南通、杭、嘉、湖为纽带，这是我国城镇最密集、最富庶之区，经济资源、科技力量、对外联系、生产的经济效益，均居全国首位。其不利因素是能源、原材料严重短缺。近期通过技术进步，抓好轻纺、机械、化工等传统工业及城市郊型农业，通过调整土地利用结构和农业生产结构，一方面把发展农业的眼光，从有限的耕地转向广阔的山与海，着重发展畜牧业和水产业；另一方面，在现有有限的耕地上，由生产自己最需要的产品，转向生产经济效益最高的东西，以此交换自己所需的东西，特别是在区内大中城市郊区，应发展成为高效益的、为城市服务的现代化的城郊农业。积极开发建立新兴产业，如电子工业（大型集成电路、电子计算机、自控设备、家用电器等）、海洋产业（海水养殖、海底矿藏开发、海水利用等）、造船、港口、海运业、通信器材、航天工业、汽车工业、核电以及新兴的第三产业，建设成为全国最大的新兴产业群落。与邻近地区联合开发兖、济、徐、淮及永夏煤田、煤电，浙、闽水电资源及相关的输能线路，将高耗能的原材料工业适当向我国中部、西部富能、富料地区转移，或与相关地区联合开发，确保稳定的高质量的能源、原材料供应。

珠江三角洲地区，以广州为中心。它的有利条件，一是毗邻港澳，在历史上有着千丝万缕的联系。中国香港的稳定与繁荣，离不开珠江三角洲。同时，珠江三角洲要发展，吸引外资、外国技术，扩大外贸，港澳是一个最便捷的通道；二是华侨众多，全国华侨华裔约有 3/4 是从广东出去的，侨资、侨汇、侨技是一支很值得利用的建设力量；三是有深圳、珠海两个前沿窗口，可作为"外引内联"的桥梁、技术转移和信息传递的跳板；四是有富饶的珠江三角洲平原和海南岛油田作后盾，这里应着重发展为南海油田开发、配套的产业和服务业，一定规模的石油化工，同时利用邻近港澳、消费水平高的优势，发展服装、家用电器及其他高、中档消费品生产。大力发展外贸型农业，第一步争取把近在咫尺的港澳所需的鲜活商品基本包下来，然后逐步进入日本、东南亚、中东市场。

(二) 调整区内空间结构

调整区内空间结构，主要是结合资源的综合开发综合利用，把地区布局进一步展开。主要包括以蒙东煤田开发为后盾，结合区内港口、电站建设，加速矿产及农业资源的开发，以能源、石化、建材、有色金属冶炼和轻工业为重点，向辽西扩展；以铁矿、深水岸线、海洋资源开发为重点，向冀东滨海地区扩展；以石油、石化及配套产业为主，向黄河三角洲推进；以大中型海港建设为基础，以海运、港口产业为中心，建设浙江的镇海—定海—普陀经济圈；加速闽南三角洲和海南岛的开发建设。闽南三角洲，以厦门、泉州、漳州为中心，以龙溪、晋江地区为依托。这里是我国著名的鱼米花果之乡、重点侨乡和旅游胜地。应优先发展金融信息业、食品加工业、电子仪器仪表工业、精细化工、旅游业，把特区经济、侨乡经济和区域经济三者融为一体。海南岛是我国一块热带、亚热带宝地，也是一块未开垦的处女地，拥有丰富的价值较高的热带、亚热带经济作物、果木资源，又有较丰富的海洋资源。南海三大油田（北部湾、莺歌海、珠江口），两个在海南岛海域。在地理位置上，我国东南西北四组远洋航线中，通往东南亚、大洋洲的"南行线"，以本区港口为起点航程最短，通往东南亚、非洲、欧洲的"西行线"，从沿海港口出发，也要先南行到新加坡才折向西行，也以本区港口的航程最短，因而具有参与现代国际分工极有利的经济地理位置。应当优先发展热带、亚热带经济作物、海产品的深加工、精加工工业、石油化工，建设国际海运的中转港及港口产业。

地区布局的展开，有利于扩大发达地带所需能源、原材料比较近便的来源，有利于改变区内疏密不均的矛盾，提高发达地带的综合效益。

(三) 有选择地建设开发城市的经济技术开发区和高技术产业中心

开发城市建设经济技术开发区，主要是为了更好地吸引外资。与一般区域开发不同，创造一个良好的对外资有吸引力的投资环境，是建设经济技术开发区的前提条件。投资环境是针对外资而言的，国际资本的流动表现为生产要素在国与国之间的流动，目的首先当然是使外资增值，而且是尽可能多地增值，因而外资总是流向有利于自己生产并繁殖的场所，投资环境就是足以影响外资行使自身职能的外部条件。这些条件大体上包括四个方面：一是社会政治秩序是否稳定；二是物质技术基础；三是法制是否健全；四是办事效率的高低。其中一、三、四条一般较易做到，关键是第二条，这一条又包括对外运输通信条件，特别是港口条件，所在城市的协作配套能力，较强的科研力量和大量的人才，最好还有足够的可利用的荒地资源或低产地。这组因素中，人口素质和运输通信又最为重要，前者可影响并决定其他一些因素，如办事效率、管理水平、技术水平、社会生活环境等；后者可极大地弥补地理位置和资源等方面的缺陷。经济技术开发区的选建，首要一环就是创造准备上述条件。开发区的成败，在很大程度上取决于这些条件的优化组合，而创造准备这些条件是要花相当投资的。因此，经济技术开发区的布局，不能一哄而上。

经济技术开发区，就其发展方向，可以是高技术产业中心，但它又与高技术产业中心有所不同。经济技术开发区的主导产业和产业结构、产品结构的形成，在很大程度上取决于吸引外资的能力及外国投资者的投资意向，其产品主要面向国际市场。高技术产业中心（国外多称为高技术园区），其主导产业必须是高技术产业。这种产业突出的特点是研发制造费用和科研人员占的比例大（二者的比重比一般传统的制造业平均值多 1 倍），知识密集，实际上是科研教育生产一体化的综合体。发展的主要目标是使科学研究成果迅速应用到实际生产中去。它不仅要引进使用国内先进技术，更要对进口技术进行开发，从而消化、创新和重新组合，然后向外扩散。其发展主要不依赖接近原料地、大型交通枢纽、金融中心以及廉价的劳动力，而对智力和科技人才的依赖性更大，一般都要以一所或几所高水平的院校为依托（如美国北卡罗来纳州的科研三角区的前身，是三家著名大学联合建立的一个研究中心。波士顿"128"号公路技术园区，依托哈佛、麻省理工学院两所著名大学）。由企业、政府与院校挂钩，借助院校雄厚的技术人才力量，进行尖端技术的研究开发。因此高技术园区的布局，必须布置在能够吸引人才、留住人才，使人才能安居乐业的智力中心地区。这些地区环境优美，交通便利，生活舒适方便，能够提供高质量的生活条件。

我国发达地区的大城市，集中了发达地区绝大部分的生产能力、贸易能力，集中了众多高校、科研的机构和比较完善的教育设施，集中了大部分的高级人才，工人的技术素质也较好，又是我国接触世界各国的前沿阵地，有广泛的海外联系；又担负着带动促进内地、边疆地区的历史重任；在迎接世界新技术革命挑战中，又担负着引进吸收、消化、创新、转移世界新技术的基地任务，有条件建设经济技术开发区。近几年来，在经济技术开发区的建设上，有两种苗头值得注意：一是一哄而上，不顾客观条件如何，吸引外资无力；二是结构雷同，忽视地区特点。因此必须从实际出发，因地制宜，采取不同的开发模式。从引进技术同所在城市原有工业的关系看，有的可采取渗透型，主要引进一些渗透性强的新兴技术，以利于对所在城市的传统工业进行改造。沿海老工业城市（如沪、穗等），传统工业比重很大，已无发展余地，急需用新兴技术进行技术改造；有的可采用外贸型，主要是通过引进一些经过新兴技术改造了传统工业，弥补所在城市传统工业之不足，特别是引进能源、交通运输方面的技术，以加强能源、交通运输等薄弱环节，开放城市中，一些传统工业还不发达的中等城市可以采用。按产业结构的不同，有的可采用生产型，以生产研制各种有形的实物产品为主；有的可采用科研型，以高技术的研究开发为主，科研教育生产有机结合，区内其他企业主要是为科研服务，其产品主要是各种专利技术、设计图纸、配方、工艺流程等软件，适合布置在科技力量雄厚的城市。按开发内容的不同，有的可采用综合型，项目较多；有的可采用单一型，开发项目比较单一。

如果集科研型、渗透性于一身，则实质上就是高技术园区。由于高技术产业的建设，对智力条件要求很高，需要具有不同的知识结构、技术结构的多种人才，研究费用大，技术难度高，不仅攻关协作条件要好，还要具备强大的跟踪世界新科技最新动向，迅速准确地收集、处理科技经济信息的情报网络系统。要满足这些要求是不容易的。相对于经济技术开发区而言，其布点要少一些。可考虑首先在京津地区、沪宁杭地区，选址建设，然后逐步扩展。

（四）农副产品出口生产体系的建设布局

这种体系的基础是农副产品生产基地的选建。生产基地的选建要具备以下基本条件：一是生产区连片，能够提高地区专门化水平；二是自然条件适宜种植或养殖，发展潜力较大；三是生产、加工技术基础好，品种优良，有竞争力；四是商品率高；五是交通运输方便；六是科研、初加工、中转运输、仓储等配套设施有一定基础。根据上述要求，生产基地布局，一要因地制宜，宜农则农，宜工则工，充分发挥当地优势，使各种自然资源、劳动力资源、生产技术基础等生产要素，能够得到最优的组合；二要择优淘劣，选择那些低物耗、技术要求高和有出口竞争能力的精细加工业，以提高经济效益。长江三角洲、珠江三角洲、闽南三角洲，都是建立这种生产基地条件比较优越的地区。

（五）加速城乡一体化的进程，搞好城镇体系布局

发达地区，城镇比较密集，城市经济比较发达，但是弱点有二：一是从城市网络角度看，城市规模结构不协调，一般是中小城市、特别是小城市发展不足；辽、京津冀、沪苏浙、粤设市城市的规模结构如表5所示。

表5　辽、京津冀、沪苏浙、粤设市城市规模结构

单位：%

	200万人口以上城市		100万~200万人口城市		50万~100万人口城市		20万~50万人口城市		20万人口以下城市	
	占城市总数	占城市人口总数	占城市总数	占城市人口总数	占城市总数	占城市人口总数	占城市总数	占城市人口总数	占城市总数	占城市人口总数
全国	2.70	13.10	3.70	9.70	10.50	18.40	27.50	38.30	55.60	20.50
辽	8.33	23.44	33.33	41.43	58.34	35.13	—	—	—	—
京津冀	14.28	65.79	7.15	8.09	14.28	11.06	42.86	13.41	21.43	1.64
沪苏浙	8.70	38.80	26.09	32.2	26.09	19.32	21.74	7.91	17.39	1.72
粤	6.25	32.21	6.25	13.70	25.00	34.77	18.75	9.17	43.75	10.14

资料来源：《中国城市统计年鉴》（1985）有关数字计算整理。

表5说明，这四个城市密集区，在城市规模结构上，按城市个数计算，50万人口以上的大城市、特大城市的比重，都远高于全国平均值，而中等城市的比重，除京津冀地外，均低于全国平均值，特别是小城市的比重，均大大低于全国平均值。如按人口（非农业人口）数计算，这个差别更明显。其中特别是京津冀区，200万人口以上的特大城市的城市人口，即占全部城市人占65%以上（全国平均只13.1%），而20万人口以下的小城市，其城市人口只占地区城市人口的1.64%（全国平均值为20.5%）。这种城市规模结构，使大城市、特大城市缺乏中小城市的辅助，缺乏强有力的足够数量的反磁力中心，使城市问题集中而尖锐。中小城市特别是小城市，则由于缺乏大城市的带动，经济实力微弱，量少而质也差。在京津冀地区，京津两个特大城市年工业产值都在250亿元以上，唐山、石家庄、邯郸三个大城市，年工业产值也都在34亿以上，而六个中等城市中，张家口、承德、沧州都在10亿元以下，廊坊、衡水、泊头三个小城市，没有一个超过2.3亿元的。珠江三角洲地区，小城市数量是比较多的，但七个小城市中，除深圳是特殊情况以外，其余六个也没有一个超过5亿元的；除城市结构上的问题以外，城市生产力的空间分布还很不平衡，城市间的劳动分工也不发展。上述四个城市密集区内，城市工业生产力的空间分布如表6所示。

表6　辽、京津冀、沪苏浙、粤城市工业生产力空间分布

	工业产值密度（万元/平方公里）
辽	49.00
沈、抚、鞍、大连、锦州	75.40
丹东、本溪、营口、辽阳	29.76
阜新、朝阳、铁岭	9.50

	工业产值密度（万元/平方公里）
京津冀	113.87
京津	189.67
石家庄、唐山、邯郸	77.91
其他城市	37.05
沪苏浙	103.10
沪、宁、苏、锡、常、南通、扬州、杭州、宁波	191.11
其他城市	33.54
粤	29.14
广州、佛山	86.81
其他城市	16.40

各城市间主导产业差异不明显，产业结构雷同。长江三角洲十个主要城市，工业都集中在纺织、轻工、机械、电子四大行业；京、津两大市，都以机械、化工、冶金、纺织四大部门为支柱产业。这些都影响着协调的城市网络的形成。

二是从区域经济网络看，城乡一体化发展不足，城乡经济长期脱节。这主要是作为城乡经济联结点的小城镇发展微弱，量少质差，在城乡之间，不能有效地起纽带和桥梁的作用。

因此，发达地区的城镇体系的建设布局，关键是加强扩展城市之间、城乡之间的横向联系，调整改造高密度的城市经济，强化低密度的城市经济和地方经济，积极发展中小城市和集镇，改善城镇体系结构与布局，促进城乡一体化的发展。

在区域经济中，城乡经济一体化问题是一个世界性问题。随着资本主义生产力的高度集中，大城市的膨胀，城乡对立的加剧，西方不少人都对城乡一体化问题，从理论上进行了探索。在这方面最有影响的是 E.霍华德（1850~1928年）。他吸取发展了 E.G.威克菲尔德，J.S.白金汉、A.马歇尔等先驱者的思想，在其划时代的著作——《明日的田园城市》中，提出了著名的关于"三种磁力"的图解，论证了一个理想的城乡结合融为一体的模式。其基本思想是：现在的城市和农村，都具有相互交织的有利条件与不利条件。概括来说，城市的有利条件是有获得职业岗位和享用各种市政设施的机会；而不利条件可归结为自然环境的变化。相反，农村有极好的自然环境，但缺乏社会性，没有任何机遇。这种相互分离的城市与农村，对人口各有一定的吸引力，但都不理想。未来理想的居民点，应是"城市—农村"，即田园城市，它兼有城乡的有利条件，而没有两者的不利条件。办法是，当任何一个城市达到一定规模时，就应当停止增长，而在其周围建设小规模的新城，有计划地把旧城过量的工人和其就业岗位分散到新城，新城周围围绕大绿带，新城发展到一定规模后，其过量部分又由邻近的另一个新城来接纳，像细胞增殖一样，在绿色田野的背景下，呈现为多中心的、复杂的城镇集聚区，即所谓"社会城市"。尽管在资本主义条件下，这种理想的城市和城市集聚区是很难建立和发展起来的，但其城乡配合的思想，对于我们今天建设协调发展的区域城镇网络和区域经济网络，形成城乡一体化的新格局，仍有一定的意义。

根据国内外的实践，从我国发达地区区情出发，可以考虑按以下三个层次来调整城镇体系的建设布局。

第一层次，是全区（有的是全国）性的中心城市。发达地区，这类城市比其他地区多，它们一方面是发达地区乃至全国的精华，另一方面，市区的"膨胀病"也很严重。这类城市的发展，主要是实现城市功能的更新，处理好城市主导职能和多功能的关系。其途径，一是控制、改造、疏导市区的工业，调整城市产业结构，生产建设应侧重于整个区域共同性、关键性的产业，包括用新技术改造现有传统产业，积极发展技术和知识密集产业，这是发挥大城市中心作用的物质技术基础。高度重视第三产业和城市基础结构的建设，通过这些产业，大力开展城乡贸易，组织资金流动，传递经济信息，输送专门技术，提供消费服务、咨询服务。这些产业是城市多功能的载体，它们发展得越好，为城市和周围地区服务得越好，其吸引力和辐射力就越强，就越能发挥区域经济活动中心的作用。二是有计划、有步骤地建设好卫星城，分别分散母城的某些职能，疏散部分市区人口，减轻市区高密度造成的超载负荷。三是大力发展远郊或市辖县的小城市、集镇，特别是县级镇，为城市的工业扩散提供更多的空间和条件。四是突破"封闭的城市观"，树立"国土空间观"，从城市本土中"走出来"，走向更广阔的空间，发展区域性。跨区域、甚至跨国界的联合经营，在更大的范围内扩展信息和各种生产要素的交流，解决大城市再生产的条件问题。

第二层次，是次一级的区域经济中心。应根据各自的优势和所在地区的客观条件，各自致力于主导产业的发展，形成各自的特点。

第三层次，是各级城市的外围地区和县级镇、乡镇。外围地区以农业生产为主，主要从事种养业，建设不同的原料基地。小城镇以发展农业以外的乡镇企业为主。发达地区小城镇乡镇企业的发展，以下行业是可供选择的：基因产业，主要提供各种优质的种子、种苗、种禽、种畜；食品工业：饲料与饲养业；小能源：建材与建筑业。这些产业的共同特点是，资源广布于农村，便于就地取材；产业基础环节在农村，可吸收农村劳力、资金、能工巧匠；农村市场为主，部分也可占领城市市场。当然，各地条件不同，发展的重点、规模、顺序及产业的组合，可各具特点。在珠江三角洲、长江三角洲，有不少县镇和传统的乡镇，近几年发展很快，经济结构变化较大，已经形成以工业为主导、以农业为后盾、拥有比较发达的第三产业的全新的经济结构，基本上是以经济功能为主的现代型城镇。这类县级镇、乡镇，应进一步提高其工业化、现代化的水平。在工业方面，应进一步突出优势产业，并使产品系列化，扩大销路；着重于现有工业的技术改造，并有重点地开拓某些技术密集型产品；经营范围，不仅是为本镇、本县生产生活服务，也可进一步为大中城市工业服务，为外贸出口服务。随着工业的发展，与外界的联系更为广泛，信息传递的频率大大加快，第三产业中的商业服务更趋完善，服务项目的分工加深，信息、金融科技文教的比重提高。这样就可逐步成为地方性的综合经济中心，成为联结周围农村与附近大中城市的纽带。

有些县镇、乡镇，在发展阶段上，处于由传统型向现代型转化中的过渡型城镇，其农业生产的地位比传统型城镇要低，对农业生产的依赖性减弱，开始形成一定的工业生产能力，其产品已不局限于城镇居民日常生活的范围，开始向外围地区提供一些生产生活资料，但总体还是以初级加工为主。第三产业已占一定地位。对农村已有一定的影响力。这类城镇的发展，重点是进一步提高其工业实力，先面向本县（或邻县一部分）城乡人民的生产生活，发展适销对路产品。一方面满足人民生活需要，另一方面积累资金。当拥有一定积累以后，再扩大生产规模，更新设备，发展拳头产品。加工工业还是以农副产品加工为主，但要提高加工的深度和精度，在这方面，县镇、乡镇比大中城市占有相对的资源优势。第三产业的规模相应扩大，内容逐步增加，服务半径逐步延长。通过日益增强的经济实力，扩大其对农村的吸引力，并扩展与大中城市的联系。

尽管是发达地区，也还有一批处于传统型的县镇、乡镇。农业生产占有举足轻重的地位，对农业生产的依赖性很大，工业基础薄弱，主要是以劳动密集型的小型工业为主，以半机械化或手工操作为主要生产手段，经营范围多是为本镇居民生活服务的行业。而且第三产业多是小规模商业、服务、饮食业，其直接服务半径小于县级行政区域的半径。这种落后状况急需改变。首先是适当集中力量，把条件相对较好的县级镇建设好。尽管其经济基础薄弱，国家不可能大量投资，城镇建设财力不足，但随着农村经济的发展，农村的剩余劳动力和农民的闲置资金的增多，这就为城镇建设带来了劳动力与资金。关键在于政策要落实，做好转化工作，农村剩余劳动力直接转化为离土入镇的农民工人，成为促进城镇工业发展的生力军；农民自理口粮，携带资金进城办个体工商服务业；农民集资与地方集体企业联营，发展农副产品加工工业、建筑业、地方运输业、小型矿业。以经济的增长来带动县级镇的建设。

小城镇是发达地区城镇体系中的薄弱环节，急需加强。因地制宜、有计划、有步骤地发展点多面广的小城镇，以这些小城镇为纽带，一方面承接周围农村转移出来的农业劳动力，减轻农村的土地压力，促进农村劳动力、资金、土地的重新组合，加速农村产业结构的调整，另一方面吸收、容纳大城市近郊区扩散出来的工业和其他不宜于市区建设的企业，为大城市开拓农副产品和初加工产品的来源，既有利于大城的经济技术更好地向全国辐射，也对大城市的辐射力形成一种反冲力，从而促进社会主义工农结合、城乡融合新格局的形成、发展，这对改进发达地区乃至全国的城镇体系与生产力布局，将具有深远的战略意义。

我国东部地带（东北、沿海）的经济发展战略

经济地带是全国生产力战略布局的宏观地域单元。在社会主义条件下，经济地带是全国统一的国民经济综合体中的构成环节，因此各个经济地带的发展战略，必须服从于并服务于全国经济社会发展的总战略。评价地带的发展战略，首先要看它对解决全国性战略的任务所做出的贡献，离开这个全局，地带的发展战略就失去了宏观的依据。由于各个经济地带的具体条件不同，在全国地域分工中的地位作用各异，因此，各个地带的发展战略，又必须充分体现地域的特点，发挥地区的优势。共性寓于个性之中，离开了个性，共性也就成了无本之木，把这两方面有机地结合起来，是研究制定地带发展战略的基本指导思想。地带发展战略的基本内容，就是在全国发展总战略和总体布局指导下，从区域总体上，分析评价地带发展的主要有利条件和限制因素，经济上的优势与劣势，在此基础上，确定地带发展的总任务、总目标，明确自己的发展方向，探讨地带产业结构与生产力布局进行战略调整，各种资源合理调配、流动和重新组合的途径、方式，其中地带战略重点的选择和地区经济按比例协调的发展，这两方面的结合，最能体现国家利益和地区利益的统一，因而是地带发展的战略核心问题。

一、东北、沿海地带的基本特点

这个经济地带，在地域上包括辽、吉、黑 3 个省和内蒙古东三盟一市及除广西以外直接靠海的 9 个省市①。土地面积约占全国 18%，人口占 43%，人口密度高达 252 人，为边疆地带人口密度的 9.6 倍，是三大经济地带中人口最稠密的。这个地带具有五大特点或五大优势：

---

① 因东三盟一市的具体数据尚不易单独分出来，在涉及数据时，本地带均未包括这一部分的数据。文中的数据根据 1983 年《中国统计年鉴》有关数字整理计算。

（1）科技文教发达，精英荟萃。高等学校在校学生数占全国 54.8%，中等学校在校学生数占 45.2%。

在教育结构中，高等教育发展水平较高，全部在校学生中，大、中、小学生之比（以大学生为 1）1：3：87，全国平均为 1：40.1：121.1，边疆地带为 1：5009：184.4。全民所有制单位自然科学技术人才占全国 50.2%，其中工程技术人员数占全国 52.4%。智力资源雄厚，这既是技术革新改造的有利因素，也是开发新领域，发展尖端技术产业最可贵的资本。

（2）经济地理位置优越，交通方便。东部地带濒临我国四大海域，拥有漫长的海岸线，集中了全国的大海港。地处我国东西向的黑龙江、黄淮海、长江、西江等大水系的干流的下游，河宽水深，流量大，拥有许多优良的河港，这些水系的干流与南北向的沿海航线纵横交错。通过南北沿海航线，多条远洋航线及诸水系的内河航线，既可深入广阔的内陆腹地，又可通达世界许多国家、地区。在三大地带中具有水运上的绝对优势。不包括不分地区的在内，水运货运量占全国 48%，货物周转量占全国 50%以上。拥有长江干流主要河港数的 1/5，却集中了吞吐量的 47%，全国海港货物吞吐量几乎全部由本地带的海港所完成，特别是海运上的优势，极有利于沿海地带实行全方位的对外开放，有效地利用国际经济重心向太平洋地区转移的时机，积极参与现代国际分工。

（3）海洋资源得天独厚，开发潜力大。

（4）基础雄厚，效益较高。工农业总产值占全国 60%，其中工业产值占全国 65%以上。全国五个工农业产值超过 500 亿元的省市，就有四个在本地带。人均工农业产值为全国平均值的 1.4 倍，为边疆地带的 2.31 倍。工农业产值密度为全国平均值的 3.35 倍，为边疆地带的 22 倍，许多重要工农业产品产量占全国很大比重。轻工产品中，产量占全国 70%以上的有化纤、呢绒、丝织品、"老三件"、"新三件"、原盐、啤酒等，超过 60%的有毛线、丝、机纸、糖、罐头、化学药品等，超过 50%的有纱、布、合成洗涤剂等。重工业产品中，占全国 70%以上的有原油、两碱、乙烯、塑料、矿山设备、发电设备、金属切削机床、拖拉机、内燃机、机车等，超过 60%的有钢、钢材、平板玻璃、电石、汽车等，超过 50%的有发电量、生铁、水泥、木材、硫酸等。农产品中，粮食产量占全国 43%，棉花占 59%，花生占 78%，甜菜 65%，甘蔗 59.5%，猪牛羊肉 44.6%。

由于劳动者的素质较高，企业经济效益一般较好。全民所有制工业企业年提供的利税占全国 70%，资金利税率比全国平均水平高 10%左右，比边疆地带高20%以上。

（5）城市规模和城市密度较大，城镇化水平较高。据全国220个设市城市的分析，东北、沿海地带占有上述城市总数的44%，城市密度为0.56个/万平方公里，为边疆地带的10倍，是三大地带最高的。城镇化水平比其他两地带高8%~10%；按城市规模分，非农业人口在50万人以上的大城市，62.2%集中在本地带；按城市工业实力分，全国年工业产值在100亿元以上的大工业城市基本上在本地带。年工业产值超过30亿元的，72%在本地带，仅这两类城市的工业产值即占全国工业总产值近40%，占全国设市城市工业总产值55%以上。

以上几点，从不同侧面标志着东北、沿海地带在全国经济社会生活中占有举足轻重的地位。但发展到今天，经济社会方面的矛盾也比较突出。

一是淡水资源缺乏。位于本地带的13个沿海开放城市中，就有9个缺水，特别是北部沿海大城市，水源普遍紧张，农业、工业城市生活用水的矛盾大，南部水源较多，但污染相当严重。水资源是一种不可替代的资源，水源紧缺，对国民经济和人民生活的影响是多方面的。虽然从长远看，跨流域引水与海水淡化相结合，可以开辟解决水源的道路，但在中近期，由于经济技术条件的限制，跨流域引水是远水难解近渴。海水淡化还刚刚开始，而且只宜在滨海地带就近利用。这就直接关系到地带内生产布局的调整问题：一方面将用水量大的工业企业适当向滨海地区推移，争取多利用一些海水；另一方面控制北部大城市近郊区工业的进一步集聚和单位耗水量大的农作物的发展，适当地向地带内水源较丰富的地区转移。要像对待能源问题一样，做好水资源的平衡，并千方百计节约用水，提高水的利用率。

二是能源紧缺，缺煤少电。从总体上看，东北、沿海经济地带能源、矿产比较贫乏，除海洋资源、北部铁矿资源、南部有色金属资源还有一定潜力外，煤炭和陆地油气资源后备资源已不多，而消耗量巨大，全国主要缺煤区，几乎全在本地带之内，而富煤区有限。与其他两地带相比，能源产销严重不平衡，这是本地带经济发展的主要限制因素之一，特别是靠国家廉价调拨能源和原材料的时代已经结束，对本地带的影响将更突出。

三是产业结构不合理。东北、沿海地带虽然是我国工业发展水平最高的，但如按生产要素的密集度来划分，直到现在，地带工业结构中仍是以资源密集型、资金密集型、劳动密集型的工业为主体，即使是上海这样的城市，其工业结构中，物质消耗高、运量大、污染严重的传统工业也占96%以上，电子等技术密集型工业只占 4%左右。这同地带内智力资源的巨大优势及资源的相对贫乏的条件都不相适应，也同其他地带缺乏合理的分工。随着能源、原材料供应紧张和价格的上涨，以及中西部加工工业的发展，这种高物耗的传统的产业结构，既面临世界新技术革命的挑战，也面临国内其他地带工业的挑战。由于多年来，只重视生产能力的扩大和产量的增长，忽视基础结构的建设，忽视设备的更新改造，也忽视"三废"的治理，以致地带内运力严重落后于运量的增长，辅助设施、公用设施、生活设施欠账很多，不少工业企业场地拥挤，厂房破旧，设备老化。从工业总体上看，职工的技术装备比其他两大地带都低，也最陈旧。如全民所有制工业职工人均固定资产拥有量，比全国平均值低 765元，比中部内陆地带、边疆分别低 1000~2900 元；固定资产净值占原值的比重，比全国平均值低 3.33%，比中部、西部分别低 7%左右。这些都使本地带经济的发展速度、经济效益和竞争能力受到影响。

四是工业布局的基本格局变动不大。直到现在，全地带工业的主体部分还主要集中在辽中南、京津唐、长江三角洲、珠江三角洲等地区，特别是集中在其中的大城市，这些大城市的工业又偏集于城市近郊区，而蒙东辽西、冀西北，山东胶济铁路沿线以外地区、苏北、浙西、福建、海南岛广大地区，工业化水平都还不高，这些地区中小城市的力量也很单薄，缺乏足以组织带动地方经济发展的地区性经济中心；滨海地区开发不足，具有优势的海洋资源开发的深度广度都不够；由于单干求全，地带内各地区各城市之间缺乏合理的分工，甚至是相互毗邻的京津两市之间，沪、杭、苏、锡、常各市之间，也大量重复建设，工业结构雷同，互补能力薄弱，使得全地带的综合优势难以发挥，大城市的"膨胀病"相当严重。

二、东北、沿海地带经济上的战略转移

根据本地带在全国的地位、经济发展条件和特点以及面临的新形势、新问题，必须实行经济的战略转移，确定新的发展战略模式，即以开放城市、经济特区为中心，全面贯彻"外引内联"的战略方针，以技术为导向，以产业结构与布局的战略调整为重点，重新确定自己的地位。

世界经济史说明，一个国家、地区的现代化，是同高度的社会化密切相关的。闭关自守，故步自封，孤立于世界历史发展潮流之外，是不可能实现现代化的，必须在采取一系列适当的国内政策的同时，扩大视野，跳出一国、一地

区的狭窄天地，实行对外开放，运用国内外两种资源，打开两个市场，学会两套本领，在更广阔的天地里实行劳动分工，扬其长而避其短，在高水平竞赛中相互促进，不断扩大和促进商品经济的发展，形成本国本地区的优势。从国内来说，应加强与其他地带之间的横向联系，即推进多种形式、多种内容的"内联"，这也是一种开放。通过两种开放或"外引内联"，提高社会化乃至国际化的程度，这是我国经济起飞的必由之路。就东北沿海地带的条件特点（优越的地理位置，雄厚的经济基础，发达的运输，灵通的信息，丰富的科技人才资源，悠久的对外联系的历史）而言，更应扩大开放的地域范围，不仅局限于沿海城市和特区，还可以进一步把一些地区开辟为对外开放的经济地带，通过经济特区—沿海开放城市—经济开放地带这几个层次，使对外开放滚动式地从南到北，从东到西，从沿海到内地逐步扩展，沿海地带还应当有气魄使万商云集，近悦远来，凡是中国与外国采取的合作形式都可在沿海与内地之间仿照采用。把本地带的开放同其他两大地带的开发紧密地结合起来，这将更有效地解决我国东部和西部的关系问题，促进全国的经济振兴。

与对外开放、"外引内联"的进程相适应，东北沿海地带今后的发展，不宜以工农业总产值翻番为首要目标，也不宜继续围绕传统的产业结构兜圈子。如果沿着传统的老路子走下去，现有矛盾将更加激化，而优势将日益削弱，如能源消耗、原材料供应将有更大的缺口，运输和污染将更加严重，技术上的优势将逐步丧失，社会综合效益将明显下降，对全国的贡献也有很大的局限性。要扭转这种不利的趋势，就必须改变发展的方向，另谋新路，即以对全国四化建设做出更大贡献为出发点，以国民生产总值（社会总产值）的增长为目标，对产业结构与布局进行战略调整，使经济由集约化的初级阶段（生产的增长与资源的增长同时实现）、中级阶段（在资源增长比较稳定的情况下实现生产的增长）逐步向高级阶段（生产增长了，而资源消耗相对减少）转化，这样才能促进经济社会全面协调的发展。对于地带内的大城市而言，更应当以发挥经济中心的多种功能为目标，而不能仅仅局限于传统工业基地的作用，局限于"生产"型单一功能。否则，产品打不进国际市场，"外引"又缺乏吸引力，与内地争原材料争市场的矛盾将扩大，"内联"也有很大局限，路子越走越窄。

要走出经济发展的一条新路子，需要从以下几个方面来调整产业结构与地区布局：

（1）用新技术改造现有传统产业。传统产业还是本地带国民经济的主体，新兴高技术产业还需要它们积累资金、提供市场，撇开它们，另起炉灶，既不可取也不现实。但安于现状或复制古董，也没有出路。只有用新技术进行改造，使之获得新的发展手段，提高产业素质和产品的附加值，才能改变现有产业结构的落后性，并使新兴产业有了依托。

（2）积极建立发展新兴高技术产业，提高这部分产业在整个产业结构中的比重。以微电子技术为突破口和生长点，逐步向海洋工程、生物工程、激光技术、新能源与新材料扩展，为传统产业的改造提供技术基础，促进整个产业结构的现代化。

（3）合理开发地带内具有优势的资源。东北、沿海地带相对其他两大地带而言，虽然资源开发程度较高，但有些本地带资源的开发也还是不够充分的，如鞍本、冀东的铁矿，蒙东、兖济、徐淮的煤田，浙南、福建的水电资源，比在内地开发有其特殊有利条件，特别是本地带占有绝对优势的多种海洋资源和海岸带，还大有文章可做。东北、沿海地带实行综合开发，包括港口港湾航道的开发，水产资源、海洋资源的开发，油气田、固体矿物、盐化工的开发，旅游资源的开发等，能同时促进第一、第二、第三产业的发展，理顺它们之间的经济关系，改善整个产业结构。与此同时，将一些发展条件不好的高耗能、耗料工业，有计划、有步骤地向地带内外富能、富料地区转移，将部分生产不景气，污染扰民的工业企业，就地改造成第三产业；将部分一般性的传统产品，甚至包括其中某些名牌产品，向外扩散，舍得让出部分市场。有所为有所不为，才能腾出手来保证重点，加速产业结构的战略调整。

（4）抓紧农村产业结构的调整。东北沿海地带的农业生产比较集约，商品率高，农村的温饱问题基本解决，这是本地带整个产业结构调整的有利条件之一。但同时地带内大农业的五业之间，农业内部粮食作物与经济作物之间，粮食作物，经济作物内部各品种之间的关系，需要调整问题，如长江三角洲、珠江三角洲等农副工业已相当发达，水陆交通方便，地理位置上靠近港澳和国际市场的农业区，更需要利用这些有利条件适应商品经济新形势的要求，抓紧农业调头，由农—工—贸向贸—工—农转变，根据港澳和国际市场的需要，来安排加工和农业生产，进一步提高农业生产的区域化、专业化、商品化的程度，同地带内外的其他农业区实行合理分工，各自发展优势产业，取长补短，相互交换。

（5）大力发展第三产业，加强基础结构部门的建设，改善投资环境，促进"外引"，同时为提高第一、第二产业劳动生产率，方便人民生活提供多方面的优质服务。把生产和经营有机地结合起来，促进国民经济的协调运转。

与产业结构调整相呼应，地带内的生产力布局也要进行战略调整。

一是结合沿海开放城市、开放地带的技术开放区的建设，积极引进世界先进技术和先进的经营管理经验，逐步形成一批结构不同的高技术产业基地。

二是结合大城市的改造、卫星城镇的建设，在沪杭宁、京津、辽中南、珠江三角洲的大城市周围，以重点院校、科研机构为依托，重点建设若干教育科研生产三位一体的智力密集、技术先进、学科相互联系相互渗透的现代化的新型小城镇。

三是结合资源的综合开发综合利用，逐步在蒙东辽西、冀东滨海地区、黄淮平原、浙江的镇海—定海—普陀圈内、闽南三角洲、海南岛等经济技术还比较落后的地区，形成若干各具特点的新的工农业生产基地、枢纽港口经济区和旅游经济中心。

这样把大城市的改造、中小城镇的发展同生产力布局的调整结合起来，既可减轻大城市的产业、人口过分密集的压力，又可有效地将地带内尚未开发或开发不足的资源吸引到国民经济的周转中来，变潜在的优势为现实的优势，较大地改善全地带的产业、人口、城镇体系的分布状况。

通过上述调整，逐步把东北、沿海地带建设成为引进、吸收、消化、创新并向内地转移先进技术、先进经营管理经验和收集处理传递信息的基地，建设成内地的原材料、粗制品进行深加工、精加工增值后向国外出口的基地，建设成支援中西部建设，全国工业西移的第一级前进基地，建设成综合开发海洋的基地。这四大基地作用的发挥，将赋予东北、沿海地带以新的的活力。

有些同志担心，目前我国生产力的地区分布已经很不平衡，东西经济上的差距越来越大，东北沿海地带的腾跃，会不会进一步扩大这种差距，造成地区间更大的不平衡？我们认为，这种可能性是存在的，但绝不是必然的，从长远一点看，更大的可能是差距的缩小。这是因为，第一，我国国内地区间的关系，与资本主义世界范围内"富国"与"穷国"间的关系有本质的区别，它们之间在总目标和根本利益上是一致的，不存在根本的利害冲突。我国生产力的总体布局，首先就强调要体现局部利益，近期利益与长远利益的统一，正确处理先进地区与落后地区的关系，党和国家也一直十分重视落后地区的开发，从各个方面对落后地区的建设予以支持和照顾，明确提出，在 20 世纪末和 21 世纪初，我国经济开拓的重点一定要转移到大西南、大西北。东北、沿海地带的发展，既是为了自身的良性循环，也是为了更有力更有效地支援中部、西部的开发，这两方面是互为条件、互相促进的。发达国家的经济增长，是不发达国家停滞的函数，或者新区崛起，伴随着老区的衰败，这种支配资本主义世界生产分布演变的规律，并不适应于我们社会主义国家。

第二，由于我国经济技术水平还较低，国内市场潜力大等，在西方发达国家被称为"夕阳工业"的传统工业，在我国还需要有个较大的发展，而我国和比较落后的地带，具有发展多种传统产业的巨大潜力和资源优势，综合开发这些资源，发展相关产业，成为发达地带可靠的后盾，这对发达地带的进一步发展是十分必要的，这就在客观上形成了一股推动力，推动着落后地区的经济起飞。目前还存在的不利于落后地区经济发展的管理体制、价格政策正在进行全面改革，这对落后地区的开发也是有利的。

第三，国内技术的空间推移，从宏观上说，是应当循序的，从东到西推移，这是一种活力。如果东北、沿海地带成为经济更加繁荣、科技高度发达的地带，则这种技术梯度所造成的技术流将会加大，流动的速度会更快，空间推移的技术水平也会大大提高，中部西部就有可能在更高的水平上接受来自东部的技术流，加快发展速度。而且在大的推移顺序中，并不排斥在局部地区，局部领域进行逆梯度推移。我国落后地区，经过多年的建设，已建成一批技术装备较好的骨干企业，在此基础上，只要适当从先进地区和国外引进一些关键设备、技术和先进的经营管理经验，就可以促进某些以技术为导向的新企业的开发。此外，还可以在优势产业中，尽量采用新技术、新设备、新工艺，赋予传统产业以新生机。事实上我国在内地建设一些超大型矿井、大型特大型水电站、大型冶金企业、化工企业、重点机械工业项目，就已经采用了而且今后还将更多地采用比发达地带已有同类企业效率更高的高技术装备，从而为提高整个国民经济的技术水平打下基础。这些都将使落后地区与先进地区在经济技术上的差距出现一种逐步缩小的趋势，而不是不断扩大的趋势。搞得好，落后地带还可能存某些领域后来居上。

载《经济与社会发展》1985 年第 2 期

论东部地带的生产力布局

目前，东部地带产业结构的调整问题，已引起广泛的注意，相对来说，整个地带经济空间结构的调整，即生产力布局问题的研究，还没有放在应有的地位，这既不利于地带经济总量的增长，也难以使产业结构优化的构想落实到地区。我认为，东部地带生产力布局的调整，主要是解决好以下布局问题。

一、优先强化三大经济核心区

根据全国总体布局对东部地带的要求，结合地带内各区域的具体条件、特点，在地带的宏观布局上，中心是抓好渤海湾、长江三角洲、珠江三角洲三个主要发达地区的优势产业，并围绕优势产业，调整各自的产业结构。

渤海湾地区是我国最大的铁矿富集区，又处于全国最大的炼焦煤区的北东缘，并紧靠以山西为中心的全国最大的煤炭基地；辽河、大港、胜利油田及渤海大陆架有丰富的油气资源；还有丰富的海盐资源和多种建材资源。在一个地域范围不大的城市集聚区，多种关键矿种如此密集，是全国少有的，也是东部地带内资源开发潜力最大的地区。冀东滨海还有大面积连片的盐碱滩地和低产地，可提供农业以外的建设用地。这里是全国最大的重工业基地，集中了全国五大钢铁中心（鞍、本、京、津、唐）和两大特钢厂（抚顺、大连），钢产量占全国 1/3 以上。石油、石化、盐碱化工、机械、电子、纺织等均占全国重要地位。有大连、秦皇岛、天津三大海港，冀东还有新建大港的深水岸线，可以建成我国北方最大的海港群。铁路密度也是全国最高的。背靠"三北"广阔的腹地，与"三北"地区有着较广泛的经济技术联系。因此这个地区应优先发展为重工业技术改造服务的相关产业和技术，开发区内优势资源，发展以区内以至"三北"地区特有资源为基础的精加工、深加工工业，积极开发新材料、海洋工程、机—电—仪一体化产品、等高技术产业，同时利用渤海大海港群"大陆桥"的地理优势，扩大转口贸易及港口产业。

长江三角洲地区以上海为轴心，以苏、锡、常、南通、杭、嘉、湖为纽带，是我国城镇最密集、最富庶之区，经济资源、科技力量、对外联系、生产的经济效益均居全国首位。其不利因素是能源、原材料严重短缺，近期应通过技术进步，抓好轻纺、机械、化工等传统工业及城郊型农业，通过调整土地利用结构和农业生产结构，一方面把发展农业的眼光，从有限的耕地转向广阔的山海，着重发展畜牧业和水产业；另一方面；在现有有限的耕地上，由生产自己最需要的产品，转向生产经济效益最高的产品，以此交换自己所需的东西。特别是区内大中城市郊区，应发展高效益的、为城市服务的现代化的城郊农业。积极开发建立新兴产业，如电子工业、海洋产业、造船、港口、海运业、通信器材、航天工业、汽车工业、核电以及新兴的第三产业，建设成为全国最大的新兴产业群落。与邻近地区联合开发充济徐淮及永夏煤田、煤电，浙闽水电资源及相关的输能线路，将高耗能的原材料工业适当向我国中部、西部富能、富料地区转移，或与相关地区联合开发，确保稳定的高质量的能源、原材料供应。

珠江三角洲地区以广州为中心。它的特别有利条件，一是毗邻港澳，香港的稳定与繁荣，离不开珠江三角洲；珠江三角洲要发展，吸引外资、外技，扩大外贸，港澳是一个最便捷的通道。二是华侨众多。全国华侨华裔约有 3/4 是从广东出去的，侨资、侨汇、侨技是一支很值得利用的建设力量；三是有深圳、珠海两个前沿窗口。可作为外引内联的桥梁、技术转移和信息传递的跳板；四是有富饶的珠江三角洲平原和南海油田作后盾。这里应着重发展为南海油田开发、配套的产业和服务业，一定规模的石油化工，同时利用邻近港澳、消费水平高的优势，发展服装、家用电器及其他高中档消费品生产。大力发展外贸型农业，第一步争取把近在咫尺的港澳所需的鲜活商品基本包下来，然后逐步进入日本、东南亚、中东市场。

二、依托核心区展开布局，逐步消除地带内的经济"低谷"

东部地带内布局的展开，主要是结合资源的综合开发利用，将生产力向开发不足的地区推移。主要包括以蒙东煤田开发为后盾，结合区内港口、电站建设，加速矿产及农业资源的开发；以能源、石化、建材、有色金属冶炼和轻工业为重点，向辽西扩展；以铁矿、深水岸线、海洋资源开发为重点，向冀东滨海地区扩展；以石油、石化及配套产业为主，向黄河三角洲推进；以大中型海港建设为基础；以海运、港口产业为中心，建设浙江的镇海一定海一普陀经济圈，特别要加快闽南三角洲、海南岛和西江工业走廊的开发建设。闽南三角洲，以厦门、泉州、彰州为中心，以龙溪、晋江地区为依托，是我国著名的鱼米花果之乡，重点侨乡和旅游胜地，应优先发展金融信息业、食品加工业、电子仪器仪表工业、精细化工、旅游业，把特区经济、侨乡经济和区域经济三者融为一体。海南岛是我国一块热带、亚热带宝地，也是一块未开垦的处女地，拥有丰富的价值较高的热带、亚热带经济作物、果木资源，又有较丰富的海洋资源。南海三大油田，两个在海南岛海域。在地理位置上，我国东南西北四组远洋航线中，通往东南亚，大洋洲的"南行线"以本区港口为起点航程最短，通往南亚、非洲、欧洲的"西行线"，从沿海港口出发，也要先南行到新加坡才折向西行，也以本区港口的航程最短，故而具有参与现代国际分工极有利的经济地理位置。海南岛建省，将实行比特区更"特"的政策，这为海南岛的开发、起飞，创造了又一个有利条件。海南岛应当优先发展热带、亚热带经济作物、海产品的深加工精加工工业、石油化工及其后续工业，建设国际海运中转港及港口产业；以西江为纽带，以红水河的梯级开发、综合整治及流域内有色金属、建材资源、热带、亚热带资源的开发利用为重点，形成西江工业走廊。

地区布局的展开，有利于扩大发达地区所需能源、原材料比较近便的来源，有利于改变地带内稀密不均的矛盾，发挥地带的总体优势，提高整个地带的综合效益。

三、有选择地建设开放城市的经济技术开发区和高技术产业中心

在开放城市建设经济技术开发区，主要是为了更好地吸引外资。创造一个良好的对外资有吸引力的投资环境，是建设好经济技术开发区的前提条件。这些条件大体上包括四个方面：一是社会政治秩序是否稳定；二是物质技术基础；三是法制是否健全；四是办事效率的高低。其中一、三、四条随着改革的深化，一般较易做到，关键是第二条。这一条包括对外运输通信条件，特别是港口条件，所在城市的协作配套能力，较强的科研力量和大量的人才，最好还有足够的可供利用的荒地资源或低产地。其中，人口素质和运输通信又最为重要。经济技术开发区的选建，首要一环就是创造准备上述条件。开发区的成败，在很大程度上取决于这些条件的优化组合，而创造准备这些条件是要花相当投资的。因此，经济技术开发区的布局，不能一哄而上。经济技术开发区，

就其发展方向看，可以是高技术产业中心，但它又与高技术产业中心有所不同。经济技术开发区的主导产业和产业结构、产品结构的形成，在很大程度上取决于吸引外资的能力及外国投资者的投资意向，其产品主要面向国际市场。高技术产业中心的主导产业必须是高技术产业。这种产业突出的特点是研究试制费和科研人员占的比例大（二者的比重比一般传统的制造业平均值多1倍），知识密集，实际上是科研—教育—生产一体化的综合体，发展的主要目标是使科学研究成果迅速应用到实际生产中去。它不仅要引进使用国外先进技术，更要对进口技术进行开发，从而消化、创新和重新组合，然后向外扩散。其发展也要依赖于智力和科技人才，一般都要以一所或几所高水平的院校为依托，由企业、政府与院校挂钩，借助院校雄厚的技术人才力量，进行尖端技术的研究开发。因此，高技术园区必须布置在智力中心，能够吸引人才、留住人才，使人才能安居乐业的地区。

　　东部地带的大城市，有条件、也有必要建设经济技术开发区。但是近几年来，在经济技术开发区的建设上，一是一哄而上，不顾客观条件如何，吸引外资无力；二是结构雷同，忽视地区特点；三是外资投向不够合理，在引进的外资项目中，服务性项目过多，工业项目相对较少。在工业项目中，技术知识密集型项目少，家用电器和一般性的轻加工项目过多，上游工业、精加工工业项目少，末端工业、粗加工工业项目偏多。因此，经济技术开发区的建设，必须进一步健全强化外资管理体制，根据国家和所在城市经济发展情况，制定利用外资的产业政策，综合运用行政手段、法律手段、经济手段和信息手段，引导外资投向，因地制宜地确定各开发区利用外资的重点产业，带动开发区产业结构的合理发展，即采取不同的开发模式。从引进技术同所在城市原有工业的关系看，有的可采取渗透型，主要引进一些渗透性强的新兴技术，以利于对所在城市的传统产业进行改造。沿海老工业城市传统工业比重很大，已无发展余地，急需用新兴技术对它们进行技术改造。有的可采取外贸型，主要是开放城市中一些传统工业还不发达的中等城市，通过引进一些经过新兴技术改造的传统工业，弥补所在城市传统工业之不足，特别是引进能源、交通运输方面的技术，以加强能源、交通运输等薄弱环节。按产业结构的不同，有的可采用生产型，以生产研制各种有形的实物产品为主。在科技力量雄厚的城市，可采用科研型，以高技术的研究、开发为主，科研教育生产有机结合，区内其他企业主要是为科研服务的，其产品主要是各种专利技术、设计图纸、配方、工艺流程等软件。按开发内容的不同，有的可采用综合型，项目较多；有的可采用单一型，开发项目比较单一。

如果集科研型、渗透性于一身，则实质上就是高技术园区。由于高技术产业的建设，对智力条件要求很高，需要具有不同的知识结构、技术结构的多种人才。研究费用大，技术难度高，不仅攻关协作条件要好，还要具备强大的能够跟踪世界新科技最新动向，迅速准确地收集、处理科技经济信息的情报网络系统。相对于经济技术开发区而言，其布点要少一些。可考虑首先在京津地区、沪杭宁地区选址建设，然后逐步扩展。

四、农副产品出口生产体系的建设布局

这种体系的基础是农副产品生产基地的选建。生产基地的选建要具备以下基本条件：一是产区集中连片，能够提高地区专门化水平；二是自然条件适宜种植或养殖，发展潜力较大；三是生产、加工技术基础好，品种优良，有竞争力；四是商品率高；五是交通运输方便；六是科研、初加工、中转运输、仓储等配套设施有一定基础。根据上述要求，生产基地布局，一要因地制宜，宜农则农，宜工则工，充分发挥当地优势，使各种自然资源、劳动力资源、生产技术基础等生产要素，能够得到最优的组合，二要择优汰劣，选择那些低物耗、技术要求高和有出口竞争能力的精细加工工业，以提高经济效益。长江三角洲、珠江三角洲、闽南三角洲，都是建立这种生产基地条件比较优越的地区。

五、加速城乡一体化的进程，搞好城镇体系布局

东部地带，城镇比较密集，城市经济比较发达，但是弱点有二：一是从城市网络角度看，城市规模结构不协调，一般是中小城市、特别是小城镇发展不足。

在辽、京津冀、沪苏浙、粤这四个城市密集区，这种城市规模结构，使大城市、特大城市缺乏中小城市的辅助，缺乏强有力地足够数量的反磁力中心，使城市问题集中而尖锐。中小城市特别是小城市则由于缺乏大城市的带动，经济实力微弱，量少而质也差。在京津冀地区，京津两个特大城市年工业产值都在 250 亿元以上，唐山、石家庄、邯郸三个大城市，年工业产值也都在 34 亿元以上，而六个中等城市中，张家口、承德、沧州都在 10 亿元以下，廊坊、衡水、泊头三个小城市，没有一个超过 2.3 亿元的。珠江三角洲地区，小城市

数量算是比较多的，但七个小城市中，除深圳是特殊情况以外，其余六个没有一个超过 5 亿元的。除城市结构上的问题以外，城市生产力的空间分布还很不平衡，城市间的劳动分工也不科学。各城市间主导产业差异不明显，产业结构雷同。长江三角洲十个主要城市，工业都集中在纺织、轻工、机械、电子四大行业；京津两大城市，都以机械、化工、冶金、纺织四大部门为支柱产业。这些都影响着协调的城市网络的形成。

二是从区域经济网络看，城乡一体化发展不足，城乡经济长期脱节。这主要是作为城乡经济联结点的小城镇发展微弱，量少质差，在城乡之间，不能有效地起纽带和桥梁的作用。因此东部地带城镇体系的建设布局，关键是加强扩展城市之间、城乡之间的横向联系，调整改造高密度的城市经济，强化低密度的城市经济和地方经济，积极发展中小城市和集镇，改善城镇体系结构与布局，促进城乡一体化的发展。

在区域经济中，城乡一体化问题是一个世界性问题。根据国内外的实践，从我国东部地带的区情出发，可以考虑按以下三个层次来调整城镇体系的建设布局：

第一层次，是全区（准确地说是全国）性的中心城市。这类城市，一方面是发达地区乃至全国的精华，另一方面其市区的"膨胀病"也很严重。这类城市的发展，主要是促进城市功能的更新，处理好城市主导职能和多功能的关系。其途径，一是控制、改造、疏导市区的工业，调整城市产业结构，生产建设应侧重于整个区域共同性、关键性的产业，包括用新技术改造现有传统产业，积极发展新技术和知识密集产业，这是发挥大城市中心作用的物质技术基础。高度重视第三产业和城市基础结构的建设，通过这些产业，大力开展城乡贸易，组织资金流动，传递经济信息，输送专门技术，提供消费服务、咨询服务。这些产业是城市多功能的载体，它们发展得越好，为城市和周围地区服务得越好，其吸引力和辐射力就越强，也就越能发挥区域经济活动中心的作用。二是有计划、有步骤地建设好卫星城，分别分散母城的某些职能，疏散部分市区人口，减轻市区高密度造成的超载负荷。三是大力发展远郊或市辖县的小城市、集镇，特别是县集镇，为城市的工业扩散提供更多的空间和条件。四是突破"封闭的城市观"，树立"国地空间观"，从城市本土中"走出来"，走向更广阔的空间，发展区域性、跨区域，甚至跨国界的联合经营，在更大的范围内扩展信息和各种生产要素的交流，解决大城市再生产的条件问题。

第二层次，是次一级的区域经济中心。应根据各自的优势和所在地区的客观条件，各自致力于主导产业的发展，形成各自的特色。

第三层次，是各级城市的外围地区和县级镇、乡镇。外围地区以农业生产为主，主要从事种养业，建设不同的原料基地。小城镇以发展农业以外的乡镇企业为主。发达地区小城镇乡镇企业的发展，一般应根据下述原则选择：在农业方面，资源广布于农村，便于就地取材，产业基础环节在农村，可吸收农村劳力、资金；农村市场为主，部分也可占领城市市场。当然，各地条件不同，发展的重点、规模、顺序及产业的组合，可各具特点。在珠江三角洲、长江三角洲，有不少县镇和传统的乡镇，近几年发展很快，经济结构变化较大，已经形成以工业为主导、以农业为后盾，拥有比较发达的第三产业的全新的经济结构，基本上是以经济功能为主的现代型城镇，这类县级镇、乡镇，应进一步提高其工业化、现代化的水平。在工业方面，应进一步突出优势产业，并使产品系列化，扩大销路；着重于现有工业的技术改造，并有重点地开拓某些技术密集型产品；经营范围，不仅是为本镇、本县生产生活服务，也可进一步为大中城市工业服务，为外贸出口服务。随着工业的发展，与外界的联系更为广泛，信息传递的频率大大加快，第三产业中的商业服务更趋完善，服务项目的分工加深，信息、金融科技文教的比重提高，这样就可以逐步成为地方性的综合经济中心，成为联结周围农村与附近大中城市的纽带。

小城镇是发达地区城镇体系中的薄弱环节，急需加强。因地制宜，有计划、有步骤地发展点多面广的小城镇，以这些小城镇为纽带，一方面承接周围农村转移出来的农业劳动力，减轻农村的土地压力，促进农村劳动力、资金、土地的重新组合，加速农村产业结构的调整。吸收、容纳大城市城近郊区扩散出来的工业和其他不宜在市区建设的企业，为大城市开拓农副产品和初加工产品的来源，既有利于大城市的经济技术更好地向全国辐射，也对大城市的辐射力形成一种反冲力，从而促进社会主义工农结合，城乡融合新格局的形成、发展，这对改进东部地带乃至全国的城镇体系与生产力的布局，将具有深远的战略意义。

载《天津社会科学》1988 年第 2 期

试论华中地区在全国经济战略布局中的地位

包括武汉市豫鄂湘的华中地区，是历史上形成的以武汉为中心的经济区域。这个区域独具特色，开发潜力巨大，影响面广。本文着重从生产布局理论、全国生产布局战略，看华中地区在全国经济战略布局中的地位和作用。

正确处理地区间经济发展的关系，促进地区经济布局的合理化，是我国经济社会发展中三大全局性问题之一。根据我国多年来的实践与既成的经济分布的基本格局，我国经济布局合理化的核心，是按客观存在的东部、中部、西部三大经济地带，加强地带间的横向联系，确定不同发展阶段上开拓重点的空间转移方向，确定各地带各自的发展战略。

这里涉及两个有争议的理论认识问题：

（1）发展到现在，我国的经济布局，要不要进行大尺度的空间转移？"集中论"者认为，鉴于我国 30 多年来，曾经在三个时期（"大跃进"、20 世纪 60 年代末 70 年代初、粉碎"四人帮"后到三中全会前）在工业布局上出现过三次大分散的失误，"三五"开始后的 10 年中，又出现过不恰当地突出三线建设、工业布局跳跃式西移的倾向，造成巨大的损失浪费，而且遗留下很多后遗症。因此，在 20 世纪以内至 21 世纪初，应当强调集中布局，优先建设东部，在东部地带内部进行小尺度的空间结构调整，不宜作大尺度空间转移。等东部建设好了，蓄积了力量，然后再以东部为依托，向中部、西部进行几次战略转移。所谓"弓箭形布局"、"T 形开发"的构想，都是这种思想观点的产物。"扩散论"者则认为，从总体上看，我国经济还处于开发成长期，大片地区亟待开发，因而主张东西结合，重点西移。"东靠西移"、"东西两个高潮汇合"的构想，都是这种思想观点的产物。

（2）在主张布局西移的前提下，也存在不同看法，其代表性论点有三：一是主张东西并举，全面西移；二是主张"超越论"，认为全国经济开拓的重点应当尽快西移，使西部后来居上，跳跃发展；三是主张"循序论"。

怎样看待这些观点和构想呢？

中共中央关于"七五"计划建议中，在论述我国经济布局的基本指导思想时，明确提出了两个重要的思想：一是经济布局要逐步由东向西推进，把东部的发展同中部、西部的开发很好地结合起来，互相支持，互相促进，使全国经济振兴，人民共同富裕；二是我国经济在地区的发展上应该是有重点的，但又绝不是机械地等到建设好一个区域再建设另一区域。东部在发展自己的同时，就要考虑为中西部服务，支持带动中西部跟上东部前进的步伐，以中西部的发展反过来支持和促进东部的发展。这些思想，既是从我国现实情况出发，又是面向发展，符合经济分布发展变化规律的。

从理论上讲，由于人口的增长，物质资料需求量的增大，劳动技能的积累，特别是科学发展引起的技术进步，生产力具有一种内在的扩张力，反映在空间上，就是生产力超出原有的地域范围，向新的区域扩展延伸，在新的区域集中、发展起来，从而引起生产力空间结构的变化，更多的生产要素得以投入国民经济的周转中来，促进社会生产力的发展，这是一条客观规律。生产力的空间扩展，在社会主义条件下，需要防止资本主义条件下出现过的两种倾向：一是生产要素自发地盲目地在少数区域进行超负荷的新的集聚，加剧"过密"、"过稀"的矛盾；二是要防止新区的崛起，伴随着老区的停滞与衰落，即所谓"阳光地带"与"冰冻地带"的对立，造成另一种形式的不平衡。我国生产力空间扩展的根本目的是使全国各区域经济普遍繁荣，各族人民共同富裕，既要取得较好的综合经济效益，又要兼顾政治、国防上的需要。这就决定了我国经济布局从方向上看必须西移，经济布局要继续展开。为了引导生产力沿着这个目标向新区扩展，一方面要对发达地区的投资及其他生产要素的投入，进行适当的抑制，削弱发达地区特别是大城市的"投资惯性"；另一方面，要培植、强化落后地区吸引消化外部投入的经济机制。但在这个过程中，发达地区特别是大城市已积累起来的投入，对新的投入有较强的吸引力，使"投资惯性"的削弱受到阻碍；而落后地区由于已积累起来的投入过少，又限制了吸引消化新的投入的能力。对前一方面我们不能放任自流，对后一方面要积极创造条件，这些都需要一个过程，要一定的时间。这就是经济布局必须西移，又必须有步骤、有准备的理论依据。

从现实情况看，我国三大经济地带，客观上存在着两个"梯度"：就经济技术发展水平及多数反映经济效益的指标而论，基本上是从东向西呈阶梯形下降；就空间的广度和资源的丰富而言，基本上是从西向东呈阶梯形下降。这个格局，一方面说明我国现有的经济布局还存在很多问题：一是空间集中程度高，地区间的发展很不平衡；二是生产的地理分布同资源的地理分布不协调，经济技术优势与资源优势在空间上是脱节的，由此又产生了许多产品产供销在空间上的不平衡，资源紧缺同资源开发利用不足同时并存。这些已在不同程度上制约着全国经济健康的增长和综合效益的提高。另一方面，这个格局也说明三大经济地带之间各有所长也各有所短，彼此都有所求，谁也离不开谁，这就是一种内在的经济动力，推动着地带间的分工协作与联合。

从上述实情出发，如果我们还过分强调集中布局，继续在东部发达地区和沿海大城市的扩大发展，而不在全国范围内进行大尺度的空间结构的调整，就很难避免地区间的两极分化，贫困地区与发达地区的差距将会越拉越大。其结果既不利于落后地区的开发，也将拖累发达地区，还要增加国家的财政负担。据统计，仅1983年，国家对西部地区的财政补贴就达113亿元，约占西部当年财政支出的46%，这显然是不可取的。反之，全面西移，齐头并进，没有重点，分散力量，也会欲速不达。脱离现实条件，跳跃式西移，既超越西部地区客观条件的可能性，也超出国力的许可，因而是不现实的。从发展看，我国的经济战略布局，必须是立足东部，循序西移，中间突破，即在20世纪内，在东部，利用现有基础，以内涵为主，以技术为导向，以经济特区、开放城市、开放地带为中心，大力贯彻"外引内联"的战略方针，着重于产业结构的战略调整，在这种调整中实现经济的新的腾飞；在西部，主要是打基础，做准备，包括资源的进一步勘探，开发线路的建设，人才的培育，现有企业特别是三线企业的挖、革、改、配（套），调整土地利用结构和农业生产结构，抓好生态农业，促进轻纺工业和民族特需品工业及第三产业，同时布置一批国家急需又能发挥地带资源优势的骨干项目，与下一步大规模开发相衔接；把建设的重点转向中部，在布局西移的总战略中，中部既是生产要素向西转移的"接力站"，又是下一步大规模开发西部的前沿、桥梁和纽带，负担着"承东启西"的历史重任。在20世纪内，中部能不能有个突破性的发展，既关系到东部经济的腾飞，也关系到西部未来的崛起。

现在有种观点，把建设重点转向中部同实现战略目标对立起来，认为工农业总产值要翻两番，还主要靠东部，如果进行空间转移，将影响东部的增长速度。由于东部在全国占有举足轻重的地位，东部速度上不去，全国的战略目标就可能完不成。但不转移，又将造成空间布局上更大的不平衡，二者实难兼顾。对这个问题，我的看法是：这二者的确有矛盾的一面，处理不好，矛盾还会尖锐，但不能把这个矛盾绝对化。在社会主义条件下，这个矛盾的双方统一是主要的，关键在于正确的认识和处理。这需要从以下两个方面来考察：

首先，从全国的战略目标来考虑。战略目标同战略重点是密切联系的，战略目标的实现，有赖于战略重点的实施。在 20 世纪内，保证全国战略目标实现的战略重点，从全国来说，中央最初提出的是三个：能源交通、农业、教育。这三大战略重点的确定是正确的。近几年的发展，情况有些变化。由于农业的发展，大大超出原来的预料，现在农业仍然是一个战略重点，但它对全国战略目标的制约，已不像过去估计的那样严重，而能源交通却越来越不相适应，原材料供不应求的矛盾也日益凸显。前几年还为钢材积压发愁，现在钢材成了紧缺产品，建筑材料、有色金属材料、化工原材料全面紧张。所以 2000 年全国战略目标能不能实现，从物质生产的角度看，能源、交通、原材料成了关键，特别是在东部。因为东部加工工业最集中，甚至大耗能工业也主要是集中在东部，能源、原材料缺口不断加大，成为制约东部发展的重要因素。怎么办？过多地依赖进口是不现实的。光是煤炭一项，东部一年煤炭的总需求量就是好几亿吨，而目前整个世界市场上的煤炭贸易量才 3 亿吨。我国东部要大量靠吃进口煤来发展生产，既没有那么多外汇，有钱也难买到，只能立足国内，而且还要争取出口一部分换回外汇。能源、原材料工业，多属资源型工业，其指向性主要是相关的自然资源。而这些资源的优势是在中、西部，东部从总体上看是处于劣势的。所以加强这些薄弱环节，保证全国战略目标的实现，显然不能主要靠东部，只能靠中、西部。

中部和西部比起来，20 世纪内又主要靠哪个？主要靠中部。这是因为中部与西部虽然同是我国能源、矿产资源丰富地区，但二者比较起来，中部开发的经济、技术、社会条件更好，开发的经济性也较高，也就是从综合条件看，中部相对优于西部，这就决定了在全国能源、矿产开发的顺序上，中部应当先于西部。重点建设中部，会不会影响东部的发展从而影响全国战略目标的实现呢？这里就要考虑第二个方面，即对这种转移要有一个正确的理解。

（1）这个转移的目标，既是全国经济布局西移的一个战略步骤，也是为东部产业结构的战略调整、在经济技术上更上一层楼提供一个重要的外部条件。

（2）这个转移是逐步的、有重点的，不是什么都转移。把中部作为全国建设的重点，就总体而言，并不意味着什么行业、什么产品都要以中部为重点。就产业而言，中部建设的重点，主要是煤、煤电、水电及高耗能、耗料产品，这些正是东部进一步发展所必需的，又是东部没有条件大发展的。中部这些东西上去了，对东部的发展只有好处。中部要充分利用三线企业的基础和潜力，开发某些新的高技术产业，但高技术产业发展的重点主要还在东部，这是东部之长。

（3）重点向中部转移，就包括东部一些传统工业向中部的扩散，这也有利于减轻东部的负担，让东部地区集中较大力量来加快建立发展新兴产业，提高其整个经济的素质。

所以重点向中部转移，同东部的发展乃至同全国战略目标的实现是一致的，而不是对立的。

以中部为重点，在空间布局上，也不是整个中部地带全面铺开，齐头并进。在中部内部，还要进一步根据全国的需要和地区的具体条件，选择重点建设区块。20世纪内，将首先集中较大力量，重点开发两大区块：一是中部地带北部以山西为中心的能源重化工基地的建设，二是其南部以大三峡为中心的长江中游的综合开发。地处中部地带中部的华中地区，其北部属第一个重点建设区块的重要组成部分（主要是豫西地区），其南部则是第二个重点建设区块的主体。因而在整个中部地带的建设上，华中地区占有重要地位。这是由它的特殊条件所决定的。

华中地区既具有中部地带的某些共性，又具有自己的特性。

（1）在地理位置上，这里既是东西两大地带的一个交汇处，又是我国南方和北方的一个结合部。东靠经济发达的上海经济区，西邻作为西南的前沿和主体的成渝地区，北接山西基地，南临珠江三角洲地区，在我国东南西北的经济技术信息的交流中，属于中枢地位。这种战略地位，使得它便于同时吸取东西南北之长，补其所短，融东西南北的特色于一炉，凝聚成丰富多彩的区域特色，又便于同时东西进击、走北闯南，从四面八方开拓市场，促进本身商品经济的发展和地区专门化水平的提高。

（2）在自然资源上，北煤南水，能源的开发利用可以水火相济；东有农业适宜性强的平原，西有能源矿产密集的丘陵山地，在产业结构上便于工农结合；由于本区优越的地理位置，既有京广、焦枝、枝柳纵贯南北，又有长江、黄河横穿东西，在运输结构上可以水陆互补。因而一般来说，本区自然资源开发的经济技术条件好，开发的经济性较高。

（3）在经济技术基础和区内现有的经济分布格局上，豫鄂两省，早在"一五"时期就是内地重点建设地区；"三五"开始，豫西、鄂西、湘西均是三线建设的重点地区，不仅形成郑洛三、武冶鄂（州）、鄂西北、湘株长等各具特色的工业区域，形成了以钢铁、有色、能源（水煤油气四者兼备）、氮磷化肥、机械（轴承、砂轮、铸锻件、矿山重型机械、汽车、拖拉机、电力机车、发电设备、电器电缆、电子、仪器仪表）、棉麻纺织、食品为主较强的重轻工业基础，而且在经济空间分布上，相对均衡。1983 年，华中地区的工业集中指数为 63.36，农业集中指数为 51.42。按集中指数永远在 50~100，即 50<指数≤100，可见，本区工业特别是农业集中指数小，反映了工农业的空间分布相当均衡。与此相联系的是，华中全区区域性经济中心趋于多极化。辐射力吸引力较强的大城市和经济核心区，北有郑洛三，中有武冶鄂、宜沙襄，南有长株潭；作为周围各县经济中心的中小城市，数量多而分布广。从区域网络角度看，城乡一体化的特点比较明显；从城市网络角度看，又具有大中小结合、城市规模结构比较协调的特征。据 1984 年资料显示，华中地区共有设市城市 50 个。在分布上，北部的河南占 36%，中部的湖北占 28%，南部的湖南占 36%，城市分布相当均衡。从城市规模结构看，特大城市 3 个，占城市总数的 6%，北、中、南部各 1 个；大城市 6 个，占 12%；中等城市 12 个，占 24%；小城市 29 个，占 58%。从城市的工业实力看，年工业产值在 30 亿元以上有 3 个，也是北、中、南各 1 个；10 亿~30 亿元的 17 个，北、中、南分别占 6 个、6个、5 个，分布相当均匀；10 亿元以下的 30 个。作为区域经济中心这种空间结构和规模结构，对今后全区经济布局的展开是一个很有利的因素。

上述有利因素的结合，使华中地区足以成为中部地带引人瞩目的一个区域。可列为国家重点建设区块的，北有以煤、电为依托，煤、电、铝、钼、建综合开发的豫西区块，石油石化及其后续工业综合发展的豫北区块；中有以大三峡为中心综合开发的长江中游；南有以水电为依托、以多种有色金属资源开发利用为主体的湘西湘南区块。三省西部三线企业群，在挖、革、改、配（套）的基础上，还可成为开发新兴产业和高技术产品的生长点，为更新华中地区的产业结构、促进地区技术进步发挥积极作用。华中地区，从南到北，洞庭、江汉、豫东平原，兼有南北农区的特色，稻麦豆、油菜籽、芝麻、花生、棉花、苎麻、柞蚕茧、茶叶、烤烟、生猪、牛、家禽、淡水鱼产、葡萄等的产量多居全国前列，既有比较充足的商品粮供应，又可提供丰富多样的农业原材料，可以促进多行业、多层次加工的轻纺工业的综合发展，开辟以中小城镇为依托、以乡镇企业为主、各有特色的贸—工—农有机结合的地域生产综合体，与重点建设区块渗透交错，相辅相成，相得益彰。

如果说，从全国的经济战略布局来看，中部将起"承东启西"的作用，那么，在中部地带，华中地区以其优越的地理位置，丰富多样的自然资源，适度的人口密度，比较协调的农、轻、重产业结构，比较均匀的经济分布格局，方便的水陆运输条件，转化为煤电、水电、有色金属、磷肥、特钢、大型板材、石油石化、多行业的轻纺以及某些新兴产业多种经营的经济优势与商品优势，在"承东启西"方面将发挥更大的作用，而且还将在全国的南北对流中，承担比中部地带其他地区更重的任务。从发展的大趋势看，在"承东启西"方面，随着紧靠华中地区的上海经济区产业结构的战略调整，一部分高耗能、耗料工业的向外扩散、转移，华中地区具有最好的接纳条件和较大的接纳能力。能源和高耗能原材料的供应，华中地区具有运距最短的优势；西部开发所需的多种机电设备、钢材、建材、多种轻纺工业品，由华中地区承担更多的供应任务，其运程也远比沿海近便。西北西南物资的东运，出海口的利用，经由本区也较便捷。

在南北对流方面，处于华中地区南北的经济区域的产业结构特点是，北重南轻，北部区域粮食、农副产品、轻纺产品一般不足，南部区域能源、原材料一般缺乏。这种状况在今后相当长的时期内还难以根本改变。华中地区以其农、轻、重比较协调的产业结构，在生产供应上，可以在相当程度上弥补华中地区外部的南北经济区域之不足。在流通上，华中地区以其交通中枢的优势，在南北经济的交流互补中，其作用也是其他地区难以替代的。华中地区可以以己之长补四周其他区域之短，也正可从加强与东西南北区域的横向联系中，发展自己，壮大自己。建设好华中地区，直接关系到中部地带突破性的发展，从而也关系到全国经济战略布局预期目标的实现。华中地区各省，必须从上述广阔的背景中认识自己，加强彼此间的分工协作联合，变分散的局部优势为区域的综合优势，共同把区域的历史重任卓有成效地担当起来。华中地区经济社会发展战略的出发点和落脚点就应当放在这里。

载《计划经济论坛》1986 年第 2 期

华中地区经济发展战略研究的若干问题的理论认识

一、我国经济空间的战略转移

在全国战略布局中，经济开拓的重点，是从现在开始就着手由东部向中部地带转移，还是要等待东部建设好了，十年、十几年以后再进行这种转移？这个问题，直接关系到华中地区发展战略的研究制定。有些同志认为，过去 30 多年来，我们曾经在三个时期在工业布局上出现过三次大分散的失误，"三五"开始后的 10 年中，又出现过不恰当地突出三线建设，工业布局跳跃式西移的倾向，造成巨大的损失浪费，这些历史教训应当吸取。从实现全国的战略目标看，工农业总产值要翻两番，主要靠东部；如果现在就着手把开拓重点转到中部，将影响东部的增长速度。因为，东部在全国经济生活中占有举足轻重的地位，东部速度上不去，全国的战略目标就将落空。据此，他们主张，在今后十年、十几年内，还是应当优先建设东部，重点放在东部，不宜在全国范围内进行大尺度的空间转移。等东部建设好了，再着手转移。

笔者不同意这种看法。

从历史经验看，前事不忘，后事之师。研究今后的发展战略，当然应当考虑历史经验，但对历史经验，必须进行实事求是的科学总结，并同新的形势及变化了的条件结合起来加以考虑。我们既不能简单照搬过去成功的经验，也不能因过去的失误而"一朝被蛇咬，十年怕井绳"。以往我国工业布局三次大分散的失误，正是由于在总体布局上没有重点，不分主次，大搞"遍地开花，星罗棋布"，违反了工业布局的客观要求，超越了当时国力的许可和地区的现实条件，这是问题的症结所在。而现在研究经济空间的战略转移，选准开拓的重点，正是为了避免重复上述失误。三线建设，的确是布局上的一大失误，但对这个失误，也要作具体分析。三线建设的失误，首先是战略指导思想上的偏差。开展三线建设的立足点在于大打、早打原子弹战争，要求以原子弹就要掉下来的紧迫感，在 3~5 年内把全国大小三线都建设起来，因而在布局实践上，扔掉一线，跳过二线，把国家大部分投资一下转移到三线，造成一线、二线、三线投资比例的失调。在三线建设本身，也由于片面强调战备第一，在布点上、在投资结构上，也有不少失误。同时，三线建设的机遇也不好，三线建设开始，也就是十年动乱的开始。这说明三线建设的失误，有其很复杂的历史背景。现在研究经济空间的战略转移，是按照客观存在的东部、中部、西部三大经济地带，正确确定开拓的重点，确定三大地带间的发展比例关系和各地带的发展战略，使全国经济振兴，人民共同富裕，这同过去的三线建设的立足点和做法有本质上的不同。借鉴历史经验是必要的，但不能以此作为否定向中部地带转移的依据。

从实现全国的战略目标看。战略目标同战略重点是密切联系的，战略目标的实现，有赖于战略重点的实施。中央已正确确定了全国的战略重点。从近几年的情况看，农业有了很大的发展，而能源交通却越来越不相适应，原材料供不应求的矛盾日益突出，建筑材料、金属材料、化工原材料全面紧张。特别是电力，近几年来，尽管装机容量增长的绝对量较大，但其增长速度仍跟不上国民经济的发展速度。1981~1984 年，全国装机容量平均年递增 5.6%，发电量年增 6.4%，而同期工农业总产值年增 8.7%，以致于全国缺电越来越严重。1975 年缺装机容量 600 万千瓦，1978 年缺 1000 万千瓦，1984 年缺 1200 万~1400 万千瓦。同样，交通运输也是越来越紧张。可见，2000 年全国战略目标能不能实现，从物质生产的角度看，能源、交通、原材料成了关键。特别是在东部，加工工业最集中，甚至大耗能工业也主要是集中在东部，其能源、原材料缺口不断扩大，成为制约东部发展的重要因素。怎么办？过多地依赖进口是不现实的，光是煤炭一项，东部地带一年的总需求量就是好几亿吨，而目前整个世界市场上的煤炭贸易量才 3 亿多吨。我国东部要大量靠吃进口煤来发展生产是不可能的，只能立足于国内。能源、原材料工业，多属资源型工业，其指向性主要是相关的自然资源。而这些资源的优势是在中、西部，东部从总体上看是处于劣势的。虽然现在强调在东部要"有水快流"，但"水"本来不多，"快流"也就有局限。所以，加强这些薄弱环节，保证全国战略目标的实现，显然不能主要靠东部，只能主要靠中、西部。

中部和西部比起来，20 世纪内又主要靠哪个？主要靠中部。这是因为中部和西部虽然同是我国能源、原材料资源丰富之区，但二者比起来，中部开发的经济、技术、社会条件更好，开发的经济性也较高，中部相对优于西部，这就决定了在全国能源、矿产开发的顺序上，中部可先于西部。那么，重点开发中部，会不会影响东部的发展从而影响全国战略目标的实现呢？这就还需要对向中部转移有一个正确的理解。①这个转移的目标，既是全国经济布局西移的一个战略步骤，也是为东部产业结构的战略调整、在经济技术上更上一层楼提供一个重要的外部条件。②这个转移是逐步的、有重点的，不是什么都转移。把中部作为建设的重点，是就总体而言，并不意味着什么行业、什么产品都要以中部为重点。就产业而言，中部建设的重点，主要是煤、煤电、水电及高耗能、原材料产品，这些正是东部进一步发生所必需的，又是东部没有条件大发展的。中部这些东西上去了，对东部的发展只有好处。当然中部也要充分利用三线企业的基础与潜力，开发某些新的产业、产品，但高技术产业发展的重点主要还是在东部，这是东部之长。③重点向中部转移，就包括东部一些传统工业向中部的扩散，这也有利于减轻东部的负担，让东部腾出手来，集中较大力量来加快建立发展新兴产业，提高其整个经济的素质。

所以重点向中部转移，同东部的发展乃至同全国战略目标的实现是一致的，而不是对立的。位于中部地带中部的华中地区，就应当借这个东风，利用这个有利时机，确定自己的发展战略，发挥自己的独特作用。

二、中部地带的地位作用

用"承东启西"来概括中部地带在全国布局总战略中的地位、作用，笔者认为是恰当的。这种作用，是由中部地带经济地理位置优势及其自然资源、社会经济资源的特点所决定的。中部地带最根本的特点是它的中间地位和过渡性。在我国三大经济地带中，它是东西两大地带的结合部，无论是从技术经济发展水平、生产建设的经济效益、人口密度，还是从自然资源的丰度来看，都处于三级梯度中的中间一级。从地势、气候等自然环境看，也带有明显的过渡性。它兼有东西部之长，而其短处又不像东、西地带那样突出。在开发过程中，比较易于发挥其优势，其限制因素却相对较易得到弥补和克服。这就决定了在现阶段，中部地带有条件成为全国经济开拓的重点，在全国经济布局逐步西移的过程中，担负起"承东启西"的历史重任。这种作用的具体表现及其广度和深度，随着时间的推移是会有所变化的。在20世纪内和21世纪初，中部地带的"承东"，主要是指与西部地带相比，它能比较近便地直接接受东部地带转移过来的先进技术和先进经营管理经验，承接东部沿海地带必须逐步扩散出来的产业、项目。按照地域分工的要求，东部地带今后的主攻方向，是对现有产业结构进行战略调整，实行经济的战略转移。这种调整的一个重要方面，是逐步将一些高耗能、耗料工业向外扩散，以便腾出手来，用先进技术改造其传统产业，积极建立发展新兴产业，提高这部分产业在整个产业结构中的比重，综合开发利用具有优势的海洋资源，发展海洋产业，加快第三产业的发展和按贸—工—农顺序完成农村经济总体结构的调整。在东部地带的这种扩散、转移中，中部地带以其紧靠东部的经济地理位置，丰富的能源矿产资源，一定的经济技术基础，既具有良好的接纳条件，也具有较大的接纳能力。向东部供应能源和高耗能、原材料产品，也具有运程较短的优势。这种"承东"作用显然大于西部地带。中部地带的"启西"，至少在三个方面有文章可做：一是中部的发展战略与西部具有某些类似性，即都要发挥地带的资源优势，实行资源转换战略。中部比西部先行一步，如山西、陕北、豫西的煤炭开发及坑口电站群的建设，能源的加工转换，输能系统的配套建设，以能源为依托、以电冶金、电化工为主体的地域生产综合体的建设，这些建设，也是西部下一步要大规模展开的。在中部积累这些开发建设的技术与经验，对下一步大规模开发西部的优势资源将有很大的启迪借鉴作用。二是西部地带轻纺工业比较落后，农产品种类较少，特别是粮食供应不足，重型机电设备制造能力低。中部地带相对来说，轻纺工业比较发达，农副产品种类多，商品粮充足，重型机电设备制造、钢铁等都有相当的生产能力，加上重点建设的展开，在这些方面都可以给西部下一步的大开发提供支援。由中部到西部，其运距也远比由东部调去近便。三是西部物资的东运、出海口的利用，很多都要经由中部地带，而后转运到东部。所以说，中部地带"承东启西"的作用是有其具体内容和深刻含义的。

当然，一个复杂事物的高度概括，总会有不足之处。中部地带，不可能在各个方面都"承东"，也不可能在各个方面都"启西"。如东部扩散出来的产业、产品，不一定都要由中部来接纳，西部也可承接一部分；西部也不一定什么都要中部来"启"，它也可以直接从东部乃至国外引进输入它所缺乏的。但从总体上看，从现实可行、经济合理的角度考虑，在全国经济布局西移的总战略中，中部地带"承东启西"的作用还是主要的。在没有一个比这更好的概括以前，还是用这个概括为好。

如果说，在全国经济战略布局中，中部地带将起"承东启西"的作用，那么，在中部地带内，华中地区，以其"中中之中"的优越的地理位置，丰富多样的自然资源，适度的人口密度，比较协调的农轻重的产业结构，比较均衡的经济分布格局，方便的水陆运输条件，不仅在"承东启西"方面要发挥巨大作用，而且还将在南北对流中，承担中部地带其他地区所难起的作用。华中地区也可以从加强与东西南北区域的横向联系中，发展自己，壮大自己。这应当是华中地区经济社会发展战略的出发点和落脚点。

三、华中地区开发战略结构

根据华中地区的条件极其在全国经济战略布局中的地位，我提出一个"三三"战略。

（一）加强三个网络

在开发北煤南水的基础上，以大型坑口电站、路口电站及大型电力枢纽为主力，通过50万伏级的超高压输电线路，形成水火相济的区域输电网络；开辟江、淮、黄的内河航运，建设必要的干线线路、联络线、提高公路等级，消灭断头路，形成水陆互补的交通运输网络；通过对区内江河的综合治理、综合开发及引水工程的建设，形成南水北调的水资源调度网络。

这三大网络，是区域经济的三大生命线，又是全国性输电、运输、水资源调度大网络中的中枢部分。

（二）提高三大城市群体

以技术为导向，以内涵为主，因地制宜地调整城市产业结构，加强城市基础结构建设。在强化各自的主要职能的前提下，发挥综合功能，在北部形成以郑（州）、洛（阳）、三（门峡）为主的城市群体，在中部形成以武汉市为中心包括其外围城市的城市群体，在南部形成以长（沙）株（洲）潭（湘潭）为主的城市群体。

这三大城市群体，是华中地区的三大经济核心区，也是今后区域经济布局进一步展开的物质技术基地。

（三）依托三大城市群体，利用三大网络，建设好三大重点建设区域

北部豫西区域，以煤、煤电、铝、钼、建、石化及其后续工业为主的综合开发；中部长江中游两岸区域，主要是大水电、钢铁、汽车、重型机械、电子工业、大耗电工业及以优势农业原材料为基础的轻纺工业；南部湘西湘南区域，主要是以湘西水电为依托，多种有色金属的综合开发、综合利用及加工深度的提高。

通过三大区域的重点建设，振兴华中，承东启西，走南闯北。

这个"三三"战略的立足点和归宿，一是立足于华中地区特殊有利的经济地理位置和丰富多样的优势资源，使地理位置优势和多种资源优势，转化为多种经营的经济优势；二是承担起全国地域分工对本区提出的主要任务，对国家做出自己的贡献；三是促进全区产业结构和空间布局的合理化，保证区域经济持续稳定协调的发展，人民生活条件的改善。

四、华中地区内部的联合

经济空间的联合化协调化，是一个世界性的历史趋势。国与国之间应当如此，一国内部地区之间更应如此，在社会主义条件下尤其需要如此。联合的基础是合理的地域分工。这种分工是多层次的。华中地区在全国地域分工体系中所承担的主要任务，是高层次的地域分工；华中区内各组成部分之间的分工是第二个层次的地域分工，其中又可分为上述三大城市群体之间及各城市群体内各城市主要职能的分工，上述三大重点建设区块之间在主导产业上的分工。

就大的联合协作领域看，华中地区内部以下几个方面是值得考虑的：

一是豫西、鄂西、湘西已建成的一批三线企业，具有较大的潜力，但存在的问题也较多，挖、革、改、配（套）的任务繁重。如果三省各搞各的，就很难形成能与长江三角洲、京津唐等区域相抗衡的开发新产业新产品的生长点。但如果以智力密集的武汉为中心，联合郑洛三、沙襄宜、长株潭等城市群体和"三西"地区已有三线企业的科研机构、大专院校、工业基础、实验测试手段，在新产业、新产品的科研、设计、试制、产、销等方面，进行协作联合，各尽所长，就有可能在中部地带形成具有相当优势的新产业基点。这对整个地区重点建设的开展、产业结构的更新、新技术的积累都是有利的，而且还可以充实、提高在全国地域分工中的地位、作用。

二是长江水系的综合开发，汉水、洞庭湖区及四水的治理，内河航运的开发，长江中线引水、引汉济淮工程及其配套工程的建设，对三省一市有共同的利害关系，对华中地区的振兴具有关键意义，但其难度也大，除国家投资外，很需要联合三省一市的力量，统一规划，分工协作。

三是华中地区，南北农业资源的差异比较明显，加强农业的区域化、专业化，就可以形成兼有南北农区之长、独具特色的华中农业生产体系以及在此基础上的轻纺工业体系。

作为起步，可考虑：

（1）先易后难。在三省一市行业规划的基础上，首先在已具有相当优势的行业、产品的扩大生产能力和配套上，组织联合协作，较快收到协作联合的实惠，取得经验，促进联合。

（2）在双边或多边迫切需要联合协作的项目上，如洞庭湖区的治理，内河航运的开发及水陆联运的开展，豫西煤田的开发，某些高技术产品的联合攻关等，可通过双边或多边协商，协调行动。

（3）先近后远，由近及远。城市与其农村腹地之间，首先要本着城乡一体化的内在要求和互利互惠的原则，打破行政区划的界限，协调城乡规划，合理布局，将重复建设变为联合建设、联合经营，提高综合效益，促进城乡共同繁荣。如果相互毗邻、依存关系更紧密的城市与周围农村腹地之间的联合协作都搞不起来，在更广阔的区域范围内的联合协作只能是空谈。

多年来，地区之间、城乡之间的联合协作开展不起来，原因是复杂的，其中主要的有三个方面：一是在理论认识上，商品经济、地域分工的观念极其淡薄，而产品经济论、自然经济论却居于统治地位；二是在体制上，僵硬的区域管理体系，条块分割，商品、技术、信息、资金等各种流通渠道不畅，缺乏地域分工、区际协作必要的前提和条件；三是地区之间的物质利益关系，缺乏有效的协调机制和手段。因此研究联合协作战略，必须破除产品经济论、自然经济论的陈腐观念；坚持体制改革，探索组织管理经济的部门原则与地区原则有机结合的新路子；在正确的理论、政策的指导下，运用社会主义的经济机制、手段，协调区域之间、城乡之间的物质利益关系。

载《中州学刊》1986 年第 5 期

中部地区的地位及其总体开发的战略构想

一、承东启西

用"承东启西"来概括中部地带在全国经济布局西移这个总战略中的地位与作用，笔者认为是恰当的。这种作用是由其所处的经济地理位置及其自然资源、社会经济资源的特点所决定的。在 21 世纪以内至 21 世纪初，中部地带"承东"的作用，主要是指与西部地带相比，它能比较近便地直接接受东部转移过来的先进经营管理经验和先进技术，承接东部地带必须逐步扩散出来的项目、产品。在全国总体布局中，东部地带的主攻方向，是对产业结构进行战略调整。这种调整的一个重要方面，就是有计划、有步骤地将一部分高耗能、耗料工业向外扩散、转移，以便腾出手来，用新技术改造现有传统产业，建立、发展新兴产业，综合开发、利用具有优势的海洋资源，发展第三产业，实现产业结构的更新。中部地带紧靠东部沿海，能源、有色金属等资源富集，具有最好的接纳条件，也具有较大的接纳能力。由中部地带供应东部紧缺的能源、高耗能的原材料产品，也具有运距最短的优势。中部地带"启西"的作用，至少可表现在三个方面：一是中部的发展战略与西部具有某些类似性，即都要发挥资源优势，实行资源转换战略。中部地带比西部先行一步，能源基地的建设，包括山西、陕北、豫西的煤炭开发及坑口电站群的建设，长江干流中游和主要支流大中型水力枢纽的兴建，能源的加工转换，以能源为依托，以电冶金、电化工为主体的地域生产综合体的建设，这样的建设，是西部下一步也要大规模开展的。因此，中部在这些方面积累的技术、经验，对下一步大规模开发西部的优势资源将有启迪、借鉴作用。二是西部地带轻纺工业比较落后，农产品种类较少，大部分省区粮食不足，重型机电设备制造能力低。中部地带轻纺工业比较发达，农业基础比较雄厚，农副产品种类多，粮食有富余，重型机电设备制造、钢铁等有相当的生产能力，加上今后一些重点建设的展开，在这些方面都可以给西部下一步的大开发提供支援。由中部到西部，其运距比由东部调往西部要近便得多。三是西部物资的东运、出海口的利用，有许多要经由中部地带而后转运到东部。

中部地带也正可以在"承东启西"中，扬其长而补其短，发展自己，壮大自己。所以用"承东启西"来概括中部在全国总体布局中的地位作用，是有其具体内容和深刻含义的。

当然，一个复杂事物的高度概括，总会有某些不足之处。的确，中部地带不可能在各个方面都"承东"，也不可能在各个方面都"启西"。如东部扩散出来的项目不一定都要由中部来接纳，西部也可接纳一部分；西部也不一定什么都要中部来"启"，它也可以直接从东部乃至国外引进输入所缺乏的。但从总体上看，从现实可行、经济合理的角度来看，中部地带"承东启西"的作用还是主要的。在没有一个比这更好的概括以前，还是用这个概括为好。

二、华中地区总体开发战略构想

总体战略的立足点和归宿是：立足区内的优势资源，面向在全国地域分工体系中承担的主要任务，促进区域经济网络和空间布局的合理化。

这个总体战略，可概括为"三三"战略。

（一）加强三个网络

在开发北煤南水的基础上，以大型坑口电站、路口电站及大型水电站为主力，形成区域性的水火相济的输电网络；开辟江、淮、河的内河航运，建设必要的铁路干线、联络线，提高公路等级，形成水陆互补的交通运输网络；通过对区内江河的综合治理、综合开发及引水工程的建设，形成水资源的调度网络。这三大网络，是区域经济的三大生命线。

（二）提高三大城市群体

因地制宜地调整城市产业结构，加强城市基础结构建设，在强化各自的主要职能的基础上发挥综合功能，在北部形成以郑洛三为主的城市群体，在中部形成以武汉市为核心的包括其外围城市的城市群体，在南部形成以长株潭为主的城市群体。三大城市群体是华中地区的经济核心区，也是今后经济布局进一步展开的物质技术阵地。

（三）依托三大城市群体，利用三大网络，建设好三大重点建设区块

（1）北部的豫西区块，以煤、煤电、铝、钼、建、石化及其后续工业为主的综合开发。

（2）中部的长江中游两岸区块，主要是大水电、钢铁、汽车、重型机械、电子工业、大耗电工业以及立足区内优势农业资源的轻纺工业。

（3）南部的湘西湘南区块，主要是以湘西水电为依托，多种有色金属资源综合开发、综合利用。

三大区块的建设，将进一步把华中地区的多种资源优势化为多种经营的经济优势，是振兴华中的重要环节。

论三线建设

关于三线建设问题，议论纷纷：有的认为，从长远战略观点出发，从调整全国工业布局和加快落后地区经济的发展考虑，进行三线建设是必要，正确的，基本上是搞得好的；有的则认为，三线建设是国民经济总体布局中的一个失算，问题很多，已成为一个包袱，应当扔掉。到底应当怎样估价三线建设的得失，在长期计划中，又应当怎样对待和安排三线建设呢？

一、先从经济效果谈起

从"一五"开始，国家就把三线地区作为内地的一部分，有重点地进行了一些工业建设。但把三线建设作为全国建设的重点，则是从 1965 年正式开始的。1966~1978 年，国家用于三线建设的总投资占同期全国经济建设总投资的 42%以上，占 1952~1978 年三线地区建设总投资的 67.62%。1966~1978 年先后建成大中型项目 890 个，占全国同期建成大中项目总数的 50%，使三线地区工业从小到大不断发展，工业总产值和主要工业品产量占全国的比重有了比较明显的提高，如表 1 所示。

表 1　三线地区工业总产值和主要工业品产量

	1952 年	1965 年	1978 年	备注
工业总产值	17.9	22.3	25.7	
钢	13.9	19.4	27.9	
十大有色金属			49.6	
煤	33.0	40.9	47.6	
发电量	10.5	25.2	33.5	
合成氨	—	34.7	46.9	为 1979 年数据
机床	2.2	15.7	27.3	
汽车	—	—	12.1	
拖拉机	—	77.4	30.6	
水泥	14.1	13.6	37.0	

	1952 年	1965 年	1978 年	备注
化纤	—	9.4	11.1	为 1979 年数据
棉纱	15.9	27.9	30.7	
机纸	7.1	14.5	23.0	
自行车	—	—	3.6	
卷烟	28.6	34.5	42.0	

全国工业从东部沿海地区向三线地区的推进，使三线地区的自然资源和农业原料得到了开发和利用，提高了工业品的自给率，并为沿海工业提供了必需的有色金属、煤炭、磷矿等多种重要原料，促进了三线地区现代化交通运输业的发展，提高了落后地区（包括少数民族地区）的经济文化水平，在几千年来荒芜、贫困、闭塞的地区，形成了一批大中工业城市和技术中心，也使国家的战略后方有了一定的经济实力。这些成就是应当肯定的。

但和沿海地区比较起来，三线建设取得的经济效果与消耗的人力、物力、财力相比，是不能令人满意的。从基建投资效果看，基建固定资产交付使用率低，还有 1/3 的投资未形成生产能力，而形成生产能力的，单位投资较高，或者说花同样的投资形成的能力较少，如钢铁工业每亿元投资建成的炼钢能力，比全国平均少 24.2%，电力工业每亿元投资建成的装机容量，比全国平均少 12.5%；1978 年，三线地区已建成投产的全民所有制工业企业，在一系列经济指标上也比全国和沿海地区差，如表 2 所示。

表 2　全国、沿海地区、三线地区全民所有制工业企业的经济指标对比

	全国	沿海地区	三线地区
百元固定资产（原值）实现的产值（元）	102.6	141.4	70.4
百元产值占用的流动资金（元）	32.0	24.6	40.7
百元产值的生产成本（元）	67.4	64.8	27.4
盈利率（%）	15.5	23.4	9.2
积累率（%）	24.2	35.4	14.1

二、问题在哪里

现在需要的是，认真总结三线建设经济效果较差的原因，找出存在的问题。

在帝国主义、社会帝国主义存在的条件下，三线建设是必要的，但在指导思想上有偏差，经济建设与国防建设的关系处理不当，这是三线建设的症结所

在。20 世纪 60 年代初，在制定"三五"计划时，指导思想是，"三五"计划的基本任务，首先解决人民的吃穿用问题，同时兼顾国防，适当加强国防建设。但到 20 世纪 60 年代中期，由于对国际形势的估计过于严重，似乎战争已迫在眉睫，原子弹就要掉下来，一下把"三五"计划的指导方针改为立足于战争，从准备大打、早打出发，积极备战，把国防建设放在第一位，加快三线建设，这样就把三线建设突出到不恰当的位置。反映在国民经济建设投资的地区分配上，三线建设投资占全国的比重急剧上升。本来，从"一五"开始，三线建设投资的比重已由 1952 年的 23.9%上升到 30.6%，"二五"进一步上升到 36.9%，1963~1965 年继续提高到 38.2%，其投资规模已超过了沿海地区。"三五"一下子又猛增到 52.7%，比同期沿海地区投资所占比重高 21.8%。"四五"虽有所下降，但仍占 41.1%。三线地区这样大的建设规模，不仅挤了一二线的建设，也大大超过了三线地区的客观条件，违反了量力而行的原则。三线地区，不少建设地点的自然环境很艰苦，经济文化发展水平低，交通不便，人烟稀少，各方面的条件都很难适应这样大的建设规模，在这样的地区搞工业建设，往往要平地起高楼，客观上就要多花钱，而且离不开其他地区多方面的支援，如攀钢本身建设费用与外部开发费用之比是 1∶3.4，鞍钢只 1∶1。"三五"以前在内地（包括三线地区）新开辟的工业基地，一般还没有得到应有的巩固提高，支援三线建设主要还得靠沿海老基地。由于工业建设跳跃式地向西推进，步子跨得太大，远离了前进的阵地，运输线路大大延长，各种建筑材料、大型设备调运困难，运输支出大大增加，相应地提高了工程的单位造价，这些说明从大布局看就有问题。

从三线建设本身来看，当时要求以原子弹就要掉下来的紧迫感，在 3~5 年内把大、小三线建设起来。这种要求过高、过急，全面铺开，齐头并进，基建战线拉得过长，各方面搞得都很紧张，既来不及搞总体规划，全面安排，单个项目也往往不作可行性研究，对形成生产能力的一些重要问题，如资源储量、地质情况、原材料燃料保证程度、供水供电和交通运输条件、产销平衡等，缺乏技术上、经济上的调查和多方案比较，在某些基本条件还不具备的情况下，就定点布厂，仓促上马。不少项目开工以后，设计一改再改，投资加了又加，工期一拖再拖，长期打消耗战，投资损失很大。

在三线地区的工业布局上，由于片面强调国防要求，大搞山、散、洞，不顾各个项目的经济技术特点和要求，不分关键项目还是一般项目，一律强调靠山、隐藏、进洞。钻了大山沟，还要钻小山沟，钻了山沟，还要进洞。不仅在企业布置上搞遍地开花，过于分散，形不成各组成要素得到最优结合的区域综合体；而且一个企业的有关车间，也人为地拆散开来，布置在相距很远的不同地点，有些企业的各个项目竟然分散布置在方圆百公里的范围内，增加了土石方工程量，增加了各种基础设施，延长了道路、高压线和各种管道，增加了原料、燃料、半成品的运距，这样不仅增加了一次性投资，也给正常生产协作带来很大困难，给职工生活带来很多不便。在同一个工业点或工业区内，关系密切的主体工程和配套工程、生产性项目和生活服务设施，也往往没有统一计划、设计，进行同步建设，致使一些项目长期形不成综合生产能力。由于片面强调战备，三线建设的投资方向和投资构成，过分偏重于国防工业。而国防工业和民用工业又各搞一套，互不配合，重工业内部结构松散。

上述问题，不仅影响了建设、生产的经济效果，还遗留下许多后遗症，如已铺开的项目留下的尾巴很大，半拉子工程很多。到1978年底，三线地区全民所有制5万元以上的在建项目还有25000多个，已完成投资890多亿元，从1979年到全部建成还需投资675亿元。已投产项目，如要把附属工程、配套工程都搞上去，主体工程中的漏项、缺项也补起来，还另需大量投资，而1979年三线地区的总投资才170多亿元；生活欠账很多，仅四川要还这方面的欠账，就要投资40亿~50亿元，而现在包括国家、部门、企业的投资才8亿多元；消费品的供应严重不足，仅四川一省一年需调入轻工业品20亿元。粮食的地区产销也越来越不平衡。"一五"时期，三线地区除青海每年要净调入少量粮食外，其他省区都是净调出粮食的，平均每年净调出贸易粮300多万吨。"四五"时期，平均每年的净调出量已下降到48万吨，到1978年反而净调入100多万吨。副食品的自给率也很低。据统计，1978年三线地区设市的69个城市中：蔬菜自给率低于全国189个设市城市平均水平的共有26个，猪肉自给率低于平均水平的有40个，牛羊肉自给率低于平均水平的有33个，鲜蛋自给率低于平均水平的有46个。

三、今后怎么办

由上述可看出，三线建设，问题的确不少。我们应当如何对待？是把它简单地当作包袱，丢下不管，还是从实际出发，采取有效措施，利用已有基础，发挥其潜力呢？我们的看法是：

第一，要正确认识经济建设和国防建设的关系，安排好三线建设与一二线建设的投资比例。经济建设与国防建设是息息相关的，其中经济建设是基础，脱离了经济建设孤立地去搞国防建设，离开经济效果，平面强调国民经济建设布局的国防要求，在和平时期，按战备体制来安排经济建设和工业布局，必然违反经济规律。这样经济建设搞不好，国防建设也就落空。近十几年来，我们花了很大力量来重点突击三线建设，主要从国防需要出发，不惜工本，不计盈亏，经济效果差，存在问题多，其结果也形不成真正的硬三线。以××省为例，三线建设以来，花了×××亿元投资，建了许多国防工业，但企业自配水平低，93%的原材料和零部件要靠外省调入，真正打起仗来，这些国防工业是难以发挥作用的。我们应当认真吸取这个教训。但也不能因为存在问题，又从一个极端走向另一个极端，把三线建设和经济效果绝对对立起来。有些同志就认为，建设三线经济效果必然不好，要讲经济效果，就应扔掉这个包袱。这种看法未免有点绝对化。诚然，满足工业布局国防上的要求和经济效果之间是有矛盾的，处理不当，矛盾还很突出。但这不能简单地把账算在工业布局要兼顾国防这一要求上。重要的是总结实践经验，把三线建设放在恰当的位置上。"一五"时期，在国民经济总投资的地区分配上，沿海地区占41.8%，内地占47.8%，其中三线地区占30.6%。在这个投资比例下，沿海与内地（包括三线地区）工业建设的经济效果都较好。一方面，沿海老基地得到了改造与加强，发挥了它在经济技术上的优势，为内地（包括三线地区）新基地的建设，提供了大量的重要设备、原材料、资金、技术管理干部、多种设计图纸、建设和管理现代化工业的实践经验；另一方面，在沿海工业的支援下，内地（包括三线）也较快地建成一批大中型工业基地。五年中，全民所有制工业固定资产原值全国平均年增15.8%，其中沿海地区为12.2%，内地为23.4%，三线地区为24.1%；全国工业产值午平均增长18%，其中沿海地区为17%，内地为20.4%，三线地区为21.6%，发展速度都较快；内地工业产值占全国的比重，由1952年的29.2%，稳步上升到1957年的32.1%，其中三线地区由17.9%上升到20.9%；基建和生产的主要经济指标也都比较好。这说明，如果正确贯彻执行处理沿海工业与内地（包括三线）工业关系的方针，投资比例安排得当，既可以改善全国工业布局，有利于巩固国防，也可以取得较好的经济效果。把三线建设和经济效果绝对对立起来，并不符合客观实际。"三五"以后，三线建设上的过猛，出了许多问题，但现在如果一下子又下的过猛，使三线地区一些急需解决、应当解决的问题也不能解决，那又会犯新的错误。从30年正反两方面的经验和经验数据来看，在国民经济建设总投资的地区分配上，三线地区的投资比例，保持在 30% 左右可能是适当的，"三五"、"四五"增至 40%~50% 以上的比例，显然是太高了，应当逐步调低。1979 年，全国基建投资的地区分配是，沿海地区占 46.76%，内地占 50.88%（沿海加内地不等于 100%，是因为有部分投资未分地区），其中三线地区已调低到 34.7%。在国民经济调整期间，再继续调低一点也是可以的，但也不宜低于 30%。

第二，对三线地区的建设成果和潜力，要有一个全面的估价。三线建设问题较多，效果较差，这是一方面。另一方面，也要看到这些年来，三线建设投下了大量资金，已建成相当可观的基础，成为全国工业体系中的一个重要组成部分，并有很大潜力。1978 年，三线地区全民所有制工业企业的单位数占全国 36.11%，其固定资产原值占全国 37.14%，净值更占 39.29%。主要工业品的生产能力和产量也占全国相当比重，而产量占全国的比重一般小于生产能力所占比重，其生产能力的利用率和全国平均的对比如表 3 所示。

表 3 主要工业品全国与三线地区能力利用率对比

	全国平均能力利用率（%）	三线地区能力利用率（%）
钢	90.80	90.70
生铁	92.77	95.17
钢材	96.84	77.16
煤	106.32	101.54
原油	106.74	78.05
电力	4491 度[①]	4025 度[①]
合成氨	81.90	77.60
汽车	87.05	51.80
水泥	88.53	85.03
化纤	74.70	50.24
棉纺	0.1525 吨[②]	0.1410 吨[②]
机纸	87.85	83.42

注：①指每千瓦装机年发电量。②指每枚纺锭年生产的棉纱量。

三线地区主要工业能力利用率一般低于全国平均水平，这是问题，也是潜力。如能力利用率逐步达到全国平均水平，一年就可比 1978 年多生产成品钢材 150 万吨，多发电 99.5 亿度，多产合成氨 25 万吨、汽车 12000 辆、水泥 99 万吨、化纤 1.54 万吨、棉纱 6 万件、机纸 5.4 万吨。

从三线地区全民所有制工业企业 1978 年的主要经济指标看，潜力更大。如每百元固定资产实现的产值提高到全国平均水平，一年就可多提供产值 380 亿元；百元工业产值占用的流动资金降到全国平均水平，一年可节约流动资金 72.66 亿元；每百元产值的生产成本降到全国平均水平，一年产品的总成本可减少 41.6 亿元。在固定资产净值和流动资金占用量不变的情况下，如盈利率达到全国平均水平，一年可为国家多提供利润 91.7 亿元。可见三线地区现有工业比全国和沿海地区更有潜力可挖，而且也有可能挖出来。以三线地区经济效果差的钢铁工业为例，1976 年以前，三线地区的攀枝花、重庆、长城、昆明、水城、贵阳、酒泉等七个重点企业，一直是有亏损，扣除税金外，累计还亏损 15 亿元以上。经过整顿，到 1978 年，除水城、酒泉两个独立炼铁厂以外，其余都转亏为盈，开始为国家提供了约 2.6 亿元的积累。这说明三线工业的经济效果是可以提高的。因此，对三线已有的工业基础，应当采取积极态度。对已形成固定资产但配套没有搞好，不能发挥作用的企业，要给予一定的投资，填平补齐，成龙配套，形成综合生产能力，把这部分固定资产的作用发挥出来；对尚未形成固定资产的在建项目，要具体分析，分类排队。有些项目还要花很大的投资才能形成生产能力，现在的确搞不起。有些项目布局极不合理，即使搞起来了，资源或原材料、燃料、动力没有保证，生产成本很高，或产品不对路，这样一些项目，要下决心停下来不发展，否则继续投资，不但不能收回投资，还要进行财政补贴，包袱就会越背越重。有些项目建设条件好，产品又是国家急需的，就应大力保上去。该下的下，才能保证该上的上，并腾出一部分力量偿还一部分生活上的欠账。

三线国防工业占很大比重，有相当庞大的生产能力，一般说设备还比较好，但生产任务不足，设备大量闲置，人员大批窝工。要本着军民结合、平战结合的原则，改革现有管理体制，除某些特殊行业、企业外，一般都要和民用工业部门合并起来主要承担工艺相近的急需的民用工业品的生产，也搞些与国防有关的产品，以利于充分利用其生产能力，降低生产成本，并促进地区经济的协调发展。

总之，要立足于现有基础，而不是扔掉这个基础。这些年来，花了大量投资，辛辛苦苦地搞起了现在这个基础，如丢下不管，任其自流，那也是一种浪费。

第三，对三线地区的建设条件，要作实事求是的分析，识长知短，扬长避短，提高建设的经济效果。

与沿海地区相比，三线地区在经济发展上有其短处，但也有其长处：

一是拥有丰富的矿物资源，特别是能源资源、黑色与有色金属资源和某些化工资源的探明储量，都占全国较大比重，如表 4 所示。

表 4　各地矿物资源探明储量对比

	全国	沿海地区	内地	三线地区
煤	100.0	11.55	88.45	54.10
其中炼焦煤	100.0	20.70	79.30	68.11
石油	100.0	38.63	61.37	10.24
天然气	100.0			70.00
水力资源	100.0	7.06	92.94	60.28
铁矿	100.0	51.24	48.76	40.49
其中富矿	100.0	43.61	56.39	42.91
铜矿	100.0	13.83	86.17	43.05
其中富矿	100.0	14.22	85.78	54.55
铝矾土	100.0	23.77	76.23	76.14
钒	100.0			87.50[1]
钛	100.0			90.00[2]
磷矿	100.0		90.0	80.00
钾盐	100.0			65.18[3]

注：①②只包括攀西矿区。③只包括青海省。

二是有不少农业原料也比较丰富，如棉花产量占全国 45.9%，麻类占 24.9%，羊毛占 32.2%，油菜籽占 52.9%，芝麻占 62%，烤烟占 60.6% 等。

三是有丰富的农业自然资源，如宜农荒地占全国 28.6%，宜林荒山、荒地占 48.4%，草原面积占 33%，淡水可供养殖水面占 32.4%，这些资源利用的还很少，也就是说，农、林、渔、牧，特别是林业和牧业有较大的发展潜力。

从上述条件特点出发，在长期计划中，三线地区应当怎样发挥其优势，建立符合当地情况的经济结构呢？

三线地区现有的经济结构中，农业比重（1978 年是 33.84%）虽高于全国平均的 25.6% 和沿海地区的 21.17%，但由于三线建设以来，工业比重上升幅度快于全国和沿海地区，而原来落后的农业基础却没有得到相应的加强，在非农业人口猛增的情况下，农业与工业发展不相适应的矛盾就凸显出来。在国民经济中，轻工业又是短腿中的短腿，轻工业产值在工农业总产值中所占的比重，全国平均是 31.8%，沿海地区是 35.81%，而三线地区只有 25.73%，其中青、宁不到 21%，山西是 21.3%，甘肃只有 14.2%。因此今后三线地区的经济建设，要注意农、轻、重的关系，切实加强农业和轻工业。要努力把农业搞上去，特别是要本着宜农则农、宜牧则牧、宜林则林的原则，因地制宜地调整各地区的农业结构，在抓粮食生产的同时，更要加快牧业、林业的发展。轻工业要立足于地方农业原料，同时加快利用工业原料的轻纺工业的发展速度。但不能不顾地区条件，不讲经济效果，关起门来搞农、轻、重关系，一律要求粮食自给，轻纺工业自给，支农工业自给，自成体系，勉强去搞那些经济效果很差的东西；也不能等农业、轻工业都搞上去了，再考虑其他的。不问地方特点，一律搞"以钢为纲"、以重工业为主要发展方向，其效果是不好的。但也不能不问地方特点，不顾全国需要，一律发展轻型结构。我国幅员广阔，地区差异性很大，这种差异性，决定了地区经济结构的多样性，不能用一个经济结构模式到处乱套。合理的地区经济结构，最主要的标志，应当是在全国综合平衡的前提下，充分发挥当地的有利条件，既能对全国作出最大的贡献，又能促进地区经济的发展，取得生产建设的最大的经济效果。

从全国需要和三线地区的资源特点来看，三线地区如要发挥其优势，今后还得重点发展采掘工业及与采掘工业直接有关的原料工业和加工工业。因此，它的经济结构，还将是重型结构。

从全国说，长期计划第一位的问题是能源，这个问题不解决，各项事业就难以前进，四个现代化的进程就要大大延缓。我国能源资源的特点是煤和水力资源最丰富。石油的前景虽好，但已探明的储量不多，而开发利用率已比煤、水都高，储采比例失调严重。地质探勘要时间，要花很多钱。所以加强能源开发，要立足于煤和水。而我国的煤和水力资源主要在内地，特别是三线地区。从煤来看，山西高原、豫西北、渭北、宁夏贺兰山区、黔西、滇东都是我国重要的富煤区，资源分布集中，大煤田、特大煤田多，煤质好，品种较齐全，煤层富存情况好，开采的经济性高，其中山西煤田地理位置较适中，距东北、华东、中南主要缺煤区都不远，豫西北大煤田更紧靠缺煤湖北，黔西、滇东的煤田距两广缺煤区较近，这几省的大煤田可优先开发，建成全国性的大型煤炭基地。就水力资源说，金沙江干流、云南丽江、虎跳峡至四川宜宾河段、金沙江支流、雅砻江、两河口以下河段，大渡河、双江口以下河段，云南境内澜沧江中游河段，云贵境内的南盘江，贵州的乌江，湘西的沅、资、澧三水，黄河上游龙羊峡到青铜峡河段，都是"富矿"。开发条件好，单位造价低，淹没损失和移民数量远较开发沿海地区水力资源的少，上述河段中的许多优良的水力地址，距负荷中心较近，输电距离比较适当。逐步开发这些水力资源，建设水电基地，不仅可给三线地区提供丰富廉价的能源，且可进一步实行西电东送，缓和江南缺煤区的能源供需矛盾。

重点开发三线地区的能源资源，对全国经济发展是有利的。但煤价格偏低，积累率小，投资回收期长，单纯生产和输出煤炭，对建设地区说好处不大。电的价格较高，多搞电对全国和建设地区都有利，但输电距离过远时，经济性也相应降低。为了使国家和建设地区同时受益，调动三线地区开发能源资源的积极性，就必须围绕能源资源的开发，相应地发展综合利用煤炭资源的工业和大耗能工业，任资源的综合利用和深度加工方面做文章。

三线地区的煤、水资源同有色金属、稀有金属、化工资源，在地区分布上结合较好。如山西沁水煤区和河东煤区之间有丰富的铜、铝资源，豫西北大煤田附近有丰富的铝、钼资源，很适于煤、电、煤化工、有色金属工业的综合发展。黄河上游优良的水力地址附近，富有铜、镍、铝资源。湘西水力资源集中地区，富有铅锌、锑、磷矿资源。西南水力资源丰富的地区，同时富有铜、铅锌、铝、锡、钒钛、磷等资源。在廉价水电的基础上，发展耗能大的电冶金、电化工是十分有利的，而且也是全国急需的。

我国有色金属资源丰富，但开发利用不足。1949~1978年，八大有色金属进口量占同期国内生产量的40%，铜、铝、镍、镁、钴、铅锌均不能自给，其中铜、铝进口量最多，占八大有色金属进口总量的70%，镍钴进口的比重最大，分别为国内产量的1.5倍和2倍。为了进口有色金属，累计支付近56亿美元的外汇。有色金属中传统出口产品，如钨、锡、钼、锑、汞的出口量又逐年减少。限制我国有色金属工业发展的主要原因之一是能源不足，耗能大的有色冶金工业布局也不大合理，很大一部分是分布在能源缺乏的东部沿海地区。如联合开发三线地区，特别是西南地区的水力资源和有色金属资源，使耗能大的有色冶金工业更多地分布在有大量廉价水电的地区，可以大大降低有色金属工业的生产成本，促进全国有色金属工业的大发展，节省国家宝贵的外汇，而对三线地区来说，又可发挥其资源优势，促进地区经济的发展。

就化工来说，石油化工比煤化工在许多经济技术上优越性。从全国来说，特别是石油资源较多的地区，还需进一步发展石油化工。但从探明的资源条件说，煤比石油丰富得多，在煤炭资源丰富、开发经济性高的三线地区，同时发展煤焦化工，包括以煤为原料的化肥、以煤焦为起始原料的有机化工原料和三大合成材料，变单纯生产输出煤炭为同时生产和输出化工产品，这样除了可促进全国化工的进一步发展以外，对三线地区的经济发展也有许多好处，如提高煤资源的加工利用程度，比把煤当作燃料烧掉可几十倍、上百倍地增加产值；可就近为三线地区提供更多的化肥、农药和轻工业原料，加强农业、轻工业这两个薄弱环节。

磷肥工业，长期是我国化肥工业中的薄弱环节，氮磷比严重失调。我国磷肥资源比较丰富，但在地区分布上主要集中在三线地区，特别是云贵地区。由于运输条件的限制，多年来只能以运定产，想就地多发展点普钙吧，又受硫酸资源的限制。湘鄂磷矿资源也不少，运输又比较方便，但矿石品位低，也限制了发展规模。如在云贵湘鄂磷水资源结合好的地区，实行磷水资源联合开发，在输出部分精选磷矿的同时，就地利用低品位磷矿，用电炉法生产高效和超高效磷肥，向外输出，如输出 1 吨重钙或超高效磷肥，按五氧化二磷计算，相当于运出几吨标准磷矿，这比单纯调出磷矿石可节省大量的运量、运力和运费，并使这里的磷水资源，都能对全国作出贡献。就三线地区说，也比单纯生产和输出磷矿石经济效果高得多。

上述工业建设以及相应的铁路、输变电工程的配套建设，都需要较多的投资，其中如煤、水电、有色矿山和化学矿山的开发，铁路的修建，建设周期也较长，需要国家在长期计划中统一安排，具体落实，以保证近期建设和长远建设相衔接。

重点发展上述工业，从长远看，可以促进三线地区农业、轻工业的发展，但这需要一个过程。在一定时期内，农轻不相适应的情况将继续存在，有的还会突出出来，因此国家还需要安排好三线地区粮食和某些轻工业品的供应问题，使三线地区在调出优势部门产品的同时，能从实物形态上得到相应的补偿，使三线地区人民的生活水平逐步得到提高，否则，扬长而不能补短，优势也不能真正发挥，这对全国和三线地区来说都是不利的。

载"全国经济地理科学与教育研究会"1980 年《经济地理论文选集》

总结经验发挥三线地区的优势

　　三线建设的提出和展开，有其复杂的历史背景。三线建设中存在的问题，原因又很复杂，因而对其得失，很难用一个短时期内的一两个具体的经济技术指标来加以评价，而应当从宏观的战略高度来加以科学地总结。

　　三线建设，在相当程度上是基于对国际形势估计的片面，突出了战略和国防原则，而忽视了经济效益；在目标和步骤上要求过高、过急，而缺乏周密细致的总体规划。这就决定了三线建设不可避免地出现一系列的失误。认真总结这方面的教训，避免今后重犯类似错误，是具有现实意义的。但如果简单地认为三线建设是我国经济建设中"左倾"思想最突出、最集中的体现，是工业布局上的一个灾难性的失误，给我们背上了沉重的包袱，则是不能令人同意的。

　　第一，从宏观布局角度看，三线建设的物质内容，是以工业为主体的，不管人们当初的提法和主观意图如何，在客观上它还是我国"工业西渐"政策的持续和发展，构成了开发落后地区的重要一环。

　　随着生产力的发展，生产的空间逐步扩大，把更大范围内的自然资源和社会资源吸引到国民经济的周转中来，这是生产分布发展变化的一条不以人的意志为转移的客观规律。我国"工业西渐"的政策，就是这条生产分布规律的体现。事实上，新中国成立以后，在三线建设正式提出以前的十几年中，特别是"一五"期间，我国工业建设的重点，已开始转向内地。"一五"的国民经济总投资有相当一部分是投放在三线地区的川、陕、甘等地的，当时开始重点建设的成渝、关中、兰州等工业基地，以及"二五"计划中确定重点建设的西南、西北钢铁基地和以刘家峡、三门峡水电站为中心的新工业基地，也是处于三线地区范围之内的。因此，三线建设并不全是从"三五"才开始突然提出、仓促上马的，它是在十几年工作的基础上，把工业重点进一步西移，扩大落后地区开发的广度和深度。多年来，我国生产的地理分布同资源的地理分布极不协调。从经济发展水平看，基本是由东向西呈阶梯形下降，经济技术上的优势在东部沿海地区。但从土地资源及多种矿产、能源资源的探明储量与远景储量看，优势却在包括三线地区在内的西部地区。即使是单从经济角度来考虑，处理好沿海与内地或东西部的关系，重视西部地区的开发，过去是、现在是、将来更是我国经济战略布局中的一个核心问题。

沿海地区，是我国经济精华之所在和科学技术荟萃之地，充分利用沿海地区的所长。首先在沿海中心城市，运用两种资源，打开两个市场，学会两套本领，内联外挤，发挥这些城市的多种功能和多种作用，以较快地增强我国的经济实力，这无疑是十分重要的。多年来，特别是在三线建设高潮中，这一点是严重地被忽视了，当前特别需要进一步解放思想，克服这一倾向。但是，我们在强调进一步发展沿海地区时，必须坚持以下两个前提：一是坚持以自力更生为主。无论是从当前看或从长远看，我国的经济建设，主要还是依靠国内资源、国内市场；二是发展沿海是为了能从人力、物力、财力等各方面，更有力地推动生产空间的扩大，支援内地的开发，在全国范围内建立更合理的地域分工，把沿海和内地两方面的优势结合成更大的优势，促进全国各地区国民经济的普遍高涨，提高整个国民经济效益。我们是社会主义国家，社会主义经济是计划经济，需要而且有可能避免走资本主义国家地区开发的老路：在剩余价值规律和盲目竞争规律的自发作用下，生产长期地、无限制地向少数具有一定经济技术优势的地区集中，以致矛盾重重，社会经济问题成堆，聚集因素所带来的经济效益已抵不上由此而造成的消极后果，再回过头来用加倍的代价去扩散生产，从头抓落后地区的开发。我们应当在先进地区更上一层楼的同时，带动和支持落后地区更快的开发，使之跟上先进地区的前进步伐，与先进地区共发展、同繁荣；让具有资源优势的落后地区的开发，反之促进先进地区更健康的发展。我们认为，在评价三线建设的得失及其意义时，不能忘记以上基本点。三线建设的客观效果和战略意义，就是在这方面迈出了新的一步。

第二，从微观上看，在企业经济效益上，一般来说，三线地区不如沿海地区。这个问题应当怎样看呢？

（1）三线建设大规模展开不久，即处于全国性的动乱之中，在当时特殊的历史条件下，三线地区动乱更为严重，受到的影响更大，这是影响三线建设经济效益的一个重要因素，不能归咎于三线建设本身。

（2）即使是在这样复杂的历史背景下，由于全国人民的努力，三线建设还在进行，先后建成了一大批重点项目，形成了可观的工业基础、工业总产值和主要工业产品产量，以快于全国平均的速度向前发展，在全国所占的比重进一步提高。多年来闭塞落后的一大片地区，在如此短的时期内，形成现在规模的工业生产能力是来之不易的，也是今后进一步发展可资利用的重要基础。

（3）三线建设投资效益的确比沿海地区差，但这是新区开发难以避免的现象，因为与老区相比，新区建设项目的相关投资必然要高得多，资金占用量要大。这不仅是我国三线建设遇到的问题，世界上其他国家在开发新区的一定时期内也往往如此，不能因此而否定落后地区开发的必要性。问题还在于，三线建设的项目中也有经济效益是比较好的。即使是在一定时期内经济效益差的，若从实际出发，有针对性地采取有效措施，经济效益也是可以提高的。通过最近几年的调整，三线地区已有不少多年亏损的项目，包括一直被认为是三线建设反面典型的二汽，也较快地扭亏为盈，并走进了全国少数盈利大户之列。二汽做得到的，三线地区其他企业也是可以做到的。因此，三线地区已形成的相当庞大的固定资产，从发展眼光看，不是包袱，而是财富。三线工业，先天不足，后天又有些失调，因此发育不良，问题较多，但问题也正是潜力之所在，加以培植，可以促其成长壮大；当作包袱，扔下不管，就可能枯萎。从战略上考虑，我们不应当采取后一种态度和做法。不管三线的划分是否必要、是否科学，但这样一片落后而有资源优势、又已形成相当工业基础的地区，其发展问题，总是需要重视的。

就今后 20 年来说，要实现十二大提出的战略目标，三线地区担负着沿海地区不可能替代的任务。能源是全国经济发展主要限制因素之一。加快沿海兖济徐淮煤炭开发，抓紧海底油田的勘探与开发，是增产能源不可缺少的一环；但更多地还是要开发山西、蒙南、陕北、豫西、黔西、贺兰山的煤炭，开发利用黄河上游、长江中上游主要支流及西江的水力资源；与此直接联系的煤炭加工、大耗能工业的发展，为运输能源而新建、改建的线路，也不能不把西部地区放在一个重要位置上。推而广之，农业急需的磷肥、钾肥，重工业所需基本原材料生产的发展，也在很大程度上取决于西部地区多种矿产资源的开发状况。"一五"以来，特别是三线建设以来，内地开辟了一大批机械工业基点。现有机械工业门类相当齐全，沿海地区有的，内地都有，其中一批重点项目，其设备和厂房条件，甚至比沿海地区的还要好。在实现全国的战略目标中，机械工业担负的任务更重。为了振兴我国的机械工业，为国民经济各部门提供更好的装备，加速现有企业的技术改造和设备更新，切不可忘记内地的机械工业。

有些同志认为，除非在战争时期，工业布局不需要考虑国防因素，进而不同意把国防安全作为布局的一条原则。理由是：

（1）国防的加强取决于经济发展水平，只要经济发展了，国防就安全了。发展经济是积极的防御，考虑国防因素、建设战略后方是消极的防御。

（2）在现代化战争中，考虑国防也没有用。

（3）国防原则不是从经济规律中分析出来的，而是人们主观想象出来的。

（4）国防前线和后方没有明确的界限，随着国际形势的变化，国防前线的界限也变了，因而无法贯彻国防原则。

我们应当怎样看待这个问题呢？

关于第一点，说国防力量的加强，取决于经济实力，这是对的，再引申一步，说经济建设是国防建设的基础，离开了这个基础，孤立地搞国防建设，就会因为没有物质基础而落空，这也是对的。但这不能作为否定国防因素的理由。因为在同样的经济实力下，工业基地都集中在国家的边缘地带，目标突出，分散转移不易，而国家的战略后方空虚，同工业基地分布适当分散一些，使国家的战略后方有一定的经济实力，同内地有比较方便的交通运输联系和通信系统，这两种布局形式比起来，后者总比前者安全性要大一些。

关于第二点，认为现代化战争是核战争，已没有前方、后方的界限，核弹一扔下来，工厂摆在哪里都要被破坏，国防因素已没有什么现实意义了。这种看法是不全面的。现代战争，不一定就是核战争，常规战争的可能性更大一些、多一些。在常规战争中，工业分布状况如何是有重大意义的。即使是核战争，是否就没有前方、后方之分，是不是有了核弹，工厂摆在哪里在安全性上都一样，是不是战略防御没有必要了呢？不是的。核武器和常规武器比起来，破坏力的确是大得多，但并不是不可防御的。核武器在军事上的价值，主要是具有爆炸效应。但这个爆炸效应，并不是无限的。我国幅员辽阔，从东到西，从南到北，距离都在 5000 公里左右，要在这样大的范围内摧毁我们的一切城市和工业点，所需的核武器数量将超出帝国主义的制造能力。很明显，即使是在核战争条件下，战略防御仍有重大意义。我国地形从东到西，基本上是由平原到丘陵、到高原山地，中西部地区具有很好的防御条件，逐步建立起较强大的工业基地，对国防安全是有积极作用的。

关于第三点，国防原则不是某些人幻想的产物。旧中国工业分布的严重弱点之一，是为数不多的工业偏集中于东部沿海地带，而国家的后方没有强大的基地做后盾。战争一爆发，沿海工业区首当其冲，大批工厂直接被炮火所摧毁，剩下的也沦于敌手。因此，只要战争的土壤还存在，注意战略后方的建设，这并不是杞人忧天。当然，如三线建设中所暴露出来的问题，是应当吸取教训的，但因此而否定国防因素是不对的。

关于第四点，国际形势多变，所谓战略后方没有明确固定的界限。三线的地理界限的确是随着国际形势的变化而变化，但这并不是不可测知的，作为我国战略后方的特定范围，晋豫鄂湘西部、陕甘青宁、川贵是恰当的。

总之，在工业总体布局中，国防因素还是应当考虑的，把国防要求与经济原则对立起来是不恰当的。问题是如何把工业布局的国防要求和经济原则很好地结合起来？一要分清主次。一般来说，工业布局应以经济原则、经济效益为中心，兼顾国防安全。二要区别对待。军事工业及影响到国民经济全局的重大项目，在布局上应更多一些地考虑国防安全，但也要尽可能注意经济效果。一般项目，就必须服从经济原则。以往三线建设的主要问题，不在于考虑了国防要求，而在于片面强调了国防因素，没有处理好工业布局中国防原则与经济原则的关系。

现在更重要的问题是，在正确总结三线建设经验教训的基础上，真正从国家需要和三线地区的条件、特点出发，研究制定这片地区正确的发展战略。我们认为，以下几方面是值得研究的：

（1）从全国的大布局看，工业建设向西推移，是不容怀疑的，但必须量力而行，积极稳妥，有计划、有步骤地进行，不能操之过急。如果根据经济发展的程度，把全国粗略划分为沿海发达地区、西部待开发地区和介于二者之间的中部地区这三大地带，那么，今后我们既要重视巩固提高沿海地区，这是支援西部地区开发的第一级前进阵地，也要在中部地区建立起第二级前进阵地，这样才更便于支持全国工业的合理西移。"三五"、"四五"期间，工业西移的步子一下跨得太大，远离了沿海已有基地，而中部尚处于发展中的一些基地，还无力给予三线建设以有效的支援。今后三线建设的规模和速度，应以不影响前两级阵地的巩固提高为依据之一，即要正确安排这三大地区之间的投资和发展比例。

（2）扬长避短，正确确定三线地区的产业结构。优先发展那些国家急需而又能发挥当地优势的产业，积极发展地区需要而立足于当地资源或有条件发展的农、林、牧业和轻纺工业。同时要注意军民结合、平战结合。过分突出军工，军工民用又各搞一套，互不协作的状况，要进一步调整。

（3）工业开发要与基础结构的建设统一规划，协调发展。以往的三线建设，突出工业开发，而忽视了综合开发，摆下了许多工业，而基础结构长期没有跟上去，使得工业发展缺乏必要的经济环境。工业产品由东部沿海地区向三线地区转移了，但忽视了技术转移，当地的技术力量成长缓慢，从沿海地区用行政命令调去的技术力量，由于生产、生活条件差，后顾之忧多，也安不下心，结果是生产工具与劳动者这两大生产要素在质量上的组合不大协调。有了先进和比较先进的生产设备，却生产不出相应的优质产品来，这是今后整顿三线建设应当大大加强的一个方面。目前，先进地区与落后地区的经济联合有相当的发展，但在联合中，应更多地注意先进地区的先进技术的转移，促进落后地区人才资源的开发和科学技术更大的发展。

（4）在国家的长期计划中，在国家投资和生产任务的地区分配上，仍应对三线地区给予一定的照顾，在税收、信贷政策上给予一定的支持，与先进地区联合经营的项目，要予以优先安排。在资本主义条件下，新区的开发，也强调国家的干预，并在多方面予以照顾、补贴，创造条件以吸引产业和人口由"过密"地区向"过稀"地区转移。我们在这方面有比资本主义国家优越得多的社会条件，这些工作应当做得更好。

三线地区有自己的优势，其优势往往是东部地区的劣势；三线建设已积累了丰富的正、反两方面经验，今后如能进一步解决好上述问题，三线地区的潜力和优势是完全可以发挥出来的，这对国家，对落后地区，对协调先进地区与落后地区的关系都是有好处的。对加强国家的战略后方，加强民族团结，调动各民族的一切积极因素，也是有深远意义的。

载《基建经济》1982 年第 12 期

边疆、少数民族地带的经济发展战略

边疆、少数民族经济带，在地域上包括内蒙古西部、甘、青、宁、新、云、贵、藏、桂。在我国三大经济带中，就经济发展水平而论，它处于三级梯度的最低级；但就空间的广度和资源的丰度而论，它又处于逆梯度的最高级，这是我国一个极富特色、具有广阔开发前景的地带。

在我国国土开发的漫长历史过程中，以农业为主体的开发，其空间推移的顺序，基本上是中间开花，逐步向四方扩展，以后东南半壁成为全国的经济重心，北部、西部、西南部的边疆、少数民族地带多停滞在以游牧经济为主的原始状态。19 世纪 40 年代以后，近代工业首先发轫于东南沿海，逐步向北部沿海推移，直到 20 世纪 30 年代，在抗日战争特殊的历史背景下，近代工业才一度向西推移，但西移的规模速度和范围都很有限，时间也很短暂。从总体看，边疆、少数民族地带一直处于闭塞落后状态，孤立于全国和世界历史发展潮流之外。这个地带较大规模的开发是新中国成立后开始的。"一五"以来，以工业为主导，伴随着人口移动和运输干线的延伸，地带进入一个新的发展阶段，促进了全国生产力分布的改善。但由于种种原因，取得的成就同开发所涉及地带的资源优势相比还是不相称的。

一、地带发展条件特点评价

与其他两大地带相比，本地带的长处和短处、优势与劣势都比较突出，反差对比鲜明。

第一，地域辽阔。全地带土地总面积约 609 万平方公里，占全国 63%以上。全国土地面积在 50 万平方公里以上的五个省区，四个在本地带之内。新、藏、青、内蒙古四省区土地面积即占全国 50%。人均土地资源为全国平均值的四倍，为东部地带的 9.6 倍。

有些同志认为，这里山地沙漠面积大，不是高寒，就是极旱，地大的实际意义并不大。这种看法是不全面的。如单从狭隘的耕作业观点看，这里生产的自然环境确有艰苦的一面，但也有其有利的一面，如北部日照强，通风好，昼夜温差大，有利于农作物、干物质的积累。南部一般温暖湿润，水热资源丰富，生物资源繁多。如果从大农业和国民经济的观点看，地大，总意味着生产空间的广阔，生产建设安排的活动余地相应加大，至少是农、林、牧和各项建设事业的用地矛盾较易解决。这对地带经济的综合发展是有利的。即使是在山地沙漠面积大的情况下，地带发展大农业的潜力仍大于其他地带，如已有森林面积占全国45%以上，可利用草原面积占85%以上，宜农荒地和宜林荒山、荒地占全国45%和40%以上，后备荒源仍较丰富。从发展的观点看，随着技术的进步，人类改造利用土地资源的能力的加强，在当前技术经济条件还不能利用或很难利用的土地资源，将更多地转化为现实的生产要素。这也是其他地带所不及的。

第二，能源矿产丰富。辽阔的地带内，地质构造复杂多样，分布着各时代的地层、岩浆岩，造成丰富多彩的矿产。"三江（怒江、澜沧江、金沙江）成矿带"、天山、祁连山两大山系，塔里木、准噶尔、柴达木三大盆地，鄂尔多斯高原，都是我国也是世界少有的多种矿产的富集区。在全国58种主要矿产中，仅就探明保有储量占全国前五位的省区统计，本地带占全国60%以上、占有绝对优势的有铬、镍、锡、铂族、锂、铍、稀土、汞、钾盐、云母、蛭石11种；占全国40%~50%以上具有相对优势的有锌、锑、铌、重晶石、石棉、石膏六种。而且地带内九个省区各有其占全国首位的优势矿种，如内蒙古的稀土、银、蛭石，新疆的铍、云母，青海的锂、钾盐、硅石、石棉，甘肃的镍、铂族金属、重晶石，宁夏的石膏，贵州的汞，云南的铝锌，西藏的铬，广西的锰、锡。

本地带是全国大江大河的发源地，大多流经地带的峡谷区，河床比较大，落差集中，形成我国水力资源的许多"富矿"，可能开发的水电资源蕴藏量占全国50%以上。

本地带的能源矿产资源，还有以下特点：

一是矿种齐全，有些是世界稀有的，有些是"关键矿种"，有些是尖端技术工业所必需、被称为"21世纪新材料"的战略资源。而且资源的空间组合比较理想，特别是丰富的能源与丰富的有色、稀有金属、化工资源的结合，发展高耗能工业的条件得天独厚。多种矿石中还富含其他多种有用元素，有利于形成综合性基地；二是多种能源、矿产还处于待开发状态，资源的后备潜力大；三是由于地大，地质勘探工作不够，发现新矿区、新矿种的可能性以及现有矿产地扩大储量的潜力，都比其他地带大，特别是煤、石油、有色金属。

有种观点认为，随着新技术革命的开展，信息知识日益成为最重要的资源，自然资源的优势将随之丧失。这是不确切的。包括自然资源在内的自然力，是"特别高的劳动生产力的基础"（《马克思恩格斯全集》第 25 卷第 728 页）。不管世界范围内新技术革命的前景如何，自然资源的丰度和开发利用状况总是影响一个国家、一个地区生产力发展水平的经济结构、社会生活方式的主要因素之一。技术进步，将开辟自然资源开发的新途径和使用的新领域，大幅度提高自然资源开发利用的附加值。从人类社会的总体看，新技术革命不是导致自然资源的贬值，而是增加发挥自然资源优势的新手段，优势资源与技术进步相结合，将更有利于地区经济的起飞。高技术产业耗能、耗料少，从某种意义上说是对的，但这种产业所需的精原料的制备，是要消耗大量起始原料的，如铌用于高技术工业中单位用量很小，但提炼一单位纯铌，却要消耗 500 单位的含铌铁矿。因此丰富多样的自然资源，不仅是传统产业也是新兴产业发展的重要因素，是地区经济发展的优势之一。

第三，人口稀少，经济技术落后。本地带是全国地广人稀之区，人口密度 2.6 人/平方公里，仅为全国平均值的 1/4，东部地带的 1/10，特别是新、青、藏人烟更稀疏，与其丰富的自然资源、广阔的空间很不相称。但这同时也说明本地带还有很大的容量，可以起接纳东部、中部人口过密区剩余劳力的"蓄水池"作用。

新中国成立以来，本地工业发展速度总体看比较快，但由于历史基础和发展战略上的某些失误，基建规模和经济增长波动较大，仍是我国最落后的地带，对比如表 1 所示。

表 1　各地工、农业发展指标对比

	本地带			其他地带		
	全国	中部	东部	全国	中部	东部
一、总水平						
工、农业总值占全国（%）	9.58	30.4	60.0		31.5	16
工业产值占全国（%）	8.0	26.43	65.57		30.3	12.2
农业产值占全国（%）	12.9	93.1	48.0		33	26.9
二、人均产值（元/人）						
工、农业产值				60		81.59
工业产值				43.25		
农业产值				50.6	78.5	33

续表

	本地带			其他地带		
	全国	中部	东部	全国	中部	东部
三、产值密度（元/平方公里）				81.8	86	72.7
工、农业						
工业				15.1	9.25	4.15
农业				12.6	9	3.4
四、运输线路密度（公里/万平方公里）				26.4	9.7	7.6
铁路				38.1	22.4	15.3
公路				41.7	20.6	20.7
内河航道				11.1	5.8	3.6
五、城市化水平				85.1		68.1
六、全民工业资金利税率（%）				49.2	73.9	35.8
七、人均社会商品零售额（元/人）				76.1	96.2	58.8
八、十万人中大学文化程度的人数				75	93.9	58.4

资料来源：根据 1983 年《中国统计年鉴》有关数据整理计算。

表 1 中各指标从不同侧面反映了本地带经济技术的落后性。但经过 30 多年的建设，毕竟打下了相当的经济基础，某些技术指标还优于其他地带，如全民所有制工业职工人均固定资产净值，比全国平均水平高 29%，比东部地带高 43.9%；固定资产净值占原值的比重，比全国平均高 4.8%，比东部地带高 10.2%，这说明职工技术装备水平还是较高的，但经济效益低，这是问题，也是潜力。如将资金利税率提高到全国平均水平，一年就可多创造 1 倍的利税额。

二、开发边疆、少数民族地带与全国经济社会发展战略的关系

既富饶，又贫穷，是边疆、少数民族地带最基本的特点。这一特点一方面决定了在近期本地带缺乏作为全国开拓重点的条件，需要打基础、做准备；另一方面又说明本地带拥有巨大开发潜力和优势，从长远看，我国经济的发展，潜力也在这里，后劲也在这里，必须把它的开发作为全国总战略的重要组成部分，予以重视。这是因为：

第一，开发落后地区，扩大生产空间，更广泛地把各种自然、社会经济资源吸引到国民经济的周转中来，这是生产力发展的客观要求。生产力空间分布严重不平衡，富国与穷国的鸿沟加深，"阳光地带"、"冰冻地带"的对立，在资本主义世界范围内，已引起尖锐的社会矛盾和社会动荡。在我国，地带间发展的不平衡，也影响到全国生产的增长速度和国民经济效益。正因为如此，世界

各国，不管其社会形态如何，经济上的成熟性如何，都把开发落后地区，协调地区间的发展比例，作为一个战略问题提到议事日程。这已是一个世界性的趋势。我们的战略部署必须顺应这种历史趋势。

第二，在我国社会主义条件下，国民经济的综合平衡，不仅要求在保证重点的前提下求得各部门之间按比例协调的发展，也要求在正确确定重点开拓地区的前提下使各地区间保持合理的发展比例关系。前者的实现需要以后者的实现为基础。二者结合，才能保证全国国民经济的协调运转，取得较好的综合效益。从宏观上看，协调我国地区间的比例关系，关键就是协调边疆地带同其他经济地带的关系。

第三，边疆、少数民族地带，是我国少数民族聚居之区，地处边陲，战略地位重要。我国是一个多民族的统一国家，在政治上解决了民族不平等问题以后，就需要致力于进一步解决民族间事实上的不平等问题。以经济上的共同繁荣发展来加强各民族间的团结，用繁荣发展经济的办法来巩固边防，这正是我国战略布局的出发点之一，也是社会主义生产分布特有规律的体现。

有些同志认为，新中国成立以来，我们在边疆、少数民族地带，花钱不少，但效益很差，背上了沉重的包袱。现在既然要以经济效益为中心，就应当扔掉包袱，集中力量在经济效益好的地区进行建设。我们认为，边疆、少数民族地带经济效益较差的现象是存在的，但并不具有必然性，形成这种状况的原因主要是在主观方面，即开发战略不当。如三线建设中，在指导思想上急于求成，要求过高、过急，建设规模超过了地区客观条件的可能；缺乏总体布局，不少项目仓促上马，设计多变；战线太长，布局太散；投资结构过分偏于军工和重工，而军工和民用工业又各搞一套，不仅造成地区结构性的失调，也使企业之间、企业内部各环节之间缺乏协作与协调。这些失误，当然严重影响经济效益，而这主要是人为的，吸取了教训，这类影响效益的因素在今后是可以消除的。

对边疆、少数民族地带建设的效益问题，需要有科学的评价原则。生产力的战略布局应当是经济、政治、国防统一兼顾，以经济效益为主。经济是基础，经济上发展不足，国防、政治上的要求也将因缺乏基础而落空。但布局问题，不仅仅是单一的经济问题，必然涉及政治、国防。边疆、少数民族地带，如果长期得不到合理开发，任其落后下去，就不利于民族团结、政治稳定和国防巩固。对经济效益也要作具体分析，我们要求的经济效益，应当是近期效益与长期效益，局部效益与综合效益的结合。边疆、少数民族地带的资源开发，在初期经济效益可能不高，但当其资源优势逐步转化为经济优势之后，就会有后劲，有较长期的效益。即使是过去长时间内经济效益不好的地区、企业，通过整顿改造，弥补其先天缺陷以后，也有可能大幅度地提高经济效益。近几年来，边疆、少数民族地带一大批企业的实践已证明了这一点。从全国看，这个地带是东部地带的资源后方、潜在市场和投资方向，是发达地带可靠的后盾。沿海地带对外辐射力越强，越需要有后盾，越离不开中部、西部的合作与支持，合作得越好，越有利于全国的经济振兴和社会经济效益的提高。还应看到，长期以来我国的价格体系不合理，突出的是采掘原材料工业的产品价格偏低，而加工工业产品价格偏高，加工产品中，粗加工产品与精加工产品的比价也不尽合理。当边疆、少数民族地带的产业结构偏于采掘原材料和粗加工时，这种不合理的比价，实际上使得其产品价值的相当一部分无偿地转移到靠吃国家调拨廉价能源、原材料的发达地区去了，这就直接影响到落后地区与发达地区经济效益对比的确切性。因此，我们不能只采用一两个单项指标就下结论，把开发落后地区与提高经济效益绝对对立起来。当然，从根本上说，还是如何正确确定边疆、少数民族地带的开发战略，较快地加强其经济活力、实力和财力。

三、开发战略研讨

正确的开发战略，首先需要有一个正确的战略指导思想。一要从地带的现有基础和实际出发，不能片面追求高速度、一步登天，而应当是稳步前进、协调发展、稳中求快，在协调的基础上求得较高的经济效益。二要改造过去多年来依赖国家的"输血经济"。国家对边疆、少数民族地带要有必要的财政扶持，在投资等方面给予一定的照顾，但必须重点用于发挥其优势，广开致富门路，增强地带经济的内部活力，加强"造血"机制。

基于上述指导思想，在地带的开发战略上，要着重研究解决以下问题。

第一，综合发展，建立合理的产业结构，促进国民经济和生态系统的良性循环。地区产业结构不合理，是边疆、少数民族地带落后的重要原因，也是落后性的重要表现。从经济领域看，三线建设的实践说明，一个基础十分薄弱、经济发展处于成长期的地区，过多、过快地发展重工业，而没有与之相适应的基础的支持，并不能促进地区经济持续稳定的增长和人民生活水平的提高。从生态系统看，本地带处于全国主要水系的上游，既是我国中东部的生态屏障，对维护广大地区的生态平衡具有重要意义，而这个地带大部分地区，本身的生态环境又比较脆弱，某些地区的生态环境已有所恶化。今后自然资源的大规模开发，如果部署不当，将与生态资源的保护形成更尖锐的矛盾，其影响将是既广泛又深远的。把这两方面结合起来看，地带合理产业结构的建立，其基础工作应当是在林、草、矿上做文章，开发利用与治理保护有机结合，既发挥资源优势，又消除生态破坏这个潜在的危险。为此，首先要抓好生态农业，调整农业生产结构，因地制宜提高各类土地的利用程度和经济性。在抓好平原、盆地、绿洲耕作业商品生产基地建设，尽可能增加粮食、主要经济作物产量的同时，更应在广大牧区、农牧交错区及宜林宜农之间的过渡地带，坚持以牧为主，人、畜、草结合，牧、林、农结合；在丘陵、山区，以林为主，合理安排林、牧、农生产，特别要种草、种树，养地、养山水，使土地资源的开发与生态平衡同步，在加重生态农业这个环节分量的同时，立足于当地农、林、牧资源，积极发展投资少、见效快的重点轻纺行业和产品（如毛纺织、皮革、乳制品、制糖、卷烟、食品罐头、木材加工、造纸等），建设农工综合基地。以发展生态农业带动轻纺工业，推进其他工业和第三产业，为矿产的大规模开发利用创造一个较好的经济环境和生态环境。这样的国民经济循环，可以避开资金不足和技术水平低的困难，改善本地带贫困落后面貌，是在经济成长期调整结构、搞活经济的必由之路。

当然，强调生态农业这个环节，并不是说只停留在农业自然资源的开发利用上。根据地域分工的要求和地带的条件，从长远和综合的观点看，要进入全国先进行列，还必须抓好优势矿产资源的开发利用。但资源开发战略必须实行两个转变：一是由单一部门开发单一资源，变为组织关联部门、地区，以跨行业、跨地区的方式，进行综合开发，提高资源的开发率，一矿变多矿；二是由单纯的矿产开发变为资源开发与加工结合，提高矿产就地利用率，提高资源的附加值，减少无效运量。在资源开发战略上还有一个时序问题。本地带内具有优势的矿产种类较多，由于能源基地建设周期长，能源又是全国经济发展的一个重要制约因素，因此在资源开发的步骤上，首先应侧重于能源开发，主要是东胜—准格尔特大煤田、黔西滇东大煤田、宁夏贺兰山、灵武煤田的开发，相应建设坑口电站群，形成煤电基地；积极开展四大水电基地，包括黄河上游龙羊峡—青调峡河段、红水河、澜沧江中段和乌江的梯级开发。与上述重点开发的同时，辅之以国家急需，又能促进地区经济发展的其他矿产资源的适度开发，如新疆的石油、稀有金属，柴达木的盐类资源，云贵的磷矿、铝土矿，广西的海底油田、铝土矿、锡矿，包头、金川的共生矿等。在大矿大开的同时，小矿放开，有计划地组织乡（镇）企业和群众就近开采零星分散的小矿，这既是农村致富的重要途径，也是改进整个产业结构的重要措施之一。

其次，在 20 世纪末 21 世纪初，进一步大规模开发建设多种以能源为依托，以电冶金、电化工为主导的联合生产基地，其中与大水电结合的，有以铜、铅锌、铝为主的白银基地，以镍、铜铂族金属为主的金川基地，柴达木盆地综合盐类化工、铅锌、铝基地，滇西藏南"三江成矿带"的铅锌基地、铜铁基地、锡锌基地、铂—钯基地、铜基地、黄磷—高效超高效磷肥基地，乌江两岸的磷铝铁合金基地，广西的锡、铝、锰银基地等；与煤、煤电结合的，有内蒙古"金三角"的稀土铌高级合金钢基地，盐化工煤化工结合的综合化工基地、以蛭石石膏浮石等轻质建材与矿渣建材为主的建材基地，黔西滇东宁东的煤化工、建材、铝基地等；与油气相结合的，有广西沿海及新青三大盆地的石油—石油化工联合基地。

上述资源的综合开发利用与联合基地的建设，边疆、少数民族地带在全国地域分工中，将发挥牧、林基地，以牧、林产品及优势农产品加工为主的具有地区特色的轻纺工业基地，煤炭、煤电、水电协调发展的能源基地，以有色、磷、钾、盐化工煤化工石油化工为主的重化工基地的作用。以这些优势产品对全国做出贡献，并带动地带经济的综合发展，改善生态系统，实现产业结构的一次重要调整，同时为开始产业结构新的战略调整打下基础。

第二，教育先行，抓紧智力资源开发。

现代化离不开物质资源，更离不开智力资源。本地带与其他地带在经济上的差距，很大程度上是技术力量上的差距。重视落后地区的智力开发，并使之先行一步，这是使落后地区步入先进行列的基本条件之一。20 世纪 40 年代以来，美国"地区趋同"（即边缘地带经济社会发展水平向中心地带接近）进程的加快，南部、西部的崛起，很大程度上得力于新兴技术的空间推移。近几年来，日本开始进行工业布局的再调整和国土开发的新展开，中心环节就是将"技术立县"作为"技术立国"的阶梯，实行新技术向整个日本列岛扩散，特别是向边远地区扩散，向落后地区的经济注入活力。我国近几年来发展起来的跨地区、跨行业的经济联合和技术协作，也把技术转移作为主要内容，取得了明显效果，但从总体看，边疆、少数民族地带科技文教水平还很低，现有自然科技人员数只占全国 15%（东部地带占 34%以上），而现有科技力量还稳定不下来。这种状况已与现有生产不相适应，与今后大规模开发的繁重任务更不相适应。劳动者的技术素质、管理素质的提高，基础在教育。本地带科技的落后，正在于教育事业的落后，人口的文化水平低。据对第三次人口普查资料的分析，在三大地带中，每十万人口中大学文化程度的人数，本地带只有449.6人，比全国平均人数少149.7人，比东部地带少320.1人；而六周岁以上文盲、半文盲占人口的比重高达35%，其中贵、云、藏、甘四省区均超过42%。这样的文教基础，很难进一步培养出大批高级人才，不要说难以应付新技术革命的挑战，就是推广传统技术也有困难。解决这个尖锐的矛盾，需要从多方面努力：

一是稳住现有科技力量，发挥其作用。人才是一定时间、地点的产物。要改变人才外流局面，单靠行政强行冻结是不行的，单纯留住人才并不能实现人才本身的功能，关键是要落实政策，使他们在生活上无后顾之忧，在政治上受到信赖，在工作上有奔头，在技术上有不断提高的必要条件。这样做并不需要花多少钱，却能真正发挥现有科技力量的作用。

二是积极吸引其他地带的人才，特别是与沿海智力密集地区联系挂钩，接受其技术、信息和人才，以提高地带的科技素质。水往低处流，人往高处走，引进人才不能靠行政调配，而要通过内在的动力——经济机制实现。我国知识分子大多是想干事业的，随着开发工作的展开，边疆、少数民族地带日益有用武之地，将可能成为人才自动聚集之所。只要政策对头，各层次的拓荒者会接踵而至。

以上两点，对解决地带人才问题，是现实可行的，但更为重要的是国家要适应全国生产力的总体布局，有计划、有步骤地调整全国文教科研机构的布局。要舍得花钱，增加边疆、少数民族地带的智力投资，广开门路，加快本地带内文教事业发展的步伐。教育落后，缺乏人才成长的社会基础，经济的建设只有外地先进技术和技术力量的引进，是难以深深扎根的。文化教育，远期起作用的是幼儿、小学教育，中期起作用的是大、中学教育，马上起作用的是干部职工教育。因此，必须通盘规划，对本地带内整个教育事业和教育结构做出安排。要从小学基础教育开始，全面提高人口的科技文化水平，从中培养自己的科技人才。"十年树木，百年树人"，人才的培育周期较长，智力资源开发，不但要与物质资源开发同步，而且还要超前。

第三，抓好以交通运输为主的基础结构建设，为工农业发展创造必需的经济环境，这是顺利开发落后地区的一条较好的经验。国内外的实践都证明，基础结构是地区生产力发展的支柱，是布局展开的前提。它的发展状况，直接关系到开发效益和地区的吸引力。基础结构薄弱，特别是交通不便，信息不灵，优势资源难以大规模开发，已形成的开发能力，也往往因产品运不出去，不得不以运定产、以运限产，使能力不能充分发挥，这是边疆、少数民族地带开发不足、开发经济效益不高的主要原因之一。今后随着矿产开发规模的逐步扩大和生产力布局的纵深扩展，对运力的需求将成倍增长，为了避免"临渴掘井"，必须把运输建设作为准备工作中的重要环节来抓。

内地带内，除广西临海，有出海之便外，大部分地区深处内陆边疆，距海较远，又处于大江、大河上游，舟楫之利也远不及中部、东部地带。而矿产开发运量大、运距长，因此，从全地带看，运输建设必须以铁路为骨架，除改造既有线路外，要从几个方向上逐步纵深展开：第一步，主要是连接内蒙古东西部铁路线路，并将东北、华北、西北铁路干线贯通起来，连接云、贵、桂，并把西南腹地与华南出海口连接起来，连接陇海、包兰及宁南与关中，缩短宁夏资源东运，并减轻陇海天宝段运输压力。第二步，主要是沟通滇东、滇西，为开发滇西做准备的线路，开发天山南北两大盆地的线路及沟通新青的线路，进一步开辟沟通内蒙古西南、陕北通往西南的新的通道。但本地带南部，山高谷深，地形复杂、桥涵多，土石方工程量大，北部地形条件虽较好，但新线建设也要经过一些风沙大、严重干旱缺水地区，工程也较艰巨，因此铁路建设周期长、投资大，而公路建设投资小、见效快；公路运输机动灵活，中转倒运环节少，可行驶多种运输工具，这对地方经济特别是对日益发展的农村商品经济是迫切需要的。因此虽然要以铁路为骨架，但公路必须领先，要宽平直的大公路与县（乡）小公路、断头路一齐上，还要结合河流的梯级开发，发挥水库对河流径流量的季节调节作用，加上有计划地整治有通航能力的小河流发展水运，与公路运输一起为铁路分流，同时积极发展地区性民航运输。这样多种运转形式综合发展，才能较快地提高运输线路的密度和综合运输能力，使货畅其流、资源成宝。

第四，探求出海口，开发内陆口岸。落后与封闭紧紧相连，现代化则与社会化密切相关。实行两个对外开放，对边疆、少数民族地带而言，不仅是适用的，从某种意义上讲甚至是迫切需要的。探求出海口，开发内陆口岸，是本地带实行两个开放的特殊形式。

资源的开发，优势的发挥，都需要钱。如果还像过去那样，单靠国家投资，即使是到20世纪末21世纪初，国家投资规模也还是有限的。这就需要从社会这个大范围着眼，敞开门户，"招财进宝"，开展纵横交错的联合协作。除在本地带内成立区域经济协调组织、互相开放，就近开展多种形式的联合协作以外，还需要向其他两大地带及国外扩展，从东西两个方向、海上与陆上两种渠道，吸引资金技术，出口优势产品。

北海是本地带唯一的沿海开放城市，是云、贵最近的出海口。随着南防，南昆铁路的修建，云、贵运往国内外的物资，经此走海运，运距可大为缩短。连云港是甘、青、宁路径最短的出海口，从此出运物资运距比上海、青岛、天津都近，运杂费较低，连接甘、宁、青与连云港的陇海铁路双线电化后，通过能力强，运量大。处于内陆的云、贵、甘、青、宁，可以与这些沿海港口进行多种形式的联合，利用资源优势与口岸对外开放和技术设备的有利条件，共同建设工业企业；可以配合港口城市，共同修建出口商品的储存仓库、联合建立船队；可以设立驻港办事机构，洽谈业务，收集信息，使人才得到锻炼。通过联合，建设据点，开设窗口，把"触角"伸到前沿。反之，利用自己的资源优势、便宜的劳动工资、广阔的企业用地，加以优惠待遇，从国内外吸引资金技术，弥补自己资金技术不足。这就是向东进击。

边疆、少数民族地带一般距海远，东向出海有一定限制，而向西进击，发展与苏东欧、西亚、阿拉伯、南亚的交往，具备有利条件：铁路、航空距离较近，运输比较方便；与一些国家人民的宗教信仰风土习俗有共同之处，具有一定吸引力；甘、新历史上的"丝绸之路"是通往西方的动脉，有交往的传统；地带的许多土特产，如宁夏的枸杞、发菜、滩羊皮、提花地毯、"太西煤"，新疆的棉花、呢绒、地毯、玉石、葡萄干、哈密瓜、甘草，西藏的山羊绒、牦牛绒及其制品无毛绒、野生蘑菇，内蒙古的稀土制品、碘石、天然麻黄素等，在上述国家销路好。苏联西伯利亚远东地区、蒙古、西亚，一般轻纺产品较缺，新疆、内蒙古的纺织、服装、鞋帽、食品、日用百货，在国内其他地带难以打开销路，而在这些地方却受到欢迎。

本地带内已有内蒙古的二连浩特，新疆的霍尔果斯、吐尔戈特、喀什，西藏的普兰、吉隆，云南的章风、畹町、打洛等内陆口岸，利用这些内陆口岸，开展边境经济交往，包括边境省区政府与邻国进行的边境贸易，边境省区地方有关部门与邻国有关部门的边境小额贸易，边民互市贸易等，不但可以搞活边区商品流通，使某些商品成本大大低于内地调运，推进边区经济开发，而且有利于开阔眼界。从发展看，还可以内陆口岸为据点，连接欧亚铁路网，发展转口贸易；也可以重点开放建设二连浩特、伊犁等口岸，建设边境经济特区，加强基础设施，优化投资环境，同时吸引国内外的资金技术，为我所用，加快边疆、少数民族地带商品生产所必备的综合性要素的发展，推进优势资源的开发利用。与沿海的经济特区、开放城市东西呼应，发挥技术窗口、知识窗口、管理窗口，对外政策窗口的作用，还起着民族政策窗口的特殊作用。这是从根本上改变本地带长期闭塞落后的自然经济格局的重要一环。

载《经济与社会发展》1985 年第 3 期

西部发展战略中值得探讨的几个问题

西部地区发展战略中，有两个方面的问题值得研究：一方面，目前我国生产力的布局要不要进行大尺度的空间转移，以及转移的时机、步骤、规模和速度；另一方面，西部发展战略模式的选择。

这两方面的问题，展开来涉及一系列问题。

（1）20世纪内，全国建设重点到底如何摆，是摆在东部、中部还是西部？现在东部宣传得较多，形势比较明朗，中部也比较明确。到20世纪末还有十几年时间，"七五"、"八五"重点建设项目大体已定，从总体布局上看，不可能同时再进行向西部地区的大转移，也不可能跨越中部而把西部作为全国开拓的重点地区。但西部地区要做的工作还很多。打基础，做准备，迎接下一步的战略转移，这里面就有许多文章要做，如资源的进一步勘探，开发线路的建设，人才的培育，贫困地区的治穷致富，生态环境恶化地区的国土治理，现有企业，特别是三线企业的调整、整顿、挖潜、改造、配套，重点建设区块的综合规划和重点项目的前期工作，也包括一部分国家急需的开发性项目的建设等。这些准备工作做得越细致、越充分，加上东部的腾飞、中部的崛起，这样，西部地区下一步的大规模开发，就越有条件，起飞的速度将越快。20世纪内，作为起步，先抓好五个重点建设区块的工作（作为"山西"能源重化工基地的组成部分的蒙西、陕北区块，黄河上游以大水电群为依托的区块，红水河两岸区块，六盘水攀西区块，新疆的伊犁和阿勒泰地区）也是重要的。西部地区的发展重点还应当放在上述准备工作上，而不宜急于展开大规模的开发。

（2）西部地区开发条件、潜力的综合分析评价，这是研究发展战略的基础。从地区总体上看，是优劣并存，反差对比强烈，同时从某一侧面看，也往往是长短互见，需要有一个辩证的全面的分析估价。如对这个地区的土地资源（指由气候、地貌、岩石、土壤、植物、水文等组成的垂直剖面）如何评价，是已经超过了承受能力，还是大有潜力可挖；这里的优势资源是不是主要是草原和煤炭；在新技术革命浪潮中，自然资源的优势是不是会贬值；这里文盲比重大，整个人口的文化素质较差，生产的技术水平、经营水平较低，但全民所有制单位自然科学技术人员占职工的比重，职工人均固定资产拥有量，却既高于东部，也高于中部；这里既是中部、东部的生态屏障，而区内不少地方本身的生态环境又比较薄弱。要真正吃透这种错综复杂的"区情"，才可能确定一个正确的发展战略。

（3）开发模式的选择，包括目标的确定，资源开发顺序的安排，资源就地加工转换与资源输出之间的关系的处理，技术结构。如果在一定时期内，建立以优势资源的开发、加工为主体的区域产业结构，会不会拉大与东部经济技术上的差距，如何才能缩小这种差距？还是仿效美国西部、南部，德国南部以高技术产业为主或日本的"技术立县"，以实现落后地区的"超越"？还是在大的推移顺序中，在局部地区、局部领域实行逆推移更合适？

（4）从全面看（不是就某一地区看），突破口选在哪里？是从高技术产业上突破，从大规模开发地下资源突破，还是从抓好生态农业着手，提高各类土地资源的利用率与经济性，使生态、粮食这两个长期困扰西部地区的难题较快地出现转机，以生态农业带动轻纺工业，推进其他工业和第三产业？

（5）地区内部经济空间结构的安排。五大民族自治区，其中内蒙古、广西的条件较好，如何先行一步？11个省区中，川、陕的综合条件相对较好，作为西部地区大规模开拓的前进基地，又应当如何充实提高其经济实力？在长期规划中，划出哪些重点建设区块，各个区块的主导产业、相关产业如何组合，区块之间如何分工？

（6）探求出海口与开发区内内陆口岸，积极参与国内外的劳动分工问题。11个省区的协调、联合问题。

（7）国家扶持与加强"造血"机制问题。国家的扶持也好，地方自力更生也好，都必须把力量真正集中在地区优势的发挥上，在这里，区域产业结构的合理化至关重要。也就是说，"造血"机制的加强，既需要外力，也需要提高吸收消化外部投入、增加产出的能力。

（8）西部的开发效益问题。西部经济效益较差的现象是存在的，但并不具有必然性，形成这种状况的原因主要是在主观方面，如三线建设中开发战略的不当，同时在评价原则和评价方法上也有问题；如现行评价地区效益的指标，就直接影响到落后地区与发达地区经济效益对比的确切性；还有价格体系不合理，如果有一个正确的开发战略，加上现有价格体系、管理体制的改革，又有一套比较科学的评价效益的原则与方法，逐步消除影响西部地区效益的主、客观因素，效益是可以逐步提高的。

载《经济日报》1985 年 7 月 3 日

西部开发的若干战略性问题
——在国务院发展研究中心"西部地区发展与政策研讨会"上的讲话

西部是全国的战略地带，是多种矛盾的集聚点。全国产业结构的总体调整，国家区域新格局的塑造，改革的深化和对外开放面的扩大，都与西部的开发进程息息相关，因而西部地区开发越来越引起人们的关注。西部开发的进程，取决于两大因素：一是国家宏观布局政策的目标取向。二是西部内在潜力的发挥。西部的开发战略，核心就在于是否能妥善地解决这两方面的问题。我们将这两个方面，分解为四个战略性问题。前两个问题，侧重于对国家宏观布局政策的看法，提出调整的意见，以期为西部开发创造一个较好的外部环境；后两个问题侧重于对西部优势的合理利用，以期增强地区的自我发展能力，并对全国做出更大贡献。贯穿的一条主线，就是把西部开发放在全国大系统中加以考察，以利于在一些有争议的战略性问题上取得共识。

一、协调东西关系必须协调宏观布局的两大政策目标

国家的宏观布局有两大政策目标：一是效益；二是均衡。这里所讲的效益，确切地说，包括适度的速度和综合效益；所讲的均衡，主要是指各类地区在全国区域格局中发展机会的平等，也兼顾结果的相对平等。在客观上，这两大政策目标是存在矛盾的，处理得当，二者可以兼顾；处理不当，矛盾就会突出。在这方面，我国已有正、反两个方面的经验教训。"一五"时期，从总体上看，对这种矛盾的处理比较好，虽然也出现过偏差，但纠正得比较快，基本上实现了整体效益的提高和地区差距的稳步缩小。1953~1957年，全国工业总产值年增18%，是历次五年计划中增长速度最高的，工业经济的总体效益也较好，也正是这五年，东西工业"静态不平衡差"缩小的幅度也最大，由1952年的55.82缩小到1957年的48.29，五年内缩小了7.5个百分点。很可惜，这个好势头没有延续下来，从1958年开始，在国家的宏观布局上连连失误："二

五"搞大跃进,在工业布局上搞遍地开花;"三五"、"四五"强调向西跃进。在指导原则上共同特征是强调政治国防上的要求,强调均衡,总体效益很差;近十多年来,强调了布局效益,实行向东倾斜,加快了全国的发展速度,但地区差距明显拉大,地区摩擦增多,全国工业经济的总体效益也下降。怎样寻求效益、速度与均衡最佳的结合点或结合区间?具体来说,就是如何正确处理我国的东西关系,既保证较好的总体效益,又不致过分拉大东西的差距,以致差距有所缩小,这是"八五"和后十年的宏观布局中需要研究的重大问题之一。有关部门曾组织课题组,通过建立数学模型,提出了五个比选方案(即东部、中部、西部、不变和结合方案)。以 2000 年为期,以 2000 年全国社会总产值代表总体效益,以人均国民收入代表地区差距,以期从定量上寻找一个最佳的结合点。其中有三个方案具有代表性,即东部方案、西部方案和结合方案。计算数据表明:

东部方案,即追求高效益增长目标,空间布局向东倾斜。这一方案的长处,是经济效益最好,比结合方案多 670 亿元,比其他三个方案分别多 1330 亿~2180 亿元。其缺点是东西差距拉得过大。相对差距比结合方案扩大 3 个百分点外,比其他三个方案分别扩大了 6~17 个百分点。与 1986 年东西的实际差距相比,绝对差距增加了 766 元/人,相对差距扩大了 10 个百分点。

西部方案,即向西跃进方案。其长处是显著地缩小了东西差距,比其他五个方案分别缩小了 8~17 个百分点。其缺点是宏观经济效益太差,比其他四个方案分别少 200 亿~2180 亿元。

结合方案,即把东部的经济繁荣与中西部的发展结合起来。这一方案,在宏观经济效益上,只比东部方案少 670 亿元,而比其他三个方案分别高 660 亿~1110 亿元;在缩小地区差距上,比中部方案、西部方案、不变方案都扩大了一些,但比东部方案缩小了 3 个百分点。因此该课题组推荐这一方案。

我们认为,单从数据看,这个结合方案,从增长速度看是好的,但在东西差距上扩大的幅度还是偏大。与 1986 年东西的实际差距相比,2000 年,绝对差增加了 660 元/人,相对差扩大了 7 个百分点。1986 年,东西人均国民收入的绝对差是 482 元/人,相对差是 49 个百分点。这个差距已引起人们的关注,特别是西部反映强烈。如果今后十几年内,绝对差再扩大 660 元/人,相对差再扩大 7 个百分点,则 2000 年,东西人均国民收入的绝对差为 1142 元/人,相对差是 56 个百分点。这样,东部大体上可以达到小康水平,而西部温饱水平还很难确保,这样大的差距,西部特别是少数民族地区的人民心理上是否承受得了？更重要的是，这一方案的基本思路，还没有摆脱旧的地域分工框框，这就是东部发展轻加工、精加工、搞尖端，中西部继续发展能源、原材料初级产品，所谓结合，即以中西部的能源、初级产品支持东部加工工业的发展，其理论基础就是李嘉图的静态比较利益学说。如果是全国商品市场发育良好，以等价交换为前提，这种地域分工格局，也可以使能源、原材料工业为主的西部地区，取得合理的收益，使西部人民得到应得的实惠。问题在于我国现行的产品经济与商品经济并存、计划价格与市场价格并存的条件下，能源、原材料初级产品的价格明显偏低，严重背离其价值，在交换中其价值大量流失，造成企业和地区经济的低效益。近年来，由于能源、原材料价格的调整，同时减少了计划分配的比重，使价格扭曲有所缓解，但直到现在，加工产品特别是消费品价格放开幅度大，主要能源、原材料价格放开的很少。目前，消费品的购销，除极少数主要消费品实行合同定购、凭证供应外，绝大多数实行了自由选购、议购议销，而能源、原材料产品按计划定价销售的比重，电力达 95.8%，煤炭 94.4%，冶金 72.9%，建材 52.4%，化工 51.3%，国家管理的比较紧，价格上调幅度相对于已放开的加工产品的上涨幅度小得多。本来，在商品经济条件下，引导资源在产业间分配的信号是产业间利润率的差异，各产业利润率的顺序与产业的短缺度相适应，即短缺强度越大，其资金利润率越高。但在我国，僵硬的价格体系却导致这两者极不相适应：越是短缺的能源、原材料产品，计划调拨比重越大，平均价格越低；越是长线产品，计划调拨比重越小，可以通过市场卖高价。这样，以能源、原材料产品为主而加工工业，特别是深加工、精加工工业发展薄弱，需要大量调入的西部地区来说，又使地区的消费基金大量流失。这种价格漏斗造成的利益漏斗，使得具有一定合理性的地域分工不能给西部带来应有的经济效益。这只是从流通角度来衡量这种地域分工格局。如果从生产领域来衡量，这种地域分工格局主要不是按商品经济规律形成的，而主要是各中央主管部门按各自的要求来确定的，摆在西部地区、分属中央各主管部门的大中型企业，其生产协作链条基本上甩在区外，造成地区的产业关联度低，削弱了地区的整体竞争能力，又造成地区主导业产单一而低级，只能与加工工业发达的地区进行垂直分工。这种垂直分工，往往有利于产业层次较高的东部，而不利于产业层次低的西部。价格扭曲，更加剧了这种地区利益分配不均状况。长期保持这种分工格局，不得不影响西部地区产业结构的调整，影响其资源优势的发挥，已经存在的地区摩擦随着时间的延长将进一步加剧，结合方案的两个目标将因此而大打折扣。上述各比选方案，还有一个共同的缺陷，即把效益等同于速度，以全国社会总产值的增长代表总体效益。效益固然要有一定的速度作保证，但这二者在我国常常是分离的，较高的速度不等于有较好的效益。因此，五个方案中的结合方案仍然不是一个比较理想的方案。是否可以在 20 世纪的后十年，宏观布局政策目标，以完成全国第二步走的战略目标和经济效益有所提高，即适度增长和效益回升作为总体效益目标，以东西差距不继续扩大，或者把扩大的幅度控制在一定限度内，如 3 个百分点以内作为均衡目标。能否使这两大政策目标得到统一呢？从趋势看是可能的。东西差距的变化，取决于两个因素：一是东西总产出增长速度的对比；二是东西产业效益提高速度的对比。近 10 年来，东部工业总产出的超速增长，主要得力于三个倾斜：一是所有制结构上向非全民所有制倾斜；二是在工业生产结构上向轻加工倾斜；三是在空间结构上向东部倾斜。这三个倾斜虽然使东部工业总产值得以超速增长，保持 12.4 个百分点的年增长速度，但整体效益下降。1979~1989 年，全国工业净产值率下降了 7.24 个百分点，工业资金利税率下降了 8.1 个百分点，产品可比成本上升了 21 个百分点，特别是造成基础工业与加工工业的严重失衡，导致全国、特别是东部已有生产能力的大量放空，以致增长速度也难以为继。1989 年工业已大幅减速，1990 年，全国工业总产值的增长速度能达到 6%就不错了。因此，上述三个倾斜必须调整。这样，东部赖以超速增长的有利因素将会削弱，其增长速度将相应下降；相反，这三个倾斜的调整，对西部的增长却相对有利。其增长速度也会下降，但下降幅度将比东部小。据测算，到 20 世纪末，实现全国国民生产总值再翻一番，今后十年内，全国只要保持 5%~6%的年增长率就可以完成。据此可以设想其中东部保持 5%~6%的增长率，西部保持 5.5%~6.3%的增长率，这样到 2000 年，东西总产出的差距会有所缩小。从经济效益的东西差距看，在总体上西部效益低于东部，但如果进一步作深层次的分析，东西效益的差距是有水分的。根据劳动地域分工规律，评价地区经济效益，首要的一个指标，应当是地区产业系统在全国紧缺产品上满足全国社会需求的程度。如果满足全国社会需求的程度较高，即使地区产品的总成本高一点，其经济效益也是较好的，因为它的产品能够输出满足缺乏这些产品的地区的急需，使这些地区由于缺乏这些产品而大量闲置的生产能力充分发挥出来，创造更多的社会财富，由此产生的这部分经济效益，应当是计算在输出这些产品的地区。因此，计算地区经济效益，除了计算地区范围内产业的直接的经济效益外，还应计算其他地区使用本地区的产品所产生的效益。为此，一个地区经济效益的计算，应分解为两部分：一是本地区产业系统的职能效益；二是外地区产业系统的职能效益在本地区实现的部分，或者是本地区产业系统的职能效益通过区际经济联系转移到外地区实现的部分。这样排除价格扭曲的干扰，计算出来各地区的经济效益，才能比较真实地反映实际。在价格扭曲的条件下，按一直沿用的计算方法，对以能源、原材料为主的地区的经济效益的评价常常是偏低的，苏联也存在这个问题。他们曾有人做过计算，如果按合理的价格体系计算以能源、原材料为主的西伯利亚地区的经济效益，那么，这一地区的人均国民收入将提高 19%~29%，劳动生产率可提高 26%~36%，资金产值率可提高 20%~30%[①]。在我国，有的同志设置了一个地区产业价值流失量的计算公式：地区之产业的价值流失量等于地区工业资金总额占全国工业资金总额之比减去地区之产业资金额占全国之产业资金额之差，与全国之产业资金额乘以全国之产业的资金利税率减去全国工业资金利税率之差的乘积。按这个公式我们计算了 1987 年山西煤炭采选业的价值流失量为 16.12 亿元，1987 年山西煤炭采选业的总产值为 51.17 亿元，其价值流失比为 31.5%。1987 年山西煤炭采选业的利税总额为 7.61 亿元，利税率为 8.56%，如果将流失的 16.12 亿元加进去，则利税率可提高到 24.45%，即比一般计算的提高了 15.89 个百分点，或为一般计算的利税率的 2.86 倍。前些时，甘肃有位同志提供了一组数据：1965~1975 年，甘肃省原材料工业的价值流失量平均每年约 10 亿元；1975~1985 年，平均每年约 20 亿元；1985 年至今，平均每年 25 亿~30 亿元。尽管上述各计算方法可能不完善，计算结果也不一定精确，但至少可以肯定，价格漏斗造成能源、原材料为主地区的价值流失量是相当可观的。因此，只要通过价格改革，使原材料产品与加工产品、初级产品与深加工产品的比价相对合理，使产业间利润率的顺序与产业的短缺程度大体相适应，西部工业的总体效益就可以有相当的提高。当然，西部工业经济效益低，也有其结构性原因。如果进一步调整其工业内部结构，提高能源、原材料就地加工转换的比例，提高加工深度与精度，从而提高结构性效益，西部地区工业的总体效益也会有一个相当的提高。如果未来十年内，西部工业总体效益有所提高，东西经济效益的差距也会有所缩小。

效益问题，一直是困扰西部的一个老大难问题，也是中央决策最关注的问题之一。对这个问题的思考应有动态的观点，如以工业资金利税率代表工业经济效益。1988 年，西部只相当于全国平均水平的 84.8%，相当于东部的 73%，

---

① 〔苏〕A.P.戈兰别尔格：《国民经济综合体中的西伯利亚》，载《经济与工业生产组织》，1980 年第 4 期。

但西部效益提高的潜力是比较大的。在 20 世纪 80 年代，尽管西部经济存在着上述价值流失和结构落后等制约效益提高的不利因素，其效益的增长速度，既快于全国平均水平，也快于东部。1981~1988 年，工业资金利税率全国平均年下降 2%，其中东部年下降 4.5%，而西部却年增 3.3%，一减一增，使东西效益差距明显缩小。1980 年，西部对东部效益的不平衡差为 64，1988 年，这个差值缩小为 27，八年缩小了 37。如果今后逐步克服上述制约西部效益提高的不利因素，西部效益提高的前景是乐观的。把开发西部与低效益画等号，至少是片面的。

价格改革和结构调整都需要一个过程，西部效益的提高也需要一个过程，在这个过程中，国家的布局政策，从思路上看，最核心的应是承认地区差距的客观存在。从差异的现实出发，确定不同地区在全国总体布局中的地位，针对不同地区的主要问题，采取有效的政策投入，通过经济杠杆和宏观调节机制，给各类地区创造发挥各自优势的条件，排除影响优势发挥的障碍，从而能平等地获得发挥区域优势的机会，增强地区的自组织能力。各地区的优势得以发挥，地区间的相对差距就会逐步缩小，同时集各地区的优势，也就可以形成国家的整体优势，从而使布局的效益与均衡两个政策目标得到较好的结合。

在国家总体布局中，就西部地区而论，应当担负起提供能源、原材料的分工任务，但又不能长期停滞在单一提供初级产品的地位。从此出发，国家的布局政策，应做如下调整：

第一，明确产业倾斜必须有相应的地域倾斜作依托，在资金特别是政策上积极支持西部扩大能源、原材料的开发规模，提高这些产业的集聚效益和规模经济效益。保证在发挥西部地区比较优势的基础上能取得相应的地区比较利益。

第二，积极支持西部主导产业的多元化，并把能源、原材料的加工转换提高到应有的地位，以延长其优势产品链，便于能源、原材料工业向区内农业、加工工业渗透。同时通过加工转换、减重、增值，缓解能源、原材料工业发展中资金和运力两大因素的制约。

第三，对西部地区已有较好基础的三线军工企业和重机械加工，也应予以适当的扶持，促使其优势、潜力得以发挥，向区内能源、原材料工业和国民经济其他部门辐射。通过这些政策投入和一定的资金投入，来提高西部内部的产业关联度，提高资源的附加值，提高其结构性效益，同时使西部与东部的经济联系，逐步实现两个战略性转变：一是由以单一产品联系为主转变为多因子的交错联系；二是由垂直分工转变为垂直分工与部分水平分工相结合，从而提高东西经济联系的层次与质量，更好地发挥优势互补的功能。这样既有利于缩小东西经济技术上的差距，也有利于重塑新的区域格局，保证全国总体效益的提高，从而达到布局两个政策目标的协调。

二、产业倾斜必须有相应的地域倾斜作依托

近十多年来，我国产业结构和空间结构，都出现了一些问题，亟待调整。现在一致的看法是，从全国看，产业结构调整的核心，是向基础产业、基础工业倾斜，加大这些产业的投入比重，扭转能源、原材料交通运输农业严重滞后于加工工业的局面。但同时出现一个政策性问题，有人主张，"用产业倾斜代替区域倾斜"。这个政策主张的基本依据是，夸大产业倾斜的效应，认为产业倾斜，体现了优势原则，有利于集中社会资源，迅速消除"瓶颈"对国民经济发展的制约；有利于产业结构的协调，发挥产业的关联效益；还可以协调区域间的经济发展，减少地区间的摩擦与冲突。相反，对地域倾斜全盘否定，认为区域倾斜，只能产生一系列负效应，如不利于改变落后地区的面貌，必然扩大发达地区与不发达地区之间的差距，加剧区域间的矛盾；不利于产业转移和产业结构的调整优化，即无条件地肯定产业倾斜，无条件地否定区域倾斜，由此引申出的必然结论是以产业倾斜替代地域倾斜。

这种评价和主张是很片面的，在理论上和实际上都是站不住脚的，在实践上是有害的。

第一，产业倾斜与区域倾斜是两个不同的命题，它们相互联系、不应分割，又有区别，不能互相取代。经济结构的优化，资源的有效配置，总是通过生产要素在产业间和地区间的合理分配来实现的。产业倾斜，主要是解决产业结构问题；区域倾斜，主要是解决产业的空间结构即布局问题。产业倾斜是区域倾斜的一个导向，区域倾斜则是实现产业倾斜的基础，因为产业倾斜总是要落脚到特定的地域上。所以二者有联系，但不能互相取代。在正常情况下，这两种倾斜是相伴而生的。新中国成立以来，在空间政策上，发生过两次大的地域倾斜。第一次是大三线建设时期，工业布局向三线地区的倾斜。伴随着这次地域大倾斜，产业结构是向国防军工及配套的重工业倾斜。第二次地域大倾斜，是 20 世纪 80 年代的向东倾斜，相应地，产业结构向轻加工倾斜。这两种倾斜的相伴而生是有其必然性的。在产业结构向国防工业、重工业倾斜时，能源、矿产资源富集、战略防御条件较好的西部地区，就自然地成为地域倾斜的

主要对象；当产业结构向轻加工倾斜时，人口密集、市场容量大、出口方便、农业发达、加工技术条件好的东部沿海，自然就成为这一阶段地域倾斜的主要对象。可见，这里不是相互取代的问题，而是相互推动的问题。

第二，近十多年来，区域倾斜产生的弊病，不是由于实行了区域倾斜，而是倾斜度的问题。倾斜是协调的必要条件，但倾斜又不必然导致协调。倾斜的效应，是由三种因素决定的：一是倾斜的方向是否对；二是倾斜度是否适当；三是倾斜的时间是否合适。由于过去大三线建设向西倾斜度偏大，产生了一些负效应。20世纪70年代末80年代初，布局政策转而向东倾斜，这在一定时期内，倾斜的方向是对的，问题是向东倾斜时间偏长，特别是倾斜度太大。"三五"期间，在地域上向西倾斜，当时西部投资占全国的比重，相当于东部、中部两个地带之和的61.6%，这种倾斜度就已经超过了西部的承受能力而显得偏大。而这次向东倾斜的倾斜度要大得多，在"六五"期间，东部地带基建投资占全国的比重，比中西部两大地带之和还略大一点；"七五"倾斜度还进一步加大，"七五"前三年，东部基建投资占全国比重，比中西部两大地带之和还多10个百分点。这样必然造成东部、中部、西部差距的扩大，加剧地区间的摩擦和冲突。"一五"时期，以156项为中心的重大建设项目的布局，在地域上也是有倾斜的，但倾斜度比较适当，结果就比较好。不但没有扩大发达地区与不发达地区间的差距。过度地向发达地区倾斜，当然会拉大差距；但如果合理地向不发达地区倾斜，在政策上扶持这种倾斜，就可以相对缩小地区差距。笼统地讲区域倾斜必然拉大地区差距这是违反常识的。由于某个时期不适度的地域倾斜，加剧了区域发展的不协调，就笼统地否定区域倾斜，显然是因噎废食。

第三，产业倾斜，如果是按照重点产业布局的指向性，实行相应的、合理的地域倾斜，那是可以同时产生产业结构优化和空间结构优化的双重效应的，但产业倾斜，并不能自动地保证有相应的地域倾斜相配合。因为相应的地域倾斜是实现产业倾斜的客观需要，而地域倾斜政策却是决策者主观认识的产物。当主观违反客观时，地域倾斜就可能与既定的产业倾斜相背离，从而影响产业倾斜目标的实现。20世纪50年代后期，以钢为纲，产业结构向钢铁工业倾斜就是如此。当时不考虑各地区的不同条件，在一无煤、二无铁、三无技术的地区，也发展钢铁会战，向钢铁工业倾斜，遍地开花，不按照钢铁工业布局的指向性来实行相应的地域倾斜，其结果是人所共知的。在当前我国面临产业结构和空间结构双失衡的情况下，结构调整，必须是产业倾斜和区域倾斜双管齐下。在产业政策上，既要保证产业倾斜，也要保证相应的地域倾斜，不可偏废。没有产业结构向基础工业的倾斜，或者是有这种产业倾斜，而没有把基础工业建设的重点转向中西部富能、富料地区的区域倾斜，是难以同时解决这两个失衡问题的。

当前值得注意的一个倾向是，在工业结构向能源、原材料工作倾斜时，从国家的投入导向看，能源、原材料工业在地域布局上却有向东倾斜之势，说是不要区域倾斜，实际上是在发展新一轮的向东倾斜，这在二次能源、钢铁、乙烯及其配套装置、两碱等产业的布局上已有所反映。而在中西部一大批具有良好建设条件的能源重化工重大项目，已做了多年工作，万事俱备，只欠东风，只是由于缺乏资金而迟迟不能上马。这种倾向不改变，有可能重蹈 1958 年发展钢铁的覆辙。

我不主张能源、原材料工业的向东倾斜，是基于以下事实。如果说，能源、原材料是工业的基础，那么，矿业就是工业基础的基础。我国 95% 以上的能源、75%~80% 的工业原材料都来自国内矿产就说明了这一点。从总体上看，我国能源、原材料短缺，其中最短缺的又是矿业。目前世界人均年消费矿物原料约 20 吨，我国则不到 2 吨，与世界平均水平相去甚远。而从国民经济发展的需要看，我国对矿业及能源、原材料产品的需求量，正处于上升时期。世界经济发展史证明，社会经济对矿产及原材料的消耗强度，可用增长曲线来描绘。在工业化前期中期阶段，消耗强度逐年递增；在工业化成熟期，消耗强度逐渐减弱，需求增长率放慢，但需求的绝对量仍在增长。大体上，人均国民生产总值在 1000~4000 美元时，消耗强度最大。要保证 2000 年我国人均国民生产总值达到 800~1000 美元，1985~2000 年，矿业增长率应达到 8% 左右，到 2000 年，矿物原料总量要达到 35 亿~45 亿吨（现在才 20 亿吨）。一直到 21 世纪中叶，人均国民生产总值达 4000 美元时，这 50~60 年，可能是我国矿物原料消耗量增长率最高的时期。基础工业特别是矿业及相应的基础设施能否过关，将成为整个国民经济持续稳定协调发展的关键。这样巨大的需求量，主要靠进口是不行的，必须把矿物原料工业真正放在战略产业的地位，确保其优先发展。

值得注意的是，对这一点长期以来我们的认识是很不足的。矿业投资占重工业投资的比重及矿业产值占重工业产值的比重持续下降，导致采选能力严重不足，矿山生产萎缩。到 2000 年，全国铁矿山生产能力将消失 10%，铜矿山消失 38%，铅锌矿山消失 40%，黄金矿山消失 73%。矿业的萎缩，将进一步导致能源、原材料缺口的扩大。所以，加强能源、原材料工业，最主要的是要加强矿业。而矿业布局的指向性是相关的矿产资源。我国能源、矿产资源空间分布的基本特点是，西多东少。在三大经济地带中，45 种主要矿产工业储量的潜在价值量，西部接近于中东部之和；一次能源资源探明储量，西部比中、东部之和还多 13 个百分点。但至今西部能源、矿产资源的开发利用率还很低。而全国工业，特别是加工工业却主要集中在能源、矿产资源最少、开发强度最大、后备资源更少的东部。近十多年来，国家的资金和政策向东双倾斜，东部工业以快于西部 1 倍的速度超速增长。能源、矿产资源与加工工业在空间上的这种严重错位，必然加剧能源、原材料的供需矛盾。我国的能源紧缺，突出表现在东部地区，其 11 个省市区（在我们的研究中，广西划入了西部）全部是煤炭净调入区，1985 年，净调入量已在 1 亿吨以上。缺煤也就少电。由于一缺能源，二缺资源，东部已有的高耗能原材料工业后劲不足，有的甚至走向衰退。如果今后能源、原材料工业还向东部倾斜，由于其资源的局限，矿业扩张能力有限，不用多久，就会陷于"无米之炊"的困境。而真正能源、矿产资源富集的中西部地区，矿业上不去，能源、原材料工业不能有效地建设起来，其结果，产业倾斜、协调基础工业与加工工业的关系，也就成了一句空话。我们的结论是：如果真的要产业结构向能源、原材料工业倾斜，就必须同时将能源、原材料，特别是矿业的建设重点向中西部"两源兼富"的地区倾斜。

有些同志认为，现在国家能直接掌握的预算内资金有限，一年能够投入基本建设的资金不过几百亿元，即使向中西部倾斜，也不过是杯水车薪，无济于事。在投资主体多元化、投资决策分散化的情况下，国家难以使庞大的预算外资金按国家计划、规划拟定的方向流动。我们认为，这并不是问题的关键，关键还在于决策者是否真正认识到并下决心用两个新的倾斜矫正前一时期两个倾斜所造成的巨大偏差，逐步协调全国的产业结构与空间结构。如果有决心，办法还是有的。对预算外资金的流向，是可以通过各种政策措施来加以诱导的，如利用财政诱导和补偿手段，使流入西部的能源、原材料开发资金可以取得相应的报酬率；通过基础设施的建设，改善西部开发区的投资环境，增强对外部资金的吸引力；通过分配采购合同、分配研究开发经费，改善西部的再生产条件；在互补互利的基础上，组织、协调东部与西部，能源、原材料主产区与加工区的横向经济联合，鼓励东部加工发达区生产要素的西移，二者联营，取长补短；采用在发达地区严格环境质量管理，迫使经济高密度区将污染型企业向环境容量较大的西部地区转移、扩散；通过立法制约和行政干预，遏制过密地区低水平地区发展传统产业，而鼓励其向外迁移等，这些实际上在市场经济国家，都采用并取得一定成效的政策手段，在我国是同样可以采用的。通过社会资金的合理流动，国家并不需要花多少钱，也可以达到重点倾斜的目的。通过合理的倾斜，启动西部的内部经济活力，增强自我组织能力，以后就可以主要依靠西部的自我积累，实现进一步发展。因此，对倾斜政策的正确认识及对倾斜政策的价值取向，对西部的开发进程、对全国产业的协调，是有重大影响的。回避地域倾斜，很可能导致不合理的地域倾斜，使产业倾斜的目标落空。

三、西部工业化应沿着有特色的重化工化的道路推进

从"一五"开始，西部地区在以中央投资为主动力的推动下，开始了工业化的进程，在基本上没有现代文明的西部，初步打下了工业化的基础，成绩应当肯定。这表现在：第一，30多年来，西部以快于东中部的增长速度，扩大了工业的总规模，提高了工业产值在社会总产值中的比重，也加大了西部工业在全国所占的份额；第二，先进的生产要素密集于能源、原材料和部分加工工业，较快地形成了一批专门化率高、对外辐射能力强的工业行业（包括某些高技术工业），累计向全国输送了大量多样的有色金属产品，炭素制品，铁合金，电石、磷化、盐化、石化产品，木材，毛皮，烟，酒，糖，也输送了多种机—电—仪产品，并为全国核工业、宇航工业的发展做出了重大贡献；第三，形成了一批工业密集、实力较强的大中型工业城市和一批以军工机械电子为主的小型工业点，构成了西部地区增长极体系的雏形，这些大中小城市，以其先进的企业群体和主导产品的远辐射力，在一定程度上冲破了传统的以分散、封闭、落后为特征的自然经济格局，标志着西部地区由农村经济向城市经济的转变，也是进一步推进地区工业化的依托和阵地。可以说，30多年的工业建设，西部地区的工业化是取得了积极成果的。巨大的投入，也还是形成了可观的输出能力，并不像某些同志所描绘的那样是"黑洞效应"。西部经济也不像某些同志所概括的那样是"输血型经济"。但由于体制上的原因，在西部地区塑造了一个现代工业基本框架的同时，也构造了一个典型的二元经济结构。这种结构导致了同一空间的双轨经济运行机制，降低了生产要素的运用效率，抑制了区域增长极的扩散效应；在二元结构格局下的贸易格局，造成地区价值的双重流失，地区自我发展能力薄弱。按照由"地区自我能力"、"工业化结构比重数"、"产业结构转换条件"、"人口文化素质"、"技术水平"、"城市化水平"等指标组成的"工业化水平综合指数"来衡量，以全国、东部、中部为参照系，西部地

区仍处于工业化的起步阶段。特别是近十多年来，与东部的差距，由前十几年的缩小趋势，逆转为近十几年的扩大趋势。回顾、总结西部工业化进程中的得失，今后西部地区的工业化应走什么道路，这个问题，长期存在着较大分歧，其代表性观点有三种：

第一种比较流行的观点认为，"一五"以来，西部地区跳过了工业化以轻工业为主、优先重点发展轻工业的阶段，重化工超前发展，违背了工业化的常规，因而造成现在的种种矛盾，工业化的进程很不理想，因此，今后工业化的道路，应当是补重点发展轻工业的课，避开资金、技术、人才的矛盾，集中有限的资源，通过优先重点发展投资少、见效快的轻工业，积累资金，开拓区内市场，创造条件，然后再循序进入以重化工化为重心的发展阶段。

第二种观点认为，西部地区能源、矿产资源富集，能源重化工已有相当基础和多年的技术积累，问题是工业结构层次低，资源附加值低，结构性效益低，正是这"三低"，造成资金制约，成为西部地区进一步发展的严重桎梏。因此根本出路是，把建设和发展的重点转向下游产业，不再扩大能源、原材料工业的开发规模，即沿着加工高度化的方向推进地区工业化。

第三种观点认为，西部地区工业化进程，处于两难境地，要沿着重点发展能源、原材料工业的道路发展，制约因素太多；要转向又难寻出路。因此今后只能以稳定为主，即稳定现有能源、原材料的发展水平，一般不再上新项目，主要对现有企业进行改造，在稳定中求发展。

我们不想专门一一评价上述三种有代表性的观点，而主要是吸收参考上述观点的合理内核，论述我们的基本看法。地区工业化道路的抉择，要以地区的综合区情及国家的经济大势为依据，在多因素综合限定的边界内进行抉择，而不能只依据个别因素来确定，也不能脱离区情、国情，简单地以西方发达国家工业化演进的历史轨迹为准绳。如果说，在工业化的起步阶段，优先重点发展重工业，不是工业化演进的普遍规律，那么，优先重点发展轻工业，也同样不是工业化演进的普遍规律。重要的是从客观实际出发。基于此，我认为，从总体上看，今后西部地区的工业化，既不能继续走单一重点发展能源、原材料初级产品的老路，也不宜向轻型化逆转，或者超越西部经济所处的发展阶段追求高加工度化，而应沿着资源型及资源加工转换型为主的重化工化道路推进。这条道路与传统的重化工化道路相比有其新的特点，即以地区强大的、多样化的采掘工业为起点，依靠技术进步，采用先进技术、工艺，在纵的方面，形成资源采选到加工，直至综合利用、废料回收的产业链；在横的方面，包括与之相关的配套产业，形成若干以不同重化工行业为主导，产运销贸易金融通信服务科技在空间上有机结合，各具特色的地域经济综合体，从而促进资源的闭合循环、高效使用，使产业结构的优化与转换及空间布局的合理化紧密结合，开拓我国西部地区工业化的独特道路。

选择这条工业化道路的客观依据是：

第一，从全国的经济大势看，基础工业与加工工业的失衡，能源、原材料生产的严重滞后，是全国工业化进程中的重大限制因素。在全国产业结构、工业结构的总体调整中，向基础工业倾斜，加快基础工业的发展速度，已是刻不容缓。由于能源、原材料工业特别是矿业、大中型水电站建设周期长，如果"八五"在这方面没有较大的动作，以后即使有足够的投入，也难使基础工业与加工工业相协调。由于能源、原材料工业空间布局的指向性，工业结构的这种倾斜，应当引起地域结构的相应倾斜。因此，西部地区的工业化沿着重化工方向推进，更多地向能源、原材料工业倾斜，这个导向，既与全国产业结构总体调整战略相衔接，是西部重化工发展的有利机遇和义不容辞的战略任务，也有利于进一步发挥西部的资源优势和已有重化工资产存量的作用。

第二，从地区已有的基础看，如果按轻、重工业的粗略划分。以固定资产净值为代表的现有资产存量，重工业是轻工业的 4.11 倍。重化工这样庞大的资产存量，是进一步重化工化的重要物质基础。

第三，从西部产业的区位优势看，我们采用区位商公式计算了西部 45 个产业，其中区位商值大于 1，即具有区位优势的产业有 23 个，优势度最明显、即区位商值大于 1.3 的产业有 7 个，这 7 个产业中属于重化工的有黑色金属资源采选、有色金属资源采选、采盐、木、竹采运、有色金属冶炼与压延，占 70%以上。从发展趋势看，电力、重化工、建材及其他金属资源采选与制品业，具有潜在的区位优势，加以扶植，其区位商值就可明显提高。因此，从总体上看，西部重化工产业的区位优势大于其他产业。

第四，从所需的基本资源看，西部地区能源与矿产资源"两源兼富"，而开发利用率还很低，进一步开发的潜力大，保证程度高。重化工所需的基本资源远比轻工业所需资源丰富。轻工业所需资源，不外乎来自两个方面：一是农业；二是重化工。西部地区从总体上讲，农业发展条件较差，能够供给轻工业的大宗农业原料不多，除糖料、烤烟、奶类、羊毛等少数产品外，多数农业原料产量在全国均不占重要地位。轻工业要从重化工领域开辟更多的原料来源，首先就需要重化工有更大的发展。从某种意义上讲，发展重化工，才能使西部地区轻工业有一个合理的原材料结构，从而形成比较合理的轻工业生产结构，促进轻工业的发展。

第五，从市场需求看，能源、原材料产品国内市场广阔，供不应求的趋势将长期存在。在全国每年花 500 亿~600 亿元大量进口工业原材料的情况下，西部重点发展能源重化工产业，进口替代、平衡外汇的作用显著，也是西部地区积累资金的重要来源之一。以原材料工业发达的甘肃为例，1986 年，甘肃原材料工业拥有的固定资产，占全部工业的 49.36%，占重工业的 55.63%，而实现的利税，分别占 60.91% 和 75.2%，大大高于固定资产的比重，也高于其产值的比重（原材料工业产值占全部工业产值和重工业产值的比重分别为 42.49% 和 57.2%）。而西部地区的轻工业从总体上看是内向的，能够提高自给率、减少区内消费基金的外流，要进而占领区外市场以致打入国际，就得花很大力气。

第六，从在产业关联中的地位和作用看，一般来说，在产业关联中，轻加工工业除纺织外，影响力虽高，但感应度很低；而重工领域内的冶金、重化学工业、重机械，都是影响力高，感应度也高，因而综合连锁效应强，对国民经济的驱动作用大；至于能源工业，影响力虽较低，但感应度也比轻工业高。重化工的波及效果在总体上大于轻加工工业。

第七，从主导产业阶段性转移和结构转换的一般趋势看，像西部这类农业基础薄弱而能矿资源丰富、重化工已有基础远比轻工业雄厚的地区，重化工化是地区工业化不可逾越的一个阶段，也是需要并可能超前发展的。与其放弃 30 多年来已打下的可观的重化工基础，走回头路，兜个圈子，再回原地，不如以原地为起点，扬其所长，补其所短，这样会前进得更快也更扎实。

综合以上分析，发展到现在，西部地区的工业化进一步沿着重化工化的道路向前推进，这是建立在区内独特的资源优势和国家的巨大需求的基础之上的，从比较优势、地域分工的要求来说，是正确的，也可以说是历史选择的结果。

重点发展重化工，是否就意味着可以置轻工业于不顾呢？不是的！我们的结论只是说，根据西部地区的工业资源条件、已有工业基础及全国地域分工的要求，西部地区工业结构偏重基本上是合理的。从发展趋势看，在西部工业化的起步阶段以致进入推进阶段，这种重型结构是难以逆转的。当然，轻工业过于薄弱的状况也要逐步调整，特别是地方经济这一块和采掘原材料工业专门化程度很高的城市、工业点，相应发展轻纺工业的问题，更不宜忽视。我们不同意人为地去拔高轻工业的产值比重，但也应因势利导，在轻重工业的相互渗透、相互融合上下功夫，促进轻重工业的协调，在协调中求发展。这方面也是有潜力的。

重点发展重化工，也不排斥西部的重机械加工和某些高技术产业、产品的发展。经过 30 多年的建设，西部的重机械加工以致某些高技术产业（如核工业、电子工业、航天航空、新型复合材料等）已在全国占有重要地位，具有资产存量大、技术人才集中的优势，是西部地区今后产业结构高度化的重要依托，也是全国大型设备国产化和核工业、宇航工业、电子工业的重要的生长点。从长远的战略观点看，对西部的这些产业，需要积极扶持，促其发展。但从西部今后总投入的产业分配看，这方面不是主要的，其发展主要靠走内涵的路子，而不像能源、原材料工业那样需要内涵与外延并举，需要吸纳较多的投入；从增长速度看，西部的重机械加工和某些高技术产业，在地域上，主要分布于川、陕、甘、青的局部地区，而且这些地区的这些产业，由于先天不足（主要指管理体制、产品结构、企业区位选择），后天失调，其潜能的发挥，还需经历较长时期的调整、整顿、改造、配套。同时，特别是品种有待增加，质量性能有待提高，而这正是全国的薄弱环节，其有效供给能力严重不足，这不能不对西部这类加工制造业起制约作用。克服这个制约因素，主要还要靠加快国内，特别是西部原材料工业素质的提高。因此，在 20 世纪内，这类产业增长速度还不能很高，在西部产业发展的总体排序上，还不能超越能源、原材料工业。

四、20 世纪内和 21 世纪初西部在哪些领域可对全国做出自己的贡献

在沿着重化工化推进工业化的道路上，根据资源的集中程度和组合特点、全国的总体布局和产销格局，在 20 世纪内，西部可以为全国做出贡献需要重点发展的，至少有以下几个行业。

（1）动力煤。我国煤炭保有储量，西部地区占 57% 以上，其中侏罗纪优质动力煤，西部占的比重更大。据预测，2000 年，京、津、沪、苏、浙、闽、粤、鄂、湘、辽、吉 11 个主要缺煤区，煤炭净调入量将增加到 4 亿吨以上；冀、鲁、赣三省的净调入量将增加到 5000 万吨以上。弥补这样大的缺口，首先要靠山西，但都压在山西一省也承受不了，特别是优质动力煤的供应。根据

全国煤炭工业的总体布局，2000年，山西各基地至多可外调8亿吨，西部的陕北、渭北、蒙西、宁夏、黔西各基地，至少要承担1.2亿吨的调出任务。也就是说，上述14个主要缺煤省、市缺煤总量的1/4以上，要靠西部来弥补。

（2）水电。我国水电资源，比煤炭更高度集中于西部。根据全国电力工业规划，今后10多年内，全国需新增水电装机5000万千瓦，其中主要靠西部的黄河上游、红水河、雅砻江、大渡河、乌江、金沙江的梯级开发。特别是100万千瓦以上的大型水电站，更多地要依靠西部。

（3）有色金属。大宗主体型矿产，如铝（西部铝土矿保有储量占全国33%，其中富矿主要在西部）、铅（占全国56%）、锌（占全国65%）、锰（占全国60%以上）；稀有稀土战略型矿产，如锡（占全国79%）、镍（占全国89%）、钒（占全国69%）、钛（占全国92%）、稀土（占全国98%）、钴（占全国58%）；贵金属，如铂族金属（占全国93%）等，由于资源分布所决定，主要靠西部加大开发规模，以增加供给。其中铝工业，西部铝土矿的储量虽不及中部，但我国高品位铝土矿主要在西部，水、煤资源也主要在西部，特别是走水—电—铝工业联合开发的路子，比煤—电—铝的路子在经济上更为有利，因此铝工业的发展，西部也要承担较大任务。

（4）磷、硫、盐化工与天然气化工也主要靠西部。关于磷化工。我国磷矿资源主要集中在西部的云贵和中部的鄂湘地区，二者储量相近，云贵区略多。从矿石品位看，云贵富矿储量为湘鄂的4.4倍，露采储量为湘鄂的3.7倍，在质量和开采条件上明显优于湘鄂；在区位和运输条件上，湘鄂区地理位置适中，运输半径比云贵区短1000多公里，而且运输条件好，矿石运输方便，云贵位置偏于西南，矿石外运条件差；从能源配备情况看，云贵是富能区，煤、水均富，湘鄂是缺能区，水电资源较多，但煤很少。能源开发前景云贵远大于湘鄂；从酸法和热法制磷肥所需的硫、焦炭等配套资源看，云贵有川南的硫和黔西的焦煤，而湘鄂缺硫少焦；从经济效益对比，云贵吨磷矿（标矿）回收期也比后者短1/4。因此，综合起来看，云贵发展磷化工的条件优于湘鄂。云贵的主要弱点是运输条件差，但随着已有铁路干线的改造，南昆铁路的修建，这个问题是可以解决的。即使因运力的限制，只要几个大中型水电站建成，也可走电法生产黄磷制高效磷肥的路子，对缓解全国氮磷肥比例严重失调的矛盾做出其独特贡献。

关于盐化工。多年来我国是依靠海盐，集中在沿海地区发展盐化工。这种布局模式，日益暴露出其弱点。发展海盐，建设1亩盐田，需投资2000多元，比发展湖盐多 1 倍，生产成本高 3/4；海盐建设周期是三年，盐田成熟期是两年，费的时间比湖盐长；海盐生产受气候条件影响很大，生产不如湖盐稳定；发展海盐还有一个与养殖业争地的矛盾，而发展养殖比发展海盐经济效益高好几倍。所以过多地依靠海盐发展"两碱"，已日益受到制约。加快海盐以外的盐业开发，并在此基础上发展"两碱"，势在必行。西部地区，湖盐、矿盐、井盐兼备，经济效益高于全国盐业的平均水平，发挥这个优势，可以在盐碱化工方面做出更大贡献。至于以钾盐资源为基础制造钾肥，由于钾盐资源几乎 100% 集中于西部，而且还高度集中于柴达木，全国钾肥的增产自然主要依靠西部。

除上述行业外，关于石油工业。从现有储量看，石油资源主要分布在东中部，西部处于劣势。从现有产量看，西部也最少。但从发展趋势看，西部的地位将逐步上升。中东部老油田后备资源都已不多，扩大储量的前景也不大，特别是全国主力油田—大庆、胜利油田已进入开发后期，原油水分含量大，开采成本日益增加，因此今后新开油田，势将主要转向西北和海上。尽管这种转移，投资大，采运成本高，但为了增强全国石油工业及与之密切相关的石油化工发展的后劲，也不能不作此抉择。到 2000 年，全国石油储采比将降到很低水平，中东部现有油田资源接替困难很大，而西部石油资源前景广阔，特别是在新疆。新疆地域辽阔，有沉积盆地 30 多个，总面积 90 多万平方公里。准噶尔西北部的克拉玛依油田，最新勘探资料表明，油田面积大，不仅上部地层含油，其深部还有四个含油领域，石油储量可扩大几倍。准噶尔东部探区，有可能形成第二个克拉玛依。南疆塔里木盆地前景更好，这里存在三大隆起，四个坳陷，四套生油岩系，三个上千平方公里的含油构造，据专家初估，盆地石油储量可达 184 亿吨，主要埋藏在塔克拉玛干大沙漠下面，在这片沙漠下仅 2~4 米，最深不过 10 米的地下，还有大量水源，从而克服了石油开发的一个巨大障碍。随着工作的进展，掌握更多的可采储量，就可下决心进一步解决运输问题，包括南疆铁路的修建，东运、南运输油管道的铺设。我国石油工业要登上一个新台阶，还要寄希望于西北。"八五"期间，全国第三大油田将在塔里木盆地崛起"九五"，新疆将进一步成为全国石油增产的主要来源之一。石油产量上去了，新疆、甘肃以致陕西、四川的石油化工就有条件跟上来，改变当前全国石化工业偏集于东部的格局，而且可以较大幅度的提高西部能源、原材料工业的结构性效益。

综合以上分析，可以看出，加快西部能源、矿产资源开发，从全国看，可起相当大的进口替代作用，节省外汇，缓解全国能源、原材料日益加剧的供需矛盾，促进全国产业结构的协调。从地区看，通过资源的转换，可加大区外资金、技术的流入量，改善其扩大再生产条件；矿物原材料工业乘数效应较为明显，它支持着数倍（2.24~4.70）于它的下游产业的发展。利用其产业关联作用，可促进相关产业的发展，直接、间接扩大地区的经济总量，增加就业人数；可以形成若干各具特色、具有全国意义的能源、原材料工业基地，奠定地区工业合理布局的骨架。这一步走好了，21世纪的战略西移就有了多方面的基础。

国际大循环战略与西部的对策

一、国际大循环战略在我国总战略中的地位

国际大循环战略的基本特点：两头在外，大进大出，即把生产经营过程中的原料来源和产品销售这两头放在国际市场上，使沿海地区的加工工业（主要是劳动密集型工业），由原来原料主要依靠内地、产品向内地销售，转变为原料更多地取自国外，产品更多地销往国外，中间加工放在国内。这个战略的预期效果是：

（1）缓解沿海与内地争原料、争市场的矛盾，让出一部分原料与市场，为内地的发展创造条件。

（2）吸收更多的劳动力就业，加快农业剩余劳动力的转化，促进沿海地区农村整体结构的调整。

（3）把沿海地区具有相对优势的劳动力资源，通过国际市场的转换机制，换回外汇，为资金密集、技术密集产业的发展积累资金。

（4）把更多的沿海企业推上国际竞争舞台，在竞争中经受锻炼，以提高沿海地区的经济素质，培育出更多的国际型企业家。

总之，就是要更加对外开放，更有效地利用外部的生产要素，解决扩大再生产的条件问题。

这个战略思路是正确的。它的实施，无疑具有全局性的意义，但这个战略本身，还只是我国外向型总战略的一个组成部分，而不能与总战略等量齐观。

发展外向型经济，把国内经济小循环置于国际大循环之中，这是全国性的一个长期的战略方针，沿海地区如此，内地也应走这条道路。但以什么方式、依靠什么产业走向国际市场，则既要因时制宜，也要因地制宜，不能搞"一刀切"。发挥劳动力资源优势，发展劳动密集型产业，参与国际大循环，从理论上讲，这是大卫·素嘉图静态比较优势原理的运用。这个原理的基本点是：自

然条件或生产要素禀赋上的差异，决定比较劳动生产率，从而决定产品成本的差别。各个国家，为了自身的利益，都必须选择在生产要素上占有相对优势、实际成本（即劳动耗费）小于其他国家的某种或某些商品，作为发展的重点，然后通过国际交换，双方都可从社会劳动的节约中得到好处。按照这个原理，发达国家应将其产业结构的重点放在资本密集、技术密集的高级产业，而不发达国家则只能重点发展如农业、原材料工业等初级产业。这个原理的局限性，李斯特早就明确指出：如果这种分工持续下去，那么，落后国家的幼小产业将永远得不到发展，就会长时期处于落后和从属于富国的地位。他提出了"扶持幼小产业说"，认为，产品的比较成本不是一成不变，而是可以转化的。从某一时点看（即静态地看），在国际市场或国内产业结构中一时处于劣势的产业，然而从发展的眼光看（即动态地看），却有可能转化为优势产业，关键是对那些有潜力、对国民经济发展有重大意义的产业，采取扶持政策。经过政府的扶持、保护，一定时期以后，这种幼小产业也就可以发展成为有竞争能力的出口产业。战后的日本，发挥了李斯特的"扶持幼小产业说"，明确提出了"动态比较费用说"，其认为，在产业结构的调整与优化过程中，在重点发展传统的具有相对优势但技术层次较低的产业的同时，就应当有意识地扶持有发展前景、技术层次较高的新兴产业，使之成长为主导产业。正是在这一理论的指导下，日本不断更新发展其主导产业：战后初期，主导产业是纺织工业；20世纪50年代中期到70年代初期转换为重工业；20世纪70年代初期到80年代初期，又转换为汽车、家用电器；到20世纪80年代，兴起的是电子工业。日本主导产业的及时转换，促进了产业结构的不断高级化。从"动态比较费用说"的观点看，在我国沿海地区，虽然有发展劳动密集型出口产业的必要，但其作用不宜估计过高，因为在正常情况下，劳动密集型产业，产品的需求收入弹性较资金密集、技术密集型产品小，比较劳动生产率增长速度慢，在产业结构中，对整个国民经济的驱动作用不大；出口劳动密集型产品，只能在低水平、低层次上参与国际大循环，在国际市场上，这种主要靠低价劳动所形成的产品成本优势，与主要靠资金密集、特别是靠技术知识密集所形成的成本优势相比，竞争能力低，而且从动态上考察，劳动力资源的优势是递减的，特别是在世界新技术革命咄咄逼人的时代，同发达国家相比，我国正面临工业化与信息化的双重差距，既要努力补过去产业革命的课，又要努力跟上世界新产业革命的步伐。否则，将严重影响我国经济的后发力量，陷入经济技术上的"滞后循环"。因此，我国发展外向型经济，在总体战略上，应当是多元化、多层次的，既要积极发展劳动密集型出口产业，仍应把重化工放在战略位置上，又要大力扶持有潜在优势的高科技产业。在出口战略上，在重视劳动密集型产业出口的同时，凡是已有相对优势的资源密集型产品，也要扩大出口，有的高技术产品能出口的，也要大力鼓励、扶持，以综合发挥我国的相对优势。

沿海地区，劳动成本较低、素质较高，把这种优势同有利的国际环境结合起来，在劳动密集型产品方面，争取多进多出，这是必要的，但沿海的中心城市、经济特区、经济开放地带，更为重要的战略任务，是用新技术改造传统产业，积极建立发展高科技产业，更好地发挥引进、吸收、消化、创新，并向内地转移世界新技术和收集、处理、传递世界经济信息的基地作用，把这两者有机结合起来。即使是劳动密集型产业，也需要大力提高其生产技术水平和经营管理水平，增强其国际竞争能力。我国沿海地区发展劳动密集型出口产业，虽有利的国际环境，但也要清醒估计到还有严峻的一面，即发达国家保护主义的抬头及其对劳动密集型产品进口的种种限制。当前我国对美国出口的纺织品，绝对额并不大，但美国对此一直采取严格的限额制；亚洲"四小龙"在产业结构转换期，劳动密集型产品出口还很有能力，它们也不会轻易退出出口市场；发展中国家中的第二梯队正在兴起，近的如泰国、菲律宾、印度尼西亚等，它们也都在利用同样的有利国际环境，利用各自的劳动力资源优势，准备接替"四小龙"与我国争夺发达国家和走在前列的发展中国家、地区让出的出口市场，所以这方面的国际竞争还是激烈的。如果我们不能尽快提高劳动密集型产业的技术水平，不断提高质量，降低成本，就可能造成有大进而不出，而没有大出，大进也就失去了基础。

在内地，劳动密集型的产业，也需要发展，但重点还应放在资源转换、资源增值上。

以上说明，两头在外，大进大去，发展劳动密集型出口产业，只是一个区域性的过渡性的战略，而不是我国发展外向型经济的总战略。

二、西部的对策

沿海发展战略提出以后，引起西部的普遍关注。有人认为，沿海战略的实施，西部的资源优势将有所削弱，东西部的梯度差将进一步拉大。国外也有人认为，中国历史上眼光向内的以农业为主的内陆地区与眼光向外的以海上贸易为主的中国沿海地区之间，原有矛盾可能会重新出现。对此到底应当怎样看呢？的确，这个战略的实施，将会给我国的经济态势带来新的变化，给西部带来新的震荡和冲击，这是不可忽视的一面。但从另一方面看，也给西部带来了机会。对西部而言，重要的是如何审时度势，在战略指导思想上，既不能因沿海地区发展战略的实施、发展速度加快而产生急躁情绪，也不能消极等待东部建设好了、国家腾出手来发展西部，而应当冷静分析东西部关系的新形势和地区的客观条件，制定适合自身特点的发展战略。

第一，扬长避短，因势利导。

与沿海地区相比，西部的优势在于自然资源丰富，品种比较齐全，而且空间组合比较理想。这些资源及其加工产品，多是我国的短缺物资，一般又难以大量进口，在国内有广阔的市场。不管东部采取什么发展战略，西部经济都是不可取代的。从国家的全局看，我国现有工业结构中的主要矛盾，是以能源、高耗能、原材料为主的基础工业严重滞后，跟不上加工工业的发展，不得不靠进口支撑发展。"六五"期间，钢材、铝，以及某些化工原料的进口量，每年都增长 25%以上，由此带来进出口逆差的扩大和外汇的严重短缺。基础工业，主要是资源型工业，其布局指向首先是接近相关的自然资源。而这些资源主要分布在中西部。如果这些工业更多、更快地向中西部资源富集区转移，不仅可以满足东部地区对这些产品的需求，节省大量宝贵外汇，而且可促进中西部的开发，发挥其资源优势。因此，在沿海地区加快发展劳动密集型加工产业的同时，西部的资源富集区，仍应坚持以资源转换、资源增值为主的发展战略。西部地区加快资源型产业的发展，一方面提高资源开发率和利用率，促进地方经济的发展；另一方面积极输送能源、原材料和初级产品，支持沿海地区尽快进入国际市场，当好国际大循环的"二传手"。东部的技术、素质较高的劳动力资源同中西部的能源、原材料相结合，以深加工、精加工产品出口，换回资金，反之支持中西部的开发，在商品经济基础上，重建东西的经济关系，克服旧体制下的"剪刀差"，既避免了损害西部，又规避以高额利润上交损害东部那种东西经济循环的弊端。

发展劳动密集型的轻纺工业，总体上看，西部处于相对劣势，但也可以利用沿海地区让出的原料和市场，同时开发利用当地的名优土特产品，并从发展中的能源重化工领域开辟原材料来源，发展有西部优势与特色的某些轻纺工业，这样又可促进西部内部轻、重工业、原材料工业与加工工业的微循环。

从市场条件看，西部的优势在国内。一是利用具有资源优势的能矿资源及其加工产品，扩展东部市场；二是以有特色的轻纺产品接收东部一部分传统市场，提高当地市场占有率。这两方面的市场是相当广阔的。与此同时，也不排斥西部某些产品走向国际市场的道路，可以从东西两个方向上扩大出口市场：东向借助沿海的一些窗口打出去；西向利用边境口岸，通过欧亚大陆桥，扩展与苏联、东欧、西亚、南亚、阿拉伯的交往。通过国内外市场的扩展，加快西部商品经济所必备的综合要素的积累，培育商品经济意识，推进优势资源的开发。

第二，合理布局。

西部地带地域辽阔，省区之前经济发展水平差别较大，也有东西关系问题。在一省区范围内，经济中心与其周围地区，在经济发展水平上也有很大反差。因此，在开发布局上，要循序渐进，梯度推移，首先应集中较大力量，优先开发西部的东部省区，使之先行一步，建立起今后大规模开发西部的桥头堡。西部这些较先进的省区，在产业发展上，应是资源开发与加工并举，资源导向与结构导向相结合。在市场上，在继续抓好外贸出口的基础上，用更大力量在当好沿海地区的"二传手"、接收沿海地区的经济辐射上做好准备。西部的其他省区，当务之急是打基础，做准备，迎接下一阶段的战略转移，包括资源的进一步勘探，开发线路的建设，人才的培育，贫困地区的治穷致富，生态环境恶化地区的国土治理，现有企业，特别是三线企业的调整、整顿、挖潜、改造、配套，重点建设区块的综合规划和重点项目的前期工作等。与此同时，各省区都还可以有重点地适当开发其以下两类地区：一是更好地利用现有经济中心在经济技术上的相对优势，通过其比较先进的生产要素的扩散、渗透，下力量协助、带动周围地区农业与乡（镇）企业及小城镇的发展，提高周围地区的经济密度，改善经济中心的区域经济基础，从而向外围发挥现有增长极的扩散效应，把省（区）内的生产力布局适当展开；二是重点开发资源组合优势明显、国家又急需其产品的地区，与下一步的大开发相衔接。而西部内经济基础更薄弱的农牧区，则应当立足当地的农、林、牧、矿资源，首先把重点放在农业、农村小工业的发展上，加快剩余劳动力在大农业内部的转移，调整好土地利用结构和农业内部的生产结构，同时选择若干城镇化水平较高，农、林、牧特产品集散较便，乡（镇）工业有些基础，或者靠近重要能矿资源的小集镇、独立镇，结合多种经营的开展，开发小型能源、矿产资源，建设地方交通，发展农、林、牧特产品加工工业，有重点地建设不同类型的小城镇，培育地方市场，冲击和改变自然经济传统。

总体来看，沿海地区在实施其发展战略、向国际市场进军时，应该承担起与其经济地位相称的国内义务与责任，以内联作为外向的后盾，在内联中发挥更大的作用；中西部也要从实际出发，正确选择自己所处的位置，用己之长，积极支援沿海地区登上世界经济大舞台，在这个过程中，壮大自己的输出产业，尽可能提高自己在国内市场中的份额，为下一步大规模进入国际市场做好经济技术及观念上的准备。在沿海发展战略实施中，对西部而言，其核心问题不是资源优势是否会削弱，而是如何将其资源的潜在优势，更多、更快地转化为现实的经济优势。东西部的差距是否会拉大，既有一个全国的宏观协调问题，更取决于西部自身的发展战略，是否能同东西关系的新形势相适应，同自身的特点、条件相吻合。

载《柴达木开发研究》1988 年第 3 期

西部地区矿资源开发布局

一、加快西部能源、矿产资源开发的必要性

能源、原材料工业是现代经济的基础产业。我国95%以上的能源、75%~80%的工业原料来自国内矿产。因此，矿产资源又是能源、原材料工业的物质基础。我国已探明的矿产储量居世界第三位，也是世界上矿种配套比较齐全的少数国家之一。通过30多年的建设，我国矿业已形成可观的基础。在12种关键性矿种中，产量占世界总产量10%以上的有煤、铁矿石、钨、锡，占5%~10%的有铜、铅、锌、锰。当前，投入国民经济周转的矿物原料近20亿吨，初步确定了作为世界矿业大国的地位。但由于人口众多，按人口平均，我国能矿资源的人均储量，一般均低于世界平均水平，人均矿产品产量为数更少。现在世界人均年消费矿物原料约20吨，我国则不到2吨，与世界平均水平相距甚远。而从国民经济发展的需要看，我国对矿业及能源、原材料产品的需求量，正处于上升时期。世界经济发展史证明，社会经济对矿产及原材料的消耗强度，可用增长曲线来描绘。在工业化前期、中期阶段，消耗强度逐年递增；在工业化成熟阶段，消耗强度逐渐减弱，需求增长率放慢，但需求的绝对值仍在增长。大体上，人均国民生产总值在1000美元以上。到4000美元时，消耗强度最大。要保证2000年我国人均国民生产总值达到800~1000美元，1989~2000年，矿业增长率应达到8%左右，到了2000年，矿物原料总量应达到35亿~45亿吨。一直到21世纪中叶，人均国民生产总值达4000美元时，这50~60年，可能是我国矿产原料消耗量增长率最高的时期。基础工业及相应的基础设施能否过关，将成为整个国民经济能否持续稳定协调发展的关键。这样巨大的需求量，主要靠进口是不行的，必须把矿物原料工业真正放在战略产业的地位，确保其优先发展。

值得注意的是，对这一点，长期以来我们的认识是很不足的。1953~1985

年，全国采掘业、原材料工业、制造业、整个工业平均年增长速度，分别是9.6%、11.4%、14.2%和11%，其中"六五"期间分别为4.5%、7.6%、12.8%和10.8%，矿业增长速度下降到历史最低点。反映在采掘、原料、制造三者间的比例关系上，采掘业的相对规模也大幅下降。1950年以采掘业为1，三者的产值比为1：2.8：2.7，1980年为1：3.4：4.5，1985年为1：3.1：4.6，1987年为1：3.2：4.0。1981~1987年，全国基础工业的超前发展系数为-0.27。能源消费弹性系数只有0.42。比同期世界120个国家、地区加权平均的0.48还低。而在这期间，发达国家中除加、美、西德、法等少数国家低于0.42以外，日本也达0.45。至于发展中国家和地区，大多在1以上，如南斯拉夫为2.13，墨西哥为1.2，巴西为1.21，土耳其为1.4，埃及为1.05，印度为1.3，对比之下，我国能源消费弹性系数是很低的，而这又是能源生产弹性系数过低所致。可见，我国能源短缺，绝非一日之寒，根源在于矿产原料工业长期滞后于国民经济。这种状况导致两个严重的后果：一是采选能力不足，矿山基础薄弱。据有关部门预计，到2000年，全国铁矿山生产能力将消失10%，铜矿山消失38%，铅锌矿山消失40%，黄金矿山消失73%。矿业的萎缩，将进一步导致能源、原材料缺口的加大。二是原材料进口量大。1953~1986年，我国累计进口钢材13634万吨，有色金属1017万吨，分别为同期累计产量的20%和43%。仅1987年一年，化工产品进口1370万吨，耗用外汇50多亿美元，其中纺织用化纤及塑料160万吨、"两碱"120万吨；进口钢材2000万吨，耗用外汇近70亿美元；铜、铝、锌在尽量控制国内需求、减少进口的情况下，也进口了35万吨。全国工业原材料进口额高达570亿元，相当于国内原材料总量的1/3还多。能源供需则是在抑制需求下的微弱平衡，实际上年缺口量在3000万吨标准煤以上。由于缺能少料，又导致已有生产能力的大量放空，由此每年少创造工业产值4000亿元，少创利税500亿元。如果全国工业按照当前基础工业与加工工业的发展比例发展下去，估计到2000年，工业原材料进口额将扩大到8000亿元，这显然是我国创汇能力所不可能承受的，则只能使更多的生产能力放空，给全国经济生活造成极大的被动。因此，大力调整产业结构，向基础工业倾斜，加快基础工业的发展速度，严格控制一般加工工业的膨胀，已是刻不容缓。与此同时，进一步依靠技术进步，提高能源、原材料的利用率，降低单位产值的能源、原材料消耗量，双管齐下，尽可能缓解"瓶颈"产业对过国民经济发展的制约。

由于能源、原材料工业布局的指向性和我国能矿资源分布的基本格局，在产业政策上向能源、原材料工业倾斜的同时，在空间政策上，必须将能源、原材料工业建设的重点，更快、更大规模地向中西部富能富料地区转移。我国能矿资源的空间分布很不平衡。在三大经济地带中，45 种主要矿产工业储量的潜在价值量，西部接近于中东部之和，一次能源资源的探明储量，西部比重、东部之和还多 13 个百分点。但至今西部能矿资源的开发利用率还很低。而全国工业，特别是加工工业却主要集中在能矿资源最少的东部。近 10 多年来，国家的资金和政策向东双倾斜，东部工业以快于西部 1 倍的速度超速增长。能矿资源与加工工业在空间上的这种严重错位，必然加剧能源、原材料的供需矛盾。我国的能源紧缺，突出表现在东部地区，其 11 个省市区（在我们的研究中，广西划入西部）全部是煤炭的净调入区，1985 年净调入量在 1 亿吨以上。由于缺煤，电力更加紧张，许多地方的企业被迫"停三开四"或"停四开三"。怎样缓解东部能源的供需矛盾？有些同志提出了三条对策：一是积极加快本地资源的开发，有水快流；二是建设核电站；三是进口能源。

我们认为，这些对策是可以采用的，但不是解决东部能源问题的根本途径。

第一，有水快流。"水"本来不多，"快流"对加大"总流量"的作用有限，而且加快开发，也就会加快资源的枯竭。东部地区的煤炭保有储量，只能保证 2.3 亿吨的煤炭生产能力。按照已有煤炭生产能力，加上 2000 年前规划的开发规模，到 2000 年以后，可供建新井的后备资源就差不多用完了。因此，开发利用本地资源，不可能根本缓解其煤炭的供需矛盾。

第二，建设核电站。全国核燃料的保有储量只能保证年发电量 300 亿千瓦·时的装机规模，都用在东部能增加的电量也很有限，而且建设一个核电站的投资，相当于 4~5 个同规模的煤电站的投资，代价很高。

第二，进口能源。为了平衡外汇，我国还被迫出口部分煤炭、石油，哪有那么多外汇进口能源来支持东部的进一步发展。

根本出路，只能是主要依靠中、西部富能区能源工业开发规模的扩大。我国当前面临的能源危机，重要原因之一，就是全国能源工业的投入向中、西部倾斜不够，特别是火电及某些高耗能原材料工业，是向东倾斜，如"六五"火电装机 75% 还是摆在东部。如果今后还在东部兜圈子，只能延误时机，加剧东部能源的供需矛盾。如果中西部能源工业加快发展，并与其优势矿产资源相结合，一系列国家短缺的高耗能、高耗原材料也就可以跟上来。因此，即使是在宏观经济布局上，还不能向西进行战略转移的时期内，能源和某些高耗能、高耗原材料工业的西移也是必要的。

二、在全国地域分工中西部能源、矿产资源开发重点的确定

根据能源、矿产资源的集中程度和组合特点、全国经济的总体布局、能源、原材料产品的产销格局，20世纪内，在全国地域分工体系中，在能源、原材料工业方面，西部地区应当也可以为全国做出贡献的，至少有以下几个行业：

（一）动力煤

我国煤炭保有储量，西部地区占57%以上，其中侏罗纪优质动力煤，西部占的比重更高。据预测，2000年，京、津、沪、苏、浙、闽、粤、鄂、湘、辽、吉11个主要缺煤区，煤炭净调入量将增加到4亿吨以上；冀、鲁、赣三省的净调入量将增加到5000万吨以上。弥补这样大的缺口，首先要靠山西，但都压在山西一省也承受不了，特别是优质动力煤的供应。根据全国煤炭工业的总体布局，2000年，山西各基地至少可外调8亿吨，西部的陕北、渭北、蒙西、宁夏、黔西各基地，至少要承担1.2亿吨以上的调出任务。

（二）水电

我国水电资源，比煤炭更高度集中于西部。根据全国电力工业规划，今后10多年内，全国需新增水电装机5000万千瓦，其中主要靠西部的黄河上游、红水河、雅砻江、大渡河、乌江、金沙江的梯级开发，特别是100万千瓦以上的大型水电站。

（三）有色金属

除极少矿种外，我国有色、稀有、稀土和贵金属的资源分布都以西部为主，主要靠加大西部开发规模以增加供给。如其中的铝工业，铝土矿的储量虽不及中部，但我国高品位铝土矿主要在西部，水、煤资源也主要在西部，特别是走水电—铝工业的联合开发的路子，比煤—电—铝的路子在经济上更为有利，因此铝工业的发展，西部也要承担较大的任务。

（四）磷、硫、盐化工与天然气化工，也主要靠西部

关于磷化工。我国磷矿资源主要集中在西部的云贵和中部的湘鄂地区。二者储量相近，云贵区略多（云贵占全国储量47%，湘鄂占41%）。从矿石品位看，云贵富矿储量为湘鄂的4.4倍，露采储量为湘鄂的3.7倍，在质量和开采条件上明显优于湘鄂；在区位和运输条件上，湘鄂地理位置适中，运输半径比云贵段多1000千米，而且运输条件好，矿石运输方便，云贵位置偏于西南，

矿石外运条件差；从能源配备情况看，云贵是富能区，煤水均多，湘鄂是缺能区，水电资源较多，但煤很少，能源开发前景云贵远大于湘鄂；从酸法和热法制磷肥所需的硫、焦炭等配套资源看，云贵有川南的硫和黔西的焦煤，而湘鄂缺硫少焦；从经济效益对比，云贵吨磷矿（标矿）的投资比湘鄂低1倍，考虑运距因素后，前者的投资回收期也比后者短1/4。因此，综合起来看，云贵发展磷化工的条件优于湘鄂。云贵的主要弱点是运输条件差，但随着已有铁路干线的改造，南昆铁路的修建，这个问题是可以解决的。即使因运力的限制，只要几个大中型水电站建成，也可走电法生产黄磷、高效磷肥的路子，对缓解全国氮磷肥结构严重失调的矛盾做出其重大贡献。

关于盐化工。多年来我国是依靠海盐，集中在沿海地区发展盐化工。这种布局模式，日益暴露出其弱点。发展海盐，建设1亩盐田，需投资2000多元，比发展湖盐多1倍，生产成本高3/4；海盐建设周期是三年，盐田成熟期是两年，费的时间比湖盐长；而且海盐生产受气候条件影响很大，生产不如湖盐稳定；发展海盐还有一个与养殖业争地的矛盾，而发展养殖比发展海盐经济收益高好几倍。所以过多地依靠海盐发展"两碱"，已日益受到制约。加快海盐以外的盐业开发，并在此基础上发展"两碱"，势在必行。西部地区，湖盐、矿盐、井盐兼备，经济效益高于全国盐业的平均水平，发挥这个优势，可以在盐碱化工方面做出更大贡献。至于以钾盐制造钾肥，由于钾盐资源几乎100%集中在西部，而且还高度集中于柴达木，因此全国钾肥的增长自然主要靠西部。

除上述行业外，关于石油工业。从现有储量看，石油资源主要分布在东中部，西部处于劣势。20世纪内，全国原油的增产将主要依靠中东部。但从发展趋势看，西部的地位将逐步上升。中东部老油田后备资源都已不多，扩大储量的前景也不大，特别是全国主力油田大庆、胜利油田已进入开发后期，原油水分含量大，开采成本日益增加，因此，今后新开油田，势将主要转向西北和海上。尽管这种转移，投资大，采运成本高，但为了增强全国石油工业及与之密切联系的石化工业发展的后劲，也不能不作此抉择。到2000年，中东部现有油田的剩余可采储量为数不多，资源接替困难很大，而西部石油资源的前景广阔，特别是在新疆。新疆地域辽阔，有沉积盆地30多个，总面积90多万平方千米。目前已找到油气田12个。近几年来，国家拿出80多亿元资金作为勘探开发之用，由于勘探广泛应用了现代技术，勘探速度大大加快，已取得突破性的进展，准噶尔西北部的克拉玛依油田，最新勘探资料表明，从克拉玛依—乌尔禾的逆掩层并不是一条线，而是一个面积达5000平方千米的面，不仅上部地层含油，其深部还有 5 个不同地质年代的含油层，形成 4 个含油领域，从而使石油储量扩大了几倍，特别是这里蕴藏的稠油资源，储量和质量均居全国之冠，这是一种经济价值很高的低凝度油，可炼制我国短缺的高级润滑油和高级冷冻机油。准格尔东部探区也有发现，并将全面投入开发，有可能形成第二个克拉玛依。

经过 10 年的考察，南疆塔里木盆地前景更好。这里存在三大隆起，四大坳陷，四套生油岩系，三个上千平方千米的含油构造。据专家初估，盆地的石油储量可达 184 亿吨，主要埋藏在塔克拉玛干大沙漠下面。这个大沙漠下面，既有丰富的油气资源，而且在沙漠下仅 2~4 米、最深不过 10 米的地下，已发现了大量水源，从而克服了石油开发的一个巨大障碍。尽管在 20 世纪内，新疆石油工业还只能靠北疆现有油田增产，对全国原油的增产贡献不大，新油田的开发，难度还较大，但随着工作的进展，掌握更多的可采储量，可以下决心进一步解决运输问题，我国石油工业要登上一个新台阶，还要寄希望于西北。"八五"期间，计划在塔里木盆地完成探明储量 15 亿吨，控制储量 10 亿吨，原油产量 2000 万吨，成为全国第三大油田。到"九五"期间，新疆将进一步成为全国石油增产的主要来源之一。

综合以上分析，可以看出，加快西部能源、矿产资源的开发，从全国看，可以起相当大的进口替代作用，节省外汇，缓解全国能源、原材料日益加剧的供需矛盾，促进全国产业结构的协调。从地区来看，通过资源的转换，可加大区外资金技术的流入量，改善其扩大再生产条件。矿物原材料工业乘数效应较为明显，它支持着数倍（2.24~4.70）于它的下游产业的发展，利用产业之间的关联作用，可以促进相关产业的发展，直接、间接地扩大地区的经济总量，增加就业人数；可以形成若干各具特色、具有全国意义的能源、原材料工业基地，奠定地区工业合理布局的骨架。

三、西部能源、矿产资源开发布局框架

根据国家的需求、地区的条件、已有的工业分布格局以及能源、原材料工业布局的指向性，在 20 世纪内和 21 世纪初，西部地区能矿资源开发布局的基本框架，大体上由以下三个方面构成：

（一）南北分工，各有侧重

西部地区的南北两大部分，既有共性，更有个性，互补性较强。从矿产资

源的集中程度和组合特点看，北部的资源富集区，主要是：包头—狼山区，鄂尔多斯盆地、小秦岭地区、黄河上游区、柴达木，伊犁—克拉玛依—阿勒泰地区。其中煤、石油、稀土、铌、镍、铂、铅锌、稀有金属（锂、铍、钽、铷、锆、钍）、白云母、铬铁矿、盐类资源、硼等，均具有全国优势。南部的资源富集区，主要是：红水河流域，又可分为桂西南、滇东南区、桂北、滇南。攀西—六盘水区，又可分为：攀西区、黔西南六盘水区、黔中、滇中、川南区、滇东—黔西区。滇西区。此外，还有川西的石棉、钙芒硝，四川盆地的天然气。其中，水电、煤、天然气、锡、铝、锰、锑、铅锌、钒、钛、磷矿、石棉、钙芒硝、水晶等，都具有全国优势。虽然南北能矿资源都丰富，但主导矿种及资源组合特点也有很大差异。

从自然环境和经济社会条件看，南部水资源、气候条件、农业基础相对强于北部，北部的空间容量、地形条件、能源供应、对外运输条件相对优于南部。在综合经济实力和自我发展能力上，南部稍强于北部（北部自我发展能力指数为 39.95，南部为 53.38），但在能源基础和能源开发条件上，北部又优于南部，而能源开发既是国家的急需，又是整个西部地区重化工化的重要物质基础。从上述情况出发，西部的工业布局，也可以南北并进，但侧重点不同，两者结合，更有利于形成煤、水、油、气四者兼具的综合性能源基地，多品种的有色金属基地和化工基地，从而更有效地发挥西部的资源组合优势。

（二）点轴延伸与新轴线开发

（1）现有轴线的加强与延伸。西部已形成的工业轴线，主要有：以渭南、西安、宝鸡、兰州、金昌、玉门、嘉峪关、乌鲁木齐为中心的陇海—兰新轴；以呼和浩特市、包头、石嘴山、银川、白银、西宁为中心的京包—包兰—兰青轴；以成都、重庆、昆明、贵阳为四极的"口"型轴线。这些轴线集中了西部的主要工业与城市，是进一步开发西部的依托和阵地，但轴线的总体水平和工业点密度还远不及东中部的工业轴线，需要加强和延伸。其途径：一是以轴线上的大城市产业结构和地域结构的调整为中心，以技术为导向，以内涵扩大再生产为主，强化其综合功能，扩展其扩散效应；二是中小城市的建设，一般还要以强化经济功能为主，增强辐射能力，形成二级、三级开发据点；三是轴线上的工业布局，由高密度地段向低密度地段推移，防止生产要素进一步向轴线上的大城市拥集。

（2）新轴线的开发。着手建设以下几条轴线：①黄河西侧纵轴线。从内蒙古狼山地区经临河区、东胜区，南下进入陕北的神府—榆林地区、延安—子长地区、黄陵地区到渭南市（含小秦岭地区）。随着西安—安康线的修建，再向陕南延伸。这是一条铜、铅、锌、硫、铁、煤、煤电、油气、铝、金、钼工业带。②蒙东纵轴线。这是一带断续相连的褐煤带，以开发三大露天煤矿为基础，相应发展煤电、煤化工、建材。③内昆—南昆—南防轴。以红水河水电及川南、滇东、黔西南火电为依托，重点开发川南的煤、硫、磷矿，黔西南、滇东的煤炭、铜、铅锌及广西的平梁的铝土矿。④青藏轴。依托青藏铁路一期工程，输入龙羊峡的水电，开发柴达木的池盐、钾盐、油气、铅锌、石棉。⑤澜沧江中下游。修建广通—大理铁路，重点开发流域内的水电、铅锌、磷矿。

后两条轴线，是西部地区工业布局向西推进的前哨。新老轴线交织，构成西部经济布局的骨架。

（三）主导工业生产基地的布局

（1）煤炭。北部为主，南部为辅。重点建设五大煤炭基地：①蒙东基地是最近东北的能源补充基地。主要开发元宝山—平庄矿区、霍林河矿区、伊敏—宝日希勒—大雁矿区。②陕北蒙西基地。重点开发东胜、神木、准格尔三大煤田，形成全国第二大优质动力煤供应基地和重要的出口煤基地。③渭北基地。扩大东部现有四大矿区，向北重点开发黄陵煤田，向西开发彬长煤田，是关中工业走廊的主要能源供应基地。④宁东、陇东基地。宁东主要巩固提高贺兰山煤田现有矿区，积极开发灵武大煤田，为建设贺兰山火电基地准备燃料基地。陇东主要提高窑街、靖远矿区，重点开发华亭煤田，缓解甘肃煤炭的供需矛盾。⑤黔西滇东基地。扩大六盘水煤田开发规模，积极开发兴义、织纳煤田，新扩建昭通、恩洪（曲靖）、小龙潭矿区。扩大向川、桂、粤、湘的供煤量，减轻北煤南运的压力。

（2）电力。北部火主水从，南部水主火从，形成水火并举的态势。①水电主要是：黄河上游基地，续建李家峡、大峡，进一步开发拉西瓦、小峡、黑山峡；红水河基地，续建天生桥二级，进一步开发天生桥一级、龙滩；乌江梯级。扩建乌江渡，开发构皮滩、洪家渡、彭水；澜沧江中段，续建漫湾，开发大朝山、小湾，糯扎渡、景洪；雅砻江下游，续建二滩，开发桐子林（二滩的反调节电站），同时开发大渡河瀑布沟梯级。②火电布局主要与煤炭基地布局相结合，并与水电基地相互调节。渭北火电基地，依托渭北煤区，利用黄河水、地下水及黄、渭河潜流水，远景 1000 万~1200 万千瓦，近期主要新扩建渭河、秦岭、韩城二电、蒲城、宝鸡电站；贺兰山火电基地，主要依托宁东、乌海煤矿山，取黄河水，远景 1000 万~1100 万千瓦，近期主要续建与新扩建石嘴山、大武口、大坝、灵武、渤海湾电站；蒙西沿黄火电基地，依托东胜、准格尔煤区，取黄河水，新扩建呼、包电厂、乌拉山电厂、达拉特旗、托克托县电厂及准格尔自备电站；兰银宁区。利用陇东煤区的煤，取黄河水，扩建西固、连城，新建兰二热、靖远、平凉电站，与区内已有和拟建的大中型水电站联合运行；蒙东火电基地，扩建元宝山电厂，新扩建霍林河坑口电站、科右、通辽电站、伊敏、海拉尔、乌兰浩特电站；黔西滇东火电基地，以及利用六盘水东运煤与红水河水电联合运行的钦州湾、来宾、柳州电站。

（3）冶金，以有色为主。钢铁主要是扩建、配套，重点是包钢、酒钢、攀钢、昆钢、水钢、重钢，争取上攀西二基地。在扩建包钢、攀钢的同时，分别扩大稀土和钒钛生产规模。有色金属工业以铝、铅锌、锡、镍为主。

铝工业。北部依托晋、豫的商品氧化铝和黄河上游水电，扩建续建青海、兰州、连城、青铜峡电解铝厂，新建白银、达拉特旗、渭南电解铝厂，相应建设青铜峡、青海、渭南铝材加工厂；南部依托乌江，红水河水电和贵、柱的铝土矿，新建贵州（修文）、遵义、平果三大综合性铝基地，扩建西南铝加工厂。

铅锌。开发狼山、西成、风太三大铅锌矿，新建临河、白银、宝鸡三大冶炼厂；开发兰坪铅锌矿，利用漫湾水电，建设兰坪铅锌基地；扩建会理、会东铅锌矿，依托二滩水电，新建西昌铅锌冶炼厂。

锡工业。扩建大厂锡矿和来宾冶炼厂，除锡以外，兼产铅锌。

镍工业。扩建金川基地，综合回收铜、铂族金属及稀有分散元素。

（4）化工。①煤化工。重点建设乌海、渭南两大乙炔气碱化工基地，渭南、华亭甲醇厂；磷化工。进一步开发昆阳、安宁、开阳—息烽、瓮福、马边磷矿及川南硫铁矿，新建安宁磷肥基地（黄磷、重钙）、福泉磷肥基地（重钙）、宜宾磷铵工程。②盐化工。开发安宁大盐矿，利用邓关—宜宾入卤工程，扩建安宁、宜宾烧碱工程，扩建吉兰太盐池，开发查干里门诺尔天然碱，新建吉兰太、集宁（或锡林浩特）纯碱厂，扩建格尔木钾肥厂。③石油化工。依托阿尔善、独山子油田，续建新建呼市炼油化肥厂、独山子乙烯工程；开发塔里木盆地油田的基础上，新建库尔勒大型石油化工基地。④天然气。依托四川盆地的天然气及北海市附近海底天然气资源，扩建泸州和云南天然气化工厂，增产甲醇、合成氨、尿素，新建合江、涪江、北海大化肥厂。

西部地区的经济布局

一、布局政策

（一）国家总体布局的政策目标及西部的地位

国家的总体布局，首先要根据经济原则，按经济规律办事，但同时也要体现政治上、国防上的要求。这里讲的政治上、国防上的要求，主要指国家的总体布局，应有利于促进少数民族地区的发展和边疆地带经济实力的加强，相应地，在布局政策目标上，要兼顾效益与均衡的双重目标。但在客观上，布局的这两个政策目标是存在矛盾的，处理不当，矛盾还会突出。在这方面，我国已有正、反两个方面的经验教训。"一五"时期，从总体上看，对这一对矛盾的处理比较得当，虽然也出现过偏差，但纠正得比较快，基本上实现了整体效益的提高和地区差距的稳步缩小。但以后连连失误。"二五"时期，在工业布局上遍地开花；"三五"、"四五"强调向西跃进，在指导原则上共同特征是强调政治国防上的要求，强调均衡，总体效益很差。近十年来，强调了布局效益，实行向东倾斜，加快了全国的发展速度，但地区差距明显拉大，地区摩擦增多。怎样寻求效益与均衡最佳的结合点或结合区间，具体来说，就是如何正确处理我国的东西关系，既保证较好的总体效益，又不致过分拉大东西部的差距，关键是如何确定西部地区在全国布局中的地位及其与发达地区的关系。有关部门曾组织课题组，通过建立数学模型，提出了五个比选方案（即东部、中部、西部、不变和结合方案）。以 2000 年为期，以 2000 年全国社会总产值代表总体效益，以人均国民收入代表地区差距，以期从定量上寻找一个最佳的结合点。计算数据表明：

东部方案，即追求高效益增长目标，空间布局向东倾斜。这一方案的长处，是经济效益最好，比结合方案多 670 亿元，比其他三个方案分别多 1330~2180 亿元，其缺点是东西差距拉得过大。相对差距除比结合方案扩大 3 个百分点外，比其他三个方案分别扩大了 6~17 个百分点。与 1986 年东西的实际差距相比，绝对差距增加了 766 元/人，相对差距扩大了 10 个百分点。

中部方案，即中部突破或中间开花，将重点转向中部。这一方案的长处，是可以把地区间的差距控制在允许范围之内，除比西部方案扩大了 11 个百分点之外，比其他三个方案只分别扩大了 3~6 个百分点。与 1986 年东西实际差距相比，绝对差缩小了 546 元/人。相对差之扩大了 3 个百分点，其缺点是宏观经济效益差，除比西部方案多 200 亿元以外，比其他三个分别少 650 亿~1980 亿元。

西部方案，即向西跃进方案。其长处是显著地缩小了东西差距，比其他四个方案分别缩小了 8~17 个百分点。其缺点是宏观经济效益太差，比其他四个方案分别少 200 亿~2180 亿元。

不变方案，即按现有的发展比例关系发展下去。从宏观效益看，比东部方案、结合方案分别少 1330 亿元和 660 亿元，比西部方案、中部方案分别高 850 亿元和 650 亿元；在地区差距上，只比西部方案扩大 8 个百分点，而比其他三个分别缩小了 3~9 个百分点。

结合方案，即把东部的经济繁荣与中西部的发展结合起来。这一方案，在宏观经济效益上，只比东部方案少 670 亿元，而比其他三个分别高 660 亿~1110 亿元。在缩小地区差距上，比中部方案、西部方案、不变方案都扩大了一些，但比东部方案缩小了 3 个百分点。与 1986 年东西方案相比，绝对差增加了 660 元/人，相对差扩大了 7 个百分点。如按此方案进行布局，到 2000 年全国国民生产总值在 1987~2000 年的 14 年中，平均每年增 8%，这个宏观效益是好的，这 14 年东西相对差距扩大的幅度，可比前 14 年（1972~1986 年）扩大幅度缩小一半。尽管东西还存在较大差距，但趋势是在缩小，因而是可以接受的。从单方面看，结合方案的宏观效益不及东部方案，地区差距的缩小不及西部方案。但从两者结合起来看，5 个方案中，此方案两者兼顾，比较理想。

从上述对比数据看，结合方案的确较好地体现了布局的双重目标，但这一方案的基本思路，还没有摆脱旧的地域分工框框，因而也就不能改进已有的并不尽合理的区域格局，即东部发展轻加工、精加工，中、西部继续发展能源、原材料初级产品。所谓结合，即以中西部的能源、初级产品支持东部加工工业的发展，其理论基础就是李嘉图的静态比较利益学说。如果是全国商品市场发育良好，以等价交换为前提，这种地域分工格局，也可以使能源、原材料工业为主的西部地区，取得合理的收益，使西部人民取得应得的实惠。问题在于我国现行的产品经济与商品经济并存、计划价格与市场价格并存的条件下，能源、原材料初级产品的价格明显偏低，严重背离其价值。在交换中其价值大量流失，造成企业和地区经济的低效益。近年来，由于能源、原材料价格的调整，同时减少了计划分配的比重，使价格扭曲有所缓解。但主要能源、原材料价格放开的很少，国家管理的比较紧，价格上调幅度相对于已经放开的加工工业产品的上涨幅度小得多。这样，以能源、原材料产品为主的加工工业、特别是深加工、精加工工业发展薄弱、需要大量调入的西部地区来说，又使地区的消费基金大量流失，这种价格漏斗造成的利益漏斗，使得具有一定合理性的地域分工不能给西部带来应有的经济效益，则只是从流通角度来衡量这种地域分工格局。如果从生产领域来衡量，这种地域分工格局主要不是按商品经济规律形成的，而主要是各中央主管部门按各自的要求确定的，摆在西部地区，分属中央各主管部门的大中型企业，其生产协作链条基本上甩在区外，造成地区的产业关联度低，削弱了地区的整体竞争能力，又造成地区主导业产单一而低级，只能与加工工业发达的地区进行垂直加工，这种垂直加工，往往有利于产业层次较高的东部，而不利于产业层次较低的西部，价格扭曲，更加剧了这种地区利益分配不均状况。长期保持这种分工格局，不得不影响西部地区产业结构的调整，影响其资源优势的发挥，已经存在的地区摩擦随着时间的延长将进一步加剧，结合方案的两个目标将因此而大打折扣。

国家的区域政策目标，最核心的应是承认地区差距的客观存在。从差异的现实出发，确定不同地区在全国总体布局中的地位，针对不同地区的主要问题，采取有效的政策投入，通过经济杠杆和宏观调节机制，给各类地区创造发挥各自优势的条件，排除影响优势发挥的障碍，从而能平等地获得发挥区域优势的机会，增强地区的自组织能力。各地区的优势得以发挥，地区间的相对差距就会逐步缩小，同时集各区的优势，也就可以形成国家的整体优势，从而使布局的效益与均衡两个政策目标得到较好的结合。国家的发展既不能以牺牲国家整体效益为代价，追求均衡目标；也不能追求高效益增长目标，而过分拉大地区间的差距。地区间的"马太效应"，不仅仅是个经济问题，在我国，还直接关系到民族团结、边疆巩固、政治稳定的大局。

在国家总体布局中，就西部地区而论，应当担负起提供能源、原材料的分工任务，但又不能长期停滞在单一提供初级产品的地位。国家的区域政策，应在支持西部扩大能源、原材料开发规模的基础上，支持其主导产业的多元化，并把能源、原材料的加工转换提高到应有的地位，以延长其优势产品链，便于能源、原材料工业向区内农业、加工工业渗透。对西部地区已有较好基础的三线军工企业和重机械加工，也应予以适当的扶持，促使其优势、潜力得以发挥，向区内能源、原材料工业和国民经济其他部门辐射。通过这两方面来提高西部内部的产业关联度，提高资源的附加值，提高其结构性效益，从而缩小与东部的经济技术差距。这条布局政策，对安排西部内部的总体布局，也是适用的，甚至更为适用，因为西部内部的区域差距比它与中东部的差距更大。

（二）西部内部的区域差异及各类型区的发展政策

地区差异，是制定布局政策的客观基础。合理利用地区差异，通过生产要素的调度组合和政策诱导，协调西部内部各类区域的发展比例关系，促进各类地区优势的发挥，形成西部的整体优势，是制定西部布局政策的出发点和归宿。

与中东部相比，西部地区的基本特征之一，是幅员最辽阔，内部构成更为复杂，经济发展条件和发展水平的区域差异更大，不同发展水平的经济区域类型同时并存，如果以经济发展所处阶段为主导因素，结合生产要素的组合特点，可以粗略划分为以下几种类型区：

（1）不发展地区，包括连片的贫困地区，主要是少数民族地区、各省区的边远山区（如秦岭大巴山区、乌蒙山区、九万大山区、大凉山区、横断山区、西藏高原、黄土高原水土流失和风沙为害严重区、甘宁的"三西"地区、新疆各"绿洲"的外围区等）。其基本特点是靠天然的资源和环境条件求生存，落后、贫困。其表现有多重性，原因也是多元化并互为因果。生产力的落后、物质上的短缺是其外层表现，如位置偏僻，距经济重心较远，极为封闭。交通阻塞，信息不灵；自然环境严峻、生态脆弱或者生态已经恶化；城市化水平极低，市场不发达，经济循环单一，地方财政入不敷出，居民生活水平低下，温饱问题尚未解决；自我积累自我发展能力极低，投资环境差，又缺乏吸引外部投入的能力，因而发展机会少。而精神贫困，如人口素质差，文盲率高，商品经济观念淡薄，视野狭窄，是其深层表现，这又制约着生产力的发展。这类地区，基本上是原始自然经济区，与现代文明基本隔绝。

（2）开发成长区，这又可分为两个亚类：

一是由自然、半自然经济向商品经济，由农业社会向工业社会转变地区，主要是广大的农业区。主要特点是，农业占主导地位，现代工业少，60%~70%的农村劳动力仍从事介于传统农业与现代农业之间的农业生产，农村生产中以耕作业为主，耕作业又以粮食生产为主。农业生产占农村社会总产值的大部分，自给性较强。但近十年来，以乡（镇）工业为主的非农业产业已有较大发展，商品经济收入已占农村总收入相当大的比重，有些地区商品经济收入已赶上并超过农业收入，因而在经济总水平和产业结构上已不同于传统的农业区。居民温饱问题基本解决，有的已由温饱型向小康型过渡。

二是能源、矿产资源富集区。其特点是已有较多的自然物质和能量转化为社会财富，在优势能源、矿产资源的基础上，在国家投入的推动下，已形成不同的地区主导产业，相应地带动和促进了地区交通运输、城市建设的发展，区域已有一定的物质技术基础，商品经济相对于前一个亚类地区发达，能源、矿产产品输出比重大，与区外的经济交往比较广泛，已在不同程度上加入西部以致全国的经济循环之中。经济增长势头较大，但产业结构单一，第三产业、轻工业不发达，农业的集约化水平不高，整体经济效益不高。居民收入水平处于中间偏上水平，这是第二类地区中工业化水平较高的部分，单就工业比重而言，这一亚类区也可与上述亚类区区别开来单独划为一大区域类型。

（3）相对发达区，主要是沿铁路干线的大中城市区域。工业已占主导地位，城市经济比较发达，有现代化的基础结构，对外交通方便，农业生产比较集约，产业结构比较复杂，加工工业，第三产业占较大比重。人口的文化素质、技术素质较高，吸引消化新技术的能力强。区域功能相对健全，投资效果明显大于其他类型地区，从而吸引外部投入的能力较大。主要问题是产业结构和设备相对老化，原材料供应比较紧张，基础设施不足，工业集中度偏高，城市首位度大，城市经济与区域经济不协调，大中城市的扩散效应不足。这是西部的经济核心区，其中大城市的某些工业区，就其技术水平讲，也可居全国的前列，比发达地区的老工业区并不逊色。

（4）在西部地区，还存在一种特殊的经济类型区，即孤岛式的中小工业点及其毗邻区，主要是大三线建设时期形成的，其特点是相当现代化的技术密集型企业，散布于落后的农牧区之中，既不靠近城市，企业所在地也没有形成现代化城市，而是自成一个小社会，与地方经济相分离，形成封闭系统中的封闭区。二元经济结构特点在这里表现得最为典型。企业的技术装备与技术力量，可以开发上天的高技术产品，并且这种产品占所在地区国民经济的很大比重，对国家的航空航天事业起到相当大的推动作用，但却未能有效地带动周围小区域摆脱近于原始的生产方式。它既不同于高技术经济区域，又不同于上述的典型的自然经济区域，也不同上述的开发成长区。

西部地区虽然兼容上述多种经济类型区，但其中占优势的是第二类型区域，这类区域占的空间最大，从业劳动力最多，总产值也最大，是西部农产品和大宗工矿产品的主产区；第一类区域土地面积也比较大，但人口少，经济作用也弱；第四类区域，空间不大，有相当的潜力，但现实的经济力量还不大；第三类区域，占的空间也不大，但人口密度、经济密度最高，是西部产业系统和城市系统比较发达，综合经济力量最强的区域。

如果进一步从空间角度进行分析，还可概括出以下两大特点：

一是各类区域在地理上并不各自连成一片，而是不同发展阶段的区域犬牙交错，或者是经济发达区与经济不发达地区毗邻共存，或者是多种类型区包围着发达区域，相互分割、阻隔，彼此之间空间距离不大，但反差强烈，如银川平原与六盘山区，四川盆地与盆周山地，西宁—兰州河谷地带与其两岸区域，新疆的绿洲与周围的其他地区，甚至在一个大中城市的地域范围内，市区工业化水平相当高，居民享受着现代文明，而所辖县有的却还是贫困县。

二是以省会（或首府）为中心，形成省（区）内的高梯度区，其辐射能力向四周扩展，随着距离的延长而削弱，到达省（区）边界地区，大多成为经济文化落后，交通闭塞的贫困地区，成为省（区）际交往的屏障。而在能矿资源的分布上，边界地区往往都是省（区）内的资源富集区或跨省（区）的资源集中区，如川滇黔边界区、蒙陕晋边界区等。

上述区域差异的存在，是多种因素长期综合作用的结果。在宏观布局中，对于这种差异，既不能放任自流，任其扩大差距，也不能从主观的善良愿望出发，揠苗助长，急于拉平，而是参照前述的国家布局政策的基本精神，在各类区域之间，采取不同的发展对策，进行生产要素的分配、调度。

对第一类区域的发展政策，应是：

第一，国家和省（区）给予必要的资金支持和某些优惠政策，运用好扶贫资金和专项基金，帮助这类区域克服资本形成能力低，产品缺乏竞争能力，市场难以扩张的制约，注入外力，启动发展。

第二，在区域资金的产业分配和空间分配上，要适当集中，重点致力于优势产业的扶持和区域增长极的建设，以优势产业带动一般产业，以增长极带动面。

第三，在条件投资与产品投资之间，开发投资与治理投资之间，治穷与治愚之间，要保持一定的比例，一般应较多地用于条件投资，提高人口素质，改善投资环境，为直接生产部门的发展创造必要条件。

第四，加强对社会资金流向的引导，重点投入投资少、见效快的项目，从基础做起，从实际出发，尽快使贫困地区的人民脱贫，特别要重视"特困区"

和"贫困线"以下群众的扶持，给他们更多的发展机会。

发展的目标是，能以较少的投入，启动和加强地区经济内部活力，使区域经济系统较快地跨上工业化的起点。

对于二类地区的第一亚类区，主要是在加强大农业基础的同时促进乡（镇）工业、地方工业的发展，工农协调，相互促进。农业内部，应因地制宜，调整土地利用结构和农业生产结构，提高各类土地的利用率和经济性，改善农业生态环境；在工业内部，应选择具有农业原料优势，有地方特色的农产品加工工业为主导，积极发展支农工业；对第二类亚区，一要在强化地区优势产业的同时，注意地区产业结构的多样化，特别是加快能矿资源的加工转换，有重点地开发新型材料，增强区域结构弹性，提高工业结构的层次，加强地区产业的关联度；二要在进一步扩大增长极的极化效应的同时，注意加强其扩散效应，将区内生产力的布局适当展开。

发展的目标，主要是使开发成长区，顺利地向成熟区过渡。

对第三类地区，一要大力调整区域产业结构，促进结构升级，产品换代，用新技术、新工艺改造传统产业，积极开发新兴产业、产品。二要强化社会基础结构，积极发展第三产业。三要抓好产业、产品的两个转移、扩散：①区内的高耗料工业向外部富能富料地区转移、扩散。②把大城市部分产业、产品，向周围地区转移、扩散。

发展目标主要是进一步发挥这类地区的"骨干区域"的作用，尽可能延长其繁荣期。

对第四类地区，重点是解决军工企业的问题。除少数布点严重失误、企业难以生存的，需要有计划调整布点以外，绝大多数应就地完善，克服其先天缺陷，用较少的增量，调动其庞大的存量，释放其技术、装备、人才的潜能，途径是转型、改革开放与发展。

转型主要是由单一军品型转向军民结合型，合理组合生产要素，以技术为导向，结合市场导向，跟踪全国、世界高技术，利用现有技术，确立主导技术产业，用军工先进技术，改造传统产业，带动地区经济的技术改造，生产进口替代产品，或加强国内高技术的国产化能力和自配套能力。

改革开放，主要是改革军民分割的封闭型管理体制，积极稳妥地下放军工企业，扩大企业自主权，按照发展有计划商品经济的要求，大力发展多种形式、多种内容的横向联合。可采用的形式有：军工企业与地方民用企业在生产经营上的合作与联合，三线企业与一线企业的协作联合，军工企业之间的协作联合，军工企业与军工科研单位和民间科研单位的协作联合。可采用的内容有：共同开发西部资源，共同改善地区的基础设施，促进加工工业与能源、原材料工业及基础产业的结合；联合开发国家建设急需的重型技术装备和基础元器件，合作增产名优产品和出口创汇产品，共同消化、创新国外引进的先进技术，发展高技术密集产业，在联合中注入新的活力，补其所短，展其所长，从而促进本身的发展，也带动周围地方经济的发展。

二、布局模式

在布局学和发展经济学中，提出的地区布局模式多种多样，其中应用较广的有梯度推移、增长极建设、点轴延伸、网络开发或地域生产综合体建设、集中与分散相结合等，对这些布局模式，大多尚缺乏规范性的理论描述，在实际应用中也各有其局限性，人们往往从不同角度来加以理解、阐释，并对某种模式过于偏好，夸大其适用范围，而否定其他模式在一定范围内的适用性，以致在地区布局模式的选择上，意见纷纭。较为突出的是对梯度推移的争论。肯定者称为解决我国布局问题的最基本的理论模式，甚至将梯度推移视为经济布局展开的"普遍规律"。否定者则根本否认我国梯度颁布的存在，因而认为梯度推移根本不符合我国国情，按此模式来安排我国的经济布局，只能导致发达地区与不发达地区差距的扩大，加剧地区间的摩擦。这种分歧的产生，除有地区利益上的考虑以外，从理论上讲，主要是由于对梯度颁布、梯度推移的内涵和实质及其在布局实践中的适用范围缺乏共识。

我们的研究认为，所谓梯度，是指事物的空间颁布在一定方向上呈有规则的递增递减现象。梯度颁布具体表现为不同梯度区之间在经济水平、技术水平、人才知识水平、社会文化环境等方面的综合差距，即"梯度差"，其在我国特别是我国西部地区内部都是客观存在的。梯度划分，主要是对国内三大地域单元已有经济技术水平的高低的一种排序，但这并不意味着，同一梯度区内，发展水平全部一致。正如地貌区划一样，高原山区夹着低谷，在低丘、平原上有的也会出现突起的山峰，但这并不妨碍地貌区的划分。梯度推移是宏观经济布局循序展开的一种理论模式，其实质是从梯度颁布的客观存在出发，既要充分利用高梯度已有的区位优势，进一步发展提高，同时也要从高到低，由高梯度区逐步向低梯度区推移，从而有步骤有秩序地将经济布局展开。但这种推移，并不是板块式的、整齐划一的，不是说要机械地等到高梯度区全部建设好了，再转向中梯度区，等中梯度区都建设好了，再转向低梯度区，也就是说，作为一定时期内的重点建设区，这一地区内的各个部分都是建设的重点，而其他地区内的各个部分，都不可能成为建设的重点区。而是从宏观地域的总体上看，有主次之分，在重点东倾时，中西地区内的局部地区、局部领域，也可以成为国家的建设重点。

　　承认地区差距，并有步骤地缩小地区差距，协调地区间的发展比例比系，是宏观经济布局的基本任务之一。"冰冻三尺，非一日之寒"。地区差距的形成是经历了一个长期的发展过程，缩小以致消除这种差距，也必须有一个过程，不可能一蹴而就。从区域经济的发展阶段而言，任何一个区域，都需要依次经历不发展、成长、成熟、衰退或发展到更高阶段这样一个过程。不同区域经历某个发展阶段所需的时间长短不同，因而先进和落后的区域排序可以变动。但这并不意味着区域发展可以跨越某一发展阶段而一步登天。区域的超越发展，仅仅是指某些落后区域可能用较短的时间，走完发达区域所走过的道路。在一个国家或一个大的地域单元内，不同发展阶段的区域往往是同时并存，这种状况在西部地区内部尤为突出。在各个发展阶段，国家或大区，都要重点依靠处于成熟阶段的区域，因为这类区域在全国、全区国民经济生活中占有举足轻重的地位，对全国、全区经济增长的作用率最高。在国家、地区财力不足时，尤其需要把重点放在巩固、提高、强化成熟区域，使之既担负起"骨干区域"的功能，保证全国、全区的总体效率，又担负起经济布局向成长区以致某些不发展区推进的基础任务。所以，梯度推移的理论上是成立的，在实践上也是可行的。综观世界经济空间拓展的历史，无一不是首先发展综合优势较大的区域，形成高梯度区，然后利用其势能，逐步向低梯度区推移，从而扩大人类经济活动的空间和活动的内容。梯度推移模式，既适用于国家的宏观布局，也适用于大区的总体布局，它主要解决大范围内（全国、大区）经济布局扩展的方向问题以及大的重点开发区域的定位问题。但如果应用于微观层次，中观层次的布局就有其局限性。

　　微观层次的布局，主要是指单个重大项目或项目集团的区位选择。其指向性是最适合于不同项目发展的优区位，这种优区位，可以存在于高梯度区，也可以存在于中、低梯度区。对于具有某些单个项目或项目集团优区位的不发展区域，结合项目布局，采取增长极建设的布局模式就更为恰当。随着增长极的成长、壮大、数量的增多，增长极逐步连成轴线，形成不同规模的点轴系统，已有点轴系统能量的积累，就要向其腹地扩散，点轴延伸模式就可应用。

中观层次的布局，是指介于上述两个层次之间的布局层次，主要是解决重点新开发区域的总体布局或老工业区的总体改造问题，使之形成现代化的空间系统，即区域经济的综合发展问题。网络布局或地域生产综合体的布局模式，就更为适宜。

我们的结论是：经济布局也是一个系统，是有层次的，并涉及各个地区。不同层次的布局乃至同一层次的不同地区，布局模式的选择应当因地制宜，综合运用梯度推移、培植增长极、点轴延伸、地域生产综合体等多种布局模式，使之相互补充，有针对性地解决不同层次、不同地区的布局问题。对于幅员辽阔，区内差异很大的西部地区来说尤其应当如此。

三、布局框架

西部地区已有工业分布的基本格局是，工业的主体部分和主要工业中心，主要是沿着陇海—兰新、京包—包兰—兰青、成渝、成昆、川黔、黔桂、贵昆几大铁路干线，兰新线以南、兰州昆明—线以西、京包—包兰—兰新线以北的广大地区（约占整个西部地区土地面积的 90% 以上），基本上还是交通闭塞、以农牧为主的待开发地区，而在这片辽阔的地区内，"三江（怒江、澜沧江、金沙江）成矿带"，天山、祁连山两大山系，塔里木、准噶尔、柴达木三大盆地，都是西部、全国以致全世界少有的多种矿产和水电资源的富集区。工业的这种分布格局，是西部地区二元经济结构在空间上的反映，也说明西部地区在总体上，还未形成现代经济布局的框架。其弱点是既造成西部少数大城市地区面临用地、用水和环境容量的压力，难以进一步发展，极化效应弱化而扩散效应不能发挥：又使得丰富多样的资源不能经济有效地被吸引到国民经济周转中来，变成现实的经济优势。而要进一步推进地区的工业化，工业布局必须适当展开，构造地区的布局框架。基本思路是：

第一，南北并进，各有侧重，先东后西，横向西移。

西部地区的南北两大部分，既有共性，更有个性，互补性较强。从矿产资源的集中程度和组合特点看，北部的资源富集区，主要是：包头—狼山区（铁、稀土、铌、铜铅锌、硫铁矿），鄂尔多斯盆地（全国最大的煤盆，并有油、气），小秦岭地区（金、钼），黄河上游区（水电、煤、镍、铂族金属、铜铅锌、石膏），柴达木（氯化钾、氯化镁、氯化锂、盐、石棉、铅锌、油气），伊犁—克拉玛依—阿勒泰地区（稀有金属、石油、白云母、铬铁矿、宝石）；

其中煤，石油，稀土，铌，镍铂，铅锌，稀有金属（锂、铍、钽、铪、锆、钍），白云母，铬铁矿，盐类资源，硼等，均具有全国优势；南部的资源富集区主要是：红水河流域，又可分为桂西南，滇东南区（铝、锰、褐煤、水晶），桂北（锡、多金属），滇南（锡、多金属）；攀西—六盘水区。又可分为：攀西区（水电、铁、钒、钛），黔西南六盘水区（煤为主），黔中（鳞矿、铝土矿），滇中（磷矿、铁），川南区（煤、硫、磷），滇东—黔西（褐煤、铜铅锌），滇西区（水电、铅锌、铂、钯）；此外，还有川西的石棉、钙芒硝，四川盆地的天然气；其中水电、煤、天然气、锡、铝、锰、锑、铅锌、钒、钛、磷矿、石棉、钙芒硝、水晶等，都具有全国优势。虽然南北能源、矿产资源都丰富，但主导矿种及资源组合特点也有很大差异。

从自然环境和经济社会条件看，南部水资源、气候条件、农业基础相对强于北部，北部的空间容量、地形条件、能源供应、对外运输条件相对优于南部。在综合经济实力和自我发展能力上，南部稍强于北部（北部自我发展能力指数为 39.95，南部为 53.38）。但在能源基础和能源开发条件上，北部又优于南部。而能源开发既是国家的急需，又是整个西部地区重化工化的重要物质基础。从上述情况出发，西部的工业布局，需要也可以南北并进，但侧重点不同，两者结合，更有利于形成煤、水、油、气四者兼具的综合性能源基地，多品种的有色金属基地和化工基地，从而更有效地发挥西部的资源组合优势。

从东、西看，西部地区东西之间经济发展水平相差较大，经济技术优势在东部。在经济总规模、结构层次和技术水平上，位于东部的川、陕两省明显高于其以西省区，区位条件也较优。西部地区内的五大民族自治区，在综合发展条件上，也以位于东部的桂、蒙两区较好。因此需要通过川、陕的超前启动，铺设向西推进的桥梁，蒙、桂先行一步，积累发展少数民族地区经济的实践经验。

第二，点轴延伸与新轴线开发，现有轴线的加强与延伸。

西部已形成的工业轴线主要有：以渭南、西安、宝鸡、兰州、金昌、玉门、嘉峪关、乌鲁木齐为中心的陇海—兰新轴，以呼市、包头、石嘴山、银川、白银、西宁为中心的京包—包兰—兰青轴，以成都、重庆、昆明、贵阳为四极的"口"型轴线。这些轴线集中了西部的主要工业与城市，是进一步开发西部的依托和阵地，但轴线的总体水平和工业点密度远不及东中部的工业轴线，需要加强和延伸。其途径：一是以轴线上的大城市产业结构和地域结构的调整为中心，以技术为导向，以扩大再生产为主，强化其综合功能，扩展其扩散效应；二是中小城市的建设，一般还要以强化经济功能为主，增强辐射能力，形成二级、三级开发据点；三是轴线上的工业布局，由高密度地段向低密度地段推移，防止生产要素进一步向轴线上的大城市拥集。

新轴线的开发，20世纪内着手建设以下几条轴线：

黄河西侧纵轴线。由内蒙古狼山地区经临河区、东胜区，南下入陕北的神府榆地区、延安子长地区、黄陵地区到渭南市（含小秦岭地区），随着西安—安康线的修建，再向陕南延伸。这是一条铜铅锌、硫铁矿、煤电、煤、油气、铝、金、钼工业带。

蒙东纵轴线。这是一条断续相连的褐煤带，以开发三大露天为基础，相应发展煤电、煤化工，以开发大兴安林区、呼伦贝尔大草原和西辽河农业区为基础，进一步发展牧、林、农产品加工工业。

内昆—南昆—南防轴线。以红水河水电及川南、滇东、黔西南火电为依托，重点开发川南的煤、磷、硫矿，黔西南、滇东的煤炭、铜铅锌，广西平果的铝土矿。

青藏轴线。依托青芷铁路一期工程，输入龙羊峡的水电，开发柴达木的池盐、钾盐、油气、铅锌、石棉。

澜沧江中下游，修建广通—大理铁路轴线，重点开发流域内的水电、铅锌、磷矿，利用沿江丰富的热区生物资源，发展相应的加工工业。

后两条轴线，是西部地区工业布局向西推进的前哨。新老轴线交织，构成西部经济布局的骨架。

第三，主导工业生产基地的布局。

煤炭。北部为主，南部为辅，重点建设五大煤炭基地：

蒙东基地。主要开发元宝山—平庄矿区、霍林河矿区、伊敏—宝日希勒—大雁矿区，是东北最近便的能源补充基地。

陕北蒙西基地。重点开发东胜、神木、准格尔三大煤田，形成全国第二大优质动力煤供应基地和重要的出口煤基地。

渭北基地。扩大东部现有四大矿区，向北重点开发黄陵煤田，向西开发彬长煤田。是关中工业走廊的主要能源供应基地。

宁东、陇东基地。宁东主要巩固提高贺兰山煤田现有矿区，积极开发灵武大煤田，为建设贺兰山火电基地准备燃料基地。陇东主要提高窑街、靖远矿区，重点开发华亭煤田，缓解甘肃煤炭的供需矛盾。

黔西滇东基地。扩大六盘水煤田开发规模，积极开发兴义、织纳煤田，新扩建照通、恩洪（曲靖）、小龙潭矿区，扩大向川、桂、粤、湘的供煤量，减轻北煤南运的压力。

电力。北部火主水从，南部水主火从，形成水火并举的态势。水电主要是：

黄河上游基地。续建刘家峡、大峡，进一步发拉西瓦、小峡、黑山峡。

红水河基地。续建天生桥二级，进一步开发开天生桥一级、龙滩。

乌江梯级。扩建乌江渡，开发构皮滩、洪家渡、彭水。

澜沧江中段。续建漫湾，开发大朝山、小湾、糯扎渡、景洪。

大渡河。续建二滩，开发桐子林（二滩的反调节电站）、瀑布沟。

火电布局主要与煤炭基地布局相结合，并与水电基地相互调节。

谓北。依托渭北煤区，利用黄河水、地下水及黄渭河潜流水。远景1000万~1200万千瓦。近期主要新扩建渭河、秦岑、韩城二电、蒲城、宝鸡二电。

贺兰山火电基地。主要依托宁东、乌海煤矿区，取黄河水。远景1000万~1100万千瓦。近期主要续建新扩建石嘴山、大武口、大坝、灵武、海勃湾电站。

以上两个基地，共同与黄河上游水电相互调节。

蒙西沿黄火电基地、依托东胜、准格尔煤区，取黄河水，新扩建呼、包电厂、乌拉山电厂、达旗、托县电厂及准格尔自备电站。

兰银宁区。利用陇东煤区的煤，取黄河水，扩建西固、连城、新建兰二热、靖远、平凉电站，与区内已有和拟建的大中型水电站联合运行。

蒙东火电基地。扩建元宝山电厂，新扩建霍林河坑口电站、科右、通辽电站、伊敏、海拉尔、乌兰浩特电站。

黔西滇东火电基地。新扩建盘县、塔山（水城）、黄桶（善定）、兴义、小龙潭、白水（沾益）、照通电厂。

钦州湾、来宾、柳州电站，利用六盘水东运煤，与红水河水电联合运行。

冶金，以有色为主。钢铁主要是扩建、配套，重点是包钢、酒钢、攀钢、昆钢、水钢、重钢，争取上攀西二基地，在扩建包钢、攀钢的同时，分别扩大稀土和钒钛生产规模。

有色金属工业。以铝、铅锌、锡、镍为主。

铝工业。北部依托晋、豫的商品氧化铝和黄河上游水电，扩建续建青海、兰州、连城、青铜峡电解铝厂。新建白银、达旗、渭南电解铝厂，相应建设青铜峡、青海、渭南铝材加工厂；南部依托乌江、红水河水电和贵、桂的吕土矿，新建贵州（修文）、遵义、平果三个综合性铝基地。利用滇东电力和贵桂的商品氧化铝，新建滇东（曲靖）电解铝厂，扩建西南铝加工厂。

铅锌。开发狼山、西城、凤太三大铅锌矿，新建临河、白银、宝鸡三大冶炼厂；开发兰坪铅锌矿。利用漫湾水电，建设兰坪铅锌基地，扩建会理、会东铅锌矿，依托二滩水电，新建西昌铅锌冶炼厂。

锡工业。扩建大厂锡矿和来宾冶炼厂。除锡以外兼产铅锌。

镍工业。扩建金川基地，综合回收铜、铂族金属及稀有分散元素。

化工。

煤化工。重点建设乌海、渭南两大乙炔氯碱化工基地，渭南、华亭甲醇厂。

磷化工。进一步开发昆阳、安宁、瓮福、马边磷矿及川南硫铁矿，新建安宁磷肥基地（黄磷、重钙）、福泉磷肥基地（重钙）、宜宾磷铵工程。

盐化。开发安宁大盐矿，利用邓关—宜宾入卤工程，扩建安宁、宜宾烧碱工程；扩建吉兰太池盐，开发查干里门诺尔天然碱，新建吉兰太、集宁（或锡林浩特）纯碱厂；扩建格尔木钾肥厂。

石油化工。依托阿尔善、独山子油田，续建新建呼市炼油化肥厂、独山子乙烯工程，依托四川盆地的天然气及北海市附近海底天然气资源，扩建泸州天然气化工厂、云南天然气化工厂，增产甲醇、合成氨、尿素，新建合江、涪江、北海大化肥。

机电工业。

重点改造加强成渝地区、西安宝鸡地区、兰州、天水地区、贵阳凯里都匀地区、昆明地区的机电工业。建设成为我国重大技术装备和高技术开发区，同时是新一代武器的研制开发基地。发展的重点是：以陕川黔的航空工业为主，生产国内干支线民航飞机和小型多用途民用飞机；以四川东电集团、陕西西电集团为依托，发展 60 万千瓦电站成套设备和 50 万伏输变电设备；以四川重型机械集团为依托，联合军工企业，发展大型板坯连铸设备、轧钢设备；以川汽、陕汽和部分军工企业为主，发展重型汽车，组织西南轻型汽车的联合生产；依托资阳机车车辆厂和部分军工企业，发展大马力内燃机车、燃气轮机车和铁路客货车辆；以陕西航空、电子、纺织企业为主，发展新型纺织机械和印染后整理设备；以陕川黔的电子工业为主，联合民用机械部门，发展彩管、集成电路和电子元器件等所需的成套装备以及雷达、通信导航等设备；依托兰州、宝鸡的石油机械企业，联合军工，发展海上石油钻采设备，以及钻头、钻杆、抽油泵和石油打捞机具；依托昆明、重庆、成都、汉中、银川等机床制造骨干企业，联合仪表、电子企业，发展数控机床。

第四，贫困地区的开发。

西部是我国贫困地区最集中的地区。1985年全国贫困县71.9%在西部地区，而西部的贫困县又有93%以上分布在川、贵、云、陕、甘、宁、桂七省区，解决贫困地区的问题是西部经济布局的重大问题之一。消除贫困地区，首先要找出贫困地区形成的原因及其症结所在，西部贫困地区的形成原因比较复杂。自然环境的艰苦，是一个客观原因，不少贫困县就是分布在山区，而且相当部分是石山区，在以农业为主体的社会里，由于山区、特别是石山区农耕的自然条件恶劣，不适于垦殖，因而很难富裕起来。但贫困地区并不都是自然条件差，从贫困县的空间分布上可以看到，有的贫困县就在自然环境类似的富裕县的附近，正像世界上也可以看到穷国挨着富国，富国连着穷国一样。实际上不少贫困县，是"富裕的贫困"。有些贫困县富有能源、矿产资源，有些贫困县有开展多种经营，完全具备发展林、果、茶、药、牧的自然条件，随着第二产业、第三产业的发展，这些资源如能得到开发利用，就可提供脱贫致富的机会。看来更为普遍、更加重要的原因，还是自然经济形成的经济上的封闭性，人们思想意识上的封闭性，以及自然特点造成的地理上的封闭性（自然障碍，位置偏僻，交通梗塞，与发达地区隔绝）相互交织，从而在经济上缺乏内在活力，又难以利用外部条件，从而严重阻滞着基础社会结构的进步与发展，反之又使上述封闭性难以打破。区域经济长期在资源约束中进行低水平的自我循环，或者说是经济沿着人口—土地—粮食这种低层次平面垦殖的生产方式推进，人们在人增地减粮紧的螺旋体中挣扎，优势资源形不成优势产业，而有限的农耕资源却开发过度，自然资源开发利用的严重失衡，直接破坏了生态环境，其结果是贫困、落后加上生态环境恶化，国民经济系统与生态系统恶性循环。集中在黄土高原与西南山区的贫困县，就是这方面的典型，也是贫困地区的症结所在。

如何脱贫？这首先涉及脱贫目标的确定。有的把脱贫与温饱等同起来，认为脱贫的目标就是解决温饱问题，有的则认为脱贫目标具有长期性和多阶段性。脱贫目标应分解为：①基本生活指标，如人均口粮、人均收入等；②基本生产条件指标，如人均基本农田、户均生产资料价值等；③扩大再生产能力指标，如亩地剩余产品率、年均新增生产资料价值、储蓄率等；④商品率指标，如农副产品商品率、亩地产品商品率等；⑤文化脱贫指标，如区域人口文盲率、农户主要劳力文化程度等，特别是控制人口增长率，提高人口素质。也就是说，脱贫也应当是多目标的，解决温饱问题，只是脱贫的第一步，是最低层次的目标。我们是同意第二种意见的。脱贫应当是使贫困地区具有持续稳定、自我发展的能力，而这就需在多目标的指引下，分阶段、分层次地来实现，防止短期行为，急功近利，形成"输血型脱贫"和"机会型脱贫"。

如何脱贫的另一方面，是如何选择突破口。根据上述贫困地区症结的所在，突破口就是如何打破上述封闭性，从而突破上述的恶性循环。基本途径是：有国家重点建设项目地区，要以国家重点项目为中心，围绕这个中心，集中导入先进的生产要素，有效地接受国家重点项目的波及效果，带动地方经济的发展，完成第一次启动，同时通过国家重点项目的远辐射功能，开拓对外联系的渠道。多数一时没有条件接纳国家重点建设项目的地区，就要善于利用自己的资源优势、剩余廉价劳力的优势，用好国家的专项资金，同有技术、有人才、懂管理、会经营但缺乏资源、缺乏廉价劳力的发达地区开展横向联合，把二者的优势结合起来，在开放合作中，积累自我发展的内在动力，强化造血机能，在解决温饱问题之后，还能持续稳定的发展。为此，应采取的措施对策是：

（1）组织上的保证。有些贫困地区，已建立了两种以扶贫为使命的经济实体和服务组织。一是在县以上，成立贫困地区经济开发公司，独立经营，自负盈亏，集中使用、管理各项扶贫资金。根据本地资源，研究确定开发项目，据种项目效益，将从国家贷来的各项资金，具体贷给下面的经济实体、服务组织，通过它们，进一步组织千家万户搞生产开发，为贫困地区素质不同的劳动者，提供不同层次、不同种类、不同形式的就业机会，同时还提供信息、技术、咨询以及必要的物资供应，并帮助产品的销售，促使生产要素在更大范围内的有机组合，优化贫困地区的资源配置，稳定地增加居民收入，形成整体效益，使各项扶贫资金能够不断增值，加速循环，为更多的人脱贫致富创造条件，同时又为贫困地区培养不同层次的各类型的企业人才，培植商品经济意识。二是县以下的乡村，以能人为核心，以优势产品为龙头，联合工、农、商，组成基层的经济实体和服务组织，开展生产经营业务，既能安排一批贫困户就业，又能带动周围大批贫困户发展商品生产，即把各项扶贫资金投入能人手中，使千家万户受益。

以上两个层次的经济实体和服务组织，都有利于有效地使用各项扶贫资金，发展生产，扩大就业，增强贫困地区的经济实力。

（2）引导、吸引发达地区的企业来贫困地区搞开发。一是资金引导，即国家拿出一笔专项贷款，有选择地贷给一些省（区），由省（区）贷给发达地区有扩大生产能力，但受空间、水源、环境或原料供应等因素的限制，在当地已无扩张余地的企业，用此项贷款，引导这些企业，将自己的资金、人才、技术、生产与经营管理经验、销售渠道一起带到贫困地区办企业。其产品既可在当地销售，也可依托母企业原有流通渠道向外流动。二是政策吸引，即给来贫困地区办企的企业一些优惠政策，同时在建设用地、劳力供给、资源供应、供水等方面也给予优惠待遇。这样，发达地区的企业到贫困地区来有充分用武之地，有利可图，而且国家拿出的资金，由发达地区的企业在贫困地区办企业，由于先进生产要素的综合投入，其效益一般比贫困地区自己办企业要好。贫困地区则可以借此增加税收，扩大就业，就地培养技术力量，增强经济基础，改善产业结构。这种做法，实际上集发达地区和贫困地区的相对优势之和，错开二者所短，双方受益，对国家有利，特别是有利于加快贫困地区开发中脱贫致富的进程。

（3）加强交通等基础设施建设，为打破地理上的封闭、发展商品经济创造条件。除国家投资或国家与有关省区联合投资修建主要交通干线外，国家还可以工代赈的办法，即利用贫困地区消费结构简单、人均消费量小、基础设施建设花钱少的优势，将国家一部分库存棉布等中低档工业品，实行以工代赈，修建地方交通线路、引水工程等，这是一种行之有效、易于为贫困地区人民接受的一种搞基础设施建设的好办法。

（4）搞好人口的两种转移。一是在劳动力的使用上，从发展自给性的种养业起步，逐步向商品的种养业、由低层次的第一产业的开发向第二产业、第三产业多层次的开发转移，背靠资源，面向市场，使种养—加工—储运—研究开发成龙配套，重新构造贫困地区的产业结构和生产要素的利用结构，综合利用，系列开发，逐步形成自己的主导产业和有竞争力的拳头产品。二是在自然环境过分恶劣或土地压力大的贫困地区，有计划地把一部分人口向外地转移。行之有效的办法，一是组织劳务输出，一般以建筑队伍的形式，向外地输出劳务，既可减轻当地的人口压力，又可增加外部收入的输入，开阔眼界，增长见识，促进观念更新；二是开发性移民或搬迁转移，可在就近选择，也可以一县，甚至超出县的范围，选择条件较好的地方，办农工商运企业，建设小集镇，把贫困山区的剩余劳动力吸引到新开发区来，在那里就业，形成地方市场和适度规模经营。前者主要是"借地生财"，后者主要是在一定地域范围内调整人口分布，在新的地区重新组合生产要素，形成地区经济的集聚点和规模经济效益。

（5）对策措施应因地制宜。贫困地区有共性，也有其自身的特殊性，因而可以作为国内一种特殊的类型区，采取一系列有别于其他类型地区的方针、对策。但同时，贫困地区内部也有明显差别，大致又可分为以下不同类型：一是自然因素障碍较大的，以黄土高原贫困地区为代表；二是社会因素障碍较大的，以云南少数民族贫困地区为代表；三是生产条件障碍较大的，以贵州贫困地区为代表；四是多种障碍因素交织的，以黄土高原内部的定西、西海固地区的贫困地区为代表。不同类型的贫困地区，自然、经济、社会因素的组合特点不同，主要矛盾也有差别，因而开发、脱贫的目标、步骤和对策，以致开发规模、速度、开发项目、开发模式，也必须各有差异，不能搞"一刀切"。各种障碍因素交织的贫困地区，地上穷，地下也穷，甚至连吃水都很困难，地方病也很多，这些地方本来就不适于人类生存、发展，即使给再大的扶持，也难改变，对这类贫困地区，就需把一部分人口转移出来，减少人口对贫乏的生产要素的压力，使之得以休养生息，恢复元气。在地下资源丰富，而地面生产条件恶劣、生态环境严重恶化的贫困地区，就更要从正确处理国土资源开发利用与治理保护的关系出发，开发与治理并重，以开发促治理，以治理保开发。有些地下资源不多，但地面资源比较丰富而开发利用不合理的贫困地区，就更需要大力调整土地利用结构和产业结构。在社会因素障碍大的贫困地区，就需要以经济开发、智力开发，带动、促进社会基础结构的调整，从而为经济增长、脱贫致富创造必要的社会环境。把贫困简单地归咎于某一单项的障碍因素，从而采取单一的对策，常常是无济于事的。不分主次，多目标和多种措施齐头并进，平均使用力量，也会相互掣肘，造成事倍功半。正确的做法，应当是，把扶贫的总目标，既分解为子目标，也分解为阶段目标，从不同地区、不同阶段的实际出发，抓住地区的，现阶段的主要矛盾，有针对性地突出主要对策，同时注意与其他对策和下一阶段的发展的衔接与协调。

西部地区发展的理论问题

一、西部工业化道路

（一）新中国成立以来西部工业化进程的总评价

1. 国家、地区工业化发展阶段的划分、判断指标

工业化是社会发展过程的一次突破，它不仅意味着工业总量扩张和工业化比重的提高，而且意味着社会生产方式的急剧变革，整个社会经济结构的演进，经济机制的完善及居民生活水准的普遍提高。概括来说，就是以工业为主体的现代化经济增长的社会经济系统质量的整体提高。

衡量国家、地区工业化发展阶段，西方学者提出过多种划分、判断指标。发展阶段理论主要根据"资本积累水平"与"主导产业变动"两项指标，划分为准备阶段、起飞阶段、成熟阶段和后工业化阶段。工业化进程理论有的主要以工业结构本身的变动，划分为轻工业为主阶段、重化工化阶段、高加工度化阶段和高附加阶段。有的主要以工业在国内国民生产总值中的比重或制造业比重，划分为非工业化、半工业化、工业化和后工业化阶段。

上述划分指标过于简略，而且主要是为了发达国家经济发展和工业化进程的历史轨迹。但经济发展并不一定都表现为一种直线模式。因此，在研究西部地区工业化发展阶段时，我们参照上述各项指标，并根据我国实际，进行了某些修改，选择了以下 6 项指标：

（1）地区自我发展能力。其计算式为：

实际积累率/资金利用系数。其中"实际积累率"=国民收入生产额－国民收入消费额/国民收入生产额。与国民收入使用额中所讲的积累率不同，它排除了地区外部的投入，因而更能真实反映出地区实际的积累水平。

（2）工业化结构比重数。其计算式为：

工业产值占社会总产值的比重×工业劳动者人数占社会劳动者总数之比。

由于我国工业化进程的特殊性，仅就工业产值比看，已达到相当高的工业化水平，但工业劳动者之比，却停滞在相当低的水平。把这两个比重综合起来计算，更能反映地区工业化进程的实际。

（3）产业结构转换条件。结合地区人口规模，以人均国民收入表示。

（4）人口文化素质。其计算式为：

人口文化素质＝万人中大学文化程度人口占总人口之比/12周岁以上文盲、半文盲率

（5）技术梯度。以技术水平表示，其计算式为：

技术水平＝职工人均净产值×资金净产值率或

技术水平＝工业总产出年增长率－（a×资金年增长率＋b×职工人数年增长率）

（6）城市化水平＝城市市区非农业人口占总人口比重×市区工业总产值占地区工业的比重

在定量分析以前，我们先对西部地区工业化进程作一概略的定性分析。

2. 新中国成立以来西部工业化的进展

根据国家工业建设重点逐步由沿海向内地推进的布局战略，"一五"期间以川（主要是成渝地区）、陕（主要是关中地区）、甘（重点是兰银地区）为重点，在西部地区开始了较大规模的工业建设。从"一五"到"三五"的18年中，西部地区基本建设投资占全国的比重持续上升；"一五"占21.1%，"二五"占26.8%，1963~1965年占30.9%，"三五"猛增到38.5%。"三五"期间基本建设投资占全国4%以上的八个省（区）中，西部地区就占了五个（川、贵、云、陕、甘），其中四川一省就占13.6%。从"四五"开始，特别是从"五五"以来，国家调整工业布局战略，全国基建投资明显向东倾斜，西部占全国的比重持续下降，"四五"下降为28%，"五五"下降为23.8%，"六五"下降为21.3%，"七五"前三年进一步下降到15.71%。但这期间，绝对额仍有较大增长。1953~1988年的36年中，国家在西部地区的基建投资累计达3300多亿元，占全国22%以上。

在基本上没有现代文明的西部，在以中央投资为主动力的推动下，初步打下了工业化的基础。

（1）30多年来，西部地区以快于东中部的增长速度扩大了工业的总规模，提高了工业产值在社会总产值中的比重，也加大了西部工业在全国所占的份额。

（2）先进生产要素的集聚与地区专门化部门的成长。30多年来，先进的生

产要素密集于能源重化工和部分加工业，建成了500家大型企业，较快地形成一批专门化率高、外辐射能力强的工业行业，奠定了西部地区在全国工业空间布局中的特殊地位。

分省（区）看，云、甘、桂的有色金属，甘新的油气，宁蒙的煤炭，蒙青新的采盐，内蒙古的木材采运，蒙青的毛皮，贵、桂、云的食品，川、陕的大型电站设备、超高压输变电设备、汽车等，各自构成所在省（区）重要的主导产业。不仅在传统的能源重化工领域，而且在高新技术工业领域内，如核工业（核燃料、元件、材料、核武器），电子工业（大规模集成电路、微型计算机、电子元件、彩管），航空航天（飞机发动机、航天专用设备、附件、仪器仪表），通信设备，控制设备，激光技术，光缆传导技术，气流纺纱技术，新型复合材料等，建成了一批装备精良、人才荟萃的大中型骨干企业和专业研究机构。川陕的国防科工系统就总规模而言分居全国第一位、第二位。

30多年来，这些重点行业累计向全国输送了大量的有色金属产品（铜、铅、锌、锡、镍、铂族金属、钼精矿、稀土精矿及其制品、钒、钛、电解铝），炭素制品，铁合金，电石，磷化工、石油化工、盐化工产品，木材，毛皮，烟，糖，酒，也输送了多种机—电—仪产品，并为全国核工业、宇航工业的发展作出了重大贡献。

（3）形成了一批工业密集、实力较强的大中型工业城市，标志着由农村经济向城市经济的转变。

截至1985年，西部地区设市城市已增加到105个，年工业产值在10亿元以上的有19个城市。

除19个重点工业城市外，还有相当一部分城市专业化程度高，其主导工业的产品在西部地区以致在全国同类行业中占有重要地位。这分为两类：一类是依托地区优势的能矿资源，以矿石以及其制品为主导产业的城市；另一类是依托地区优势农业原料，以一种或几种农产品加工为主的城市。

此外，还有一批以军工机械电子为主的小型工业点。

从以上的概略分析中可以看出，30多年的工业建设，西部地区的工业化是取得了积极的成果。巨大的投入也还是形成了可观的输出能力，并不是某些同志所描绘的那样是"黑洞效应"。

区域经济学的增长极理论认为，在以传统农业生产为主的地区，在其工业化过程中，首先要选择若干具有现实或潜在优势的点，实行倾斜政策，密集投资，建设以主导工业为核心的工业综合体，使之超前启动。通过少数点的极化效应，就会形成一种自我发展能力，不断地积累有利因素，为自己的进一步发展创造条件。这是因为：第一，增长极在极化过程中，各种生产要素的集聚形成了多方面的优势，如科技力量较强、信息传播速度较快、基础设施与协作条件较好、资金比较充裕、集中的消费市场，这些优势的结合，使得增长极又具有开发新兴产业、产品的优势；第二，极化的结果产生巨大的规模经济效益，从而增强了增长极的竞争能力；第三，乘数效应会进一步加强增长极的极化效应。

在上述因素综合作用下，增长极逐步趋于成熟，扩散效应随之扩展，增长极通过其产品、资金、技术、人才、信息的流动，把经济动力与创新成果传导到吸引范围，从而带动周围地区的经济增长。

我国西部地区工业化的进展，大体与这种理论的刻画是吻合的。但如果做进一步的剖析，现实并不像这种理论推断的那样乐观。

3. 西部工业化进程中的主要问题

考察世界工业化的历史可以发现，欧美国家的工业化一般经历了准备阶段、起飞阶段、稳定发展阶段，发展过程比较完整，是"自生型"的。而发展中国家、地区大多是在内部没有充分准备、经济基础很薄弱的情况下，开始了工业化的历程，以牺牲农业为代价，依靠先进国家、地区输入资金、技术装备，在数量有限的部门、地点，建立起大机器工业。这些"移植型"的大机器工业，既没有能力从根本上摧毁广泛存在的自然经济，也不容易与土生土长的自然经济相融合，因此工业化的发展始终是"移植型"工业与固有产业的平行发展。中国西部地区的工业化历程也大体如此。从"一五"开始，在自然经济还占统治地位的西部地区，移植了一个大工业体系，而且这种移植还是"单株移植"，即在不同时期由中央不同部门，根据各自的需要，分别在此投资建厂，各自为政，好像一个个"天外来客"，彼此之间既缺乏有机的联系，对地方经济的影响也仅限于厂区一片，而不能在当地深深扎根。特别是西部地区的中央企业，大多是在三线建设时期迁移和新建起来的，由于三线建设的特殊任务及管理体制上的缺陷，这些企业一开始就与地方经济是两套体系，相互隔离。其结果是，虽然较快地扩大了西部地区的工业总量和人均工业产值，提高了工业产值比和城市化水平，塑造了一个现代工业的基本框架，但同时也构造了一个典型的二元经济结构。其主要表现是：

两极化。一极是由中央投资兴办的大中型企业群，另一极是落后脆弱的地方工业、乡（镇）工业和原始性的农业。两极之间存在着相当大的"断层"，二者不仅在技术装备、生产规模上反差对比强烈，而且不能相互渗透、融合，形不成相互促进的区域经济体系。

二元结构的空间表现，是在经济布局上存在着三个层次的巨大梯度差：一是地区内省（区）间的梯度差，高低之差达8.80∶1.00；二是省（区）内设市城市地区与非城市地区的梯度差，全区平均差为9.32∶1.00；三是大城市管辖范围内，市区与郊、县之间的梯度差，平均为5.53∶1.00。

相当高的工业产值比重与低下的工业劳动者比重并存。1985年，西部地区工业（包括村及村以下办工业）产值占社会总产值的比重达47.83%，相当于中等发达国家，地区的水平，而同期工业劳动者占社会劳动者总数的比重只有13.81%，显示出低水平的特征。

反映在智力结构和技术结构上，大城市的重化工骨干企业以及许多三线军工企业，工程技术人员的比重甚至高于东部发达地区的同类企业，拥有能够研究开发制造上天的尖端技术。而在边远的农牧区，文盲、半文盲率高达50%，甚至50%以上。在农牧业中，还存在"二牛抬杠"、靠天养畜的原始的生产方式。两极之间缺乏从先进到落后进行转化和同化的中间转递环节与层次。

这种二元经济结构的消极作用是多方面的。

（1）导致双轨经济运行机制。

一是工业与农业、城市与乡村双轨运行，形成相互独立的封闭系统。生产要素在空间上的分割，必然导致要素运用效率大大降低，使已形成的增长极向其周围地区的扩散效应微弱。

二是重工业、轻工业双轨运行。轻工业所需的原材料以及市场需要的日用轻工业品，相当以致大部分由区外调入。而重工业生产出来的原料，有大部分以致90%以上调往区外。使区域内部轻、重工业之间、原材料工业与加工工业之间、农业与轻工业、轻工与市场之间关联度很小。具有高关联度的优势产业，其波及效果主要体现在遥远的区外的有关产业，却不能有效地带动区内相关产业的相应发展。

三是中央企业与地方经济双轨运行。中央企业从定点布局、建设规模、产品方向、技术改造、新产品开发到生活配套，都是在有关中央主管部门的指令下，沿着"条条"独立运行，生产协作链条基本上甩在区外；而地方经济的发展，又很少与中央企业的发展挂起钩来，特别是与封闭性极强的三线军工企业，地方经济更难以沾边。这样，中央企业的优势难以发挥，地方经济的劣势也难以利用中央企业的优势而得到弥补，从而造成区域总体水平的低下。

（2）二元结构，常常成为一种投入漏出型结构。在二元结构格局下，一方面，代表先进一级的中央大中型企业，主要是产品大部分被国家指令性计划调往区外的能源、原材料工业，其调拨价格严重背离其价值，即使其他主要经济效益指标在全国同行居于领先地位，但其资金利税率由于价格的扭曲而明显偏低；另一方面，由于能源、原材料的加工、深加工主要在区外，区内相关的加工、深加工能力薄弱，加上重工业未能有效支援，未能带动区内轻工的相应发展，区内需要的加工、深加工产品以致市场需要的日用轻工业品，有大部分以高价从区外远程调入。低出高进，这种贸易格局，造成西部地区的双重价值流失，即价格漏斗形成利益漏斗。

（3）凝结在大城市重工业系统中的高层次技术，由于地方经济的落后性，不具备吸收条件而形成了"屏蔽效应"，难以形成技术辐射和扩散机制，严重影响了技术的横向转移和组合，技术开发成果应用率低（大约只有20%），从而使整个地区综合技术水平提不高。1985年，西部地区工业技术水平只相当于全国平均值的65.7%，相当于东部的47.6%，中部的70.8%，在全国技术梯度中处于第三梯度。我们与其说西部地区缺人才、缺技术，不如说是技术力量分布上的"二元结构"，使现有技术力量缺乏用武之地，不能发挥应有作用的结果。

（4）严重的结构性缺陷导致地区自我积累、自我发展能力很低。1953~1988年，西部地区国民收入生产额小于地区国民收入使用额近1700亿元。尽管36年中地区名义积累率平均达28.85%，接近于东部的29.81%，还略高于中部的28.62%，但这种积累总额中近40%是地区外部（主要是中央）的投入。若就地区国民收入生产额与国民收入消费额对比，1953~1988年二者之差不到2600亿元，实际积累率只有20%，相当于东部的47.4%，中部的60%。

4. 西部工业化的发展阶段

如果进一步从定量上考察，按照前述工业化发展阶段的判断指标，1985年西部地区各指标值为：地区自我发展能力0.0583（全国平均为0.1229、东部0.2156、中部0.1036），工业化结构比重数0.2525（全国平均为0.3380、东部0.3963、中部0.3144）；产业结构转换条件以人均国民收入为主要指标，兼顾人口规模、资源丰度和工业结构现状，结构转换加速期的临界值分别按270美元、340美元、580美元、630美元计算。西部地区人均国民收入309.8美元（按1980年汇价计算），全国人均为438.12美元，东部615.8美元，中部386.7美元。分省市区计，东部各省市和中部多数省都达到结构转换加速期，而西部

11个省（区）中，有6个（桂、贵、藏、青、宁、新）都还未达到这个临界值。人口文化素质0.0188（全国平均为0.0254、东部0.0340、中部0.0219）；技术水平，如以劳动—资金净产值表示，西部932.26元/人（全国平均为1418.24元/人、东部1957.31元/人、中部1026.18元/人）。从东到西，梯度分布很明显。如按技术水平 = 工业总产值增长率 – (0.6资金增长率 + 0.4 × 职工人数增长率) 计算，则1980~1985年，西部为3.92（全国1.87、东部1.04、中部1.56）。或按技术水平 = 工业总产值增长率 – (0.4 × 资金增长率 + 0.6 × 职工人数增长率) 计算，西部为4.78（全国3.06、东部2.46、中部2.64）。这两种计算结果从东到西则表现为逆梯度分布。这一动向反映出西部地区技术水平的提高是有潜力的。城市化水平，西部0.2369（全国为0.2807、东部0.3194、中部0.2683）。

如进一步将上述指标值进行处理，得出"工业化水平综合指数"，并以此划分为工业化起步阶段，工业化推进阶段，向工业化成熟阶段过渡阶段，工业化成熟阶段。处理结果，若以全国为1，西部为0.6860（东部1.3536、中部0.8643）。现在一般认为，我国现处于工业化的中期阶段。以全国为参照系，则东部大体处于向工业化成熟过渡阶段，中部已跨过工业化的起点，处于工业化的推进阶段；西部地区则处于工业化的起步阶段。

尽管西部地区存在这样那样的制约因素和不足之处，但30多年来建设打下的基础，已经积累的正、反两方面的经验，地区特有的资源优势以及在工业领域内国家产业政策明显地向能源、原材料等基础产业倾斜，能源、原材料工业开发重点逐步向中西部富能、富料地区转移，这些因素的结合，可以预期未来10年内（即在20世纪内），西部地区的工业化应当而且有可能开展得更好、更快一些。重要的是在回顾已走过的道路，明确其成败得失的基础上，探寻出一条更符合实际、更有效益的路子。

（二）西部工业化道路的抉择

1. 西部工业化道路选择的原则和依据

今后西部地区的工业化应走什么道路，对这个问题长期存在着较大的分歧。

第一种比较流行的观点认为，"一五"以来，西部地区跳过了工业化以轻工业为主、优先重点发展轻工业的阶段，重化工超前发展，违背了工业化的常规，因而造成现在的种种矛盾，工业化的进程很不理想。因此，今后工业化的道路，应当是补重点发展轻工业的课，避开资金、技术、人才的矛盾，集中有限的资源，通过优先重点发展投资少、见效快的轻工业，积累资金，开拓区内市场，创造条件，然后再循序进入以重化工化为重心的发展阶段。

第二种观点认为，西部地区能源矿产资源富集，能源重化工已有相当基础和多年的技术积累，问题是工业结构层次低，资源附加值低，结构性效益低，正是这"三低"造成资金制约，成为西部地区进一步发展的严重桎梏。因此根本出路是，以能矿资源的开发为基础，优先重点发展能矿资源加工转换工业，即沿着加工高度化方向推进地区工业化，提高结构层次，提高资源附加值，从而提高结构性效益，从根本上克服资金匮乏、依赖国家"输血"的制约，提高自我积累、自我发展能力。不宜继续扩大能源、原材料初级产品的开发规模。

第三种观点认为，西部地区工业化进程处于两难境地，面临三种选择。"两难境地"是指要沿着重点发展能源、原材料工业的道路发展，制约因素太多，要转向又难寻出路。"三种选择"是：发展（即继续将能源、原材料工业作为地区的主导产业，增加投入，扩大规模）、转向（即把投入集中于加工工业，走加工增值的路子）、稳定（即以能源、原材料工业作为战略产业，予以大力扶持，稳定现有的发展水平，走内含扩大再生产的路子，一般不上新项目，将有限资金集中用于现有企业的技术进步、设备更新和节能工作，从而提高现有企业的效益，增强发展后劲，在稳定中求发展）。最后这条道路明显优于前两条，是西部地区更为正确的抉择。

我们不想专门一一评价上述三种有代表性的观点，而主要是吸收参考上述观点的合理内核，论述我们的基本看法。从整体上看，西部地区的工业化既不能继续走单一重点发展能源材料初级产品的老路，也不宜向轻型化逆转，或者是追求高加工度化，而应当是沿着资源型为主的重化工化的道路推进。

这个抉择首先是遵循以下原则：

第一，从地区所处发展阶段、发展的基本条件与潜力及全国地域分工的要求出发。也就是说，地区工业化道路的抉择要以地区的综合区情及国家的经济大势为依据，在多因素综合限定的边界内进行抉择，而不能只依据个别因素来确定，也不能脱离区情、国情简单地以西方发达国家工业化演进的历史轨迹为准绳。如果说在工业化的起步阶段，优先重点发展工业不是工业化演进的普遍规律，那么，优先重点发展轻工业也同样不是工业化演进的普遍规律。重要的是从实际出发。

第二，在进一步扩大重化工工业总量的同时，从区域总体上优化资源配置，提高重化工与区内其他产业的内在关联度，从而协调地区内部产业间、地方间的发展比例关系，提高地区的结构性效益。

第三，在发挥地区资源优势、满足国家需求的前提下，有利于增强地区的自组织能力和经济实力，提高人民的生活水平。

其次，选择这条工业化道路的客观依据是：

从全国的经济大势看，基础工业与加工工业的失衡，能源、原材料生产的严重滞后，是实现全国战略目标的重大限制因素。国家每年不得不拿出大量外汇进口工业原材料，来支撑这种不稳定的结构。1986 年，全国进口工业原材料高达 569 亿元，相当于国内工业原材料总量 1/3 还多。就这样仍满足不了加工工业之需，造成大量生产能力的放空。由于缺能源、缺原材料，全国工业大约有 40% 的生产能力闲置，由此一年少创 4000 亿元的工业产值和 500 亿元的利税。全国工业如果按目前基础工业与加工工业的发展比例关系发展下去，到 2000 年，预测全国进口工业原材料将大幅度增长到 8000 亿元。显然，这是我国创汇能力所不可能承受的。到那时，国产工业原材料缺口更大，进口弥补又不可能，上去了的加工工业只能是出现更大的滑坡，更多的生产能力放空，这将给全国经济生活造成极大的波动与被动。如果全国工业化进程陷于这样的困境，地区的工业化也就不可能顺利推进。因此，在全国产业结构、工业结构的总体调整中，向基础工业倾斜，加快基础工业的发展速度，已是刻不容缓。由于能源、原材料工业特别是矿业、大中型水电站建设周期长，如果"八五"在这方面没有较大的动作，以后即有足够的投入，也难使基础工业与加工工业相协调。由于能源、原材料工业空间布局的指向性，工业结构的这种倾斜必然引起地域结构的倾斜。因此，西部地区的工业化沿着重化工方向推进，更多地向能源、原材料工业倾斜，这个导向即与全国产业结构总体调整战略和衔接，是西部重化工发展的有利机遇和义不容辞的战略任务，也有利于进一步发挥西部的资源优势和已有重化工资产存量的作用。

即使单从地区角度看问题，西部地区走重化工化的道路也是有利的。

第一，从地区已有的基础看，如果按轻、重工业的粗略划分，以固定资产净值为代表的现有资产存量，重工业是轻工业的 4.11 倍；以利税为代表的经济效益总量，重工业是轻工业的 1.54 倍（这是在价格扭曲、重工业与轻工业产品、重工业中采掘与原材料工业同制造业产品比价很不合理的情况下的比较）；1980~1985 年，在地区整个工业增长中，重工业的贡献是轻工业的 1.23倍。因此，尽管以能源、原材料为主的重工业与轻工业相比具有一次性投资大、见效慢、占用运能多的缺陷，但已有经济基础、经济效益总量、地区工业增长的作用率也较高。

第二，从所需的基本资源看，西部地区能源与矿产能源"两源兼富"，而开发利用率还低，进一步开发的潜力大，保证程度高。如表1~表3所示。

表1　33种主要矿产探明储量西部与东部、中部的对比

单位：%

	西部占全国	中部占全国	东部占全国
铝土矿	32.73	95.3	8.02
钢	45.81	72.15	7.05
镓	16.40	70.67	6.75
稀土	98.09	1.68	0.23
锗	54.07	19.94	25.99
铝	56.33	20.18	23.49
锌	64.65	16.45	18.08
镍	89.23	10.00	0.77
钴	57.51	22.19	20.30
乌	13.76	70.59	15.64
锡	79.05	13.02	7.95
铋	9.00	72.81	18.19
钼	25.38	61.41	13.10
汞	92.50	7.05	0.45
锑	57.67	41.29	1.04
钒	69.36	15.71	
钛	92.06		2.80
银	39.44	32.46	21.73
铂	93.01	3.12	3.87
金	19.66	56.48	24.07
硼	33.08	2.87	64.06
镁盐	99.52	0.48	
铁	29.94	24.38	45.68
煤	57.53	36.20	6.27
油	17.38	42.69	41.13
气	61.16	17.10	21.74
磷	47.58	41.52	10.90
硫铁矿	46.8	23.60	27.50
钾盐	100.00		
含钾岩石	1.29	17.03	61.68
硅石	95.65		
云母	91.16		
石棉	96.27		

表 2　西部与中部、东部 45 种主要矿产工业储量潜在价值量比较

	潜在价值量（亿元）	占全国（%）
全国	5728.87	100.00
西部	28246.91	49.30
中部	20627.40	36.01
东部	8414.56	14.69

表 3　西部与中部、东部一次能源资源探明储量对比

	占全国（%）
全国	100.00
西部	56.49
中部	36.40
东部	7.03

表 1~表 3 说明：在全国三大地带中，45 种主要矿产工业储量的潜在价值量，西部地区接近于中东部之和；一次能源探明储量，西部比中东部之和还多 13 个百分点。重化工所需的基本资源远比轻工业所需资源丰富。轻工业所需资源，不外乎来自两个方面：一是农业，二是重化工。西部地区从总体上讲，农业发展条件较差，能够供给轻工业的大宗农业原料不多，除糖料、烤烟、奶类、羊毛等少数产品外，多数农业原料产量在全国均不占重要地位。轻工业要从重化工领域开辟更多的原料来源，首先就需要重化工有更大的发展，从某种意义上讲，发展重化工，才能使西部地区轻工业有一个合理的原材料结构，从而形成比较合理的轻工业生产结构。

第三，从市场需求看，能源、原材料产品国内市场广阔，供不应求的趋势将长期存在。在全国需要大量进口工业原材料的情况下，西部重点发展能源重化工产业，进口替代，平衡外汇的作用显著，也是西部地区积累资金的重要来源之一。以原材料工业发达的甘肃为例，1986 年，甘肃原材料工业拥有的固定资产，占全部工业的 49.36%，占重工业的 55.63%，实现的利税，分别占 60.91% 和 75.2%，大大高于固定资产的比重，也高于其产值的比重（原材料工业产值占全部工业产值和重工业产值的比重分别为 42.49% 和 57.2%）。而西部地区的轻工业从总体上看是内向的，做到提高自给率、减少区内消费基金的外流就得花很大力气，要占领区外市场以致打入国际市场，不仅受原料供应的制约，也受产品质量、花色、品种的制约。在激烈的市场竞争中，西部要靠轻工业来积累大量资金是困难的，很难发挥能源重化工产品所能起到的作用。

第四，从在产业关联中的地位和作用看，一般来说，在产业关联中，轻加

工工业除纺织外，影响力虽高，但感应度很低；而重工领域内的冶金、重化学工业、重机械，影响力高，感应度也高，因而综合连锁效应强，对国民经济的驱动作用大；至于能源工业，影响力虽较低，但感应度也比轻工业高。如表4所示。

表4　轻、重工业波及效果对比

	影响力系数	感应度系数		影响力系数	感应度系数
一、重化工			二、轻加工工业		
冶金	1.17	1.65	纺织	1.27	1.99
重化学	1.08	1.50	轻化学	1.16	0.84
重机械	1.15	1.45	轻机械	1.15	0.65
电力	0.77	1.08	食品	1.08	0.84
石油	0.89	1.22	缝纫、皮革	1.37	0.63
煤焦	0.89	0.99			

表4是根据1981年全国投入产出表有关数据计算的。根据国家"七五"重点项目《黄土高原地区国土综合开发治理》工业、城镇专题组的研究计算，重化工与轻加工工业的波及效果的对比如表5所示。

表5　轻、重工业波及效果对比

	影响力系数	感应度系数		影响力系数	感应度系数
一、重化工			二、轻加工工业	0.959	1.521
黑色冶金	1.096	1.808	纺织	1.000	0.575
有色冶金	1.274	1.274	缝纫	9.740	0.603
重化工	1.068	2.411	毛皮制品	0.860	0.877
重机械	1.397	1.205	造纸	1.164	0.671
煤炭	0.798	2.027	医药	1.082	0.699
电力	0.712	1.808	橡胶制品	1.01	0.726
石油	1.041	0.945	塑料制品	1.014	0.753
建材	0.918	0.863	金属制品	1.055	0.932
			电子、电气	0.849	0.575
			仪表仪器		

表5是根据1985年陕、甘、青、宁、内蒙古、晋、豫七省区投入产出模型提供的数据计算的，更接近于西部地区的情况。此表说明，影响力系数和感应系数都大于1，只有重化工领域内的黑色冶金、有色冶金、重化学和重机械；两个系数均小于1，重化工领域内有建材，而轻加工领域内则有毛皮制品、造纸、仪表仪器等；煤、电、建材影响力系数虽小于轻加工工业，但感应

度系数都比轻工行业高得多，表明在西部地区，重化工的波及效果在总体上大于轻加工工业。

第五，从主导产业阶段性转移和结构转换的一般趋势看，像西部地区这类农业基础薄弱，而能源、矿产资源丰富，已有基础远比轻工业雄厚的地区，重化工化是地区工业化不可逾越的一个阶段，也是需要并可能超前发展的。与其放弃 30 多年来已打下的可观的重化工基础，走回头路，兜个圈子，再回原地，不如以原地为起点，扬其所长，补其所短，这样会前进得更快、更扎实。

综合以上分析，发展到现在，西部地区的工业化进一步沿着重化工化的道路向前推进，这是建立在区内独特的资源优势和国家的巨大需求的基础之上的。从比较优势、地域分工的要求来说，是正确的，也可以说是历史选择的结果。

2. 重化工化的经济效益分析

重化工化是否与经济效益低有必然联系呢？对此，必须作具体分析。

第一，从现实情况看，如果以资金利税率为衡量经济效益的指标，西部地区并非所有地方的所有能源、原材料工业的经济效益都低，有些省（区）的有些行业，其效益高于甚至远高于全国平均水平，或者接近于全国平均水平。如水电、有色采选和冶炼、黑色采选，木竹采选，建材其与他非金属资源采选，烟草、制糖，交通运输设备制造等。

第二，在我国现行的产品经济与商品经济并存、计划价格与市场价格并存的条件下，能源、原材料工业与加工工业相比，计划分配比重大，价格放开幅度小，而计划调拨价格严重背离其价值（甘肃的镍，1988 年国际市场价格为 2 万美元/吨，折合人民币 7.4 万元/吨，国内市场价格为 7 万~11 万元/吨，而国家从企业调出的计划价格为 2.15 万元/吨，只相当于国际市场价格的 29%，国内市场价格的 20%~30%），价格上调幅度也小于一般加工业产品。因此，相对于加工工业，能源、原材料工业经济效益普遍降低。能源、原材料工业比重大而加工工业发展薄弱地区，在双重价值流失下，地区工业经济效益自然降低。但这并非是重化工化本身固有的缺陷，而是价格体系、管理体制上的弊病，是外在的。即使行业企业的经济效益较低，但其社会效益明显。在全国已有工业生产能力中，一年如能多供电 700 亿度，就可多创造工业产值 1000 亿元，多创利税 125 亿元，这比 700 亿度电本身的产值和提供的利税大得多。社会效益，不是直接体现在行业、企业本身，而是体现在国民经济的总体上；不是体现在大量生产，外调能源、原材料产品的西部地区，而主要是体现在廉价调拨能源、原材料的加工工业发达而缺能缺料的地区。这一点在衡量经济效益时常常被人忽视，但却是客观存在的。

第三，西部地区的工业经济效益在总体上是低于东部、中部，这除了价格扭曲和体制上的缺陷这些外部因素的影响以外，从地区内部看，主要问题在于支柱产业单一化，产品链短，结构缺漏大，产业关联的断裂严重，难以形成外部经济，直接影响整个系统的运行效率，从而影响了工业经济的总体效益。但这也不是重化工化固有的弊端，而是由于重化工化过程中资源配置不当所致。

随着改革的深化，结构的调整，淡化、消除上述影响经济效益的内外部不利因素，利用、发挥区内的优势和外部的有利因素，西部地区能源重化工以致整个工业的效益是可以稳定提高的。

3. 轻、重工业协调的途径

重点发展重化工是否就意味着可以置轻工业于不顾呢？不是的！我们的结论只是说，根据西部地区的工业资源条件、已有工业基础及全国地域分工的要求，西部地区工业结构偏重基本上是合理的。从发展趋势看，在西部工业化的起步阶段以致进入推进阶段，这种重型结构是难以逆转的。当然，轻工业过于薄弱的状况也要逐步调整，特别是地方经济这一块和采掘原材料工业专门化程度很高的城市和工业点，相应发展轻纺工业的问题，更不宜忽视。我们不同意人为地去拔高轻工业的产值比重，但也应因势利导，在轻、重工业的相互渗透，相互融合上下功夫，促进轻、重工业日协调，在协调中求发展。这方面也是有潜力的。

第一，西部地区已形成相当的轻纺工业基础，但由于原材料供应不足，或由于质量、花色、品种原因不能适销对路，因而在日用轻工业品自给率低的同时，又有相当的生产能力不能发挥。因此，西部轻工业在发展方向上，除少数生产能力利用率高、产品供不应求的趋势正在扩大的产品，可创造条件适当扩大生产能力外，对量大、面广的产品，一般不宜盲目扩大生产能力，而应以内含为主，采取有针对性的措施，挖掘生产潜力，提高质量，增加花色品种，在适销对路中求得量的增长，提高区内市场的占有率。

第二，抓好名优土特产品加工工业。西部名优土特产种类不少，质量较高，如名贵中药材、山货、优质瓜果、热作、糖料、烤烟、香料、沙棘、长绒棉、滩羊皮、改良羊毛、山羊绒、驼绒、奶类、皮革等，是西部具有优势的轻工资源，抓好这些农业原料生产的基地化专业化，充实科研设计力量，提高加工技术，延长产品系列，增强储运能力，可以形成具有西部特色的系列产品。

有特色，就有竞争能力，也就可以增产增值。

第三，调整轻纺工业原料结构，从重化工领域开拓轻纺工业的原料来源，逐步加大以非农产品为原材料的那一部分轻纺工业的比重，促进轻、重工业的融合。西部原材料工业主要有两大类：一类是有色金属；另一类是化工原材料。前一类能直接用于轻工业生产的不多。但后一类原材料，可发展一系列后续工业，直接向轻纺工业渗透，这方面门路多，加工技术并不复杂，也适于中小规模生产，随着地方与中央合资经营项目的增加，地方能分得的原材料相应增加，在轻纺工业领域加以消化，可以有效地促进轻纺工业的发展。

第四，挖掘军转民的潜力，有计划地开发高中档民用消费品，这不仅可提高轻工业的生产能力，更能促进西部地区轻纺工业的现代化和产品的多样化，适应不同层次的消费需求。

二、西部工业开发战略

（一）对三种开发战略的评述

根据国内外区域开发的理论与实践，西部工业开发可供选择的战略，大致有以下几种：

1. 加速发展战略

基本点是以实现工业总产值的最大化为主要目标，通过工业的高速发展，尽快摆脱贫困落后的局面，迎头赶上发达地区。

2. 平衡发展战略

与其他不发达地区一样，西部地区的经济发展，存在着两种恶性循环：一是从供给方面看，资金供给不足，人均收入水平低，劳动生产率低，资金供给能力小；二是从需求方面看，投资的有效需求不足，社会购买力低，人均消费水平低。要打破这两种恶性循环，克服供给与需求两方面对发展的限制，唯一的道路就是对各部门同时进行大规模投资，实现原材料工业与加工工业、重工业与轻工业、轻工与市场需求的全面平衡，利用各部门间需求的互补性，创造和扩大市场，消除需求方面的障碍，并利用各部门同时扩张所形成的外部经济，提高各部门的劳动生产率，从而消除供给方面的障碍。

3. 非平衡发展战略

现代工业的成长，实质上是部门的成长过程。增长势头首先是从主导部门、主导地区开始，然后扩散到其他部门、其他地区。因此在一定时期内，投资只能有选择地在若干部门（如具有相对优势的部门）、若干地方（如现有大中城市和重要工矿区）进行，其他部门，地区则利用主导部门，主导地区投资带来的波及效果而得到发展，对供给与需求都不足的西部地区来讲，尤其需要如此。

上述三种战略中，第一种战略主要是从善良的愿望出发，而忽视了西部现有经济基础，忽视了国家的总体布局态势，强调工业总量的扩张，而忽视经济效益与人民生活水平的提高。区际"静态不平衡差"的缩小以致消失，要靠相反的"动态不平衡差"来实现。假定 A 为东部某一时点上的人均工业产值（或工业总产值），B 为同一时点上西部地区的人均工业产值（或工业总值），C 为该时点上西部地区对东部地区的不平衡差；又假定 D 为今后一定时期内东部地区的人均工业产值（或工业总产值）的年增长速度，E 为西部地区人均工业产值（或工业总产值）的年增长速度，C = A − B。要在今后某一时点上西部地区对东部地区静态不平衡差缩小以致消失，就必须使：

$$A(1+D) - B(1+E) < C，即：E > \frac{A}{B} \times D$$

1988 年，东部地区人均工业产值（A）为 2696.99 元，西部地区人均工业产值（B）为 848.13 元，$\frac{A}{B} = 3.18$。

如果要求到 2000 年，西部地区的人均工业产值接近或等于东部地区，则必须在 1989~2000 年，E > 3.18D，即西部地区人均工业产值的年增长速度要大于东部的年增长速度的 3.18 倍。

1988 年，东部地区的工业总产值（A）为 11022.86 亿元，西部地区（B）为 2651.85 亿元，$\frac{A}{B} = 5.15$。

如果要求到 2000 年西部地区的工业总产值接近或等于东部地区，则必须在 1989~2000 年，在工业总产值的年增长速度上，西部地区大于东部地区 4.15倍。在国家重点东倾和西部地区内自我发展能力很低的情况下，这样的加速度根本是不可能的。即使今后十几年内积极提高西部地区的投资比，也不可能达到"赶超"所必需的增长速度。勉强去追求这样高的速度，不仅欲速则不达，而且将使地区经济失调和恶化，人民生活水平降低，即使速度一时上去了，由于基础不牢也难以为继，其结果不是缩小，而是扩大与发达地区的差距，所以这种战略是不可取的。

第二种战略重视产业间的关联作用，虽有一定的理论意义，但具体到西部地区，在实践上也是行不通的。第一，从全国地域分工角度看，国家对西部的主要要求是尽快、尽多地提供国家短缺的能源和原材料，国家对西部地区的投资，也必然是要集中投放在这些工业部门。从地区条件看，具有相对优势工业部门，也首先是这些工业部门。即使是在能源、原材料工业中，西部地区也不是发展什么能源，什么原材料工业都有相对优势，都能形成优势产业。也就是说，在有地区优势的能源、原材料工业领域内，也不可能全面推进，平行发展。第二，能源、原材料工业的大规模开发，需要大量投入，如果要求在地区范围内按照能源、原材料工业的建设规模，全部配套，就需要建设扩大一系列相关产业，各相关产业又各要求一系列与之配套的产业，如此下去，那么地区投入的规模，就要急剧扩大，这从供给角度看是不可能的。第三，即使国家和地区共同努力以致放手引进外资，能够提供这样巨大的投入，也还有地区的承受能力问题，环境容量问题。不分主次地全面推进，必然导致"大面全"，重复布点，重复建设，造成地区产业结构的另一种失调（抑长攻短）和工业经济总体效益的下降。所以这种战略也不可取。

第三种战略是国内外都认为较好的一种区域发展战略。这种倾斜战略，固然有利于重点部门、重点地区的发展，较快地提高地区的经济总量，但也有其严重缺陷，即突出了局部的点，而忽视区内部门之间、地区之间的协调发展和地区总体功能的强化。新中国成立以来，西部地区基本上是采取这种发展战略的，但重点部门、重点地区的建设，并没有很好地发挥其波及效果，对其他部门、其他地区并没有起到明显的带动作用，二元结构的缺陷相当突出，总体效益不高，人民得到的实惠也不多。

（二）适度倾斜—整体协调战略的基本思路与基本内容

因此，可以吸取上述各种战略之长，而补其所短，采取适度倾斜—总体协调战略。这种战略的基本思路是：把重点论与协同论有机结合起来，实现资源的有效配置，形成以优势部门为主体的有序有机的开放的产业关联系统或网络，提高工业的总体水平，形成一个协调运转的经济机制。基本内容是：

1. 重点与一般的协调

首先是选择面向全国，具有地区优势的工业部门，选择综合条件较好的点，实行投资与政策的双倾斜，使之超前启动。在此基础上，形成一批区域经济增长极。同时对制约地区经济发展的某些"瓶颈"部门和要素，对综合条件较差但具有某种优势和一定潜力的落后地区，特别是对贫困地区，也要安排一定的力量予以加强、改善、扶持；对目前尚未形成优势，但发展潜力大，可以成为未来主导产业的"潜导"产业，要量力而行，积极培育。要素的投入既要突出重点，保证重点，也要兼顾一般，照顾落后，考虑未来，有主有从，有先有后，同时防止倾斜过度、孤军突出和平均分配、分散资源这两种倾向，使区内各部门、各地区都能在大区经济总体系中占有一个恰当的位置，各自发挥其在产业关联中应有的作用，从而提高区域经济系统的运行效率。

2. 外循环与内循环的协调

西部地区以往的重点建设，偏于外循环，大批重点企业和重点工矿区的生产协作链条基本上用在区外，而与地方经济相分离。外循环与内循环的脱节，造成生产要素在空间上的分割，生产要素的运用效率随之大大降低。因此今后的工业开发，应十分重视以外循环换回区内缺少的生产要素，来促进区内经济的小循环。内循环畅通，增强输出能力，才更有力量参与外循环。这就要依托和发挥优势部门的前向拉动和后向推动，以及增长中心的极化效应和扩散效应，在强化与外区的关联性和互补性的同时，加强区内产业间、地区间的经济技术联系，扩大内部循环，将大中型骨干企业和大城市的先进生产要素，向地方经济渗透，支持地方经济的发展。内外循环相协调，使系统内部的关联运动取代以往的无规则的独立运动而占主导地位，整个区域系统才能形成有效率的有序结构。

3. 地区利益与国家利益的协调，即服务全国与兴地富民相结合

首先是服务全国，急国家之所急，才能得到全国的支援。这种支援对比较落后的西部地区来说是必不可少的，尤其是在启动阶段。同时，地区是全国相对独立的一部分，在全国多层次、多元化的权益结构中，代表着一个权益层次，因而在服务全国的前提下，还必须用兴地富民的目标去武装组织动员群众，增强内部凝集力与驱动力。这种结合，从产业结构看，本质上是国家重点建设与地方经济的协调发展问题；而从利益结构看，本质上是国家利益与地区利益的协调问题。必须强调的是：局部要服从全局，同时全局不能损害局部。在有计划的商品经济条件下，只有全局与局部利益关系的协调，才能有全国和地区经济的协调发展。全国和地区的发展战略都必须充分体现出这一点。

三、西部地区发展战略目标

我国西部地区的发展，今后应以什么样的目标模式为基准？回顾西部地区过去的发展历史，可以说是基本沿用了发达国家采用过的传统模式。这种模式

是以追求生产产值的增长为核心，而以工业化为实现这一目标的根本手段。实行这一发展目标的结果是，虽然今天西部地区的经济总量已比解放初有了巨大的增长，但经济结构、经济效益、经济水平、经济关联与我国东中部地区相比仍然很差，广大农村依然落后贫困（我国由国务院和国家计委划定的 18 片贫困区，西部地区就占了 10 片），教育水平低，地方财政入不敷出，地区自我发展能力微弱，同时，由于不重视国土资源的开发与保护、治理同步进行，生态环境也有恶化趋势。从全面权衡的客观角度来说，西部地区过去所追求的这种单一产值增长型的目标模式并不是富有成效的。也正因为这种传统目标模式的诸多缺陷，许多学者一针见血地指出："推行传统发展战略，是在建立一种因袭时尚的发展模式，……产生了一个由两种独立发展的社会构成的二元社会"，"传统战略引起贫困，失业与收入的不平等"（R.Diwan，D.Livingston），它是一种"没有发展的增长"（罗·克劳瓦）。当我们今天重新制定我国西部地区的发展目标时，就有必要放弃过去的单一模式而追求一个相对完善的新的战略目标模式。

（一）目标模式的选择及内容

任何地区的发展都应以满足人的需要为中心，其发展目标的制定都应是为了追求人的生活的一种未来美。就社会主义国家而言，这里的"人"是指全体人民，由于人类本身是具有社会性的，存在于一定的社会政治结构体系中，其本身的生存延续需要有一定的物质条件做保障，同时又与自然环境是一个统一的整体，所以其需求是多方面多层次的，这一特点决定了西部地区未来的发展不能采取上述的那种单一经济增长的目标模式，而应采取一种全面发展的多层次目标模式。具体来说，这种目标模式应由以下几个方面组成：

1. 社会的发展和进步

社会的发展进步主要表现在秩序、和谐、公正等方面。就我国西部地区来说，内容应当包括：

正确处理好民族关系。西部地区是我国少数民族最主要的聚居区，五大民族自治区全在这里，在社会主义的大家庭中，尊重兄弟少数民族，保持各民族的平等、团结、友爱，维持社会的安定、团结，这是全国更是西部地区稳定，持续，协调发展的最重要前提。

创造一个公平竞争的社会环境，实现西部与其他地区的互补互利。西部地区是中华人民共和国国土的重要组成部分，它与其他地区的交往应是平等互惠的。但目前来说至少经济上还存在着某种程度上的不平等。国家的资金，政策投入，过度向东倾斜，西部的政策效应微弱；价格扭曲，造成以能源、原材料初级产品为主的西部地区双重价值的流失，明补暗漏，得失不均；在旧的投资体制下西部主要产业生产协作链条基本甩在区外，主要产业的远辐射力强而近辐射力弱，产业关联低，导致生产要素运用效率低下，这些都在不同程度上使得西部难以在平等条件下展开竞争。先天不足，后天失调，严重抑制地区经济的成长。不利的经济社会环境，又导致西部本来紧缺的资金，人才逆向东移。一个平等竞争机会以及适应竞争要求的经济机制的健全，是西部发展的主要目标之一，这也是社会公正的主要内容之一。

正确处理好西部地区内部农业与工业、城市与农村之间的关系。国民经济体系中，农业是基础，工业是主导。过去西部地区由于片面强调工业的发展，农业这个国民经济的基础一直未能打好，结果不但无力支援地区工业的健康发展，农民的生活也一直未能大幅度提高，农民与非农业居民的生活差别高居不下，从而造成了两人主要生产部门之间的明显不平等和对立。同时，工业内部由于中央企业的嵌入与地方经济的关系也不协调。新中国成立以来西部地区的城市有很大发展，但城市整体的辐射功能尚很弱小，仅及东中部区的 7.7%。由于建设多集中于城市，广大的农村地区无论是物质还是精神生活环境，与相对发达的城市相比都相去甚远。这种传统社会与现代社会的共存，构成了本区社会落后的一个最重要标志。因此，打破这种反差强烈的二元经济结构及社会结构，建立社会主义的新型工农关系、城乡关系，逐步缩小工农差别、城乡差别，也应成为本区未来社会发展目标之一。

人口数量失控，人口素质差，越是物质、神精生产贫困的地区，人口的增长速度越快，人口的素质越低，两种生产的明显失衡，人口数量与人口素质的逆向运动，是西部重大的社会问题之一，这既是西部社会发育程度低的重要表现，又是社会发育程度低的深层原因。严格控制人口数量，增加智力投资，加快文教事业的发展步伐，改善人才成长的社会环境，使智力资源的开发与物质资源的开发同步，在可能条件下适当超前，是西部社会进步的根本目标。

2. 经济增长与发展的和谐统一

经济的迅速发展是其他一切发展的核心基础和前提条件，因而它应是西部地区未来发展目标模式中最主要的组成部分。但是地区经济的发展不能简单地理解为就是地区经济总量的增长，即工业产值的增长。它们只能作为地区经济发展目标的一个组成部分，经济发展的内容比这些更为广泛。简单来说，未来西部地区的经济发展应包括以下几方面内容：

（1）迅速提高经济总量。目前来看，西部地区总的经济实力还很有限，并在速度上滞后于其他地区，差距在进一步拉大，如表6所示。这说明本区已经很弱的经济地位在全国还有进一步削弱的趋势。这不是我们所期望的，今后必须予以迅速扭转。

表6　我国西部地区目前的经济总量及与全国水平的对比

单位：亿元，%

项目 ＼ 年份	1980	1985	1987	1980~1985年 年均增长率	1985~1987年 年均增长率
社会总产值	1579.52	3001.24	3960.29	13.74	14.76
占全国比重	18.52	18.13	17.16	−0.42	−2.71
人均社会总产值	563.0	1009.9	1284.9	12.40	12.80
为全国平均值	64.73	63.30	60.17	−0.45	−2.50
工农业总产值	1264.33	2346.61	3102.26	11.25	14.98
占全国比重	17.87	17.60	16.78	−0.30	−2.36
人均工农业总产值	450.7	788.0	1006.5	11.82	13.02
为全国平均值	62.46	61.43	58.84	−0.33	−2.13
国民生产总值	905.36	1716.48	2200.86	13.65	13.23
占全国比重	20.25	20.03	19.39	−0.22	−1.61
人均国民生产总值	322.7	576.4	714.1	12.30	11.31
为全国平均值	70.81	69.79	67.99	−12.30	−1.30

（2）努力提高经济效益。西部地区之所以经济水平仍相对落后，就是与过去只求速度，不讲效益有关。1952年西部地区物质消耗占社会总产值的比重仅为34.61%，而到1987年则已上升至54.17%，净增了19.56个百分点，导致同期国民收入占社会总产值的比重相应下降了29.81%。以1987年的水平，平均每年少增加国民收入774.6亿元之巨！从横向对比，西部地区目前的经济效益更大大落后于全国的平均水平，经济效益不高，加上经济总量的低下，严重阻碍了地区经济自我发展能力的提高，也导致了西部地区人民生活水平不能得到迅速提高，今后制定地区战略目标时应引以为戒。

（3）产业结构的优化。目前来看，西部地区产业结构的总体层次尚低，这一方面表现在不发达的农业占据了国民经济的很大比重（农业劳动生产率仅及全国的70.25%，本区工业的8.76%，但农业总产值占了地区工农业总产值的34.58%，农业提供的国民收入占了地区国民收入总额的41.84%，分别是全国平均水平的1.42倍和1.24倍），建立在地区资源优势基础之上的产业部门未能得到很好的发展（如本区的矿产资源潜在价值占全国的49%以上，但1988年矿业产值仅占全国的23.62%）；另一方面，则表现在西部地区产业结构的进化顺序上还很原始。现有的 40 多个产业部门中，专门化程度最高的六个部门，即黑色金属采选、有色金属采选、采盐业、木材及竹材采运业、烟草加工业、有色金属冶炼及延压加工业，六个部门中就有四个是建立在自然资源采掘基础上的，其中仅有有色金属冶炼及加工业属中间投入型制造业，前后向连锁效果较大。若以制造业（中间投入型）占整个工业的比重和制造业占整个地区产业部门的比重来衡量地区工业结构的高度化程度，西部地区两项指标仅分别及全国平均水平（47.55%、25.75%）的 88.08% 和 80.35%。产业结构的不合理加上产业结构水平的低度化是导致本区资源配置的低效率和经济发展不能从内部形成强劲的发展态势的根本原因，当然，从这点出把未来西部地区产业结构的合理化和高度化作为该区经济发展目标的重要组成部分也就不难理解了。

3. 人民的物质文化生活水平的提高

地区的发展应以人为主体，其最终目的都是为了满足人们日益增长的物质和文化的需求，当然西部地区也是如此。它又包括以下几个方面：

（1）普遍提高人民的经济收入。西部地区人民的人均国民收入，自新中国成立以来已经有了很大的提高。1987 年是 1952 年的 7.75 倍，年均增长率达 6.03%，但与全国平均水平相比，人民的生活收入水平还是很低，而且无论是绝对数量还是相对数量都有与全国平均水平拉大的趋势。1952 年西部地区人均收入仅比全国低 28 元，而到 1987 年则低于 283 元，同期与全国人均国民收入的比值也由 73.08% 下降至 67.53%。国民收入的低水平导致人民生活消耗的低水平，目前全区人均消费总支出仅 422.68 元，虽较 1952 年增长了 5.53 倍，但也仅及全国平均水平（609.83 元）的 69.31%，每人扣去生活消费支出后只剩下 166.22 元，而全国此数则为 262.16 元。不断提高地区的人均国民收入，是改善人民生活的根本措施，也是必须长期予以坚持的目标之一。

（2）大力发展本区的文化教育事业。西部地区由于几千年封建社会的统治，加上地处偏远，经济文化相对落后，虽然新中国成立后人们的受教育程度和文化生活已有了很大的改善，但总体来说水平还很低，如表 7 所示，尤其是教育和农村人民的文化精神生活水平与全国差距更大。这是导致本区总体愚昧落后的一个根本原因。迅速改变这一现状，是未来西部地区肩负的重要任务之一。

（3）改善人民的卫生医疗条件。健康长寿是人民生活追求的目标之一，而这一方面有赖于人民经济收入的普遍提高，也有赖于医疗卫生条件的迅速改善。目前，西部人民的医疗卫生条件正在得到稳步的改善，但与全国平均相比尚有一定的差距，这是今后该区发展目标制定时所应引起高度重视的。

表 7　西部地区文化教育事业机构发展状况与全国平均水平的对比

	西部地区（A）	全国（B）	A/B×100%
每万人拥有的学校数量	9.40	10.65	88.26%
其中：大学	0.0081	0.0098	82.65%
中专	0.037	0.037	100.00%
普通中学	0.6995	0.835	83.77%
农业和职业中学	0.068	0.082	82.93%
小学	8.585	9.686	88.63%
农民家庭每百人拥有电视机数	4.05	6.37	63.58%
农民家庭每百人拥有收录机数	2.03	2.04	76.89%
农民家庭每百人拥有收音机数	6.55	10.56	62.03%
每 10 万人拥有电影放映单位	14.70	14.76	99.59%
每 10 万人拥有艺术表演团体	0.29	0.26	107.41%
每 10 万人拥有公共图书馆	0.18	0.23	78.26%
每 10 万人拥有博物馆	0.058	0.082	70.73%
每 10 万人拥有文化馆	0.32	0.27	118.52%

4. 保持人类与自然环境的和谐协调

良好的环境既是人们赖以生存的物质基础，也是生活中必不可少的因素。目前，西部地区由于地域辽阔，加上经济密度、人口密度在整体上还不高，总体看环境的破坏并不十分严重。但由于地区人民生产生活的群集形式，一些工业和农业生产的重心区，由于长期未注意生产与环境保护的同步进行，环境恶化的趋势却十分明显。如以"三废"为例，1988 年西部地区共排出废水、废气和工业固体废弃物分别达 236498 万吨、18374 亿立方米和 13744 万吨，其中经过净化、处理的仅分别占排放总量的 75.7%、52.8% 和 60.1%，而全国这三个数字则分别为 79.5%、61.2 和 60.3%。从长远的观点看，这种"三废"净化处理的低水平对于本区脆弱的环境平衡结构来说确实堪扰。1988 年全区因环境污染导致的群众来信来访人数共达 22680 件次，因环境污染导致的事故达 923 起，比 1985 年增加了 74.81%，而全国同期仅上升 36.19%。不仅如此，本区农业的生态环境恶化趋势也非常明显，尤其是两大江河的水土流失和草原"三化"已经到了非常重视不可的程度。因此，今后西部地区如何迅速有效的控制环境污染，恢复环境的生态平衡，以保持人类与环境的和谐统一，应成为本区环境工作的重点和中心内容。

5. 人类自身的完善

人类是一切社会经济活动的主体，没有人的自身完善与进步，其他方面的发展都不可能收到良好效果。就西部地区来说，未来应该做好两个方面的工作，即人口数量的合理发展与人口质素的稳步提高。因为人既是消费者又是生产者，作为生产者，保持一定的人口数量和不断提高的人口素质，这是其自身物质和文化生活水平得以不断迅速提高的前提条件。而作为消费者，由于人类物质生产系统在一定时期是一个有限系统，因此保持与生产力发展水平相适应的人口数量，又是促进人类与环境的关系协调、人类自身不断进化的基础条件。西部地区之所以贫困落后，应当说人口数量众多、人口素质低下是其主要根源之一。据资料计算，与 1952 年相比，我国西部地区人口数量净增了 1.075 倍，高出全国平均水平的 14.79%。目前本区每万人相对的在校大学生数为 14.75 人，低于全国平均水平的 21.75%；12 岁及 12 岁以上人口的文盲、半文盲率占 30.75%（据 1987 年 1%人口抽样调查），高出全国平均水平的 14.82%。由于人口数量众多，每年生产的国民收入绝大多数都被消费掉了，地区实际积累自然偏低。由于平面垦殖的生产方式，导致地区植被的严重破坏和水土的大量流失，土地资源的约束越来越大，而具有地区优势的能矿资源，因资金技术的匮乏，却不能得到充分有效的开发利用，从而造成本区社会经济相对于全国的全面落后。有鉴于此，在今后地区的目标中应把地区人口数量的控制和人口素质的提高列为一条重要内容。

（二）西部地区发展的总目标

西部地区未来的发展应由单一的经济增长目标模式向多层次的增长与发展相结合的目标模式转变。那么，未来本区发展的总目标又应如何确定呢？由于目标模式中包含了社会、经济、生活、生态、人类自身等方面的内容，所以其发展的总目标也就相应地由这几个方面组成。简单来说，可用下面几句话加以概括，即以经济发展为中心，提高效益为前提，速度为标志，产业结构的提高为重点，以求得社会、经济、生态与人类自身的协调稳定发展。

1. 以经济发展为中心

地区发展的各个方面最终都要以经济的发展为基础。从马克思主义的物质第一性的观点看，没有物质生产的极大丰富，没有经济的高度发展，西部地区未来就谈不上社会的进步和人民物质文化生活的改善，生态环境的治理与保护也就失去了意义，当然更谈不上人类自身的发展和完善。因此，在发展西部地区时，经济的发展必须作为其中心工作来抓，这是始终予以坚持的。

2. 以提高效益为前提，速度为标志

经济的发展必须以提高效益为前提。由于西部地区贫困落后，投入经济生产活动中的人力资本和物力资本都很有限，讲究经济效益就尤为重要。它是增

强地区自我积累和发展能力的一个重要保证条件。效益与适当的速度是紧密联系的。只有保持经济发展的相对于东部地区的略高速度，西部地区才能逐步缩小与东部地区发展水平的差距，净经济总量才能迅速提高。

3. 以产业结构的提高为重点

根据西部所处的经济发展阶段、基本条件、潜力、产业结构现状及全国地域分工的要求，产业结构调整的主要目标是：在大力发展农林牧业、交通运输业等基础产业部门的同时，注意发展劳动密集型产业（如立足于地区农业原料和矿产资源优势的食品、饮料、资源采掘）；优先发展国家急需、本区又有条件发展的高能耗、高物耗为主的资源密集型产业（依托煤、电，开发其他优势矿产，发展多种有色金属、煤化工、磷、硫、盐化工、石油化工）；对资产存量大、技术装备好、技术力量集中的三线军工企业，应在进一步调整布点，特别是调整产品方向的基础上，以挖潜、改造、配套、内涵扩大再生产为主，以技术为导向，在高起点上开发某些高技术产品，培育高技术产业生产点，以相对少的资产增量，调动巨大的资产存量，提高地区产业结构的功能和结构性效益。产业结构的转换要善于把握住时机，如果自身没有条件而盲目地促使产业结构换型，其结果必然是得不偿失。但如自身已具备了结构向高阶推进的条件而不及时地换型，则地区经济的水平又必然在低层次上徘徊。所以，产业结构的提高既包括选择合理的产业结构，又包括使产业结构随着经济的发展而不断向高层次演化这两个方面。

4. 保持社会、经济、生活、生态与人类自身的协调稳定发展

西部地区的发展应以经济为中心，这是无可非议的。但地区系统又是由社会、经济、生态、与人类自身相互结合组成的一个有机统一整体（见图 1 和图 2），它们彼此相互联系、相互影响、相互促进。只强调经济的发展而忽视其他方面，这种经济的发展势头也不可能长时间保持，也不符合人类多层次需求的目的，至少也可以说这种需求是不完善的。古诗中的"倾国宜通体，谁来独赏眉"，正是这一道理。因此，在强调以经济的发展为中心的同时，还须促进社会进步、生态平衡、人民生活及人口素质提高，即经济、社会，生态系统的良性循环。

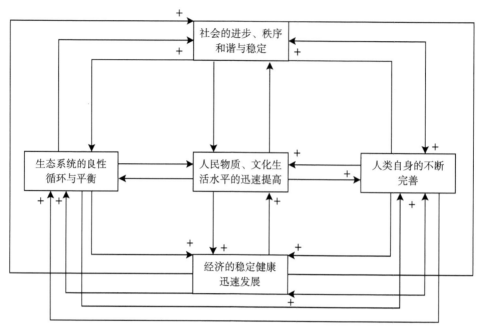

图 1　维持地区经济、社会、生态与人类自身的协调发展所导致的相互促进

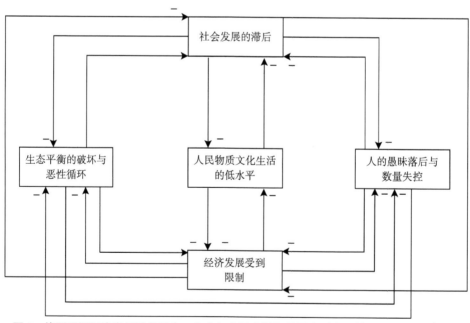

图 2　片面强调经济发展致使社会、生态与人民生活与数量素质发展的滞后，负反馈效应
也导致经济的发展最终受到限制

西部地区能源、原材料工业发展问题

一、加快西部能源、矿产资源开发的必要性

能源、原材料工业是现代经济的基础产业，矿产资源又是能源、原材料工业的物质基础。我国已探明的矿产储量居世界第三位，也是世界上矿种配套比较齐全的少数几个国家之一。经过 30 多年的建设，全国矿业已形成可观的基础。在 12 种关键性矿种中，产量占世界总产量 10% 以上的有煤、铁矿石、钨、锡，占 5%~10% 的有铜、铅、锌、锰。1987 年，投入国民经济周转的矿物原料达 18 亿吨，初步确定了作为世界矿业大国的地位。但由于人口众多，按人口平均，我国能矿资源的人均储量，一般均低于世界平均水平，人均矿产品产量为数更少。目前，世界人均年消费矿物原料约 20 吨，我国则不到 2 吨，相差甚远。而从国民经济发展的需要看，我国对矿业及能源、原材料产品的需求量，正处于上升时期，世界经济发展史证明，社会经济对矿产及原材料的消耗程度，可用增长曲线来描绘。在工业化前期、中期阶段，消耗强度逐年递增；在工业化成熟阶段，消耗强度逐渐减弱，需求增长率放慢，但需求的绝对量仍在增长。大体上，人均国民生产总值在 1000~4000 美元时，消耗强度最大。要保证 2000 年我国人均国民生产总值达到 800~1000 美元，1989~2000 年，矿业增长率应达到 8% 左右，到 2000 年，矿物原料总量需达到 35 亿~45 亿吨。一直到 21 世纪中叶，人均国民生产总值达到 4000 美元时，这 50~60 年，可能是我国矿物原料消耗量增长率最高的时期。能否过好基础工业及相应的基础设施关，将成为整个国民经济持续、稳定、协调发展的关键。这样巨大的需求量，靠进口是不行的，必须把矿物原料工业真正放在战略产业的地位，确保其优先发展。

由于能源、原材料工业布局的指向性和我国能矿资源分布的基本格局，在产业政策上向能源、原材料工业倾斜的同时，在空间政策上，必须将能源、原

材料工业建设的重点，更快更大规模地向中、西部富能富料地区转移。我国能矿资源的空间分布很不平衡。在三大经济地带中，45 种主要矿产工业储量的潜在价值量，西部接近于中、东部之和；一次能源资源的探明储量，西部比中、东部之和还大 13 个百分点。但至今西部能矿资源的开发利用率还很低。而全国工业、特别是加工工业却主要集中在能矿资源最少的东部。近十多年来，国家的资金和政策向东双倾斜，东部工业以快于西部 1 倍的速度超速增长。能矿资源与加工工业在空间上的这种严重错位，必然加剧能源、原材料的供需矛盾。我国的能源紧缺，突出表现在东部地区。其 11 个省市区（在我们的研究中，广西划入西部）全部是煤炭净调入区。1985 年净调入量在 1 亿吨以上。由于缺煤，电力更加紧张，许多地方的企业"停三开四"或"停四开三"。缓解东部能源的供需矛盾的根本出路，只能是主要依靠中、西部富能区能源工业开发规模的扩大。根据资源的集中程度和组合特点、全国的总体布局、产销格局，在 20 世纪内，在能源、原材料工业方面，西部可以为全国作出贡献的，至少有以下几个行业：

（1）动力煤。我国煤炭保有储量，西部地区占 57%以上，其中侏罗纪优质动力煤西部占的比重更高。据预测，2000 年，京、津、沪、苏、浙、闽、粤、鄂、湘、辽、吉这 11 个主要缺煤区，煤炭净调入量将增加到 4 亿吨以上，弥补这样大的缺口，首先主要要靠山西，但都压在山西一少也难以承受，特别是优质动力煤的供应。根据全国煤炭工业的总体布局，2000 年，山西各基地至多可外调 8 亿吨，西部的陕北、渭北、蒙西、宁夏、黔西各基地，至少要承担 1.2 亿吨以上的调出任务。

（2）水电。我国水电资源，比煤炭资源更高度集中于西部。根据全国电力工业规划，今后 10 多年内，全国需新增水电装机 5000 万千瓦，其中主要依靠西部的黄河上游、红水河、雅砻江、大渡河、乌江、鑫沙江的梯级开发。特别是 100 万千瓦以上的大型水电站，更多地要依靠西部。

（3）有色金属。大宗主体型矿产，如铝（西部铝土矿探明储量占全国 33%）、铅（占 56%）、锌（占 65%）、锰，稀有稀土战略型矿产，如锡（占 79%）、镍（占 89%）、钒（占 69%）、钛（占 92%）、稀土（占 98%）、钴（占 58%），贵金属如铂族金属（占 93%）等，由于资源分布所决定，主要要靠西部加大开发规模以增加供给，其中铝工业，西部铝土矿的储量虽不及中部，但我国高品位铝土矿主要在西部，水、煤资源也主要在西部，特别是走水电—铝工业的联合开发的路子，比煤—电—铝的路子在经济上更为有利，因此，铝工业的发展，西部也要承担较多的任务。

（4）磷硫盐化工与天然气化工。

关于磷化工。我国磷矿资源主要集中在西部的云贵和中部的湘鄂地区。二者储量相近，云贵区略多（云贵占全国储量的47%，湘鄂占41%）。从矿石品位看，云贵富矿储量为湘鄂的4.4倍，露采储量为湘鄂的3.7倍，在质量和开采条件上明显优于湘鄂；在区位和运输条件上，湘鄂地理位置适中，运输半径比云贵短1000多公里，而且运输条件好，矿石运输方便，云贵位置偏于西南，矿石外运条件差；从能源配备情况看，云贵是富能区，煤水均多，湘鄂是缺能区，水电资源较多，但煤很少。能源开发前景云贵远好于湘鄂；从酸法和热法制磷肥所需的硫、焦炭等配套资源看，云贵有川南的硫和黔西的焦煤，而湘鄂缺硫少焦；从经济效益对比上看，上云贵吨磷矿（标矿）的投资比湘鄂低1倍，考虑运距因素后，前者的投资回收期也比后者短1/4。因此，综合起来看，云贵发展磷化工的条件优于湘鄂。云贵的主要弱点是运输条件差，但随着已有铁路干线的改造，南昆铁路的修建，这个问题是可以解决的。即使因运力的限制，只要几个大中型水电站建成，也可走电法生产黄磷、制高效磷肥的路子，对缓解全国氮磷肥严重失调的矛盾作出其独特贡献。

关于盐化工。多年来，我国是依靠海盐，集中在沿海地区发展盐化工。这种布局模式，日益暴露出其弱点。发展海盐，建设1亩盐田，需投资2000多元，比发展湖盐多1倍，生产成本高3/4；海盐建设周期是三年，盐田成熟期是二年，所费时间比湖盐长。而且海盐生产受气候条件影响很大，生产不如湖盐稳定；发展海盐还有一个与养殖业争地的矛盾，而发展养殖比发展盐经济效益高好几倍。所以过多地依靠海盐发展"两碱"，已日益受到制约。加快海盐以外的盐业开发，并在此基础上发展"两碱"，势在必行。西部地区，湖盐、矿盐、井盐兼备，经济效益高于全国盐业的平均水平，发挥这个优势，可以在盐碱化工方面作出更大贡献。至于以钾盐资源为基础制造钾肥，由于钾盐资源几乎100%集中于西部，而且还高度集中于柴达木，全国钾肥的增产自然主要要靠西部。

除上述行业外，关于石油工业，从现有储量看，石油资源主要分布在东、中部，西部处于劣势。在20世纪内，全国原油的增产将主要依靠中、东部。但从发展趋势看，西部的地位将逐步上升。中、东部老油田后备资源都已不多，扩大储量的前景也不乐观，特别是全国主力油田大庆、胜利油田已进入开发后期，原油水分含量大，开发成本日益增加，因此，今后新开油田，势必将主要转向西北和海上。尽管这种转移，投资大，采运成本高，但为了能增强全国石油工业及与之密切联系的石化工业发展的后劲，也不能不作此抉择。到2000年，全国石油剩余可采储量只有20多亿吨，按2000年原油产量2亿吨计，储采比只是10∶1的最低水平。中、东部现有油田资源接替困难很大，而西部石油资源的前景广阔，特别是在新疆。新疆地域辽阔，有沉积盆地30多个，总面积90多万平方公里。目前已找到油气田12个。近几年来，国家拿出80多亿元资金作为勘探开发之用。由于在勘探中广泛应用了现代技术，速度大大加快，已取得突破性进展。准噶尔西北部的克拉玛依油田的最新勘探资料表明，从克拉玛依—乌尔禾的逆掩层并不是一条线，而是一个面积达5000平方千米的面；不仅上部地层含油，其深部还有5个不同地质年代的含油层，形成四个含油领域，从而使石油储量扩大了几倍，特别是这里蕴藏的稠油资源，储量和质量均居全国之冠，这是一种经济价值很高的低凝度油，可炼制成我国短缺的高级润滑油和高级冷冻机油。准噶尔东部探区也有发现，并将全面投入开发，有可能形成第二个克拉玛依。

经过10年的考察，南疆塔里木盆地前景更好。这里存在三大隆起，四大坳陷，四套生油岩系，三个上千平方公里的含油构造。据专家初估，盆地的石油储量可达184亿吨，主要埋藏在塔克拉玛干大沙漠下面。这个大沙漠下面，既有丰富的油气资源，而且在沙漠下仅2~4米、最深不过10米的地下，已发现了大量水源，从而克服了石油开发的一个巨大障碍。尽管在20世纪内，新疆石油工业还只能靠北疆现有油田增产，对全国原油的增产贡献不大；新油田的开发，难度还较大。但随着工作的进展，掌握更多的可采储量，就可以下决心进一步解决运输问题。我国石油工业要登上一个新台阶，还要寄希望于西北。"八五"期间，计划在塔里木盆地完成探明储量15亿吨，控制储量10亿吨，原油产量2000万吨，届时将成为全国第三大油田。到"九五"期间，新疆将进一步成为全国石油增产的主要来源之一。

综合以上分析，可以看出，加快西部能矿资源的开发，从全国看，可以起相当的进口替代作用，节省外汇，缓解全国能源、原材料日益加剧的供需矛盾，促进全国产业结构的协调。从地区来看，通过资源的转换，可以加大区外资金、技术的流入量，改善其扩大再生产条件；矿物原材料工业乘数效应较为明显，它支持着数倍（2.24~4.70）于它的下游产业的发展。利用这个产业关联作用，可以促进相关产业的发展，直接、间接扩大地区的经济总量，增加就业人数；可以形成若干各具特色、具有全国意义的能源、原材料工业基地，奠定地区工业合理布局的骨架。

二、调整能源、原材料内部结构，改善区域环境

（一）结构调整思路

当前一方面，西部地区能矿资源的开发利用率还很低。能矿资源探明储量占全国很大比重，而相关的矿业及其制品在全国的地位还不高；另一方面，已有的能源、原材料工业，经济效益不高。有明显的区际比较优势，却没有给西部地区带来相应的比较利益。地区能源、原材料工业内部结构不合理，区域环境不良，是重要原因。要加大开发规模，将能源、矿产资源的比较优势，更多地转化为商品经济优势，把利国、兴地、富民有机结合起来，除深化改革，创造能源、原材料工业发展的大气候以外，还必须调整内部结构与改善区域环境双管齐下。

针对西部能源、原材料现有的结构性缺陷，调整的核心是支柱产业的多元化，产品链的延长，以此来重组地区的工业结构。即由一次能源、原材料初级产品为主的生产结构模式，过渡到二次能源与高耗能产品为主的生产结构模式，相应地，在贸易结构上，由煤炭、初级产品的输出，过渡到高质能源与载能体的混合输出。基本思路是：以一次能源（煤、水、油、气）的开发为基础，以电力为中介，依托煤、电，开发其他优势矿产，以高耗能原材料及其制品为重点，将煤、电进行再转换，减重、增值，克服能源、原材料发展中低效益、大运量双重因素的制约。从高耗能原材料的上游产品出发，进而发展其下游产品，并有重点地开发新型复合材料，使能源、原材料工业既有总量的扩大，又有质的提高，使多种能源、矿产资源的组合优势，转化为优势产业群的综合优势。以强大的能源、原材料工业，同时从两个方面向加工制造业渗透：一方面向轻纺工业和支农工业渗透，促进区内农、轻、重的相互融合；另一方面向三线企业渗透，促进机械—电子工业发展，建立某些高技术工业的生长点。以基础工业促加工工业，以机—电—仪这种高层次的加工工业，提高基础工业，使能源、原材料工业的产业关联作用得以较好的发挥，提高地区生产要素的运用效率，从而又为能矿资源的更大规模开发创造条件。

（二）主要工业发展顺序

在西部产业结构中，在能源与高耗能原材料之间，能源优先。这是缓解全国能源供需矛盾所必需的。按调整后的全国能源规划，2000 年一次能源总产

量为 14.3 亿吨标准煤，比 1988 年净增 4.72 亿吨，其中原煤需净增 4.2 亿吨，原油净增 6295 万吨，天然气净增 157 亿立方米，水电净增 1158 亿度。今后 12 年之内，完成这个任务，相当艰巨，即使达到了规划产量，据预测，届时还有 1 亿吨标煤的缺口。西部地区有条件也有义务急国家之所急，为国家提供更多的能源。这同时也是推动地区工业化的重要物质基础，特别是高耗能原材料工业，没有强大的能源工业作基础，也将寸步难行。

在煤、油、气与电力之间，以电为主，电力发展速度应快于煤、油、气。这是因为：

第一，从电在产业链中的地位看，它是初级产品向深加工产品转化的桥梁，提高产业关联度和工业系统循环效应的中介，处于中间、带动两边的地位：一边是转化煤炭，以部分送电代替输煤，减轻煤运压力；另一边是带动高耗能工业的发展。我国西部地区，可开发利用水电资源的蕴藏量占全国 81.5%，煤炭储量占全国 57% 以上，但至今水电资源开发利用率不到 3%，煤炭区内转化率不到 6%。一次能源资源如此富集，但 11 个省区中大部分缺电。这种状况必须改变。

第二，从电力工业布点模式的转换看，为了缓解全国缺电矛盾，国家采取两种布点模式来扩大电力生产：第一种是在缺煤电力负荷集中地区，新建扩建电源点，输煤发电；第二种是在靠煤近水有地的地方，开辟一批大的电源点，用输电替代部分输煤。这种布点模式，各有其优缺点，综合起来看，第一种的缺陷较大。突出的煤炭供应一紧张或运煤能力跟不上，按第一种模式建设起来的电站，就往往要被迫停机。因此，应尽快由第一种布点模式为主向第二种模式为主过渡，即今后新建火电站应更多地布置在中、西部具备煤电建设基本条件的地方。在全国比较起来，西部地区的陕、蒙、宁、黔有不少地点是第二种煤电布点模式比较理想之地。至于水电，由于资源高度集中于西部，其开发率又远低于水电资源少的东部地区，因此水电布局更应向西部水能"富矿"转移。西部地区有条件也有必要水火并举，加大电力工业建设规模，加快建设进度。"八五"期间，国家在电力工业的总体布局中，就要适当向此倾斜。

在高耗能原材料工业中，发展的顺序应是冶金、化工、建材。

以煤、电为依托，重点发展高耗能原材料工业，并使之成为西部地区工业结构的主体，是优化地区产业结构的关键环节。

西部地区，既富能源，又多金属、化工、建材及其他非金属资源，还有大片地形平缓的未耕荒地，待开发地区，也还有相对大的环境容量，具有大规模建设原材料工业所必需的几大基本条件。西部地区，冶金比化工的基础好，黑色与有色均有相当规模，技术积累较多；现有冶金行业，经济效益高于全国平均水平较多；而且有的金属资源是世界稀有，这里独丰，有些在全国占有绝对优势或相对优势，所以高耗能原材料工业中，第一个重点应是冶金。

在冶金工业中应在进一步发展黑色冶金的同时，更快地发展有色，逐步调整黑色与有色比例关系，转向以有色为主。在有色金属工业中，重点发展铝，进一步发展铜、铅、锌、锡、镍、金、铂族金属、稀土、金属镁。

化工是西部高耗能原材料工业的第二个重点。西部地区化工资源种类多，可因地制宜，采用不同原料、不同工艺路线，建设多种化工综合体，实行煤化、石化、磷化、硫化、盐化并举；重点发展上游产品（如焦炭、电石、甲醇、磷矿、硫铁矿、原盐等），从初加工开始，发挥区内能矿资源优势，建立起巩固的化工基础，并对全国化工系统中下游产品起始原料供应不足的问题起缓解作用。

建材工业是西部工业系统中的重要组成部分，但主要是满足区内的需要。建设规模主要取决于区内市场需求量。考虑到区内能源多，建材资源储量大，种类多，发展建材工业的条件也相当好。同时，区内能源、重化工、铁路、城镇建设规模较大，对大宗建材产品的需求量增长快，广泛分布的小水泥和其他小建材，又是农村发展乡镇企业治穷致富的重要门路之一，因此，作为一个重要的支撑性部门，应有一个适当的发展。重点是水泥、平板玻璃，同时，积极发展轻型建材、新型建材产品和其他非金属资源的采选及制品，争取打入国际市场。

（三）改善工业发展的区域环境

在进一步发展能源、原材料工业的同时，必须相应改善其发展的区域环境。

第一，能源、原材料工业要以地区大农业的发展为基础，增强农业对工业的支撑能力。在开发地下优势资源的同时，要抓好生态农业，提高各类土地资源的利用率与经济性，使生态、粮食这两个长期困扰西部地区的难题较快地出现转机。从生态系统看，西部处于全国主要水系的上游，既是我国中、东部的生态屏障，对维护广大地区的生态平衡具有重要意义，而西部大部分地区本身的生态环境又比较脆弱，某些地区的生态环境已有所恶化。今后大规模的资源开发，如果部署不当，将与生态资源的保护形成更尖锐的矛盾，其影响将是广泛又深远的；从粮食供需看，西部地区原是我国的余粮地区。从"一五"开始较大规模的工业建设，特别是在"三五"大三线建设以来，大部分省（区）已变为缺粮区。特别是北部的蒙、甘、陕、青,南部的云、贵、桂缺粮量还较大。为此,需要抓好生态农业,优化地区土地利用和农业生产结构。在抓好平原、盆地、绿洲耕作业商品生产基地建设,尽可能增加粮食、主要经济作物产量的同时,在广大牧区、农牧交错区及宜林农之间过渡地带,坚持以牧为主,人、畜、草结合,牧、林、农结合;在丘陵、山区,以林为主,合理安排林、牧、农生产,特别要种草、种树,养地、养山、养水,使土地资源的开发与生态平衡同步。在加重生态农业这个基础环节的同时,立足于当地农、林、牧资源,积极发展投资少、见效快的具有西部地区特色的轻纺行业和产品,建设农工综合基地。以发展生态农业带动轻纺工业,推进其他工业和第三产业,为重化工化创造一个较好的经济环境和生态环境。

第二,运输先行,使之由"限制型"变为"适应型"。

国内外的实践都证明,以运输为主的基础结构,是区域生产力发展的支柱之一,是空间布局展开的前提。今后,随着能源、矿产资源开发规模逐步扩大和生产力布局的纵深扩展,对运力的需求将成倍增长。为了避免"临渴掘井",必须把运输建设特别把对外通道的开辟作为重化工化的又一个基础环节来抓。

西部地区幅员广阔,除广西临海,有出海之便外,大部深处内陆边疆,距海较远,又处于大江大河上游,舟楫之利也远不及中、东部。而能源、矿产开发运量大,运距长,因此,从整个地区看,运输建设要以铁路为骨架,除改造既有线路外,要从几个方向上逐步纵深展开:连接内蒙古东西部;将东北、华北、西北铁路干线贯通起来;连接苏联东欧的北疆铁路;连接云、贵、桂,并把西南腹地与广西出海口连接起来;连接陇海、包兰及宁南与关中,缩短宁夏资源东运距离,减轻陇海天宝段运输压力;沟通蒙西、陕北、关中、陕南、通往大西南的新通道,以及陕蒙煤炭基地的东通道。在"八五"期间有的需基本建成,有的应争取上马,有的要做好前期工作,特别是陕、蒙煤炭基地外运的南通道、东通道及中宝线,"八五"必须上马,并加速建设进度。沟通滇东、滇西,促进滇西开发的线路,连接云、贵、川,促进攀西—六盘水煤铁等资源开发和西南二基地建设的线路,加强成渝两地区及成都地区与北方联系的线路,开发天山南北两大盆地及沟通新青的线路,需分期上马。但西部南部,山高谷深,地形复杂,桥涵多,土石方工程量大;西部北部,地形条件虽较好,但新线建设也要经过一些风沙大、干旱缺水地区,工程也较艰巨。因而铁路建设周期长,投资大。而公路建设投资省,见效快;公路运输机动灵活,中转倒运环节少;可行驶多种运输工具,对地方经济特别是对日益发展的农村商品经济是迫切需要的。因此，虽以铁路为骨架，但公路要领先。还要结合江河的梯级开发，发挥水库对河川径流流量的调节作用，加上有计划地整治有通航能力的小河流，发展水运，与公路一起为铁路分流；积极发展地区性民航运输。这样多种运输形式综合发展，才能较快地提高运输线路的密度和综合运输能力，使货畅其流，资源成宝。

第三，工业化必须与城市化同步。

目前西部地区人口城市化水平与全国相比，并不很低，但与广阔的幅员相比，城市稀疏，空间分布很不平衡，而且城市化还处于初级阶段，城市的"首位度"和"四城市指数"都很高，没有形成城市体系。由此带来了两大问题：一是由于缺少有强大经济实力的中小城市，导致少数特大城市的"大而全"，产业、人口过分集中。西安、兰州、昆明市区的非农业人口分别占陕、甘、滇三省城市市区非农业人口的57.94%、52.63%和54.23%，西宁、兰州、西安市区工业产值分别占青、甘、陕三省工业总产值的57.93%、50.7%和40.9%，省会城市或全省区最大工业中心市区工业产值占全省工业总产值这么大的比重。这在全国其他省区中是没有的。这势必使城市载量过重，空间和环境容量制约着城市的进一步发展；二是特大城市与外围地区，缺乏其他各级规模的城镇作为纽带、桥梁，既削弱了大城市的辐射力，也堵塞了周围地区对大城市的向心力。因此，西部今后城市化的发展，应当是：

（1）全面调整现有特大城市的社会结构和地域结构，发挥其已有的经济技术优势，通过比较先进的生产要素的扩散、渗透，花大力量协助、带动周围地区农业的现代化、乡镇企业和小城镇的发展，提高周围地区的经济密度，改善城市的整个区域经济环境。这同时也就是加强自身发展的基础。鉴于西部土地面积很大而大城市数目还不多，控制大城市规模，在这类地区应适当放宽。随着重化工化的进展，再发展几个50万人口以上的大城市是必要的，不如此，则难以振兴大区经济。

（2）西部的中等城市，在地理上处于特别重要的地位，尤其是在没有大城市的地区，发展中等城市就更为重要。挖掘现有中等城市的发展潜力，发挥综合条件较好的小城市的潜在优势，并结合国家重点项目，增强中等城市的经济实力，增加中等城市的数量，形成区域的开发据点。

（3）西部地区立足优势能源、矿产资源、靠矿业起家的城市较多。工业以采掘、原材料工业为主体，结构单一，功能单一，城市的近辐射力和扩散效应小。尽管这批城市，目前由于资源开发程度低，或正处于开发旺期，城市规模还有扩大趋势。但随着资源的逐渐减少，或开采条件的恶化，过于单一的工业结构就将由于缺乏自调整能力而使城市经济趋于停滞或衰退。城市经济的衰退，势必影响所在区域的健康发展。因此，对这类城市，在进一步强化其主导产业的同时，要特别重视其产业结构的多样化，以增强结构弹性。

（4）积极培植广大农区的增长极。其途径主要是，立足于当地的农、林、牧、矿资源，选择若干城镇化水平较高，农、林、牧特产品集散较便，乡镇企业有些基础，或靠近重要能源、矿产资源的县镇、独立镇，结合能源、矿产资源的开发，多种经营的开展，农、林、牧特产加工的发展，地方交通的建设，有重点地、因地制宜地建设不同类型的小城镇，培植地方经济增长极，培育地方市场，加强当地居民的商品经济意识，冲击和改变自然经济传统。

采取以上措施，西部地区城市化进展速度将加快，城市结构将因中小城市和小城镇的较快发展而有所改善，城市化水平和城镇密度也有所提高。

三、能源、原材料工业布局

根据西部能源、矿产资源的分布格局、国家需要以及外部条件，根据择优开发、综合开发的原则，在开发布局上，可作为重点开发的有以下几区：

（一）陕、宁、内蒙古接壤区

本区指黄河河套沿岸及毗邻地区，包括陕北的神木、府谷、榆林，宁夏的石嘴山市、银川市和银南地区，内蒙古的乌海市和林格尔、清水河、准旗、达旗、东胜区、伊旗、磴口、临河、五原、乌前旗、呼市和包头市，向北延伸到狼山地区。

这一地区最大优势是水、土、能、矿四大资源都较丰富。这里集中分布了陕北、宁夏和蒙西一些储量大、品种全、质量优、开采条件好的大煤田。神木、府谷煤炭保有储量为805亿吨，东胜、准格尔煤田各为953亿吨和259亿吨，其中除准格尔煤质较差外，均为特低硫、特低磷，高发热量的优质动力煤，而且可供露采的储量比重较大。乌海煤炭储量达58亿吨，其中炼焦煤48亿吨，优质无烟煤6亿吨。宁夏保有储量306亿吨，绝大部分分布于本区，煤种较全，兼有优质动力煤、炼焦煤和无烟煤。矿产资源也很丰富，尤其是蒙西，位于内蒙古地轴有色金属成矿带内。包头地区稀土的工业储量及远景储量分别为3600万吨和10000万吨，占全国的97%，在世界上也名居首位，具有绝对的资源优势。此外，与稀土伴生的氧化铌探明储量158万吨、氧化钍

105.24 万吨、氧化铀 1.41 万吨。狼山在有色金属成矿带中是一个重要的地区，矿产资源以铜、铅、锌和硫铁矿为主，其中铅锌资源条件尤为突出，探明储量在 1000 万吨以上，占全国的 13%；硫铁矿储量仅东仅庙和山片沟两处即达 4.1 亿吨，位居全国第二。此外，矿体埋藏浅，水文地质条件好，伴生有较多的有益组分，综合开采、利用价值小，水库不易淤积，电站的使用年限较长。第二，有色金属矿床储量大，分布集中。平果铝多，乌海建材、化工原料十分丰富，石灰石储量 200 亿吨，石膏 35 亿吨，石英砂 500 万吨，原盐 1 亿吨，还有储量可观的天然碱、芒硝等资源。宁夏的石膏储量在全国也名列前茅。沿黄地带有发达的农业，可以提供充足的粮食，而且地形平缓，地势开阔，有集中连片的荒地资源，可供布点建厂。黄河提供了近便水源。沿黄平原地区的地下水资源亦丰，如宁夏平原地区地下水资源量为 20 亿立方米，乌海市沿河两岸分布着众多的冲积扇，仅摩尔沟和海勃湾两个冲积扇，地下水即可达 20 多亿立方米，这些地下水可以得到黄河流水的侧渗补给，虽经多年开发，水位仍较稳定，是工业的可靠水源。

不利的因素是，第一，区位条件不佳。最具优势的煤炭资源，位于以山西为中心的大煤田以西，煤炭集运不及它近便。西部甘、青两省缺乏煤炭资源，但煤炭消耗量又有限。第二，这里地处我国铁路运输网的边缘，只有包兰、京包铁路通过，北出口要经过山西，南出口要经过甘肃、陕西，而山西大同和甘肃天水都是全国铁路有名的卡口。交通运输条件较差是制约本区工业发展的主要限制因素。第三，工业结构单一，层次低，产业链短，没有形成实力雄厚、竞争力强的主导产业群。第四，城市不发育，城市经济落后。全区有限的少数几个中心城市，如包头、呼和浩特及银川等工业经济实力有限，其余中小城市，如乌海、石嘴山、青铜峡、榆林和东胜等工业经济功能则更为薄弱，辐射能力很小。城市规模反映了本区工业总体规模还不大。

煤炭开发是本区工业发展的基础，也是本区的首要优势，兼有基础工业和主导产业的功能，是优先重点发展的产业之一。煤炭的开发布局，首先是重点建设神府、东胜、准格尔三大矿区，到 20 世纪末，形成 8000 万~10000 万吨的生产规模，成为我国第二大动力煤生产基地；抓紧贺兰山煤田现有矿区的改扩建，使生产能力提高到 1700 万吨；着手开发灵武大煤田，到 2000 年前，初步形成规模；扩大乌海地区炼焦煤的生产规模，强化"太西煤"出口基地。为了减轻煤炭外运压力，在原煤产量增长的基础上，要抓好煤炭利用上的多元化，本区煤种的多样化，也要求利用上的多元化。这包括：一是建设火电基地。依托宁东煤田的煤，就近取黄河水，建设贺兰山火电基地（包括乌海地区），远景装机容量1000万~1100万千瓦。基地内电厂布局主要分布在银北地区、灵武煤田区和乌达地区。在20世纪内，主要新建大武口、大坝、灵武、海勃湾电厂；依托东胜、准格尔的煤，取用黄河水，建设蒙西沿黄火电基地，新建、扩建呼、包电厂、乌拉山电厂、达旗、托县电厂及准格尔煤田自备电站。上述两大火电基地，是全国西部沿黄水电站链的主要组成部分。二是发展煤化工工业，以第二代煤化工为主。在乌海、石嘴山和神府形成较大规模的乙炔氯碱化工工业点，并在适当的时候，在神府逐步发展第三代煤化工工业——甲醛 C_1 化学。

冶金工业是本区工业发展的重点。根据资源条件，把冶金工业的重点放到更具优势的有色金属上。首先，发展稀土工业，本区在资源储量、技术、生产力方面占有相对优势。稀土工业经济效益高，投资产出率高达263%。在建设包头稀土工业基地时，应注意：上规模，即扩大选矿、分离的规模等级，提高规模经济效益；上品种，提高加工深度，特别要加快发展20世纪80年代问世的新一代稀土磁材——钕铁硼，大幅度提高资源的利用率和附加价值，增强国际竞争能力；抓应用，推广使用领域，扩展国内市场。规划到2000年，稀土精矿由2万吨扩大到10万吨，主要稀土加工产品，如稀土含金、稀土化合物、单一稀土氧化物、稀土金属、永磁材料等，达到经济规模。其次，大力开发铜、铅、锌矿产资源，建设霍格气铜矿、甲生盘铅锌矿，相应建设临河有色金属冶炼厂。

改善交通运输条件是本区开发的关键。第一，改造京包线和包兰线，近期重点是完成大同至包头西段复线，包头西至石嘴山之间的扩建配套工程，到20世纪末，完成内燃化改造，使两段铁路的运输能力分别提高到4000万吨和2300万吨。第二，修建以下铁路干支线：中宝线，临河—东升庙—霍格气及甲生盘到包白线上的支线，集通线，包神—神朔—朔石及由石家庄通往沿海港口的铁路，包西—西康线，呼准—准大线等。

（二）东蒙区

本区指大兴安岭西麓的呼伦贝尔市、兴安盟、通辽市和赤峰市。

主要优势有：第一，煤炭资源丰富，是一条断续相连的大褐煤带，从东北向西南依次分布着三大煤田：伊敏、霍林河和元宝山，大多可露采。第二，本区地处大兴安岭有色金属成矿带内，有色金属矿藏较多，尤其在赤峰市南部更为集中，黄金储量约占内蒙古总储量的50%以上，林西大井子银锡多金属矿、白音诺尔铅锌矿、少郎河铅锌多金属矿带、黄岗梁铁锡多金属矿床、吴努格图铜钼矿的储量都很可观。第三，这里集中了内蒙古绝大多数的森林资源，森林工业有相当的基础。大兴安岭林区有林地683.8万公顷，活立木蓄积65000万立方米，分别占全国的11.1%和10.4%，有条件建成具有全国意义的森林工业基地。

主要不利因素是：工业基础较为薄弱，加工工业水平很低，有色金属多以原矿的形式运往区外，经济效益不高，城市密度低，城市经济实力不强，在45.5万平方公里的大地上仅有赤峰、通辽、乌兰浩特、海拉尔、白城等少数几个城市，而且城市的规模小，对地区经济发展的影响力弱。

开发本区的第一步是开发丰富的煤炭资源，打好区域经济发展的基础，并支援邻近的东北工业基地建设。本区采取改造老矿区、大力开发新矿区的方针，建设元宝山—平庄矿区、霍林河矿区、伊敏—宝日希勒—大雁矿区，形成全国最大的褐煤产区。

利用优势的煤炭资源建设坑口电站，实行煤炭就地转化，既为发展高耗能工业创造条件，又可缓解煤炭外运的压力。与煤矿布局相结合，相应建设北、中、南三个电站群，即北部的伊敏、海拉尔、乌兰浩特电站群，中部的霍林河、科右、通辽电站群，南部的元宝山电站。

利用丰富的能、矿优势，建立高耗能工业。重点建设赤峰有色金属工业基地，改扩建白音诺尔铅锌矿，相应建设赤峰有色金属冶炼厂。在赤峰—通辽铁路沿线，新扩建大型水泥厂、平板玻璃厂。

（三）渭北工业走廊

本区包括渭河平原及其南北毗邻地区。

突出的优势是能、矿、水资源组合情况较好，开发条件优越。第一，煤炭资源丰富。渭北铜川、蒲白、澄合及韩城分布着石炭、二叠纪煤田，以瘦煤、贫煤为主；黄陵侏罗纪煤田，多属低中灰、低硫、中磷、富油的一号肥煤和二号弱粘结煤，是良好的气化和配焦用煤；彬长矿区侏罗纪煤田属弱粘结煤。第二，有色金属储量大，以钼、金、铅锌为主。第三，渭河从西向东横贯八百里秦川，黄河由北直泻而下，在潼关接纳渭河，区内还有泾河、洛河流过，可以傍河取水或取河漫滩地下水。渭北海拔380米以下有丰富的奥陶纪灰岩岩溶裂隙水，工业生产所需水量能够得到保证。第四，我国东西向大动脉陇海铁路通过本区，宝成铁路是通往西南的要道，还有西候、西延和咸铜铁路等。公路网四通八达，交通较为便利。随着陇海铁路电气化改造的完成，宝鸡—中卫、西安—安康及西安—包头铁路的修建，交通条件可望进一步得到改善。第五，陕西省工业主要分布于关中地区陇海铁路沿线，西安、宝鸡、咸阳和铜川四市及渭南地区工业总产值占全省工业总产值的 88%以上，而且加工工业比重较大，技术密集型工业基础较好，这是发挥专业化分工与协作联合的有利条件。西安一带集中了省内主要的高等院校、研究所，科研、技术力量雄厚，为发展能源、原材料工业生产提供了高质量的"人力资本"。

面临的主要问题是：资源开发程度不高，基础工业落后，能源、原材料工业与加工工业衔接不紧，结构缺漏较大，经济效益较差，加工优势未能得到充分体现，潜力没有得到很好的发挥，急需开发利用区内及毗邻地区的能矿资源，充实提高基础工业。

渭北矿区、黄陵矿区和彬长矿区紧靠关中经济发达区，这些矿区煤炭的开采，不仅可以满足省内工业发展的需要，而且对缓解四川、湖北、湖南等省的缺煤状况也有重要作用。煤炭的开发布局，是扩大东部现有四大矿区，向北重点开发黄陵煤田，向西开发彬长煤田。中近期主供关中用煤，随着南通道的开辟，可成为川北缺煤区的重要补给基地。

煤炭的利用有以下两个方向：第一，建立渭北火电基地，远景规模 1000 万~1200 万千瓦。第二，适当发展煤化工工业。渭北煤炭以气煤、瘦煤为主，可通过建立高温捣固焦化工业来生产捣固焦、煤气和高温焦油，并发展第二代、第三代煤化工，重点是化肥和乙炔氯碱化工、甲醛。

利用充足的电力，加快矿产资源开发，以金、钼、铅锌、建材为主。

（四）黄河上游区

本区是指黄河上游从龙羊峡至青铜峡沿岸地带以及周围邻近的地区。

丰富的水电资源与区内及毗邻地区的丰富多样的矿产资源相结合，而且是甘、青、宁三省科技力量和产业集中，经济社会基础条件较好，交通比较方便的地区，具备全面开发的有利条件。区内黄河干流长 1023 公里，落差 1465 米，水能资源极为丰富，可兴建 15 座梯级电站，装机容量 1400 万千瓦，年发电量 990 亿度。河段内川谷相间，河床狭窄，各坝址处基岩裸露，岩体较为完整，抗压强度高，电站附近人口稀少，因而开发的经济效益比较显著，移民数仅为全国平均的 2/3，混凝土工程量仅为 60%，投资仅为 2/3，而且由于河段首、中、尾各有一座大型水库调节，一是可以使水能资源得到充分利用，一般年份，洪、枯水期发电能力基本一样，电能质量很好；二是可以削减施工期截流及导流流量，相应的建筑物可以简化，有利于缩短工期，降低工程造价；三是可以增加下游电站的保证出力。从远期看，龙青段 15 座水电站全部建成后，龙羊峡水库巨大调节作用得以充分发挥，可以使下游 14 座电站的保证出力提高 207.3 万千瓦，增加可用电量 97.8 亿度，替代容量 228 万千瓦。宁夏煤炭较丰富，甘肃、青海两省缺煤，但拥有窑街、靖远等煤田，而且紧靠华亭、宁东大煤田，有条件布置火电站，实行水火并举，以水为主，形成强大而稳定的电力优势。沿河两岸地区矿产资源极为丰富，白银地区分布着铜、铅、锌大矿床，其中白银铜矿经过多年开发，保有储量不多，但小铁山还有相当的铅锌储量。北有金川特大型镍铜矿，镍保有储量达 552 万吨，占全国镍总储量的 68%，居世界第二位；南有西成铅锌矿带，铅锌储量达 896 万吨，仅次于云南兰坪、狼山地区居全国第三；西有被誉为"聚宝盆"的柴达木盆地，氯化钾探明储量 2.08 亿吨，工业储量 1.44 亿吨，占全国的 98%，氯化镁探明储量 1.94 亿吨，工业储量为 1.28 亿吨，占全国的 100%，池盐探明储量 53.34 亿吨，工业储量 9.04 亿吨，占全国的 55.7%，氯化锂、溴、硫酸镁储量都居全国第一，硼、芒硝、天然碱、碘等也在全国名列前茅，铅锌、油气资源也较丰富。与上述矿产伴生的铂、钯、锇、铱、钌、铑、硒储量均居全国首位，钴、伴生硫居第二位，碲、铊居第三位。

本区主要限制因素和困难，一是农业生产条件较差，自然环境比较艰苦，农业基础薄弱；二是加工工业少，地区价值外流，地区自我发展能力还不强。

工业发展的方向是以水电为龙头和依托，一方面带动煤炭开采和火电建设；另一方面促进有色、化工、建材工业的发展。

水电开发的规模和速度，关系到本区发展的全局。尽管本区水电开发单位造价比全国平均值低得多，但因建设规模大，总投资仍相当可观。除龙羊峡电站在"七五"期间还需继续投资外，待建的 10 个梯级电站共需投资 110 亿元，完全靠国家投资有困难。其根本出路在于改革水电建设的经济体制，组建黄河上游水电联合开发公司，赋予开发权和经营权，把设计、施工、运行统一起来，实行"以水电发展水电"的方针。国家在一定时间内，给予一定的投资，作为战略投资，以后不再继续投资，而由公司自我积累、滚动式地发展。经分析得知，若采取这种方式，国家在"七五"、"八五"期间共投资 13.4 亿元（平均每年不超过 1.34 亿元），就可不用再继续投资，而这 10 座电站全部建成后，可增加装机 922 万千瓦，年发电 343.4 亿度，年产值为 23.93 亿元，上缴利税 12.4 亿元。

有色金属工业的发展包括：第一，大力开发金川镍矿。金川公司露天矿区已采完闭坑，因而，要做好地下矿山的开采工作。第二，尽快解决铜矿资源不足的问题。铜矿经过多年开采，铜矿资源比较紧张，白银公司现有冶炼能力大于采选能力，生产能力未能得到充分的利用。解决铜矿资源不足问题已成为当务之急。一方面，加快本地深部铜矿的开发工作；另一方面，寻找新的矿源。努力创造条件，使铜产量趋于稳定。第三，积极发展铅锌生产。目前，应加紧建设西北铅锌冶炼厂，并配套开发西成铅锌矿；同时，抓好白银公司第三冶炼厂的挖潜、改造工作，扩大生产能力。第四，利用廉价水电，从区外运进铝土矿，发展电解铝。青海铝厂一期工程已经建成，年产铝锭 10 万吨，今后，继续进行二期工程的建设，形成 20 万吨锭的生产规模，并完善基础结构设施，建成大型的铝生产基地，分两期建设白银铝厂，到 20 世纪末达到生产铝 10 万吨的规模。第五，在有色冶炼工业的基础上，适当扩大铝材、锌材生产能力。

开发柴达木盆地的原则是：优先生产国家急需，经济效益高，发展前途大的产品。近期以钾、镁、锂、硼以及芒硝的开发为主，然后逐步过渡到全面综合利用，并向深度加工的方向发展。在格尔木建设青海钾肥厂，分两期建设，争取到 20 世纪末形成 100 万吨的生产能力。同时，在西宁有计划地发展由氯化钾生产钾系列产品，建成全国钾产品生产基地，另外，在格尔木地区还应加强镁盐及镁制品的研究和生产应用，发展氯化镁以及由氯化镁为原料生产金属镁、耐火材料、轻型建筑材料和包装材料等。在大柴旦建立以锂、硼为核心的生产基地，生产氯化锂、硼酸、元明粉及硫化碱。在德令哈建设以池盐为基础的大型纯碱厂。

（五）红水河流域

本区指广西红水河流域的广大地区。

本区的主要优势有：第一，水能资源丰富，开发条件好。红水河从天生桥到大藤峡全长 930 公里，落差 760 米，可兴建 10 个大中型梯级电站，总装机 1000 万千瓦以上。红水河流经的地区高山峡谷密布，耕地分散，人口稀少，由水电工程而造成的土地淹没损失及移民数量少，电站的单位造价低，经济效益高。此外，由于区内森林覆盖率高，多石山，河水含砂量土矿为大型矿床，保有储量为 12679.8 万吨，其特点是高铝、低硅、高铁、低硫，其中堆积铝土矿 8193 万吨，三氧化二铝为 59.14%，铝硅比为 9.62，是全国最富的铝土矿之一，可用拜尔法生产氧化铝。南丹大厂矿是大型的以锡为主，伴生有铅、锌等多种有价元素的金属矿床，平均每生产 1 吨锡可相应生产出 4 吨锌和 0.6 吨铅，可利用这种优势，建成以锡冶炼为主的、多种有色金属综合发展的工业基地。第二，广西地处亚热带，河网密布，水源充足。规划建设的有色金属工业基地均位于大江、大河之滨，河水流量大，水质好，工业用水容易得到满足。第三，交通条件较好。计划修建的南昆铁路经过平果铝厂厂区，而且与南宁的铁路距离仅 110 公里，黔桂、滇桂干线公路也从这里通过，工厂附近的右江全年均可通航，经南宁、梧州可直达广州。

主要问题是：水电开发程度低，红水河干流上仅有大化、恶滩两座电站，装机容量仅 46 万千瓦；有色金属矿区勘探程度不高，远景矿量所占比例较大，影响了资源的开发利用；采矿的回采率和选矿的回收率低，造成了很大的资源浪费；采选、冶炼和加工不配套，多数矿石运往区外冶炼、加工，造成价值外流。

工业发展的方向是以水电开发为龙头，带动区内优势资源的开发，发展有色金属工业。在开发过程中，应做好以下工作：

第一，大力开发水电。当前，加紧施工，确保天生桥二级（88 万千瓦）和岩滩电站（121 万千瓦）于 20 世纪 90 年代初建成发电，总装机容量达到 250 万千瓦。接着，建设天生桥一级水电站（120 万千瓦），然后开始建设龙滩水电站（375 万千瓦），在 2000 年前，使总装机容量扩大到 620 万千瓦。除向广东送电外可保证平果铝基地用电。在 20 世纪末或 21 世纪初，陆续建设其余的水电站，完成全部 10 个梯级的开发规划。

第二，建设来宾冶炼基地。来宾冶炼基地的主要矿石和原料来自大厂，不足部分由自治区其他地方补充供应。依托以锡为主、多种有色金属伴生的矿产资源优势，建成锡、铅、锌、锑综合发展的有色金属生产基地。

第三，建设平果铝厂。为了更合理、有效地利用资源，应利用平果铝土矿多生产氧化铝，供应国内市场，使其他地区的铝土矿更多地供做高级耐火材料或供出口之需，以期取得更好的经济效益。争取在 2000 年前，建成 30 万吨氧化铝、10 万吨电解铝的生产能力。从国内外经验得知：要保证对铝厂正常供电，一般以铝厂用电量占地区电网供电能力的 10% 左右为佳。因此，平果铝厂的建设规模和进度应与红水河水电资源开发的程度相适应。

（六）川、滇、黔接壤区

本区范围包括四川省的攀枝花市、凉山自治州、宜宾地区，云南省的昭通地区、曲靖地区和楚雄地区，贵州省的六盘水市和毕节地区的一部分。

突出的优势为：能源、矿产资源极为丰富，而且空间组合极佳。第一，整个区域的水能资源主要集中于金沙江、雅砻江和大渡河，理论蕴藏量 1 亿千瓦，可开发量 6416.6 万千瓦，经水电勘测部门初步调查，可以建设 100 万千瓦以上电站的地址有 12 处。这些电站大多位于人烟稀少的地区，移民搬迁和淹没损失很少，工程造价很低，并兼有防洪、抗旱和改善航运的综合效益。第二，黔西、滇东和川南，有六盘水、纳织、滇东、照通、川南筠连和古叙五大煤田，是我国长江以南储量最多煤种齐全的富煤区。第三，攀枝花至西昌地区之间的狭长地带内，攀西钒钛磁铁矿已探明储量达 68 亿吨，在全国三大铁矿中名列第二，可供年产钢 1000 万吨所需的矿石，矿石中钒、钛、铬、钴、镓等十余种有益元素与铁伴生，综合利用价值很大，其中氧化钛含量高达 8%~12%，五氧化二钒为 0.25%~0.3%，钒、钛保有储量分别为 1531 万吨和 6.5 亿吨，占全国的 64% 和 93%，在世界上也名列前茅。铁矿石分布集中，易采易选，精矿品位可达 54%~57%，现已开发的攀枝花矿，在实际产量尚未达到设计能力的情况下，1987 年吨矿成本比全国大型矿山平均成本低 26.4%，比进口矿低 50%。此外，攀西地区还有熔剂石灰岩、熔剂白云岩、硬质粘土等，可为钢铁工业发展就近提供辅料。第四，有色金属资源丰富，预测储量超过 2000 万吨（不含钒、钛），其中铜、铅、锌具有明显优势，储量可保证 30 万吨以上的冶炼能力。在这些矿产资源中，同时还伴生有多种贵重金属及稀有金属。第五，磷、硫储量亦丰。第六，本区位于长江上游，是长江经济带的一个重要组成部分，也是长江中、下游的资源后方。从外部建设条件看，由于资源沿江分布，发展钢铁、有色金属所需的大量工业用水可以得到保证。

主要问题是：本区在三省中的位置较为偏远，缺乏经济实力雄厚的大城市。交通条件较差，尽管有金沙江连接长江"黄金水道"，但航运事业不发达，铁路运输压力太大，煤、磷两大产品只能以运限产。

工业发展的方向是：以煤、煤电、水电开发为依托，以优势矿产资源开发为重点，建成以水电、煤电和煤炭为主的能源基地；以钢铁为主，兼顾有色金属、化工生产的原材料工业基地。

开发建设首要重点解决的问题是：

第一，交通运输。交通运输是制约本区经济发展的关键因素。在铁路建设方面，应在完成川黔、湘黔全线电气化和黔桂技术改造的基础上，开工建设南昆线，加紧成昆线的电气化，复工修建内昆线安边至树舍段铁路，拓宽云贵磷、煤外运通道，并为区内钢铁、有色、化工的发展创造条件，同时，打通西南腹地的出海通道，并与长江"黄金水道"实现水陆联运，铁、水分流。在航运方面，目前正在改造整治长江重庆至宜宾段为三级航道，岷江乐山至宜宾段为四级航道，"八五"期间，整治金沙江下游新市镇至宜宾段为四级航道，雷波抓岩至新市镇段为五级航道，并在宜宾市建设一个较大的港口。

第二，能源开发。电力建设以水电为主，水火结合。在近期主要利用丰富的煤炭资源，发展火电，并为今后的水电配套、调峰。煤炭开发的重点是扩大贵州六盘水煤田开发规模，积极开发兴文、纳织、恩洪、照通煤田及川南煤田，扩大向川、桂、粤、湘的供煤量，减轻北煤南运压力，并为区内火电建设提供燃料。火电与煤田开发相结合，重点建设川南黄桷庄电厂。黔西盘县，安顺电厂，滇东宣威、曲靖、昭通电厂。水电开发，在近期主要集中于雅砻江上，在"八五"至"九五"期间，建设二滩电站及其下游的桐子林电站（二滩的反调节电站），着手开发金沙江中游观音岩（攀枝花市郊）、向家坝、溪落渡，大渡河上的瀑布沟。

第三，钢铁工业。在"八五"期间，对水钢、重铁和昆钢在完成现有技术改造工程基础上进行扩建，完成攀钢二期工程，并在410厂的基础上，建设年产10万~20万吨特殊钢和相应的钒、钛产品的生产厂，做好攀钢二基地的前期工作。

第四，有色金属。"八五"期间，重点扩建东川汤丹矿、会理钢矿、会东铅锌矿，相应建设西昌综合冶炼厂，并回收锡、镉、银等伴生金属。随着西南电力建设的发展，在做好前期准备工业的基础上，新建滇东铝厂，铝氧由广西平果提供。

第五，化工生产。重点发展磷硫化工、盐化工和天然气化工。开发川南硫、磷二矿；建设宜宾磷铵厂；加紧开发长宁盐矿并利用邓关—宜宾入卤工程，扩建安宁、宜宾烧碱工程；依托四川盆地天然气，扩建泸州、云南天然气化工厂，增产甲醇、合成氨、尿素。

（七）滇西区

本区指云南西部澜沧江中游一带及邻近地区，并包括昆明的滇池周围地区。

主要优势是丰富的水能资源与丰富的铅锌资源、磷矿资源较好地组合在一起。云南水能资源甚丰，可供开发的水能储量居全国第二，主要集中在滇西澜沧江干流上，按规划可兴建8个梯级电站，装机容量达1370万千瓦，保证出力713万千瓦，年发电量708.6亿度。地势北高南低，落差巨大，水能集中，水量充沛，地质条件优越，岩性好，冲积层浅，工程量小，单位千瓦投资仅1200元，万千瓦淹没耕地71.5亩，移民42.6人，远低于全国平均水平。云南铅锌矿保有储量为全国之首，分别占全国的21%和28%。其中有70%分布于滇西，其中兰坪铅锌矿是我国最大的铅锌矿，保有储量为 1432 万吨，95.18% 的储量集中于 2 平方公里之内，平均品位 9.63%，铅锌比为 1:4.83。架崖山矿段品位为 17.88%，属全国之冠；北厂和架崖山两主矿露采量为 1151 万吨，占整个兰坪矿储量的 85%，易于开采；矿中还伴生有镉、铊、锶、银、天青石、硫、石膏等，综合利用价值高。滇池地区已探明的磷矿储量达 41.87 亿吨，居全国第一，含 P_2O_5 高于 30% 的储量也居全国第一；80% 以上可以露天开采，并有 2.7 亿吨低镁风化矿石，经简单擦洗脱泥可获得酸法加工的优质原料。而采矿成本只是贵州和湖北的 59.9% 和 38%。

本区开发建设一个最关键的问题是交通运输。由于滇西位于高山深谷，交通十分不便，迄今尚未修建铁路与区外相通，交通运输只能靠公路。另外，云南出省的成昆、贵昆铁路干线也已趋于饱和。

开发方向是以水能开发为依托，建立铅锌生产基地和磷化工基地。

重点做好以下工作：

第一，加快水电资源开发。漫湾电站是澜沧江中游最优越的坝址，力争 1991 年发电。利用漫湾电站投产后的积累，再争取国家、省外合资和引进外资，相继建设大朝山电站、小湾电站、糯扎渡电站等。

第二，改善交通运输条件。修建广通—下关铁路，修建南昆铁路，积极开发澜沧江下游航道。

第三，铅锌生产基地建设。云南过去有色金属工业多侧重于铜，投资比重大，但其生产经济效果远不如铅锌，而铅锌资源开发程度很低，产量与储量之比为 0.29%，远低于全国平均水平。开发滇西铅锌矿资源，有利于调整云南有色金属工业的结构及布局，合理利用优势资源，并促进滇西地方经济的发展。在资源、能源都有充分保证的情况下，铅锌生产的规模主要取决于运输条件，产量的扩大应与运输能力的增加相适应。

第四，磷化工基地建设。改造、扩建和新建昆阳、海口、晋宁、安宁、江川、寻甸和澄江等矿山基地，在昆明、玉溪、红河等地建设生产磷肥和高效复合肥料企业，在安宁建设年产 18 万吨黄磷的工厂，建成磷矿、磷肥、黄磷及其他磷化工产品的综合生产基地。可为全国提供磷矿石 1000 万吨以上，磷肥及其他高效复合肥料 150 万~200 万吨，黄磷 20 万吨及其他磷化工产品。

（八）乌江流域

本区指乌江流域的贵州部分，主要位于黔西地区。

主要优势是丰富的水能资源与具有全国意义的矿产资源较好地结合在一

起。乌江流域地处亚热带，雨量充沛，河水流量大，落差集中，在长江各大支流中，可开发的水能资源量仅次于民江和雅砻江。据水电部规划，乌江干流宜建 11 个梯级水电站，装机容量 879.5 万千瓦，保证出力 363.4 万千瓦，年发电量 436.7 亿度。河流两岸耕地少，居民分散，淹没损失小，建设全部 11 个梯级电站平均每万千瓦淹没耕地 147 亩，移民 132 人，远远低于我国已建和在建水电站的绝对值，甚至还低于水电"富矿"红水河和黄河上游的数值。流域内铝土矿保有储量 2.68 亿吨，全为一水型铝矿石，具有富铝低铁的特点，矿石选冶性能好。矿石分布较为集中，贵铝、猫场和遵义三个主要矿区的保有储量分别占全省的 39.6%、41.9% 和 8.2%，合计为 94.7%。此外，石灰岩探明储量达 148 亿吨，完全可以满足氧化铝生产的需要。生产锰系铁合金的硅石资源也能满足需要。磷矿保有储量为 25.4 亿吨，居全国第二，80% 以上的储量集中于开阳、瓮福和织金三个磷矿区。开阳磷矿保有储量 3.3 亿吨，P_2O_5 大于 32%~36.6%，是全国少有的优质磷矿；瓮福磷矿可供露天开采的储量达 2.2 亿吨。汞保有储量为 1.92 万吨，占全省的 50% 以上。

主要问题是：本区主要的外运通道的运力均饱和，每年有大量物资由于运力不足而积压。资源的开发程度低，加工水平差。虽然铝土矿探明储量大，但所获得的工业储量仅占总地质储量的 25% 左右。开采的磷矿石仅有 16% 用于区内加工成磷肥。

本区的工业发展方针是：以乌江水能开发为依托，建立铝、汞、磷化工生产基地。

重点解决以下问题：

第一，梯级电站的建设。当前的主要任务是加紧施工，争取东风电站能够早日竣工发电。近期选择洪家渡和构皮滩两者之一进行建设。在开发时序的安排上，应先开发洪家渡，继之，扩建乌江渡电站，使其装机容量增至 105 万千瓦。然后修建乌江干流上最大的骨干电站—构皮滩，装机容量 200 万千瓦，保证出力 77.7 万千瓦，年发电 93.5 亿度。在 21 世纪初，陆续开发和建设其余的梯级电站。

第二，铝工业基地的建设。首先，加强地质勘探工作，集中力量摸清遵义矿区喀斯特型铝土矿的储量，准确探明猫场地下矿，尽快提交可供开发规划和矿山设计的工业储量。其次，重点建设好三个铝工业基地：贵州铝厂、猫场矿区和遵义矿区。贵州铝厂经过 20 多年的建设，已形成铝矿 45 万吨、氧化铝 22 万吨、电解铝 11.4 万吨的生产能力。现在，继续开展第二期工程的建设，争取使生产规模达到：铝矿 60 万吨、氧化铝 40 万吨、电解铝 20 万吨。远景发展规模可达到：铝矿 130 万吨、氧化铝 65 万吨、电解铝 30 万吨。猫场铝土矿发展前景很好，战略地位最为重要，应努力创造条件，建成大型铝工业生产基地，生产规模达到：铝矿 200 万吨、氧化铝 100 万吨、电解铝 50 万吨。遵义矿区尽管有 80% 以上露采量，宜于优先开发，但储量小，而且形成于古喀斯特地貌之上，底板起伏大，矿层不稳定，矿体变化剧烈，资源和出矿保证程度较差，因而，只宜建设中型铝厂，生产规模为：铝矿 32 万~40 万吨、氧化铝 16 万~20 万吨、电解铝 8 万~10 万吨。

第三，磷化工基地建设。开阳磷矿是我国大型磷矿之一，1986 年生产磷矿 170 万吨，占贵州国营磷矿石产量的 77% 以上。近期的主要任务是向全国提供商品磷矿，第三期工程的建设应考虑矿肥结合。息烽磷矿为小型露天矿山，矿石宜于湿法加工，毗邻的遵义地区、川黔铁路沿线是硫铁矿主要产地，可以就近供应原料。息烽的建设方向是以湿法工艺加工磷肥为主，生产重钙和磷铵，适当发展黄磷生产。瓮福矿区磷矿石含硅高，入选难，宜于生产黄磷。规划使用世界银行贷款，建成矿肥结合的磷化工基地。

第四，汞矿资源开发。贵州品位高的汞矿床已开采殆尽，剩下的基本为低品位的矿床，近年来，工业储量的勘探成本越来越高。贵州汞产量占全国的 90%。汞产品是朱砂和水银，大多运往东部大城市供生产汞化工产品或供出口。今后，应在开发新产品上找出路。

进一步开发乌江流域的煤、磷，关键在于运输。解决的途径，一是加强运输手段，二是搞就地加工。前者包括现有铁路干线的改建，提高运力，同时开发利用乌江航运。

（九）新疆区

主要的优势在于：第一，石油储量远景相当可观，石油工业亦有相当基础。新疆是我国西部石油储量最大的省区，准噶尔、塔里木和吐鲁番三大盆地和近 20 个中、小盆地中均有油气资源显示。沉积岩面积达 91.5 万平方公里，有多套组合的石油岩系和储油岩系，有多种油气聚集构造，生油量十分可观。测算准噶尔盆地的石油资源量为 102.63 亿吨，塔里木盆地 184.5 亿吨。预计在 20 世纪末之前，探明储量可望达到 28 亿吨。石油工业绝大部分集中于北疆的准噶尔盆地内。乌鲁木齐、独山子、克拉玛依等炼油厂总加工能力为 330 万吨，为发展石油化工打下了一定的基础，第二，稀有金属以铍、铌、钽为主，多集中分布于阿勒泰地区。苏联、哈萨克斯坦 12 个大的成矿带中，有 8 个可能延伸到新疆境内，大部分为有色金属矿床。根据花岗伟晶岩脉的数量、含矿性质及其分布规律，稀有金属的分布范围可扩展到东天山哈密地区的井几泉，西昆仑的三素至大红柳一带。随着地质研究的深入和勘探工作的加强，储量可能成倍增加。第三，电力有保证。新疆煤炭资源丰富，预测储量达1.6万亿吨，占全国的37%，居全国首位。目前探明储量虽不多，开发规模也不大，但煤炭产量已自给有余，外运因运距太长，运力不足，可以更多地就地转化为电力，为全区的石油工业及稀有金属工业的发展提供能源上的保证。第四，国际交流有"捷径"。当欧亚大陆桥架通之后，可以此大力开拓苏联、东欧、南亚、西亚市场，发展同这些国家的贸易和经济技术合作、交流。

主要问题是：本区地理位置过于偏远，而且只有唯一的对外运输通道——兰新线，这条铁路目前运力已经饱和，因此，对外交通十分不便，已直接影响到本区资源的开发利用和经济发展水平；城市密度很小，缺乏可大量释放能量的"极点"，本区位于西北干旱区，水源缺乏，在很大程度上制约了工业的发展。

在能源、原材料工业方面，本区开发的重点是石油工业和稀有金属工业。

第一，建设石油工业基地。首先，做好资源的勘探工作，准确掌握资源储量和分布情况，这是资源开发的前提。勘探工作重点有两处：一在北疆的准噶尔盆地的西北缘和东南缘；二在南疆的塔里木盆地北部和西南部，这里有可能成为21世纪全国石油重点开发区之一。20世纪内的开发规模主要取决于外运条件。为了减轻运输条件的制约，提高资源的附加价值，应加快石化工业的发展。新疆石油化工应以乙烯裂解为中心，在产品方向上选择比较单一的塑料、合成橡胶为主，适当发展合成纤维。石油的炼制主要靠扩建老厂，乌鲁木齐总厂炼油装置经改造、扩建后，原油加工能力即可提高到250万吨，独山子炼油厂扩大到150万吨，克拉玛依炼油厂扩大到65万吨。同时，抓紧建设独山子14万吨乙烯裂解工程及配套项目。"八五"进一步新建库尔勒大型石化基地（乙烯45万吨、聚酯25万吨）。但新疆原油主要是东运，就目前情况而言，兰州是主要的消费地。兰州炼油厂现有300万吨的加工能力，今后，其规模可扩大到500万吨。新疆油田，要大规模开发，必须修建长距离的输油管道，当前就应开展这方面的前期研究工作。

第二，稀有金属资源的开发。新疆稀有金属工业中，各个环节比例失调：采矿能力大于选矿能力，选矿能力又大于冶炼能力，而加工能力则最为薄弱。因而，应大力发展稀有金属的冶炼、加工工业。一是要利用乌鲁木齐地区煤炭丰富，电力充足，科技力量较为雄厚，原有工业基础较好的优势，适合扩建锂盐厂；二是在能矿资源结合较好的阿勒泰地区，逐步新建一些具有采选、冶炼以及加工生产的联合企业。同时，增加产品品种，开拓使用领域，如发展铜铍合金，增加锂盐产品品种，推广锂盐在炼铝、玻璃、陶瓷、电视机及纺织工业中的应用。

刘再兴文集

SHENG QU PIAN
省区篇

京津唐地区工业结构与布局问题综合研究报告

一、工业发展条件、特点分析

京津唐地区是我国的心脏地带，也是全国经济开发程度较高又具有相当开发潜力的一个区域。从总体看其有四大优势：

（1）自然资源比较丰富。在一个5万多平方公里、经济发达的大都市区域内，同时拥有冀东大铁矿，开平、京西、蓟玉三大煤田，大港、渤海大陆架的油气，渤海丰富的海洋化工资源，京郊和冀东的建材资源。同时在地理位置上，又紧靠全国最大的以山西为中心的煤炭基地和任丘、胜利等大油田，这一点明显优越于长江三角洲、珠江三角洲地区。就后备资源和开发潜力而论，也比辽中南地区略胜一筹。滨海地带，海岸线长，有大面积连片低洼盐碱荒地，环境容量大，能容纳大型新建项目，可作为工业发展的后备基地，这是调整本区工业布局、减轻大城市城近郊区土地资源及环境压力的一个有利因素。

（2）交通位置适中。本区居全国运输网的中枢，扼进出关之咽喉，当东北、华北、西北、华东、中南区际物资交流之要冲。从北京出发，放射性的"铁海公管民航"五种运输方式兼备，线路密度远高于全国平均值，特别是运输轴心的功能，使京津二市加工利用经此中转的多种重要原料，在运输上是有利的，从而在一定程度上可弥补本区能源与某些工业原料不足的缺陷。

（3）智力资源雄厚。天津、唐山是我国的老工业基地，近代工业发轫较早，有多年的技术积累；北京是历史悠久的文化古城，又是新中国成立后全国工业建设的重点之一，全区工业职工的技术装备水平较高。同时文教事业发达，在教育结构中，高中等教育比较发达，特别是科研机构集中，各类高级人才荟萃。北京自然科技人员总数几乎比上海多出1倍。这既是工业技术革新改造的有利因素，也是开发新领域、新产业、发展知识密集型产业的宝贵资本。

（4）工业生产已具相当规模。全区土地面积只占全国的0.54%，人口占

2.7%。但集中了全国工业职工的 7.29%，工业固定资产的 7.52%，工业总产值的 9.51%，工业利税总额的 10.61%。全区平均工业产值密度为全国的 17.5 倍，为辽中南工业区的 1.55 倍，仅次于长江三角洲地区。一批专门化率高的行业、产品，不仅产量大，而且质量高，在全国地域分工体系中占有重要地位。

就自然发展条件而言，本区不足之处主要是淡水资源贫乏。人均水资源量只及全国平均值的 1/4，而且年际变化大，又加剧了季节性的水源紧张，对保证率要求高的工业而言，是一个重大的限制因素。水资源是一种不可替代的资源，水源紧缺对国民经济和人民生活的影响是多方面的。从长远看，跨流域引水和海水淡化相结合，是解决本区水源问题的根本出路。但在中近期，由于经济技术条件的限制，跨流域引水是"远水难解近渴"。海水淡化才刚刚开始，而且只宜在滨海地带就近利用。从现实情况看，区内淡水资源的分布同生产的地理分布不够协调，在水资源总量不变的情况下，适当调整区内生产布局，一方面将用水量大的企业适当向滨海地带推移，争取多利用一些海水；另一方面控制京津城近郊区工业的发展，而适当向冀东、廊坊地区扩散，同时普遍采取节流措施，进一步提高水资源的利用率，这是在中近期缓解本区用水矛盾的主要途径。

二、地区工业结构评价及调整的目标、途径

(一) 新中国成立以来工业结构变化趋势的历史评价

从轻重工业结构、轻重工业内部结构和工业部门结构这三个层次的结构变动看，1952~1978 年，轻重工业结构变动幅度最大，也最明显。近几年变动幅度较小。对这种变动的评价，我们的基本看法是：

第一，从总体上看，这种变动是符合世界近代工业结构变动的一般趋势的。世界工业结构演变的历史，大体上有这样一个一般的趋势：在工业化初期，整个工业发展水平低，工业门类少，轻工业比重较大（单一的矿产国家除外）；到一定阶段后，工业总的规模扩大，门类增多，重工业发展速度加快，其比重逐步赶上并超过轻工业。同时轻工业中以非农产品为原料的部分比重加大，重工业中制造业比重加大；到轻重工业都发展到相当高水平、工业结构复杂多样以后，轻重工业有同步增长的均势，二者的比重相对稳定在一定的水平上；工业化完成后，工业结构开始酝酿着一个新的突破，即从以传统部门为主体的结构，向以新兴尖端技术工业为主的方向过渡。京津唐地区工业发展大体

上完成了第二个历史阶段，进入了第三个发展阶段，同时也为工业结构新的突破准备了一定的物质技术条件。从这个意义上说，改革开放以来宏观层次结构较大的变动是合乎规律的。当然，在这个过程中，也存在着局部的、阶段性的畸轻畸重的不正常倾向，主要是三年"大跃进"和1966~1976年时期，重工业的发展有些失控，重工业比重提高的偏快偏大，产生了新的不协调。经过近几年的调整，一些薄弱环节有不同程度的加强，主要轻工业产品产量增长幅度较大，花色品种增多，市场繁荣，购销两旺，重工业生产也出现回升的势头，当前的轻重工业结构大体上是适合的。

第二，京津唐地区已形成的工业结构是以相当规模的采掘（煤、油气、铁矿、非金属矿）、原材料工业（电力、冶金、煤炭洗选、石油加工、基本化工原料、有机化工、建材）为基础，以加工制造业（机械、电子、金属制品、橡胶塑料加工、轻纺）为主体，基本形成一个轻重工业都比较发达的地区工业综合体。这样的一个工业结构，较我国沿海其他重要工业区有其有利的一面，即在组织地区专门化与地区综合发展相结合方面比较方便，对新形势的适应能力也较强。

（二）京津唐地区工业结构上的主要问题

（1）结构松散，不够集中。众多的工业门类，不是在一个长期统一的区域规划和城市总体规划的指导下，有步骤地建立起来的，而是在成体系思想的影响下，各部门、各城市各自为政铺开的。企业的垂直联系多，水平联系少，因而门类越多，在再生产的各个环节上，在生产要素的地区组合上，容易产生不协调的情况，给地区综合平衡带来了多方面的困难，也存在着"面多加水，水多加面"、"滚雪球"的潜在危险，不利于集中更多力量来开发新领域、新产业。

（2）高技术工业发展微弱。耗能耗料多、运量大、污染严重的传统工业占的比重过大，这样的结构，同本区智力资源的巨大优势很不相称。

（3）加工能力与原料生产不协调。造成某些原料、半成品、成品一些不合理的区际交换，反映在物资流向上就是对流、往返运输，或把厂内运输变成市内运输，既浪费能源，又增加了运输的压力。

（4）轻工业产品结构同消费需求结构系统不相适应。

上述结构性问题，集中反映在工业的经济效益上。同沿海其他几大工业区域相此，本区人均固定资产只稍低于辽中南区，而远高于上海经济区和珠江三角洲区，但百元固定资产提供的产值、产值利润率，分别低于珠江三角洲区和辽中南区，更远低于上海经济区。

（三）调整工业结构的原则目标及初步构想

调整的原则目标应是：

（1）从全区总体着眼，统筹兼顾，全面安排，讲求全经济区的综合效益，并在大幅度提高经济效益的前提下，使生产、生活、生态趋于和谐与统一。一个地区工业结构的形成，经过了长期的历史演变过程，各部门之间形成错综复杂的关系，并与其他区域形成程度不同的经济技术联系。尽管这多种多样的联系和关系有合理与不合理之分，但一旦形成，就相互影响。一个局部的重大变动，一个局部功能的重大变化，势必直接或间接地影响了整个系统的功能。旧的平衡打破了，必须及时建立新的平衡；旧的协作关系打断了，必须有新的协作关系接替上来，这样才能使结构的变动逐步趋向于合理化，使整个系统的功能更加完善。为此，原有结构调整什么、如何调整、调整的顺序和时机，首先要从全区域的总体上来考虑。由于本区政治上、经济上的特殊地位，还应兼顾全国，与全国总的发展战略衔接起来，协调行动，而不能各打各的算盘，不能各自为政。这是指导地区工业结构调整的一条基本原则。其目标是既有利于区内各组成部分的发展，也有利于全地区和全国发展总战略的实现。

（2）工业结构的调整，既要保持本区多年来形成的工业门类较全的优势，又要克服结构臃肿、松散的弊病。要正确确定主攻方向，抓准重点，兼顾一般，扬长避短，有所不为才能有所为。有些不适合于本区发展的产品，要有计划地转移到其他地区去生产；不适于在京津城近郊区发展而又必须搞的资源型产品，应扩散到冀东和滨海地区。地区工业结构的完善，绝不是要层层搞体系，自给自足，形成一个个孤立的封闭性的结构，而是要在合理的专业分工和协作的基础上，求得地区整个工业和国民经济的协调发展。

（3）使工业生产适应社会再生产的新条件，提高工业结构的灵活性，即加强工业生产适应新形势的能力，在迎接世界性新技术革命的挑战方面，作出本区应有的贡献。新技术革命不管被西方如何宣传，它毕竟是社会生产力发展的必然趋势，不能不对我国产生影响，我们不能漠然置之。当然我国的国情不同，国内各地区的地情也不同。

国外工业发达国家，传统工业部门已走向衰落，新的尖端技术工业正在崛起。在我国，传统工业还需要发展，从本区来看，钢铁、机械、化工、纺织等还需要加强。由于我国经济技术还比较落后，地区之间又很不平衡，因而在中国近期不可能在全国范围内，在各个领域都跳过传统的工业化阶段，跳过传统的工业生产技术，而只能首先在局部地区、部分领域采用新技术革命的成果。

这样利用机会、迎接挑战的任务，首先要落在沿海大城市和发达地区。在沿海地带，京津唐地区又占有重要地位。特别是京津二市，今后调整工业结构，需要把新形势下的这个任务作为目标和重要内容之一，力争走在全国的前列。

（4）工业结构的调整，要有利于区内自然资源的合理开发与综合利用，最大限度地节约能源、水源和其他资源。

根据上述原则目标，本区工业结构调整初步构想的基本点是：

第一，轻重工业并举，协调发展。近期轻工业发展速度略高于重工业，从中长期的趋势看，重工业速度略高于轻工业，使二者的比例关系相对稳定在一定水平上。即从全区看，重工业比重稍大于轻工业是合适的。这是因为：从现实情况看，本区重工业基础比轻工业雄厚，发展潜力较大。按产值计算，全区轻重工业之比为 44.5：55.5，重工业比重只高于轻工业比重 11%，其中天津轻工业比重还比重工业大 6.34%，但按固定资产原值计算，轻重工业之比（未包括唐廊地区）为 20.67：79.33，重工业比重比轻工业大 58.66%，其中天津重工业比重也比轻工业大 40.8%，只要重工业现有固定资产比较充分地利用起来，其产值就会有较快的增长；从发展趋势看，在今后 20 年中，本区需要而且可能新建的重大工业项目，主要是钢铁、石油、石油化工、海洋化工、煤化工及生产资料类的机电工业，这些都属于重工业，而轻纺工业的重大新建项目则相对较少。在重工业新建重大项目上去以后，重工业的增长速度将快于轻工业。因此，在工业结构调整中，不能主观地强调工业结构的"轻型化"，压制重工业以大幅度提高轻工业的比重；当然也不能走调整前片面强调以重工业为中心，急剧提高重工业比重的老路。随着技术的进步，新领域、新行业、新产品将不断涌现，这些新的行业产品将越来越广泛地把传统的重工业、轻工业融合于一炉，因此，今后工业结构的变化，将更明显地反映在行业结构、产品结构的变化上。工业结构深入调整的重点，应放在行业结构、产品结构的调整上，各部门、行业都要有各自发展的重点，围绕重点调整产品结构。

第二，抓好新老工业的交替和协调。多年来，我们调整工业结构只是把注意力集中在解决现有工业部门之间的不平衡、求得彼此间的协调发展上，现在看，这种做法已经很不够了。本区工业结构上更为本质的问题是，既要从现实出发，又要面向未来，着眼于发展，把传统工业的"再工业化"与新兴产业的开拓有机结合起来，以前者为后者创造条件，以后者促进前者，这样更有利于实现工业结构的战略调整。

第三，充分利用现有基础，同时抓好重大项目的新建，为提高现有工业的综合生产能力和开拓新领域提供物质基础。

本区工业结构调整初步构想具体来说是：

（1）机械工业（不包括消费类机电产品）总的来说要有一个较大的发展。这一方面是国民经济技术改造的需要，也是迎接新技术革命挑战的需要；另一方面，机械工业是本区基础最好的工业部门，即使走内涵式扩大再生产的道路，充分利用现有固定资产的潜力，也能取得一个较快的增长速度。问题是要抓好抓准发展的重点。根据本区的条件，今后机械的发展应重点抓以下几类行业产品：一是高精尖机械产品，如电子、光学和其他高级仪表仪器，高效精密数控机床，电气传动成套设备，轻型、微型汽车，精密视听机械等；二是武装区内专业化部门或具有区际意义的机械产品，如石油化工机械、海洋化工机械、港口起重装卸机械、高低压电瓷、成套发电设备、内燃机、精密齿轮、组合夹具、硬质合金刀具、液压密封件、成套自动化印刷机械等；三是已有相当基础而区内国民经济发展又必需的机械产品，如粉末冶金、工程机械、水泥、矿冶设备、大马力拖拉机、非标准量具刃具、食品加工、包装机械等。要逐步提高上述机械行业、产品在机械工业以至整个工业中的比重。特别是作为整个国民经济技术革新基础的无线电电子工业，对工业和国民经济的技术改造关系很大，本区电子工业在全国来说，基础最好，科技力量最为雄厚，更需比其他机械行业先行一步，有几年的超前期。要以北京为龙头，组织区内外协作。当前主要是打基础，发展品种，提高质量，降低成本，扩大应用范围。重点是微型机，相应发展为微型机配套的设备及电子元器件的发展提高。在计算机工业中，既要重视硬件，更应重视软件开发。我国现有引进的计算机使用效率不高，主要原因是引进软件不够或引进软件没有充分开发，特别是缺少符合我国国情的应用软件，对此需要花大力量。电子工业是典型的技术密集型工业，它不同于传统工业，企业规模可以中小型为主，不消耗大量的能源和资源，不需要大量的劳动力，主要依靠知识、智力，这是发挥本区科技优势，使工业结构在新的技术基础上走向合理化的战略环节。这个要点确定之后，冶金、机械、化工等基础工业部门需要积极配合，大力扶持。

（2）在化学工业中，应重点发展海洋化工、石油化工、煤化工和精细化工。其中煤化工要沿着两条工艺路线发展：一是配合钢铁工业、民用煤制气工业的发展，进一步发展炼焦化工；二是在新的技术基础上，积极研究开发合成气—甲醇—合成材料产品。石油化工当务之急是在发挥燕化炼厂700万吨综合生产能力的基础上，围绕30万吨乙烯装置，配齐相关装置，提高石油加工深度和综合利用水平，用好 700 万吨原油及加工过程中产生的副产品。在渤海油田开发的基础上，在滨海地区新建大型乙烯及配套装置，与以两碱为骨干的无机化工协调发展，改善天津化工原料的生产结构，充分利用天津化工的加工能力。在大型乙烯装置完备以前，则需要统一规划京津两市化工的互补，如以天津无机化工、后加工的优势，补北京之短；以北京有机化工原料的优势，补天津之短，全面发挥两市化工的潜力。精细化工要重点发展高效低毒农药、高级染料、油漆、超纯气体、超纯试剂以及纤维增强塑料等新型复合材料。

（3）在钢铁工业中，就整个地区而言，既要在质量、品种规格、节能省料上下功夫，求发展，提高合金钢、优质钢材的比例和自给率；也要有数量上的扩大。现有钢铁企业内部结构的调整，要从全区工业布局的合理调整，冀东铁矿资源的合理利用，有利于重点解决国家和本区紧缺钢材的需要着眼，处理好现有企业的配套改造同大型钢铁联合企业新建的关系。

（4）在建材和其他原材料工业中，从全区看，本区建材工业还比较薄弱，现有企业产值仅占工业总产值的 3.2%，低于全国平均的 3.6%，需要有所发展。但首先应在资源充足、基础好的冀东地区，扩大生产规模，提高其专门化程度，特别是冀东地区优势明显的水泥、玻璃、陶瓷、釉面砖、工业陶瓷中的理化瓷及高压电瓷等，应重点发展，满足整个地区以至全国和出口之需。京津二市则在新型建材的研制开发、合理利用再生资源和利用各部门的废料上下功夫、求发展。

除建材外，作为新产业革命重要内容之一和人类跨越时代的物质基础的新材料工业，国外已形成了新材料产业群，本区还刚刚起步，适应新兴尖端技术工业新的需求，本区应重点研制开发一些特有功能和效用的新材料，以材料生产结构的改变，推动加工工业生产结构的调整。

（5）轻纺工业直接关系到千家万户，关系到人民生活和社会安定，对协调地区工业结构具有重要意义，需要进一步发展，但必须从市场容量（有效需求）、原料供应情况与保证程度，原料、成品的性能、特点出发，具体分析，区别对待，处理好三个市场的关系。轻纺工业结构的调整，一要同消费需求结构的变化相适应，二要同原料结构的调整相结合。

京津唐地区是我国经济文化比较发达、人口密集、城乡居民购买力较高的地区之一，而且在"三北"地区占有较大市场，近几年轻纺工业增长速度加快，产销全面增长，消费需求结构的变化比较明显，但生产结构的变动还落后于形势的发展，现在主要矛盾已不是一般性的产量不足，而是适销对路产品产量与社会商品购买力有差距，可供商品货源与市场商品需求在结构上有矛盾，名牌优质产品仍然供不应求，部分商品供应紧缺面有所扩大，而中低档产品需求增长慢。解决这个矛盾是本区轻纺工业结构调整的紧迫任务。

从轻纺工业的原料结构看，农业原料还是主体，反映在生产结构上是以农产品为原料的部分仍占60%以上。由于本区所需农业原料大部分（有些是全部）来自区外，有一定的局限性和不稳定性，而来自工业领域的原料，随着区内重工业服务方向的转变，资源综合利用的开展与加深，这部分原料的来源比较广阔，也比较稳定，这就有必要、也有可能在调整原料结构的基础上，进一步调整以农产品为原料和以非农产品为原料这两部分轻工业的比例关系，逐步提高以非农产品为原料的那一部分工业的比重，以促进整个轻纺工业量的发展和质的提高。

以农产品为原料的轻工业，产品量大面广，但地区性较强，有些可运性差，一般应以面向本区为主，以自给或提高自给率为目标，不宜过多地扩大生产规模，长途大量调进原料，又大量调出成品，与外地争原料争市场。但其中的食品工业、纺织工业，过去多年来在工业中所占比重下降幅度太大，行业结构产品结构又不尽合理，今后需要在发展中进行内部结构的调整。食品工业要逐步改变以粮油一次加工为主的结构，提高食品资源加工深度和综合利用水平，用同样数量的原料，生产出更多花色品种、营养保健价值更高的食品产品，以扩大需求，提高产值和经济效益；纺织工业一方面要改变偏重于穿的衣料与其最终产品——缝纫业脱节的现象，产品方向要向纵深发展，向各有关部门渗透，积极开拓使用的新领域；一方面以快于棉纺织业的速度，进一步发展化纤纺织、精毛纺织行业，组织化纤、纺织、缝纫的联合经营，向这些工业的结合部（交叉点）转移，派生新的生长点，挤向国外市场，从这些方面求发展。

以非农产品为原料的轻工业，同"用"的需求关系最密切，其中中低档消费品一般属于生存资料，技术要求较高、附加值较大、原材料单耗较小的耐用消费品或高档产品，主要属于享受资料和发展资料，人民生活水平越提高，社会越进步，在整个消费需求结构中，这部分工业的比重提高得越快。同以农产品为原料的轻工业比起来，以非农产品为原料的轻工业行业众多，品种繁杂，档次多样，需要结合各层次需求状况的变化，调整其内部结构，提高耐用消费品和高档产品的比重，但也应具体分析，区别对待。不能盲目扩点生产，要吸取"老三件"的经验教训，在发展规模和速度上，注意今后长期的产销衔接。应以京津现有大型企业为骨干，组织若干中小型配套专业厂，适当集中，扩大批量。为了发挥本区优势，扩大销售市场，挤向国际市场，上述工业行业还要不断进行新产品的开发，重视产品结构的调整，为持续稳定的发展创造条件。

在以非农产品为原料的轻纺工业中具有传统优势的特种工艺工业、市场潜力较大的文教体育用品工业（特别是印刷工业）等，尽管对整个工业结构的变动影响不大，也需要有一个较大的发展。

我国人民家务劳动繁重，消费社会化程度低，基本上还停留在个体消费阶段，这种落后状况需要改变。在这方面本区更迫切一些。工业结构的调整要适应消费方式的变化，积极发展为社会化消费需求服务的产品生产，提高其在工业结构中的比重。这也是调整工业结构的一个重要内容。

三、工业分布中存在的问题及调整途径

（一）工业分布中存在的主要问题

（1）工业布局既过于集中，又过于分散。从全局看，工业高度集中在京津两市。两市土地面积占全区54.89%，集中了全区工业总产值的90.2%。

在京津两市范围内，工业的3/4以上集中在市区。北京城近郊区土地面积只占全市的8.1%，却集中了全市工业企业数的63.3%，工业职工的76.7%，工业总产值的76.2%。天津工业更高度集中于市中心区，占全市土地面积1.4%的中心区拥有全市工业企业数的69.9%，工业职工的72.5%，工业总产值的75.1%，产值密度高达9543万元/平方公里。从工业部门看，一些耗水、耗能多、运量大、污染型的工业也密集在京津唐三市之内，三市集中了全区煤炭工业的96.2%，石油工业的96.7%，电工工业的99.4%，冶金工业的98.5%，化学工业的97.1%，建材工业的80.5%。

随着工业的高度集中，全区水资源、能源及其他资源的消费量和"三废"的排放量也相应集中，造成环境质量的恶化。工业过度集中于城市市区和近郊区，也容易使城市规模失控，造成住房难、走路难、吃饭难、穿衣难的社会问题，既给居民生活带来不便，也不利于工业合理布局和扩大再生产的顺利进行。

京津唐地区的工业分布，一方面存在着上述过于集中的问题，另一方面在各省市，包括大城市的郊区县，工业布点又过于分散。各县的工业企业数量并不少，但以小型企业为主，分布的特点是点多、面广，没有形成一批具有一定工业实力，足以带动地区经济发展的中小工业城市。从而使本区城镇体系结构不合理，中等工业城市太少，小城镇力量单薄，大城市与农村之间缺乏必要的

纽带和桥梁。工业分布的这种格局既不利于中小城镇的建设，不利于发挥工业集聚的经济效益，也给工业生产空间的扩大带来困难。

（2）滨海地区开放不足。多年来，工业企业不断挤向城近郊区，滨海地带的工业投资过少，丰富的资源和有利的建设条件没有得到应有的开发和利用。天津滨海地区的土地面积占全市的19.5%，但工业产值只占8.9%，产值密度只及全市平均值的45%。冀东滨海地带工业开发程度更低。今后滨海地带应是京津唐地区国土资源开发的重点地区。

（3）缺乏合理的地域分工。京津唐地区内部无论自然条件还是社会经济发展水平，以及主要城市的性质，地区差异都是十分明显的。但在以往的工业布局中，对各地的特点注意不够，没能充分发挥其优势，形成合理的地域分工。最突出的表现在相互毗邻的京津两市，由于大量的重复建设，彼此工业结构雷同，互补能力薄弱。

不仅三大城市之间工业缺乏合理的分工协作，在一般城镇之间也存在着工业结构雷同、专业化分工不明显的问题。这样就使得全区工业的综合优势难以形成，严重地影响宏观经济效益的发挥。

（二）工业布局调整的构想与途径

1. 调整重点工业部门的地区布局

地区各工业部门中，机械、电子和轻纺工业占有突出地位，但这些部门在地区分布上，大的格局已定。从国土开发角度看，化学工业特别是钢铁工业的发展将会有力地改变地区的工业布局格局。

当前地区化工布局主要集中在京津两市。石化主要在燕山区，海洋化工主要在塘沽地区。日用化工、煤焦加工、塑料加工、染料、油漆、化学试剂、化学药品、农药主要分布在天津市区和北京东南郊工业区。今后化工的发展一方面要改造现有化工企业，发展深度加工和综合利用；另一方面要在滨海地带大力发展海洋化工和石油化工，并加强二者在工艺上的联合。大港有条件形成新的石化工业区，塘沽、汉沽、南堡将建成海洋化工区，唐山市将以煤化工为主，化工布局的主要趋势是向东推移。

钢铁工业布局的调整既与现有各主要钢铁企业的配套有关，又涉及冀东铁矿资源的开发，对本区的工业布局影响较大。正是由于问题复杂，涉及面广，各有关部门都很关注，看法也不一致。

调整京津唐地区钢铁工业布局有三大方案。

（1）第一方案是首先加快现有企业技术改造和配套建设，然后新建一座年产 600 万吨钢的冀东大厂。其主要内容是：

首钢（含北京市各钢厂）按 300 万吨铁的规模配套建设炼钢和轧钢，实现铁水热装，一次成材。主要产品是板材、小型材和特殊钢材。整个北京钢的生产能力为 310 万~340 万吨。

唐钢要改变靠外地供铁、化铁炼钢的局面，尽快在贾安子（距唐钢厂区七公里）新建高炉，实现铁水热装。新高炉要与首钢新转炉同步建成，以适应区内炼钢用铁的需要。唐钢将形成 150 万吨的钢铁联合企业，主要生产矿用型材、小型材和线材。

天津各钢厂当前的主要问题是缺铁少坯，当务之急是完成涉县铁厂四座 550 立方米高炉的配套，年产生铁 120 万~140 万吨供天津。由于邯邢地区铁矿石紧张，需进口一部分矿石。

由于我国无缝钢管严重短缺，华北渤海油田又大量需要，可在天津新建一座无缝钢管厂，同时建大型电炉，用废钢铁炼钢，向管厂供坯。

这样，天津的钢产量为 170 万吨左右。

由涉县向天津供铁，矛盾很多，流向也不合理，不可能长期维持下去。对于今后如何搞好天津的钢铁工业布局有两种不同的意见：

一种意见不主张在天津开新点建高炉，主张利用废钢发展电炉炼钢，生产优质钢，扩大钢材的规格品种，更好地为本区机械、电子、轻工服务，提高钢材自给率。或采用新工艺炼铁，也可以不建高炉。另一种意见主张发展港口的优势，进口矿石，在塘沽地区与无缝钢管厂相衔接，建设 150 万吨的炼铁基地，接替涉县，市区的钢厂可结合设备更新分批迁往塘沽炼铁基地，在那里形成一个钢铁联合企业，彻底改变天津钢铁工业布局不合理的局面。

（2）第二方案关于首钢和天津的部署与第一方案相同。不同的是主张把唐钢的炼铁配套和建新厂结合起来，少开一个新点，并以老厂为依托，在大杨庄分期分批建设，资金周转快，可以减少一次性投资给财政带来的困难，经济效益好。

（3）第三方案不主张建设冀东大厂，而把冀东的矿石分给首钢、天津、唐钢三家，在现有企业的基础上扩大规模，即首钢 500 万吨，天津 300 万吨，唐钢 300 万吨。

结合京津唐地区的实际情况，分析上述方案，第一个方案是可行的。因为京津唐地区现有的钢铁企业普遍存在各生产环节不配套，铁、钢、材不成比例，从而半成品大量调运，造成化铁炼钢、多火成材，大量浪费能源，企业的经济效益难以提高。目前全区钢材生产的数量与消费量大体相当，但在品种上存在着中小型材、线材、焊管等自给有余，缺少中厚板、薄板、无缝钢管及优质型材。

第一方案提出首钢按 300 万吨生铁的规模配套，一次成材，重点生产板材，这既符合国家的需要，又有利于企业经济效益的提高。由于首钢位于首都的上风上水，扩大铁钢生产规模必然要与城市建设发生矛盾。钢铁企业的"三废"排放的 70% 出现在炼铁以前的各个环节，严格控制首钢的炼铁规模，"三废"的排放量就不会大量增加。从首钢近两年来加强管理和治理"三废"所取得的成效来看，只要坚持把节能、节水、有关环保的设施与新增的生产能力同步建成，同步投产使用，并继续加强企业管理，首钢按 300 万吨生铁配套不会增加对首都环境的污染。问题是首钢配套要征用 1700 亩工业用地，加上厂外设施和职工住宅要占地 4200 亩，这个问题要慎重处理，要尽可能地节约用地，挖掘厂内的潜力，新建的职工住宅布置在那里也要作多方案比较，要防止石景山工业区向东扩展与市区连成一片。

第一方案提出近期靠涉县解决天津的生铁供应问题是比较现实的。天津既缺煤又无铁，淡水也要从外区调入，钢铁工业的规模是不宜过大的，主张在塘沽地区建设 300 万吨、甚至 450 万吨的炼铁能力的意见是需要慎重对待的。冀东距离天津近，那里更适合建设大型钢铁企业。

第一方案主张在贾安子建设高炉，尽快将唐钢建成 150 万吨的钢铁联合企业，不与冀东大厂连在一起的想法比较实际。主张在大杨庄建高炉，把唐钢配套和建设大厂联系起来有不少弊端。因为建设一个大型钢铁厂牵涉面很广，唐钢配套并与其联在一起恐怕延误工期，造成供铁紧张，影响生产；大杨庄距唐钢厂区 17 公里，还要跨过京山铁路干线，对实现铁水热装带来很多困难，大杨庄一带都是城郊高产农田，建设一个 600 万吨的钢铁厂要占地十平方公里，加上基础设施、配套的企业和职工生活福利设施，将大量占用良田；进一步发展还有可能将唐山市区和丰润新区连成一片，把一个耗能、耗水、运量大、污染严重的大型钢铁厂围在市区中间，会给城市建设带来严重后果。震后新唐山市建设得如何，举世瞩目，有广泛的政治影响，因此是否采用大杨庄方案要慎之又慎。

综上所述，建设冀东大厂应与现有企业配套分开。1987 年以前完成现有企业的改造和配套，全区钢铁生产能力将接近鞍山地区的水平，再建冀东大厂，京津唐地区将成为拥有 1200 多万吨钢铁综合生产能力的重要基地。

关于冀东大厂的厂址，冶金部规划院提出昌黎县的九龙山和乐亭县的王滩两个方案可供选择。

仅就建设冀东大厂的条件相比，九龙山厂址较为有利。那里工程地质条件较好，一般建筑物可利用天然地基。厂址距离铁矿、煤矿、铁路接轨站和水源、变电站都比较近，施工准备条件好，基建投资较少。若从国土综合开发方面全面权衡其效益，王滩厂址则更为理想。王滩靠海边，有建港的良好条件，可以充分利用海水，节约淡水，利用海运，减少对铁路运输的压力。厂址是海滩，征地拆迁的任务小，仅厂区建设就可少占 3 万亩农田，还可利用滨海地区自然净化能力，减轻对周围环境的污染。这些效益在京津唐地区有着特殊的重要意义。

王滩厂址主要的不利条件是缺乏可以依托的城镇，工程地质条件差，地势低，需要填高 3~5 米，土方工程量大，开发费用高。

在王滩建厂不宜单独建设钢铁企业，而应与关企业联合起来，进行地区综合开发，由国家统一投资建设基础设施。把工业区、港口、道路、城镇、副食品基地以及矿山建设进行统筹规划，做好前期工作。要科学地安排有关工程的建设程序，分期分批的建设。前期工程要为后期施工创造条件。排弃矿区剥离的废石废土应和填高海滩的地基结合起来，使相关工程彼此互为条件。这样可以大量减少重复建设，节约土地，节约时间。根据国外的经验，地区综合开发的建设总投资要比各项工程单独建设投资的总和节省 20% 以上。王滩方案的综合经济效益和长远的经济效益大，是值得重视的。

2. 控制、改造、疏导京津市区的工业

根据城市性质的要求和现有企业生产的特点，应分别不同情况，采取不同对策。对那些体现城市性质要求，而又耗水、耗能少、运量不大、污染小或基本无污染的企业，应在不断提高产品质量的基础上加以发展，如轻纺、食品加工、印刷、文教用品、工艺美术等工业部门，电子、光学、仪器仪表等发展新兴工业的先导部门应重点发展。这类工业的产品物耗小，产值高；产品更新快，发展速度高；具有知识密集、技术密集、资金密集的特点。发展这类工业既可以充分发挥京津两市科技力量强、工艺水平高、协作条件好的优势，还可以大幅度地提高工业产值，为其他产业部门的技术改造、产品换代，以及城市管理现代化和信息化创造条件。这是协调城市建设和工业发展相互矛盾的重要途径。

对机械、冶金、化工、印染、制革、造纸等与城市建设矛盾较大的行业，则应限制在市区建设新项目或老企业较大规模的扩建，而应从技术改造和与外地加强协作中求发展。对那些设备陈旧、与居住区混杂、对环境有严重污染的中小企业，要有计划地进行关停并转或外迁，腾出厂房发展新产品。对那些大中型骨干企业，既不能大拆大迁，又不能停产的，则要积极进行技术改造，增加节水节能和治理"三废"的设施，减少和城市的矛盾。

在居民区有一些是过去手工作坊发展起来的小厂和群众办的街道工厂。厂小点多，设备简陋，污染扰民。对这些分散的小企业，在调整、改造的基础上，结合城市详细规划，可建设一批多层厂房，适当集中，或形成若干工业街坊，为一部分居民提供就近就业的条件。

3. 综合开发滨海地区

滨海地带多种资源汇集，发展工业的用地、用水、环境污染问题较易解决，是本区工业开发潜力最大的地区。根据资源的特点、建设条件、已有基础和今后的发展方向，滨海地带可分为三个地区：

（1）天津滨海地区（包括唐山市的南堡）。这里有长芦盐区和大港油田，紧靠渤海油田，石油、天然气、海盐等化工资源相当丰富；在塘沽、汉沽以"两碱"为主的海洋化工已有相当规模和水平。南堡也具有发展制碱工业的有利条件。在大港已建有炼油、化纤和电厂等大型企业，为石油化工进一步发展奠定了初步基础；随着新港的扩建，海河通航、集疏运条件将得到进一步改善；天津作为北方经济中心，工业必将有大幅度的发展，今后还将对外开放，资金和技术问题会有一定程度的解决。这些有利条件的结合，将使这里成为近期京津唐滨海地带工业开发的主要地区。

（2）唐山市的王滩地区。这里有宝贵的深水岸线，不冻不淤，具有建设大型深水良港的有利条件。王滩接近冀东主要煤田和铁矿，距司家营铁矿60公里，距开滦煤矿80公里，是建设大型钢铁联合企业较理想的厂址。在京津唐地区发展原材料工业，特别是建设大型钢铁企业，遇到的主要矛盾是用水、用地紧张，运输困难和环境污染等问题。在王滩建设大型钢铁企业上述矛盾都不大，有的就不成其为问题。从京津唐地区工业合理布局的角度来分析，以建设大型钢铁联合企业为中心，以开阔王滩港为突破口，对王滩地区进行综合开发，是符合地区经济发展的总体利益和长远利益的。但是这里现有经济基础差，就近没有城镇可以依托；工程地质条件不够好，地基需要填高，土方工程量大。因此，开发王滩地区需要国家统一投资搞好基础设施，有关的建设项目采取成组布局，科学地安排建设程序，分期分批建设。由于投资规模比较大，地方自筹资金的可能性较小，因此王滩地区开发的进程要取决于全国国土开发整治的部署。但应积极做好建设前期的工作，为早日开发创造条件。

（3）秦皇岛地区。秦皇岛市区至山海关的滨海地带是一个对工业有吸引力的待开发地区。近年来，秦皇岛港不断扩建，京秦、大秦铁路相继建设，这里将成为重要的水陆运输枢纽，为工业发展创造了有利条件。随着秦皇岛市对外开放，引进外资和先进技术，以秦皇岛市区和山海关区为依托，其间的滨海地带可作为重点开发的地区。原有的玻璃工业、机械工业将有新的发展，外贸加工工业和食品工业等将有较大的发展。为此应尽早修建桃林口水库，解决秦皇岛市淡水不足的问题。

4. 建设和发展不同类型的工业城镇

除上述京津两市的市区和滨海两类地区外，就全区而言，还应因地制宜建设和发展不同类型的工业城镇，围绕着京、津、唐三大城市形成全区的工业城镇体系。

第一，要在京津两市的市区周围建设一批卫星城，如北京的通州、燕山、黄村、吕平；天津的永红村、杨柳青、咸水沽、军粮城，为京津市区工业的调整疏导、改造提高和填平补齐创造条件。此外，唐山市的丰润新区是震后开辟的新市区，有较好的基础设施，是今后唐山市区工业建设的重点。

第二，要有计划地建设一批中等工业城市，作为大城市联系小城镇和农村的纽带和桥梁。近期可以天津市的蓟县、河北省的廊坊市和霸州市为重点。

蓟县位于京津唐三大城市的中央，与三市都有铁路、公路相通，交通方便。水源条件较好，靠近蓟玉煤田，周围地区的农副业有一定基础，还有盘山风景旅游资源。可结合旅游事业，发展成为以机械、食品、轻工业为主的工业城市。

廊坊市位于京津之间，交通十分方便，城市建设已初具规模，是京津两市理想的卫星城。但多年来由于行政区划的限制，工业没能得到应有的发展。今后要突破行政区划的界限，大力加强与京津的经济联系，以周围地区的农产品为原料，以京津为市场，重点发展食品工业和为两市大工业协作配套的加工工业，以及支农工业。

霸县位于京津保之间，公路运输发达，今后修建的京九铁路和津保铁路将在这里交会。地方工业已有一定基础，可发展成以机械、轻工为主的工业城市。

第三，发展农区和矿区的工业城镇。随着农村经济的发展，剩余劳动力的增多，工副业将会有较大的发展，这是地区工业体系中不可忽视的一支力量。

为了使大工业、地方工业和农村工副业相互配合，协调发展，不仅对工副业发展的方向要加强计划指导，在地区布局上也应积极地加以组织。把发展工副业和发展小城镇结合起来，既有利于农工商相结合，促进农村商品经济的发展，就地吸收农村剩余劳动力就业，也有利于工副业适当集中，合理布局，加强管理，防治污染，促进专业化协作的发展，取得一定的集聚经济效益。这类城镇的工业，应根据所在地区的特点，发展以面向农村为主的就地取材、地产地销的产品，支农产品和一些为大工业配套的产品。

此外，在矿区也应加强小城镇的建设，适应采掘工业日益现代化的需要。以矿山管理机构、矿山设备维修厂、洗煤厂或选矿厂为主体，结合商业、服务业和社会福利设施，建设矿区小城镇。以小城镇为依托，便于发展矿产资源就地初加工和综合利用，也有利于改善职工的生活学习的条件和加强矿山管理。

总之，调整京津唐地区的工业布局要以冶金、化工为主，搞好工业部门的合理布局，同时要把工业部门布局和区域布局结合起来，处理好工业高度集中的京津市区、重点开发的滨海地区和广大农区、矿区的工业城镇之间的关系，达到彼此分工协作，发挥各自优势，又相互促进，共同发展的目的。

本文执笔者刘再兴为中国人民大学生产布局教研室副教授，
　　杨树珍为中国人民大学计划统计学院副教授

试论京津协作

北京和天津是相互毗邻的两个特大城市，形成和发展的历史过程很不相同，地理环境有较大差别，历史上已形成的城市的主要职能有明显的差异，从地域分工角度看，新中国成立以后，本应从上述差异出发，确定各自的战略发展方向、战略重点，强化各自的主要职能，并围绕各自的主要职能，进行总体的规划，安排各项建设事业的综合布局，形成各自特色、相互补充的城市群体。但多年来京津二市基本上都是按照以工业为主体，自成体系的同一发展来进行各自的生产建设，造成两市的产业结构雷同、互补能力薄弱。1984 年，在工业结构上，按 14 大工业部门的分类，两市都是以机械、化工、冶金、纺织四大部门为支柱产业。不同的是，北京有煤炭炼焦产业，天津没有；天津有采油工业，北京没有。北京的建材、木材加工、文教艺术用品工业，比天津高 1 倍左右，而天津的造纸工业比重比北京的高 1 倍左右。但这几个工业部门在两市工业总产值中都不占重要地位。从社会总产值结构来看，两市都以工业占绝对优势，农、建、运商的发展都不足。如按三次产业划分，两市都是中间大，两头小，特别是第三产业都不能适应市内第一、第二产业发展的需要，更不能适应特大城市发挥综合功能的需要。你强的我也强，你弱的我也弱，在主导产业上形不成空间梯度，从而就没有空间推移，没有互补，已形成的这种雷同的产业结构，既难发挥两市各自的优势，也难以形成两市的综合优势，同时还使两市的"膨胀病"都相当的严重，削弱了特大城市应有的吸引力和辐射力，从而又使得两市周围的中小城市得不到应有的发展，三十多年来，在京津唐范围内，只形成了秦皇岛一个中等城市。在京津冀范围内，除京津唐三个特大城市和石家庄、邯郸两个大城市外，也只形成了六个中等城市（秦皇岛、承德、保定、邢台、张家口、沧州）。小城市的发展更差，至 1984 年小城市还只有廊坊、衡水、泊头三个，这三个小城市的工业实力薄弱，年工业产值没有一个超 2.5 亿元，这就是说，京津所在的区域范围内，从城市网络角度来看，城市规模结构很不协调；从区域经济网络来看，城乡一体化的特点也不明显。这两方面都反映了京津两市及其周围的其他城市和农村腹地的横向联系不够,作为区域经济网络的网络作用发挥不足,既影响两市自身的发展,也影响区域经济的发展。

形成这种状况的原因很复杂,从理论认识上讲,现代城市的经济活动,都具有两方面特点:一方面,一个城市是一个具有自身特质的规定性的社会经济体系,具有相互独立性。这种符合城市自身条件的质的规定性越能充分显示,城市就越能生机勃勃、蒸蒸日上。另一方面,每一个现代城市,都是整个国民经济和区域经济中的一个构成环节,它是在其他地区、部门的相互联系和交往中形成、发展的,因而每个城市的周围(包括周围其他区域和农业区域)就成为它存在、发展的外部条件和形式,并决定了每个城市既要通过自身富有特色的经济活动,不断向城乡人民提供各种物质产品、精神产品和多种服务,又要依赖城市外部提供必需的其他产品、原材料、经济信息和技术,才能维持正常的经济社会活动,并获得较好的效益。商品经济越发展,地域分工越分化,城市活动的这一特点就表现得越明显。但多年来,出于商品经济、地域分工的观念极其薄弱,而产品经济论、自然经济论都居于统治地位,对现代城市的一般规律缺乏认识,以主观的概念化的所谓"社会主义"城市观取代活生生的城市发展观,既不注意保持和发扬各城市固有的特点,又忽视扩展、加深城市与外部交往的广度和深度,这是京津两市以及两市同其周围地区分工协作开展不起来的理论认识根源。从经济体制上看,每个现代城市作为一级行政单位,必须有其明确的地理界限,有特定的行政管辖范围,它不超越自己的行政区划范围,去规划、计划其外部各类区域的经济社会活动。但城市同时又是特定区域社会经济活动中心,为了充分发挥这种功能,城市的社会经济活动又不能受城市行政管辖范围的限制。因为有些经济活动固然只需要在本行政区划范围内统筹安排,就可以取得"最小成本结合"的效益,但由于现代大城市的经济活动的内容极其复杂,城市内外各种联系非常广泛,更多的经济活动必须在一个城市行政区划的范围以外组织分工协作,才能将多种生产要素、各个生产环节,进行更合理的调度、组合、协调,更充分地发挥城市内外诸因素的独特作用,从而产生一种超越于单个城市的强大的合力,推动城市本身以至城市相关区域生产力的协调发展,取得更好的综合效益。有明确地理界限和行政管辖范围的城市,其经济活动却必须超越这种地理界限和管辖范围去开展,这本身就是一个矛盾。在中央计划经济国家,行政干预对经济活动的影响远比市场经济国家广泛,而行政干预常常又有些违反经济规律,加上产品经济论、自然经济论的影响，形成了一种僵硬的区域管理体系，使上述矛盾更加突出，表现为管理体制上的条块分割，物资、技术、资金、信息等各种流通渠道不畅，地域分工缺乏必要的前提和保证，这是京津两市以至社会范围内分工协作不能开展的另一个重要原因。但理论认识上的问题也好，经济体制上的问题也好，背后都还有一个更深刻的原因在起作用，这就是物质利益关系。地区之间的关系问题，说到底是一个物质利益关系问题。尽管我国地区之间的物质利益关系并不是冷冰冰、赤裸裸的金钱关系，但只要存在物质利益关系，就有"谁吃亏、谁占便宜"的问题，就需要有正确的理论、政策的指导，正确运用社会主义经济机制、手段来加以调整和协调。

按照城市发展的规律，发挥中心城市的作用，以大中城市为依托，以小城镇为纽带，以区域为基础，组织不同层次经济区和经济网络，按经济区组织管理经济，可能是解决上述矛盾的一个途径。从近几年上海经济区、东北经济区、"山西"能源重化工区的实践看，通过这个途径加强地区间的横向联系，还需要解决好以下问题，创造一系列必要条件。

第一，要在全国范围内划分科学的综合经济区划，形成多层次相互联系的综合经济区划体系，以此为依托，首先正确制定一级综合经济区的区域规划，即从全国总战略的要求和各经济区的基本条件、潜力、特点出发，确定各经济区在一个较长时期内带有全局性意义的问题，如区域发展目标、战略重点、区域产业结构、区域生产综合布局及区域开发政策等，把各个经济区的分工协作，建立在共同目标、共同利益的基础上，形成若干个相互依存、合理分工、密切协作，内部各以具有全国意义的地区专门化为核心，各部门、各小区协调发展的地域经济综合体。在这个高层次的经济区区域规划的基础上，再依次做好以下各级经济区的更为具体的区域规划以至城市的总体规划。这样，每个城市的城市规划才可能与其上一层次以至一级综合经济区的区域规划相衔接、相协调，多层次的区域规划都是以地域分工规律为依据的，因而都是开放式的，与自给自足、排斥地域分工的"自然经济区"有着质的差别，从而也就能有效地克服"自然经济"所固有的种种弊端。近几年开展的区域国土规划试点，相应地划分为各种"经济区"，但这些"经济区"由于区划的具体任务不同，工作的范围、重点不同，五花八门，类型复杂，彼此之间在地理范围上不能相互衔接，在规划内容上不能相互协调，形不成一个多层次的相互联系的经济区划体系，也就不可能由高层次到低层次按区划系列制定区域规划。在这种情况下，城市规划往往缺乏宏观依据。一个城市的发展规划如果没有城市所在经济区的区域规划作依据，就容易就城市论城市，其科学性就要大打折扣。京津两市的发展，只在各自的行政区划范围内去规划，与放在京津唐地区、京津冀地区或黄河中下游区（包括津、京、冀、晋、豫、鲁和内蒙古西部）这三个不同的空间范围内去规划，其规划内容，如京津两市需承担的任务、经济结构、外部联系、企业布点等都会有所不同，从而京津两市之间的分工协作的内容与发展趋势也会有差异。因此，在全国综合经济区没有划分出来以前，京津两市的分工协作问题应有几种不同的设想，如京津两市在分别作为黄河中下游地区的经济核心区、京津冀地区经济核心区、京津唐地区的中心城市的不同背景下，应如何发展？两市的分工协作应如何展开？这就是说，京津的发展及两市间的分工协作问题，需要站得更高一些，视野更广阔一些，在几种不同的区域背景下来考虑。北京也好，天津也好，在进一步发展中，都存在一系列自身不能克服的制约因素，而且有些重要的限制因素是共同的，这些限制因素，不仅是北京、天津，就是两市联合协作也难以克服，只有在更广阔的空间范围内，加强与外部城市、区域之间的横向联系，有足够的腹地，才有可能周旋自如。在这里，组织京津唐经济区或包括京津唐地区与张家口、承德、保定等地区在内的首都经济区以至京津冀经济区，对京津两市的进一步发展而言，区划范围都还偏小。笔者主张组织上述的黄河中下游经济区或大华北区，在这个空间范围内来研究制定京津两市的联合发展战略。

第二，要继续扫清思想障碍。一要破除过去那种片面把门类齐全作为优势来加以强调的观念，清醒地估计到城市结构臃肿已经带来的种种弊端，下决心追求该保的保，该限的限，该上的上，该扩散的扩散，不要再继续围绕传统的产业结构，搞"面多加水，水多加面"，"铁多了搞钢，钢多了搞铁"，在低水平上循环，在单一的工业生产功能上兜圈子。同京津两市所处的重要位置相适应，应当有气魄既欢迎外地城市的商品、资金、技术的输入，也舍得将自己的资金、技术、设备投入到外地、外城市。如北京的首钢资金充裕、技术力量雄厚、经营管理资格丰富，为什么不可以拿出来投到唐山，集北京唐山的优势，更好地开发利用冀东铁矿、深水海岸，带动整个冀东滨海地带的综合发展呢？二要做到"两雄"互补，各尽所长，而不是"两雄"争霸，抵消力量。强调这一点，是因为这个地区有特殊性。在我国城市比较密集的地区，如辽中南地区，在其城镇体系中，沈阳的经济实力明显大于其他城市；长江三角洲地区，群星拱月，上海就是"老大哥"；在珠江三角洲，广州也是首屈一指。只有京津地区，相互毗邻的两大城市旗鼓相当。在客观上是好事，从发展趋势看，天津应该承担更多的经济职能，在区域经济中进一步加大其经济上的分量，以利于北京更好地强化自己的主要功能。但从现实出发，从工业总产值或社会总产值看，北京还大于天津，北京也具有发展经济的某些特殊的优势，因而在经济领域，不宜笼统地强调以哪个为"龙头"，而应当以综合效益为标准，具体分析，区别对待。发展到现在，两市工业部门结构的基本格局已经形成，短期内工业部门结构的根本变革是不可能的，要开展工业部门上的分工难度较大，因而今后两市在工业上分工的重点，应随着两市行业结构，特别是产品结构的调整，加强行业分工、产品分工。在机械、化工、冶金这几大工业部门中，行业分工、产品分工还有相当大的余地。在新兴高新技术产业中，现在就要注意合理分工、联合攻关、各有侧重，切忌又搞单干求全，搞重复建设。

第三，要逐步建立发现相应的管理机构。在一个经济区的范围内，资本主义国家一般不设特殊的管理机构，但也不排除在某些经济区域建立强有力的管理机构，美国的田纳西河流域管理局，日本的北海道开发厅，就是强有力的管理机构，近些年来，为了加强地域生产综合体建设，特别是经济基础薄弱而自然资源富集的边远地区建立的地域生产综合体，还另外单独建立强有力的管理机构。我国近几年建立的上海经济区、以山西为中心的能源重化工基地、东北经济区，都分别设立了规划办公室。这些机构在一定程度上可以超脱条条框框的局限，但毕竟还只是协调机构，手中不掌握权力、资源和手段，随着经济区域经济一体化的经济实体过渡，管理机构就需要在改革中进一步向前发展，由协调机构发展为有职有权有责的管理机构，否则，单靠协调，在实践中将难以进一步有效地把各组成部分的经济活动纳入统一的轨道，难以有效地监督统一规划的实施，并及时妥善地解决规划实施中出现的各种外部矛盾。上海经济区扩大后，建立有关省市的省市长联席会议制度，作为经济的最高决策机构，下设常设机构，负责日常工作，这就比单纯由办公室协调前进一步，京津分工协作，以至京津冀的分工协作，近期在组织上可以参考上海经济区的做法。

第四，制定有利于分工协作政策和考核指标。一是考核城市的工作，衡量城市的地位作用，不能主要是、甚至仅仅是看工业生产多少工业品，上交多少工业利润，人均多少工业产值，而应当看城市的主要功能是否发挥得好，社会生产总值是否全面协调的增长。二是计算城市的产值，衡量城市对国家的贡献，不能只限于城市行政区范围以外地区的人、物、财力所创造的经济活动及其经济效益，鼓励城市根据互惠互利原则，选择自己资金的空间流向。在这方面，国家也应当在政策上给予城市一定的自主权。三是在价格体系全面改革完成前，在价格政策上，应尽量减少现行价格体系既不能如实反映价值，又不能反映供求关系的缺陷，自觉运用价值规律和经济杠杆，淘汰、限制那些不适于在京津发展的行业、产品，这一点越来越有其重要性。否则，城市单干求全、自称体系的观念很难破除，产品结构的调整、合理的地域分工很难开展。

对《安徽发展战略总体设想》的看法

最近几年来，省区发展战略的研究逐步展开、逐步深化，大体上形成了一个区域发展战略研究的框架，即从省情分析入手，确定发展战略的指导思想和战略目标，选择战略重点，规划战略布局、政策或战略措施。《安徽发展战略总体设想》（以下简称《总体设想》）基本上采用了这个框架，包括了区域发展战略的各个主要方面，应当说，这个框架是比较合理的。重要的是，在这个一般性的框架中怎样突出自己的特色。综观《总体设想》，有三个重要特点：

第一，对省情的分析比较客观。有些区域的发展战略研究，出于争项目、争投资的原因，或者是由于对省情区情没能吃透，在省情的分析上，往往片面强调自己的优势，甚至夸大自己的优势，而对自己劣势、短处却估计不足，认识脱离实际。实际的情况是，任何一个省区，从总体上看，总是优劣并存的。甚至从某一侧面看，也往往是长短互见。安徽的《总体设想》中，从五个方面分析省情，每一方面都是既看到其有利之处，也清醒地指出其不利之处。这样的认识是符合实际的。

第二，在战略目标的确定上，克服了以追求工农业总产值翻番为首要目标的片面性，把生产的增长同社会、经济、技术的进步联系起来，提出了目标体系。这个目标体系包括的五个方面，概括起来是，以人的发展为中心，以经济增长为基础，以经济结构、社会结构的合理化为综合目标。不管这个目标体系所确定的一些指标和数值是否都合适，至少在这个方面的探索是有益的，是区域发展战略研究中的一个进步。

第三，把经济的战略布局放在应有的地位。根据省内各地或单元间的差异性，将全省划为四个各具特色的省内经济区，分别规定了各自的发展方向，把全省的战略目标、战略重点分解落实到空间。经济布局问题既是经济社会发展总战略的重要组成部分，又是总战略的空间表现，但却常常被忽视，或者研究得太粗略。安徽的《总体设想》明确了经济布局方针，提出了一个比较具体而符合实际的安排。

个人认为，上述三点，对其他省（区）发展战略的研究制定，也是有参考价值的。

下面就《总体设想》中的几个主要方面，分别提出一些补充性意见和建议。

第一，在省情的认识上，有两点需要作些分析。一是发展到现在，安徽在总体上处于一个什么样的经济发展阶段，最本质的特点是什么？中央关于三大经济地带的划分，全国战略布局的安排和各地带各自的战略发展方向的确定，主要根据之一是各地带经济发展的成熟程度。按照这个划分，安徽属于中部地带。它既具有中部地带内各省共有的一般特点，又有自己的个性。即在中部地带内，安徽发展的自然、经济、社会条件是中间偏上，而经济发展程度却是中间偏下，在总体上还是一个处于开发期的地区。这个特点决定了安徽经济的成长，还必须也有可能把开发性的建设放在首要地位，有必要也有可能争取经济社会的发展速度略高于全国的速度。二是在已提出的一些具体特点中，对自然地理位置、经济地理位置的特点，没有作专门的分析。从商品经济的视角来看，这一特点恰恰是安徽的一个重要优势，并在某些方面已转化为一定的经济优势。如全国煤炭、煤电以至某些原材料的布局，其之所以把安徽作为重点之一，这同它所处的经济地理位置是密切相关的。当然这个优势还未全面发挥，在发展目标中，还可围绕这一点多做点文章。

第二，在战略指导思想上，提出"裕民富省"、"同全国前进步伐保持同步"，以至指导思想的六条基本要求都是可以的。但这些要求几乎都是从省内来讲的。是否可以补充一点，即在全国地域分工体系中，在全国开拓重点空间转移的战略布局中，安徽应当、可能承担什么样的任务，作出什么样的贡献。这一点很重要。省区发展战略同全国发展战略的衔接，这是一个主要环节。从小一点的范围看，安徽是上海经济区的组成部分，安徽与上海经济区之间生产要素流动的发展趋势怎样，彼此间都有哪些要求，应作些分析，这是安徽今后发展的一个重要外部条件。新中国成立以后，直到1979年前后，安徽在全国战略布局中一直处于不利地位。从"一五"开始，全国划分为沿海与内地两大块，并据此安排全国重点建设项目的布局，安徽被划到沿海地区。多年以来，在全国总体布局中，忽视沿海，重视内地，新建的重大项目大多摆在内地。安徽很少布置具有全局意义的重大项目。与沿海地区其他大多数省比起来，安徽原有基础很差，主要依靠利用原有基础发展自己的潜力也不大，这是多年来安徽面貌改变不大的一个重要原因。现在安徽划入中部地带，全国开拓的重点逐步向中部转移，包括安徽在内的中部地带，在20世纪内要有一个突破性的发展，承担起承东启西的历史重任。这对安徽而言，是一个有利的外部条件，也是一个有利的时机。安徽应当利用这个外部条件和时机，与省内的资源优势、经济地理位置优势结合，不失时机地把安徽的经济搞上去，不仅裕民富省，同时也对国家、特别是对上海经济区的新的发展作出自己的独特贡献，这应当是安徽发展战略指导思想的一个重要组成部分。《总体设想》对这一点有所涉及，但分量不足。

第三，在战略目标上，产业结构的调整是一个十分重要的问题。安徽产业结构的一个重要特点是，同自身的条件及国家的需要相比，专门化的程度不高，专门化的规模不大，缺乏突出优势的拳头产品和高附加价值产品。据《总体设想》提供的资料，安徽这样一个省，主要工农业产品在全国的位次，都在第三位以下，而且主要是原材料产品。就是这些产品，专门化率也不高，按专门化率公式①计算，安徽够得上专门化产品的，主要工业产品中只有卷烟、钢、生铁、硫酸、煤炭等，主要农产品中有油菜籽、大豆、芝麻、黄红麻、茶叶等。上述产品中，除卷烟外，其余都是原材料产品，而相应的加工产品却大都达不到专门化产品的水平。煤炭是安徽区际意义较大的一个重要产品，1983年其专门化率不过134%，在全国11个富煤省区中，只略高于山东，而低于其他9省区。不仅远低于山西的892%、宁夏的466%、内蒙古的292%、贵州的260%，也低于河南、黑龙江、新疆、陕西。这是内向型经济的一个重要表现，是一种资料导向的区域产业结构模式。这种结构模式，在区域产业结构演变的过程中是一个低层次的模式，在一定时期内可使地区的资源优势转移为商品经济优势，现在的情况是，安徽的这种资源导向模式由于专门化程度不高，资源优势也还不能充分发挥；从发展看，由于资源的有限性和可替代性以及资源开发条件的恶化趋势，容易导致发展的不稳定性。因此，在今后发展的战略目标中，一方面资源导向还要进一步加强，同时也要逐步向结构导向的模式转化。这两者如何逐步过渡，在战略目标中应进一步研究。

第四，在战略重点上，所提的六大战略重点，无疑都是安徽需要进一步发展和加强的，但都并列为战略重点，似乎偏多，这样可能给规划的实施带来困难，在社会总资源的分配上不易掌握，或者导致建设总规模不适当的扩大，基建战线延长。"战略重点"现在已普遍使用，但这个概念没有明确的内涵，人们可以做不同的理解：既可理解为制约经济社会发展的薄弱环节，需要加强；也

---

① 某产品专门化率=该产品产值占全国同类产品总值的比重/该省工业总产值占全国工业总产值的比重×100%。

可理解为具有区域相对优势和相对效益的产业，需要优先发展。如同是煤炭工业，在安徽可从后一个意义上列为战略重点，在辽宁则可从前一个意义上列为战略重点，同为战略重点，但在各自的产业结构中的地位作用却很不相同：在安徽，煤炭工业是产业结构中可以带动经济的发展、并具有区际意义的主导（或支柱）产业，而在辽宁，它只是辅助（或支持）性产业，只具有地方意义。所以我们主张，在区域经济中，在考虑区域发展重点时，可使用"地区专门化"这个特定内涵的概念。地区专门化产业还可划分层次：区际意义和相对优势更大的，属于主导专门化产业，处于最优先发展的地位；区际意义和相对优势较小的属于一般专门化产业，也可列为发展的重点，但其重要性不及前者。地区专门化以外的产业，可再划分与专门化产业直接协作配合的产业和自给性产业两大类。自给性产业还可根据各自的特点，再分解为需要可能就地平衡（以省为单位）的部分和主要靠外省供给的部分。根据这样的划分，就比较容易根据各部分的地位、作用来安排社会总资源的分配。据此，安徽的主导专业化产业应是以煤炭、煤电为主的能源工业和某些原材料生产（包括工业生产的原材料和农业生产的农业原料），在优势农业原料和优势能源矿产资源基础上的加工工业，在中近期可归入一般专门化产业，其中有些可逐步上升为主导专门化产业。这些应是安徽的发展重点。至于其他辅助性和自给性的工农业生产，生产性、社会性的基础结构部门，就不宜与上述地区专门化产业列为重点。其中相对重要的，可以作为次一级的发展重点。这样层次分明，有助于突出重点。保证重点，兼顾一般，既发挥安徽的优势，更好地承担全国地域分工特别是上海经济区内地域分工的任务，又能促进全省经济的协调运转。

第五，预测模型。我们已经搞了一个由五个模块组成的预测模型。建议再增建两个模块：一是与上海经济区内其他省市的横向联系模块；二是规划末期或规划期内总投入与总产出相比较的模块。

载《战略研究通讯》总第 21 期 1986 年第 4 期

《山东国土规划》的几点意见

为了节省时间，开门见山，笔者就《山东国土规划》的优点和值得进一步研究的问题，谈一些不成熟的意见。

第一，山东省国土规划，作为省级国土规划，以资源开发、经济布局、环境整治为中心的总蓝图勾画得比较清晰，内容又相当具体。轮廓清晰，表现在规划的指导思想、目标、总体布局框架的思路是明确的；相当具体，表现在总体部署和一些重大项目的布局，有一定的论证，一些重要指标分解落实到分区，具有可操作性。规划在这两者的结合上前进了一步，比单纯强调框架性要好。

第二，山东国土资源的一个基本特点，也可以说是一个很大的优势，是国土资源的组合较好。除优越的区位条件外，农业自然资源、能矿资源、海洋资源、经济资源，在一个省的空间范围内，都具有相当规模。国土资源的优势，有两个基本的含义：一是资源的总量较大，因而资源的"综合优势度"较高。二是资源的组合状况好，指一个地区多种资源在全国都占有一定比重，彼此之间不是相当悬殊，因而配套程度较高，有利于地区经济的协调和综合发展。山东在这两方面都有较大优势。在我国东部地带 11 个省市区中，与其北部的诸省市相比，山东经济资源的总量比较大，农业，轻重工业比例关系相对协调，特别是农业基础比较雄厚；与其以南的诸省市区比，山东能矿资源要丰富得多，基础工业的基础要强得多，相对来说，发展的后劲较大。

山东的弱点是人口众多。从人均量上来衡量，资源的丰度就明显降低，人口与资源、环境的矛盾已趋于尖锐；就经济的总规模讲，山东居全国第二位，但从人均量讲就往后落到 10~11 位。因此，要真正发展成为一个经济大省，今后开发建设的任务还很艰巨。规划对国土资源的评价，既有总体观念，也有人均意识，从而评价是得当的。以此为基本依据和出发点，来勾画开发整治的蓝图，也就比较切合实际。在评价国土资源的方法论上，常常有两种偏见。如对中国国土资源的总体评价上，"地大物博"论的片面性，就是缺乏人均意识。

近几年，又出现了"地大物薄"论，这个论断的片面性，就是缺乏总体观念。实际上，一个国家、一个地区国土资源的丰度，总是同时反映在总量和人均量两个方面，单纯从其中任何一个方面来衡量，都会失之偏颇。对比之下，山东规划国土资源评价的方法论是科学的。

第三，规划在指导思想上，贯穿着倾斜—协调发展的战略思想，把重点论和协调论结合起来，以此来指导产业结构和空间结构的调整都是十分重要的。发展经济学中，一直存在着平衡增长和非平衡增长之争。近些年来，我们有些同志极力主张非平衡增长，片面强调倾斜，我是不大同意的。只讲倾斜，不讲协调，孤军突出，必然造成产业结构和空间结构的失衡；当然，反过来，只讲均衡，不讲倾斜，全面推进，平行发展，必然造成结构性效益的降低。作为经济发展的指导思想都是不可取的，二者必定辩证地统一起来。规划从指导思想到具体安排，都体现了二者的结合，这样大的方向就把握住了。

第四，按两个中心、五条产业带和六个经济区来安排经济布局的骨架，把点轴开发与网络开发结合起来，来构造现代化的区域系统是合适的。区域开发的理论模式很多，运用比较广泛的有两个：一是点轴开发（包括增长极的建设）；二是网络开发（包括地域综合体的建设）。在国土开发程度低、布局骨架还未建立起来的省区，采取点轴开发、点轴延伸的开发模式比较恰当；在国土开发程度高、布局骨架已建立起来的省区，采取网络开发的模式就更为恰当。山东国土开发程度介于这两类地区之间，采取点轴开发与网络开发相结合的模式，比较适合地区的实际。

第五，在规划内容上，加工工业作了专门规划，同时专列一章讲特别开发整治区，体现了山东的特点，也反映了实践的要求。

从总体上看，这个规划编制得是比较好的。

下面谈几点修改补充意见。

第一，国土资源评价一章，内容相当具体，缺陷是综合分析评价不足。从单项因素看，可以看出山东有哪些优势，有哪些弱点，但形不成一个综合的概念。比如说，从国土资源的总体上看，北与辽宁比，南与江苏比，山东到底是比它们好一些，还是差一些，不容易得出比较准确的结论，这就是单项因素对比的局限性。特别是山东国土资源的特点是单项因素在全国很突出的并不多，但资源的组合状况较好，这一点只有定性分析，也不易反映出来，需要有定量分析。衡量一个地区国土资源的组合状况，可采取"组合指数"，即用地区各项资源占全国的比重的标准差来表示。组合指数低，说明资源的组合状况较

好；组合指数高，说明资源的组合状况差。

建议运用综合指数法，将反映各单项资源状况的数据，加以综合处理，得出几个主要的综合性的评价指标，这样便于从定量上说明山东国土资源的整体优势和基本的限制因素。也运用"组合指数"，从定量上反映出山东国土资源的组合状况。有综合性评价指标，才便于同兄弟省区作横向对比。优势和劣势，是比较而存在的。有比较才有鉴别，得出的结论也就更精确、明确。

第二，产业结构问题。规划在几个地方，从不同角度讲了产业结构问题，但没有集中的分析和规划。

我们经常讲国土规划有"三性"，其中之一是综合性。产业结构问题就是把整个产业作为一个大系统，来研究系统内部各产业之间内在的关联度和量的比例关系，是最能体现国土规划的综合性问题之一。

国土规划的主要任务，是通过国土资源的合理调度与组合，达到资源的开发利用与治理保护相结合，协调好人与资源、环境的关系。这个任务的具体化，一个重要的方面就是产业结构的总体调整与优化。

国土规划涉及面广，问题很多，但主要是三大问题：一是开发整治总目标及目标体系的确定、目标冲突的协调；二是地区主导产业的选择和产业结构的重组；三是经济的空间布局。这三者构成国土规划的主体部分。产业结构规划就是主体规划的重要组成部分之一。

产业结构层次多，不同层次有不同的要求。各个经济区的产业结构、各产业系统的内部结构，都不能取代全省的总体结构。

建议在第三章加一节。第一节是指导思想与目标；第二节是产业结构的总体调整；第三节是生产力的总体布局。

从产业结构角度看，山东现在所处的发展阶段，是以加工为主向加工高度化的结构转换。结构调整的目标与途径是：

（1）强化基础产业，拓宽"瓶颈"产业，突出和培植优势产业。第43页中"选择重点，促进具有区际意义的主导产业的形成和发展"，并列了几大行业，其中以电力为中心的能源、冶金，需要加强，但在山东产业结构中只能起基础和支撑的作用，难以成为具有区际意义的主导产业。

（2）提高优势产业专门化率。这里主要是指石油化工、原盐与盐化工、深水岸线的开发，这是山东可以对全国作出更大贡献的三个方面。要提高其优势度，前提是提高其专门化率。

（3）产业结构本身质的提高。包括产业间内在关联度的提高和资源加工度的提高。如 3000 多万吨的原油加工能力，几十亿立方米的天然气、66 万吨乙烯、1500 万吨原盐，还有大量多样的农副产品，从这些产品出发，可以搞出很多东西，带动和诱发一系列产业的发展。变产业的低效、高耗为高效、低耗，关键就是提高加工度。建议在这方面再多做点文章。在开发上游产品的同时，可以开发哪些下游产品；在发展重化工的同时，可以开发哪些轻化工、精细化工产品，应有相应的规划设想。

第三，重点项目问题。

（1）石臼所 300 万~600 万吨大钢铁。从国家、地区的需要和石臼所优越的港口条件与配套资源条件看，规划新建这样一个大厂是可以的。规划在两个地方对这一个项目作了一些论证，也是有道理的。但由于这类项目不同于其他重点项目，其区位选择首先要从宏观角度考虑，再结合地区的微观条件。从宏观角度看要考虑三个因素：一是国家的投资能力；二是兼顾沿海与内地，有利于促进全国钢铁工业总体布局的合理化；三是开发利用国内资源为主，进口部分富矿为辅。按照全国钢铁工业规划，2000 年全国钢量达 8000 万吨或再多一点。新增产量中，以改扩建现有重点企业为主，同时新建 2~3 个大厂（这里讲的大厂是 300 万吨以上的）。现在看来，"七五"时期一个也上不去，如果"八五"时期上一个，"九五"时期上一个（这种项目，一个五年计划只能上一个），20 世纪内，最多只能上两个。这 2~3 个大厂，如果全部吃进口矿，以摆在沿海深水港口城市为好，但实际不可能。因为其一，过分向沿海倾斜，必然加剧沿海地区能源、运力的供需矛盾；其二，2000 年全国所需铁矿石中，进口富矿应控制在 3000 万吨以内。一个宝钢就要吃掉 1000 多万吨，现有几个大厂，也要靠进口矿补充，所以能靠吃进口矿新建的大厂，只能有一个。开发利用国内资源建设资源型大厂，其区位应在钢铁资源富采地区选择。沿海的那一个，具体摆在哪个点？近几年，沿海提出吃进口矿新建大厂的，有石臼所、连云港、北仑、湛江，所以石臼所有三个竞争对手。1988 年，中国国际工程咨询公司组织部分专家研究冀东钢铁基地的建设问题，其中涉及冀东大厂同沿海其他几个拟建大厂的建设条件的比较研究，选择了影响大钢铁区位选择的 12 个因素（铁矿石、冶金辅料、燃料、外部运输、供电、供水、用地及工程地质、环境容量、农业基础、城市依托、区域协作与经济腹地、集资条件）进行了综合对比，研究的结论是：如果建设资源型大厂，冀东条件较好，应优先考虑；如果是建设吃进口矿的临海型大厂，连云港、石臼所条件较好。在后两个点中，综合建设条件、连云港又更好一些（在 12 个因素中，有些因素两个点类似，但其中供水、城市依托、区域协作、集资条件、连云港较优于石臼所）。根据优中择优的原则，在建设时序上，石臼所大厂在 20 世纪内上马有可能比较困难。当然，如果能引用外资，而且条件合适，那就是另一种情况。项目规划表中，明确提出石钢的建设期为 1987~2000 年。现在 1989 年已差不多了，1990 年看来也不会上马。所以这个项目就需要进一步研究。

（2）龙口港与德龙铁路。随着神木东胜煤田大规模的开发，神朔、朔石铁路的开通，必然还要向东延伸，寻找新的出海口，形成一条新的下海通道。从国家的全局看，这个项目必须上。现在的问题首先是确定港址。港址确定，才能相应地确定线路走向。有三个可供选择的港址：天津、黄骅、龙口。这三个港址中，龙口建港条件较好，只是线路要长一点，但对山东的开发意义重大。所以这个项目应当积极做工作、积极争取。港口加铁路，其投资还不到石臼所大钢铁的 1/5，而对山东经济发展的作用，比钢铁厂要广泛而深刻得多。当两者不可兼得时，应取前者而舍后者。

（3）鲁西南 20 万吨焦油加工项目。需要有 500 万~600 万吨的炼焦规模作基础。规划在文字部分和项目表中，都没有提出鲁西南地区炼焦工业搞到多大规模。冶金规划部分，提出 2000 年，全省焦炭产量达到 300 多万吨，这样的炼焦规模不能保证 20 万吨焦油加工的焦油来源。

如果以 2000 年为期，仅列入项目表中的，建设项目相当多，投资规模相当大，而时间只有 11 年。建议根据项目的轻重缓急与条件成熟程度排排队，安排一下建设时序：哪些项目，虽然应当建设，也具备某些条件，但限制因素一下克服不了，就放到 2000 年以后，这样，尽可能使规划的项目落到实处。根据建设时序，再回过头来审查一下建设的总规模和产出的总规模，从而进一步提高规划的可行性。

另外，在部门规划中，规定了食品、纺织的年增长速度为 9%~9.5%，快于整个工业的增长速度，但在项目表中，列入的项目很少，安排的投资也就很少，建议作必要的补充。

第四，水资源的平衡问题。根据规划提供的资料，2000 年的可供水量，包括当地水资源新增的供水量、引黄及其他客水的引用量、污水回用量，当 P=75% 时，可供水量为 265 亿立方米。需水量，包括提高工业用水的重复利用率，降低万元产值的水耗；提高渠系利用系数，大幅度降低农灌用水定额，也就是包括了节水因素，2000 年，P=75% 时，总需水量为 354 亿立方米。按此平衡，缺口 89 亿立方米。

南水北调，可增供水 15 亿立方米。这 15 亿立方米水没有包括在前面所讲的 2000 年的可供水量中，把这加进去，缺口还有 74 亿立方米。

山西缺水，全国著称，一直困扰着山西。其现状缺水是 8 亿多立方米，规划到 2000 年，缺口是 10 亿~11 亿立方米，全省三个严重缺水区——大同、平朔、太原共缺水 8 亿立方米。我们留下的缺口是 74 亿立方米，比山西大得多。水资源这样大的缺口，到"临渴掘井"是不行的。建议再重新平衡一下。从规划要求看，水资源的平衡应留有余地，不能满打满算，更不能留下这么大的缺口。

在总量平衡后，还有个分区平衡问题。山东缺水，主要是在胶东经济区。一个胶东经济区，缺水 36.3 亿立方米，缺水率高达 38.5%，像这种严重缺水区，就还需要重点进行平衡，水资源是不可替代的资源，空间调动的难度又大于其他稀缺资源。它的平衡状况，关系到整个规划的可行性。建议水资源专题规划要很好地研究一下，再补允修改综合规划的水资源部分。如果在已提出的开源节流的措施之外，再没有新的措施，就应当考虑调整总的建设规模，特别是调整大耗水工业的建设规模。

载《山东国土》1989 年第 3 期

关于以山西为中心的能源重化工基地区域规划的问题

国家正在研究制定"七五"计划。"七五"计划的主要内容之一是区域规划，已明确提出的有上海经济区的区域规划、东北能源交通规划区的区域规划、以山西为中心的能源重化工基地（以下简称"山西"经济区）的区域规划。区域规划问题已成为人们普遍关注的理论问题的实践问题。本文不拟论述区域规划的一般原理与方法，而是结合"山西"经济区的特点，着重探讨区域规划的主要内容和需要研究解决的一些问题。

一、区域规划范围的确定

区域规划的"区域"要不要有明确的地理界限，在近年来的讨论中，有些同志认为，区域之间不需要分疆划界，可以互相交错。理由是：划定区域界限，容易导致划地为牢，形成地区分割，不利于按经济规律开展区域间的经济技术联系；经济区域是一个动态的历史的范畴，它不断发展变化，划界没有必要。我们认为，这种看法是不正确的。

（1）不管什么性质、什么类型的区划，既然是区划，就需要有一定的区域界限，不然就不称其为区划。经济区区域规划的主要任务之一，是根据规划区域范围内的具体条件、特点和地域分工的要求，在全国统一计划的指导下，明确经济区及区内各地域单元发展的战略方向，协调区内各组成部分的经济活动，发挥全区的共同优势及区内各部分各自的优势，促进区域经济综合体的形成、发展。显然，如果没有明确的区域范围和区域界限，上述任务也就无从实现。

（2）区域应当是一个开放系统，但这种开放性并不否定区域界限的划分。同样，划定区域界限，并不就等于画地为牢。多年来我国存在着各地划地为牢的弊端，是根源于小生产的习惯势力和管理体制上的缺陷，而不是根源于有一定的区域界限。

（3）任何经济区的发展，都有其阶段性。随着生产力的发展和生产条件的变化，区域经济结构和特点及其在全国地域分工中的地位也会随之发生变化。因此，区域界限不能是一成不变的，而应根据情况的变化进行相应的调整。在正常情况下，但这种演变都有一个量的积累过程，量变到一定程度才发生质的飞跃。因此区域又总有其相对的稳定性，区域界限也就有相应的稳定性。区域界限到一定阶段后需要调整，但不能因此而否定区域界限的划分。

事实上，现在正在规划的上海经济区，规划范围就包括 10 市 57 县，其土地面积占全国的 0.7%，人口占全国的 4.6%，工农业总产值占全国的 15.5%，财政收入占全国的 1/4；东北能源交通规划区的范围，包括辽、吉、黑三省和内蒙古东四盟，其土地面积占全国的 8.2%，人口占全国的 1/10，工农业总产值占全国的 14% 以上。很明显，这两个经济区都是有确定的规划范围和明显的区域界限的。山西经济区也大体有一个规划范围，即以山西全省为中心，包括内蒙古西部（确切地说是内蒙古境内黄河以南地区）、陕北（大体上是陕西境内陇海铁路以北地区）、豫西（大体上是河南境内京广铁路以西地区）。

区域界限如何确定更合理？从理论上讲，经济区界限的确定，应综合考虑以下几点：一是在一个经济区的各个部分，在经济上具有近似的特点，而与其他经济区又有明显的区域特色；二是这种由若干地域单元结合而成的大的经济地域单元，要具有能够逐步形成地区专门化和经济综合发展的基本条件与潜力；三是经济技术发展水平较高、规模不等的经济中心和比较发达的地区，能够组织带动整个经济区的经济活动；四是原则上不打乱县市级行政区划的界限，当与现行县市级行政区划有矛盾时，可适当调整行政区划；五是各经济区之间不能交叉、重叠，不能有些部分既属于这个经济区，同时又属于另一个同级的经济区。经济区和经济类型区不同，类型区中同一类型的区域在地理上可以不连成一片，而经济区内的各个部分，则必须在地理上连成一片，不宜出现"飞地"。据此，有的经济区把人均产值或人均国民收入达到某个水平作为划区的依据是不合适的。山西经济区初步设想的区划范围，则大体上是适当的，但也有需要进一步研究确定的问题：如宁夏东部贺兰山煤田区同毗邻的内蒙古西部边缘的煤田区本是一个整体，似应考虑划入山西经济区，以利于这个煤田区的统一规划、统一开发，以及运输线路建设的统一安排，也有利于山西经济区内黄河水资源的统一开发、分配和利用；根据初步设想，山西经济区有一部分是以铁路干线为界的，这些铁路线上的城市如西安、咸阳、宝鸡、安阳、新乡、郑州、许昌、深河、驻马店、信阳等，是划进来还是保留在经济区外？现在有部分省实行"市管县"，实际上是一种"经济—行政区"。从发展来看，是整个经济区划体系中的一个重要组成部分。因此，经济区的界限，应考虑与"市管县"的区划体制相衔接，而避免这两种区划界限不必要的交叉、重叠。目前，山西省已有一个经济综合规划，豫西地区也正在进行区域综合规划的试点，但其规划范围只包括洛阳、平顶山二市；洛阳地区 16 个市县，南阳地区的 13 个市县，开封地区 3 个县，许昌地区 5 个县，驻马店地区 1 个县，河南境内黄河以北、京广铁路以西地区，均未划入。根据山西经济区初步设想的区划范围，却包括了河南的这一部分。因此，这两个规划的范围，需要及早统一，有关的晋、豫两省需要共同协商，明确整个山西经济区的规划范围，使经济区内各部分的规划得以相互衔接。

二、区域规划中区域模式的研究

经济区的发展模式，不是取决于人们的主观愿望，而是取决于区域发展的客观条件，现有特点及其在全国地域分工中的地位、作用。同其他经济区相比，既有某些共性，更要有其个性（特性）。区域特性主要表现在地区专门化部门的选择及其发展程度上。如果是上海经济区的模式，应当是工、农、运、贸并举，以轻纺、电子、机械、造船等加工工业为主体，原材料工业适当发展，加快向高精尖方向发展，加工工业多品种高质量发展，科技先进，农业集约，水陆交通发达，多部门协调发展，综合性较强的经济区；东北经济区的模式，应当是以钢、机、能（源）、粮、森（林）为主体，大力加强能源交通，在合理布局、综合平衡的基础上，发挥重工业的优势，建成更加强大的工业特别是重工业基地。那么，山西经济区的模式则应当是，以铁路建设为先行，农、林、牧、轻工业相应发展，煤、电、煤化、冶（金）、建（材）为主体，建成铁路畅通，采掘、原材料、制造业协调发展的能源重化工基地。这种构想在看法上基本上是一致的，但值得进一步研究的是：从全经济区来看，区域规划在考虑全区专门化部门进一步加强的同时，要重视全区经济的综合发展。作为一个经济区，上海经济区、东北经济区发展相对成熟。上海经济区是全国最富庶之地，不仅农、轻、重发展水平都较高，同时也是全国科技文化教育发达、对外经济贸易关系十分集中的地区，已经形成相对完整的区域经济体系；东北经济区经济体系也比较完整，这里有全国最大的统一电网，密度较高的地区铁路网，有品种规格比较齐全的五大钢厂和比较发达的有色金属工业组成的冶金工业体系，有全国最大的油田，形成从石油开采、加工到管道运输的石油工业体系，有以大型矿冶设备、大型输变电设备制造及汽车工业为主的机械工业体系。农业也较发达，有比较强大的粮豆基地和林业基地。这两个经济区的区域规划，是在这样一个比较坚实的经济基础上来规划今后的建设的。对比之下，山西经济区整个经济基础比较薄弱，国民经济各部门之间也缺乏有机联系，区内大部分地区，如蒙南、陕北、晋西，工业少，农业由于相当一部分地处水土流失严重的黄土高原，发展水平也很低，运输不便，科技力量微弱。山西经济区发展能源重化工有得天独厚的资源条件，不仅煤炭资源储量大（占全国探明储量 60% 以上），大型、特大型煤田多、煤种全、煤质好，开采条件优越，开发经济性较高，而且铁、铝、铜、钼等重要金属矿物和硫铁矿、天然碱、湖盐等化工资源也相当丰富，但目前除山西、豫西煤炭资源开发较多以外，其他资源和其他地区的煤炭资源一般都还未进行大规模开发，发展能源重化工的潜力很大。山西经济区就是在很不同于上述两个经济区的经济基础上，来规划今后的建设的。在区域规划中，在重点抓好地区专门化部门的同时，如何促进区域经济的综合发展，建立起既能发挥本区资源优势，突出本区特点，又能取得最佳宏观经济效益（包括生态效益）的区域经济结构，是一个必须予以重视的问题。特别是作为本区主导专门化部门的煤炭开发规模，既要加大，又要适度。不能认为全国能源紧缺，急需煤炭，本区煤炭开发规模越大越好，这是因为：

第一，煤炭开发规模的大小及其经济效益的高低，不仅取决于煤炭资源条件，同时还要受其他一系列区内外条件的制约，还需要十分重视资源的保护和生态系统的平衡，区域环境质量的改善。无视这些限制因素，操之过急，不适当地扩大煤炭开发规模，将会引起经济效益的递减和生态效益的丧失。

第二，地区专门化部门的发展，必须同地区经济的综合发展相结合。经济区本身就是一个有机的、开放的系统，其结构是由若干相互联系的具有不同功能的部分或企业群所组成。区域规划的性质和任务，就是在规划区域范围内对国民经济各项建设进行综合布局。如果规划重点（如煤炭）过分突出，不仅会妨碍区域经济的综合发展和地区经济的协调运转，而且最终也会妨碍主导部门的健康发展。现阶段，我国生产力水平不高，全国交通运输网的密度低，而且很不完整，山西经济区交通运输更不成体系，大片地区尚无铁路干线，公路也不多，在这种条件下，地区专门化程度不宜一下提得过高，特别是煤这种笨重的散装物资，运量大，占用运输工具多，回空率高，运费占总成本的比重大，开发过度，长期向全国 20 多个省市区供应原煤，这对运输来讲是一个难以承受的负担，或者是必须过多地加大运输建设的投资，而且还将挤掉其他物资的运输，影响其他部门的发展。就山西省而言，由最初的"煤炭基地"改为"煤炭能源基地"，进而改为"能源重化工基地"，这不是一个名词上的简单变化，而是反映了人们对晋煤开发及与之相关部门的内在联系在认识上的逐步深化。区域规划，就要把这种认识在地域上具体化。不仅在全经济区而且要在区内各个煤炭开发区，逐一落实采煤与关联部门的比例关系，落实煤、电、化、冶、建之间的比例关系，落实这些部门与其他部门的比例关系，落实重工业中采掘、原材料、制造业三者之间的比例关系，还要落实生产部门与基础结构设施之间的比例关系，与此相适应，安排好固定资产投资的结构，以防引起区域经济结构性的失调。

第三，由于地区客观条件的限制，也由于长期以来，我国煤炭消费中心远离煤炭生产中心的布局格局，难以在短期内根本调整过来，在中近期重点保证本区煤炭开发，并适当提高煤炭调出量与调出比，还是必要的。但从长远来看，这种布局格局必须改变。缺煤地区不断大规模地发展大耗能工业，煤电缺口越来越大，采煤地区老是围着这些基地兜圈子，急剧扩大煤的开发规模，加剧了煤的产运失调，于是又急剧地追加运输投资，把过多的运输投资放在缓解运煤线路的建设上，这种不良的循环最少是在长期规划中应引起重视的。也就是从方向上讲，山西经济区的区域规划，应具体体现出前面讲到的区域模式，以便有计划、有步骤地从现有的区域模式向新的区域模式过渡，防止上述国民经济不良循环无限制地继续下去。

三、区域规划中的企业布置和城镇体系的布局

就本区企业布置而言，基本原则之一，应当是立足东部，循序西移。全区的主攻方向是能源重化工，区内各地域单元的规划，都应把保证全区主攻方向作为重要内容，以发挥全区的优势。但区内各部分之间，经济发展的具体条件仍有明显的地区差异。如果粗略划分，全区可分为东西两大部分。东部地区，包括山西同蒲铁路沿线及其以东地区、豫西地区、陕北地区的南缘，这个部分除煤外，是本区铁、铝、铜、钼、硫铁矿的主要分布区，经济发展水平也较高，交通便利，全区现有九条铁路干线，都经过这一地区，沿南北同蒲、陇海、太焦、焦枝、石太，还形成一批大中小型工业城市，这里也是全区人口密

度较大，自然环境较好的部分。总体来看，是经济区的精华所在。西部地区，包括晋西、蒙南、陕北的大部分，煤是优势资源，天然碱、羊毛资源也较丰富，并靠近黄河水资源。这个地区水土流失严重，大部分农业发展水平很低，缺乏现代化工业，没有形成吸引范围较大的经济中心，除京包、包兰铁路经过一小部分地区外，也没有现代化的运输干线。经济区内各地域单元之间经济发展水平上的差距，远较上海经济区、东北经济区为大，因而调整区内生产布局，协调区内各地区发展比例关系的任务也比较艰巨。

根据东西大部分地区的特点，经济区的企业布局需要有步骤地展开，也就是在加强东部地区的同时，工业、铁路建设应由此向西部地区循序推移。所谓"循序推移"有两层意思：一是从发展方向看，必须推移。企业布置不能过于集中在少数经济发达地区和大城市，应适当地扩散到西部有资源优势而经济基础薄弱的地区及中小城市，以利于控制大城市的膨胀，合理发展中小城市（镇），发展地方经济，促进全经济区的经济繁荣。二是这种推移必须是有准备、有步骤的，不能操之过急，揠苗助长。在经济区的不同发展阶段上，企业布置应有不同的侧重点。大体上，前十年，可以东部地区为重点。在晋北地区，在着重抓好动力煤、煤电、建材的基础上，有步骤地进行铁合金、乙炔化工、洗选设备制造业的建设，立足当地农业资源，发展毛、麻纺织、制糖工业；在晋中地区，在重点抓好炼焦煤、煤电、建材的前提下，发展煤焦、精细化工、钢铁、铁合金、电子、高档普采机组和综采机组以及化纤纺织、高级文化用纸和工业技术用纸、家用电器、日用化工；在晋南与晋东南地区，重点抓好无烟煤、煤电、化肥、铝基地的建设，发展煤焦化工、盐化工、硫铁矿开发、钢铁、铁合金、铜工业、棉丝纺织、家用电器等工业，在豫西地区，重点开发煤炭、铝、钼资源，开展资源的综合利用。在东部地区也有个工业的扩散问题，即从南北同蒲沿线、豫西地区东部、北部，适当向南北同蒲以东地区及豫西地区的南部、西部推移。后十年，经济区建设重点合理西移，较大规模地开发蒙南煤田、陕北煤田和盐碱资源，煤电、煤化工和无机化工配合发展。在近十年中，西部地区做好开发的准备工作，如发展教育、培养人才、加强资源勘探、扩大精查储量、运输建设先行一步，改变闭塞状态，加强黄土高原的综合治理，因地制宜发展林牧农业，在全经济区的统一规划下，作好重点拟建项目的前期工作。

现代化运输是经济区发展的基本条件之一，也是经济区内调整布局的前提。特别是新区的开发、新点的开辟，更必须运输先行。如果说前十年本区运输线路的建设主要是解决晋煤的外运问题，那么后十年，运输线路的建设重点也要相应西移，加强经济区内东西两大部分及西部地区内部各地域单元之间运输线路的建设，这既是经济区内生产布局西移、东西两大部分走向一体化所必需，也是为在 20 世纪末全国建设重点西移、进军大西北作准备。

生产布局的调整，直接联系着城镇建设和城镇体系布局的调整。中心城市是区域的核心和支点，而城市建设又必须以城市基础结构的建设为基础。在上海经济区、东北经济区内，城市密度大，城市化水平较高，特别是长江洲和辽中南地区，在不大的区域范围内，大城市的周围中小城市（镇）密集分布，大中小城市之间、城乡之间在经济技术上已形成了相当密切的联系。山西经济区城市密度小，城市化水平很低，城市的分布也很不平衡。如不计入陕北地区南缘陇海铁路线上及豫西地区东缘京广铁路线上的城市，本区已设市的大中小城市不过十几个，其中非农业人口在 50 万以上的大城市只有太原、大同、洛阳三个。十几个设市城市的工业总产值不超过 120 亿元，其中有 86% 分布在东部地区的城市，西部地区只占 14%。蒙南地区还没有一个设市城市。也就是说，区内大片地区还缺乏经济中心作为地区经济发展的依托。这是本区经济发展和生产布局调整的一个不利因素。因此，在区域规划中，在规划生产布局的同时，要规划好城市建设和城镇体系的布局，工业建设、铁路建设必须与城市建设同步进行，协调发展，防止我国许多老工业区普遍存在的城市建设与重点建设相脱节、城市基础结构严重"超负荷"、不能满足重点建设投产需要和工业扩散需要的被动局面。

根据本区城市化水平低、城市建设落后，而工业建设任务繁重的状况，在区域规划中，需要规划好多层次的城镇体系的建设和布局：首先在近期，应适当密集投资，集中经营，建设好太原、大同、洛阳等现有大城市，尽快形成全区性的多功能的综合性经济中心，加强其吸引力，同时增强全区中小城市、矿区、农区的向心力。其次，合理发展中等城市，如铜川、焦作、平顶山、阳泉、长治是以煤矿、原材料工业为主的中等城市，工业、城市设施都有一定基础，位于煤田区和铁路干支线上，周围地区农业也比较发达，在加强城市基础结构建设的同时，还有条件布置一部分加工工业，可建成为今后进一步开发陕北煤田、豫西煤田、晋东南煤田及其他资源的前进阵地。再次，因地制宜、积极发展不同类型的小城镇，包括对现有小城市（如延安、榆次、临汾、侯马、鹤壁、三门峡、南阳等）的建设，利用现有工业基础，结合新项目的布置，进一步扩大工业实力，充实工业结构，其中有的还有条件发展为中等城市，成为所在地区的经济中心。在资源丰富并有条件开发的地区，建设新的工业中心，如位于煤炭重点开发地区、有条件在煤矿工业基础上发展煤电、煤化工的朔县、古交、霍县、乡宁、晋城、潞城、原平、临汾、韩城等，靠近重点金属矿区的垣曲、河津、灵宝以及接近盐业资源有条件发展无机化工的运城等，可结合重点项目的建设，同步进行城市建设，形成一批专业化程度较高的小城市。在农业发展水平较高和农副产品较集中的地区，重点发展相应的农副产品加工工业，形成一批小型轻纺工业中心。特别是在蒙南、晋西、陕北地区北部，目前还缺乏地区性的经济中心，需要结合新项目的布点、新运输线路的建设，新建一些小的经济中心，如离石、柳林、五寨、准格尔、东胜、府谷、神木等。这样，逐步形成一个大中小城市相结合的有机的城镇体系，促进经济区的发展。

鉴于大城市的矛盾较多，在城镇体系的建设和布局规划中，要十分重视小城镇的建设，以城带乡，以乡促城，城乡结合，同步发展，发挥小城镇联结大中城市与农业区、承上启下的纽带作用，避免走西方某些国家和我国某些地区在患了大城市"鼓胀病"之后，再回过头来控制大城市、搞乡村城镇化的老路。

四、区域规划与体制改革

山西经济区划是跨省区的区域规划，这种规划的本身就要求从国民经济的全局出发，协调经济区内部门之间、地区之间、部门与地区之间的关系，把各部门、各地区的规划合理地协调起来，统一于经济区的区域规划。因此这种区域规划是对原有管理体制的一个重大突破，是解决条块矛盾的一个探索。初步的规划实践证明，要制定一个科学的区域规划并顺利实施，也必须打破原有体制下形成的条块分割，解决好条块矛盾。

条块矛盾的实质是如何处理好经济管理中的部门原则和地区原则的关系。从理论上讲，部门原则和地区原则各有其作用。从生产力发展角度看，组织管理经济的原则应有利于促进地区专门化和综合发展以及跨部门、跨行业按产品的协作；从生产关系角度看，应有利于调动各部门、各地区的积极性，部门原则和地区原则都很难单方面实现上述要求，即各有其局限性。多年来的实践表明，片面采用部门原则，会形成部门分割，割断同一地区内不同部门的企业之间的正常联系，生产协作舍近求远，既不利于地区专门化和综合发展，又降低各种设备、设施的利用率；在管理上机构重叠，层次复杂，互相扯皮，生产建设问题不能及时解决；造成产供销空间上的脱节，形成许多不合理的运输；权力过分集中于条条，使块块既无权也无积极性地根据当地的条件、特点因地制宜、扬长避短地统一安排地区的生产建设。一句话，弊病甚多。反过来，片面采用地区原则，严重削弱了中央集中统一的领导，上述种种弊病又会以新的形式——反映出来，突出的部门分割表现为地区分割。因此，不能只在条条和块块上兜圈子，而应当探索一条条块结合的新路子。抓好经济区统一的区域规划，有助于实现条块结合。这就要求区域规划做到：

第一，科学地确定和协调经济区内各地区、各部门的任务和发展方向。

第二，根据国家和全经济区的统一要求，遵循利益均沾、风险共担、同舟共济、共同发展的原则，协调各项经济技术政策和主要经济活动，并同国家计划密切衔接起来。

第三，运用好经济杠杆，组织多种形式多种内容的经济联合，逐步形成一些统一的经济实体，进而实现全经济区经济的一体化。

区域规划的核心就是要真正体现社会化大生产的要求，实行合理的地域分工和专业化协作，克服原有体制束缚下造成的壁垒森严、流通堵塞、各自为政、重复布点、重复建设、重复生产的弊端，同时调动经济区内各个组成部分的积极性，解放生产力。但要做到这些，还是有不少困难的。由于行政区划不变，经济区内的各个部分，在行政区划上分属于不同的省市区，其规划势必还要同时分别纳入各有关省市区的统一规划中，如果两种规划出现重大分歧时，虽可由国家计委、国务院根据国家的全局全面权衡，作出裁决，统一矛盾，但由于关系错综复杂，在规划的实施过程中具体矛盾还很多，不可能什么矛盾都上交解决。这些矛盾由谁来处理？经济区规划办公室的主要任务是协调，既要协调经济区内各组成部分之间的关系，也要同有关省市区协商，协调经济区与有关省市区的关系，但它不是一个对经济区内各组成部分都有约束力的权威机构，对有关省市区更无约束力，不掌握相应的权力、资源和手段，在实践中能否有效地把各组成部分的活动纳入统一的轨道，能否有效地监督统一规划的实施，并及时妥善解决实施中出现的各种内外部的矛盾，这还是需要进一步解决的。随着以大城市为中心的经济区的建立，城市组织管理经济的权力加大，如何防止块块分割以城市分割的形式表现出来，也是需要研究的问题。看来区域规划、单规划地区的生产建设还是不够的。组织以大城市为中心的经济区，制定统一的区域规划，有助于条块矛盾的解决，但还难以完全解决。这就需要在区域规划研究中，同时研究体制的综合改革问题，把区域规划同体制的综合改革有机结合起来。

以山西为中心的能源基地的资源开发

一、区域资源开发在全国的战略地位

以山西为中心的能源基地的建设，是 20 世纪 80 年代初作为调整全国能源工业布局的一个特别环节提出来的。其主要目标是确保全国战略目标的实现。长期以米，我国能源紧缺，特别是到了 70 年代末 80 年代初，这个问题更为严重，由于缺煤少电，全国有 25%~30% 的重工业生产能力发挥不出来，每年由此而减少了大量的工业产值和相应的利税。中共十二大确定到 2000 年工农业总产值翻两番的战略目标提出后，能源工业怎么办？根据对 2000 年全国能源总需求的多种预测以及能源开发的客观可能性，到 2000 年一次能源总产量要由 1980 年的 6.31×10^8 吨标煤提高到 14×10^8~15×10^8 吨标煤。根据我国能源资源构成的特点，能源的生产与消费结构还要以煤为主，大体保持 70% 左右的比重。这就要求 2000 年原煤产量达到 14×10^8~15×10^8 吨。这新增的 8×10^8~9×10^8 吨产量从哪里来，怎样才能保证较好的综合效益？关键在于安排好全国煤炭资源开发的布局。新中国成立以来，我国煤炭开发布局经历了一个曲折的过程："一五"期间，全国煤炭开发重点摆在东北、华北，适当照顾缺煤的华东老基地，兼顾西北新开辟的工业基地。这样布局，综合考虑了资源和产、销三者之间的空间结合，比较恰当，效果也较好。但"一五"以后，煤炭开发重点多变："二五"前三年，为了保钢铁"遍地开花"，到处挖煤，力量分散。调整时期，大批下马，老基地没有相应加强，新基地也没有搞起来；"三五"期间，为了保三线建设，把重点摆在西南，一时间全国煤炭工业投资、地质勘探队伍、设计施工力量大量向西南转移，放松了老区的开发；"四五"期间，为了扭转"北煤南运"，重点开发江南，放松了北煤开发；"五五"期间，重点又转到华东兖州、徐淮和内蒙古东部三大露天煤矿。但都未能从根本上缓和全国煤炭紧张的形势。开拓重点在全国兜了一个大圈子以后，经过认真的调查研究总结，人们发现，综合比较起来，还是北煤特别是以山西为中心的能源基地开发条件最好。

这个基地的地理范围，最初只是山西省。以后根据全国煤炭资源的分布状况和煤炭经济的合理区划，现在确定包括山西全省、宁夏全区、陕西秦岭以北地区、河南京广铁路以西地区和内蒙古中西部（未包括整个内蒙古，因内蒙古一区土地面积就是约 114×10^2 平方公里）。按 1986 年 6 月底的统计，基地共计 38 个市、238 个县、30 个旗，土地面积 117×10^4 平方公里，占全国土地面积的 12.2%；总人口 9739×10^4 人，占全国人口的 9.4%。

这个基地开发的意义，一是大幅度调整全国能源和高耗能原材料工业的空间布局，促进资源、产、销在空间上的优化组合，以加强全国国民经济的"瓶颈"产业，保证全国战略目标的实现；二是以能源重化工的优先发展，带动这一地区经济的综合发展，提高基地五省区人民的物质文化生活水平。

二、地区的资源优势与优势产业的建设

作为全国一个资源重点开发区，山西等地区拥有得天独厚的资源及其他社会、经济资源的组合优势。

第一，资源条件好，特别是煤炭。这一片是全国煤炭资源最集中的地区，大煤田和特大煤田多，保有储量在 100×10^8 吨以上的煤田有 6 个（西山、霍西、河东、黄陇、胜利、白音华），250×10^8 吨以上的有 4 个（大同、宁武、宁东、准格尔），超过 500×10^8 吨的煤田有 3 个（东胜、陕北、沁水），多数相互毗邻，构成一个巨大煤田群。基地内煤的保有储量约占全国的 70%。而且煤种齐全，煤层稳定，构造简单，埋藏浅，开发条件好；煤质优良，特别是大同、东胜、陕北侏罗纪煤系的"三低（低灰、低硫、低磷）一高"（高发热量）的动力用煤，晋东南、宁夏的优质无烟煤、霍西、河东、宁武、西山的炼焦煤，都有较高的经济价值。由于开发条件好，开发的经济性也高，吨煤能力投资、生产成本、建设周期，都大大低于全国平均值，也低于全国其他富煤省区。全国大部分地区煤矿工业是赔钱的，山西却一直是赚钱的，山西省统配矿提供的利润，就占全国的 70% 以上。在这里开发煤炭，可以做到多快好省。

能源资源中，除煤外，还有黄河中游的水能资源；保有储量几亿吨的 4 个油田（南阳、长庆、延安、二连）。此外，在鄂尔多斯盆地、河套盆地等，石油前景良好。

冶金资源中，有一定铁矿资源，保有储量占全国的 13.5%，全国 10×10^8 吨以上的七大铁矿中，两个（五台—岚县铁矿和包白铁矿）在基地内。有色金属资源丰富，其中稀土占全国的 97%，相当于国外总储量的 4 倍；铌占全国的 60%，铝土矿占 59%，钼矿占 49%，都居全国首位；还有相当数量的铜、铅、锌、黄金矿。

化工资源中，有占全国一半以上的无烟煤。晋东南的无烟煤，是最佳的化肥用煤，生产氮肥，经济效益比焦炭还好；陕北的煤是良好的气化用煤；发展基本化工所需的硫铁矿、盐、天然碱、芒硝、石灰石都比较丰富，其中天然碱储量占全国的 99%。

在其他矿产资源中，蛭石占全国的 95% 以上，珍珠岩占 60% 以上，耐火粘土占 40% 以上，也都居全国首位。内蒙古、宁夏的石膏居全国各省区之冠。

基地能源和其他矿产资源不仅储量大、矿种多，配套程度较高，而且空间组合比较理想：山西、内蒙古西部都是煤、铁主要辅助材料相结合；有色金属、化工资源的富集区，多同能源富集区靠近；白云鄂博是全国三大共生矿之一，稀土铌铁多元素共生；不少煤田伴生丰富的铝土矿、硫铁矿，有利于综合开发、综合利用，形成联合生产基地。因此，基地发展能源重化工的资源条件是优越的。

第二，地理位置适中，具有区位优势。基地位于我国三大经济地带中的中部内陆地带北部，东靠发达地带，西靠待开发地带，是西北、西南与东北、华北、华东物资交流的必经之地。这种地理位置，既便于同沿海地带密切交往，互为补充，又同西北、西南互相依靠，构成开发西北西南的前沿、纽带和桥梁。特别是从煤炭工业的角度看，基地位置适中，可以兼顾各主要缺煤区。在全国煤资源丰富的地区当中，它既不像黔西煤田偏于西南，也不像新疆煤田偏于西北。如向国外出口煤炭，从太原运到塘沽，不过 657 公里，运到秦皇岛也只有 878 公里，比其他内陆省要近便。从社会再生产过程看，经济地理位置上的优势可直接转化为运力，节约运输投资和缩短流通时间，从而产生相当的级差效益。

第三，已有相当工业基础。"一五"期间，基地内的山西、豫西、蒙西、关中就是全国内地工业建设的重点地区。"三五"开始以后，是全国三线建设重点地区之一。"六五"以来，又是我国能源开发的重点。新中国成立以来，国家投入这个地区的力量是比较多的，已初步建成为一个以煤炭、冶金、机械为主体的新兴的重工业区域。1985 年，基地原煤产量 3.47×10^8 吨，占全国的 40% 以上，调出量相当于全国调出省的商品煤总量的 85% 以上，是全国最大的煤炭生产供应基地，现有生产能力在 500×10^4 吨以上原煤的大型矿区 9 个。其中：年产 2000×10^4 吨以上 1 个，年产 $1000\sim2000 \times 10^4$ 吨的 3 个。冶金工业方面，现有产钢能力 120×10^4 吨的大型钢铁企业 2 个，还有 4 个有色金属大型企业。主要产品中，氧化铝产量约占全国的 50%，钼精矿约占全国的 50%，钛材约占全国的 80%，单晶硅约占全国 1/3 以上，均居全国首位。电解铝、铜、铜材、稀土化合物的产量也占全国重要地位；机械工业方面，在郑州、洛阳、三门峡地区、关中地区、太原地区、呼包地区、银（川）青（铜峡）吴（忠）地区，建成了一批以重型、矿山机械，大型输变电设备，电子仪器仪表，机床轴承砂轮及大型拖拉机、纺织机械为主体的骨干项目。此外，电力、化工、建材及以棉毛纺织、制糖为主的轻纺工业也有相当发展。这为建设能源重化工基地打下了初步的基础。

第四，从全国经济形势看，我国工业特别是能源和高耗能原材料工业由东部向中西部地带的转移，已是大势所趋。这个地区，以其适中的地理位置，丰富多样的资源和相当的工业基础，在全国经济布局逐步西移过程中，有条件也有必要担负起"承东启西"的历史重任，这是基地建设的一个很有利的外部条件。

根据上述有利因素的组合及全国地域分工的要求，地区今后优先发展的优势产业主要是：

（1）煤炭工业。这是基地的基础，开发重点的重点。1980~2000 年，全国原煤产量将增长 1.25 倍，基地的产量将增长 2 倍以上，外调量将增长近 4 倍。2000 年基地将承担全国原煤产量的一半。

（2）电力工业。1980 年，基地内发电装机容量约占全国的 14%，跨及西北、华北、华中三大电网，但只有山西向京津唐输送少量电力，河南还要从湖北输入电力。从对外输电来讲，还没有起到能源基地应有的作用。从合理布局角度看，利用基地丰富的煤炭，建成强大的火电基地，就近地将低热值煤和部分原煤转化为电力，既可在地区内部发展高耗能工业，改变高耗能工业偏集沿海缺能地区的不合理状态；又可与华中、西北水电基地互相补充，互相调节，向京广铁路以东沿海负荷中心送电，这对改善基地的工业结构、提高区域综合经济效益、减轻铁路运煤压力来说都是有利的。根据煤、水、运的条件和电力负荷情况，20 世纪内，将分期分批建成一批大型火电站，总装机容量比 1980 年增长 2~3 倍，除满足基地内日益增长的需要以外，还可西电东送，缓解东部缺能区的电力供需矛盾。

（3）化学工业。地区内化工原料种类多，储量大，可以同时采用多种原料、多种工艺路线。综合发展多种化工，形成几个生产系列：以煤为原料的合成氨、氮肥、复合肥系列；以煤、石灰石、盐、天然碱为原料的电石—氯碱系列；以天然气为原料的石油化工系列；炼焦—焦油加工系列，并开发甲醇化工新领域。即充分利用这个地区的资源优势，主要生产能耗大、用水少的化工产品，如电石、烧碱、聚氯乙烯、甲醇及焦化产品，在此基础上，进一步发展一系列后续工业和精细化工，既为国家提供紧缺的基本的化工原料和中间产品，也支持基地内农业、轻工业的发展。这是全面改善基地产业结构的一个重要环节。

（4）冶金工业。钢铁工业方面，晋蒙是我国煤铁结合较好的地区之一。适应工农业翻两番的需要，全国钢产量要翻一番，因此要重点建设四大钢铁工业区（渤海湾区、长江中下游、西南区、晋蒙区）。其中渤海湾区铁矿资源最丰富，但炼焦煤资源不足，能源缺乏；长江中下游经济技术条件好，但煤炭资源缺乏，铁矿的后备资源也不足；西南区煤铁结合较好，但交通不便。相对说来，晋蒙区的综合条件较好，炼焦煤占全国一半以上，资源后备潜力大。现有生产能力中，由于铁矿石采造能力不足，生铁能力不配套，钢、特别是钢材还有相当一部分生产潜力没有发挥。因此进一步发展钢铁工业是有条件的。发展钢铁工业，一是加强矿山建设，挖掘现有企业生产潜力，提高钢、钢材产量；二是抓好现有重点企业的技术改造，提高质量，扩大品种，重点发展特殊钢板带、60~75 千克重轨、大口径石油管、造船和军工用特厚钢板、煤矿用钢材等；三是通过改扩建和配套建设，并有选择地在通往出口煤港口的铁路沿线和近煤近水，又有辅料的地点，新建几个中等规模的工厂，利用运煤的回程空车运进进口富矿，扩大生产能力。到 2000 年，地区钢的生产总规模要比 1980 年增长 1 倍以上。

有色金属方面，优先发展铝，进一步扩大包头共生矿开发利用规模，有条件地发展铜、钼及其他金属和有色金属加工。目前，全国铝的生产不能满足需要，平均每年要进口几十万吨。由于铝的国际价格大大高于国内价格（国际价格每吨已涨至 2000 美元以上，国内生产折合美元只有 1000 元左右），大量进口很不合算。基地内既有丰富的能源，又有丰富的铝土矿、石灰石，三者结合，生产成本较低。在这里优先发展铝工业，可承担国内的需要，节省国家进口铝锭的外汇。铝工业一次性投资虽较大，但投产后经济效益较高，即使是搞氧化铝，产值利润率就可达 46%。如进而搞电解铝、铝合金、铝材，其经济效益还可大幅度提高，这比单纯生产输出能源的效益高得多，是集聚资金的重要来源之一。铝工业是重要的载能体，调出 1 吨铝锭，等于调出 8~10 吨标准煤，在运力紧张的富能区，发展铝工业又是节省运力的有效途径。铝工业的综合连锁效应也较强，发展铝工业可以带动一群产业，繁荣一片地区。在整个基地建设中，铝工业将是今后发展最快的部门之一。到 2000 年，氧化铝和电解铝年产量约将分别提高 6 倍和 10 倍。

三、资源开发布局

（一）布局展开的步骤

第一步，也就是前十年，重点放在山西、豫西、关中，并抓紧抓好向西推移的前期工作；后十年，在继续建设东部的同时逐步向蒙西、陕北、宁夏延伸。

（二）布局的总构想

以郑州—洛阳—西安—宝鸡一线及包头—呼市—集宁一线为横轴，以大同—太原—焦作—平顶山—南阳一线及银川—乌海—石嘴山一线为纵轴，以大中城市和重点工矿区为中心，以能源为依托，重点开发四个规模不等的工业区域：

1. 晋东南—焦作开发区

以长治、焦作为中心。以晋东南的煤、焦作晋东南区的水，建设晋东南豫北煤电基地。电同当地的无烟煤、铝土矿、石灰石资源相结合，综合发展合成氨、复合肥料、铝氧、电铝、水泥等工业，形成煤水电铝化肥基地。这里是基地内优质无烟煤的主要产区，又是水源条件最好的地区；其地理位置靠近东部发达地区，运煤输电都较近便。属于"七五"、"八五"重点建设的区块。

2. 晋陕豫边界开发区

以河津、垣曲、运城、洛阳、三门峡、韩城为中心，包括晋西南、渭南地区、豫西北地区。在扩建渭北煤田、豫西北煤田、开发乡宁煤田的基础上，扩建新建晋陕豫煤电群，开发小浪底、龙门梯级，新扩建河津、中条山、洛阳、堆金城、奕县、渭南等地的铝、铜、钼、单晶硅、盐化、石化、化肥厂，形成一个以煤电有色金属为主的基地。这个地区机械工业基础比较雄厚，农业发达，地理位置与运输条件比较有利，东、西、北可同时接受郑州、西安、太原等大工业中心的辐射力，是基地向东、向南输煤送电距离较短之地。水源条件虽不如上一地区，但引黄河水比较方便，渭北有一定水资源，水质也较好，是基地内近期可以见效的开发区。

3. 晋陕蒙交界开发区

该开发区包括晋西北的河（曲）保（德）偏（关）兴（县），陕北的神（木）府（谷）榆（林）地区，内蒙古西南的呼（和浩特）包（头）准（格尔）三角地带。20 世纪内，逐步开发准格尔和陕北（神府）、东胜煤田、河东煤田北部，建设晋西北、呼包准三角煤电站群，扩建包头铝厂、包头钢铁公司，新建晋西北铝厂，形成一个以煤、电、铝、钢铁、稀土、铌为主的工业区。这里是基地内资源最密集、开发潜力最大的地区，也是开发难度较大的地区。一是交通不便；二是生态环境比较脆弱；三是水源缺乏；四是农业基础薄弱。在这个范围内，除呼包二市已有一定工业基础以外，晋西北、陕北还没有形成一个可以依托的工业基点。

4. 宁蒙交界开发区

扩建贺兰山煤田，开发灵武大煤田。这个地区位置比较偏僻，运输不便，煤炭外调困难，发展煤矿工业需要沿着两个方向实行加工转换，就近就地消化：一是煤—电—高耗能工业，包括扩建新建大武口电厂、大坝电厂，与黑山峡水电结合，形成水火互补的电力基地。重点在银（川）青（铜峡）地区。扩建新建铝厂、铁合金厂、炭素制品厂、大化肥等高耗能工业。二是开发利用当地的石灰石、石膏、盐、天然碱等化工资源，以乌海为中心，建设煤—电—煤化—无机化工系列。三是开发内蒙古狼山地区有色金属和硫铁矿资源。

四、资源开发中的重大问题与对策

（一）交通运输问题

交通运输是我国国民经济中的薄弱环节和重要限制因素之一。运煤能力不足是交通运输中的突出矛盾，而全国的运煤问题又集中表现为基地的煤炭外运问题。

山西省经过铁路的煤炭外运量，50 年代平均每年为 1160×10^4 吨，60 年代为 2250×10^4 吨，翻了一番；70 年代平均每年是 4500×10^4 吨，比 60 年代又翻了一番；进入 80 年代中期，平均每年是 1×10^8 吨左右，比 70 年代又翻了一番多。运煤能力增长缓慢，运力与运量的矛盾很大，铁路负担很重。目前，通过基地的主要铁路干线有 11 条，支线 21 条，但干支线营业里程只占全国的 13.8%。平均每百公里铁路担负的货运量比全国平均多 16%，其中山西省比全国平均多 1.8 倍，因而运输紧张程度远大于全国其他地区。虽然每年突击运煤，而积压量却不断增加。1980 年，山西存煤约 1400×10^4 吨，1983 年开始突破 3000×10^4 吨。煤炭大量积压，不仅占地多，自燃造成浪费，积压资金，影响再生产，而且一刮风，煤灰飞扬，造成大气污染；一下雨，雨水淋洗，煤中的有害元素随雨水流入河流或渗透到地下，造成水体污染。因此，解决煤的运输问题已成为基地建设的关键问题，也是 20 世纪内我国交通运输特别是铁路建设布局的首要任务。解决煤炭外运问题，需要采取多种途径，如提高入洗比重，减少无效运量；建设坑口电站群，以输电代替部分运煤；发展高耗能工业，提高就地消化率。但从根本上讲，还是要全面扩大运输能力。

根据煤炭开发布局，到 2000 年，基地煤炭外运量将比 1980 年扩大 3.4 倍。这些商品煤的流向，从大的方面看，主要是四个方向：①调往东北区，其运量将扩大 5.5 倍，占基地总外调量的 14.8%；②调往华东地区，其运量将扩大 4.4 倍，占基地总外调量的 42%；③调往中南的两湖两广，其运量将扩大 1.6 倍，占基地总调出量的 13.6%；④调往西南西北方向，其运量将扩大 9 倍。其余的是东运出口。

根据上述流向流量，铁路建设布局必须跟上，为此：第一，抓紧现有铁路的改造。在通过基地的 11 条干线中，将以不同方式改造 9 条，改造完成后，外运煤能力将扩大 1 倍。第二，及早建设新线。分两步走：第一步主要是解决晋煤外运问题。重点新修三条干线：大秦线、朔石线、侯（马）月（山）线，都宜采用复线电化，并根据各线情况，开行长大专列。全部修通后，可新增外运煤能力 2×10^8 吨以上。旧线改造，新线建设，晋煤外运就可形成四大通道，联结四大海港：①北路：大同—北京—秦皇岛港。这条通道主要运晋北煤及宁夏、蒙西经山西出来的煤。②中路：太原—石家庄—德州—青岛港。全为复线，主要运晋中的煤。③东南路：经侯月、新荷、兖石线，接石新港，主要运晋东南的煤。④南路：经太焦、焦枝、枝柳等线，接湛江港，主要把晋南煤直接南运两湖两广缺煤区。有了这四大通道，晋煤基本上都可以运出。但要把晋煤运到华东、东北、中南缺煤区，还要疏通、加强山西外部的有关通路、港口，包括关内外通道、南北通道，并开辟江、淮、大运河航道。

第二步，随着后十年蒙西、陕北大煤田的开发，这一片将成为基地内除山西以外第二个大量调出煤的地区，而这一地区现有交通运输很落后，规划开发的煤田都不在现有铁路干线上。由于铁路建设周期长，为了避免重复山西多年来铁路运输落后于煤炭开发的被动局面，需要及早抓蒙西、陕北煤炭外运线路的建设。蒙西、陕北煤外运有几个途径：第一个是修东线铁路神朔线，接朔石线东运。这条线路已在"七五"期间动工建设。考虑到蒙西煤很大一部分要去辽宁，经山西要绕道，也不经济。为了避免运量过分集中在大同以东地区，又有利于少数民族地区经济的发展和工业布局的展开，从路网合理布局来看，应当采取第二个途径，即修北线铁路，包括呼准支线和集宁—通辽—沈阳线，将蒙西煤直接北上然后东运辽宁。集辽沈线的修建，不但给蒙西煤开辟一条外运通道，同时它将内蒙古东西两部分，将东北、华北、西北的路网沟通起来，意义很大。但蒙西、陕北煤开发规模大，北线负担能力有限，而且不能解决蒙陕煤运往甘、青、川的需要。因此，还要采取第三个途径，即考虑修南线铁路，包括包头—神府—延安—黄陵—西安线，西安—安康线，接安（康）阳（平关）、襄渝线入川。此两线相连，构成一条连接蒙西陕北大煤田，纵贯蒙西陕西的南北干线，打通西北通往西南的新通道；修宝鸡—中卫线，东接侯（马）西（安）线、侯月线，西经甘肃到宁夏中卫，形成一条华北通往西北新的东西干线。

（二）水资源问题

基地处于黄河和海河流域，黄河干流贯穿整个基地，其主要支流如渭河、汾河、沁河、洛河等在基地内分布。由于干燥少雨，又流经黄土层深厚而疏散的黄土高原，水资源有以下几大缺点：

一是水资源总量不多。黄河虽是我国第二大河，但河川水资源量不多，多年平均径流量（花园口断面）是 560×10^8 立方米，居全国大江大河的第四位，小于长江、珠江、松花江；径流深 77 毫米，只相当于全国平均值（276）的 28%，在七大江河中仅略高于辽河；流域内有耕地 1.8×10^8 亩，平均每亩水量只相当于全国平均值的 18%；人均水量相当于全国平均值的 30%。目前，工农业及城市总用水量已相当于黄河多年天然径流量的 48.4%。由于黄河下游河道最少要有 200×10^8 立方米的排沙水量，加上上中下游兼顾，基地进一步可引用的水量就很有限。

二是水资源时空分布不平衡。由于降水季节性强（70%~80%集中在 7~9 月三个月），径流年内分配集中，干流每年 7~10 月汛期径量占全年的 60% 左右，3~6 月只占全年的 10%~20%；一些支流，汛期更占全年的 80%~90%，3~6 月占的比重更小，有些中小支流基本上断流。特别是基地所在的黄河中游，年内径流变差系数三门峡为 0.24，花园口为 0.25，较大支流更高达 0.4~0.5；

年际变化也很大，干流的最大年径流量与最小年径流量之比为 3~4，支流达 5~12，而且连续枯水年持续时间长。在 1922~1932 年，1969~1974 年，曾两次出现连续五年以上的枯水段。整个黄河流域水资源的空间分布很不平衡，基地内也很不平衡。基地北部和西北部的雁同、伊盟、乌海、榆林和宁夏，平均年降雨量只有 30~450 毫米，水资源很少，基地东部东南部的焦作、沁阳、晋东南地区则为 700 毫米，这两类地区水资源量就相差悬殊。

三是水资源的地理分布同能源矿产资源不协调。跨内蒙古陕西的鄂尔多斯，是我国四大聚煤盆地中最大的一个，但这里水源缺乏。大同宁武煤田和河东煤田北部，煤探明保有储量占山西省的 41%，但水资源量只占全省的 25%。这里的水资源，还要向京津地区补给水源，不能都加以利用。豫西有色、建材资源丰富，但义马一带水源严重不足。

四是水土流失严重，河水含沙量大。黄河多年平均输沙量多达 16×10^8 吨，年平均一立方米的水含沙量尚达 38.6 千克，给开发利用带来很大困难。自新中国成立以来，山西修了大中型水库 60 处，近 30% 的库容已被淤积，大大减少了对水资源的调节控制作用。

水资源的上述缺点，对基地工业结构的调整、工业布局的展开是一个很大的制约因素。一般来说，煤炭的加工转换、多次加工、输出电力和载能体综合效益高，但煤的加工转换多属大耗水工业，要求水煤结合，缺乏这个条件，就很困难。如何解决？要采用以下措施：

（1）调整产业结构。农业上按草林牧农安排顺序，发展节水型农业；工业上发展高耗能低耗水的重化工产品。

（2）就水布局。近期，重化工项目优先布置在水源条件较好的地区；远期，在黄河水资源的分配上，要照顾基地的需要，并在基地内部根据首先保证城市生活工业用水的原则，调整用水结构，较大幅度地提高城市生活工业用水比重，降低农业用水比重。黄河流域的水资源总的来看是难以平衡的，特别是基地的水资源更难与其丰富多样的能源矿产资源相平衡，从长远看，南水北调在长期规划中必须研究考虑。

（三）环境问题

由于基地所处的地理位置，这个地区是东北、华北、西北重要的生态屏障，对维护广大地区的生态平衡具有重大意义。但基地的大部分处于黄土高原，本身的生态环境比较脆弱。唐朝以后，特别是明清以后三百多年中，由于农业开发布局不当，森林草原破坏严重，生态平衡严重失调。新中国成立以后，虽然花了很大力气来进行治理，但由于在农业开发上仍然走历史上以粮为纲的单一生产结构的老路；在治理方针上，偏重于工程措施，忽视生物措施；在治理力量的部署上，偏重于下游的防洪，而忽视中游主要产沙区的治理，治末而不治本。加上管理体制、经济政策上的一些缺陷，使30多年来，边治理、边破坏，生态恶化的状况没有得到遏制。在工业开发上，多年来，由于走一条先污染后治理甚至不治理的路子，一些工业比较集中的城市区域，又出现工业污染，包头、太原均属于全国"三废"污染最严重的城市之列。包头的氟污染，太原的二氧化硫、飘尘污染，一些大煤矿区水资源的破坏，已相当严重。今后随着矿产资源更大规模的开发，煤电、冶金、化工、建材等污染型工业的发展，铁路的修建如果布局不当，对生态资源的破坏将比农业开发不当所造成的破坏速度更快也更严重，其影响将是既广泛又深远的。这是基地建设，特别是在生态环境比较脆弱、生态系统已经失调的蒙西、陕北、晋西地区的工业开发过程中一个特别值得重视的问题。为此，首先要有一个正确的指导思想。只注意眼前的现实的经济利益，而忽视国民经济的长远利益；只致力于向大自然索取财富，而忽视可能引起的后果，这样的苦头在黄土高原地区已吃了不少。反过来，如果因噎废食，对丰富的地下资源不敢开发，捧着金饭碗要饭，形不成一定的经济实力和经济实惠，群众迫于生活，再好的治理方案也难以实施与坚持下去。而且从全国来看，基地的能源重化工发展不起来，势必影响全国战略目标的实现，其经济政治上的损失也是很严重的。因此，必须把国土的开发利用与治理保护有机地结合起来，既能发挥基地自然资源优势，确保国家重点建设的完成，又能消除生态环境破坏的危险，建立起国民经济系统和生态系统的良好循环，这应当是基地建设的首要目标。

环境保护的具体途径，除了抓好生态农业，因地制宜，提高各类土地资源的利用率和经济性以外，在工业开发上，要注意以下几点：①矿产资源，特别是大露天矿的开发，必须把土地复垦和煤矸石综合利用列入矿区总体规划之中，尽量减少采矿对土地资源的破坏及由此引起的生态系统失调。②城市工矿区的建设，必须做到"三同步"，实现经济效益、社会效益、环境效益的"三统一"。③重大污染型项目的建设，必须作好区域环境的预评价，明确其对区域环境质量的影响并落实对策。④基地开发规模要考虑环境容量及治理经费的承受能力。综合开发、综合利用，不是搞"大而全"或"小而全"，不能关起来搞，要加强与区外的横向联系。如煤电站就不一定都摆在基地内，可以调出一些煤炭到区外的负荷中心进行建设。在全国工业的总体布局中，不能因为基地发展能源重化工的条件好，就把能源重化工的开发任务过多地压在基地身上，需要有重点，但重点也不能过重。基地的建设规模，不仅要考虑人力、物力、财力的可能，也要考虑环境的容量，考虑治理在经济上的承受能力。⑤加强对乡镇企业的宏观控制。基地建设，需要国家集体个人一起上，大中小型企业一齐搞，乡镇企业要放开放活，允许并鼓励乡镇企业办矿，办小火电、办小焦厂、小化工，但必须加强计划指导，加强区域性的国土规划。主管部门要把住乡镇企业和农民开矿的审批，与毗邻的大中型矿要划分开采范围，防止布点过多过密，随意乱挖乱采；对乡镇和个体的加工企业，特别是其中的污染型企业，也要有一定的治理措施，防止污染扩散。一般来说，城市和大工矿区的污染是点和线的污染，乡镇企业数量大，分布广，搞不好的话，所造成的污染，将是面的污染，这个问题已经有所反映，需要及早进行正确引导，采取切实可行的对策，不能放任自流，不能以牺牲环境和资源为代价，去换取眼前的经济利益。

载《自然资源学报》1989 年第 1 期

在新技术革命浪潮中的山西对策试探

关于新的技术革命，不管西方如何宣扬，但科学技术的进步，总是社会发展的一种必然趋势。在马克思主义者看来，科学是历史的有力杠杆，是最高意义上的革命力量。因此，我们对任何领域的每个科学成就、每个技术上的突破，都应当密切注视它、研究它，把它当作革命力量来加以利用。当前世界上出现的这次新技术革命，其规模、速度是空前的，其实际应用及其对历史发展的影响，将更为广泛而深刻，这就更要引起我们的重视，及早采取正确的对策。要制定一个正确的对策，除了要不断研究世界新技术发展的动向及其可能产生的影响以外，更重要的是从本国本地区的实际情况和特点出发。就山西而言，研究对策的出发点是，既要同国家的对策相协调，又要符合本省的客观实际。

就山西而言，研究对策的出发点是，既要同国家的对策相协调，又要符合本省的客观实际。从全国看，有几点是值得注意的。

从我国国情的基本特点出发，从全国看，在宏观对策上，以下几点是值得注意的：

第一，我国还是一个经济技术落后的大国，科技人才缺乏，财力不足，基建投资不能太大；地区经济发展又很不平衡，发达地区与不发达地区经济技术上差距很大。因此，不可能在一切地区、一切领域都跳过传统的工业化阶段，直接采用最新技术发展尖端技术产业，而只能是在某些地区、某些领域先行一步。客观条件允许超越的，要不失时机地实行超越，条件不允许的则不能蛮干，不能"一刀切"，一哄而上，遍地开花。

第二，从全国说，至少在20世纪内，我国经济发展的主体还是三大战略重点。三大战略重点上不去，整个国民经济难以出现新的飞跃，新技术也不可能得到真正的发展。因此，新技术首先要为三大战略重点服务，使它们获得发展的新手段，加快其发展速度，而不能只盯着几项最新技术，削弱以致取代三大战略重点，"喧宾夺主"。

第三，在全国对策规划中，新技术的开发和新产业的发展应立足沿海，循序西移。在全国三大经济地带中，沿海发达地带传统工业已高度集中，城市密集，拥有经济技术上和经济地理位置上的明显优势，但其北部水源、能源、矿产资源均不足，南部能源、矿产资源更为贫乏。要扬其长而避其短，今后应在此地带内，集中智力，密集投资，较快地建立和发展新兴尖端技术产业，形成引进、吸收、消化、转移最新技术的基地。边疆待开发地带空间广阔，资源丰富，但经济基础薄弱，交通不便，人口稀少，特别是科技文教事业落后。这里有巨大的开拓潜力，但现阶段还主要是打基础，作准备，同时重点布置一些国家急需而又能发挥其资源优势的项目；中部内陆地带，兼有上述两大地带之长，而其短处又不如两大地带那样突出，其地理位置正处于上述两大地带的过渡地带，在经济技术上可以起到承东启西的作用，有条件作为 20 世纪内全国建设的重点。在这个地带内有两个地区特别值得注意：一是山西，以煤为主的综合开发；二是湖北，以大三峡水电为中心的综合开发。这是解决我国能源问题、实现全国战略目标的战略环节，应当有选择地采用新技术，赋予传统工业以新的生命力。这就是说，就全国而言，新兴产业的开拓，应采用从区域、地带发展逐步过渡到全国的策略。

以上几点，也是山西研究对策的根本出发点和宏观依据。

山西的实际又是怎样的呢？

（1）山西发展能源工业及能源加工转换工业有得天独厚的优势；

（2）交通运输远远落后于能源重化工开发的要求；

（3）农业、轻工基础薄弱，科技文教事业与经济发展很不适应，而且越来越不适应；

（4）现有产业结构中，不仅真正属于新兴产业的比重极少，而且传统工业部门的生产技术水平和经营管理水平也很落后，劳动生产率及反映经济效益的多数指标，都远低于国内发达地区；

（5）在全国各省市区中，山西现在已是国家重点建设项目最密集的地区之一。重点建设任务极其繁重，建设的状况如何，将影响全国的全局。

山西首先要服从并服务于全国的全局，也要开创本省经济社会发展的新局面，力争在 20 世纪末 21 世纪初，跻身发达地区之列。

在研究山西对策时，更要十分重视本省的上述情况和特点。

山西的对策是什么？

在战略指导思想上，个人认为，首先要服从并服务于全国的全局，确保国家重点建设项目多快好省地建设起来，也要研究分析重点建设对本省经济、社会的综合影响，并针对已经暴露出来和可能出现的新问题，采取有效措施（包括技术措施），既对全国作出独特的贡献，也开创山西经济社会发展的新局面，力争在 20 世纪末 21 世纪初，跻身发达地区之列。山西迎接新技术革命挑战的对策，应是为上述目标的实现创造条件，而不能脱离上述目标来谈超越。

从利用机会、迎接挑战的角度来看，对策也应当是有阶段性的，大体可分为两大步骤：

第一步（假定为 1995 年前）。重点不应放在追求迅速地大幅度地提高新兴尖端产业在产业结构中的比重，而应当放在新技术在本省战略产业中的应用上和现有产业的技术改造上，使战略产业的主体部分逐步转移到现代化科学技术基础上来。具体来说：

（1）新技术首先要为能源重化工基地建设服务，如输能新技术的应用及现代化输能系统的建设，适合丁本省大煤田开采条件的综采机组、大露天成套设备的国产化、定型化，新型节水发电机组的研制应用，煤炭加工转换新技术的应用，特别是在煤化工领域内，采用新设备、新工艺、新路线、新设计，大力开发煤化工新产品。不仅在数量上是全国最大的煤炭基地、煤化工基地，同时也是全国最现代化的煤炭基地、煤化工基地，在传统能源与新能源、传统化工与新兴化工的结合部，派生新的生长点，推动这些传统工业的知识密集化和高附加价值化。

（2）新中国成立以来，山西机械工业有很大的发展，有一批大型骨干企业，但电子工业极少（特别是生产资料类的电子工业），撇开现有机械工业基础，另起炉灶是不可取的，安于现状，也难有大作为。应当把电子技术与现有传统产品结合起来，大大加速省内机械产品的升级换代，推陈出新（可否设想最适用于较危险和有毒工业部门的由微处理机、数控机床、机器人组成的"人工智能"系统的开发和应用），既充分利用现有机械工业基础，为省内战略产业提供先进技术装备，又大幅度地提高机械工业的经济效益。

（3）山西军工已有较好基础，技术力量相对雄厚，技术门类也较全，除一般机械拥有的冷、热加工技术外，还拥有一些先进的特有的工艺技术，生产加工设备和实验测试设备，也比民用工业部门先进。但多年来，军工民用各搞一套，互不配合，近年来虽有所改进，但还处于起步阶段。军工技术向民用工业转移，向新兴产业转移，对改造现有产业、开拓新产业有较大潜力，应从体制、政策等方面，促进军工潜力的发挥，形成开发新技术、开拓新产业的一支重要力量。

（4）新型材料既是新技术革命的一分子，又是新技术工业的物质基础。资源型和资源加工型工业，在当前和今后一个时期内都是本省工业结构中的主要组成部分，这为本省发展新型材料工业提供了有利条件。应积极开发全材料技术，利用本省冶金、煤化工的较好基础，发展新型材料。

（5）加强农业这个基础，是本省经济发展的一项重要任务。水源不足，工、农、城市生活用水、用地的矛盾，是农业发展的一个重要限制因素。根据山西的水、土、气资源条件，农业问题在传统技术基础上是难以根本解决的，有必要开发生物工程，把生物工艺学应用于旱作农业，重点抓耐旱、耐寒、耐瘠薄的新品种，较大幅度地提高旱作农业的单产。

（6）山西污染型工业比重大，布局又相对集中，生态问题已相当严重，越来越成为本省经济、社会发展中的一个带有战略意义的问题。新技术的开发和应用，应把解决这个问题放在一个重要位置上，即使在经济上可能收益小、见效慢，也不可忽视。

（7）决策机关要高瞻远瞩，全面规划。既要重视纯粹科技本身的输入与发展，也要重视发展科技所需的制度及文化环境。包括尊重科学技术，善于网罗科技人才参与决策机构，设立专门规划与推动科技发展的强有力的政府机构或强化已有这类机构的功能。这种机构不仅要有推动科技发展的热诚，也要讲究效率，改变传统保守习性；要发现提拔重用科技发展的领导人才，也要培养多方面、多层次的科技研究与工作人才，在这里，除强化正规教育体制、改善教育结构以外，也要加强知识与文化的传播、普及，把科技文化融合于一炉，形成一个发展科技的深厚的社会基础；在教育结构的改革中，需要树立超越观念，即从现在起，不宜按传统的教育方式培育单一专门的知识人才，而应着眼于培育新一代"一专多能"的知识人才，使之能够满足社会经济科技发展广泛结合的需要；综合改革一切不适应于新技术革命的体制与政策，便于在全省范围内集中人才、知识、资金，先有计划地建立起本省的"硅谷"，这是推动新兴产业形成和发展、用新技术改造传统工业的一种好的形式。

总之，第一步，是以新技术改造、带动传统产业的发展为主，也在这个过程中开发某些新领域、新产品，并为下一步的发展打下基础，准备必要的条件。

第二步，在20世纪末和21世纪初，全国经济开拓的重点，包括能源、电化工、电冶金工业的开拓重点，将进一步向西转移，山西向全国供应煤、电和载能体的建设任务将相对减轻，西南西北将逐步加大分担这一任务的分量。这时，山西就有可能腾出手来，利用 20 世纪内重点建设打下的较强的经济技术基础和蓄积的力量，较快较大幅度地吸收消化沿海地区的先进技术，更多地建立和发展新兴尖端技术产业。

第三步，在 20 世纪末和 21 世纪初，全国经济开拓的重点向西转移后，山西就有可能腾出手来，实行产业结构由以传统部门为主向以新兴部门为主的方向过渡，促进经济、社会、科技的新飞跃，同时也将分担一部分沿海发达地区支援西部大规模开发的任务，这比沿海地区的支援更近便也更经济。当然，这个战略转变的时机、规模、速度，取决于 20 世纪内全国和本省工作的好坏，而不决定于我们的愿望。因此，第一步的工作既要从现实着手，扎扎实实，又要从长远着眼，面向未来。从现实出发，决不能放松国家赋予山西建设能源重化工基地的重任，应当以现代化的能源重化工基地的建设来带动山西整个国民经济的健康发展，脱离这个中心的决策是不现实的，因而是不可取的。从发展远景看，山西也不能停留在能源重化工基地的地位，无限制地加大能源重化工的开发规模。在新技术革命蓬勃发展而且将越来越广泛地席卷世界的时代，停留在传统的而且是资源型和资源加工型的工业化阶段，将使山西同国内发达地区的差距越拉越大，而不可能卷入这个世界新潮流，这也是不可取的。

载《经济与社会发展》1984 年第 1 期

论晋西沿黄工业带的建设

山西是我国最大的能源重化工基地的主体。山西的工业发展和布局展开的状况，对整个能源重化工基地的建设起着关键性作用。晋西沿黄工业带的建设，又是山西工业布局中的一个重要问题。

一、建设晋西沿黄工业带的必要性与可能性

（一）建设晋西沿黄工业带是调整山西工业布局的战略步骤

山西工业发展到现在已具有相当规模。其工业总产值占全国的 2.4%，占"基地"有关五省区工业总产值的 1/5 以上。

就工业开发的矿产资源而论，山西矿产资源的一个重要特点是优势矿种储量巨大，综合优势度高。在全国 55 种主要矿种中，保有储量占全国首位的就有四种（煤占全国的 27.1%，铝土矿占全国的 38%，耐火粘土占全国的 17.3%，珍珠岩占全国的 36.2%），仅次于辽宁的七种，与青、湘、粤相同。一般来说，矿产资源中最具有关键意义的是煤、油、铜、铁、铝五种，一般称为"关键矿种"。按资源的综合优势度公式计算，山西这五大关键矿种的综合优势度为 0.950，居各省区首位。

比较雄厚的重工业基础与综合优势度高的关键矿种相结合，为山西省在基地范围内保持领先地位提供了物质技术基础。但山西已有的工业分布格局，存在着很大缺陷；即空间的集中度过高。从全省看，工业主要集中在中部同蒲沿线。沿线七个城市，就集中了全省工业产值的 53%。大型企业密集，集中了全省大型工业企业总产值的 73%。冶金、化工、机械、食品、纺织、缝纫、造纸分别占全省的 50%~78%。东部特别是西部广大地区，除阳泉、长治、晋城外，现代工业都很少，还没有形成一个有一定实力的工业基点。在同蒲沿线，工业又偏集于太原、大同二市。这两市集中了全省工业总产值的 44%，为沿线其他五市之和的 4.85 倍。

由于山西的工业结构是以运量大、占地多、耗水大、污染重的能源重化工为主体，工业的高度集中，就意味着污染源的集中、货运量的集中、工业用地用水的集中。这些集中带来如下矛盾：①城市工矿区污染严重，环境恶化；②占用了大量适宜性广、宜于农耕的平川地；③供水紧张。

（二）建设晋西沿黄工业带是充实完善以山西为中心的能源重化工基地的重要环节

从近几年能源重化工基地建设的情况看，煤上得很快，电也还可以，但重化工这一大块进展却较慢，能源与重化工的发展相当不协调，能源就地就近转化的能力过小，其后果是导致煤炭运输能力越来越紧张，积压量越来越大，不利于煤炭工业本身的健康发展。工业空间分布的严重缺陷，迫切要求在富能地区加速布置高耗能原材料工业。包括多年来我国钢铁工业就铁布局的模式为就燃料产区布局的模式；在水电丰富地区实行水电铝工业联合开发的同时，在富煤地区实行煤、电、铝联合开发；在富油地区发展石油化工的同时，积极在富煤地区实行煤合成气甲烷新一代煤化工的综合发展；扩大传统的乙炔化工、建材工业的规模，将国家越来越紧缺的上述高耗能原材料工业的建设重点逐步由东部缺能区转向中西部富能区。利用兼有能源与资源的双重优势，尽快建设晋西沿黄工业带就成为一个重要环节。

（三）建设晋西沿黄工业带是晋西脱贫致富的必由之路

晋西中北部是我国的老革命根据地，也是全国的重点贫困区。其基本特点是地下资源丰富，生态环境脆弱，经济落后，三者交织，在经济上处于某种程度的恶性循环，而根本原因在于穷。由于穷，既无力有效地、大规模地进行治理，也无力大规模开发利用优势资源。要打破这种恶性循环，必须依靠国家力量的推动，依靠外部的集中投入，重新组织生产要素，以地下的开发促进治理，以重点建设带动地方经济，才有可能发挥地下资源的优势，加快生态恢复的进程，良性循环发展。晋西南部情况虽然好一些，农业已有较好基础，生态环境也相对优越，但地区经济仍处于一种低水平的循环。现代区域是一个多部门协调发展的完整的系统，农业对稳定区域固然有巨大作用，农业各部门提高经济效益也有文章可做，但多年的实践也证明，单独地开发农业自然资源，工业上不去，也会造成区域经济失调，效率低下。特别是在工农业间收入上的差距短期内难以缩小的情况下，单一的农业发展也很难从根本上改变区域面貌，而且相比之下，区域的经济地位还将呈下降趋势。所以从晋西的整体上看，工业开发是大势所趋，人心所向，是脱贫致富、区域繁荣的必由之路。

（四）建设晋西沿黄工业带的可能性

晋西沿黄工业带在建设初期可考虑在地理范围上包括北部的河曲、偏关、保德、兴县，中部的离石、柳林、中阳、方山、临县，南部的乡宁、河津、万荣、稷山，土地面积达 2 万多平方公里，占全省土地面积的 12.9%，总人口250 多万，占全省人口的 9.84%。这个地带具有的潜在优势是：

（1）煤炭、水电资源空间组合好。作为山西六大煤田之一的河东煤田，北起偏关，南到河津西硇口，南北长约 420 公里，东西宽约 45 公里，在黄河东岸形成一条包括九大矿区的煤带，北部有河曲、保德、兴县矿区，中部为临县、三交、离石、柳林矿区，南部为乡宁、赵家湾矿区，煤田总面积为 1.69万平方公里。由于勘探程度很低（六大煤田已勘探面积平均占总含煤面积的26%，其中河东煤田只占 8.6%），探明保有储量虽在山西境内不占突出地位，但其煤种大部分为焦煤，北部以气煤为主，中、南部主要是肥、焦、瘦煤，特别是中部的低硫、低灰主焦煤，具有煤种煤质上的优势。黄河北干流河段长725 公里，水电资源比较丰富。可开发梯级，主要在晋西地带呈南北分布，北段有万家寨、龙口，中段有军渡、碳口，南段有龙门，这五个梯级总装机容量约 560 万千瓦。这些有综合开发利用价值的水力枢纽，是山西以至华北电网最近便的调峰、调频电源点，也是山西提黄最近便的地点。既便于地带内煤电水电的联网，也有利于地带内地表水与地下水的联合开发利用，相互补充。

（2）能源与资源空间组合好。河东煤田含煤系地层中有多种与煤伴生的矿产。在全省占优势的有铝土矿。山西铝土矿储量居全国之首，而山西又以晋西地区最多。与晋西沿黄工业带距离近的孝义一处，占全省总储量的 39% 以上；河曲、保德、兴县、柳林、中阳铝土矿连成一片，占全省的 1/4。而且全省铝硅比最高的富矿绝大部分集中在此。煤矿、铝土矿中镓的含量较高，煤田、铝土矿带还有丰富的高铝粘土、铁矾土、硅石、溶剂灰岩、电石灰岩，河东煤田北部还有油页岩与煤伴生。这些资源组合为发展煤、电力、多品种耗能原材料工业提供了优越的物质条件。

（3）水资源相对丰富。晋西入黄支流区，河川径流量不算大，但漫长的黄河河漫滩地下水比较丰富。北部河曲保德间的天桥泉、龙口泉，中部三川河下游的柳林泉，仅初步勘探，就有 8~9 立方米/秒的流量，特别是南部黄汾交汇处 150 平方公里的冲积扇，地下水源补给充足，水量大，水质好，已初步勘探的 70 平方公里范围内，地下水可采量就有 8 立方米/秒。就单位面积出水量看，大体接近于全省的平均值，但水资源总利用率远低于全省平均数。全省平均水资源总利用率已达 42.2%，晋西只达 15.3%，其中河川径流利用率，全省平均为 30% 以上，晋西则不到 13%。

（4）空间相对广阔，环境容量较大。晋西是人均土地资源较多的地带，按上述地理范围计算，人均土地资源近 12 亩，比全省平均的 9.1 亩高近 1/3。特别是晋西北部，人均土地达 21 亩以上。当前的经济密度还很低，特别是工业和城镇的密度很低。

综上所述，建设晋西沿黄工业带，不仅有重大意义，也是有客观依据的。

二、晋西沿黄工业带开发重点的选择与产业结构的优化

区域产业结构是区域经济成熟程度的集中反映，也是区域进一步发展的出发点之一。从发展阶段看，晋西沿黄地带还处于"起飞前提阶段"。与此相适应，区域产业结构的基本特点是除南部少数地方外，还保留着自然经济的格局。

一般来说，作为区域开发的重点，必须具备以下基本条件：

（1）市场条件。即这种产业的产品，不仅是本地区发展所需要的，更重要的是国家大量需要，产品输出比大，有广阔的市场和发展的前景。

（2）建立在特殊有利的地区条件的基础之上，同其他地区的同类产业比，它能以较好的综合效益大批量地生产出来，具有较强的竞争能力。

（3）综合连锁效应强。即它的发展同时具有三种连锁效应：向前连锁效应，即能刺激它下面一些生产阶级的发展；向后连锁效应，即能刺激它前面几个生产阶级的发展；旁侧效应，即能带动所在地区地方经济的发展。

据此，晋西北沿黄地带的开发应以什么为重点呢？有的主张把农业和以煤为主的矿产资源的开发并列为重点；有的主张以煤、电、建材为重点。我们就对这几个产业做些分析。

农业不是这个地带的优势。由于这一地区农业生产的自然环境条件差，改造起来也相当困难，在这种情况下，农业生产的发展和经济效益的提高虽还有文章可做，但制约性很大。同其他地区相比，很难形成区域优势。

电力可不可以作为重点，笔者认为不宜笼统地提。河东煤田除北部外，中部、南部特别是中部离柳各矿区的煤炭资源，主要是优质炼焦用煤，这种煤直接用来发电是不经济的，也是国家不允许的。当然，如果考虑到黄河北干流的梯级开发，其综合效益较大，除增加地带的发电量外，可以对华北电网起到调峰作用，给引黄入晋创造良好条件；增加水源减少水内含沙量，便于工农业用

水；减少洪水对下游的危害；有利于发展内河航运、养殖业。作为山西以至华北电网重要的调峰电源点，把水火电结合起来看，列为开发重点也是可以的。

在建材方面，本地带虽有丰富的水泥灰岩，将来还有大量的煤矸石、赤泥，发展建材是有条件的。但建材这种物资，经济运输半径有限，不宜长途外运。在工业中，建材工业是种"广布工业"，很多地区都有条件发展，所以它也只是一种支撑性产业，而不大宜于作为主导产业。

用重点产业的标准来衡量，笔者认为，晋西沿黄地带的开发重点应是优质炼焦煤和焦化工业、水火电结合的电力工业，包括从矿山开始到铝合金生产的铝工业。

河东煤田处于我国煤海之中，北有神府东胜，南有渭北、豫西煤田，东有大宁煤田、霍汾煤田、西山煤田，河东煤田夹在中间，以什么取胜？要以煤种煤质取胜，即提供大量的优质炼焦用煤，并就地转化为冶金特别是铸造焦，在此基础上，进而发展焦油化工、精细化工，这样竞争能力就可大大加强。

铝工业是晋西另一个很有前景的优势产业。1985年我们考察了河津、河保偏地区以后，根据全国铝工业的形势和我国几个省区发展铝工业条件的对比，曾提出建设黄河中上游铝工业带的设想：上中游分工协作，各尽所长。中游，主要是晋西、豫西，煤、铝土矿、石灰石资源丰富，也拥有较丰富的硅石资源和提炼金属镁的湖盐资源，这些资源组合，可以大量生产氧化铝，进一步发展电解铝及铝硅合金、铝镁合金，同时为黄河上游的甘、宁、青以至内蒙古、陕西，提供商品氧化铝，发挥黄河中游上述资源组合优势；甘、宁、青发挥水电资源优势，蒙、陕发挥煤电优势，利用晋西豫西的商品氧化铝，发展电解铝。现在这几个省区的电解铝工业的建设已经展开。根据全国铝工业的总体布局，到2000年，全国电解铝的总规模要达到200多万吨，原来设想在西北黄河一带布置100万~120万吨，年需氧化铝200万~240万吨。尽管最近铝工业的布局有些调整，但甘、宁、青、陕已确定和正在建设的电解铝厂，其总规模已有80万吨左右，年需氧化铝160万吨。这些地区还没有发现有开采价值的大型铝土矿，其氧化铝全部要由外区供应。从经济地理位置看，由晋西来供应氧化铝是最近便的。山西铝工业的发展，必须考虑到这一点。据了解，山西铝工业发展的设想是搞南北两大点，再搞三个中型铝工业点，氧化铝的总规模是200万吨，电解铝70万~80万吨，需用氧化铝140万~160万吨，这样可外供的商品氧化铝只有40万~60万吨，这不能满足上述省区电解铝的需求。因此，需要进行调整：或者是压缩山西电解铝的规模，或者是扩大氧化铝的规模，笔者是主张后者的，铝业布局有个特点，就是既要达到一定的经济规模，企业规模小了，综合经济效益要降低。我国八大铝厂以外的几十个中小铝厂，经济效益低，就是企业规模达不到经济规模，但又不能过分集中，因为铝工业中既要求一定条件，又有氟污染碱污染。所以从山西省来看，应在晋西北沿黄地带适当展开，可以考虑分期建设南、北、中三大基点：南是河津，北是河保，中是离柳。铝工业一次性投资虽较大，但投产后经济效益较高，即使是搞氧化铝，按河津铝厂 20 万吨规模计算，产位利润率就可达 46%。如果进而搞电解铝，搞铝合金、铝材，其经济效益还可大幅度提高，这比搞煤、搞煤电的效益高得多。落后地区是集聚资金的重要来源之一。在煤多、电多、铝土矿多的地区，铝工业是能源转换为载能体的一种比较理想的工业。调出 1 吨铝锭，等于调出 8~10 吨标准煤和 4 吨铝土矿、6 吨石灰石矿，在运力紧张的富能富矿区，发展铝工业又是节省运力的有效途径。铝工业的综合连锁效应也较强。据运城地区计委提供的计算资料，建设 120 万吨氧化铝的生产能力，需要配套的产业有：年产 240 万吨的铝土矿，360 万吨的石灰石矿，180 万吨的水泥厂，装机容量 100 万~120 万千瓦的火电厂，20 万吨的纯碱厂，20 万吨的炭素厂，30 万吨的焦化厂，4 万吨的工业硅厂，还需要机械加工和铸件 3 万~4 万吨，需要大量的运输、维修、生活服务与之配套发展。也就是发展铝工业，可带动一群产业，繁荣一片地区，解决十几万以至几十万人的就业问题。

在选准开发重点的前提下，可进一步考虑区域产业结构变动的导向。有三种基本的结构模式：一是技术导向的模式，即区域产业结构向高技术化方向转变，即大力提高高技术产业在结构中的比重，直至占主导地位；二是结构导向的模式，即产业结构由以自然资源开发为主向加工制造业方向转化，直到加工制造业占主导地位；三是资源导向的模式，即以自然资源开发为主、资源型产业占主导地位的产业结构。

区域产业结构导向的选择，主要受两方面因素的影响：一是地区的现有经济发展水平和发展的基本条件与潜力；二是地域分工的要求。晋西地带在经济发展阶段上还处于开发初期，多种有优势的自然资源还处于待开发状态，资源优势远没有转化为商品经济优势，而这些资源产品，又正是国家大量需求的。因此区域产业结构变化导向应采取资源导向的模式。但在区域产业结构演变过程中，这是一种低层次的结构模式。特别是在我国价格扭曲、经济体制又有严重缺陷的情况下，资源导向的产业结构，企业和区域的经济效益不高，它所创造的价值，如按调拨价格计算，相当一部分要无偿地转移到加工制造发达地区。为了使资源导向地区，能够多得到一些实惠，促进地区经济的发展，也可以在资源开发的基础上搞一些资源综合利用和加工工业，以提高资源的附加值。可以设想，晋西沿黄地带应抓好几大生产系列：

（1）采煤—洗煤—洗中煤发电—输出精煤和电力

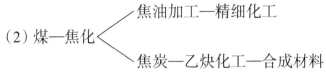

（2）煤—焦化〈 焦油加工—精细化工
焦炭—乙炔化工—合成材料

（3）煤电〉——硅工业〉——铝工业——铝盐化工
水电〉——镁工业〉

后两大生产系列还可根据需要延长产品链条，发展轻纺工业。

这样，地带的工业结构就可以把资源导向模式与结构导向模式有机结合，相互渗透，以资源导向为主。既发挥地带的资源优势，保证国家的需要，又提高企业和区域的经济效益。

为了保证三大主生产系列搞上去，亟须加强地带产业结构中的两大薄弱环节：一是交通运输；二是教育科技。

我们设想的晋西产业结构可表达为：以生态农业为基础，以煤、电、铝、化为主导，以直接与主导产业协作配套的工业和交通运输、教育科技为支撑的区域经济体系。

三、地带的经济布局

地区布局同区域产业结构既有内在联系，又有区别。如果说区域产业结构主要是把各生产要素，按国民经济各部门、再生产的各个环节，进行优化组合，以促进生产力的发展，那么，地区布局就是把各生产要素按地域进行优化组合，以促进生产力的发展，这两种组合搞得越好就越能发挥各个生产要素的独特作用，并产生一种超越于各单项要素的强大的合力，推动区域经济的协调、高效的发展。所以，区域产业结构与地区布局是区域开发中最具有关键意义的两大问题。

晋西沿黄地带现存的国民经济，基本上还是以农业占优势的自然经济，特别是按人口的城乡结构和就业结构来看更是如此。与此相适应，区域经济布局基本上还是分散的农业经济的布局。在这种布局格局中，没有现代化的工业点，没有形成区域经济中心，现有的小镇，数量既少，而且主要是行政性中心，在经济上很缺乏辐射力和吸引力，也就是缺乏现代城镇的极化效应和扩散效应，当然也就形不成现代区域经济网络。现在要着手工业开发，上工业项目，可以说是在一张白纸上，来勾画现代经济空间布局蓝图。这里有几个问题值得研究：

（1）布局模式的选择。由于这个地带是刚刚开始现代化工业开发，又由于资源分布特点和地形特点（即能矿资源、水资源以至工业、城镇合适的建设用地，主要是沿黄河东岸呈南北向带状分布），点轴开发模式是可取的。可以考虑沿黄河谷地及已有和规划建设的侯西、孝柳、神朔铁路安排规划项目的布局。开发这几条轴线，奠定整个地带经济布局的骨架，有了骨架，添枝加叶就比较容易了。适应工业点轴开发的需要，安排地方运输线路的建设布局，把开发轴线上的点同它的吸引范围贯通起来；调整农业布局，安排工矿点、城镇的副食品生产基地的建设；围绕主导产业的布局，安排地方工业、乡镇企业的布局，使地方经济与重点企业之间在空间上相互渗透、相互融合，逐步形成区域经济网络。

（2）成组布局。即按上述几大生产系列的发展，首先把各系列的主导企业布置好，围绕主导企业，布置在经济技术上联系密切的相关企业，分别形成若干个各有特色的工业点。这里有几点应注意：

第一，企业布置不要太散。这样在主导企业选点上就要注意建设用地的可能性。

第二，主导企业和相关企业以至生活区的布置，要通盘规划，防止各自为政，互相干扰。

第三，区域经济中心的选建和经济区的划分。经济区的划分，不是简单地划区域界限，而是要根据各区的客观条件与地域分工的要求，从全区国民经济的总体着眼，确定各区发展的方向、目标、重点及各项建设事业的综合布局。要研究各区的城镇规模、职能分工，特别是在晋西沿黄地带，尚无一个区域经济中心，这就需要在发展工矿小城镇的同时，选择综合条件较好的地点，分别重点建设地带内南、北、中三个地区的有一定规模和相对多功能的区域经济中心。点轴开发，成组布局，城镇与区域经济中心的建设，都是要使地带内人口和其他生产要素在空间上相对集中，产生集聚效应，形成经济社会活动的不同规模的集聚点，重新组织地带的经济格局，推动内部的经济活力，也就是以培植经济"增长极"来带动地带经济的发展。

（3）分期建设好南、北、中三大工业枢纽。南部的河津工业枢纽，铝工业先行，加大煤电的开发规模，抓紧与铝工业直接协作配合的工业企业的配套建设，争取较快开发龙门水力枢纽，重点突出铝合金、铝型材及铝盐化工。北部的河保偏工业枢纽，煤、电、运、建同步建设，在此基础上，尽快上铝工业及万家寨、龙口梯级，积极研究气煤资源的综合利用，突出煤、电、氧化铝。中部的离柳工业枢纽，煤、电、路、焦化建材同步建设，积极发展焦油化工、乙炔化工和铝工业、硅工业，开发军渡梯级，突出焦煤、焦化工、铝硅合金。

晋西沿黄地带先以这三大工业枢纽为重点，形成地带的经济核心区，然后以此为依托，逐步南北延伸，东向穿插，并考虑沿黄铁路干线的修建，进一步联结成整个晋西沿黄工业带。

山西重点建设区块规划中的几个问题

山西省是 20 世纪内全国工业重点建设地区之一，在全国能源重化工的发展上担负着十分艰巨的任务。适应重点建设的要求，山西省及省内几大重点建设区块都展开了区域性的国土规划工作，起步较早，工作比较深入，有些规划已付诸实施，发挥了区域国土规划的作用。

根据笔者在几个重点建设区块学习考察的感受，就规划中值得进一步研究的若干问题，谈些不成熟的看法。

一、重点建设与地方经济的协调发展

重点建设与地方经济的发展，在空间布局上表现为地区专门化与地区经济综合发展的有机结合；在经济关系上，则表现为国家利益与地方利益的辩证统一。这是开发型区域国土规划的主要内容之一。国家在地区的重点建设是根据全国发展战略的需要及地区具备条件所确定的总体布局的战略环节。这些项目不仅对保证国家战略目标的实现、促进全国经济社会持续稳定协调的增长具有重要意义，同时对所在地区经济的发展具有促进和推动作用。因为对地区来说，随着重点建设的展开，就意味着资金、物资、技术、人才等生产要素的集中投入。这种外部投入，对原有经济基础薄弱的开发型地区是一个巨大的推动力，它将推动着区域经济在原来低水平上的循环走向较高水平的循环。首先，外部集中投入将形成作为区域经济核心的主导产业；其次，通过主导产业，将带动相关产业及地方经济的协调发展；再次，扩大生产和生活资料的消费水平，为当地开辟新的市场；最后，培植提高地区吸引消化外部投入、增加产出的能力。这些都将从不同方面增强区域经济实力，改善区域经济结构和生产力布局。

山西已经建成投产的一些重点项目，在这方面已经得到了体现。但同时，国家重点建设与地方经济发展不相协调的情况有所表现。主要是：

（1）重点项目如何充分利用现有地方工业为自己协作配套考虑较少，而地方工业对重点项目的配合也不够紧密，结果是重点企业建设起来了，而其所需的大量配套产品和日用轻工业品的生产，有一些应当也可能由地方工业来承担的，地方工业却因设备、技术的限制而承担不了，重点企业不得不舍近求远，从外地调入或到外地去加工，而地方的一些企业又因生产任务不足致使生产能力不能发挥。

（2）随着重点建设的展开，人口的集聚，粮菜油肉蛋奶等副食品的消费量大增，而地方原有的农业生产结构没有进行相应的调整，在产品数量、品种、质量上都适应不了这种新的要求，造成供应不足，价格上涨，职工负担加重，而当地农业也没有得到实惠。

（3）在工业集聚区域，社会基础设施、公共福利设施的负荷加大，而原有的基础一般都很薄弱，建设任务繁重，常常不易与重点项目同步进行，迫使重点企业自己安排家属就业、子女上学，形成一个小社会。例如，神头电厂自建了3000多亩地的农场，一个幼儿园，一个小学，一个中学。全厂现有职工2600多人，其服务公司的职工就达1200多人，还有一个庞大的车队，经常有一批汽车开到大同、太原去运副食品和一些日用轻工业品。这既加重了重点企业的负担，也不利于促进地方经济社会的发展。

（4）国家在山西的重点建设，大多是能源和能源转换工业，不少企业运量大、污染重、占地大、用水多，这在客观上就要给所在地区带来一些不利影响，而有的重点企业或主管部门在规划建设过程中，对这些问题重视不足。重点企业已经上马，而这些问题的解决尚不落实，也没有相应的权威机构来统筹安排，这就在不同程度上妨碍了国家利益与地方利益的结合。因此，如何兼顾国家与地方利益，协调重点建设与地方经济社会发展的关系，也是区域规划的主要任务之一。处理这个关系的基本原则，是局部利益服从并服务于全局利益，同时全局也应照顾局部利益，至少是不损害局部利益，出现损害必须弥补。

就地方经济这方面讲，总的来说应当是依托重点企业，振兴地方工业，带动乡镇企业，发展第三产业，调整农村经济结构。具体途径是：

（1）利用重点企业的超产资源、边角余料、副产品，弥补地方资源不足，开发相关的新的加工企业。

（2）挖掘地方潜力，围绕重点企业搞一些小而专、小而精的协作配套厂，特别要充分利用地方工业中相近的剩余生产能力、厂房，扩大或转产重点企业所需的协作产品。

（3）发展第三产业或与重点企业联合经营，减轻重点企业的负担，扩大地方生产经营门路。

（4）适应重点建设带来的区域社会购买力的增长和消费结构的变化，因地制宜地调整土地利用结构和农业生产结构，逐步向城郊型农业结构过渡。农副产品也需要根据地域城镇人口的需要，进行多次加工、多次增值，既满足城镇居民、重点企业职工的生活需要，又提高农业生产的综合效益，扩大地方财力。

（5）地方经济既要以重点建设为中心、为重点建设服务，但其发展也不能完全依赖重点建设，还需要根据地方的资源、地方的需要、地方的特点而制定地方的发展规划，并与重点建设规划协调起来。在这方面有一个值得注意的倾向，即重视煤、电、化、冶、建（材），相对忽视农业和农产品加工业的发展。煤、电、化、冶、建是山西能源重化工基地建设的重点，但这不等于重点建设区块的地方经济都一律要把这些工业作为重点。脱离地方条件，主攻方向不当，既不能发挥地方经济之长，也难与重点建设发生互补作用，甚至还会造成、扩大与重点企业争资源、争运力的矛盾，并加剧工业的污染和生态环境资源的破坏。对于"有水快流"、"国家、集体、个人在一起上"的方针，要有一个正确全面的理解，要把地方经济的发展同国家重点建设统一起来，把致富同珍惜保护国家资源，保护生态系统平衡有机结合起来。

二、重点企业建设规模的确定

重点企业是区域经济发展的主导，其建设规模既关系到区域优势的发挥及其对国家贡献的大小，也关系到区域经济发展的全局。因此，区域规划中，对重点企业的建设规模，既要考虑国家的需要，与全国同类产业的总体布局相协调，又要考虑内部、外部条件的可能性。如就平朔地区而言，这里是整个山西能源重化工基地的一个重要组成部分，煤、电是其主导产业。从国家的需要看，当然是拿出的煤、电越多越好；从煤炭资源条件看，也可以保证平朔地区煤、电建设很大的规模。但煤、电的建设规模，还取决于另外两大因素：一是煤的外运能力；二是水资源的保证程度。这两者正是山西省及平朔地区煤、电建设规模的主要限制因素。按初步规划，到 2000 年，原煤产量达 6000 万~6500 万吨，电力总装机 500 万千瓦。运力和水源能否保证在同期内达到这样大的规模呢？

从运量与运力的平衡看，平朔地区在大秦线上，大秦线将有 1 亿吨的运力，主要输送大同、平朔地区的煤，还要担负一部分宁、内蒙古煤的东运任务，其中能分给平朔地区煤外运的能力，在规划中只能保证三大露天精煤的外运。地方矿规划的 1500 万~2000 万吨原煤，就很难运出去。神朔、石朔线在 20 世纪内势在必修，但这条干线的修建，主要是为蒙西、陕北及河东煤田大规模开发作准备的，能运平朔地区煤的运力是有限的。而且这条干线工程艰巨，到 2000 年还形不成多大运力。

从水资源的保证程度看，如三大露天 4500 万吨原煤全都入洗，加上地方煤入洗 700 万吨，共入洗 5200 万吨，采出 6000 万~6500 万吨原煤，入洗 5200 万吨煤，规划的两个流量用水是不够的；500 万千瓦火电装机，需水 5 个多流量，这两项即需水 7 个多流量。地区 50 多万亩水浇地用水，其他工业和城市生活用水、农村人畜用水，这个总需水量很大。从可供水量看，在总体上平朔地区是缺水的，而且水资源的构成特点是：地下水的比重很大，地表水比重极小。按现有资料计算，地下水可采储量是 9 个多流量，但这没有考虑地下水量正在递减的因素，也未考虑开采几千万吨煤对地下水资源的破坏作用。河川径流在平鲁、朔县二县境内总共才有 1 亿立方米/年，而且分散在十几条小河流，开发利用潜力很有限。因此区域内的可供水量难以同上述煤、电建设规模相平衡，特别是如考虑上述未考虑的两个因素，则更难平衡。从万家寨引黄河水，可能性如何呢？一是工程量很大，投资很多；二是黄河水含沙量大，沉沙、净化、配水成本高；三是万家寨引水工程，需要与万家寨、龙口两个水电站建设相配合，进行综合开发，在经济上才是可行的。上述两个水电站的建设，水库泥沙淤积问题还难以解决，而且作为电站，在华北电网中主要是调峰，发电意义不大。黄河水电开发的优势是在龙羊峡—青铜峡河段，中近期很难轮到这两个水电站。因此靠万家寨引水的希望不大。为稳妥起见，需要以运定煤炭开发规模，以水定火电装机。否则，煤采出来运不出去，积压自燃，电厂建起来，由于水资源无保证而难以正常运行。如果勉强保煤保电，势必挤占其他物资的运输和其他部门的用水，其结果将使整个区域经济发生混乱。

三、区域内重点项目的成组布局与同步建设

能源重化工是整个山西基地建设的重点，山西省境内各重点建设区块的重点项目也主要是能源重化工这方面的，这是可以理解的。但各区块之间的开发模式和步骤也应有些差别。如平朔地区主导开发性专业是煤和电，向外输出的

也主要是煤、电；晋西南地区的开发是以铝工业为先导；晋西北地区的开发则采取路、煤、电先行，以路带煤，以煤保电，在此基础上建设铝工业。这是适合各区块的实际情况的。但从近几年来规划实施的进程看，煤的发展势头很猛，电的建设进度还较快，但在重化工这一大块，有些项目在规划上还未落实，前期工作也跟不上，这里既有重点项目的建设规模问题，也有重点项目与相关项目的成组布局、同步建设问题。在山西能源重化工发展中，铝工业是主要组成部分之一。但在全国铝工业的总体布局中，山西铝工业应占一个什么样的地位，在看法上还有分歧。有的主张不应将20世纪内的铝工业的重点摆在西北地区；利用黄河上游水电基地建设炼铝厂的总规模不宜超过几十万吨；作为权宜之计，1990年前除利用部分黄河上游水电外，应加快山西、河南基地的煤电建设供电解铝用电；应尽快开发利用贵、桂水电，远期利用川、云水电，建大型铝基地。有的则主张20世纪内铝工业建设重点应放在西北地区，基地规模可在100万吨以上；西部地区澜沧江水电基地在2000年以后才能建成，只能作为21世纪发展铝工业的基地，火电价格高，又需大量用水，不宜靠火电来发展铝工业，因此山西不宜作为发展铝工业的基地；华南地区缺能，利用红河水水电炼铝也不合适。笔者的看法是，全国铝工业的发展，从东西部来讲，铝工业布局必须西移；从西部地带讲，应是南北并举，其中的"北"主要是晋、豫和西北黄河上游地区。理由是：

第一，从全国需求看，根据预测，到2000年，全国对铝锭的总需求量是1983年产量的6.75倍。要满足上述需求，今后几十年内，产量要增加200万~220万吨。与此相适应，氧化铝产量要增加2.3~2.67倍。这新增的产量从哪里来？不外乎三条途径：

一是扩大现有八大铝厂。八大铝厂中的抚顺铝厂，由于缺乏铝土矿资源，电力紧缺，又处于全国重工业高度密集区，很难进一步扩大电解铝能力；山东铝厂缺乏铝土矿，长期以来，一方面从豫、晋等地调进铝土矿，同时又有大量氧化铝西调，二者大量东西对流，这种布局是不合理的，因此铝工业必须西移。位于西部的六大铝厂中扩建条件较好的，主要是贵州、郑州、青铜峡、兰州等厂，这是增加电解铝能力的一个途径。

二是扩建中小铝厂。全国现有30多个中小铝厂，由于达不到经济规模，经济效益都不好，而且一般都不具备形成铝基地的基本条件。只能有选择地进行一定程度的扩建，增加部分能力。

三是选择条件优越地区，建设新的铝基地。在南方，主要是广西西江流域。这里水（电）、水（工业用水）、矿（铝土）资源丰富，空间组合也较理想，既适于资源型的氧化铝的发展，也适于水电指向性强的电铝生产的发展。二者联合生产，经济效益更佳。华南地区缺能，但其能源来源必须多样化，红水河水电只是其中重要来源之一，还需要开辟其他能源。红水河梯级开发供电的任务也不是单一的，其中就包括供应广西铝工业用电。1100 多万千瓦水电装机全部建成后，兼顾广西铝工业发展用电和广东补充用电是可以的。在北方，主要是黄河上游。对铝工业而言，黄河上游的主要优势是现有水电富裕，未能充分利用，而且在 20 世纪末，还将进一步建成 1000 万千瓦以上的大水电基地。在西南水电基地未建成前，这里是全国理想的另一个电铝发展区。但黄河上游尚未发现大型铝土矿，所需氧化铝还要靠外地调入。位于黄河中游的晋、豫地区，煤铝资源丰富，煤炭开发经济效益较好，大型坑口电站群的电力比一般煤电成本低得多，是煤、电、铝综合发展的一个理想地区。特别是两省铝土矿探明储量占全国的 57%，其中山西一省占全国的 38%，大规模发展氧化铝的资源条件最为优越。由此向黄河上游炼铝基地供应氧化铝，其运程也比其他省区近得多。因此大规模建设山西的铝工业，并与豫西地区、黄河上游地区组成黄河中上游铝工业带，上游多搞电铝，就地就近消化富裕水电；中游多搞氧化铝，就近开发利用丰富的铝土资源，这应是全国铝工业合理布局、满足全国需求的一个战略环节。从总体上看，山西的确缺水。但这并不意味着全省各地区、各个地点都缺水。在晋西漫长的沿黄地带，不乏引水较便的地点，特别是有些黄河河漫滩，地下水较丰富。如黄河禹门口段水量丰富，禹门口沿冲积扇有良好的地下水贮存的地质条件；河保偏地区，既有大量黄河水，又有充足的地下岩溶水，有的泉区地下水补给面积大，可采储量足以保证大型火电站之需，而且地表水、地下水可互相调剂。笼统地说山西缺水限制火力发展，从而失去铝工业的电力条件，是不全面的。随着外省使用单位办电方针的贯彻，山西电力用于发展耗电工业的比重将相当大，拿出一部分搞铝工业是完全可以的。退一步说，铝工业作为一个行业，虽属于大耗电工业，其布局指向是能源密集区，但如将其主要生产环节分解开来看，情况又很不相同，其氧化铝生产，布局的指向是铝土矿和煤，电解铝生产布局指向是大量廉价电力，铝加工布局指向是技术水平较高的主要消费中心。因此，山西省仅以其煤、铝土资源条件而言，至少也能作为全国主要氧化铝基地之一。否定把山西作为全国性铝工业基地的看法，显然是缺乏根据的。这个问题要尽快统一认识，以利于山西铝工业建设的开展和布局的安排。

第二，就山西而言，铝工业如何建设布局，才能取得更好的经济效益，这直接涉及晋西北与晋西南两大重点建设区块的区域规划。

第三，从晋西南地区看，铝工业的规模、结构有三种方案可供选择：

（1）只搞氧化铝，不上电解铝，建成一个专门给黄河上游电解铝基地提供氧化铝的基地。此方案的优点第一是可以同时发挥黄河上游的水电优势和山西铝土矿的资源优势。由于电解铝布局廉价电力的指向性很强，1吨电铝综合电耗是1.8万度。电费一般占生产成本的50%~60%，电费每降低1分钱，吨铝成本就可降低180元，降低两分钱，就可以降低360元。

2吨氧化铝生产1吨电解铝。只要有廉价富裕电力，将2吨氧化铝用铁路输送1000公里时，运费才20元，也就是氧化铝追加的运费，大大低于因电力成本低而带来的电解铝生产成本的节约。黄河上游水电基地的电力，成本远低于一般煤电，也低于坑口电站的火电。从这个角度看，此方案总的效益是好的；晋西南铝工业发展面临的许多矛盾较易解决。其缺点是区域、企业的经济效益较低。如只搞氧化铝，规模可先搞到120万吨为止，把节省的投资转向晋西北铝厂的建设。

（2）为了兼顾全局利益与局部利益，可考虑二期上电解铝，如8万吨，自己吃掉一小部分氧化铝，大部分还供西北。这对区域和企业来讲，经济效益好得多。按原来的销价和生产成本计算，如生产40万吨的铝土矿、20万吨氧化铝，不搞电解铝，企业的年利润为3254万元，年积累为4054万元。同样产40万吨铝土矿、20万吨氧化铝，如同时生产8万吨电解铝，则企业的年利润为8331万元，年积累为10691万元。所以上点电解铝，比单纯搞氧化铝，对晋西南地区和铝厂来讲是有利的。在上8万吨电解铝的情况下，不开大煤矿，不上大电厂，煤、电供应也可基本解决。

（3）氧化铝200万吨，电解铝40万吨，这样仍可供应西北120万吨氧化铝，企业效益将更高。但大煤矿、大电厂都必须上。在这样的规模与结构下，如果靠吃地方煤矿的煤，由铝厂搞80万千瓦的自备电站，一是煤炭供应难有稳定的保证；二是发电成本高，对电解铝成本影响大；三是晋西南地区没有大型区域性电站作为主力电站与相关电网联网，发供电可靠性差。

如果限于投资能力，大煤矿、大电厂不能同步建设，第二方案是相对较好的。现在铝厂二期工程国家已批准，但电解铝工程到底上不上，上多大规模，什么时候上，至今未落实。原定铝厂规划既未肯定，也未否定，这样拖下去，势必延误时机，影响铝基地的发展，影响全国铝工业的发展，也使晋西南地区区域总体规划难以落实。

晋西北铝工业的建设，应提到议事日程上来。理由是：

第一，从区域经济发展的速度看，先上大电站，把煤进行一次转换，向外输电，这比单线生产和调出煤有较大的经济效益。但从区域经济发展角度看，为了进一步提高煤的利用价值，还应当把电再实行转换，即搞大耗电工业，就地把电转换为载能体。铝工业产品就是一种高载能体。生产 1 吨铝金属，综合能耗是 15 吨标准煤。同时还需要 4~8 吨铝土矿石开采量，按此计算，输出 1 吨铝金属，等于输入 20 吨能源和铝土矿，这可节约大量的运力和运费。山西基地的运输能力，在 20 世纪内只能有所缓解，还很难完全解决。在工业布局上要尽量有利于运力的节约。同时电解铝的资金利润率大大高于煤炭，也高于电力。所以在煤、电基础上利用当地丰富的铝土资源、石灰石资源发展铝工业，可大大提高区域经济效益。我国现在每年进口铝锭十几万吨，耗用宝贵的外汇，而且国际市场上铝锭价格远大于国内生产成本。如把这个因素考虑进去，在煤、铝土、石灰石资源富集区综合发展煤、电、铝、建，综合效益更大。

第二，同晋西南地区相比，晋西北地区发展铝工业各有自己的优势。晋西南的主要优势，一是现有运输条件较好，侯西铁路已建成，南同蒲的复线改造正在进行，基本上不需要上新的铁路；二是晋西南地区总的来说，区域自然环境和农业基地比晋西北好；三是铝基地的铝土矿资源分布集中，勘探程度也较高。晋西北地区的优势，一是铝土矿资源就在铝厂附近，进厂运距至少比晋西南近 250 多公里。如按年产氧化铝 80 万吨，一年用铝土矿 165 万吨，铁路运价按吨公里一分钱计算，一年就至少可少支付 410 多万元的铝土矿运费。如服务年限为 50 年，光是铝土矿运费一项，总共可节约 2 亿多元。二是内蒙古、西北电解铝基地所需的氧化铝，都要从山西、豫西以至山东运来，氧化铝北上，由晋西北去比由晋西南、焦作、郑州等地去运距也要短许多，这又可节约很大一笔氧化铝的运费。三是从水源条件看，晋西北沿黄河河漫滩，地下水比晋西南地区丰富，而且工业用水与农业用水不发生矛盾。在晋西南地区，用地下水比引用黄河水建设投资少 2/3，成本低一半，农业与工业争地下水的矛盾还未妥善解决。从引用黄河水看，晋西南与晋西北都靠近黄河，但晋西北沿黄河一带地势平缓，高差只有 20 米左右，而晋西南超过 100 米。四是晋西南铝基地，由于附近大煤田地形很复杂，煤炭到山外，运输问题不易解决或所需投资太大，大矿上马较困难，而晋西北煤田区地形条件好得多，煤田可以露采，运出矿区也容易。从整个晋西北地区看，地形崎岖，山多平地少，但也有几大片地势开阔的河滩地和一二级阶地，可以布置工业区。晋西北地区现有运输条件不如晋西南地区，但地方铁路即将修通，神朔—朔石干线势在必修。所以对比起来，晋西北区铝工业发展的综合优势大于晋西南地区，至少是不低于后者。目前，晋西南铝厂一期工程即将完工，二期工程即将开始，但氧化铝的规模和上不上电解铝，尚未确定，大煤矿大电厂都还不落实，引黄工程也未上马，煤、电、水、铝没有同步建设。晋西北地区采取路、煤、电先行，这就为铝工业创造了良好条件。

第三，从宏观布局角度看，整个山西能源重化工基地建设的布局，必须东靠西移，晋西北是整个基地东西结合部之一，负有承东启西的任务。大铁路一通，大煤矿、大电厂一上，对产业就有很大的吸引力，可以吸引外地的资金、技术、人才。山西省对晋西北地区铝工业发展的积极性较高，采用中央与省及山西省与兄弟省联合开发的方式，在晋西北和晋西南形成两大煤、电、铝、建基地，进而与黄河上游组成黄河中上游铝工业带，既有较好的效益，也是可行的。

四、区域工业城镇的布局模式

在山西几大重点建设区块中，晋西北的工业发展方向与工业结构同晋西南地区类似。晋西南地区的工业布局，主要是采取集团式布局，几大重要项目连成一片。这种布局模式的有利之处是，企业协作配套方便，易于形成区域性的经济中心，公用设施、生活区便于统一建设，从而能取得组合效益和集聚效益。但从发展看，也容易形成工业"疙瘩"，城市规模不易控制。工业"疙瘩"往往也就是运输"疙瘩"，运输问题及环境问题、副食品供应问题，都不易解决好。特别是重污染型项目密集在范围不大的空间，区域环境质量更难保证，或者为此要付出巨大投资。

晋西北地区与晋西南地区客观条件不同，规划区四县，沿黄河从北到南延伸，全地区的平地（包括二级阶地）、水资源、矿产资源，都主要分布在沿黄地带。东部是土石山区，西部是黄河阻隔，工业布局向东向西扩展受到很大限制，而向南向北延伸则有较大余地。由于山地多、平地多，也很难形成大城市。这就决定了晋西北地区不适于采取集团式布局，搞大城市，而适于搞点线布局。首先在南北约 300 平方公里的沿黄带状地带，适当分散布置大中型工矿企业，分别以大露天、大电站、铝厂为中心，形成三个八万至十几万人口的区域性中心城市。在三个中心城市之间，随着地方工业、乡镇企业的发展，形成若干个规模更小的工业城镇。以后随着大铁路的修建，资源更大规模的开发，沿黄工业带还可适当向北、向南延伸。这种布局模式更有利于以工业带动农业，工农商结合，"节点"与"域面"相结合，形成区域经济网络的骨架。

　　企业布置的分散化，区域中心的多极化，是一个世界性的趋势。在我国，严格控制大城市的膨胀，合理发展中等城市，积极发展小城一市，广泛发展农村集镇，这是一条正确的城市建设方针。从一个经济基础薄弱的开发型经济区域看，从区域规划开始，就注意企业布置的适当分散，正确引导区域城镇体系规模结构的中小型化，防止企业布置过分集中、城市规模过分扩大和区域经济中心的单一化，也更符合我国的国情，符合像晋西北这类区域的区情。

载《经济问题》1986 年第 1 期

山西煤炭能源基地建设若干问题探讨

集中较大力量，开发山西煤炭资源，把山西建设成为全国更加强大的能源基地，是我国能源开发布局中一个带有战略意义的重大部署。

山西发展煤炭工业有一系列有利条件，特别是在资源条件上更是得天独厚；但同时也有许多矛盾和困难，而且在发展过程中还会出现新的矛盾。我们既要看到有利因素，充分发挥其优势，加快建设的步伐；又要正视矛盾，进行科学的分析，采取有效措施，尽可能把山西能源基地的建设放在科学可靠的基础上。本文只就发展中的几个问题，谈谈个人的看法。

一、运输问题

山西煤炭基地，担负着向华东、中南、东北主要缺煤区供应煤炭的繁重任务，能不能把各矿区生产出来的煤，及时地分别集中到各个出口地点，进而输送到各消费区和沿海口岸，这个问题在一定程度上制约着晋煤的开发规模及其经济效果。晋煤外运，主要靠铁路。这些年来，由于铁路投资不足，山西煤炭生产发展与铁路运力增长之间的比例关系失调。1978 年与 1949 年相比，山西煤炭产量增加了 35.8 倍，煤炭外调量增加了 90 倍，但境内铁路通车里程只增加 1.6 倍，铁路向外输送货物的能力只增加了约 5 倍。1978 年铁路运出煤炭 4700 多万吨，就占用了铁路货物货运出总量的 88%，这样全省还经常有几百万到上千万吨的煤运不出去。晋煤外运的现有五大干线及与之连接的铁路线和港口，运力和吞吐能力普遍紧张，其中不少运力利用率已经饱和，以致从石太线出来、本应在青岛下水南下的晋煤，不得不改由连云港下水，铁路绕道 265 公里；从太焦线出来，本应经陇海东段到华东的晋煤，也改经武汉下长江东运，绕道更远，大大增加了煤炭运输费用。早在 20 世纪 50 年代，就提出铁路建设要保证晋煤的外运，但这个问题长期没有得到解决。现在开始抓几大干线的改造，据计算，京包的大同到北京段、石太、太焦、京原、南同蒲改造后，年输出能力可达 1 亿吨左右，全部用来运煤，一年也只能运出 1 亿吨，这样做当然是不可能的。根据现在的初步规划，到 1985 年，晋煤产量达到 1.6 亿~1.8 亿吨或 1.75 亿吨，即比现在产量增加 7500 万吨，增产部分如按 50% 的比例外调，即增加煤炭运出量约 3800 万吨，每年共运出煤 9000 多万吨。这要占经过改造后的五大干线外运能力的 90%，铁路运力紧张的状况还不能得到缓和。超过这个外调量，就可能造成积压。新修铁路线即使现在开工，1985 年前能形成的运力也很有限，只能逐步适应 1985 年后晋煤进一步发展、外调量进一步增长之需，但在近期是指望不上的。在考虑近期晋煤的开发规模时，必须充分估计到运输这一因素。否则，花了许多人力、物力、财力，好不容易把煤挖出来，却要积压在矿山、车站，既妨害煤矿的正常生产，又会打乱多条铁路线的运输秩序，人为地造成不合理的迂回运输。

二、以煤炭为中心的工业的综合发展及其有关问题

按 1985 年产煤 1.75 亿吨的规模，调出 9000 万吨，还有约 9000 万吨留在山西。这些煤怎样合理利用，与煤有关的工业如何发展，在更大程度上关系着山西能源基地建设的经济效果。

这些年来，山西原煤生产能力和产量增长很快，但洗选能力和洗精煤产量严重落后。到 1978 年，山西全省形成的洗选能力还不到 600 万吨，洗精煤产量的比重不到 5%，只好大量调出原煤，包括焦原煤。即使晋煤质量较好，矿石和灰分含率较低，也是不合理的。按发热量计算，调出洗精煤比调出原煤可节省许多无效运量，仅从缓和运力紧张这一点着眼，山西的洗选能力也得大大加强。假定入洗比重到 1985 年提高到 10%，即有 1800 万吨原煤入洗，需要增加洗选能力 1200 万吨。这样，计划外调的 9000 万吨煤中，可拿出 1800 万吨入洗，换成约 1000 万吨洗精煤，运出总量就可相应减少为 8200 万吨，占铁路输出能力的 80% 左右，这个比重小于 1978 年的 88%，有助于缓和铁路运力的紧张状况。从长远说，加大精煤外的比重，是减少运量、节约运力的办法之一。

为了更好地发挥山西能源基地的作用，也为了在山西逐步建立起以煤为中心的地区工业综合体，大大提高煤炭资源的利用效果，需要相应发展一些大耗能工业。从全国工业的合理布局来看，大耗能工业本应较多地分布在能源充足的地区，在能源缺乏地区搞很多大耗能工业这种不合理的布局形式，今后应尽避免。

建立坑口电站，在输出煤炭的同时，输出电力，即可更好地发挥山西能源基地的作用，也是解决运煤困难的另一个有效途径。特别是晋煤的进一步开发，如假定 2000 年发展到 3 亿~5 亿吨，外调量就要在 1985 年的基础上，成倍增加，如果光靠新修铁路来解决问题是很困难的。在煤基地建电站、架线输电，同修路输煤相比，总的经济效果要好。

从工程建设方面看，按山西的地形条件，新修铁路的限制性大，而架线受的限制小。修铁路比架线占地多得多。

从单位造价看，"一五"期间，我国新修 1 公里铁路的造价总平均是 56 万元，而架设 1 公里 22 万伏（导线截面为 480）输电线的造价总平均是 6 万元，前者比后者高 8.3 倍。由于在不同类型地区修铁路的造价差别很大，"一五"期间，平原区为 34.3 万元，困难山区为 160 万元，而架线这个差别较小，一般山区比平原区只差 20%~30%，所以，在山区，特别是在困难和特别困难的山区修铁路，其造价比架线高得更多。从发展来看，我国新修铁路的单位造价大幅度提高，现在修 1 公里总平均在 100 万元以上，困难山区在 270 万元左右，特别困难的山区为 300 万~400 万元，而架线则随着输电技术水平的提高，输电电压等级的加大，单位造价却大幅度下降。据国外资料，50 万伏的输电线路单位造价比 33 万伏的单位造价降低 40%，73.5 万伏的比 33 万伏的更降低 60%。当然，修铁路不单是运煤，还可以运其他物资，投资是分散的。架线只是用来输电，投资全部落在电上。但山西的铁路，80%~90%是运煤，差不多就是煤的专用线，这个因素对两者造价的对比影响不大。即使把这一因素考虑进去，架线比修路的投资还是要省。从输送量看，把电折成煤，当电网电压等级较低时，一条铁路的输送能力几倍于输电线路，如 22 万伏的输电线路，输送容量为 20 万千瓦，相当于 80 万吨煤的运量。一条单线铁路，一年则可运送煤 1000 万~1500 万吨，技术标准低的铁路也有几百万吨。但随着电压等级的提高，这个差距明显缩小。如 50 万伏的输电线路（双回路）远距离输电时，输送容量可达 180 万千瓦，相当于 720 万吨煤的运量，如输电距离在 100 公里左右，输电容量还可成倍增加。日本有一条 50 万伏（双回路）、短距离超高压输电线路，最大输送容量可达 650 万千瓦，相当于 1800 万吨煤运量，这样架线的经济效果更好。

从经常费用看，由于输电线路运行和维护简单，占用人员少，而铁路需要大量机务、乘务和沿线人员；从同一地点到同一地点，架线一般可走捷径，修铁路总得绕绕弯。铁路实际运营里程要比输电距离长；铁路运煤要花大量装卸费，有时还得花倒装费，而输电则用不着；铁路运煤还有个回空车问题，而输电没有，因此输电的经常费用比铁路少。一个 30 万千瓦的烧煤电站，一年得用 120 万吨煤，如果运距为 500 公里，周转量为 6 亿吨公里，需运费 420 万元，而输出 30 万千瓦电力的费用只要 300 万元，只有运煤费用的 71%，而且这是长期的节约，它比一次投资多一点少一点更有经济意义。

在煤基地建电站，还有其他多方面的经济效果，如燃料到厂价格低；燃料资金周转快；电站不用设置大型贮煤场和堆灰场（可利用煤矿废弃的矿坑堆灰），节省电站占地面积和基建投资；煤电协作方便，燃料供应稳定，有利于降低电站煤耗；可合理利用燃料资源，如煤矿的碎煤，洗选厂的中煤、煤泥，把这些不宜外调的低质燃料就近转换成电能。因此，煤电联合开发，比单一搞煤或修路调煤到负荷中心建站，总的社会经济效果要大得多。山西现在煤产量约 1 亿吨，占全国的 1/6，而发电装机容量为 200 多万千瓦，只占全国的 4%，大量调出原煤，而省内工农业生产按最低限度需要的电力计算，1978 年缺电 21 亿度，占当年发电量的 20%，这种状况显然是不合理的，需要加快电力工业的发展。搞火电需要大量用水，采用循环式供水，一个 100 万千瓦的火电站，约需一个流量的水源，据电力部门估算，根据山西的水源情况，到 1985 年新增火电装机容量为 800 万千瓦，水源问题不大（这个还需要结合其他各种用水算细账，而且还有一个水源分布与煤基地的结合问题）。这样就有 1000 万千瓦的电力，一年可吃掉 3000 多万吨煤。1800 万吨洗选厂产生的中煤和煤泥，大约可顶出 450 万吨原煤，则电站一年可吃掉 2500 多万吨原煤。这些电力，可考虑一半（即 600 万千瓦）输出，但现有 22 万伏的输电线路就不行了，33 万伏的输电线路也不够（输送容量只有 40 多万千瓦），应考虑建设 50 万伏以上的输电线路，并解决与华北主电网的联网问题。

从资源利用的角度看，过多地烧煤发电，也还不经济。如果同时拿出一部分煤来发展煤炭化工，这样一可创造出更多的社会财富，二可给农业提供化肥，三可给轻工业提供原材料，加强本省这两个薄弱环节。需要研究的是采用什么技术路线来搞煤炭化工。国外在 20 世纪 50 年代以前，以煤焦为原料发展的有机化工，是有机化工发展的主要途径。50 年代以后，以石油天然气为原料的石油化工急剧发展，取代了煤炭化工的主导地位。近些年来，由于世界范围内石油资源的日趋减少，供应紧张，价格急剧上涨，储量极其丰富的煤炭又重新被人们所重视，纷纷研究试验在新的技术基础上，将煤气化得到甲醇，不仅合成辛烷值达 90~100，能量效率达 93.5%，热值高，污染少，便于运输使用的合成汽油,从而促进能源的转换。同时,甲醇还是有机化工极为重要的基本原料,用甲醇生产醋酸,产品质量和技术经济指标比其他方法好;用甲醇生产乙醇、乙二醇已获得成功,并可进而实现从合成气直接得到乙醇、乙二醇,其工艺路线比原油出发的还要短,在技术经济上也有前途。更为重要的是,用甲醇代替石油天然气生产乙烯,在研究上也有很大突破,80年代煤—合成气乙烯的路线可望实现工业化,从而将使有机化工的原料基础发生新的变化——从油料转变到煤。山西的煤炭化工,除利用引进设备、采用新流程制造硝氨外,也应考虑在新的技术基础上,来搞有机化工,不宜走煤焦化工的老路。

山西的冶金工业,可侧重于搞铜、铝等大耗电工业,以便充分利用电能。抓铁不宜多搞,太钢的峨口铁矿搞了多年成效不大,太谷岚钢铁基地近期上马困难。钢铁工业应主要和省内比较强大的机械工业密切配合,为煤电化服务,在这方面下功夫。

三、农轻重结构的调整问题

要建立起以煤为中心、煤电化有色综合发展的地区工业综合体,必须调整山西现有的经济结构,协调农轻重的比例关系。

这些年来,山西国民经济的投资方向是有些问题的。近三十年国民经济投资的部门分配过分偏重于重工业,而重工业内部又不恰当地突出了钢铁、机械军工,各搞一套,自成体系,缺乏内在联系。如农轻重投资之比为7.47:4.75:65.07;农轻重发展速度之比为3.8:12.1:16.2;农轻重产值之比,由1949年的95.3:7.7:7,倒过来为25:21.3:53.7,农轻重的比例关系严重失调。

(1)山西耕地不多,扩大耕地面积的可能性极小。这些年来,各种建设特别是工业占地不少,加上全省总人口增加了近1倍,城镇人口增加了3.5倍,人均耕地面积从1949年的5.31亩,降为1978年的2.9亩,即减少45.39%,这在土地生产率和农业劳动生产率都不高的情况下,严重影响了农业的发展。煤电化有色等大工业的进一步发展,工农业争地的矛盾还将扩大。一个古交矿区的建设就要占用耕地1万亩,征地已很困难。

(2)山西缺水,全省地面水源不到117亿立方米。据计算,如果要保证全省每人1亩水浇地,农业就得把水用光。洗选厂、火电站、煤炭化工都是用水量大的工业,煤矿用水也不少,大量采煤还要破坏一些水源。工农业争水将是一个大矛盾。黄河水可以利用,但这涉及晋、内蒙古、陕、豫、宁、五个省区，涉及整个黄河的综合开发利用，山西一省是解决不了的。这个问题亟须与有关地区、有关部门研究、统一规划，不然上述煤、电、化工的发展规划都将被水卡住。

（3）主副食和轻工业品供应紧张。1978年全省人均粮食产量低于全国的平均水平，农业提供的商品粮仅为最低需要量的72.7%；商品油为70%；商品糖料为22%，轻工业产品产量只为市场需要量的60%。商品供应量和社会购买力之间有很大差距。

因此，山西现有经济结构，已成为能源基地建设时的一个重要限制因素，这个问题决不能掉以轻心。从发展看，煤电化冶的发展，当然会对山西农业、轻工业的发展起促进作用，但这需要有一个过程。在近期矛盾还会扩大，压力还会增加。这就要求国家下定决心，给山西调进必需的粮、油、轻工业品。这些年来，山西是"挖煤有人促，困难少人管"。每年山西的煤按计划大量调走了，利润按制度上交了，而山西缺少的东西往往不能按需要调来。煤炭工业有了很大发展，但地方受益甚微，而困难却随之增多。当然，从山西来说，必需顾全大局，千方百计完成中央交给的建设强大能源基地的艰巨任务，为"四化"做出更大的贡献。但从国家来说，对地方的实际困难也必须重视，不然，地方的积极性很难不受影响，劳动人民的积极性也不能不受影响。特别是煤矿工人，劳动强度大，劳动条件艰苦，体力消耗大，从保护劳动力的角度说，也需要为他们提供一个较好的生活条件。这里又牵涉到经营管理体制、财政体制和经济政策等方面的一系列问题。

四、煤矿工业的布局问题

山西煤炭资源的分布有几个特点：一是分布广泛，遍及全省105个县中的68个，煤田面积占全省土地总面积的36%；二是相当集中，大型特大型煤田多，储量在100亿吨以上的就有好几个；三是煤炭牌号的地区差异比较明显。这些特点使得山西煤炭工业的布局，有条件可以较好地做到大中小型相结合、适当集中与适当分散相结合，并建立起各基地各有特色而综合起来看又是牌号齐全的煤炭工业体系。山西现有八大统配煤矿和2000多个地方中小型煤矿，二者在已形成的总生产能力中，分别占60%和40%。

大中小型煤矿在经济技术指标上各有其优缺点。但在资源条件好的情况下，建设现代化的大基地，总的经济效果更好一些。单从吨煤产量投资看，大井约 70 元，中小井约 40 元，其中地方小矿投资更少。但地方小矿问题很多：一是小矿技术装备太差，多在煤层露头处开采，深不下去了就弃旧挖新，资源回收率极低，这对资源是一个极大的浪费，而且容易破坏大煤层的自然结构，造成以后大规模开发的困难；二是不少小矿交通运输不便，已开采出来的煤炭调不出去，"死角煤"大量积压，自燃、浪费损失很大，从保护和合理利用资源（煤炭是非再生能源，采一点少一点，即使多，也应爱护）着眼，不能让这类小煤矿过多地发展。也就是在煤矿基本建设地区分布的部署上，应以相对集中地建设大矿为主，不宜再分散地搞许多小矿点。山西煤田资源条件特好，劳动生产率虽较全国平均水平高，但近三十年来，劳动生产率提高缓慢，统配矿的全员实物效率多徘徊在 1 吨上下，地方小矿就更低了。煤炭产量的增长，主要靠增加职工人数，由劳动生产率提高而增产的很少。如果按统配矿现有的劳动生产率水平，到 1985 年增产 7500 万吨，就需要增加煤炭职工几十万人，相应地要增加几亿斤商品粮的供应量和大量的生活服务设施。鉴于山西农业严重落后于工业，农业的负担和压力很重，在今后煤炭工业的发展中，应重视劳动生产率的提高，即提高煤矿的机械化程度，用部分物化劳动节约活劳动，即使从煤矿工业本身来说，单位能力的投资会随之增加，但相应地减少消费资料的追加量，这对山西国民经济的全局来说还是有利的，从这个角度看，也需要以建设大基地为主。

在煤基地的布局上，根据煤炭资源的分布状况，总的设想可以六大煤田区为基础，分为三大片建设，即大同、宁武煤田区的动力煤基地；西山、霍汾、河东煤田区的炼焦煤基地；沁水煤田区的无烟煤基地。这一设想需要有计划有步骤地加以落实。近期应在调整好现有统配矿的采掘比例关系、加强薄弱环节的基础上，积极进行矿井的改造和部分新井的建设，集中力量，打歼灭战，首先重点建设大同、朔县的动力煤基地，主要担负供应国内省内电站用煤、炼焦配煤和出口煤的任务；西山（包括古交）霍汾灼炼焦煤基地，主要担负供应国内外的冶金用煤任务；阳泉、晋城的无烟煤基地，主要供应国内省内的化工用煤任务，然后再逐步开发其他煤田，建设新矿区。每年开工建设的规模和建设进度，应注意与长远的需要相衔接，与坑口电站的建设相衔接。

载《经济问题》1980 年第 3 期，选入《山西能源重化工基地综合开发研究》，山西人民出版社 1984 年版

山西煤炭能源基地建设的规模和结构

一、山西煤炭工业的发展规模

在山西建设强大的煤炭基地，这一点势在必行。但山西煤炭工业发展到多大规模，还是一个需要研究的问题。规模小了，不能充分发挥山西的优势，满足不了国家对煤炭的迫切需要。相反，规模过大，也会造成矛盾重重，欲速则不达。这个问题很复杂，涉及的因素很多。既要考虑需要，也要考虑可能。

山西煤炭工业的发展，主要是面向全国。国家的需要，就成为考虑建设规模的首要因素。全国到底需要多少煤，其中必须依靠山西的又占多大比重？

关于全国能源需要量的预测，国外一般都是根据能源消费系数。我们也引用这个办法，但具体算法不同，算出的数字相差很大。

一种方法是把工农业总产值年平均增长速度与能源消费年平均增长速度的比值，作为能源消费系数来进行测算。三十年来，我国的比值是 1.3。如果今后仍取这个比值，又假定今后工农业总产值年平均增长的速度为 6%，能源消费年平均速度相应为 7.5%，以 1981 年为基础，那么全国能源需要总量，折成5000 大卡原煤，1985 年为 14.3 亿吨。如当年能源生产构成中煤仍占 70%，那么光是煤的需求量就是 10 亿吨；到 1990 年能源总需要量为 25 亿吨。考虑到这时候，随着水力发电、石油、天然气的发展，煤炭比重相对下降为 65%，这样，1990 年光是煤的需要量就是 16 亿吨；到 2000 年，能源总需要量为 58 亿吨，其中原煤为 38 亿吨。

这个算法，是套用国外的。由于我国没有"国民生产总值"这个统计口径，就用"工农业总产值"代替。但我国农村能源消费主要是生物能，煤、电、油占的比重很小，而生物能的消费量没有统计在能源总消耗量中，农业产值却算入工农业总产值中，这样能源消费系数就偏大，相应地测算出来的能源总需要量也偏高。

另一种方法是，把工业总产值年平均增长速度与能源消费年平均增长速度的比值作为能源消费增长系数来进行测算。三十年来，我国这个比值大体上是1。假定今后仍取这个比值，又假定今后工业总产值年平均增长速度为6%，能源消费年平均增长速度也是6%，那么，到1985年，全国能源需要总量为11亿吨，其中原煤为7.7亿吨；1990年能源总需要量为14.7亿吨，其中原煤为9.6亿吨；2000年，能源总需要量为26亿吨，其中煤为17亿吨。

这个算法相对来说，比较适合我国的实际情况。

要满足全国对煤炭的这个需要量，首先要靠山西，但又不能过多地依靠山西，过多地压在山西身上。因为这里除了要考虑煤矿的单位能力投资、建设工期、生产成本外，还要考虑煤炭长途运输所追加的运输费用和相关的运输投资，考虑到全国煤炭的合理流向和产销区划。现在和今后相当长的一段时期内，全国主要缺煤地区有三个：第一个是华东的沪、苏、浙、闽，这是全国最大的缺煤区，其中又特别是沪杭宁地区。考虑到华东区内的鲁、皖、苏北，有兖州、徐州、淮北、淮南等大煤田，其资源条件和开采的经济性虽不及山西，但距离这个缺煤区比山西近得多，可以节省大量的运费和相应的运输投资，这几大煤田正在加紧开发，可就近供应华东缺煤的一部分，当然更多的还是要靠山西。第二个缺煤区是中南的鄂、湘、粤、桂，其中又特别是武冶和珠江三角洲地区。鄂、湘靠近河南的豫西北大煤田，两广距黔西滇东大煤田也比山西煤田近，从节省运费和相应的运输投资考虑，鄂、湘的缺煤可就近由河南供应一部分，两广的缺煤就由黔西供应一部分。第三个缺煤区是东北，主要是辽宁。从近期说，所缺部分主要由山西供应，但紧靠东北的三大褐煤田，尽管煤质较差，但开采条件好，元宝山已有铁路，霍林河、伊敏河正在修铁路，直接和东北铁路网相连，由这三大褐煤田就近供应东北缺口最人的动力用煤，或建设矿区电站，就近向东北供电，这样比由山西调煤进来要节省运力运费，特别是可以绕开进出关通道狭窄的矛盾。

从全国煤炭基地的总体布局和地区产销情况看，上述三大缺煤区，都离不开山西的煤，但开发附近地区的大煤田，可以解决相当一部分，不宜过多地依靠山西。

山西现在煤产量占全国的1/6（1949年占8.3%，1957年、1965年占18%左右，1970年、1975年占15%~16%），三十年来，大体上也是在这个比重上下波动，考虑到现在中央要重点抓山西的煤，而其他新建和正在扩建的煤炭基地，在1990年前发挥作用的比重不大，这十年中，山西煤产量占全国的比重会有所提高，但提高的幅度也不会太大，假定由 1/6 提高到 1/5，那么按上述全国需要量计算，到 1985 年山西需产煤 1.5 亿吨，1990 年产煤 2 亿吨左右，1990 年以后，全国现在已开工新扩建的煤炭基地都可先后发挥作用，山西煤产量占全国的比重可能稍有下降，假定按 1/6 计算，2000 年山西需产煤 2.8 亿吨。

这样一个发展规模，对山西来说是比较合适的，速度不算慢。过去三十年，山西搞到了 1 亿吨，今后二十年新增 1.8 亿吨产量，任务也还是艰巨的。

山西煤炭工业的发展，从资源的条件说，的确是得天独厚的，可以搞到很大规模。从国家的需要看，当然也不会嫌山西煤搞多了，问题是资源条件只是确定煤炭工业发展规模的自然基础，单看这一点是不行的，还需要综合考虑其他许多因素。如省内外的运输问题，省内农业、轻工业的配合问题，地区经济结构的合理性问题，国家的投资能力问题等。即使是从资源条件看，山西煤炭远景储量、探明储量虽然很多，但马上可供建井用的精查可采储量也并不很多（可供建设 5000 万吨生产能力之需）。今后二十年要新增 1.8 亿吨的产量（新增生产能力应比这个数字更多些），需要多少投资呢？考虑到物价的上涨，煤矿机械化水平的提高，加上还要开辟新矿区，吨煤能力投资仍按 50~60 元匡算是不够的，约需增加到 100 元，即使按 80 元计算，就需要投资 150 亿元，这里还不包括相应的运输投资。考虑到大型煤矿从设计施工投产到设计能力，前后一般需十年左右。这样 1990 年、2000 年要达到的生产能力，分别在 1980年、1990 年前就要陆续全部开工，所以上述 150 亿元投资，实际上要集中在 1990 年前都先后投下去。这十年中，至少是头几年中，国家总投资的水平是不高的，能够用于山西煤矿建设的，即使是保重点也不会太多。要建立起一个强大的煤炭能源基地，光搞煤是不行的，围绕煤必须相应地搞电、化、冶、建，特别是铁路建设必须紧紧跟上。据有关部门估算，为了运煤的铁路基建投资额，大约与煤炭工业的基建投资额相等。据鲁尔的实践，综合利用煤炭的工业基建投资，约占煤炭工业总投资的一半左右。这样算起来，新增 1.8 亿吨煤的综合投资就很大了。煤炭建设规模再大，投资就是一个大问题。

二、在山西要建立一个什么样的经济结构

关于这个问题，笔者已有一些具体设想。这里只谈点认识问题。

我国是一个幅员广阔的大国，地区差异性很大。各省（区）的自然条件、

经济条件、人口的数量、质量、已形成的生产力水平和现有的经济结构等很不一样。在经济发展上，各有长处和短处，各自的长处和短处也不相同。这样的差异性的具体表现是会变化的，但地区之间经济发展条件的差异性是永远存在的。这种差异性，就决定了地区经济结构的多样性。也就是说，地区经济结构的模式可以是多样的，不宜要求千篇一律，都按一个固定的模式干。衡量一个地区的经济结构合理与否，首先要看这个地区的经济结构中，起主导作用、核心作用的部门（这种部门就是地区专业化部门，日本叫做"带头部门"）抓得准不准，发展得健全不健全，它在地区国民经济中的位置恰当不恰当。由于地区专业化部门是建立在当地特殊有利的发展条件之上的，和全国其他省的同类产品相比，能以较少的投资、较快的速度、较低的生产成本、较高的劳动生产率，大量生产价廉物美的产品，支援全国。这种部门的合理发展，可以充分发挥地方优势，为全国作出贡献，成为全国国民经济体系中的重要生产基地。同时它又是地区经济的主导部门，能带动地区整个国民经济的发展。所以这是衡量一个地区经济结构合理与否的一个重要标准。另一个标准是，在地区经济结构中，起主导作用的部门与其他部门的关系怎么样，是适应还是不适应。这里讲的其他部门，又可分为两大类：一类是和地区内主导部门直接协作配合的部门。由于各省（区）的主导部门不同，这类部门也就不同。如钢铁成了主导部门，它就有它的一套与之直接协作配合的部门；如果是以煤炭为主导的部门，就有另一套直接与之协作的配合的部门。这类部门是因地而异的。但不管什么地区，这类部门与主导部门的关系，必须是协调地发展。另一类部门，是只具有地方意义的自给性部门，包括其产品没有区际意义的农业、轻工业、重工业生产部门。其中还可分为出产品可运性差的生产部门（如易腐烂变质、运输中损耗大的蔬菜、鱼类、肉类、鲜果、鲜蛋等，易燃、易爆、易挥发、运费很高的产品），省内用量大、产品笨重、价格低廉，而发展条件要求不高的生产部门（如砖瓦砂石等）。这一类部门同主导部门及直接与主导部门协作配合的部门关系，最好也能协调发展，其中分出来的那些生产部门，应尽量在省内平衡。由于客观条件的限制，这类部门中有些产品不能充分发展，或者是勉强去发展但经济效果很差，就需要通过区际协作、产品交换，来保证地区经济活动的正常进行。

从一个省来说，如果主导部门选得恰当，在经济结构中的位置摆得恰当，直接与之协作配合的部门能够协调发展，只是自给性部门某些产品的生产还不能与其他部门的发展相适应，应该说，这样的地区经济结构在基础上是合理的。不考虑各省的实际情况，要求一个省内各生产部门的发展完全平衡，特别是要求自给性部门的产品都完全自给，那种封闭式的地区经济结构只能导致经济上的巨大浪费，阻碍地区生产力的发展。

具体到山西，从山西的实际情况出发，从全国的需要和地域分工的要求来说，最能发挥山西优势的煤炭工业，早就应当作为山西经济结构中的主导部门，在人力、物力、财力的投放上，采取"倾斜政策"，进行重点发展。围绕煤炭工业，积极发展电、运、建材、有色、煤化工，同时努力提高农业和轻工业的生产水平，逐步形成一个以煤炭为中心，电、运、建材、有色、煤化工协调发展，农业轻工业相应发展的地区生产综合体。这里就有一个把农业、轻工业放在一个什么位置上的问题。只抓煤炭的开发和综合利用，丢掉农业、轻工业，那当然是错误的。但过分强调农轻重的协调发展，特别是要求粮、棉、油自给，要求轻工业品完全自给，那也是不现实的。

合理化的地域分工与合理的区际交换是不可分割的。山西以煤支援了全国的生产建设，就理应从全国换回它所缺少的东西，在煤越挖越多的同时，人民的生活也有相应的改善。如果山西总是重车出，空车进，被迫平均使用力量，平行地发展各生产部门，不能扬起所长，避其所短，就只能互相牵扯，结果是煤炭能源基地建设不好，农业、轻工业也上不来，建立合理的地区经济结构也就无从谈起。

载《经济问题》1980年第7期，选入《山西能源重化工基地
综合开发研究》，山西人民出版社1984年版

山西能源基地建设的协调发展

集中较大力量，建设山西煤炭能源基地，是中近期解决我国能源问题的战略措施之一。就山西来说，怎样在国家计划指导下，从实际出发，把煤炭能源基地建设同地区经济结构的调整有机地结合起来，逐步建立起宏观经济效果最好的经济结构，使山西整个国民经济更加协调发展，这是山西和全国人民共同关注的一个重大问题。

解决这个问题，首先要有一个正确的指导思想。

长期以来，人们在讲地区经济结构时，通常是着眼于农轻重的地区组合。衡量一个地区的经济结构是否合理，也是着重看农轻重的比例关系。我们认为，这是不够的，还应有所补充。根据地域分工的理论和实践，一个地区经济综合体的组成要素，也可以进行另一种分类：第一类是地区专业化部门。这类部门因地而异，有的是钢铁工业，有的是能源工业，还有的可能是某种重要的经济作物及在此基础上形成的加工工业。但它们有一个共同的特点，即都是当地特殊有利条件的产物，具有双重的作用。一方面，它是全国国民经济体系中同类产品的重要生产基地，和全国其他地区的同类部门相比，它能以较少的投资、较快的速度、较低的生产成本、较高的劳动生产率，集中生产价廉物美的产品，支援全国。另一方面，它又是该地区经济发展的带头部门，能带动地区经济的发展，是地区经济结构的骨架。第二类是与地区专业化部门直接协作配合的部门，这类部门因第一类部门的不同而不同。如以钢铁为主的地区，有一套直接与之协作配合的部门；以能源为主的地区，则令有一套直接协作配合的部门。这类部门中，有的也可能逐步发展成为新的专业化部门。第三类是只具有区内意义的自给性部门，包括上述两类部门以外的所有部门。按其特点，又可分为以下几个部分：各种生产性和社会性的基础设施，如交通运输、水、电等公用设施。具有消费趋向性的部门，其中有的是产品长途运输，这些产品容易腐烂变质，损耗很大，如蔬菜、水果、肉类、鲜奶等；有的是产品本身价格低廉，长途运输，运费支出往往高于其生产成本，如砖瓦砂石之类；有的是产品需要面广，发展条件要求不高，具有广泛发展可能性的，如针织、缝纫、食品、家具等。这些自给性产品，一般来说，应尽可能在地区范围内平衡，避免大量从外地长途调进。但第三类部门，还有大量具有原料趋向性的生产部门，或者是既可接近原产地、又可接近消费区的部门，以及由于客观条件的限制、适于集中生产而不宜于广泛分布的生产部门，这些部门的产品很难在一个地区范围内全部平衡，需要通过国家调拨和区际的产品交换来实现平衡。

根据这种划分，衡量一个地区的经济结构是否合理，首先要看该地区的专业化部门选得准不准，它在地区经济结构中的位置摆得恰当不恰当，也包括专业化部门内部的各主要生产环节是否协调；其次要看第二类生产部门与第一类部门的发展是否协调，第三类部门中划分出来的前几个部分同第一、第二类部门的发展是否协调。综合指标就是经济有效地利用地方资源，加快生产建设的速度，既能满足国家的需要，又能稳步提高人民的生活水平。如果以上几点做到了，就应当说，这个地区的经济结构基本上是合理的。

这样的分类和评价，是符合地域分工的客观规律的。地域分工，是社会分工的一种形式，它是社会化大生产的产物，又是促进社会化大生产的必要条件。我国是一个幅员广阔的大国，地区差异性很大，各省（区）的自然条件、技术经济条件、人口的数量质量、民族构成、历史发展特点、已形成的生产力水平和经济结构，很不一样。在经济发展上，各有其长处和短处，各自的长处和短处也不相同。社会制度的变革、生产力的发展，会使这种差异性的具体表现有所变化，但不能消灭这种差异性。马克思指出："同一的经济基础——就主要条件来说是同一的，仍然可以由无数不同的经验上的事情、自然条件、种族关系、各种由外部发生作用的历史影响等，而在现象上显示出无穷无尽的变异和等级差别。"①

正是这差异性，决定了地区经济结构的多样性。也就是说地区经济结构的模式可以是多样的，不能千篇一律，过去我国经济建设中重大失误之一，就是不问地区的特点、条件，不讲经济效果，一律搞"以钢为纲"，搞重型结构，严重违反了地域分工和扬长避短的原则，使各地区的优势不能发挥，甚至优势变成劣势，而原来的劣势也长期改变不了。导致一国和各地区国民经济的比例失调，破坏了生产力。我们必须认真吸取这个教训。但是也不能不顾地区条件和各部门的特点，不顾国家的需要，关起门来搞农轻重关系，即一律以轻纺工

---

① ［德］马克思：《资本论》（第 3 卷），人民出版社 1953 年版，第 1033 页。

业为重点，搞轻型结构，追求粮、油和各种轻纺工业品完全自给，做到所有产品全部平衡。否则，也会重犯各地区自成体系、搞"大而全"、"小而全"的错误，发挥地区优势、协调发展也会成为空谈。

根据上述基本观点，山西经济结构的根本问题在哪里？今后应如何进行调整？

从三十年的实践来看，山西经济结构的根本问题，如果简单地归结为农轻重的比例失调，是不很确切的，应当更具体地分析。从山西的客观条件、国家的需要和地域分工的要求来看，山西是适于搞重型结构的，问题不在于山西的经济结构中重工业占有较大的比重，问题在于：

第一，本应作为山西专业化部门、重点发展的煤炭工业，"二五"以后，特别是"三五"以后没有摆在应有的位置上，煤炭工业投资在全国煤炭工业总投资以及在山西国民经济总投资中所占的比重不断下降，新井建设规模小，原煤新增生产能力占全国的比重相应下降。重点不重，而不恰当地突出了钢铁、机械和国防工业。煤炭工业内部，采煤与洗选之间、生产性建设与非生产性建设之间也不协调。

第二，与煤炭工业直接协作配合的部门，如电力、煤化工、建材等，没有得到相应的发展，守着煤却缺电，缺电又限制了整个工农业生产的发展；调出大煤炭，而调进化肥；全省军工民用的机床拥有量很大，而直接武装煤炭工业的生产能力却很小。

第三，上述第三类部门中划分出来的前几部分的发展也不相适应，突出的是铁路运输、城市工矿区的生活服务设施、副食品生产以及某些日用轻工业品的生产，都跟不上来。

这种经济结构，致使国家对煤炭的需要得不到满足，加剧了煤炭供应的紧张局面，而山西的经济结构也不能协调发展，地方财政拮据，人民生活水平提高得很慢，反过来又挫伤了山西开发煤炭资源的积极性和主动性。

经过了曲折和反复，建设山西煤炭能源基地的重要性与紧迫性已越来越被人们所重视，中央也决定要加大山西的煤炭开发规模。在这新的形势下，人们关心的是，如何围绕煤炭能源基地的建设，逐步调整好山西的经济结构，保证煤炭能源基地建设和其他建设的协调发展。根据上述指导思想和三十年来正反两方面的经验。我们认为，以下几个问题是需要得到很好研究和解决的。

第一，煤及其配合部门的协调发展。

从世界上现有的大型煤炭基地的实践来看，一般都是在煤炭工业的基础上，煤及与煤直接有关的工业综合发展，形成强大的工业综合体。但具体情况也有差别。苏联的顿巴斯，是以煤、钢、焦为主，当其煤产量占全国的 33% 时，其钢产量占全国的 25%，焦占全国的 30%，煤、钢、焦在全国所占比重之比为 1.0∶0.87∶0.35；美国的阿巴拉契亚，是以煤、铁、电为主，当其煤产量占全国的 369% 时，其钢产量占全国的 60%，发电量占全国的 24%，煤、钢、电在全国所占比重之比为 1∶0.87∶0.35；西德的鲁尔，是以煤、钢、氮肥、电力为主，当其硬煤产量占全国的 80% 时，其钢产量占全国的 60%，氮肥占全国的 50%，发电量占全国的 30%，煤、钢、氮肥、电力在全国所占比重之比为 1∶0.75∶0.63∶0.38。工业的这种综合发展有利于煤资源的综合利用，大大提高了煤的经济价值，同时使大量煤炭就近消费掉，减少了煤炭长途运输的数量，相应地节约了运费支出和相关的运费投资。山西煤炭储量丰富，牌号齐全，配套资源（如石膏、硫铁矿等）也较丰富，和上述几大煤炭基地相比，山西更有条件综合发展。但多年来，山西境内与煤直接协作配合的工业综合发展不够。如山西煤产量占全国的 16%，焦产量占全国的 7.7%，发电量、合成氨各占 4.2%，煤、焦、电、氨占全国比重之比为 1∶0.48∶0.26∶0.26。这种状况需要逐步改变。问题是电、焦、化工这些部门在山西的工业结构中应占什么地位，发展到多大规模合适。协调发展，不等于等速度、等规模地发展。考虑这个问题时，国外经验有可借鉴之处，在山西煤炭工业发展过程中，电、焦、化工等都应有所发展，但在中近期只宜对煤炭工业的发展起配合作用，不宜和煤平行发展。其发展规模，应以满足省内需要为主，不宜和煤一样同时都搞成具有全国意义的专业化部门，大量输出产品。这是因为：

（1）国外那些以煤为基础的综合性大工业基地的形成，都经历了几十年、一百多年的发展过程，山西不可能在一个较短的时间内一蹴而就。

（2）从全国工业的总体布局看，我国的工业布局，不宜如此高度地集中于一个省（区）内，像顿巴斯、阿巴拉契亚、鲁尔那样。

（3）从环保角度看，上述工业都是污染大的工业，如果同时过多地集中于一个省，将严重污染环境，破坏生态平衡。

（4）从山西具体条件说，如果同时把电、焦、化工的规模都搞得很大，占地、供水、运输、投资等问题都难以解决，这样的齐头并进，不但不能促进煤炭工业较快地发展，反而会扯煤的后腿。

因此，在中近期，山西还应集中主要力量把煤搞上去，以满足国家的急需。电、焦、化工等只宜相应发展，就速度说可以比煤快一些，但就规模说不能像国外煤炭基地那样，搞得那么大。以电为例，山西电力发展的规模，应考虑以下几点因素：一是在综合平衡的基础上，水资源供应的可能性；二是与洗选能力相适应，以能就近吃掉洗中煤等低热值燃料为前提，不宜让火电另吃大量好煤；三是能保证省内包括铜、铝等大耗电工业在内的国民经济发展的需要。从上述因素出发，到 2000 年，山西火电建设规模能搞到 1000 多万千瓦是比较切实可行的，3000 万千瓦的装机容量是偏大了。如按此规模搞火电，仅发电一项每年就要用掉 12 亿方以上的水（空冷机组虽可大大减少用水量，但占的比重有限），这对缺水的山西来说是一个沉重的负担。如按吃洗中煤来计算，一年需用 1.5 亿吨，相当于近 2 亿吨洗选能力的副产品，在今后 20 年内，山西的洗选能力不可能搞到这样大的规模。根据山西 20 年内国民经济发展的需要，3000 万千瓦的装机容量，将有 2000 万千瓦要输出，需要新建 50 万伏以上的超高压输电电线路 10 条左右，其输送距离也要大大延长，线损率加大。因此在中近期，煤和电的主次地位必须分清。

　　第二，煤运统筹规划，真正把运输放在先行官的位置上，确保煤炭产运的协调发展。

　　在地区经济结构中，运输是最重要的基础设施之一，是国民经济的先行官，它起着为国民经济发展开路的作用。特别是煤炭资源的大规模开发，新矿区的建设，应以运输干线先行为前提。如果运输干线的建设，老是跟在工农业后面跑，哪里动力紧了，就在那里补充补充，头痛医头，脚痛医脚，那就只能成为后行，老是被动。不仅如此，运输业生产的特点是，它的产品是"吨公里"，在生产过程中，生产和消费合而为一，同时开始，同时结束。"吨公里"是不能储存的，不能随要随有；"吨公里"又是不能转移的，不能哪里不够，就从其他多余的地方调进来加以补充。这个特点决定了运输线必须保持一定的后备能力，也就是运力和运量之间要保持一定的富裕能力，才能应付不时之需，特别是大矿区的建设，从设计施工投产到达设计能力，需要有一个过程，煤炭运量增长要经过一定时间。因此在正常情况下，为运煤而修建的运输线路，在投产后的一定时期内，运量相对不足，运力相对富裕是必要的。在规划运力与运量的平衡时，不能只顾眼前，满打满算。否则，煤炭运量一增长，原来基本适应的运力又会变得不相适应，又进行改造或新建。从这个意义上说，没有后备，就不能先行，掌握主动权。

　　多年以来，山西煤炭外运的被动局面始终没有扭转，根本原因就在于没有真正把运输建设放在先行官的位置上，没有走在煤炭生产建设的前头。一谈到煤炭基地建设，人们比较重视算煤炭的产量账，而忽视了算煤炭的运输账。应当说，这个问题还没有引起足够的重视，直到今天，运输还处于后行的地位。据计算，山西境内现有五大干线按计划全部改造完工后，线路能力可提高到1.65亿吨。如果把线路能力利用率由90%以上降到80%这个临界点以下，把煤炭外运量占铁路货物外运量的比重，由现在的80%以上降到80%以下，这样一年最多可负担1亿吨煤的外运任务。如果按2000年山西产煤3亿吨、调出2亿吨计算，煤炭外运量将在1亿吨的基础又增加1亿吨，则线路能力需要在五大干线全部改造完成后达到1.65亿吨的基础上再增加1.65亿吨（即3.3亿吨），才能满足需要。可是，现有五大干线中，太焦线的复线电化，南同蒲复线、京原线的电化，都还没有列入计划或正式开工。

1981年全国铁路投资大幅度下降，这些改造工程很难上马。1982年以后即使有投资能上马，根据石太线复线电化的实践，1985年前很难全部完工。因老线改造干扰多，困难多，其中征地拆迁就是一大难题，既增加了投资，又延缓了进度。这样如果1985年山西产煤1.5亿吨，外调1亿吨的运输任务就难以完成，如果进一步考虑2000年外调2亿吨的运量，还必须在1985年前后，上新的运输线路。如果仍像现在这样，单靠铁路，需要新建好几条新干线。根据山西的地形条件，再大量新修铁路干线，工程量较大，投资较多，工期较长，这就很有必要及早考虑管道运煤问题。铁、管并举，还有干、支线并举，用比煤炭工业更快一些的发展速度来扩大煤的输送能力。时间已很紧迫了，如再不早作安排，延误时间，山西煤炭的产运之间将进一步失调，多生产就多积压。在这种局面下，晋煤的开发目标就很难实现。

第三，调整农业结构，正确处理农业与煤炭能源基地建设的关系。

在建设山西煤炭能源基地的过程中，人们尤其是山西人民关心的问题之一，是工农关系问题，其中突出的又是工农业用地用水的矛盾。

煤炭工业，如果就矿井地面工业广场建筑用地和生活区用地来看，占地并不多，问题是由采煤而引起的地面塌陷，会引起土地利用结构的重大变化。特别是山西煤资源分布广，煤田面积占土地总面积的36%以上，其中吕梁地区高达50%，晋东南地区更高达60%。山西煤田多数厚度较大，地质构造比较简单、煤层比较平缓，随着煤炭资源开发规模的扩大，塌陷占地的影响更为严重，与农业用地的矛盾将随之突出。

煤炭工业用水量不大，问题是采煤会引起水源的破坏，而山西又属于干旱半干旱地区，水资源本来就不多。地面水多年平均是117亿立方米，最少年只有 63 亿立方米，地下水有 55 亿立方米，地面水加地下水共 172 亿立方米，枯水年只有 100 多亿立方米。据山西水利局的同志计算，山西地面水如果保证率按 50%计算，可控制利用的最多是 60 亿立方米，地下水最大可采水量是 40 亿立方米，二者共 90 亿~100 亿立方米。现在已开发利用 65 亿立方米，其中农业用水占 85%，比重很大，但农业的抗旱能力还很差，旱灾频繁，已成为山西农业发展的一个重要限制因素。于是有的同志主张进一步扩大水浇地面积，发展粮食生产。按照这个意见，1985 年将把水浇地面积扩大到 2000 万亩，2000 年进一步扩大到 2500 万亩。按每亩水浇地年用水 300 立方米计，到 2000 年，水浇地年用水将增加到 75 亿立方米，加上其他农用水至少需 80 亿立方米。为了保证 2000 年产煤 3 亿吨，并相应发展电、热、化工等工业，工业和城市生活用水将增加到 40 亿立方米，一年共需水 120 多亿立方米，这样水资源是难以平衡的。如何解决这个矛盾？要么是制水浇地面积的进一步扩大，保证煤炭能源基地的建设为主，要么压缩煤炭能源基地建设规模，保证农业用水。这里有一个谁主谁从的问题。从山西煤炭能源基地建设的重要性和紧迫性来看，应以保证煤炭能源基地的建设为主，但同时又要兼顾山西农业面貌的改变，这就必须从调整农业结构中找出路。

山西当前的土地利用结构，同全国相比，土地垦殖指数比全国平均水平高 1.5 倍，而林地比重却比全国平均水平还低 2.7%，林地太少，涵养水源的能力太低（只能截蓄年降水量的 20%）。这是造成山西水资源缺乏的一个重要原因。山西多年平均降水量是 535 毫米，但实际转化为水资源的只有 172 亿立方米，每年有 664 亿立方米的降水都白白流失了。雨水流失，伴随着土壤冲刷，河流含沙量大，使得为扩大水浇地而修建的水库淤积严重。三十年来，山西农业投资占国民经济总投资的 9%，农业投资中，水利一项即占 65%，大中型水库的库容已淤积了 1/3、现有 1500 多万亩水浇地，由于水利工程不配套，农业用电不足，不少电灌站发挥不了作用，已有水浇地得不到充分灌溉，单产仍然不高。实践证明，在山西单靠搞水利增产粮食，经济效果是有限的，很难根本改变农业面貌。相反，山西宜林荒山荒地有 7000 万亩，占全省土地总面积的 30%，为现有林地面积的 3 倍；未被利用的草场牧坡 2800 万亩，占全省土地总面积的 12%，为已利用的牧坡面积的 1.4 倍。从这个实际出发，今后山西农业的发展，必须逐步改变单一搞粮食、搞耕作业的农业结构，即把耕地面积基本稳定下来，并集中搞好水利工程配套，解决农业用电问题，把现有水浇地浇好，提高单位面积产量；大力发展林业、畜牧业，特别是抓好林业，扩大森林面积，提高涵养水源的能力，向林业要水。据计算，如充分利用宜林荒山荒地，逐步把森林覆盖率提高到40%，每年可资利用的水资源即可增加1倍左右。所花投资则只有过去三十年水利总投资的75%。长远来看，这样的调整是必需的。当然，这个调整只能是逐步的，当前国家还拿不出更多的粮食给予支援。

在适合发展粮食作物的地方，还要采取适合当地情况的措施，挖掘增产潜力，尽可能多生产一些粮食。根据山西的实际情况，既要确保煤炭基地的建设，又要在中近期争取粮食的全部自给，那是不现实的，为了使山西人民有个休养生息之机，使山西人民在煤炭能源基地建设过程中，能稳步提高生活水平，首先是吃饱吃好一些，国家还必须下决心采取有效的交换方式，来弥补山西粮食生产不足。现在山西年产煤1亿多吨，国家每年调进商品粮10亿斤，如果今后每增产煤炭1亿吨，国家相应多调进10亿斤商品粮，这样，既能解除群众口粮紧的后顾之忧，还可比较踏实地迈开调整的步伐。多年来山西以大量的"工业粮食"支援了全国，全国以"人吃的粮食"支援山西，这既符合地域分工的客观规律，也是合情合理的。

在农业结构的调整中，也包括抓好城市工矿区的副食品生产，逐步提高那些不适于长途调运的副食品的自给率，这也是一个关系到煤炭能源基地建设能否协调发展的重要问题。

长期以来，山西城市工矿区的副食品生产落后，自给率低。与全国189个城市的平均水平及相应城市的生产水平对比如表1所示。

表1　山西与全国189个城市的副产品生产的平均水平及相应城市的生产水平

	自给率（%）			
	蔬菜	猪肉	牛羊肉	蛋类
189个城市总平均	99.2	26.1	8.6	12.2
其中：煤炭工业占重要地位的				
铜川	85.3	13.6	18.5	8.8
石嘴山	82.9	12.0	9.6	8.4
平顶山	111.6	14.0	87.7	13.9
焦作	100.5	11.9	21.7	7.5
徐州	100.4	20.0	21.9	3.0
淮北	100.0	19.0	33.3	26.7
萍乡	100.2	162.7	200.0	130.0
淄博	115.9	43.1	45.9	38.2
枣庄	140.7	144.1	125.4	56.8
唐山	75.8	11.3	10.0	3.4

续表

	自给率（%）			
	蔬菜	猪肉	牛羊肉	蛋类
抚顺	99.9	1.0	—	1.6
阜新	124.0	8.7	6.3	6.8
辽源	100.1	16.8	0.2	5.8
鹤岗	95.4	72.9	6.4	77.3
双鸭山	105.6	31.6	14.3	44.0
鸡西	100.5	41.9	11.0	59.7
七台山	94.3	30.7	11.1	36.8
大同	109.0	7.2	7.4	19.1
阳泉	85.8	20.6	12.9	8.0

资料来源：国家统计局：《城市国民经济基本情况统计资料》。

表1说明，山西城市工矿区副食品的自给率是属于下等水平的。在城市工矿区建设过程中，应考虑郊区的农业结构，把矿区建设和副食品生产基地的建设统一规划。对占地较多、距离城镇不远的大队、生产队，可考虑转为副食品生产基地，按城市郊区的特点来安排农业的生产建设，把蔬菜等副食品的生产放在首位。这既有利于安排社员的生产生活，减少征地拆迁的阻力，也有利于提高矿区副食品自给率的水平，改善职工生活，还可以促进城乡结合、工农结合。

第四，调整煤炭工业的内部结构。

这主要包括两个方面：一是调整采煤与洗选的比例；二是调整矿区生产建设和非生产性建设比例。

多年来，在山西煤炭工业发展过程中，重开采，轻洗选。煤炭工业投资过多地用于矿井生产能力，忽视了洗选能力的相应扩大。1949~1978年，全省采煤生产能力累计增加了4680万吨，而洗煤能力只增加了570多万吨，二者增长速度之比为1∶0.11；同期原煤产量增长了36.8倍，而洗精煤产量增长极少。1978年原煤入选比为4%（全国平均是18%左右），调出的煤几乎全为原煤。即使山西煤质量好，矸石和灰分含量较低，按20%计算，调出原煤5000万吨，就有1000万吨是无效运量。为了运输这些石头，还要烧掉几十万吨煤炭，这是一个很大的浪费。同时原煤不入洗，其价值大大降低。据典型调查，炼焦原煤入洗后，每吨较洗前可增值11.33元，扣除加工费2.2元/吨及税金0.91元/吨，可净得利润8.22元/吨。动力煤入洗后，每吨可净得利润4.46元。阳泉的无烟煤，大同的动力煤，西山的炼焦煤在国际市场上是很有竞争能力的，如经过洗选，把灰分降到6%~8%，平均每吨煤的出口价格可提高15~25

美元，对用户来说，煤炭经过洗选，比直接使用原煤，还可综合节约煤炭 10%
左右。可见，就总的社会效果看，原煤入洗不入洗，有很大差别。随着煤炭基
地建设的发展，山西煤炭的外调量将不断增加，提高入洗比更有其重要性。今
后煤炭工业的投资结构，应逐步加以调整，较快地扩大洗选能力。

多年来，在山西煤矿建设过程中，重生产，轻生活，矿区非生产性投资所
占比重比全国平均水平低。大同矿务局三十年来，在总投资中，生产性投资占
90%，生活部分的投资只占 10%，其中"二五"以后一直在 10% 以下，致使生
活欠账很多。表 2 是几个主要指标的对比。

表 2　大同矿务局与全国 189 个城市平均水平及相应城市的主要指标对比

| | 人均居住面积（平方米） | 万人拥有 | | | | | |
| | | 零售业 | | 饮食业 | | 服务业 | |
		网点（个）	人员（人）	网点（个）	人员（人）	网点（个）	人员（人）
189 个城市总平均	3.53	9.1	169	1.9	42	1.8	29
其中：							
铜川	3.12	6.3	74	1.5	29	1.7	16
石嘴山	3.71	8.2	83	0.8	19	1.2	26
平顶山	3.30	2.7	51	0.5	10	0.5	6
焦作	2.94	11.6	184	2.0	14	1.0	1.2
徐州	2.91	15.7	233	3.1	85	1.4	60
淮北	2.40	3.7	135	0.5	7	0.7	11
萍乡	3.05	9.6	66	1.1	6	0.5	3
淄博	4.09	4.6	70	0.4	11	0.5	8
枣庄	3.54	1.8	37	1.0	18	0.5	5
唐山		4.9	127	0.8	31	1.1	18
抚顺	3.09	6.6	120	1.2	35	3.3	31
阜新	2.95	3.2	139	1.2	37	3.2	48
辽源	2.60	5.3	117	1.7	55	1.0	15
鹤岗	2.52	4.0	115	0.6	26	0.7	12
双鸭山	2.82	4.6	159	1.0	22	0.6	8
鸡西	3.11	3.0	76	1.0	25	1.1	12
七台山	3.00	3.1	72	0.7	22	0.9	17
大同	2.92	6.3	94	0.5	23	0.4	8
阳泉	2.62				28		12

资料来源：国家统计局：《城市国民经济基本情况统计资料》。

表 2 说明，山西几个工矿城市生活服务设施的水平，是属于全国最低之列
的。为了逐步偿还生活欠账，协调矿区"骨头与肉"的关系，在煤矿建设投资
结构中，应适当提高生活服务设施所占的比重，为劳动条件艰苦的煤矿工人创

造一个比较过得去的生活条件。

如按上述两方面的要求来调整煤炭工业的投资结构，将增加煤炭工业的一次性投资，或在相同的投资规模下，对原煤的生产规模会有一定的影响。但这样调整，是社会主义基本经济规律和有计划按比例规律的客观要求，有利于改变煤矿工业的形象，调动生产者的积极性，提高煤炭的产量和质量，增加国家和地方的财政收入，总的经济效果将更大。

载《晋阳学刊》1981 年第 3 期

1990 年 3 亿吨的产量是难达到的

把山西作为全国煤炭资源开发的重点，加快山西煤炭基地的建设，这一点大家是同意的。问题是加快到什么程度，扩大到多大的规模，才是切实可行而又经济合理的。山西煤炭生产的发展，有得天独厚的有利条件，也有不少限制因素。到 1990 年，要把原煤产量扩大到 3 亿吨的规模，从一些基本条件来看是不可能的。

第一，时间来不及。1980 年山西产煤 1.21 亿吨，1990 年要达到 3 亿吨，即在今后十年中要增加近 2 亿吨，平均每年增加近 2000 万吨。根据我国多年的经验数据，如果每年要增产 1000 万吨，必须每年有 1000 万吨新井投产，1000 万吨新井开工，每年在建的规模要经常保持在 5000 万吨以上，才能衔接得上。按此推算，在山西每年要有 2000 万吨新井投产，2000 万吨新井开工，每年要保持 1 亿吨以上的在建规模。山西现在的在建规模还不到 800 万吨。要达到上述建设规模，时间上是来不及的。

第二，资源难保证。新建 1 吨生产能力占用的精查储量，按理论值说是 100 吨，按我国现在的实际情况看是 260 吨，"一五"时期这个数值较低，是 160 吨。按 260 吨计算，新增 2 亿吨能力，需要占用精查储量 520 亿吨；即使按 160 吨计算，也要 320 亿吨。山西现有保有的精查储量是 430 亿吨，生产井和在建井已占用了 168 亿吨，还有可供建井用的精查储量 280 亿吨，其中由于种种原因，中近期难以或不能利用的有 126 亿吨，实际可利用的是 150 多亿吨。按 260 亿吨计算，只能再建新井 6000 万吨；按 160 吨计算，也只能再建新井 9600 万吨。如要保证再建新井 2 亿吨，十年内要扩大精查储量 170 亿~360 多亿吨，这是很困难的。

第三，运输跟不上。1990 年产 3 亿吨，外调 2 亿吨，需要多大运力呢？据计算，山西现有五大干线全部按计划改造完工后，线路能力可提高到 1.65 亿吨，如果把能力利用率由 90% 以上下降到 80% 这个临界点以下，把煤炭外运量占全省铁路货物外运量的比重，由 80% 以上，下降到 80% 以下，这样，一年最多可担负 1 亿吨煤的外调任务。如果 1990 年外运量增加到 2 亿吨，则线路能力要在五大干线达到 1.65 亿吨的基础上，再增加 1.65 亿吨，这无论是在铁路投资或是在铁路建设进度上，都是不可能的。何况煤运到六大出口后，要进一步输送到各主要消费区，还有一系列与之联系的线路、港口，都需要相应提高运力和吞吐能力。

第四，资金不足。按吨煤能力投资平均为 80 元计算，需投资 160 亿元。相关的铁路投资按 80% 分摊，需投资 128 亿元。这两项就需投资 288 亿元。由于煤矿和铁路建设周期长，要保证 1990 年达到需要的产量和运力，这些投资，必须在最近几年内都陆续投下去，这是近几年国家的投资能力所达不到的。

不说其他，只是上述几个限制因素，就使年产 3 亿吨这个产量规模达不到。

可能有的同志说，你这是按大中型新矿的建设要求来考虑的，如果以改建、扩建为主，以地方特别是社队小矿小窑为主，十年内新增 2 亿吨的产量就可能达到。

这样搞能不能达到，又是否经济合理？我们先引用几组数据：

1974~1980 年，七年之间，山西煤炭产量增加了 5700 多万吨，主要就是老矿挖革改和小矿小窑大发展而实现的。这期间靠新井增加的产量只占 1.16%，靠小矿小窑增产的占 40%，靠老矿挖革改增产的占 58% 以上。据测算，老矿挖革改增加生产能力比新建矿井吨煤能力投资低 40%~60%，时间快 3~5 年。另据有的同志计算，小矿小窑与大中型矿相比，吨煤能力投资低 50%~80%，时间快 1/3~1/2。

根据上述数据，我们假定今后十年新增的 2 亿吨产量，分别由下述三个方面来承担：

（1）老矿挖革改占 40%，计 8000 万吨。吨煤能力投资按 40 元计（相当于新建大中型矿的 50%），需投资 32 亿元。建设周期按 5~7 年计，如果要 1990 年全部投产并达产，必须在 1983~1985 年前全部开工。

（2）小矿小窑增产占 40%，计 8000 万吨。吨煤能力投资，按 25 元计，需投资 20 亿元。建设周期按 3~5 年计，要 1990 年全部投产达产，必须在 1985~1987 年前全部开工。

（3）新建大中型矿增产 20%，计 4000 万吨。吨煤能力投资按 80 元计，需投资 32 亿元。建设周期按十年计，要 1990 年全部投产达产，1981 年前后就要全部开工。这样，在 1981~1987 年中，共需有 8000 万吨能力的老矿挖革改工程开工，8000 万吨能力的小矿小窑开工，4000 万吨能力的大中型新井开工。

这七年中，全部煤矿建设需投资 84 亿元，平均每年 12 亿元。这样搞，即使投资和时间问题都可解决，但第一，山西现有统计的煤矿生产能力不过 5000 万吨，在这个基础上，要通过挖革改增加 8000 万吨的生产能力是不可能的；第二，运输问题还不能解决。按铁路建设周期计算，1990 年要达到的新增线路能力，最近 2~3 年必须全部开工，其投资 128 亿元，要在最近几年内都投下去，这是不可能的，运输这一个因素就卡住了。

就资源说，即使新增的 8000 万吨小矿小窑不要求有准确可利用的精查储量，但其余 1.2 亿吨能力也需要占用精查储量 192 亿~312 亿吨。如前所述，山西近期可利用尚未利用的精查储量只有 150 亿吨，七年内要扩大可利用的精查储量 42 亿~162 亿吨，这在山西的勘探力量上也是有问题的。何况那 8000 万吨能力的小矿小窑，不可能在没有一点精查储量的情况下就可以建设。

上述部署，应该说是充分体现了以挖革改为主、以小矿小窑为主，但这样搞到 1990 年达到 3 亿吨的产量也还是不可能的。何况这样搞是否经济合理，还值得研究。

（1）从山西 1974~1980 年的实践来看，煤炭大幅度增产，新井建设很少，老矿挖革改占的比重过大，必然引起现有矿区矿井不恰当地强化开采，造成采掘比例关系失调，引起矿井的过早衰老甚至报废。按设计要求，设计能力 180 万吨以上的矿井扩建后的经济服务年限为 60 年，90 万吨以上矿井扩建后的经济服务年限为 40 年，45 万吨以上的为 30 年。如果挖革改使矿井的经济服务年限缩短太多，这从经济效果上看，是不好的。而且新井建设比重过小，新老矿区矿井接替不上，一时的增产会造成以后的长期被动。

（2）对小矿小窑的作用，必须辩证地给予实事求是的评价。发展小矿小窑，确有多方面的意义和作用，但其弱点也是明显的。而且其优点往往是和它的弱点紧密联系在一起难以分开的。如与大中型矿相比，小矿小窑之所以投资少、建设快，主要是因为它是建立在极其原始的技术基础之上的，从而会导致资源回收率低，生产不稳定、不安全，事故多。小矿小窑规模过小（山西全省 2671 处社队矿，总产 3300 万吨，平均每个矿年产 1.25 万吨）布局过分分散，运输问题很难解决。靠汽车、拖拉机运输，使用高级燃料运低级燃料，运输成本太高，离铁路干线远一点的要向铁路集中就很不经济。修铁路支线、专用线，又修不胜修，而且修多了，煤从四面八方、东一点西一点地向铁路干线集中，铁路干线就很难正常运营。本来，小矿小窑特有的优点之一，是可以开发利用大中矿所不能利用的零星资源，但实际上，山西现有的小矿小窑多数是处在大矿的生产井、在建井及规划井井田范围之内，与大矿抢资源，严重影响大煤田的总体开发，甚至直接破坏国家的宝贵资源。如果要克服小矿小窑的上述缺点，合理发展，那么要在 3300 万吨的基础上，在今后十来年内再增加 8000 万吨的产量，那就比较困难了。如果只顾拿煤，不顾其他，即使可以多拿煤，从全局看，从长远看，也是不合理的。

中国人民大学刘再兴教授在山西省国土综合开发规划评审会上的讲话

　　最近十年来，我到山西很多次，在山西学到了很多东西，特别是我们正在搞黄土高原地区的国土规划，山西是它的主体部分，所以我们从山西学到的东西正运用于整个黄土高原地区。这次仍然是来学习的。

　　山西的国土规划，据我了解是从 1985 年开始的，这些年来一直在进行，从不同的方面，不同的角度做了大量的调查研究工作，吸取了发展战略、能源基地综合规划的研究成果，在国土资源汇编、专题规划、重点地区国土规划的基础上，形成了这个全省的国土综合开发规划。现在的这个规划稿同去年 11 月份的相比，又经过了比较大的修改，保留了原稿的优点，弥补了一些缺陷，从文字到内容，有较大的提高。我同意评委会对这个规划全面的评价。这里我想简单地强调两点：

　　第一点，这个规划的内容比较全面，同时重点相当突出。山西的发展全国瞩目，人们普遍关心的有三大问题，一是水资源的平衡问题；二是运力的平衡问题；三是环境容量的问题。对山西省的同志来讲，很重要的一个问题是兴晋富民问题。这几个问题能否解决得好一些，关键取决于产业结构的调整和空间结构的安排。也就是说生产要素怎么样在产业之间、地区之间进行合理的调度、组合，形成一个开放的、协调运转的、总体效益比较好的经济机制。这些人们关注的重要问题在规划中都作了重点反映，提出了有根据的构想和安排，因此，尽管这个规划还存在着这样那样的不足之处，但从总体上看，这个规划是好的，是站得住脚的。规划中的一些构想和重大项目，实际上已经在逐步实施，因而这个规划是具有科学性和可行性的。这是我想补充的第一点。

　　第二点，关于这个规划的基本立足点应放在什么地方，根据山西的现状和发展趋势，我觉得似乎山西有三个前途，三种命运，或者说存在着三种可能，第一种是经济有很大发展而生态严重恶化，严重的水土流失和严重的工业污染相交织，破坏了人类生存发展的根基，这是一种可能；第二种可能是经济有相当大的增长，生态环境的恶化基本得到遏制，局部地区有所改善；第三种可能是实现国民经济系统和生态系统的良性循环。这三种可能中，第一种是必须避免的，否则就从根本上背离了国土规划的基本要求，第三种可能是很难实现的，或者说在 20 世纪内是不可能实现的，第二种可能性最大，经过艰苦的工作是能够达到的。我们规划的基本立足点应该放在争取第二种可能上。因此，在能源基地的建设中，对环境问题既要高度重视，又不能要求过高。我觉得这个规划的立足点就应该放在这个地方，这也是这个规划搞得比较好的一个重要方面。

下面，我想就几个问题谈一谈修改补充的参考意见：

第一个问题是产业结构问题。在分组讨论会上以至于在今天上午的评委讨论会上，对这个问题提出了很多意见或者说比较多的不同看法，所以这里我想多讲几句，另外，考虑到山西省的结构问题，不仅是山西一个省的问题，在整个大能源基地，在整个黄土高原地区，以至于在整个西部地带，都存在着类似的结构性问题，山西在这个问题上解决得好一些，是具有一定的普遍意义的。规划通过对产业结构的评价，提出了结构调整的双重利益目标，我认为是正确的。但是这个双重利益目标如何更明确、更具体地体现在规划内容之中，我感到还不够。地区产业结构问题是一个很复杂的问题，可以从不同的角度、不同的层次研究。具体到山西，我觉得主要有三个方面：

第一个方面是提高产业之间的关联度，也就是如何加强能源重化工向农业、轻工业渗透的问题。就农轻重的比例而言，这个比例关系是否合理，我觉得不是指重工业产值比例大些好，还是农轻产值比例大些好的问题，而主要是指重化工能不能够为我们的农业提供更多更好的生产资料，促进农业现代化，能不能够为轻工业开辟更多的原材料来源，以改善轻工业的原材料结构，从而改善轻工业的生产结构的问题。山西现有农轻重结构的缺陷，主要不是由于重工业产值比重过大，而是由于重化工的产业关联度比较低。我们的重化工有了相当大的基础，但是对省内的农业带动作用不大，这是结构调整所要解决的问题之一。这个问题我觉得在规划中应该讲清楚，不讲清楚就会产生这样一个问题，前面在评价现有产业结构的时候，提出其现状缺点之一是重工业产值比重大，农业、轻工业产值比重小，需要调整；规划到 2000 年，农轻重产值比重趋势是，农业产值比重大幅度下降，下降了 20.2 个百分点，轻工业比重稍有上升，仅仅上升了 1.2 个百分点，而重工业的产值比重大幅度上升，上升了 19 个百分点；那么这个比例是说明农轻重关系是更合理还是更不合理了？所以，单从产值比重的角度讲不清这个问题，必须从农轻重内在的产业关联度这个角度来进行评价。所以如何提高农轻重之间的产业关联度是产业结构优化的主要标志之一，它直接关系到地区产业结构的协调。建议在结构调整内容中，对支农工业的发展，对重化工向轻工业的渗透作一些补充分析。即使不能像规划中的几大产业那样具体，但是对这些问题也要再具体一些。

　　第二个方面是支柱产业的多元化和资源加工转化的多层次化。搞煤是山西的比较优势，也是国家地域分工的要求，这必然是一个支柱产业，挖煤不一定就倒霉，但是单一挖煤、输出煤，在我们现行管理体制、价格扭曲、流通混乱的情况下，相对来说是要倒霉。如果以煤为基础，加强煤炭资源的加工转化，逐步形成电、铝、煤化这样新的支柱产业，结构性效益就会有比较大的提高。资源导向型的产业结构，在发展过程中常常会受两个因素的制约，一是由于这种结构的产品运量较大，受运力的制约性就大；二是这种结构投入大产出少，投资报酬率比较低。如何克服这两条制约因素，加工转化是有效途径。通过加工转化一可以减重，二可以增值，加工转换的层次越多，减重增值越大，这是能源化工基地提高结构性效益的唯一途径，也是基地建设和兴晋富民有机结合的结合剂。这个思路在规划中是清晰的；但是在具体内容中，对重化工下游产品的开发，产品延伸还不够，讲的太少或者不清楚，比如说焦油加工搞哪些产品，从这些产品出发又可以开发哪些新的产业。要搞甲醇，甲醇上去后，碳化学怎么发展；搞了大量的氧化铝，如何相应地发展铝氧化工等。这些问题应该有所考虑。有的同志担心，虽然想多搞一些加工转换，但是煤、电国家都拿走了，想转换也转换不成。这里面有体制问题，有政策问题，但它只是一定发展阶段上的问题。随着年产原煤、装机容量总规模的扩大，煤、电留在山西的绝对量总会相应地增大。比如说火电装机容量增大了，那么煤炭留在山西就地转化为电的数量就必然加大，当装机容量搞到1200万~1300万千瓦时，年发电量是600亿~700亿度，向外送电量是180亿度，还有400亿~500亿度留在山西，利用这些电力就可以发展相当规模的大耗电工业。这条途径是有效的，也是可行的。

　　第三个方面是如何围绕能源、原材料工业怎么样促进加工工业的相应发展。加工工业的主体是大轻工和大机械。我们的轻工业从总体上看，不是我们的优势，它的发展主要是增加省内的有效供给，减少消费基金的流失，很难成为山西的主导产业。大机械主要是为能源重化工提供某些技术装备，同时有选择地开发某些新产品，来培植地区高技术产业的生长点。这个方面就直接关系到产业的高度化问题，但是在 20 世纪内，还是要保证能源重化工，加工工业不是建设的重点，主要搞内涵扩大再生产，这方面在规划中也应有所反映。抓好产业结构调整的这三个方面，那么我们结构调整的双重利益目标就能逐步落到实处。讨论中有些同志感到结构调整不落实，可能就是这里面有些问题没有讲清楚，或者没有具体内容。所以在这方面要作一些补充分析。

第二个问题是水资源的平衡问题。根据提供的资料，我计算了一下，在考虑开源节流两个因素的情况下，这里所说的开源包括了万家寨引黄应急工程，南北干渠引水 6.1 亿立方米，当然还包括其他一系列的水利工程；节流包括较大幅度地降低万元产值的水耗，大体上是由 1985 年的 556 立方米/万元降低到 2000 年的 343 立方米/万元，下降了 38%。到 2000 年供需平衡仍留有 10.9 亿~11.1 亿立方米的缺口，这个缺口大体上同现状差不多。我们的现状是由于缺水造成机组窝机，有些重要矿区和附近的农村生活用水都难以保证，有效灌溉面积下降，地下水严重超采。而且这个缺口的 80% 集中在大同、平朔、太原三个地区，而这三个地区的工业在全省占有举足轻重的地位。留这么大个缺口恐怕不行。规划提出万家寨引黄应急工程如果只搞北干渠引水 2 亿立方米，但投资 9.5 亿元，单位成本很大，引水投资很高，而且引水量少，2 亿立方米的水只能解决同朔地区的燃眉之急，不可能根本解决它的需水问题，更谈不上解决太原市的缺水问题。如果加上南干渠，那么一共引水 6.1 亿立方米，单位成本降低。单考虑引水工程建设，就不如把引水工程和万家寨水电站的建设工程结合起来，同步建设，在引水工程 17 亿元的基础上，再增加十几个亿，就可以拿下这两个工程。这样的效益就比单搞引水工程要大得多。而且水电站的建设可以为引水工程创造有利条件，降低引水工程的造价和引水成本，同时加大引水量。全国能源规划调整以后，水电建设的任务很大，要求在今后十一二年内，新增水电装机 5000 万千瓦，这些装机从哪里来？大三峡上不去，西南水电站偏于西南一隅，解决不了南方的问题，黄河上游龙青带会加快开发，但是龙青带地区的区位条件和区域经济条件都比较差，这一带还有 9~10 个梯级很难在 20 世纪内都上。在这样的大环境下面，北干流的开发就应当而且可以提到议事日程上来。北干流的开发顺序由北向南比较合适，这样万家寨就成了北干流升发的龙头电站或者说是北干流梯级开发第一期工程比较理想的梯级。所以我觉得应该尽快上马，不要都等到 21 世纪再上。万家寨水电站和引水工程同步建设可能存在三个限制因素，但是我觉得这三个限制因素是可以解决的。第一个就是资金筹措，单纯引水需 17 个亿投资，这个数额相当大，再加上十几个亿，资金筹措有困难，但听说国家计委开了个口子，就是在山西每生产 1 吨煤当中提取 2 元钱，作为万家寨水电站和引水工程的建设资金，这样每年就能拿到 4 个多亿，这个资金是可以解决的。第二个就是黄河是否有足够的水可引，这是个问题。但是黄河水有个特点是，说少也少，多的有时候需要防洪。关键是如何很好地利用起来，单纯引水，有引无调，引水就不能大量增加，如果同时建设水电站，万家寨是三个库容较大的水库之一，它可以调节径流，也就可以加大引水量。第三个制约因素是晋蒙两个省区的关系问题，我觉得这个问题可以通过协商合理解决。这种梯级升发，它的区位选择，首先不取决于哪一方的利益，而取决于工程本身要求摆在什么地方最好，然后再来考虑利益的合理分配问题。在这个问题上应该接受黑山峡工程的教训。黑山峡工程使甘宁两个省区争吵不休，延误了时机，应当上可以上的工程上不去，结果对双方都没有好处。所以如果同步建设，到 20 世纪末在这里引黄十几个亿，水资源供需就基本平衡了，如果能够引 20 个亿，我们的日子就比较好过。所以这个工程不是个一般工程，也不是简单地增加 100 万千瓦装机的问题，而是关系山西全局的问题之一。建议在规划的有关部分把这个问题明确提出来，并在宏观上作些论证。与此相联系，水电开发的地位提的还不够，建议也适当强调一下。

第三个问题是关于运力的平衡问题。综合规划中重点考虑了煤炭的运输问题，这是对的。但是作为综合规划还应当有货运总量的预测，这样便于协调煤炭运输与其他大宗货物运输的关系，逐步扭转煤运挤其他物资运输的局面。按照运输建设规划，能够形成多大运力也应该有一个大致的计算。有了这两个基础数据才能计算出运量和运力能否平衡。综合规划中没有很好地算这个账，专题规划中有个计算，铁路货运量等于预测区省内货物发送量加上进入通过量，到 2000 年为 5.4 亿吨。新建、改建几条铁路线，山西各个出口的能力也是 5.4 亿吨。这在数据上是平衡的，但这是紧张的平衡，运力全部吃尽，没有留下余地，这在运输上还会发生问题。建议运输专题规划再重新认真计算一下，它的成果补充到综合规划中去。这个问题是综合规划中的重大问题之一，运力平衡这个账应该算得比较清楚。

第四个问题是一个比较具体的问题。就是第一章第一节开头有几句话是这样讲的："据对全国各省、区主要能源矿产和金属矿产储量价值计算，山西在矿产总值和单位面积价值方面均属全国首位。"这个结论同后面第 13 页所列表中的数据不符。按照 13 页表中所列，主要矿产资源潜在价值山西占全国的 20.12%，而四川占全国的 23.3%，山西居第二位。四川人口比山西多得多，如果按人均量计算，山西超过四川居第一位，绝对量居第二位。这两个概念不能混为一谈。而在前面那个提法中是指主要能源和金属矿产，就没有包括一大批既非能源矿产又非金属矿产的矿产，这个计算是不全面的。建议根据13页的统计口径，前面那段话改为"人均45种主要矿产资源潜在价值量山西居首位，绝对量居全国第二位"。如果单就一次能源而论，无论是绝对量还是人均量都居全国首位。这样比较符合实际。

还有一个小的建议，就是在后面产业政策部分补充一条。现在提出要政策，首先要大政策，我们省里解决不了的，可以建议由中央解决，这个大政策就是全国产业政策和空间政策的调整。所谓产业结构的调整主要就是至少在工业领域内，必须向能源、原材料工业倾斜。所谓空间政策，主要是指能源、原材料工业的建设必须向中西部转移，首先是山西。这个问题可以作为政策建议作些分析提出来。这是山西发展的一个很重要的外部环境。有了这个外部环境，很多问题比较容易解决。没有这个大环境，像过去几年那种情况，产业政策急速地向轻加工工业倾斜，空间政策向东部倾斜，这样我们很多问题就很难解决。在讨论中，大家都关心资金落实的问题。我们现在正在搞黄土高原的大总结，我们搞了一个工业方面的稀缺生产要素的平衡，其中包括资金的平衡，初步匡算了一下，按照黄土高原地区工业建设的总规模，从1988年到2000年总投资大约需要2000亿元。这2000亿元的资金来源主要是两个方面，一个是黄土高原地区本身的自我积累，第二个就是国家的投入。国家投入的关键就在于产业政策和空间政策的调整，调整得好问题就好解决，否则就不好解决。我们还大致匡算了一下，要保证全国国民生产总值翻两番，从1985年到2000年，全国固定资产总投资需要4.5万亿元，如其中37%用于基本建设，就有1.6万多亿元，如这部分投资向能源、原材料工业倾斜，如能源占总投资的30%，原材料投资比重提到20%~25%能源、原材料工业建设这部分投资的10%，投向黄土高原地区，基本上可以解决问题。在今后15年内，大致匡算了一下，全国新增原产煤量70%左右，全国新增装机容量的25%以上，全国铝工业增长的60%以上都要靠这个地区。这个地区担负国家这么大的任务，而投资只占10%，比例并不高。政策调整得好，这部分投资是能够落实的。我想山西也属于这一种情况。所以建议在政策部分把这个问题讲一讲。

载《山西计划通讯》（增刊）1989年

强化北部、开发中部、带动南部、振兴宁夏经济

看了宁夏经济社会发展战略纲要，我想就三个问题谈谈看法。

第一，关于黑山峡工程问题。大柳树小观音之争是有客观原因的，假定一个方案是绝对的好，而另一个方案是绝对的坏，这个决策就很简单了，争论就毫无意义。实际情况是，这两个方案在客观上的确各有优缺点。有关论证我看过一些，有一个缺陷就是客观性不够，讲一个方案就都讲它的优越性，对它的不足之处和可能遇到的难题都不谈；相反，对另一个方案就只看到它的缺陷，好像一无可取之处。这样的论证，不利于克服分歧，反而有可能增加分歧。对于这个工程，我觉得合理的决策应当是"两利相权取其重，两害相权取其轻"。就是哪个方案利大于弊，就取哪个方案。具体点讲，对这个工程项目我们主要是想多装几十亿方水，还是想节省几亿元的投资，两利相权，可能问题还比较容易解决，这是一个原因。另外这个分歧涉及两个省区的利益关系问题，在按行政区划来组织管理地区经济的这种体制下面，地区之间的利益关系问题是一个不能回避的问题。大柳树工程的淹没区和迁移人口主要是在甘肃境内，这里面就有个利益关系问题，要处理好，起码是得失相补，合理地分配利益，如果这个关系确定不当，即使前面的方案确定了，实施起来还会遇到一些不必要的矛盾和麻烦。所以我认为这个问题应当处理好。大家对黑山峡工程比较关心，还不仅是因为这个工程本身，而是因为这个工程遇到的矛盾在黄河整体开发里具有一定的普遍性，因此，怎么摸索一条既稳妥而又尽快地把工程搞上去的比较好的办法，我很同意在黄河中上游专门组织一个电力工业的托拉斯，它是一个超越于行政区划的经济实体，这样它一方面统一规划、统一开发黄河的各个梯级，协调有关区的利益关系；同时要统一开发、统一规划沿黄河地带的火电站，协调这个地带的水火电比例关系，把这个地区真正建成一个水火电互相补充的强大的动力基地。这样搞可能比各个地区自己搞更好，减少矛盾，工程上的又快。我觉得这个问题还是从体制上好好研究，这是第一个问题。

第二，关于宁夏产业结构优化问题。从现在看来，我们觉得宁夏的结构要

进一步优化，关键是抓好两个薄弱环节：一个是电，另一个是高耗能工业。根据宁夏的资源和全国区域分工的要求，发展战略纲要中提出宁夏产业结构已呈现出合理的趋势。我是这样想的，合理的趋势，就是以煤炭资源开发为基础，以电力为中介，实行煤炭资源的第一次转换，以火电、高耗能工业为重点，把煤电再转化成为载能体，有了高耗能原材料，再进一步发展它的下游产品，把重化工直接向轻纺和农业渗透，促进农、轻、重的比例合理化和产业结构的进一步优化。现在，宁夏产业结构优化面临两个薄弱环节，一个环节是不能更多地就地转化煤炭，影响高耗能原材料工业规模进一步扩大，现有或即将形成的高耗能工业生产能力，已面临缺电局面；另一个环节是高耗能下游产品生产能力太小，精加工、深加工能力很低，铝工业成材率很低，电石就地转化不过7%。所以到现在输出的仍然是初级产品。这样的生产结构、输出结构虽然比过去单一采煤、单一输出煤的生产结构前进了一步，但是，仍然没有摆脱低层次、低效益的局面。所以我建议宁夏应该抓好这两个薄弱环节。宁夏搞电，条件很好，有煤、有水、有地，有条件水火并举，以火为主。宁夏火电基地是国家规划的西北火电基地之一，是平衡黄河上游火水电基地所必需的。黑山峡是黄河上游第三个库容最大，调节性能最好，综合效益特别是灌溉效益比较高的梯级之一，在黄河上游梯级调整中，被列为优先开发梯级之一。所以应集中一切力量上电，这是区内结构优化所必需的，也符合全国关于电力工业总体布局要求。至于高耗能、原材料工业，已有相当规模，而且目前面临电力不足的矛盾，在资金不足的情况下，应适当控制规模进一步扩大。规划当中某些新建和重大改建项目，有的可缓建，往后摆一摆。电力上去了，再搞这些项目比较容易，这样可以腾出一些力量，利用已有原材料工业基础抓一抓深加工、精加工项目，这些项目相对高耗能的原材料工业来讲，经济规模比较小，投资少，见效快，利用率也比较高。这些东西，既是国家短线产品，也是区内产业结构、产品结构优化所必需的。作为发展方向，我看了规划表，所列重点项目，大多数是必要的，是可行的。但总投资是相当大的，以2000年为期，总投资300多亿元。所以建议在建设次序上做适当调整。该先上的先上，该缓建的缓建，该同步建设的同步建设，这样就把结构优化和建设次序更好地结合起来了。

第三，关于布局和经济区划问题。1986年，在中科院黄考队工作时，我曾向宁夏回族自治区的领导提出，宁夏经济布局战略应当是强化北部，开发中部，带动南部，发展战略纲要看来接受了这个思路。生产力布局和经济区划应当是一致的，最好是一致的，根据这样一个布局战略，把全区划为北、中、南三大片，相互衔接。现在规划把全区划分为四片，即石嘴山一片，银川一片，银南地区一片，固原地区一片，完全是按现行的行政区划划分的，这样也不是不行，但从总体布局和区域分工的角度来看，划为三片更好一些。北部一片大体上包括银川市和石嘴山市，这两个地方基本上处于同一发展阶段，在宁夏是相对发达地区，发展任务和方向大致是一致的，和其他两片有较大不同，所以，这两片划为一片更好一些。中部大体包括银南地区和盐池、同心两县，这一片是宁夏开发成长阶段地区。南部一片基本上是固原地区，是待开发地区和贫困地区。根据这三片安排宁夏经济总体布局框架，可以这样构想：强化北部，即以银川市区为中心，以石嘴山市区为副中心，这里相对是宁夏发达地区，但和发达省区、发达地区相比还不太发达，所以有强化经济实力的任务。近期是全区重点建设地区，是全区经济布局展开的依托。对于这一块发展方向可抓几点：一是现有骨干企业挖潜、革新、改造、配套，尽快形成综合生产能力，比较大幅度地提高经济效益。二是利用已有高耗能、原材料工业基础，积极开发下游产品。三是有限度地开发有较高的技术层次的产业产品。四是整治盐碱化，提高农业单产，同时从农业和重化工业开辟原材料来源，进一步发展有资源优势、有市场的轻纺产品，增加有效供给，提高自治区商品市场占有率。所谓开发中部，主要是开发灵武煤田，建设黑山峡工程，开辟新灌区，先把能源和农业基础打好，在此基础上再上高耗能电冶金和煤化工。在布局上重点建设青铜峡、吴忠、灵武小三角区，逐步形成中部经济核心区，为21世纪这个地区的开发创造条件。带动南部，主要做以下工作：一是调整土地利用结构和农业结构，发展小能源，以煤炭换林、换草，促进农业生态环境改善；二是积极建设重点水利工程，扩大灌溉面积，结合吊庄，减轻土地压力和人口压力；三是发展立足当地资源的乡镇工业，相应发展小城镇，走农、工、小城镇一体化的道路；四是控制人口增长，提高人口素质；五是改善交通运输条件，今后一个时期围绕脱贫致富和恢复生态平衡双重目标来安排这个地区建设。

载《宁夏计划经济》1989年第1期

宁夏发展的几个战略问题

一、宁夏的战略地位

作为一个省级行政单元，宁夏土地面积小（仅占全国国土面积的 0.63%），人口少（只占全国总人口的 0.39%），但在全国的战略地位却远高于其土地、人口在全国所占的比重。在经济上宁夏是全国煤炭资源密度最高的省区之一，平均每平方公里保有储量 55.44 万吨，人均占有量 7074 吨，分别为全国平均值的 7.71 倍和 9.57 倍。开发利用占有很大优势的煤炭资源，建设大型火电基地和高耗能产业，对缓解全国能源、原材料供需矛盾，协调大西北水火电的比例关系，保证全国战略目标的实现和发挥西北的能源综合优势，将发挥重要作用。在准备迎接全国开拓重点西移的总体布局中，在黄土高原的综合治理上，宁夏也担负着重要的任务。在政治上，一个多民族国家，在解决了民族间政治上的不平等问题以后，如何进一步把经济搞上去，是一个很重要的问题。直到今天，少数民族地区大多还处于待开发的落后状态，还要靠吃中央财政补贴过日子，经济基础薄弱，经不起风吹草动。在调整时期，就有时出现负增长，与发达地区的差距，不但没有缩小，反而有所扩大。宁夏是五大民族自治区之一，如果在这个问题上先行一步，较快一些地把经济搞上去，对解决这个重要而又复杂的问题，积累、提供实践经验，其政治意义不下于在经济上的意义。我们应当站在这个战略高度上，研究制定宁夏的发展战略和发展规划。

二、宁夏发展主要矛盾

宁夏的开发，优势何在，劣势是什么，分开来看是比较明确的，都可以列出若干条。但从全区来看，影响全局的关键问题是什么？

从人口的再生产与物质资料再生产的关系看，人口增长速度快于全国平均水平，而经济增长速度低于全国平均水平，而且越是经济文化落后的地方，人口的增长速度越快，这样就形成了人口的压力。

单就人口的问题看，人口的数量问题与人口的素质问题相比，素质问题更重要。12周岁以上的文盲半文盲占12周岁以上总人口的比重高达43%，这样的文化环境是很难实现现代化的。

单从物质资料的生产看，增长速度问题与经济效益问题相比，三十多年来，国家对宁夏的各种提资、补贴、专项拨款，从绝对量看不算多，但从人均数看，在全国说来并不算少。人均固定资产拥有量较高，就说明了这一点。但经济面貌改变不大，主要是效益太低。据统计资料，三十多年来，大体上是工农业产值每增加一元，需投资两元，如果加上工农业生产建设的配套投资，大体上每增加一元产值，需投资2.5元左右。从资金利税率看，一般只及沿海发达地区的1/10左右。有的年份，全民所有制企业的利润率甚至还低于贷款利率。这样哪能不穷？宁夏的人口压力问题，显然不能简单地归结为这样一片土地的生产力就是养活不了400多万人口。关键还是经济效益问题。

效益问题，虽然是全国性的问题，但对宁夏来说，就更是一个特别重要的问题。经济效益为什么不好？这又涉及其他一系列主客观因素。有劳动者的素质问题，表现为生产技术水平和经营管理水平低；有运输问题，突出地表现在最具有优势的煤炭，生产能力形成了，不能充分发挥，煤采出来了，运不出去，销售不了，不但形不成商品优势，反而一年要亏损上千万元；经济地理位置不大好。东边是晋、陕、内蒙古大煤海，煤炭东运不及它们近便。西边甘、青煤炭资源不丰，但煤炭的销量还很有限，而且东运、西运都要受铁路运力的严重制约；资金使用分散，造血机制不健全等，还可举出其他一些影响经济效益的因素。但从根本上来讲，可以归纳为两大问题：一是区域产业结构落后；二是区域空间布局不大合理。上面讲到的人口问题、经济效益问题以及影响经济效益的因素问题，都与这两大问题有关。虽然有些问题直接同自然因素有关，如水土流失问题、土地盐碱化问题等，但如果区域产业结构、区域空间布局问题解决得好一些，既符合自然规律，又符合经济规律，这类问题即使不能完全解决，至少可以大大缓解。

三、区域产业结构的调整

区域产业结构问题，核心是战略重点的选择以及其他产业之间的协调问题。从总体上看，宁夏还处于待开发阶段，与这种发展阶段相适应，区域产业结构变动的导向，还应以资源导向为主，即加大优势资源的开发规模，实行资源转换战略。但在区域产业结构演变过程中，资源导向结构是一个低层次的结构模式。特别是由于管理体制上的问题和价格扭曲，资源导向结构地区所创造的价值相当一部分无偿地转移到加工制造业发达的地区，区域经济效益低。再加上运力的制约，产业结构上的产运失调，使资源开采的再生产过程不能正常地周而复始地进行，造成生产能力的闲置，则其经济效益就更低。为了兼顾国家的需要和区域经济效益的提高，增强资源导向地区的经济实力和财力，在产业结构上应当是资源开发与资源增值相结合。在第一个层次的产业结构上，应当是重点抓好第一、第二产业，相应发展第三产业。第三产业中的重点是交通运输和科技文教。在第二个层次的产业结构上，应当是大力调整土地利用结构和农业生产结构，突出生态农业和名优特产。调整采掘、原材料、制造业的关系，在提高采掘业专门化水平的基础上，抓好原材料的就地转化，以输出高级能源和载能体为主。在时间序列上，从长远一点看，必须重点抓优势能源、矿产资源的综合开发、综合利用、深度加工、多次增值，也就是重点抓第一个生产系列，它包括两个子系列：煤—电—高耗能产业和煤—煤化工—精细化工—后续工业（即把煤化工直接渗透到轻纺工业领域）。但在中近期，要十分重视第二个生产系列，即大农业（或生态农业）—优势农产品的精加工、深加工工业—科研设计储运。这个生产系列，直接关系到生态的恢复改善，关系到吃饭问题，关系到近期效益。抓好了，可为第一个生产系列的大发展创造一个较好的生态环境和经济环境。这两大生产系列必须协调。

四、区域空间布局的展开

宁夏国土面积不大，但区内空间差异明显，空间布局十分重要。其中心是经济区的划分，重点建设地区的选择和各区主攻方向的确定。目前，宁夏经济分布的基本格局有两大特点，也就是两大弱点：

一是从小范围看，太散。一个城市摊子铺得很大，但经济实力不强，全区至今没有形成一个辐射力和吸引力强的全区性的经济中心，也就是缺少区域经济的"增长极"，可以叫做"小分散"。

二是从全区范围看，布局又没有展开。国民经济的主体部分，还是在黄河以西、银川以北的少数几个县市，银川以南，黄河以东，特别是南部地区，工业化程度还很低，甚至还没有跨上工业化的起点。不仅没有什么现代化的企业，乡镇工业也很不发达，农业生产水平也低。这种情况，可以叫做"大集中"。从我国的情况看，经济布局合理化的一个重要表现是"大分散"（即在大的空间范围内，经济布局适当分散，防止过分集中）与"小集中"（即在小的空间范围内，如一个城市，一个工业区，企业布置适当集中、紧凑）的有机结合。"大分散"，才能有效地发挥各类地区的优势、特长与潜力，互换优势，互补劣势，相互促进，共同繁荣；"小集中"，才能发挥组合效应，形成规模经济。宁夏既有的分布格局，恰恰与此相反。这是布局中应解决的问题。解决布局问题，首先要有一个科学的经济区域的划分作为依托。宁夏划几块，是两块、三块还是四块，这个还要具体研究。

山川相济，这是两分法。宁夏幅员不大，从宏观布局角度看，这是可以考虑的一种划法。但我更倾向于三分法，即银川（包括银川市在内）以北一块（北部地区），银川以南至中卫、中宁、盐池、同心一块（中部地区），南部一块（南部地区）。在布局方向上，可概括为：强化北部，开发中部，带动南部。

（1）强化北部。北部地区，在宁夏来说，算是发达地区。但实际上同其他省发达地区相比，这里还只能算是欠发达地区。这里的两个工业集中点——银川市和石嘴山市，按市区人口规模讲，虽属于中等城市（银川市区人口38.3万人，石嘴山市30.3万人），但工业总产值都不过6亿多元，不及东部发达地区的许多小城市。所以这里还有一个强化其经济实力特别是工业生产能力的任务。近期，这里还是全区建设的重点。在进一步开发贺兰山煤田的基础上，重点抓高耗能工业的建设和现有一批骨干企业的挖、革、改，同时有选择地开发些高技术产品。这一地区的发展，还需要与宁蒙边界区的统一规划相协调。在强化北部地区经济实力的过程中，银、石两市还要强化其"极化效应"，利用已有空间和经济基础，吸收新的投入，集聚能量。同时发挥城市的"扩散效应"。为此，要处理好两市间的分工协作问题，两市各与其外围地区（包括小城镇和农村腹地）的关系问题，逐步形成以两市为中心的中小城镇群体，发挥宁夏经济核心区的功能，作为宁夏经济布局展开的前进阵地依托。

（2）开发中部。重点是灵武大煤田、同心石膏及黄河段水资源的综合开发利用。灵武煤田，是以山西为中心的能源重化工基地范围内八个特大型煤田之一，保有储量214亿吨；居这八个特大型煤田之首（其他七个按储量顺序依次为准格尔，206亿吨；曛西，202亿吨；西山，169亿吨；胜利，159亿吨；河东，140亿吨；白音华，140亿吨；黄龙，131亿吨。不包括区内另外四个巨型煤田——东胜、陕北、大宁、沁水，有成为基地内以至全国新的巨大煤炭开发基地的潜力与前景。同心一带是全国最大的石膏富集区。区内黄河段的黑山峡（位于宁、甘交界处）是黄河上游龙—青段最后一个具有综合开发价值的大型水力枢纽，它的开发，对灌区的扩大、沿黄大面积荒地资源的开发，以及与宁东煤电基地的配合上，都有重大意义。这里是宁夏能源、矿产资源开发，荒地资源开发及高耗能产业、农产品加工工业发展更有潜力的地区。在此基础上，加以中宝铁路的修建，运输条件的改善，有可能吸引外省市的资金、技术，承接由东部缺能地区转移过来的一部分高耗能原材料工业。在区内的青铜峡、吴忠二市，能源、高耗能原材料工业，精密机器制造业和轻工业都已有一定基础，吴忠历来还是宁中地区最重要的农牧产品集散中心，可以作为开发中部的依托和据点。青铜峡、吴忠、灵武这三个小三角，将逐步形成一个以煤、煤电、水电、煤化工、铝工业、电子、仪表、食品工业为主体的综合工业区。在当前，则主要是做好大开发的前期工作。

（3）带动南部。主要是调整土地利用结构和农业生产结构。发展小能源，以煤换林换草，促进农业生态环境的改善；积极建设重点水利工程，扩大灌区面积，结合"吊庄"；发展立足于当地资源的乡镇工业，相应发展小城镇，使农—工—小城镇一体化。这是南部地区缓解人口压力、脱贫致富的必由之路。当然，前提是要控制人口，改善地方交通条件。

上述三块之间，在发展上要贯彻"山川相济"的思想。山川相济，起主导作用的是川。这不仅是因为技术、资金、设备、商品的调剂，信息的交流，主要靠综合条件较好的川区，南部山区土地利用结构和农村经济结构的调整，在相当程度上也要受川区农业生产水平提高幅度的制约，受川区工业中心支农工业发展水平的制约。

在《陕西省国土开发整治总体规划》评审会闭幕大会上的讲话

各位领导、各位来宾：

对总体规划的评价，我同意评委会的意见。这次来西安，看了大量的规划成果材料，我个人受到很多启发，达到了学习的目的。利用这个机会，我想就总体规划以及分组讨论中提出的若干重要问题，谈谈个人的学习体会。

第一个问题，陕西省情的基本特点和外部环境。规划的第一篇，对陕西省内的自然条件进行了全面的、实事求是的分析评价，如果把各项资源基础数据再作些处理，大体上可以得出两个综合评价指标：一个是人均自然资源拥有量综合指数，这里所讲的自然资源包括水、能、矿、土，把这四大自然资源作些数据处理，得出人均自然资源拥有量综合指数，这个指数可以从数量上综合反映一个地区自然资源的丰度。另一个是总体性指标，是人均主要经济要素拥有量综合指数。这里所讲的经济要素，我们选择了这几个：一是资产存量，它是以人均工业固定资产净值为代表的。二是资金供给能力，我们采用了实际积累率这个指标作代表，这里所讲的实际积累率同我们统计上所讲的国民收入使用额积累率有所不同，不是一个概念，它是指一个省、一个地区一年的国民收入的生产总额，减掉国民收入消费总额，再除以国民收入生产总额所得到的数字，即这个地区的实际积累率，它排除了外部的投入，可集中反映一个地区积累率的水平。三是智力资源，它反映了一个地区的智力水平和智力资源丰度，以千人中大学毕业人数表示。四是劳动力供给能力，它是以社会劳动者占总人口的比重来表示。把这几个要素进行综合处理，就得到人均主要经济要素拥有量综合指数，这个指标可以从定量上综合反映一个地区的经济总实力。用人均自然资源拥有量综合指数指标衡量，陕西省在全国处于中间偏上水平；用人均主要经济要素拥有量综合指数指标衡量，陕西省处于全国中间偏下水平。经过这样衡量，人们才能形成对陕西国土资源总的概念。

陕西省有很多有利因素，我个人认为，最大的优势有两个：一个是以煤炭为主的能源资源富集。折成标准煤计算，陕西省一次能源资源探明储量大概仅次于山西、内蒙古，居全国第三位，比东部地带 12 个省、市、自治区的总和还多 56%，这是一大优势。另一个优势是智力资源比较雄厚，有两个指标可以反映，一个是千人中大学生毕业人数，陕西省在全国处于第六位，比全国的平均值高 36%。另一个指标是全民所有制单位科技人员占职工总数的比重，陕西省居全国第二位，仅次于北京市。如果前一个优势还可以用数量来表示的话，那么后面这个优势利用得好，它的意义是很难用数字来表示的，这是一个很大的优势。

陕西经济的最大弱点是自我发展能力低。自我发展能力是同地区实际积累率成正比，同地区资金利用系数成反比的。所以，一个地区如果实际积累率越高，而资金利用系数越低，自我发展能力就越强。陕西的自我发展能力是4.73，这个数字不仅大大低于东部地带的平均值，东部地带的平均值是 20.72，比陕西高好多倍；而且低于中部地带的平均值，中部地带的平均值是 9.95，也比陕西高 1 倍多；甚至还低于西部地带的平均值，西部地带的平均值是 6.32。当前的状况是，陕西省的两大优势，当然还有一些其他的资源优势，还没得到有效的开发利用，这就成为我们进一步发展的严重障碍。我觉得分析陕西问题，应当考虑这些基本的省情特点。如果就陕西论陕西，单靠陕西内部条件的作用，到 2000 年完成 500 亿元的建设总规模，是相当困难的，甚至是不可能的。要完成这个任务，我们要有效地开发利用和调动组合省内的各种资源、经济要素，同时也还必须有外部力量的推动，有一个良好的外部环境来配合，内外结合，才可能完成这样一个庞大的建设任务。

从陕西外部环境来看，有挑战，也有机遇。这个挑战主要表现在以下几点：第一点，当前全国的经济形势很严峻，改革和发展矛盾重重，所以国家被迫不得不采取紧缩政策，尽量压缩需求。这个方针如果"一刀切"，对于像陕西这类省份来讲，带来的困难就更大。第二点，"六五"和"七五"期间，国家的资金投入和政策投入，都是向东倾斜，而投向包括陕西在内的西部地带的资金比重，在不断下降。同时，在目前这样一个投资主体多元化、投资决策分散化的环境下面，社会资金究竟往哪个地方投，主要取决于资金报酬效率的高低。这对资金报酬率偏低的陕西省来说，它就缺乏对社会资金强大的吸引力，特别是对其他地区资金的吸引力。这样我们的建设任务将会面临严重的资金短缺。第三点，现在我们引进了竞争，而这一机制又很不健全，甚至缺乏平等竞争的机会，陕西经济上的弱点，使得它同外部竞争的能力比较差，这就相对地处于不利地位。像这样一些外部因素，有可能使陕西省和发达地区的差距进一步拉大。

但这种趋势并不是必然的，因为外部环境对陕西也还有有利的方面，这就是：第一，沿海战略的实施，一方面将会腾出一部分轻工原料和市场，这给陕西带来发展某些轻纺工业的机遇；另一方面，沿海的发展速度加快，对能源和高耗能原材料的需求大幅度增加，这又给陕西带来了发挥能源资源优势的有利条件。第二，我们国家现在已经进入产业结构变动的加速期。根据国际经验，当一个国家人均国民生产总值超过 300 美元以后，它的产业结构变动就进入加快期。我们现在就进入了这么一个时期，产业结构变动加快，而且我们的产业结构已经到了非调整不可的地步。我们知道，进入 20 世纪 80 年代以来，从工业建设来看，存在着两大结构性的缺陷，一是工业生产结构向加工工业倾斜，基础工业严重滞后，这就必然造成能源、原材料的全面紧缺。二是工业生产的地域结构过多地向东倾斜，越是能源、原材料短缺的华东、东南沿海地区，加工工业的发展速度越快。这个倾斜也加剧了第一个倾斜，所以使我们国家每年不得不花大量的外汇进口工业原材料，来支撑这种不稳定的结构。1986 年全国进口的工业原料已经达到 569 亿元，相当于国内工业原材料生产总量的 1/3 还多。全国的工业，如果按照目前的加工工业和基础工业的发展比例搞下去的话，那么到 2000 年，全国进口的工业原材料，将由现在的 569 亿元上升到 8000 亿元，也就是说，国家一年得拿出 8000 个亿进口工业原材料，很显然，这是我们的偿还能力所不能承受的。到那个时候，国产的原料缺口越来越大，而进口弥补又不可能，就会使已经上去的加工工业必然出现大滑坡，从而给全国的经济生活造成极大的被动和混乱。所以这个结构特别是工业结构的问题，现在我们是到了非调不可的地步。

这个调整要从全国总体上调整。必须限制加工工业的膨胀，集中力量发展基础产业，包括能源、原材料在内的基础工业。调整的办法应该是，凡是国家直接控制的预算内资金的投放，必须较大幅度地向能源、原材料等基础产业倾斜，对社会资金，国家也需要通过经济杠杆辅之以行政干预和立法的制约，引导它们更多地流向基础产业，不这样办，看来是不行的。根据测算，要真正缓解能源的供需矛盾，全国能源工业投资占基本建设总投资的比重，至少不低于 30%；要真正缓解运量和运力的矛盾，交通邮电的投资占基本建设总投资的比重，至少不低于 20%，这两项要占 50%。但是"六五"期间这两项投资只占 33.7%，1987 年提高了一点，也只有 36.8%。这个差距还很大，如果再不调高，能源、交通问题将会比现在更加严重，能源不足，高耗能原材料的缺口必然更大。所以，必须要向这个方面倾斜。能源、原材料工业的投资，要更多地向中西部地区倾斜，也就是能源高耗能原材料工业建设的重点，向中西部转移的规模要加大，转移的速度要加快。没有这两个新的倾斜，前面所讲的两个不合理的倾斜就不可能扭转，我们的社会经济生活就必然混乱。

现在遇到一个问题，就是到处都喊没有钱，我们国家的钱的确是不多，但我一直有看法，也不能说很少。现在我们国家一年社会固定资产投资的总规模已经达到 3600 多亿元，这个数字不算小，其中，基本建设投资的总规模也有 1300 多亿元。在 1300 多亿元当中，如果拿出 30% 搞能源，一年就是 400 多亿元，可以干不少事情。根据有关预测，要保障 2000 年国民生产总值翻两番，那么从 1986 年到 2000 年，固定资产投资的总额需要 45000 亿元。如果按照目前基本建设投资占社会固定资产投资的比重 37% 来计算，那么这 15 年当中，基本建设投资的总规模有 16000 亿元。按能源投资占 30% 计算，就有将近 5000 亿元可以搞能源。在能源工业的总投资里面，如果 60% 拿出来搞电，20% 搞煤，按照这个比例计算的话，这 15 年当中，可以用于搞电的基本建设投资是 3000 亿元，按照一千瓦装机综合投资 1300 元计算，就可以建设 2.3 亿千瓦的电站，这个数字不少，足够我们需要。有 1000 亿元可以搞煤，按照吨煤综合投资 184 元计算，可以建设 5.4 亿吨煤炭能力。

我们算这一笔账就可以看出，我们不能够说，国家就是没有钱搞能源，搞交通，搞原材料，不能简单这么下结论。关键在于中央的决策，能不能够下决心把我们的基本建设投资结构认真地调整一下，把有限的资金真正用在刀刃上。能源、原材料的投资，如果在地区分配上再向中西部倾斜，那就会对包括陕西省在内的中西部能源工业的发展给以强大的推动力。现在看来，中央已在下这个决心，这对陕西来讲，是一个很重要的外部条件，也是一个很有利的历史机遇。外部环境和内部条件结合起来，这是制定一个地区国土规划的基本依据。所以建议在总体规划第一篇当中，在全面分析评价省内资源条件以后，对外部环境再作一些专门的分析。

第二个问题，关于产业战略和产业结构。陕西现在的工业结构中，加工工业比重很大，这一点在我国西部地带及以山西为中心的能源重化工基地当中，是一个显著的特点，这个特点有它好的方面，但是不能笼统地说它是个优势，因为从陕西的产业结构来看，尽管省内有丰富的煤炭资源，但开发利用程度很低，基础工业没有得到应有的发展，这样就使得加工工业缺乏巩固的基础，已经形成的固定资产有相当一部分不能够利用。煤炭资源的优势又发挥不出来，其结果是工业结构和资源结构两者错位。所以陕西加工工业的比重虽然大，但是工业经济的效益并不高，这个看起来是一种反常的现象。在我们国家现在的价格体系下，一般来讲，凡是原材料、采掘工业比重大的地区，它的经济效益就低。陕西是加工工业比重大的地区，但工业经济效益也低。看来关键还是结构协调的问题。所以规划当中提出"倾斜投入，加强基础，发挥优势，协调发展"这样一个产业发展战略是正确的。它既切合陕西的实际，也同全国产业结构总调整相衔接，所以这个产业发展战略提得很好。

在这一部分当中，涉及产业结构调整的方方面面，这些方面的结构的确都需要调整，但涉及的方面多了，调整的主线就可能不够突出，这样产业发展的顺序有的地方就不太明确。根据陕西的条件、特点和全国地域的要求，在 20 世纪内，我的看法是，陕西的产业结构调整的主线应是工业结构的调整，尤其是基础工业和加工工业的调整。工业结构的调整，尤其是基础工业和加工工业的调整。工业结构调整的趋势针对陕西的情况，是不是可以这样来概述，就是以煤炭开发为基础，以电力为中间环节，实行煤炭资源的第一次转化，电上去了我们就可以依托电力以部分高耗能原材料工业为重点，把煤、电再进行第二次转化，有了高耗能原材料，再进一步发展它的下游产品，同时有重点地开发新型材料，这样把重化工直接向轻纺工业和农业渗透，促进农轻重相互融合。同时，要与省内的三线企业结合起来，促进机械电子工业的发展，以基础工业支持加工工业，同时发挥加工工业的技术优势，促进基础工业技术水平的提高，同时形成某些高技术产业的生长点，陕西产业结构演变的一个总的趋势这样调整是不是比较好一些。

主要行业和主要产品发展的顺序怎么提，我考虑应当是"一煤二电三高耗能原材料工业"。这三者当中，特别是电，它是一个重要的中间环节，因为没有一定的电力规模，既难以就地转化更多的煤炭，也难以支持一个大规模的原材料工业的发展，所以电处于中间，带动两边的地位，一边就是就地消化更多的煤，另一边是带动高耗能原材料工业的发展。在高耗能原材料工业当中，发展的顺序是不是可以考虑有色工业、化工工业。

有色工业的发展，规划当中并列了多种有色金属，当然这些多种金属都可以发展，但是不是应当强调一下，这些有色金属当中，金、钼、铅、锌应当优先发展，因为金的开发经济价值很高，钼是陕西比较大的资源优势，铅、锌是国家急需加快发展的产品。到 2000 年全国现有的铅锌矿山资源将逐渐枯竭，需要有新的铅锌矿山接替，没有这个接替，整个铅锌工业就很难发展。我国北方铅锌资源比较丰富，但还没有正式大规模开发，这些铅锌资源主要集中在三个地区，一个是内蒙古的狼山地区，第二个是甘肃的西成地区，第三个是陕西省的凤太地区。所以，从全国的需要来看，凤太地区铅锌矿的开发非常重要。这三个地区比较起来，按储量凤太地区比较少，但是按照开发的区域自然环境和经济环境来讲，凤太地区比较好。开采金、钼、铅、锌矿产都是一次性的投资少，外运量不大，用水不多，资源有保障，搞起来比较容易，经济效益也不错，所以在有色金属工业当中，建议把这三个方面突出一下。

关于铝工业，因为电解铝的主要指向是丰富的电力，如果电力搞上去了，陕西省发展电解铝有一定的优势。但从资源条件来看，陕西并不具备铝工业的资源优势。全省铝土矿的探明储量只有 1000 万吨，居全国第 11 位，在这种条件下，要搞大量的电解铝，氧化铝就得主要靠外援，保障程度比较低。规划当中要新建两个 20 万吨的电解铝厂，一个是寄希望于开发府谷的铝土矿，但府谷铝土矿目前的探明储量并不多。它的资源不能保障经济规模；另一个就是寄希望于用山西河津铝厂的商品氧化铝，我们知道，河津的氧化铝，现在山西已经有几个点眼睛都盯着这个地方，山西想搞几个电解铝点，河南也是这样，它们都想与河津铝厂同搞电解铝，到现在为止这个铝厂建成投产后的能力也只不过 20 万吨。另外从全国铝工业的总体布局来看，黄河上游地区是我国重要的电解铝基地，它主要依托水电，已经投产和在建的总规模大概有七八十万吨，一年需要 160 多万吨氧化铝，主要靠山西和河南供应。如果我们再搞 30 万吨电解铝，60 万吨的商品氧化铝资源恐怕不落实，所以我建议，陕西省可以先集中力量，把渭南铝厂先搞起来，先搞一个点，规模可以适当地压缩一点，府谷铝厂可往后摆。

化工的发展顺序，根据陕西的条件，恐怕还是以传统的化工优先，新一代的化工往后靠一靠，它的发展顺序是不是按照化肥，焦、煤气、回收化工副产品三联产，乙烯、乙炔、甲醇等有机化来排，合成汽油这个项目要往后靠，这类项目投资太大，据化工部的同志讲，一个 30 万吨的合成汽油厂，总投资要 30 亿元。而 30 亿元大体上就是修建从西安到安康这条铁路线的投资，即使从陕西省考虑，如果二者不可兼得的话，你是要 30 万吨合成汽油，还是要一条从西安到安康的铁路线，假若有钱可以一起上，当二者不可兼得的时候，你要哪一个，规划就是应当解决这样的问题。都是 30 亿元，究竟投向哪一边，很显然，还是往铁路这边投好。

石油化工的有些项目，把希望主要寄托在新疆的原油上，建设渭南的炼油厂，一期 250 万吨，二期 250 万吨，一共 500 万吨。建设这么大规模的炼油厂，再搞石油化工主要寄希望于省外原油，这个看来很不现实。新疆的原油目前还处在勘探阶段，尽管新疆的油发展前景很大，肯定是要开发的，但即使得到开发，新疆离我们这么远，怎么运过来，还有好多工作要做，那个地方开发起来是相当困难的，所以寄希望于这个，至少在现在是很不现实的。如果依靠我们自己的油田，规划本里提到年产 200 万吨的油田，50 万吨的炼油厂，这样的生产规模是不能满足省内石油化工企业需要的。所以你搞出来也只能是无米之炊，目前全国都存在这个问题。全国的乙烯项目那么多，但有油的不多。像这样的项目建议也往后靠。陕北的油、气资源，特别是煤成气是有前景的。如果经过进一步的工作，扩大原油的储量，弄清煤成气的储量，先把这些资源开出来，再搞石化项目，那是可行的，搞石化企业本身很容易，它难就难在油气资源的供给，有资源搞这些东西就容易。另外就是化肥和甲醇项目，规划的规模偏大。在十几年内，同时上渭南、府谷两套 30 万吨的化工项目，恐怕没有太大的必要。以煤为原料来搞大化肥，山西化肥厂是第一家，花了好几个亿，到现在还不能正常投产，经济效益很低。搞甲醇属于新一代的化工，30万吨的甲醇厂，我了解到山西省研究了好多年，写了不少东西，一大本一大本，但是至今还没上去，我看了他们新的规划本子，这个项目缩小了，大概缩为年产 12 万吨。陕西省搞煤化工，大概基本上没有什么基础，缺乏技术积累，搞煤化工的条件不如山西，山西现在搞得也很慎重，所以这里一下上两套，恐怕有些困难。所以建议在 20 世纪内，大化肥和甲醇先各上一套。甲醇项目先搞成一个，然后沿着甲醇搞它的下游产品，因为甲醇这个东西，一方面可以作为液体燃料，另一方面又可作为有机化工原料使用，它类似石油化工的乙烯，从甲醇出发可以搞有机合成材料，与其搞两套甲醇不如搞一套甲醇，然后接着下游产品，这样经济效益和产值都要大得多。

第三个问题，关于经济布局。规划中提出"重点发展关中，积极开发陕南、陕北"的布局战略是正确的，几个重点开发区的设想也是可以的。我觉得还需要进一步研究一下陕北和陕南的开发，在 20 世纪内是不是也应该有一个主次先后之分，也就是说，我们的工业布局是重点向北推进还是重点向南推进，还是南北齐头并进。从水资源条件和矿产条件来看，陕南比陕北要好点，但从能源、交通和区位来看，陕北优于陕南。陕南的开发关键取决于西安—安康铁路的修建。修这条线如果 1990 年能开工的话，大概到 20 世纪末才能建成，20世纪这条铁路是用不上了，没有这条铁路，陕南大规模地开发是有困难的。从外部环境来看，陕北相对比陕南要好，因为陕北已经纳入以山西为中心的能源重化工基地的建设范围之内，是晋、陕、内蒙古大三角的一个主要组成部分。晋、陕、内蒙古大三角的开发现在中央很重视，做了很多工作，这个三角的开发，是把大能源基地的建设重点由河东向河西转移的一个战略性措施，陕北正是属于其中的一个角，所以论外部环境，陕北优于陕南。

关于"圭"字型工业布局框架，可以作一点论证。在20世纪内，沿着五条轴线展开布局，力量是不是有些分散？这个框架如果作为一个远景框架是可以的。但是20世纪内沿着这五条轴线展开布局恐怕有些分散。能否考虑把陇海沿线和包西沿线，作为20世纪内重点开发轴线，把两个重点突出出来。陇海沿线作为主轴线，大家都同意，应该肯定。从重点项目布点的态势来看，包西沿线也可以作为一条主轴线，也是可行的。搞这条线，它同能源基地或者是同黄土高原地区工业布局的框架，是相衔接的。现在我们正在搞黄土高原地区工业的总体布局，黄土高原地区已有工业分布的基本格局，是沿着黄土高原四周的几条铁路线，大体上形成了一个环状的工业圈，这个圈内，基本上没什么现代化的大工业，但是这个圈内资源相当丰富，特别是能源更丰富。从整个黄土高原地区来讲，工业布局的展开，就是要由四周向中间推进。我们设想，在这个圈内，重点开发两条南北向的纵轴线：一条在黄河以东，从内蒙古的托可托开始，经过准格尔，进入山西境内的河保偏兴地区，往南到离柳地区，再往南到河津地区，再往南进入河南境内的三门峡市。另一条纵轴线是黄河以西，从内蒙古的狼山地区开始，经过东胜，再往南进入陕西境内的神府地区、延安、子长地区、黄陵地区，再拐一拐就到渭南地区，包括小秦岭。我刚才讲的陕西境内的这条包西沿线轴线，正好就是黄土高原这条大的纵轴线的重要组成部分，这样它和整个黄土高原的开发布局也就衔接起来了。当然如果是西安—安康这条铁路线修通，陕西境内的这条纵轴线还可以往南延伸，这样大体上就形成了在陕西境内两条东西向和南北向的纵贯全省的主轴线，有了这两条大轴线，然后再通过其他铁路线和通往矿区的支线，分别向南北东西延伸，这样整个的框架就可以形成。

最后我想提个建议，根据总体规划的内容，研究一下资金平衡和宏观经济效益评估方面的问题，它的思路是不是可以这样考虑：

关于资金平衡问题的研究，可以以重点项目为基础，因为重点项目一个一个都搞出来了，而且还做了一些研究，有了一定的深度，以此为基础，就可以匡算出到 2000 年，我们搞这么多项目，需要的总投资是多少，这个数字很容易搞，然后再分析分析投资结构，看看投在各个产业之间是怎么分配的，这个也可以搞出来，也就是说，我们要完成这么些任务，需要这么多没资，它的结构应该怎样安排。另外，对资金的来源和可能性，是不是也搞点测算，测算一下在规划期内，陕西全省国民收入平均的年增长速度，然后，参考经验数据，确定一个合理的积累率，这样大体上就可以计算出在规划期内，陕西省靠现有的经济活动，能够拿出多少建设资金，这是一笔账。然后，需要国家投入多少资金，省财政可以拿出多少资金，利用城乡居民储蓄和社会集资可以搞多少资金，这样再和前面所需要的资金平衡一下。这样算一算可以研究两个问题：一是研究一下资金平衡，看我们的资金能不能够平衡，如果能平衡，就说明我们这个规划是可行的；如果不能平衡，就要回过头来，把投资的总规模调整一下，或者把投资项目调整一下，把某些项目往后推。总之，尽可能使得资金能够平衡。二是研究一下投资结构，看我们匡算出来的投资结构，同前面提出来的产业发展战略，这两者是不是一致，如果两者能够协调，就说明整个规划以及效益安排都是合理的。

关于宏观经济效益评估问题的研究。当前，这个问题我们还没有一套完整的指标体系，但我考虑是不是可以从这几个方面作点研究，一个是根据规划中提出的建设项目的投入和产出算出投入产出率，这是一个综合经济效益指标。或者投资效果系数有多大，这个账也可以算一算，这是总的算一笔效益账。第二笔账，可以算一算结构性效益，我们规划的一项重要任务就是调整结构，结构经过这样调整以后，它是调好了还是调坏了，它的结构性效益是比过去低了，还是比过去高了，这也有一些计算公式，请同志们查一查。第三笔账就是布局效益。即按照行政区划，把全省十个地区和市分为三种类型，第一种是相对发达地区，第二种是中间地区，第三种是贫困落后地区，以 1985 年为基期，算一算这三类地区的发展水平、收入水平和经济效益水平是怎样一种比例关系，经过调整布局后，到 2000 年能够发生一些什么样的变化，这可以反映出布局效益。

另外可以按照我前面讲的公式匡算一下，全省自我发展能力大概能提高多少。还可以算一算全省的社会效益，主要是对外省区发展的效益。这个对外省的效益当然就更难算了，但是可以用一个简单的方法算，由于我们这个规划主要是向外运煤、输电，主要有哪些消费区，我们都有数，那么，1 吨煤、1 度电在这些地区能保证多少产值，以这个匡算一下，可算出陕西的社会效益。建议对这一问题作些研究。如果研究的成果还以，建议在规划实施前面把这一部分加进去，如果难度比较大，搞不出来，那就算了，这只是我的一个建议，请有关的同志考虑。不对的地方请同志们指正。

载《陕西国土》1989 年第 1 期

甘肃发展中若干重点问题考察研究报告

一、对甘肃发展内、外部条件的看法

甘肃的优势在哪里？从甘肃内部看，可以列出若干条：

（1）地处大西北的中间地带及大西北通往中、东部的枢纽地位，具有经济地理位置优势。在商品经济发展过程中，如果交通运输跟得上，这一优势可直接转化为级差效益与国民经济效益。

（2）储量大、品位高、矿种多的有色金属资源同水电资源的空间组合较好，有利于集中建设全国综合性的有色冶金基地。

（3）空间比较广阔，自然环境多样，大农业的发展及各项建设事业的布局回旋余地较大。

（4）经过"一五"和三线建设两个时期的重点建设以及国家的密集投资，已经形成若干优势产业，形成兰、天、银、金、玉各具特色的五个工业中心，成为今后布局展开的支撑点。在包括九省区在内的我国西部地带中，甘肃已有工业实力居第三位，在西北居第二位，总产值约等于宁、青、新三省区之和。单就重工业而言，已接近于陕西。是西部地带中一个既有相当经济基础，又具有较大开发潜力的地区。同西部地带绝大多数省区比，甘肃的经济技术基础较好；同东部地带大多数省市比，甘肃的资源开发潜力较大。

以上几点都可以说是甘肃的优势。但看甘肃的优势应当同西北其他省区联系起来。经过多年的建设，甘肃形成了四大经济支柱（有色、石化、电力和机械），从发展看，这四大支柱的优势能否保持和扩大，都需要放在西北这个大系统中来考察。石化的发展前景，在很大程度上主要取决于新疆石油资源的勘探成果和开发规模，单靠省内的玉门、长庆油田，石油供应能力就很有限，石化的优势就难以扩大，因为在全国石化工业的总体布局中，不可能单靠原油大量西运，来支持甘肃石化工业大规模的扩展。但新疆石油一旦有所突破，其原油则必须大量东运，甘肃就最有条件近水楼台，使石化工业登上一个新的台阶；甘肃有色冶金优势的扩大，矿产资源条件是具备的。就保有储量而言，镍占全国的67.4%。铂族金属占71.3%，均居全国首位；钴占全国的17.8%，居第二位；铬占全国的15.3%，锑占10.7%，钒占5.44%，均居全国第三位；铜、锌居全国第四位；铅、金居全国第五位。我们选了12种有色金属资源，按矿产资源综合优势公式计算，甘肃为0.782，在全国仅次于云南的0.857，居第二位，优势是明显的。但根据有色冶金工业布局的指向性，甘肃有色金属资源优势要转化为有色冶金工业的优势，则取决于电力的供应。甘肃电源优势的扩大，除扩大省内煤、水资源的开发规模外，还必须靠青海几大梯级的连续开发，靠宁、陕大煤田的开发，单靠境内的水、煤资源，难以形成强大的水火相济的能源工业，有色冶金的发展就要受到电力供应制约。因为甘肃并不是我国也不是西北的富能区。在主要常规能源资源上，甘肃煤炭保有储量只占全国的0.88%，居全国第15位、西北的第四位；水电可开发资源占全国的2.2%，居全国第10位、西北的第三位；石油资源占全国的0.84%，居全国第12位。折成标准煤计算，全国人均一次能源资源拥有量为654.6吨/人，甘肃是410.4吨/人，只及全国平均值的62%。所以在总体上，甘肃能源资源并不富裕。但如果将西北五省区统一起来看，中近期把青海的水电优势，宁、陕的煤炭资源优势，同甘肃的能源资源结合起来，远期再把新疆的煤、油资源优势发挥出来，西北就是我国唯一的煤、水、油、气四者兼备的综合富能区，甘肃依托这个富能区，有色冶金工业优势才能稳步扩大；甘肃机械工业优势的发挥，有较好的原材料条件，它是西北有色冶金工业最发达的地区，也是西北唯一的大型钢铁联合企业的所在地。但机械工业的发展，更取决于专业化协作，依赖于科学技术，必须与西北特别是与陕西的机械工业结合，特别是在电子工业上联合攻关，兰州、天水、西安、宝鸡紧密协作，才能形成西部地带北方的电子工业基地。

总之，西北五省区协调行动，互换优势，互补劣势，形成西北的综合优势，才能发挥各自的优势。如果各干各的，各自的优势就很可能被各自的劣势所抵消。这一点，应当是研究制定甘肃国土开发战略的前提之一。

如果同全国工业的总体布局及与之相应的空间投资政策联系起来看，甘肃发展的外部条件，具有明显的两重性：一是挑战；二是机遇。不同时期国家不同的空间投资政策，给各地区带来的历史机遇是不同的。"一五"和"三五"时期甘肃都是国家投资重点省之一，这两个时期，分别占全国总投资的3.98%和

3.19%，这曾给甘肃的发展以有力的推动。从"六五"开始，国家的空间投资政策向东部倾斜，甘肃所占比重大幅度下降到 1.08%。"七五"期间，这个趋势还在继续。内部经济技术基础上的差距与外部投入比重的下降，将使甘肃与发达地区已有的差距进一步扩大。由于改革、开放的纵深发展，甘肃在经济技术上的弱点将进一步暴露，在竞争环境中在某些方面要处于不利地位，给甘肃带来新的压力。但同时摆在甘肃面前可以利用的机会也是有的：

第一，东部的发展面临能源、原材料短缺的矛盾，而这却是包括甘肃在内的西部地带的优势。跨越中西两大地带的以山西为中心的能源重化工基地的开发重点，需要由"河东"向"河西"推进；大三峡工程的难度和较长的建设周期，有可能使包括甘肃在内黄河上游梯级开发的提前；全国的能源形势，要求高耗能原材料工业更快地向中、西部转移，这些就带来发挥甘肃能源、矿产资源空间组合优势的机会。

第二，东部发达地区，面临产业结构的战略调整，为了腾出手来，一部分轻纺工业包括某些名优产品，将向中、西部转移、扩散，给西北腾出一部分轻工市场，从而带来了利用甘肃农林牧特产资源、发展一系列轻纺产品生产的机会。

第三，体制改革，价格放开，加工工业发达地区靠吃国家廉价调拨能源、原材料所形成的产品成本的相对优势将被削弱，反过来，能源、原材料工业占重要地位的甘肃，将从价格扭曲的改变中取得较多的经济效益。

第四，按国际、区际经济联系发展的一般规律，东部发达地区经济向更高阶段发展，商品输出将逐步转向资金输出、技术输出、智力输出。而且东部"外挤"规模的扩大，必须以"内联"的扩展为基础。这样，东部生产要素的横向西移将逐步增多，甘肃当前资金、技术、人才缺乏的矛盾，将随着这一外部条件的变化而趋于缓和。

就外部条件而言，挑战是现实的，机会则要靠我们去捕捉、把握。如重点西移，固然受国家财力的制约，但西移的时间和规模，也同地方打基础、作准备的状况密切相关。这些工作做得好，西移可能提前，反之可能滞后，当然我们应当争取提前。

二、甘肃发展中的主要矛盾是什么

单独来看，甘肃发展的制约因素也可列出若干条，如资金、技术、人才缺乏，路网密度低，水源不足，大部分地区自然环境艰苦等，但从综合角度看，甘肃发展的主要矛盾是已形成的经济的两极化比较突出：一极是具有相当规模、由中央投资办起来的大中型企业群；另一极是落后脆弱的地方工业和乡镇工业。不仅两者反差对比强烈，而且两者是两张皮，没有相互渗透、相互融合，形成相互促进的区域经济体系。反映在经济布局上，是少数相当发达的工业中心，同广大外围地区的落后性同时并存，工业中心缺乏良好的区域经济基础；反映在智力结构上，是全民所有制企业工程技术人员占职工总数的比重较高，人才不少，而从社会文化环境看，则是文盲半文盲比重很大。

这个矛盾带来经济上的以下弱点：

（1）地方经济不能与中央企业有机协作，为中央企业提供扎根、开花、结果的必要土壤，中央企业辐射力也不易被地方经济所吸收，有限地带动地方经济的发展。甘肃主要工业产品的远辐射力强，调出的比重高，但对省内地方经济的近辐射力和扩散效应却很微弱。这样，中央企业的优势难以发挥，地方经济的劣势也难以弥补。

（2）地方自我积累自我发展的能力低。地方财政受中央企业上划下放的影响特别明显，从而给经济的发展带来波动。

（3）就地消化中央企业留下的原材料的能力差。中央在甘肃的企业，主要是原材料工业，其产品绝大部分外调，留下的不多，但留下的有限原材料，地方工业也不能有效地消化、增值。于是出现一种矛盾现象：一方面是留下的原材料少，制约着地方加工工业的发展；另一方面，留下的原材料，相当一部分又以原材料的形态外流出省，地方能得到的只是这些原材料调拨价与议价的差额，当然实惠不多。

怎么解决上述矛盾？

从国际来说，对甘肃这样的地区，应当是资金投入与政策投入并举。甘肃的经济从总体上看，还处于低水平循环阶段，在某种程度上可以说是一种不良循环：人均收入少→市场狭小→资本形成率低→劳动生产率低→人均收入少。可以说，甘肃的穷就是因为穷。要打破这个不良循环，必须有国家力量的推动，有外部的大量投入，世界各类型国家开发落后地区都需要依靠外力来完成"第一次推动"。在国家的空间投资政策上，在一定时期内向东部倾斜，在经济技术空间推移的大的顺序上由东向西逐渐推进，这是正确的，但第一，这并不排斥在西部的局部地区、局部领域也可以根据需要与可能，实行逆梯度推移，使之超前发展。第二，空间推移是一个连续不断的长过程，不可能是到了某一年某一日，突然一下实现某种推移。为创造推移的必要条件，当前的建设布局就要考虑到与下一阶段的推移相互衔接，对甘肃这类地区的某些方面应给予一定的"超前投资"。第三，我国总体布局和空间投资政策的根本目的，是促进各地区的共同繁荣，各族人民的共同富裕。为了沿着这个大目标前进，一方面应适当抑制发达地区特别是沿海大城市的"投资惯性"，另一方面应有意识地培植强化落后地区吸收消化外部投入的经济机制。因此，在重点西移以前，国家的空间投资政策，仍应对甘肃这类地区继续给以必要的扶持、照顾，特别是鼓励、组织发达地区、中等发达地区、不发达地区之间生产要素的横向流动。要锦上添花，也要雪中送炭。变"输血"经济为"造血"经济，这个"变"也离不开外部条件。与此同时，还需要给予一定的优惠政策。当前，国家对沿海开放城市、经济特区、经济开放地带，给予一系列特殊政策，对五大自治区也采取了某些特殊的扶持改策，甘肃既不属于前者，也不属于后者，而其少数民族人口也较多，少数民族地区占的比重也较大，面临的矛盾和困难很接近于民族自治区，给予类似的优惠政策是必要的、合理的，而不宜与对发达地区一样采取"一刀切"的做法。在当前，需制定实施一些法律、条例，如支边人员优惠法，东西技术转让（现在转让要价太高）条例，征收地方资源税法，东西部、中央与地方合资经营法，西部开办能源、原材料企业的特别税收条例等，把一些对落后地区的临时性优惠办法固定化。这些都是为了改善甘肃这类地区开发的外部条件。但关键还是地方这一块，怎样依托中央企业和国家重点建设，发挥内部优势与潜力，加快发展步伐，使两者尽可能得到协调的发展。

以中央投资为主，地方投资为辅，联合开发甘肃的优势资源，按一定比例分享开发的经济利益，从而促进地方经济的发展。对这样一个途径，应择优而行。鉴于甘肃地方财力薄弱，有限的地方财力不宜过多地向这方面投入，而应当更多地用于开拓多条地方工业发展的途径。这里就有一个投资方向和投资结构的安排问题。从大的方面看，重点是条件投资，还是产品投资？条件投资，就是改善投资环境，为直接生产活动创造外部条件，减少直接生产部门的各项投入，从而降低直接生产部门的生产成本。这种投资作用比较深远，甘肃要迎接重点西移，应当重视这方面的投资，但其收效慢；产品投资，就是扩大直接生产部门的投资，见效较快，但容易导致基础设施与直接生产部门的不相适应。就甘肃的情况看，应当是二者并重。问题是产品投资，又主要投向哪里？

（1）与中央联合搞资源的综合开发综合利用，以优惠条件获得一些原材料。白银市计委有些想法是好的。如西北铅锌冶炼厂上去后，加上白银公司的冶炼厂，尾气制酸能力将扩大到 45 万吨。这些尾气如不回收利用，既浪费资源，又污染环境。如果回收制酸，硫酸又不适于长途外运。据此，白银市同白银公司协商，白银市投资 100 万元，扩大尾气制酸能力，白银公司则以优惠价格（比调拨价下浮 20%）向白银市提供 4 万~5 万吨硫酸，白银市利用这些硫酸，改建一个化肥厂，上一个 3 万吨磷铵项目，这样，中央企业与地方工业都从中受益。这条路子，有一定普遍意义。甘肃伴生供生矿多，综合开发利用不足，有些还未被利用，有的只是在冶炼这一个环节上的综合利用，没有在采、选、冶整个生产过程中进行综合利用。如小铁山多金属矿中的镉没有回收，提炼铟、铊、镓元素的车间设备老化，不能正常生产；金川矿中的 17 种有价元素，还有 6 种不能正常回收利用；镜铁山铁矿中的重晶石，按探明储量属于大型矿床，但采铁时，重晶石都没回收；塔几沟钨矿中伴生的铍、铋、砷等，由于小矿乱采乱掘，伴生物都没回收；炭山岭、窑街、华亭煤炭几大矿区，与煤共生的油页岩，储量相当大，勘探程度也较高，但采煤时，把油页岩都当废石扔掉。伴生共生有价元素，其综合利用价值很高，随着主要元素开采规模的扩大，可供综合利用的伴生共生元素越来越多，中央企业更多地着眼于主要元素的开发利用，开辟地方工业发展的一个途径是有前景的。

（2）想方设法利用好已分得的原材料。甘肃的加工技术虽然在总体上还比较低，但毕竟同这些原材料打了多年的交道，也不至于低到把这些原材料加工以后，其增值部分还补偿不了原材料调拨价与议价的差额。关键是怎样加工，加工成什么？中央在甘肃的大中型原材料工业，主要有两大类：一类是铜、铝、铅、锌、稀土、镍等有色金属材料；另一类是石油化工和有发展前景的煤化工提供的基本有机原料和合成材料。前一类原材料中，可以从书店器材、电子工业、生产用和日用小五金等方面，开拓加工的路子。其中稀土使用的领域更广，甘肃是全国仅有的三大稀土生产基地之一，发展稀土加工利用有一定优势；后一类原材料，可以发展一系列后续工业，直接把石油化工、煤化工渗透到轻纺工业，这方面门路多，加工技术并不复杂，也适于中小规模生产。"七五"期间，中央在甘肃的原材料项目不少，其中有些是甘肃与中央合资经营的，这样甘肃能分得的原材料将有较大增加，这些原材料怎样在地方上消化好，搞什么项目，什么产品可以消化好，应当一项一项研究，制定规划，这对地方工业将是一大促进。

（3）为中央企业生产辅助原材料。如几个有色冶金企业所需的熔剂石英岩、硅铁石英岩，电石工业所需的灰岩，甘肃都有探明储量的大中型矿床，而且这些资源多分布在冶金企业附近，水、电、运条件都较好。

（4）积极创造条件，逐步开发利用具有潜在优势的矿产资源，如钒、铬、钨、锑、重晶石、石膏、玻璃硅质原料等。这些资源多是西北储量不多，而甘肃有相当储量规模的矿产。

为了提高地方工业的经济效益，在矿产资源开发利用上要解决两个问题：一是利用小水电资源与小矿产资源空间组合优势，实行二者联合开发，提高综合经济效益。二是乡镇企业，多采富弃贫，资源浪费大，采出的富矿石又不能加工，经济效益也不高。可考虑选择若干条件较好的地区、地点，建设若干地方骨干矿山和加工提炼企业，分散采选，集中提炼加工，既合理利用资源，又取得一定的规模经济效益。

（5）中央在甘肃的企业，另一大类是机械、电子工业。从规模上讲，是甘肃最主要的主导产业。本来这类主导产业，对区域经济可以起多方面的促进作用：既可刺激为机械工业提供原材料的部门的发展，又可刺激为它提供零部件、配件及其他协作件的小而专的企业发展，还可在技术上装备地方经济，促进地方经济的技术改造。但由于中央在甘肃的机械电子工业，原来主要是军工方面的，地方经济基本上插不进去，其产品也不面向地方经济。今后随着体制改革和军转民的发展，这种情况将逐步改变。地方工业可利用这种新形势，开拓发展地方工业的新路子。

总之，甘肃地方财政投资，在方向上应把重点放在立足本地资源、依托和服务于中央企业和国家重点建设，广开门路，发展自己，这是基本的。甘肃要求中央企业多留产品、多留利润的呼声很高，这是可以理解的。在体制改革中，怎样处理好中央与地方的物质利益关系，处理好加工制造业发达地区与能源、原材料生产基地之间的物质利益关系是需要研究解决的。中央企业的上划下放，应考虑到甘肃地方经济实力和地方财力薄弱的特点，照顾到地方的利益，不宜有利可图的都上划，烂摊子则下放。

三、工业结构的调整

根据甘肃的工业资源条件，现有工业基础及全国地域分工的要求，甘肃工业结构偏重基本上是合理的。从发展趋势看，在甘肃"经济起飞前提阶段"以至起飞阶段，这种重型结构是难以逆转的。只要资源导向的发展模式还不能过渡到结构导向的发展模式，主要属于重工业范畴的资源型和资源转换工业的发展速度，还将继续快于一般意义上的轻纺工业。当然，轻纺工业过于薄弱的状况，也要逐步调整。特别是采掘原材料工业专门化程度很高的城市、工业点，相应发展轻纺工业问题更不宜忽视。但工业结构调整的主要目标，不是主观地把轻纺工业的产值比重尽快提高到 1/3 以至 40%，而是因势利导，力争使轻重工业结构趋于相对的协调。轻纺工业的加强，建议主要从四个方面努力：

（1）逐步提高量大面广的轻纺产品的自给率。在近期，除少数生产能力利用率高、而产品供不应求的趋势逐步扩大的产品，可创造条件适当扩大生产能力以外，一般来说，重点应是挖掘生产潜力，提高生产质量，增加花色品种，以此扩大省内市场的占有率。当前甘肃主要日用工业品，如棉布、化纤布、棉化混纺布、印染布、皮鞋、糖、烟、酒、老三件、洗衣粉、保温瓶以及市场日益扩大的电冰箱、洗衣机、电视机等，自给率都不高，有些还很低；另外，已有的轻纺工业生产能力，又利用不足，实际产量与生产能力之间有不少差距，如日用陶瓷、保温瓶、合成洗涤剂、火柴、干电池、糖、烟、塑料加工制品、皮草、皮鞋、日用新铝制品、家用洗衣机、印染布、纺织品等，能力利用率占40%~80%。甚至具有优势的纺织品如呢绒、毛毯等，能力利用也不高。因此这类轻纺产品，不宜盲目扩大生产能力，而应以内含为主，采取有针对性措施，在提高能力利用率、适销对路中求得量的增长，提高自给率。然后根据市场的扩大、生产条件的改善，有选择地扩大生产能力。

（2）抓好名优土特产品加工工业。甘肃名优土特产（如名贵中药材、优质瓜果、黑瓜子、百合、玫瑰、甜菜、沙棘、滩羊皮、改良羊毛、山羊绒、驼绒等）种类不少，质量较高，是具有优势的工业资源。但生产分散，在加工上缺乏科研设计力量，储运能力也不足。亟须抓好这些原材料生产的基地化、专业化，突破加工技术关，延长产品系列，形成具有甘肃特色的系列产品。有特色，就有竞争力，也就可以增值。

（3）调整轻纺工业的原料结构，从石化、煤化、有色冶金工业开拓轻纺工业的原料来源，逐步加大以非农产品为原料的那一部分轻纺工业的比重，促进轻重工业的融合。

（4）挖掘军转民的潜力，有计划地开发高中档民用消费品，促进轻纺工业的现代化和产品的多样化，适应不同层次的消费需求。

四、三线企业

三线企业是甘肃整个工业中的重要组成部分。这批企业，已形成的固定资产相当大，技术装备水平较高，技术力量也比较雄厚（国防工办系统所属企业，工程技术人员占职工总数的 10% 以上），在科研生产方面是个很大的力量。但由于管理体制上、产品方向上，特别是在企业布点上存在的问题比较多：在企业选点布厂时，既不建设城镇，又尽量不靠城镇，使企业缺乏依托；自我封闭，经济上自我循环，技术上自我发展，游离于地方经济之外，系统内经济技术有内在联系的企业之间，也未成组布局，几十个厂矿散布在东西南北相距很远的地点，协作配套困难；地处偏僻，交通不便，通信不灵，新产品的开发，新技术的吸收扩散，产品的运销，诸多不便捷；对自然环境缺乏必要的选择，也给生产生活造成一些难以弥补的先天缺陷。在新的形势下，这些问题一一暴露出来，企业缺乏应变能力，生产能力和科技人员大量闲置，企业的优势和潜力发挥不出来。在企业思迁、人口思动的情况下，省里希望企业不出省，所在地区希望企业不出地区，这是正确的，应当把这批企业留住。但要留住企业，首先要留住人，人留不住，企业留下也难以发挥应有作用。从地方来讲，应当积极创造两个环境：一是创造企业生存发展的经济环境；二是创造一个比较良好的职工生活环境。要解决好两个问题：一是产品方向的改变；二是布点的调整。

关于产品方向的问题，不要饥不择食，急功近利，今天搞这个，明天搞那个，要有长远的打算。即尽可能利用原有的主要设备，跟进市场行情及其变化趋势，跟进企业间的内在联系，并同所在地区的工业统一规划，分门别类地确定产品方向，面向技术改造，面向轻工市场，面向国际市场，利用科研技术优势，着重开发对国民经济发展有影响的重点产品。

甘肃的三线军工企业，已形成几个子系统：一是核工业；二是航天工业；三是电子电器电工通信器材、仪表仪器工业；四是常规武器弹药；五是配套的原材料工业。其中"三电"生产、精密仪表仪器、低温及真空设备生产，稀土元素的分离，核燃料、同位素生产，高性能爆破器材，大都可转为民用。在进一步开发研制新武器的同时，在军转民方面，应着重下列领域的研制开发应用：

（1）核同位素应用及核电站的核燃料生产；

（2）以集成电路、微机为中心的光电机一体化和信息产业；

（3）高中档家用电器；

（4）利用省内有色冶金和石化建材工业的优势，开发新型材料，如稀土永磁合金、稀土铝合金、铝钙合金、碳纤维、新型建筑材料等；

（5）高性能民用爆破器材。

当前重要的是把产品方向的改变同体制的改革有机结合起来，打破军工生产的封闭体系，破除由生产的封闭性形成的意识形态上的封闭性，加强三线企业之间、三线企业与地方经济之间、与省外相关企业之间这三方面的横向联系，组建几个相应的企业集团，形成统一规划，统一经营管理的经济实体。不迈出这一步，三线企业只能在自我封闭中萎缩。

关于布点的调整，中央已决定投资，搬迁一批，续建一批，稳住一批。从布点上看，不外乎采取两种途径：

一是向经济环境、生活环境都比较好的大中城市的适当地点，成组迁建，开辟新点，把搬迁同技术改造结合起来，以迁建企业为依托，进行相应的基础设施的建设，组织地方工业和高等院校科研机构进行配套、协作，逐步形成科研、教育、生产三位一体的小型高技术产业中心或科技工业园，作为甘肃以至大西北高技术产业的生长点。这种形式，投资要多一些，但长远的综合的效益较大。

二是原地不动，重点改善企业所在地区的经济环境和生活环境，给予企业以优惠待遇，切实解决企业生产、职工生活的特殊困难。以企业为中心，就地形成小型工业城镇；以城镇为依托，促进企业的稳定发展。

不论采取哪种调整形式，都需要资金。甘肃财力有限，必须由中央主管部门在资金上予以帮助，地方则多给企业以优惠政策。

五、黑山峡工程

大小之争，反映了两个开发方案本身各有利弊，也反映了甘、宁间存在着物质利益上的差异。正是后者，往往影响对方案对比的客观性。这项工程，做了二十多年勘测设计工作，组织过多次论证，包括甘、宁两省区各自组织专家组，分别提出了各自的论证报告，并分别附有大量的专题材料。应当说，这些工作对方案的选择提供了基础。但两个方案在几个关键性的经济技术问题上的结论却截然相反。谁也不承认对方案有一点可取之处，谁也不明确指出自己的方案有哪一点不利之处。这至少反映了两个方案的论证都还不够客观。因此，要解决好这个问题，首先还是要破除这个思想障碍，客观地实事求是地对比分析两方案本身的利弊得失。两个方案的对比，主要涉及五个问题：

（1）在区域稳定性上。两个方案的坝址地区都位于景泰—海原断裂带和中卫—同心断裂带之间的相对稳定地块之中。这一点，正是两个方案得以成立的一个前提。区别是一个坝址区距这条断裂带较近，另一个坝址区距那条断裂带较近，据此，双方都强调距对方坝址区近的那条断裂带的规模、切割深度和活动性大，因而都认为自己的坝址区域稳定性比较好。但从双方已提出的材料看，小观音方案的论据比较有说服力，在这一点上，小观音相对优于大柳树。

（2）在库容方面，大柳树比小观音多40亿立方米的库容。在这个地区，如果能多蓄40亿立方米的水，其综合经济效益当然是很大的。关键是这样的大的库容，有没有那么多的水可装。大柳树方案进行了一些推算，认为有水可装，库容利用率高。但这个推算的依据并不太有说服力。不过有一点却是可以肯定的：大柳树由于总库容大，有较大的调沙库容，在同样的水库运用方式下，淤积年限比小观音长，在冲淤达到平衡的终极库容，比小观音也大得多。如果在工程上采取一些措施，还可能调整水库的运用方式以提高水库利用率。在一般情况下，库容越大，淹没损失越大，但大柳树却可以在与小观音淹没损失相差不大的条件下得到比小观音大得多的库容，对比之下，在这一点上，大柳树优于小观音。

（3）在投资效益上两方案都有计算。小观音计算出投资比大柳树少7亿元，工期短5年。如按10%的利率计算，等于少投资21亿元。但建成投产后，是哪个方案的效益大，小观音方案没作计算。大柳树方案计算的结果是，两方案投资和工期都基本接近，而大柳树还工期短。从两个材料已有数据看，大体上可看出，小观音一次性投资较少，而大柳树建成投产后的经济效益较高。由于数据不全，我们不能计算出对比的"换算费用"，因而不能直接判断出谁的总效益较大。从长远着眼，大柳树相对优于小观音。但鉴于时间紧迫而投资能力有限，一次性投资小一些，工期短一些，从这方面考虑，小观音又相对优于大柳树。

（4）在工程地质条件上。两个坝址区的工程地质条件都比较复杂，但这主要是涉及坝型选择问题，是影响方案取舍的一个因素，但不是关键性因素。

（5）在便于解决移民安置和得失互补问题上，小观音优于大柳树。

在方案对比中，由于涉及地质地震问题，判断材料还不很全；在经济方面，计算数据也不全，就现有材料论材料，只能对两方案的得失提出以上看法。至于从安全可靠、经济合理、技术可行等方面全面权衡，从总体上看哪个方案更好一些，还提不出一个倾向型意见。

方案的比较，在客观上主要是人与自然的关系，不管是甘肃人还是宁夏人，应是一个整体而与自然"对立"，以便最有效地征服自然，造福于人类。这是主要的。当然，也有两省区的物质利益关系问题。怎样做到得失互补，多失多得，也必须协调解决。在黄河上游，还有多松、寺沟峡两个梯级，位于甘、青两省交界处，要开发也会遇到两省间的利益协调问题。建议考虑组建一个龙青段水资源联合开发公司，作为一个经济实体，超脱一些，从河段的全局出发，统一规划、设计、施工，统一协调甘、宁、青的物质利益关系，这可能有利于排除一些人为因素的干扰，促使黑山峡工程和龙青河段各个开发梯级更快地上马。

六、工业与城镇的布局

新中国成立以来，甘肃的工业布局，主要是沿着陇海、兰新两大铁路干线和黄河干流、渭河、大通河谷展开的，在甘肃的中部，形成了东西向的狭长的串珠式布局。这种布局格局，符合点轴开发的原理；比较有效地开发利用了甘肃境内具有优势的能源、矿产资源；保证了工业开发所必需的交通运输条件和水源条件；以工业建设带动城市建设。就已有的几个工业中心来看，各自形成了自己的优势产业。这些都反映了甘肃的工业布局有其合理性。但发展到现在，甘肃工业分布集中度过高。从全省看，工业偏集于两三个点。兰州、天水、白银三市就集中了全省工业总产值的 71.46%，工业固定资产的 61.65%，利税总额的 78.65% 和职工人数的 60%。其中兰州一市就分布占全省的56.81%、45.97%、68.87% 和 41%。在一个城市管辖范围内，工业又密集于范围不大的市区。兰州市外围三县只占全市工业总产值的 6.67%，固定资产的6.15%，利税总额的 5.91% 和职工数的 8.67%。这种格局，对全省区域结构的协调与城镇体系的完善、经济社会自然资源的开发利用都很不利，需要逐步加以调整。调整的原则，就是要从省内各区域处于不同发育阶段、区域间发展不平衡的实际出发，在投资的地区分配上，有利于相对发达地区更上一层楼，得以充分发挥"骨干区域"或"神经中枢"的作用；使欠发达地区较快进入开发成长阶段，并在发育过程中，尽量避免地域的结构性缺陷，增强区域结构弹性；使不发达地区较快地脱贫，并打好迎接"第一次推动"、跨过工业化起点的基础。总体布局的安排，是否可概括为：调整兰州市的地域结构，强化以兰州为中心的陇中核心区；充实加强几个工业据点，加大资源开发规模，着手向陇东、河西两翼展开；以地方工业、乡镇企业为主，开发利用农林牧矿特资源与小水电资源，培植陇南山地、甘南草原的经济增长极。如果形象地说：可称为"飞鸟"式布局战略，即以兰州市为鸟头，以兰州为中心的陇中地区为鸟身，河西、陇东为两翼，陇南甘南为鸟尾。现在的情况是，鸟头不错，按市区工业总规模，兰州市是全国 21 个最大的工业城市之一，一市的工业总产值比贵州或新疆全部设市城市的工业产值总和还大。不包括三大直辖市和港澳台地区在内，全国 26 个省区中，有 15 个不是像兰州这样大的工业城市。但鸟身还不健壮，两翼也不硬，鸟尾与鸟身还不贯通，因而还不能展翅高飞。工业、城镇布局的调整，就是要充分发挥神经中枢的作用，强化两翼，贯通鸟尾，使之起飞。具体来说，要解决好四个方面的问题：

第一，兰州地区的工业扩散和城镇体系的建设。

兰州市作为甘肃最大的中心城市和西北的第二大中心城市，同西安相比，具有三方面的优势：一是在经济地理位置上，兰州更接近于西北区的中心，枢纽作用大于西安。作为开发大西北的据点和前进阵地，更具有位置上的优势。这一点正是新中国成立后兰州崛起和今后腾飞的重要因素之一。二是在兰州市的工业结构中，水电、原材料工业发达。在以兰州市为中心、半径 200 公里的范围内，就有七个大中型水电站和优良的水电地址，这是国内外其他大城市少有的。这就为进一步发展加工制造业提供了坚实的物质基础。三是兰州市区内功能分区较明显，五个区各有特色，互补功能较强，如果横向联系搞得好，会产生较大的综合优势。但兰州的一个明显的弱点是区域经济环境不大好。西安立足于富饶的八百里秦川，周围地区农业发达，经济的集聚点——城镇比较发育，形成较多的有一定经济实力的城镇，与西安一起组成相对协调的城镇体系和区域经济网络。兰州市周围经济的综合水平低，城市的地域结构还处于初级阶段，即中心城市孤立发展。一个特大城市起来了，但周围只有数量少、工业实力小的小镇和县镇，没有一个中等城市，城市的首位度（首位城市人口总数/第二位城市人口总数）很高，由此带来了两大问题：一是由于缺乏中小城镇辅助，导致兰州市的"大而全"，产业、人口过分集中，城市载量过重，空间和环境容量制约着兰州市的进一步发展；二是特大城市与周围广大农业区之间，缺乏其他各级规模的城镇作为纽带和桥梁，削弱了大城市的辐射力，阻塞了周围地区对兰州市的向心力，因而区域城乡一体化的水平低，城市与区域经济发展相脱节。要更好地发挥兰州市作为甘肃以至西北地区的经济中心作用，我们设想其发展方向应是：

（1）调整社会结构，加强城市的基础设施建设，积极发展第三产业，特别是第三产业中的新兴行业，如信息产业、技术咨询业，解决甘肃和西北地区某些关键问题的科研事业，从智力方面来扩大兰州市的吸引力与辐射力。现代化大城市的辐射力，已不仅取决于它的工业实力，越来越取决于它的智力资源及智力辐射能力。

（2）发挥兰州市的经济技术优势，通过资金、技术、设备、信息、原材料等要素扩散，下力量协助、带动周围地区农业的现代化、乡镇企业和小城镇的发展，改善这个城区的经济环境，这同时也是加强兰州市自身发展的基础，有了这个基础，兰州市的某些职能才可能向外围分散，减轻兰州市区的压力。

（3）充分利用现有的原材料工业基础及其他经济资源，在开发新型材料、加深加工深度、延长产品系列上下功夫，提高原材料的利用价值。在不扩大市区人口规模、不扩大城市用地面积的前提下，求得工业实力的进一步加强。由于整个西北地区具有能源、有色金属、化工资源的优势，西北的开发，将采取资源转换、资源增值战略，兰州地区在这方面先行一步，为下一步西北大开发积累、提供这方面的技术与实践经验，是有重大意义的。

（4）地区结构的调整。兰州市区的工业如何向外扩散，建设什么样的城镇来分担市区的职能？已提出以下几种设想：

1）集团式开发，即在市区四周发展卫星城；

2）建设兰州经济圈。区域范围包括青海、西宁及兰州—西宁沿线地区，宁夏的银川、青铜峡、中卫及兰州—银川沿线地区，甘肃的白银、定西、临洮、临夏、永靖、甘南、武威及兰州的五区三县。

3）在现有市区范内，东西延伸，南北穿插。

我们认为，根据兰州市周围的区域经济条件和自然条件，兰州市的南部尚不具备建设一批工业卫星城的条件，北部经济、资源条件较好，但受河谷的切割，只宜进行串珠式布点。所以集团式布局的模式，不大适用于兰州地区；建设兰州经济圈，把兰州市这个子系统融合于一个更大的城镇体系之中，这样在工业发展与布局的展开上可以有较大的回旋余地，作为远景是可以考虑的。但鉴于兰州市周围区域经济条件差，城镇体系发育不全，靠一个孤立发展的兰州市已积累起来的能量，显然还难以有效地带动这样广阔的区域；东西延伸，南北穿插，这实际上还是现有市区规模的继续扩大，从近期看，可能解决一些问题，但兰州市区东西延伸 35 公里，再延伸将给城市建设带来更多的困难。兰州南北仅 6 公里，南北的坪台，虽有穿插余地，但这些坪台多是三四级阶地，理应作为市区的绿化用地。从经济、社会、生态的综合效益着想，还是应跳出市区，着眼于反磁力中心的建立和城镇体系的形成。

兰州市外围现有城镇，除白银市以外，人口规模都很小，最大的窑街是 5.6 万人，其余都是 2 万人左右。从发展条件看，只有白银市最有条件发展成为中等城市，成为兰州市的一个反磁力中心。按调整后的行政区划，现在的白银市辖二区三县，其城市建设和工业发展的有利条件是：

（1）矿产资源比较丰富，煤、铜、铅、锌等主导矿种储量较大，分布集中，还有多种建材资源和其他非金属资源。

（2）黄河流经全市的二区二县，取水较便，靠近水电与火电基地，电源可靠。

（3）市西部、西南部和平川区，地势开阔，为城市建设和工业布点提供了足够的用地，而且工程地质、水文地质条件好，限制因素少，工程投资省。

（4）距兰州市 90 公里，协作扩散都比较近便，作为兰州市的反磁力中心，在地理位置上比较适中。

（5）工业已有相当基础，是重要的多种有色冶金基地，也是省内的煤炭、煤电基地之一。人才结构虽然单一，但人才、技术有一定优势。在农业上虽处于甘肃中部干旱地区，但提灌条件好，保灌面积较大，人均粮食已达自给水平，而且土地资源丰富，又有黄河的水利，在黄河沿岸具有发展提水灌溉、建立副食品基地的必要条件。在交通运输上，包兰铁路经过两区两县，公路干线已有 700 多公里，公路质量较好。中川机场可作为兰州、白银二市的舰空港。随着黄河梯级开发，还可发展内河航运。

这些条件的综合，使白银市成为兰州市第一个比较理想的反磁力中心。为此，今后的发展主要是：

（1）进一步强化主导产业，完善有色冶金工业体系，在挖掘铜资源潜力的同时，逐步由以铜为主改变为铜、铝、铅、锌、稀土五大有色金属并重，形成全国少有的多金属冶炼基地。

（2）抓好靖远煤田、靖远火电厂的建设，形成近便的动力基地。

（3）围绕主导产业，适当发展化工、机械、轻纺，扶持三县的地方工业、乡镇企业，在每个县建设 1~2 个符合当地条件规模较大的地方骨干企业，带动地方经济的发展，并配合白银市的重点建设，积极发展建筑、建材和地方运输。

（4）开辟对外通道。第一步争取建设白银区直接联结包兰铁路的 12 公里铁路，第二步是将白银区、平川区与宝中铁路沟通。东西两大通道一旦建成，整个白银市就活了。

在重点建设反磁力中心的同时，兰州地区的工业还可沿两条河谷向北扩散：

一是大通河谷，包括八宝川和红古川。有煤、有电、有路、近水，现有连城、河桥、窑街、海石湾、花庄等小城镇，铝工业、铁合金、碳素制品、煤炭工业已具有相当规模。但布点较散，城镇规模过小，现代化基础设施达不到"门槛效益"，因而城镇基础设施太少，缺乏吸引力。建议结合红古区政府向海石湾迁移，重点在海石湾进行必要的城镇基础设施的建设，发展第三产业，形成一定的城镇规模，作为这条工业带的中心。通过发展乡镇企业、地方工业，接纳兰州市区扩散出来的某些工业项目和产品，逐步充实这条工业带的产业结构。

二是庄浪河谷。建材资源及其他非金属资源种类较多，能量较大，乡镇工业较基础建材、电石等工业已有一定规模。中堡镇工业相对集中，可进一步开发为兰州市的建材基地、电石工业基地。引大入秦工程上去后，随着供水条件的改善，秦王川的农业将有较大发展。这里是兰州外围比较理想的工业建设后备地区，可以建设以农产品深加工、精细加工、新型建材、飞机修配及依托航空港的某些高技术产品为主、工农结合的工业镇。

同上述两条河谷地带相比，皋兰及兰州市南部的榆中、双临、永靖，大工业发展的条件较差，但可分别承担兰州市一部分非工业职能，为兰州市服务。

第二，挖掘天水市的工业潜力和平凉市的潜在优势，建成开发陇东的两大据点。

天水市属二区五县，其发展有利条件是：

（1）地处黄土高原与秦岭山地交界处、渭河两岸，气候温和，也比较温润，是甘肃水资源较丰富的地区。

（2）天水市的二区虽位于峁梁沟，但属于盛行风型，全年盛行北—东北风，大气污染较易扩散，提供了较大的环境容量。

（3）矿产资源较少，但农业资源比较丰富。工业以加工制造业为主，机械工业又以"三电"（电子、电工、电器）占优势，在甘肃占重要地位。是甘肃专门化程度较高、工业结构相对协调的一个综合性工业中心，对改善甘肃轻重工业结构、协调原材料工业与制造业的比例关系有一定意义。

天水市原是一个小城市，只是由于行政区划的调整，按市区人口规模来讲才步入中等城市的行列。要真正发挥一个中等城市和陇东南地区经济中心或开发据点的作用，在发展上要解决好以下问题：

（1）利用现有基础，结合秦安三大电子企业的迁建，加强与两区原有骨干企业的横向联合，东与西安、宝鸡，西与兰州、临夏的机械工业分工合作，以本市的集成电路工业为龙头，开发光机电一体化产品和信息产业，形成西部地带北方电子工业基地的主要中心之一。

（2）发挥两区的技术经济优势，立足市内比较丰富的农业资源，开发利用地方中小型矿产资源，带动五县地方经济的发展，加强全市的经济实力。以武山水泥厂，甘谷油墨、石棉制品厂，张家川钢铁厂为依托，在本市外围形成几个小型工业点。

（3）发展交通运输，发挥其经济地理位置优势。天水市是甘肃的东大门，是陕甘川三省的交通要冲，地理位置很重要。但目前对外通道，只有一条穿越北道区的陇海铁路，其通过能力与经济发展及其所处的地理位置都不相适应，应修建天水—淡家庄和天水—平凉的铁路，前者可缓和天宝段的压力，后者可直接联结平凉地区。这南北二线一修通，南北、东西贯通，将使天水市得到更快的发展，更好地发挥作为全省第二大经济中心和陇东南地区经济中心的经济职能。

平凉市是陇东地区主要的农产品集散地和工业相对集中的一个地区中心城市，工业产值占平凉地区的一半以上，城镇非农业人口为8.34万人。但在甘肃的几个设市城市中，工业总水平仅高于临夏市，而且不通铁路。整个平凉地区还是一个以农业为主、商品经济落后的地区。按城市现有工业实力、城镇化水平及区域经济条件，要发展成为一个中等城市是有困难的。但它距甘肃最大的华亭煤田仅50公里，宝中铁路一修通，华亭煤田大规模开发，煤电、煤化工兴建，区域经济将有一个较大的发展。由于华亭矿区缺水，而平凉市水源条件较好，以煤为原料的大型甲醇厂及其后续工业，将向平凉市靠拢。一旦有路、有煤、有电，平凉地区原有一批三线骨干企业，可进行就地调整，军转民将有力促进区域经济的发展。上述两大部分大中型企业，如果与平凉市联合，统一规划，共同建设城市基础设施，相应发展第三产业和立足于地区农业资源的轻纺工业，平凉市就能以较快的速度建设成为甘肃第三个中等城市，并与天水市一起，形成开发陇东的两大据点。

第三，加大河西的开发规模，充实河西三个工业中心。

河西三个省辖市（金昌、嘉峪关、玉门），都是以矿业起家的，工业以采掘原材料工业为主体，结构很单一。目前，金川特大型铜镍多金属矿床正处于开发旺期，二期、三期扩建工程的展开，将促进金昌市工业实力和城市建设的进一步发展；嘉峪关市的核心是酒钢，这是甘肃也是西北唯一的大型钢铁联合企业。按境铁山矿合理开发强度，可保证酒钢 100 万~150 万吨的建设规模。从长远一点看，如果开展与新疆的联合，开发利用新疆的乌哈煤田、红柳合铁矿，建设规模还可适当扩大。从我国技术经济条件看，大型钢铁联合企业的经济规模，以 300 万吨为好；玉门市的核心是石油工业。由于资源的限制，作为主导产业的石油工业优势已大大削弱，给城市建设的进一步发展带来困难。

河西这一片，土地资源丰富，是全省最大的商品粮基地和有前景的棉花、甜菜、瓜果基地；多种有色稀有金属、重晶石储量巨大，煤铁、油、建材资源、芒硝、石棉等都有相当储量。永昌、肃北、肃南、安西矿种多，矿点多，资源相当密集；河西还有独特的旅游资源。这是甘肃开发前景较好的一个地区。但地广人稀，经济基础差，路网密度低，城镇稀疏。这一块如何开发，存在一些特殊性问题：

（1）以非再生资源为基础、以采掘工业为主的工业中心，由于矿业对男劳动力的需求多，城镇工矿区就业人口中，男女性别比例容易失调，妇女就业问题大。

（2）非再生资源，不管其储量多大，总有采完之时。矿业开发的一般规律是循序经历序幕、高潮、尾声，从序幕到高潮，人口、设备、城市基础设施、生活区大量增加，使城市规模迅速扩大；从高潮到尾声，在资源基础上发展起来的城镇工矿区，就将因资源枯竭、主导产业的衰退而衰退。

因此，在地区工业开发和城镇建设上，一开始就有考虑上述问题，考虑在资源枯竭后城镇的前途问题。在资源开发初期和旺期，城市产业结构以采掘原材料为主体是必然的，但要注意产业结构的多样化发展。在强化主导产业的同时，就要重视相关产业的配套建设，合理利用资源，开辟加工门路；要发展农林牧生产及农林牧产品的加工，发展第三产业，发展地方经济，为妇女劳动力开拓就业门路；发挥交通枢纽和交通走廊的优势，利用东西南北过境物资，建设一些外来资源的加工工业。在技术结构上，重点采掘原材料项目，应尽量采用较先进的技术、设备，引进技术人才，减少对一般男劳动力的需求，以利于控制城镇规模。

产业结构的充实，既是区域经济综合发展协调配套的需要，也是河西城镇发展的长久之计。发达国家一些老工矿区衰败机器对区域经济发展的影响，是值得我们重视的。河西地区资源开发总的说来还不足，现有工业点、城镇数量还很少，上述问题还不突出，但其开发最早的玉门市，已出现了苗头，不能忽视。

到目前为止，金昌、嘉峪关、玉门三市的工业结构，单一度已很高，如表1所示。

表1　金昌、嘉峪关和玉门的工业结构情况

	主导产业	主导产业所占百分比（%）			
		工业产值	固定资产原值	利税	职工
金昌	金川有色公司	90.9	88.8	97.8	77.0
嘉峪关	酒钢	76.1	95.0	26.1	83.6
玉门	石油管理局	52.8	51.0	52.8	63.2

今后金川有色工业大规模扩建，酒钢建设规模扩大，如果不同时抓紧相关产业和其他产业的发展，主导产业的比重还将急剧提高，产业结构将更加单一。因此，在河西开发和城镇建设的长远规划中，对如何向生产的广度深度进军，促进产业结构的多样化，应放在一个重要位置上，予以研究落实。

第四，培植陇南甘南地区的经济"增长极"。

陇南、甘南地区，是甘肃工业还很落后的地区。除几个孤零零的军工企业外，基本上没有现代化的大中型企业，商品经济不发达，产业结构单一，乡镇企业也很少。城镇化水平低，没有形成一个足以带动地区经济发展的基点。要立足于当地的农林牧矿资源，选择若干城镇化水平稍高，产品集散轻便，乡镇企业有些基础，或靠近重要矿产资源、能源资源的县镇、独立镇，如成县、合作、文县、岷县等，作为基点，结合西成铅锌矿带的开发，陇南山地、甘南草原的林草建设，多种经营的开展，林牧农特产品加工工业的发展，小水电资源的开发，地方交通的建设，有重点地因地制宜地建设不同类型的小城镇，培植地方经济"增长极"。通过劳动力就业结构的调整和区位移动，使人口和各项生产要素相对集中于条件较好的地点，构成山区、牧区内部的市场机制，冲击当地的自然经济格局，启动地区内部的经济活力。

从长远一点看，这片地区内，洮河、白龙江、白水江水电资源丰富，大中型梯级不少。洮河六个梯级，总装机可达54.7万千瓦。白龙江除已开发的碧口外，还有八个梯级，总装机217.4万千瓦，加上白水江两个梯级，可达230多万千瓦。这是可以吸引大工业的一个重要因素。以铅锌矿带和大中型水电站的开发为契机，开辟甘肃南部与陇中、陇东的通道，有电、有水、有路，甘肃的工业布局就可进而向南推进。

内蒙古的重点建设与地区经济的协调发展

内蒙古位于祖国北疆，是我国最早成立的民族自治区，地大物博，潜力巨大。开发内蒙古，是我国生产布局西移、协调全国三大经济地带间发展比例关系的一个重要步骤，是繁荣边疆，巩固国防，加强各民族团结，振兴中华的需要。国家已经而且今后还将更多地在此布置一批重大建设项目，促进地区经济的协调发展。

国家在地区的重点建设与地区经济的协调发展，本质上是地区专门化与地区经济综合发展相结合，促进区际分工与地区内部产业结构的合理化。这是社会主义生产布局的基本原则之一，也是社会主义生产布局的特点与优点之一。

地区专门化是社会分工和生产集中的空间表现，是地域分工的主要形式。马克思把地域分工称为"把一定的生产部门固定在一定地区"；列宁把地域分工定义为"各个地区专门生产某种产品，有时是某一类产品甚至是产品的某一部分"。换言之，就是在广阔的区域内，按商品分工实现生产的专门化。这种专门化是同社会化大生产的客观要求相适应的，它有利于生产集中布局，大批量生产，采用先进的生产技术和科技成果，提高劳动生产率，发挥大生产的优势与规模经济的效益，能有效地将各地区的潜在优势变成现实优势，从全国范围看，通过各地区专门化产品的交换和经济上的互补，可在一定程度上摆脱企业布局的地方局限性，按各类企业的指向性来选择最佳区位。这一切又反过来促进社会生产力的发展。因此，地域分工是一种进步的历史趋势，但地域分工同时又是和生产关系的性质直接相联系的。在资本主义条件下，国与国之间的劳动分工，具有剥削与被剥削的性质，分工的结果，往往使不发达国家在国际交往中处于不利地位。在资本主义国家内部，也同样具有不平等的性质。几乎在所有多民族的资本主义国家里，边远地区和少数民族地区，在经济上都依赖于中央地区和少数发达地区，成为被中央地区加工的各种原料的供应者。虽然这些地区也具有自己独特的有利因素和巨大的经济潜力，但这种地域分工的性质，却严重限制其潜力与优势的发挥。同样，在资本主义条件下，地区专门化可达到很大的规模和很高的水平，但对地区的综合发展，却往往被忽视，表现为地区的经济单一化与片面化。一个区域的经济增长，往往只依赖于少数专门化程度很高的部门、行业，当这少数部门、行业竞争能力强，处于增长阶段时，会带来地区经济的繁荣。但在资本主义盲目竞争和生产无政府状态下，任何一个部门、行业都很难不断增长，任何一个地区，也很难永远保持和不断加强其专门化部门的相对地位。当地区专门化部门在发展过程中，一旦原先赖以增长的因素被削弱以致消失时，整个区域的经济形势就会逆转，出现全面停滞或衰退。如果这个地区经得起这种冲击，可以将其资源较快转移到新的地区专门化部门，使新兴产业的迅速发展得以弥补原有专门化部门停滞或衰退的损失，那它还能走向复兴。如果缺乏这种调整能力，就可能一蹶不振。这就是发达资本主义国家长期苦恼的所谓"萧条地区"、"冰冻地带"形成的主要原因。

　　社会主义需要消除资本主义地域分工的剥削因素，但作为一个客观的经济过程，社会主义国家仍然需要发展地域分工和地区专门化，这对于我们这样一个幅员广阔、地区差异性很大的国家来说尤为必要。20世纪50年代末60年代初，我们有些同志在理论上，曾错误地把地域分工同资本主义、修正主义画等号，全盘否定。在地区经济建设中，不恰当地层层搞独立完整的体系，搞自给自足的封闭式的地区产业结构，严重违背了地域分工的客观要求，造成布局上的重大失误。党的十一届三中全会以后，中央明确提出扬长避短，发挥地区优势的方针，就是针对上述错误倾向提出来的。这个方针的实质，就是要正确运用马克思主义地域分工理论和国民经济有计划按比例发展的客观规律，合理利用我国各地区生产发展条件的差异性，建立合理的地域分工与区际协作，以己之长补人之短，以人之长补己之短，在根本利益一致的基础上，各地区既八仙过海，各显神通，又互利互助，共同发展，从而使每个地区都能在全国国民经济总体系中占有一个恰当的位置。通过发挥各地区的优势，逐步缩小地区之间在历史上形成的经济技术上的差距，使全国生产布局由不平衡逐步走向相对平衡。在各个发展阶段上，国家布置在各地区的重点建设项目，就是根据全国经济社会发展总战略的要求，结合各地区的特殊条件来进行安排的。这些重点建设项目的建设，将形成各地区的地区专门化部门。从全国来说，生产的合理布局，合理的地域分工的形成，首先就是要在全国范围内，把各地区的专门化部门安排好、建设好，这是全局的利益，国家要保证，所在地区更要保证。

　　在重点发展地区专门化部门的同时，我们必须注意克服资本主义国家普遍存在的地区专门化过分狭窄的弊端，也要防止重犯我们过去搞过的"以钢为纲"、"以粮为纲"、"其他砍光"的错误。要从地区综合平衡的要求出发，更要从全国综合平衡的要求来考虑。重点重到什么程度，地区专门化发展到多大规模，需要适度，不能孤军突出。也就是说，地区专门化必须同建立合理的协调发展的地区产业结构有机结合起来。

地区产业结构各组成部分如何划分，如何衡量地区产业结构是否合理，这是一个需要研究的问题。根据地域分工的理论与实践，笔者主张运用圈层结构理论，把地区产业结构的组成部分划分为三大类：

第一类，即上面讲到的地区专门化部门（产业）。这类产业是地区特殊有利条件的产物，因地而异，但都具有双重作用：一方面是全国国民经济体系中同类产品的主要生产基地，同全国其他地区同类产品相比，它能以较少的投资、较快的速度、较低的生产成本和较高的劳动生产率，集中生产，支援全国。另一方面，它又是所在地区经济发展的带头部门，能带动地区经济的发展，是地区产业结构的主体或核心部分。这类部门的形成发展，是同国家重点建设项目的布局直接相联系，在很大程度上取决于国家生产的总体布局及相应的国民经济总投资的地区分配。

第二类，同地区专门化部门直接协作配合的部门。这类产业，因第一类部门的不同而不同，其中有的也可能进一步发展成为新的地区专门化部门。

第三类，具有区内意义的部门。包括上述两大类以外的产业部门，按其特点，又可分出以下几部分：一是基础结构部门，狭义的专指有形资产部门，如运输、通信、动力、供水等，广义的还包括教育、科研、卫生等部门以及提供劳务的部门；二是具有消费趋向性的部门；三是产品需要面广而分散，又具有广泛发展可能性的部门，可称为"广布部门"。

圈层结构理论的基本点就是，选准地区的优势产业，进行重点建设，形成地区产业结构的核心；围绕核心，根据各产业的内在联系，特别是其他产业与核心产业内在联系的密切程度，依次安排其他产业的发展顺序。上述直接与地区专门化部门协作配合的产业，构成第一个圈层，其发展速度、规模，应尽可能与核心部门协调发展；上述第三类部门中单独划出来的那几部分，构成第二个圈层，其发展速度、规模，应尽可能同上述第一类、第二类产业的发展相协调；上述第三类产业中的其余部分，即产品为生产建设和人民生活所需要，但从地区条件看，难以大量发展或一时不能发展，而其产品又便于进行区际交换的产业，构成第三个圈层。这类产业，有些可通过创造或改善条件，有选择地加以发展，但不宜要求都就地平衡，可以通过国家调拨和区际交换，争取区内产销的相对平衡。

圈层结构中的各组成部分，由于发展条件的优劣不同，在全国和区内的地位作用不同，因而力量的投放可以不同，发展的速度规模也应有差别。这样形成的地区产业结构，既是一个有机的开放系统，又可形成合理的地域分工与区际联系，既能保证重点，又有利于地区经济的协调发展，既与国家计划相衔接，又具有地区特色。

根据上述模式和以往的经验教训，在这个问题的战略决策上，必须注意以下几点：一是要从国家的需要和本地区的真正优势出发，因地制宜，扬长避短，抓准重点。也就是说，建设重点或地区专门化的选定，一定要从实际出发，不能盲目"赶热门"，一听说什么行业、什么产品是"热门"，就不顾条件，一拥而上，造成重复布点，重复建设，重复生产，应当而且可以突出的没有突出来，而突出的却是缺乏自己优势的东西，其结果，或者是花了钱上不去，中途被迫下马，或者是勉强上去了，由于基本条件不具备，产品缺乏竞争能力，难以生存，更难发展。这方面我们吃过很多亏，现在也要防止重蹈覆辙。二是选好重点，就要密集投资，突出重点，保证重点，不能搞"大而全"、"小而全"。什么都要搞，平均使用力量，分散资金，既保不了重点，也就不可能带动地区经济的协调发展。三是突出重点，组织专门化生产，不是单打一，而应围绕重点，搞好地区的综合平衡，注意各方面的衔接。

以上就是重点建设与地区经济协调发展，促进地区产业结构合理化的一般原理。

根据上述原理，具体到内蒙古地区，应当怎样确定建设重点并使之与地区经济协调发展呢？这取决于内蒙古地区的基本条件。

内蒙古是一个富有特色、开发潜力巨大的地区。幅员广阔，资源丰富，是全国真正"地大物博"之区。它是我国土地面积在 100 万平方公里以上的三个省区之一，土地类型多样，地上草丰林茂，地下矿产种类较全，配套程度较高，储量规模可观。拥有的优势资源，就其经济意义与特点而言，大体上可分为三类：

第一类，自然界稀有而内蒙古独丰的，如稀土。白云鄂博巨型稀土矿，集"稀土家族"之大成，品种丰富，储量巨大，占全国探明保有储量的 90% 以上，相当于国外总储量的四倍。这是本区得天独厚的绝对优势。

第二类，国内短缺而内蒙古较多的，如蛭石、铌、铬、硫铁矿、森林资源等，具有明显的国内优势。

第三类，如煤炭、建材资源、草原资源等，国内总量虽较多，但就其地理分布而言，内蒙古的资源比较接近我国主要缺能区和经济发达的重要消费区，在经济地理位置上占有一定优势，由此而产生相当大的级差效益。

根据上述条件和全国地域分工的要求，内蒙古应以四大产业为重点，即以煤和煤电为主的能源，以稀土、铌、钢铁为主的冶金，以营造为基础、采造加工协调发展、永续利用的林业，人畜草结合、高产稳产的畜牧业。其中又以能源为重中之重。这四大产业都具有资源优势以及转化为经济优势的条件，既是国家所急需，又是地区协调发展、维护生态平衡所必需。重点建设好这些产业，对内蒙古新的地区经济网络的形成、发挥内蒙古的优势、改变内蒙古的落后面貌，是至关重要的。与此同时，这些方面的重点建设，必须与地区整个国民经济协调发展。这是由于：

第一，内蒙古自然环境复杂，多种多样的自然因素，天然地构成一个相互作用、富有生机的整体。这些资源综合开发，利用得当，可以形成经济上的良性循环，把多种自然优势转化为多种经营的经济优势，创造出巨大的物质财富；但利用不当，开发上的"单打一"，则会与生态资源的保护形成尖锐的矛盾。因此，在土地资源的利用上，必须着眼于提高各类土地的利用程度和经济性，在巩固提高现有商品粮基地、主要经济作物基地的同时，要重点发展林业、牧业，加强城市工矿区的副食品生产基地，走林牧农协调发展的路子，维护整个国民经济特别是农业赖以生存发展的自然基础。

第二，工业上的重点开发，也要有一个合理的工业结构作保证。多年来，内蒙古工业过分偏于采掘、原材料和粗加工生产，农林牧矿产品的综合加工工业少，加工深度低，大量调出原料。由于比价的不合理，调出的原料越多，附加值越少，得利越少，其结果是工业的综合效益差，地区专门化部门也得不到健康的发展。为了改变这种状况，需要照顾现实又面向未来，在逐步发展林牧矿生产，按国家下达任务调出原料的同时，处理好原料调出与就地加工的关系，调整工业结构，使林牧矿生产与加工工业之间，采掘、原材料、制造业之间协调发展，提高加工深度和资源的附加价值。

从全区来说，重点建设与地区经济的协调发展，是否可以构想这样一个宏观蓝图：即以上述四大产业为主体，建设成为全国性的能源基地、冶金基地、林牧业基地，在这些产业的基础上，积极发展煤炭、化工、建材、林牧产品加工，相关的机械制造业，配合重点建设，加强基础结构设施的建设，稳步提高粮食产量与粮食自给率，有选择地发展第三个圈层的其他产业。也就是把内蒙古地区建设成为一个以四大支柱产业为主体的、有机结合、良性循环、能经济有效地开发利用区内资源、满足国家需要又稳步提高区内人民生活水平的地区经济综合体。

与地区产业结构的战略调整相适应，也应当运用圈层结构理论，改变内蒙古地区的技术结构，即根据产业结构中各组成部分在全国和区内的地位作用，分别采用不同层次的技术，首先要在地区的优势产业中，采用新技术、新工艺、新设备，使之获得新的发展手段，加快发展步伐，有选择地把一部分传统的资源型、劳动资金密集型的产业改造成为资金技术密集型产业，为全地区技术结构的调整、缩短与先进地区的技术差距打基础。

为了实现上述宏观蓝图，还需要有以下三方面的战略安排：

（1）强化两大薄弱环节。一是交通运输通信信息产业的建设，运输与生产建设同步，开辟通往东北、山西、西北的新通道，并把区内东西两大部分贯通起来；二是抓好智力资源开发，物力、人力两种资源开发并举。

（2）与国家重点建设和乡镇企业的发展相对应，在强化、充实呼包集工业带的基础上，重点开发东部和西部两大经济核心区，安排好地区生产力的战略布局。

（3）实行两个对外开放。一是对外省开放。内蒙古东西狭长，从东到西，与东北、华北、西北的八个省区毗邻，是全国毗邻省区最多的。这些毗邻省区大体上可分为三种类型：经济发达的辽、吉、黑、冀；正在开展重点建设的山西、陕西；尚待开发的宁夏、甘肃，实际上反映了我国经济发展水平的三个梯度，其生产建设经验，对内蒙古都有借鉴作用，又可在经济技术上进行互补，有利于从多方面促进本区经济多样化的发展。二是对国外开放。从总体上看，内蒙古地处内陆，但其东南部临近澎海湾大海港群，有利于通过与辽冀的联合协作，从海路打入国际市场。北部西部通过毗邻省区，与欧亚铁路干线相连接，又可从陆路上打入国际市场。

在滨海省市，可以建设经济特区与技术经济开发区，在内陆地区，也可以建设另一种类型的"内陆经济开发区"，以其丰富的资源、广阔的空间与廉价的劳动力，同时从外省外国两个方向上吸引资金，引进先进技术，为我所用，这对加速内蒙古的重点建设与地区经济的协调发展是有利的。

内蒙古发展战略若干问题管见

发展战略，关系全局，牵涉面广，问题很多，仅就其中若干问题谈些看法。

一、道路问题

一个地区经济发展道路的选择，取决于两方面的因素：一是地区区情的基本特点，二是国家总体布局和全国地域分工的要求。

内蒙古区情最基本的特点，可概括为六个字：既富饶，又贫穷。所谓富饶，主要指空间广阔，自然资源丰富多样，有巨大的潜力；所谓贫穷，是指经济、技术、文化发展水平低，生产建设效益较差，地方财政收入少。要改变这种状况，治穷致富，实现现代化，就必须立足于区内优势资源的开发，变资源优势为经济优势，变潜在优势为现实优势。内蒙古是我国真正"地大物博"之区，幅员广阔，自然环境复杂，土地类型多样，矿物比较齐全，储量十分可观，其中优势资源按其特点和经济意义，可分为三类：一是自然界稀有而内蒙古独丰的，如稀土，探明储量占全国的90%以上，相当于国外总储量的四倍，这是自治区特有的优势资源；二是国内短缺，内蒙古较多的，如铌、铬、硫铁矿、蛭石、森林资源等，具有明显的国内优势；三是煤、建材资源、天然碱、草原资源等，国内总量虽较大，但就其地理分布而言，内蒙古的资源比较接近我国经济发达的主要消费区，在经济地理位置上占有一定优势，由此而产生了相当的级差效益。包括自然资源在内的自然力，是特别高的劳动生产力的自然基础。合理开发利用这些优势资源，可以创造出巨大的物质财富。但对优势资源的开发利用有一个时序问题。从长远一点看，内蒙古要进入国内先进行列，对全国作出自己独特的贡献，必须依靠优势矿产资源的综合开发，综合利用，深度加工，实现资源的高附加价值化。即使一次性投资较多，周期较长，难度较大，也必须如此，在这一点上要有战略眼光和长远打算；但从近期看，更需要重视农业自然资源的合理开发、合理利用及林牧农产品的深加工、精加工，尽快恢复生态平衡，并为地区经济的协调发展、国民经济的良性循环和提高经济效益、生态效益创造必要的条件。在"林、草、矿"三字上做文章，以农促轻，以轻养矿，逐步将多种自然优势转化为多种经营的经济优势，对处于经济成长期的内蒙古而言，这是一条符合区情基本特点的治穷致富之路。

从全国生产力宏观布局的角度看，在 20 世纪内，全国经济开拓的重点将放在中部内陆地带，重点建设以山西为中心的能源重化工基地和以大三峡为中心的长江中游综合开发区，使中部内陆地带形成南北两大核心区，一方面担负起实现全国战略目标所需能源和大耗能工为产品的供应任务，另一方面构成全国生产力布局战略西移的第二级前进阵地。沿海发达地带，主要是实行产业结构的战略调整，引进世界先进技术，改造现有的传统工业，使之"再工业化"，建设和发展新兴高技术产业，并有计划地将一部分耗能耗料耗水量大的工业，向其他经济地带的富能富料地区转移，在全国地域分工中主要起引进、吸收、消化、转移先进技术基地的作用。边疆待开发地带，则主要是作准备、打基础，包括开始建设一些国家急需、周期较长而又能发挥其优势的项目，迎接 20 世纪末 21 世纪初全国经济开拓重点的新的战略转移。在这个宏观布局蓝图中，内蒙古处于一个特殊地位：它一方面属于边疆待开发地带，同这个地带内的其他省（区）有许多共性；另一方面，在这个地带内它的开发程度又相对较高，已有一定的经济基础。它东部毗邻全国最大的重工业基地——辽、吉、黑三省，南部、中部靠近京津冀和渤海湾大海港群。这样，就使得内蒙古在边疆待开发地带内有条件先行一步，一方面以其优势产品满足国家的急需，另一方面创造并积累今后大规模开发西北的实践经验。内蒙古战略重点的确定，区域产业结构的调整，生产力布局的改进，都要尽可能既从区情的上述基本特点出发，又要服从并服务于全国生产力宏观布局对内蒙古的要求，这也就是研究制定内蒙古发展战略的指导思想。

二、战略重点问题

这个问题包括两个方面：一是正确选择战略重点；二是合理规划重点建设规模。地区经济发展的道路，首先就体现在地区战略重点的选择上。

内蒙古既具有多方面的优势，又有一系列限制因素。从总体上看，内蒙古还处于经济成长期，地方财力薄弱，国家投资能力有限，在这种情况下，建设重点不宜同时抓很多。"五大基地"或"七大基地"并列，值得商榷。多重点等于无重点。综合考虑国家的急需和地区经济的协调发展以及现实的可能性，是否应以四大产业作为重点，即以煤和煤电为主的能源，以稀土、铌、钢铁为主的冶金，以营造为基础、采造加工协调发展、永续利用的林业，人畜草结合、高产稳产的畜牧业。其中又以能源为重中之重。这四大产业都具有资源优势以及转化为经济优势的条件，既是国家所急需，又是地区经济协调发展、维护生态平衡所必需。

选准重点，随之而来的是重点重到什么程度。重点不重等于没有重点，重点过重又会给地区综合平衡、地区经济协调发展带来困难，最终也不利于重点建设的健康发展。

以能源为例，设想到 2000 年，煤达 2.5 亿吨，电达 3000 万千瓦装机容量，恐怕是偏大了。拿煤来说，现在的年产量约 2500 万吨，到 2000 年还有 16 年，16 年内要增加 2.25 亿吨，平均每年要增加 1400 多万吨。撇开外部条件不说，单就煤矿建设本身而论，根据煤矿建设的周期，考虑到基建、生产各环节的衔接，每年要增加 1400 万吨的产量，就需要有 1400 万吨新的生产能力投产，1400 万吨新的生产能力开工，在建总规模至少要保持在 4200 万吨以上，对内蒙古而言是难以办到的。拿电来说，全区现有装机容量不到 120 万千瓦，16 年内要扩大到 3000 万千瓦，光是水资源一项，就是一个难以解决的矛盾。引黄河水也有几个关系较难处理，一是对黄河上中下游各省区之间用黄河水要合理分配，自治区不可能想引多少就引多少；二是可引用的黄河水在区内各部门之间要合理分配，能够保证发电用水究竟有多少？重点要重，也要适度，故孤军突出，欲速则不达，我们已有很多教训。

三、地区产业结构问题

地区产业结构与地区重点建设密切相关，本质上是地区专门化与地区综合发展的有机结合问题。笔者主张运用反映地区分工规律和国民经济有计划按比例发展规律的"圈层结构"理论，建立合理的地区产业结构。

圈层结构的基本特点是：从地区具体条件出发，进行重点建设，形成地区专门化部门。这类产业是地区特殊有利条件的产物，具有双重作用：一方面是全国国民经济体系中同类产品的主要生产基地，和全国其他地区同类产品相比，它能以较少的投资，较快的速度，较低的生产成本和以较高的劳动生产率，集中生产，支援全国。另一方面，它又是所在地区经济发展的带头部门，能带动地区经济的发展，是地区产业结构的主体或核心部分。就内蒙古而言，可包括上述四大类重点产业。围绕核心，根据各产业的内在联系，特别是其他产业与核心产业内在联系的密切程度，依次安排其他产业的发展顺序。直接与地区专门化部门协作配合的产业，构成第一个圈层，应尽可能与专门化部门协调发展。就内蒙古而言，主要包括煤化工、建材、林牧产品加工、相关的机械制造等。只具有区内意义，需要由区内平衡而又有条件发展的产业，构成第二个圈层，包括狭义与广义的基础结构部门，具有消费趋向性的部门，"广义部门"（即产品需要面广而分散，又有广泛发展可能性的部门），这类产业的发展，应尽可能同地区专门化部门、第一圈层部门相协调。为地区生产建设和人民生活所需要，但从地区条件看，难以大量发展或不能发展，而其产品便于进行区际交换的产业，构成第三个圈层。这类产业有些可通过创造或改善条件，有选择地加以发展，但不宜要求都就地平衡，可以通过国家调拨和区际交换，争取区内产销的相对平衡。

圈层结构中的各组成部分，由于发展条件的优劣不同，在全国和区内的地位作用不同，因而力量的投放可以不同，发展的速度规模也应有差别。这样形成的地区产业结构，既是一个有机的开放系统，又可形成合理的地域分工与区际联系；既能保证重点，又有利于地区经济的协调发展；既与国家计划相衔接，又具有地区特色。这应该是内蒙古产业结构的方向。

四、布局问题

重点建设，结构调整，最终都要落脚到特定的地区，并促进地区布局的改进。反过来，布局合理，又可以促进重点建设的顺利进行和地区产业结构的合理化。

内蒙古已形成的工业分布格局，有两大弱点：一是搞了三十多年的工业建设、工业布局基本还未展开，这样广大地区丰富多样的资源，不能经济有效地吸引到国有经济的周转中来，小城镇的发展也很薄弱；二是整个地区至今还未形成一个凝聚力、吸引力很强的经济中心。呼、包两市是全区工业比较集中之地，但已有的工业实力，还不及发达地区一个中等城市的水平，这就难以担负起组织带动地区经济大规模开发的重大任务。今后调整工业布局，一要随着重点建设的开展和乡镇企业的发展，适当地把工业布局展开；二要强化现有工业中心，多搞小城镇，作为开展工业布局的阵地和依托。全区的工业总体布局是否可以这样设想：加强中轴，展开两翼。

中轴指包呼集一线。呼、包两市在全区说来，具有较好的经济基础和发展条件。这一线农业发达，运输较便，工业较有潜力，附近有较丰富的自然资源和农业资源，可以内涵为主，在包头重点充实、完善稀土钢铁综合生产体系，发挥机械工业生产潜力；在呼市重点加强富有内蒙古特色的轻纺工业，并利用其智力资源和已有机械工业的优势，有选择地开拓技术密集型产业、产品。集宁区现有工业实力较弱，但地理位置优越，处东西狭长的内蒙古中心，是东西两部分的结合部。现在是全区比较重要的铁路中心，随着集通线的修建，西联西北铁路干线，南通京津唐，北通欧亚铁路大干线，相当于郑州在全国铁路网中的地位。凭借这个优势，有条件发展成为一个重要的以加工工业为主的综合工业中心。这一线发展乡镇企业的条件优越，可形成一系列小城镇，与呼包集一起组成一个具有一定规模的工业走廊，构成内蒙古地区经济网络的中轴。

展开两翼，是指重点建设东、西两个经济区，东翼包括东部的三盟一市，这里有森林茂密的大兴安岭林区，水草丰美的呼伦贝尔大草原，比较发达的西辽河农业区，全国著名的大褐煤带；紧靠东北三省，基本上同东北铁路网相连，同东北主干电网联网也很近便；这一带还是东北、华北（包括内蒙古）的生态屏障，对维护广大地区的生态平衡具有重大意义，这一带有条件建设成为林牧农产品加工、煤炭、煤电、煤化、建材协调发展的综合经济区。

西翼包括西部境内黄河以南一片，这里资源密集，矿种较全，特别是鄂尔多斯煤盆，是全国四个特大型聚煤盆地（或坳陷）之一，赋存石炭二叠纪、晚三叠世、早中侏罗世三个地质时代含煤地层，规模宏伟，构造简单，煤层埋藏浅、厚而连续稳定，煤质也好。这是内蒙古最有发展潜力的地区，也是未来希望之所在。近期可着手以煤炭、煤电开发为主体，以准格尔基地建设为突破口，逐步扩展。

加强中轴，展开两翼，将构成内蒙古生产力合理布局的骨架。这个布局构思，是同上述战略重点的选择、地区产业结构的调整方向相一致的。其实现取决于今后一系列前期工作和重点措施，运输线路的建设是其中的关键。目前内蒙古运输线路密度低，联不成网，甚至还没有一条东西贯通全区的动脉。中轴虽靠近西翼，但还没有铁路干线直接沟通。中轴与东翼距离相当远，也无干线相连，中轴与两翼形不成一个富有生机的整体。铁路贯通，既是西翼展开的重要前提，也是两翼展开的必要条件。考虑到铁路建设周期长，它不仅在时间上要适当超前，而且在能力上还要有一定的后备，因此在发展公路运输、努力利用黄河水运的同时，集通铁路干线和呼准铁路支线的修建已是势在必行，刻不容缓。多年来煤炭开发的经验教训说明，产运失调是最大的浪费。与其花很大力气，建成煤炭生产能力，然后以运定产、以运限产，以煤运挤其他，而且还难免积压与自燃，何不在规划中就做好产运协调，在实施中真正让运输先行。

载《实践》1984 年第 21~22 期

内蒙古沿黄地带工业开发研究

一、出发点

内蒙古沿黄地带有发达的灌溉农业和一定的工业基础，在地理位置上，北靠华北地带北缘多金属和硫铁矿富集的狼山地区，南靠我国最大的煤盆——鄂尔多斯煤盆，又可近便地提供大量一次能源和金属、化工资源，这种自然资源、经济基础、区位特点的组合，构成了地带工业开发的优越条件，工业发展的基本要素相对齐备。现代工业发展和区域经济的成长，要求是多方面的，国土资源的空间组合优势，只要善于调度，具有一定的外部环境，就比较容易形成综合优势。从外部环境看，全国能源、高耗能工业向中西部的转移已是大势所趋，这就为内蒙古沿黄地带的工业开发提供了有利的历史机遇。

内蒙古沿黄地带最大的弱点有二：一是没有形成实力雄厚、竞争能力强的主导产业，拳头产品少，建团以来整个蒙西建设的重点是在包头，而包头建设的重点又主要是钢铁和军工，但包钢已形成的钢铁综合生产能力，产品品种规格及经济效益，在全国大型钢铁联合企业中还处于后几位，军工正处于困难的转折时期，还未真正形成优势产业，毛纺、制糖在全国的地位不高，而且连锁效应小，对经济的驱动作用不大。稀土工业具有得天独厚的发展条件，但多年投资不多，规模尚小。现代经济发展史证明，区域经济的发展过程，实质上是部门的成长过程。只有建立起强大的主导产业链，才能通过它们的波及效果，带动整个区域经济的起飞，沿黄地带现在恰恰缺少这种产业的支撑。二是城市不发育，没有形成经济功能高、辐射力大的经济中心城市。呼和浩特原来没有什么现代工业基础，30多年来基本没有摆什么重大项目，经济功能不高，辐射能力小。包头虽然现在是全自治区最大的工业中心，但其工业规模只不过是发达地区一个中小工业城市的水平。乌海市是作为包钢的炼焦基地来建设的，但至今并未形成这一专业性的经济职能，按已有的经济规模，经济功能就更小了。现代城市都需要发挥两大效应：一是极化效应，二是扩散效应。在城市不同的发展阶段，这两种效应的强度不同，一般规律是在城市发展初期阶段，以极化效应为主，也就是能量的积累。极化到一定程度，极化效虚削弱，扩散效应增强，城市随之发展到第二阶段，再进一步发展，即进入以扩散效应为主，能量的释放阶段，也即城市经济的成熟阶段。30 多年来，沿黄地带几个主要城市的发展，迄今还处于以极化效应为主的阶段，能量的积累不高，扩散效应自然有限。没有现代城市的扩散效应，整个地区的经济也就难以启动。

由于上述两大弱点，导致整个地带整体效益不高。1985 年沿黄地带大中型工业企业的投资产出率尽管比全自治区平均水平高 20%，但也只有 78.52%，1985 年资金利用系数（即净产值与资金总额之比）全自治区平均是 0.1749，沿黄地带也只有 0.1932。

资源的组合优势，能源、高耗能产业西移的大趋势，发展上的两大弱点，就是我们研究地带工业开发的出发点，是制定工业发展战略的依据。

二、基本思路

（一）主导产业的选择、规模及产业结构的优化

基本思路是：以煤炭开发为基础，以电力为中介，以高能耗原材料及其产品为主体，形成主导产业链，以此来重组地带的产业结构。其目标有二：一是适应全国生产力总体布局及大能源基地内地域分工的要求，对缓解全国能源、高耗能原材料的供需矛盾作出更大贡献。二是适应地带及其毗邻地区的资源特点，通过资源的有效配置，实现地带的重工化，在二重结构的现代化过程中迈出关键的一步。这一思路具体内涵包括以下几个方面。

在能源工业内部，正确处理煤与电的发展比例关系，煤炭开发是地带主导产业链中的基础环节。从国家的需要及地区的煤炭资源条件来看，包括东胜煤田在内，煤炭开发规模可尽量加大。但煤炭开发规模，不仅取决于国家的需要和煤炭资源条件本身，还要受国家和地区的投资能力、运转条件、水源、生态环境等因素的制约。在今后十几年内，缓解全国煤炭供需矛盾，在大能源基地范围内，从发展基础、技术积累、资金及地理位置等条件来看，这些条件，内蒙古西部相对较差。但从发展前景看，蒙西与陕北是全国优质动力煤开发潜力最大最好的地区，是未来全国电力工业的生命线。从全国煤炭资源分布与产销格局变化趋势看，21 世纪前 50 年内，东部地带现有主要产煤地（辽、冀、

鲁、苏北）的煤炭资源逐步耗尽，难以维持 2000 年已达到的生产规模；中部地带的主要产煤地，除内蒙古、晋外，黑、豫、皖的煤炭后备资源大幅度下降，在 2000 年生产规模的基础上，难以继续扩大，将先后由净调出变为净调入。山西煤炭资源 80% 以上的储量是炼焦用煤和无烟煤、动力煤，特别是优质动力煤的储量比例小，2000 年以后，生产供应优质动力煤的地位将削弱；西部地带，新疆煤偏在西北一隅，生产供应优质动力煤的条件，只有蒙西陕北最好，必须承担起生产供应动力煤的主要任务，所以，蒙西沿黄地带的煤炭工业，在 20 世纪内，只是初露锋芒；21 世纪前 20 年内，可以大显身手；到 21 世纪 50 年代，如果全国能源结构不发生根本性变化（在 2000 年前后，这种变化还难实现），蒙西将与陕北一起，在全国优质动力煤的生产供应上处于垄断地位。但在 20 世纪内，还只是起步，步子不宜迈得太大。如果把有限的财力物力，短期内过度集中于采煤工业，势必影响其他产业的合理发展，对优化地区产业结构不利；在价格关系未理顺以前，采煤工业在较好条件下，也不过是微利行业，社会效益较大，但对地区实力的加强作用不大，如果运输、投资跟不上，环保和生态治理与过于庞大的采煤规模不能同步，企业效益和社会效益还将大大降低。总之，煤炭开发应是本地区的重点之一，但在 20 世纪内，这个重点不能过重。

电是初级产品向精加工产品转化的桥梁，是优化地区产业结构的中间环节。全国的能源问题越来越突出地表现为电力问题，装机容量的缺口越来越大。现在国家采取的措施，一是在缺煤而电力负荷集中的地区，新扩建一批电源点，输煤办电。这样可以节省输电线路的基建投资，减少远距离输电的损耗；可以发挥热电联产效益；可以直接吸引用户办电，但缺陷是增加了运煤铁路、港口的基建投资，加大了铁路、港口的压力，而且电力负荷集中地区，正是全国人口密度与经济密度高的地区，污染问题较大或者防治费用太高。二是在靠水近煤有土地的地区，开辟一批大的电源点，用输电替代部分运燃，减少铁路、港口的压力；就近利用煤炭基地的洗中煤及劣质煤，提高资源的利用率；同时就地进行第一次转换，为地区高耗能工业发展创造条件。这两种布点模式的比较，直接关系到高耗能工业的发展速度和生产力的合理布局。综合起来看，应当以第二种布点模式为主。内蒙古沿黄地带正是第二种布点模式比较理想的地带之一，可供选择的大电源点有乌海、包头、达旗、托县等地。比较起来，乌海因煤种全是炼焦用煤，而且含硫量偏高，电力建设规模主要取决于原煤入洗能力及相应的中煤产量，不宜过大，包头、达旗、供煤及水运条件都较好，规模可大一些，每个点 300 万~400 万千瓦都可以，托县、供煤及水土条件好，但在呼准线未修通以前，规模不宜过大。考虑到沿黄地带总体布局之需，呼准线 2000 年前必须上，所以托县也可作为规划的大电源之一。沿黄地带电力工业建设同时担负起两大任务：一是满足地带高耗能工业发展之需；二是向东部缺能区送电，因此上述四个新电源点累计开工总规模和 2000 年累计总投产规模比规划的要大。累计开工规模 890 万千瓦，累计投产总规模 750 万千瓦是可行，在能源这个主导产业中，压缩煤炭开发规模，加大电力建设规模，在调出精煤的同时，更多地输出电力更为有利，带来的综合效益更大。

在高耗能工业中，正确处理冶、化、建的发展比例关系。以电为依托，重点搞高耗能产业，并使之成为地带工业结构的主体，是优化产业结构的关键环节。高耗能产品，大多是国家的短线产品，"六五"期间，全国钢材、铝、铅、某些化工原料的进口量每年都增长 25% 以上，耗用大量外汇，扩大了外贸逆差，就这样，也还不能适应加工工业发展的要求。内蒙古沿黄地带，既富能源，又多金属，化工、建材及其他非金属资源，还有大片地形平缓的未耕荒地和相对较大的环境容量，具有大规模发展高耗能原材料工业所必需的几大基本条件，但高耗能工业产品很多，也不是搞什么都有优势，因此也还有个选择的问题、主次的问题。

沿黄地带搞冶金比搞化工的基础好，技术积累较多；而且有的金属资源是世界稀有、内蒙古独丰，有些在华北地区占有相对优势，有的在全国也占有一定优势。所以在高耗能工业中，第一个重点应是冶金。在冶金工业中，应调整黑色与有色的发展比例关系，把建设重点逐步由黑色转向有色。

内蒙古的铁矿资源主要集中在白云鄂博。从钢铁工业角度看，此矿铁矿石的储量并不算多，特别是根据其资源特点，从合理利用角度考虑，更重要的是稀土、铌及分散元素，而不是铁。内蒙古煤多，但炼焦用煤的比重不到 3%。炼焦用煤的集中地乌海市，炼焦煤品种不全（无瘦煤），而且硫分、灰分偏高，大部分又是难选、很难选，合乎炼铁要求的低硫低灰易选煤少。所以从铁矿或焦煤资源看，发展钢铁并不具有资源优势。在现有包钢生产规模下，铁矿还要吃外矿，炼焦用煤的 70% 来自外区，因而在经济效益上难占优势。吃进口矿，大规模建设包钢，不是完全不可以，但吃进口矿就不如摆在海港区。利用煤炭回空车搞钟摆运输也可以，但这样摆就不如摆在晋煤三大外运通道上的适当地点。所以包钢扩建以 300 万吨配套为好，500 万~600 万吨就偏大了。有力量，可多搞些合金钢、特殊钢，增建中板轧机，与一、二机配套，这样的经济效益比一般扩大钢铁能力要好。与此相联系，对白云鄂博矿应逐步改变利用方向，要珍惜这个资源。现在年采铁 600 多万吨，其中所含稀土氧化物 98% 进入了尾矿，既浪费资源，又污染环境，采铁能力进一步扩大到 1000 万吨的设计也值得考虑：增加的铁矿石不多，而浪费的稀土、分散元素却很多。所以冶金不宜再以黑色为主，应逐步转向以有色为主。

重点搞有色，也有个选择问题。原规划开辟三个新的铝工业点，加上扩建后的包铝，共需氧化铝 64 万~74 万吨，而内蒙古地区尚未发现有开发价值的大型锅土矿，全部要从外区调进氧化铝。从全国看铝锭短缺，但现有电解铝厂一是氧化锅供应不足；二是电力不足。全国可以大量生产氧化铝的，在南方主要是贵州，有铝土矿、水电，但其氧化铝不可能大量北运；在北方主要是晋、豫，有煤有电有铝土矿。所产氧化铝，除了大厂自用外，能提供的商品氧化锅数量不多，而且晋、豫都盯着这几个大铝厂的氧化铝，想近水楼台自己另搞电解铝，西北黄河上游，为了利用其水电优势，已有和在建的电解铝厂年需氧化铝一百几十万吨，也全靠外地调入。在这种情况下，内蒙古再要调进几十万吨氧化铝搞电解铝，很难做到。与其在关键资源上受制于人，不如把重点放在依托自己的优势资源上。铝工业重点把包铝抓了，利用区内有色金属资源优势，在铝镁合金、稀土合金上下功夫，再尽可能多搞点铝材，这更为有利，有色工业的重点可以放在两个方面：一是稀土，二是铜铅锌。

稀土被称为 21 世纪的资源，其发展与高技术产业密切有关，国内外市场正在日益扩大，包头地区发展稀土工业，在资源上占绝对优势，在技术上占相对优势，在这个方兴未艾的领域内大有文章可做，这个工业投资产出率高达 263.4%，即每投资 1 元，可创造产值 2.63 元，投资效果系数达 76.76%。即每投资 100 元，能提供积累 76.76 元。稀土工业的发展要抓好几个问题：①上规模。即扩大选矿、分离的规模等级，扩大规模经济。②上品种，提高加工深度，从而大幅度提高资源的利用率和产品的附加值，提高国际竞争能力。③拓宽使用领域。④关键是协调好中央、自治区、市三级的关系；加强地区稀土工业的宏观调控，形成地区稀土工业的整体优势；也要协调好与国内其他主要稀土生产地的关系，加强横向联合，在设备试制、更新、产品研究、开发、推广应用等方面，联合攻关，加上必要的引进，尽快突破技术设备，检测手段陈旧落后的局面，这是加快稀土工业发展的保证。

在铜铅锌工业方面，狼山地区几大矿资源条件好，可以建设大型矿山和大型多金属冶炼厂。若小开，上冶炼厂达不到经济规模，也不能同时提炼出各种有用组分；不上冶炼厂，卖矿，经济效益有限；所以，以大开为好。大开要解决以下问题：①运输问题。把狼山西段三大矿联系起来，进而与包—兰铁路联系起来，需修铁路专用线。这一带基本上是平缓的荒漠草原，修铁路工程量不大，桥涵少，修专用线要求更低一些，也更容易，除一个矿床外，两矿距包—兰线、两矿距包—白线都只有 60~70 公里，线路不长，接轨较易。②水源问题，矿区地下水量不大，需找新水源。在就地找不到新的大水源时，可供选择的解决办法，一是采选分离，移矿就水；二是引黄河水，调水就矿。铜铅锌矿即使是富矿，金属含量加在一起也不过是 3%~5%，加上含硫量，原矿中的废石量比例大，采选分离，无效运量大；引黄河水到山后，扬水高程近 900 米，难度较大。比较理想的办法是水、矿都移动，选冶结合，即引水渠道适当北延，矿适当南移，在水矿之间的地带选厂。这样既相对减少引水的困难，也相对减少运原矿的浪费，而且可避免直接在黄河边建厂对黄河水的污染。③冶炼厂的布点。包头工业、技术基础较好，有一定的冶炼技术积累，但包头污染问题已较严重，大型多金属冶炼厂是污染型项目，包头的环境容量不如临河，在临河选厂，即相对接近狼山西段三大矿源，巴盟山前沿黄地带，农业基础好，发展潜力大，可以支持一个有色工业城市的发展。在这几点上，临河均优于包头。从合理布局角度看，沿黄地带工业点太少，能依托现有小城镇形成一个新的工业点，对展开布局有利。④统一规划，协调发展。狼山地区没有单一矿种的矿床，一般是综合矿床，每个矿床以 2~4 种矿产为主，还伴生其他多种组分，适于综合开发利用回收。同时几大矿的有用组分的比例各不相同，统一规划，分头采选，集中冶炼。设备配套较易合理，资源利用充分，形成规模经济；统一规划，也便于统一安排运输线路、水源地的建设，节省投资。目前的困难主要来自人为的因素：化工部只着眼于酸铁矿，而且铁路、水源都不管。要大规模开发，就要由冶金、化工、铁路、地方共同组建项目集团，冶、化、路、水统一规划，共同投资，同步建设，利益分享。

化工，是高耗能工业的第二个重点。沿黄地带有条件实行石化、煤化、盐化并齐，相互输送。煤化应是传统化与新一代煤化并举，呼市应以石油为原料，重点发展原油加工与大化肥，今后如原油开发和供应量进一步扩大，可进一步发展乙烯化工；包头以煤炭气化生产甲醇为主，乌海以炼焦煤为原料，发展乙炔氯碱化工，进一步发展焦化、焦油加工搞精油化工。此外，与狼山地区多金属矿的开发相结合，同时利用硫精矿与冶炼厂废气回收的硫，发展制酸工业。有了硫酸，既可开发利用区内的磷矿，也可从外地调进磷精矿，发展高效磷肥或磷二铵，这是全国也是内蒙古短缺的化肥品种。内蒙古现在化肥施用量中，氮磷比只有 1：0.03，比例失调严重，全国磷肥工业长期上不去，主要受制于硫磷两大基本资源的制约，蒙西地区是全国第二大硫铁矿资源富集区，而且硫铁矿与铜铅锌矿伴生，综合开发，综合利用，也有利于同时降低金属与化工的基建投资与生产成本，应利用这一有利条件，使氮磷肥肥料同时发展。

建材工业，就利用区内具有明显优势的建材及其他非金属资源，以研究开发新型建材、轻型建材为主攻方向，一般建材就满足区内需要为主，以区内市场确定其建设规模。

（二）经济的空间布局

基本思路是：沿黄地带应面向地带的南北地区，依托并促进南部鄂尔多斯和北部狼山地区的开发，成为蒙西地区的主要开发轴线。其任务，一是南北开发的后勤基地，即利用沿黄地带丰富的水土资源和较好的农业、工业基础，为两地的开发提供稳定的副食品供应及相当一部分日用轻工业品的供应；二是作为两地开发的物质技术基地，发挥沿黄的经济技术优势，提供某些技术装备、器材、建材、技术咨询服务、经济信息，培训输送专业技术人才和技术工；三是作为两地一次能源和矿产资源的转换加工基地，即将两地的能矿产品转换加工成高级能源和载能体，向外输出。

准格尔、东胜煤田的大规模开发，其影响力系数和感应度系数较高，波及效果大，几千万吨、上亿吨的矿区，必须有相当规模的城市和农区作依托。在伊盟境内，由于沙化水土流失面积很大，地面沟壑纵横，工业、城镇用地狭小；黄土丘陵沟壑区生态脆弱，大气环境容量和地表水环境容量均小，与两大巨型矿区相关的许多经济活动，受水源、用地、生态环境的局限，必须向北推移至黄河沿岸。北部狼山地区的开发，也需要有相当规模的城市作依托，而矿区所在地是荒漠草原，干旱缺水，人烟稀少，相关的经济活动必须南移到黄河沿岸。两大地区的开发均要求沿黄地带承担起上述三大任务，沿黄地带也要在承担三大任务中来发展壮大自己，充实自己的产业结构。

（1）布局框架。沿黄地带的经济布局，应当是进一步强化呼、包，乌三市的经济功能，其中呼、包二市还要扩大其综合功能，以便更好地发挥向南部辐射的作用；地带的经济布局要适当展开，都向三个城市集中，市域的空间容量、环境容量也承受不了。从城市经济网络的角度看，在强化呼、包、乌的同时，要重视新的次一级的工业中心的建设，形成第二级开发据点，分担三市的一些经济职能。第一批可供选建的有两个点：一是达旗，主要是向南辐射；二是临河，主要向北辐射。

（2）轴线建设。点的建设必须同轴线的建设与延伸同步，尽快上几条铁路：一是呼—准线，开通准格尔的北部通道，使之成为内蒙古沿黄地带火电站群的电站用煤基地。准格尔煤的发热量偏低，其最合理的流向是就近供应蒙西火电用煤，使东胜特优的动力用煤更多地向区外输送，为此将准格尔煤田通过呼—准线与京—包、包—兰线直接联系起来是必需的；二是临河—东升庙—霍格气炭窑口线及甲生盘—包白线的支线，这是大规模综合开发狼山地区所必需，这两条线加上在建中的包神线，形成蒙西地区三条第二级开发轴线，与呼—包—乌主轴线相通，随着沿线煤炭、有色、硫铁矿的开发，草畜业的发展，巴、伊二盟境内其他矿产资源开发，又将形成若干第三级地方性的经济中心，带动巴、伊盟更多地区的经济成长。整个蒙西地区也就形成一个合理布局的骨架。

三、启动

沿黄地带及其毗邻地区的工业开发，如果光靠内部已积累起来的能量，启动是困难的，必须有外力的推动助力，也就是国家资金、政策双投入，才能完成第一次推动，其中更重要的是政策投入。

（1）国家空间政策。"六五"以来，国家的空间政策向东倾斜，这从全局看是必要的，但第一，这种倾斜的时间不宜过长，"八五"时期应开始调整，"九五"时期有较大的调整；第二，这种倾斜度不宜过度，在向东倾斜过程中，不应当什么都向东倾斜：国家紧缺的能源、高耗能产业的投资，就应当更快更大规模地向中西部倾斜，这不仅关系到中西部的开发，更重要的是关乎国家的全局。没有中西部能源、高耗能原材料作后盾，沿海战略不可能顺利实施，并取得预期的成果。沿海的两头在外，对某些产品来说是可行的，对能源高耗能原材料产品来说，大多数是不可行的。

空间政策的调整，关键在于国家的决心，下决心把产业政策的调整同空间政策的调整结合起来。在产业政策上，不是口头上而是实际上把更多的资金引向能源和高耗能产业及相关的运输建设，从而为空间政策的调整创造一个比较宽松的环境。迁就眼前的困难，挤出大量外汇进口原材料，而国内能源、高耗能产业的开发都苦于资金短缺，国内开发上不去，明年需要，又花更多的钱去进口，国内开发陷入更大的困境，这种恶性循环早就应该打破了。办法是下决心从国家基本建设资金中拿出一部分作为战略投资，支持中西部富能富料区能源、高耗能产业的开发，加快这些进口替代产品的发展。空间政策调整本身也是有办法的。运用经济杠杆，辅之以行收干预和立法制约，调整生产力的宏观布局，这在市场经济国家是普遍采用的。如果对缺能缺料地区大规模新扩建的高耗能项目和低水平加工制造业的膨胀课以重税。对富能富料地区能源、高耗能产业开发，采取低利率、轻税率，高耗能产业开发的重点就不难西移，即使国家少投资缺能缺料而加工工业发达的地区，也会自动将多余资金转向中西部。当然，对落后地区来讲，怎样改善投资的硬环境和软环境，增强吸引消化外部投入的经济机制也是十分重要的。

（2）差别政策。我们国家大，地区差异很大。国家的政策必须统一，要统一，需要有差别的必须有差别，不能"一刀切"，比如：①中央地方联合投资。发达地区财力比较雄厚，有能力拿出一部分投资，以吸引国家投资，这样项目就上去了，而落后地区财力有限，甚至是入不敷出，也同样这么干，穷地方就很难吸引项目，因此就有差别。如国家十分短缺的资源，甚至要花大量外汇进口，而地方建设条件好，万事俱备，只欠资金，建设起来，主要不是为地方而是为全国服务，这样的项目，国家就应予以投资上的保证，我们国家再穷，预算内的固定投资，一年也有几百亿元，全社会的固定资产投资，一年有一千几百亿元，不能说投资能力很低，只要对资金的流向善于进行诱导、调控，在上述两类项目上给予投资上的保证是可能的。即使其中有的要地方投资，地方投资的比例也应低于其他项目和其他地区。投产后利润、产品的分成，地方所得比例，又应适当高于其他项目和发达地区。②在拨改贷后，对这类地区、这类项目贷款条件要放宽，利率要降低，还本期适当后延。③在利改税后，对这类地区的这类项目，要降低税率。④在价格政策上，在价格关系没理顺以前，可允许向缺能的发达地区出售高价电。

（3）优惠政策。在国家对沿海地区的外向型经济活动给予种种优惠待遇的同时，对中西部特别是落后地区更应雪中送炭，对其进口替代产品的开发、生产、经营需给予相应的优惠待遇。

晋陕蒙三角区的工业开发与布局

一、晋陕蒙三角区地理范围的划分

小三角包括山西的河、保、偏、兴，内蒙古的东胜、清水河、准格尔、伊旗，陕北的榆、神、府。

大三角包括内蒙古境内黄河以南，兴县、榆林、横山、靖边、定边一线以北，西以内蒙古境内黄河为界，东以呼市—和林格尔—清水河—偏关—保德—兴县—临县—离石—中阳为界。也就是内蒙古部分，北边扩展到达旗；西边把杭锦、鄂旗、鄂前旗、乌审旗包括进来；东边把托克托、和林格尔包括进来；山西部分，向南扩展，包括临县、方山、柳林、离石、中阳；陕北部分，把整个榆林地区包括进来。

小三角的优点是：

（1）地理范围较小，区域专门化特色比较突出，规划比较容易；

（2）同 20 世纪内国家的重点建设结合得比较紧密，规划的实践性较强。

大三角的优点是：

（1）把河东煤田中部的优质炼焦煤产地和煤以外的某些重要资源产地包括进来，可以减少小三角区资源（从而包括工业结构）过于单一的缺陷；

（2）把相对富水区和引用黄河水较便利的地区划进来，有利于煤电建设与水源地开辟的统一规划；

（3）把紧邻的蒙西两大沙漠（库布齐、毛乌索）及无定、湫水、三川等入黄泥砂较多的河流和陕北沿长城风沙线划进来，有利于开发和治理更好地统一起来。

从开发角度讲，第一步可采用小三角的地理范围，稍加调整，如内蒙古部分增加达旗，陕北部分增加横山。前者是内蒙古部分水源条件、用地、安排项目条件较好之地；后者是考虑到榆横是一个新发现的煤田区。从长远讲，应考虑采用大三角的地理范围。

二、晋陕蒙三角区的突出优势与主要限制因素

本区资源以煤为主，富有优质铝土矿，兼有石灰岩、天然碱、芒硝、池盐、黏土。

这里是黄土高原地区，也是全国最大的优质动力煤富集区，煤炭资源的特点是：

（1）量特大。全国探明煤田中，证实储量超过 100 亿吨的特大型煤田共 16 个，在黄土高原地区的有 10 个，本区域内占了 4 个。其中仅东胜、神木两个的证实储量就占 16 个总储量的 40% 以上，是全国证实储量独超 1000 亿吨的两个巨型煤田。在全国 5 个露天矿区中，也以本区的准格尔煤田最大。

从探明保有储量看，不算府谷、兴偏，只算河曲（砂坪）、保德（贾家峁）、偏关（磁窑沟）3 个井田，就有 183 亿吨。从煤种看，全国优质动力煤保有储量中，本区就占 62% 以上。

（2）质最佳。东胜—神木煤田是整个鄂尔多斯煤盆的核心部分，其煤质也最佳。原煤灰分一般在 10% 以下，含硫量低于 0.7%，含磷量平均为 0.006%~0.03%（全国多年来洗精煤的灰分还略高于 10%，含硫量为 1.12%）。其中在蒙陕交界一带煤质最佳地段，原煤灰分更只有 3%~7%，含硫量为 0.2%~0.5%，经洗选可选出灰分低于 3% 的精煤，精煤回收率高达 90%，是特低灰、特低硫、特低磷、高发热量的特优动力用煤，其灰分、含硫量比世界著名的大同保罗系动力煤还低（大同洗精煤灰分为 10.2%，含硫量为 0.8%）。

（3）内部开发条件好。一是煤层埋藏浅，垂深 300 米以下的储量占 1/3，准格尔、神府煤田、河保偏 3 个井田，相当部分可以露采。神府煤田的露采区平均剥采比为 7.51~8.03，准格尔露天平均为 4.43，河保偏三井田剥采比更只有 3~5，比平塑安太堡露天的 4~6 还小。二是水文地质条件比较简单，含煤层水量小，瓦斯少，主导煤层厚而平缓，基本无大的断层、褶曲。煤层沿倾斜延伸每 1 公里仅下降 10 米左右，非常稳定。

（4）开发的经济性和社会效益高。一是吨煤能力投资低，比东北、华北低 30%~40%。二是吨煤生产成本小，而煤质高。吨煤生产成本约 20 元。按我国煤炭出厂价格制定原则，灰分是 1：3，即灰分每降低 1%，价格可提高 3%；硫是 1：5，即含硫量每降低 0.5%，价格可提高 2.5%。东胜神木优质动力煤，

原煤灰分、含硫量比其他煤田的洗精煤还低，比原煤更低，在定出厂价格时，至少可按精煤比价 150% 计算，这样吨煤利润就比一般煤矿高得多。三是社会效益大。由于含硫量特低，可以降低电站锅炉的腐蚀强度。如用作生活用煤，特别是供城镇生活用，会取得很大的经济效益。全国煤炭消费量中，生活用煤虽只占 20%，但二氧化硫浓度的分担率却高达 50%，冬季更成倍增加。这是我国酸雨的主要根源。如果在全国生活用煤中逐步增加本区优质动力煤的用量，顶替一部分含硫量高的煤，会使大气二氧化硫的浓度大大降低。而且这种煤氧化钙含量高达 30%，在燃烧时可起吸附硫的作用，使尘中硫含量也减少。这种煤还是制水煤浆的理想原料，以此代替燃用重油，又对环境无害，成本还低。

以上集中说明，煤炭资源及其开发是本区突出的优势，但这个优势目前还是潜在的。

铝土矿是本区占第二位的优势资源。本区东部兴（县）保（德）之间，在长约 60 公里的范围内，分布着三大优质铝土矿区，探明储量占全国 1/10，占山西省的 1/4。三氧化二铝含量为 58%~64%，铝硅比为 6.9~9，大部地段可露采。

铝土矿中含有可以回收的镓，与铝土矿共生伴生的有煤、耐火粘土、铁矾土等矿。

草畜业及其产品加工转化，是本区具有地方特色的资源和有发展前景的产业。

主要限制因素是：本区的优势多是潜在的，它展示了开发的前景。限制因素则是现实的。

（1）区域水资源缺乏。本区远离海洋，属干旱半干旱气候，降雨不均，蒸发量远大于降水量，大部分地区地表径流深小于 5 立方米，地下径流模数一般为 0.5 升/秒·平方千米。据不完全统计，三角区范围内，不包括黄河干流河水，扣除重复量后，天然水资源总量为 53 亿立方米，开发利用率约为 13%。

从绝对量看，特别是从水矿、水土的相对量看，本区水资源是缺乏的。尽管有局部的相对富水区，并由于开发利用率低，因而有相当的后备水资源，可以保证中近期一定开发规模的需要，但从长远发展看，水仍是本区主要限制因素之一。

（2）生态脆弱。内蒙古伊盟地区，土地面积为 86381 平方千米，其中极度与强度沙化面积达 27660 平方千米，沙化面积占土地总面积近 1/3，其中本区域内沙化比重最小的东胜、准格尔，也分别达 17.5% 和 19.02%，伊旗达

34.76%；河保偏兴地区、榆神府地区，都是黄河中游水土流失重点县，水土流失面积约占土地总面积的 80% 左右。本区域风沙危害很严重，从全区看，尤以水土流失为甚。土壤侵蚀模数每平方千米在 1 万~3 万吨，多年来每年输入黄河的泥砂平均 1 亿~2 亿吨，其中 95% 以上为粗沙，是黄河粗沙的主要产区。20 世纪 70 年代以来，由于人为因素，入黄泥砂还有增加趋势，这给本区开发与治理的关系造成了极为复杂的局面。

（3）交通不便。本区域内尚无铁路，公路少而质量差。在自然经济格局基本未打破、商品经济落后、生产力总体水平还很低的情况下，交通运输已不能适应经济的需要，当然更不能适应大规模的开发、区域经济由自然经济向现代化商品经济急剧转换的需要。特别是本区的开发模式，在今后相当长的时期内，是以资源导向为主，以煤为核心，煤的运量大而运距长，没有现代开发线路的建设，就谈不上大规模开发。

（4）经济基础薄弱，生产建设经济效益低。新中国成立以来，国家和各有关省（区），基本上没有在本区布置重大项目。直到现在，整个区域内最大的两个工业企业，一个是保德的天桥水电站，年产值 2000 多万元；另一个是伊盟的羊毛衫厂，年产值 3000 万~4000 万元。

从总体上看，本区还保留了自然经济的格局，集中的表现是，全区至今还只有一个市设城市（原东胜市）。1985 年，其城镇人口 6 万多人，全部工业固定资产原值 1.28 亿元，工业职工 8800 多人，工业总产值 1.1 亿元，根本起不到区域"增长极"的作用。

生产建设经济效益差。内蒙古部分的东胜、准格尔、伊旗在 1949~1985 年，固定资产投资累计为 23607.5 万元，同期累计利税总额才达 19915.7 万元，只相当于投资总额的 84.36%。也就是说三十多年来固定资产投资还只收回了 84.36%。

以上两方面必然导致地方财力薄弱。1985 年陕北部分三县财政收入共 4473.64 万元，其中本身的收入才 855.19 万元，上年结转 1159.89 万元，而上级补助收入即达 3410.96 万元，占财政总收入的 76.25%，也就是说，有 76.25% 的财政支出，是靠上级补助收入来维持收支平衡的。

地方财力薄弱，人民收入也很低。特别是占总人口 86% 的农民。陕北三县农民人均年纯收入：榆林县为 169.6 元，神木为 130.5 元，府谷为 222.6 元（当年陕西省全省平均为 295 元）。河保偏兴农民人均纯收入为 210 元（山西省平均为 358 元）。

三、开发的主要任务

当前全国五大缺煤区（京津冀、江浙沪、辽吉、颚湘、粤桂），1985 年煤炭净调入量已达 13529 万吨。东部地带内，原来能净调出煤的冀鲁两省，已由净调出量逐年递减，到 1985 年成了净调入省（冀净调入 308 万吨，鲁净调入 128 万吨），这样，东部地带 11 个省市都成了煤炭净调入区，总净调入量达 10547 万吨。供应缺煤区和出口的任务，主要压在中部地带的晋、内蒙古、黑、豫、皖五省（区）。其中蒙、皖净调出量很有限（分别为 318 万吨、275 万吨）；豫、黑两省，从 20 世纪 80 年代以来净调出量逐年递减，一共也只能净调出 2300 万吨；河南从发展趋势看，净调出量也会逐渐减少。现在和今后真正能大量净调出的，中部只有山西一省（1985 年净调出 10353 万吨）。山西由于炼焦用煤和无烟煤的比重大（计占总储量的 82%），而动力煤的比重不大，从煤炭资源合理利用的角度考虑，山西今后应主要是全国的炼焦用煤和无烟煤的生产供应地，动力煤则因资源局限，难以更多地供应全国，特别是优质动力煤。山西动力煤质量最好的大同侏罗系煤层，累计探明储量按合理开发的最大规模不过 1 亿吨，1985 年国统矿和地方、乡镇矿的总产量已达 6800 万吨，进一步扩大开发规模有限。大同煤田的下部为石炭二叠纪煤，均为炼焦用煤（主要是气煤）。随着时间推移，山西作为全国性优质动力煤供应基地的作用将相对削弱。内蒙古东部的大褐煤带，储量虽大，但煤质低，难以大量长途外运。这样全国的动力煤供应任务，势必要转向西部。西部富煤区——贵州，后备资源充足，但黔煤外运难于晋煤；滇东褐煤带也有丰富的资源，但其地理位置距全国主要缺煤区远，其煤质也不宜长途大量外运；新疆煤炭资源远景储量居全国第一，煤质也好，但探明储量较少（170 亿吨），特别是距东部缺煤区太远，难以承担大量东运的任务。对比之下，本区在中近期分担晋煤供应压力，在远期接替山西担负起供应全国优质动力煤的重任，在储量和煤质上都占有绝对优势。在内部开发条件和开发的经济性上，也占有相对优势，在地理位置上又相对于云、贵、新。所以从全国煤炭资源与产销格局看，开发本区的优质动力煤，解决全国性的动力煤的供需矛盾，势在必行。而且如上所述，本区优质动力煤开发利用的企业效益和社会效益也较大。由于本区优质动力煤的用途较多，其开发加工转换引起的综合连锁效益较强，对区域经济的驱动作用较大。小开有利于农民的治穷致富，中开有利于地区的发展，大开有利于全国。

据计算，世界煤炭需求量，在 1980~2000 年将翻一番，即从 26.6 亿吨标准煤增加到 50.5 亿吨标准煤，相应地，世界煤炭贸易量将从 1980 年的 2.61 亿吨增加到 6.21 亿吨，其中动力煤占 2.73 亿吨。由于西方煤炭出口国对东方出口量不大，而且西方大量关闭不获利的矿井，这样我国向东方国家出口煤炭就有相当的余地。

东胜神木优质动力煤在煤质和生产成本上与世界动力煤界主要动力煤出国国相比，占有相对优势。世界主要动力煤出口国动力煤质一般为 10%~15%，含硫量为 1%~1.5%，发热量 6000~7000 大卡以下，这几个指标均不及我国的东胜神木煤。美国、加拿大、波兰、南非、澳大利亚、英国出口动力煤，离岸价格 31~55 美元/吨，平均约 37 美元/吨。东胜神木优质动力煤生产成本为 20 元，利润定为 23.2 元/吨时，加上运到秦皇岛港的运费与装卸费，离岸价格才 87.2 元，折合美元 30.1 元。我们的煤质比它们好，离岸价格比它们低，这就有条件同澳大利亚争夺日本、东南亚的市场。而出口销售收入利润率可达 26% 以上。

四、煤、电、路、水统一规划，合理安排开发时序、规模和空间布局

（一）开发的总方针

为了满足国家对动力煤日益增长的需要（这个需求量很大。现在看来，保全国工农业总产值翻两番，电力至少也要翻两番，即发电量要由 1980 年的 3000 亿度增长到 2000 年的 1.3 万亿度，相应的装机容量要增加到 2.5 亿~2.7 亿千瓦。按千瓦装机年耗煤 3 吨计，2000 年全国发电用煤就得 5.6 亿~6 亿吨），并扩大优质动力煤的出口能力，为了使老少边地区脱贫致富，本区煤田的开发必须提上议事日程。但地区生态失调，急需治理，而开发与治理的关系在本区特别复杂。煤田开发，尤其是大露天开发，煤电站的建设既会引起新的工业污染，又会增加水土流失量。据有关人士粗略估计，煤、电、路大规模开发后，如不采取有效措施，新增水土流失量平均每年将达几千吨。还将造成地表塌陷、地面水位下降、地面水量减少、水源污染、植被破坏等生态问题；交通水源的制约性大；煤田开发、新修铁路、开辟水源、治理风沙与水土流失，处理"三废"，投资巨大，而地区及所在省区财力均不足，国家投资能力又有限。这一系列内外制约因素，决定了在本区开发的总方针上，必须做到：

第一，开发与治理并举。在开发时改善生态环境，在改善生态环境中促进开发。既要充分估计开发可能带来的各类生态环境问题，又要看到开发增强了解决生态环境问题的经济能力。不管开发与治理的关系如何复杂，但从根本上来说，这二者是互相制约又互相促进的对立统一。本区已有的生态环境问题，除各大原因外，主要是多年来对国土资源开发利用与治理保护的复杂关系认识不足，处理不当，而不能简单地归罪于开发。

第二，开发必须是煤、电、路、水统一规划，同步建设。以采煤为核心，先路后矿，近水靠煤办电，以电带耗电工业。要以运定煤炭开发规模，以水定火电装机。而且不论是运力还是水源，都还必须留有余地，千万不能满打满算，只顾近期的少数项目，把运力和水都吃尽，使后续工业及今后其他必须建设的企业丧失了必需的运输、水源条件。

第三，开发规模，应由小到大，彻序渐进，不能急于求成，把摊子一下铺得很大。要综合考虑区域的产业结构承受能力、环境承受能力和地方财政承受能力。

（二）煤田开发时序

本区开发，以煤炭开采为中心。煤田开发的时序，首先应是东胜神木煤田，特别是其陕蒙交界处的煤质最佳区，如内蒙古的石圪台、补连、新庙等，陕北的柠条塔、活鸡兔等；其次是准格尔露天、河保偏的三大井田及府谷煤田的可露采区。

（三）煤、电开发规模及相关项目的空间布局

从总体上看，本区煤多、水缺，采煤需水量不大，而火电用水多。因此，在开发初期，应多采煤、多输出煤，不宜念急于上火电。电力建设，首先是搞中小型自备电站，解决煤炭开发的急需。由于初期煤炭就地消化规模较小，调出比大，这样煤炭开发规模就必须同铁路建设的进度及其煤炭外运能力相协调。包神、大准、集通及保德—五寨铁路修通以前，煤炭外运还需要先用汽车运到包头、呼市、阳方日等地，利用现有铁路干线外运。外运能力有限，决定了煤炭开发规模不宜急剧扩大。包神铁路已开工，连同大准线，如能在"七五"时期末"八五"时期初修通，后十年，再相继修通集通线、神朔线、朔石线，大体可以满足 2000 年 1 亿吨开发规模所需的运力（2000 年时，在 1 亿吨产量中，区内大火电和其他各方面可就地消化 20%~30%）。

从长远看，2000 年以后，本区煤炭开发规模还必须进一步扩大，这时就需要从整个能源基西煤炭资源的开发、煤炭的合理流向及路网布局的合理化统

一考虑，综合规划。逐步修建包西、西（安）安（康）、太原—离石—吴堡—绥德—灵武、侯马—铜川—彬县—华亭、朔县—石家庄—衡水、天津—衡水—菏泽—商丘—阜阳等铁路。

随着采煤洗煤工业的发展，从经济效益角度看，本区搞大火电，向京津输电，是必要的。电力既可就地消化相对劣质煤和洗中煤，以输电替代部分运煤，减少铁路外运煤炭的压力，而且有了电作依托，高耗能工业可以逐步发展起来，向外输出载能体，等于同时输出能源和矿产资源，而且使煤炭加工转换的效益大幅度提高。在区内相对富水、有供水潜力的地区，可以适当布置大的电源点。

据不完全统计，区内相对水富区有：①保德天桥泉城；②河曲龙口皋城；③神木西北滩地、秃尾河、窟野河上游、红碱、海子；④都思兔河；⑤达旗地下水；⑥乌兰木伦河流域的老赖沟。

从水源角度看，要保持煤电大规模开发，仅靠上述水源是不够的，还必须开发水源。

（1）本区水文地质工作程度低，通过工作，还可能扩大水资源量。

（2）区内水源地处于多沙河、大河流岸边，地表河水流量虽大，但不宜直接利用，可考虑通过岸边含水层建井或其他工程，夺取地表径流，如达旗、神木店塔等。

（3）从宏观上讲，黄河水虽需要全流域平衡，但同时也应保重点，允许本区适当多引用黄河水。黄河水下游用水，应更多地靠南水北调东线工程。黄河从托克托折向南行，经准格尔、河曲、保德，呈一阶梯式的河段，如在准格尔—河曲间筑坝，拦截河水，可扩大本区工业水源，且可灌溉蒙西农田、草原；从保德天桥水电站引水到黄河西岸，可扩大神府水源。

（4）适当压缩农业用水。

（5）从长远看，应结合退耕还林，扩大水量。据有关研究，在山西省，如森林覆盖率由17%提高到40%，境内地下水资源即可增加1倍（山西现地下水资源量为55亿立方米，最大可采量为40亿立方米），增加40亿立方米水，其作用就很大了。山西现在全部工业用水量是10多亿立方米。

当然，上述途径，都需要时间，要投入，因此，在20世纪内，还应强调把有限的水资源优先保证优质动力煤基地的建设，兼顾其他方面的必需，并留有余地，在此前提下，来确定电力建设规模。

五、水电与铝土矿资源的开发

黄河北干流的开发，具有多方面的效益：①可收到发电、引水、自流灌溉、开辟黄河水运的综合效益；②对火电比重特高的华北电网起调峰作用，提高电网运行的经济性；③减少这段黄河水内含沙量和洪水对下游的危害，特别是可有效地延长即将开工对下游防洪起重大作用的小浪底枢纽的寿命。

位于本区内的万家寨、龙口两个梯级，其中万家寨可为北线引黄入晋济京创造有利条件；可直接对本区火电站基地及同塑火电基地调峰；可在减少区内火电用水的条件下增加区内的总发电量，为本区铝土矿的开发和铝工业的发展创造更好的电源条件。

北干流河水含沙量大，给开发带来了难度，但天桥水电站的建设与运行实践已证明，河水含沙量大所引起的一些技术问题，并不是不可解决的，而开发的经济性则是肯定的。当然，北干流梯级开发的时序还需要进一步研究规划，但在本区国土开发规划中应包括区内两个梯级的开发问题，并超前进行项目可行性研究及其他前期工作。如考虑上水电，本区火电建设总规模还可适当压缩，保地区由 360 万千瓦压缩到 240 万千瓦，相应压出 $1.2 m^3/s$ 的水，可供其他工业用。

本区是我国铝土矿主要分布区之一，而且富矿比重大，铝土矿、煤、石灰石、水、水电资源空间组合好，具有发展铝工业的资源组合优势，是本区另一个有发展前景的主导产业。

铝工业一次性投资大，但投产后的经济效益也较高。1 吨铝土矿可卖 15~20 元，2 吨铝土矿加工成 1 吨氧化铝，每吨价值在 800 元以上，进而搞电解铝，价格可达 3000~4000 元，搞铝型材，每吨价格高达 1.4 万元，是本区集聚资金的重要来源之一；铝工业是高耗能耗材而低耗水工业（$0.75 m^3/s$ 的水，即可搞 60 万吨氧化铝），调出 1 吨铝锭等于调出 8~10 吨标准煤、4 吨铝土矿和 6 吨石灰石。本区是富能富料而运力、水资源紧缺地区，搞铝工业是节省运力和用水的有效途径；铝工业的综合连锁效应强，上下左右可带动石灰石矿、水泥、纯碱、碳素、焦化、工业硅、铝化工、机械加工和铸件等多种行业的发展。对克服本区工业结构过于单一的缺陷可起重大作用；黄河上游西北电解铝基地对氧化铝的需求很大，全国氧化铝紧缺是制约电解铝工业发展的主要因素之一。本区向外提供部分商品氧化铝，可为加快全国电解铝工业的发展速度作出贡献。

本区铝土矿资源上部煤层一般厚 13 米，还有耐火黏土、铁矾土等矿物。有的同志就因此而否定本区铝土矿开发的可能性。这至少是片面的。如果单独地从挖铝土矿的角度看，这无疑会出现高投入低产出的不经济性。但如果从综合开发、综合利用的角度看，多投入也会带来多产出。因为铝土矿上部的煤及其他矿物不是废物，而是有价值的有用资源，把这些东西一齐采出来，加工利用，并在炼铝中回收镓，这个综合效益是明显的。

在晋陕峡谷地带，铝土矿资源的地理分布与煤炭资源、北干流水电资源、黄河河漫滩水源的地理分布是紧密结合的：河东煤田有北部、中部、南部矿区，北干流梯级也分布在北部、中部、南部，开发利用价值较高的泉水地下水分别分布在北部的天桥、龙口泉域，中部的柳林泉域，南部的黄汾交汇处冲积扇富水区，铝土矿资源分布在北部，中部的中阳一带，南部的孝义一带。所以整个晋陕峡谷地带的煤、煤电、水电、水源工程，铝土矿开发的规模、铝工业的产品结构及其布点，以至上与黄河上游电解铝基地，下与豫西铝工业基地，都需要统一规划，综合平衡。

本区铝工业的发展可设想为：第一期以 30 万吨氧化铝、10 万吨电解铝为中心，在河保之间选点。铝土矿 60 万吨，在保德两个矿区中选一个开发区，所产氧化铝，自用 20 万吨，向外提供 10 万吨商品氧化铝。

综上所述，根据晋陕蒙三角区内水、矿、运、环境容量的综合平衡，根据国家的急需，开发的主要目标是，在 20 世纪内，初步形成煤、电、铝综合开发的基础，为 21 世纪初期更大规模的开发，生产系列的延长，积累技术和经验。

载《经济问题》1987 年第 11 期

钢铁工业布点形式的选择与川滇黔大三角钢铁工业区的建设

　　近几年来，随着农业、轻工业的高速发展，重工业的搞活，随着以能源、交通为重点的基建规模的扩大，以钢铁为主的原材料生产，也日益成为我国国民经济的薄弱环节。"六五"时期后三年，按需求计算，平均每年约缺少钢材500万吨，"七五"时期和后十年缺口还将进一步扩大。根据几种方法预测，到2000年，全国钢的需求量约1亿吨左右，而从生产发展条件看，由于能源紧缺、铁矿石供应不足，钢的增长速度只能与能源工业同步，到2000年，达到7500万~8000万吨。现在来看，要达到这个目标困难还不少，同时即使达到了，也还不够。这不仅是质量、品种规格上的差距，从生产能力看也不足。解决的途径之一，是走内含的道路，主要是调整钢铁工业的内部结构，提高质量，增加品种规格，让同样数量的钢，轧制成更多一些钢材，让同样数量的钢材，在使用上可顶更多一些的钢材，这是必要的、可行的。但光靠这个已经不够了，还必须外延。外延有两种形式可供选择：一是在原有基础上进行改、扩、配（套），加强薄弱环节，提高综合生产能力，这方面还有潜力，但也要适度。一个钢铁企业的规模过大，一个区域钢铁生产过于集中，企业的规模经济效益可能较好，但带来的问题可能抵消企业的规模经济效益。二是为了从根本上提高我国钢铁工业的技术水平，增强钢铁工业发展的后劲，选择条件合适地区，适当布置新点，也是必要的。从钢铁工业发展的综合条件看，我国有四个地区可作为钢铁工业发展的重点：一是渤海湾沿岸地区，二是长江中下游地区，三是晋蒙地区，四是以川滇黔大三角为主的西南地区。无论是内含或外延，重点都将放在这四个地区。单就大型钢铁联合企业的新建而言，应当怎样布局更为合理？也就是布点形式的选择问题。

　　新建大型钢铁联合企业的布点，有多种形式。第二次世界大战后，世界钢铁工业的布点，出现了一个新的动向，即沿海布厂，或称为"临海型"。对这种布点形式应当如何评价，国内一直有争论。

有种看法认为，这反映了钢铁工业发展的客观要求，从"资源型"向"临海型"转化，是一种必然的趋势。国内资源不足、钢铁成品大量输出的国家，应当这样干，资源、市场立足于国内的国家，也应当走这条路，其论据是：

（1）钢铁企业大型化，是现代钢铁工业发展的必然趋势。大钢铁要求巨大的铁矿石基地。矿石总有采完的一天，而钢铁厂却可通过技术改造，延长寿命，并扩大生产规模。到了矿石储量枯竭时，"资源型"的优点就变成了缺点。因此，从长远看，利用进口富矿，搞"临海型"布点，比较保险，国内资源用完了，还可用国外的。

（2）近十几年来，世界铁矿储量，特别是富矿储量增长很快。在3500多亿吨保有储量中，富矿占42%以上。这些铁矿的85%集中在11个特大型矿区，形成一批富矿出口国。在国际市场上，铁矿供过于求，库存几千万吨，没有利用的生产能力还有1亿~2亿吨，今后矿石国际贸易量仍有增长趋势，国外的富矿来源有充分保证，可以为我所用。

（3）运输技术的进步，带来了运费上的节约，而海运又比陆运节省得多，海运与陆运运费之差，在我国一般是10倍，国外一般是20倍。"临海型"可充分利用海运优势，而资源型则主要靠陆上运输，运费支出相应增加。

（4）由于钢铁工业高速化自动化的发展，对电的要求在数量上越来越大，在质量上越来越高。"临海型"钢铁企业，电力来源较方便，供电成本较低，而"资源型"钢铁企业，多建在偏远地区，供电条件差，解决用电问题，需要花很多投资自建电站或长距离输入电力，电费增加很多。

（5）现代大型钢铁联合企业与其他部门的联系越来越广泛密切。"临海型"钢铁，协作配套条件较易解决，"资源型"的协作条件差，或者是要自搞一套，或者是进行长距离协作，这些都要增加钢铁的投资和生产成本。

（6）国际市场的行情瞬息万变，需要有完备的通信信息系统，使决策者迅速作出反应，进行新的决策。"临海型"钢铁有这方面的有利条件，而"资源型"钢铁大都交通闭塞，通信信息不灵。

基于上述各点，他们认为，"临海型"远比"资源型"优越，主张我国也多搞"临海型"钢铁。正是在这种思想指导下，继宝钢之后，不少沿海港口城市，如天津、石臼所、宁波、广州等，纷纷准备靠吃进口矿上大钢铁。

我们认为，这个问题直接关系到我国铁矿资源的开发战略，关系到今后钢铁工业的较大发展，主要是向沿海地带倾斜，还是重视向内地有资源优势的地区推进，因此，上述看法和主张很值得商榷。

（1）"临海型"有其优越性，但这种优越性是有条件的，即国内煤铁资源都缺乏，都得大量进口；钢铁成品主要面向国际市场；有优越的港口条件和比较强大的海运能力，沿海地区电力、运输等基础设施比较充足。不具备上述条件，"临海型"的优越性就发挥不出来或要大打折扣。因此，这只是钢铁工业布点的一种形式，而不是适用于一切国家的普遍形式，更不是大钢铁布点唯一合理的形式。

（2）从铁矿石供应的角度看，如果在钢铁工业的发展中，铁矿石必须立足于国外，那么，布点形式当然可考虑多采取"临海型"。但在我国，进口矿石只能作为补充手段。我国铁矿资源总的情况是：资源总量丰富，探明储量还只占资源总量的40%~46%，扩大探明储量的潜力还较大。已探明的440多亿吨保储量中，生产矿山只占用了1/4左右，即使全部扣掉约占30%的难以开发利用的储量，扩大矿石生产能力的后备资源也还不少。铁矿是我国保证程度较高的矿种之一。这一点根本不同于日本和西欧的一些主要钢铁生产国；我国铁矿资源中，中低品位居多，矿石组分复杂，采选冶炼投资大，而当前资金又不足，这一点既不如澳大利亚、巴西等富矿出口国，也不同于苏联；我国出口能力低，外汇短缺，进出口的通道又狭窄，过多地进口矿石，外汇、港口吞吐和疏港能力都有困难，这一点又不同于美国。根据上述情况，我国铁矿资源的开发战略，应当是利用两种资源，以开发利用国内资源为主。从人类开发利用矿产资源的规律来看，总是先富后贫，开发品位逐步降低。认真对待贫矿的开发利用问题，是一个具有长远意义的问题，哪个国家迟早都得这样干。我国贫矿占探明总储量的95%以上，对这样大量贫矿的开发利用尤其要注意。这也决定了我们不能过多地靠吃进口矿来大搞"临海型"钢铁。

（3）上述"临海型"的许多优点，是集聚因素的作用。但集聚到一定程度后，就会走向反面。日本是搞"临海型"钢铁成效显著的国家，但工业大量向"三湾一海"集中的结果，带来了很多经济问题和社会问题。有人估计，原来建厂时由于沿海有利条件所带来的节约，现在为了解决过分集中带来的问题，需要作出更大的代价，而且收效还很慢。我们不宜再蹈人家的覆辙。特别是我国的国情与日本很不相同。日本国内资源贫乏，钢铁工业大发展，其煤、矿石都得仰赖于国外，其成品也有很大一部分必须面向国际市场。我国的情况不是这样，更没有必要步人家的后尘。

（4）由于大型钢铁联合企业在国民经济中的地位和作用，它们的布局对整个国民经济布局有重大影响，因此，从宏观布局角度看，还必须综合考虑国防因素、政治因素。即使单从经济原则来看，也需要有利于工业的扩散，有利于促进落后地区的开发，有利于提高长远的经济效益，保持钢铁工业发展的后劲。钢铁是需要量大、关系国计民生的战略物资，钢铁生产能否持续稳定增长，对国民经济全局影响重大。基本资源过多地依赖国际市场，对我们是不利的。

综合以上分析，我们认为，从总体上看，我国不能照搬国外临海型布点的经验。当然也要打破原来的老框框，即认为新建的大型钢铁联合企业，只能摆在内地，一个也不能摆在沿海，这种观点也太绝对化。从布点类型考虑，我国钢铁工业应当是"资源型"与"临海型"相结合，而以资源型为主。在吸收利用外资、侨资的前提下，在沿海拥有港口优势的地点，吃进口矿，再搞一些"临海型"钢铁是必要的，但其总规模应控制在一定范围之内，其比重不宜过高，更多的还应是积极创造条件，开发利用国内资源，发挥国内资源的优势。这应当是我国钢铁工业的布局战略。

根据上述战略，川滇黔大三角就是一个很值得重视的钢铁工业建设区。现在有些同志，提倡摒弃钢铁工业布局的旧教条，即新建大型钢铁联合企业一律不能摆在沿海，可是又套上了新教条，即搞钢铁就要在沿海搞，吃进口矿。认为像川滇黔大三角这样的地区，开发资源，搞大钢铁，投资大，效益差，技术落后，交通不便，不能再搞了。这种看法，至少是片面的。我们重视川滇黔大三角地区的钢铁发展是有根据的：

（1）资源条件好，钢铁资源的空间组合相当理想。在铁矿资源上，攀西铁矿是全国第二大铁矿富集区，在炼焦煤资源上，黔西煤田是全国炼焦煤品种比较齐全、储量大而开发强度很低的巨型煤田。滇东曲靖地区也有以炼焦煤为主的大煤田。煤铁探明储量，都可保证 1000 万吨以上的钢铁工业规模。而且攀西矿含有十多种有益组分，特别是氧化钛含量很高（8%~12%），氧化钛保有储量占全国的 95% 以上；五氧化二钒含量一般为 0.25%~0.3%，储量占全国的70%。钒钛的价值比铁金属高 5~9 倍，因而综合开发综合利用的价值大，这一点是鞍本、冀东矿都赶不上的。这个地区水电、煤电资源都丰富。滇东从昭通到小龙潭的大褐煤带，贵州的织纳褐煤田，是建设坑口电站的理想区位。西南水电资源居全国第一，而西南的水电资源"富矿"，相当一部分就集中在这个三角地区，仅攀西地区水电资源就占全国的 17%，其中距攀钢只有几十公里的二滩，一处的装机容量即达 300 万千瓦，比葛洲坝还大。在这里完全有条件水火相济，不仅为提钒提钛提供丰富廉价的电力，也为发展电炉炼钢创造了能源条件。这一点是渤海湾沿岸钢铁工业区、长江下游钢铁工业区和晋蒙钢铁工业区所不及的。

（2）这里的技术水平并不低。攀钢的建设在技术上就有几大独创：一是用普通高炉冶炼钒钛磁铁矿，这是国内外首创，至今还处于国内外的领先水平。在综合利用钒钛资源方面也取得重大突破，而且还在继续发展。二是在一块长不过 3 公里、宽不到 1 公里、总面积只有 2.5 平方公里、平均坡度为 6.5 的山坡地上，搞了三个大台阶、23 个小台阶，盖起了 165 万平方米的工业建筑，安装了 14 万吨设备，摆下了一个大型钢铁联合企业。吨钢占地一般在 3 平方米以上，而攀钢只有 1.1 平方米，其总图布置、工艺流程、运输线路的紧凑合理，在国内外也是首创。三是建设速度快。攀钢从破土动工第一期工程完成，形成的生产能力有生铁 170 万吨，钢 150 万吨，钢材 110 万吨，机焦 140 万吨，采铁 650 万吨，选矿 1250 万吨，只用了不到八年的时间。这在全国新建的大型钢铁联合企业中建设速度是最快的。四是经营管理水平上，在 60 多个考核指标中，已有 1/6~1/5 的指标处于全国的前列，投产 15 年来，设备完好率达 95%，主要设备完好率达 100%，在全国同行业中名列前茅。高炉利用系数超过了鞍钢、武钢，焦化工序的能耗和工业萘的提取，达到了世界先进水平。笼统地说这个地区搞大钢铁技术水平低，是不符合事实的。

（3）经济效益要做具体分析。可以肯定的是，近几年来经济效益提高很快。攀钢吨钢综合投资是比较高的，到 1981 年止累计投资 39 亿元，平均吨钢投资 2600 元，但这与其平地起高楼、相关投资大有关，这是正常的，不能以此说明是经济效益低。如单就冶炼部分的投资看，投资 12.4 亿元，吨钢投资只有 827 元，比武钢的 851 元低（均不含矿山投资）。投产后有相当长一个时期是亏损的，但这个原因很复杂，如矿山投资多，其产品与冶炼成品的比价又不合理；内部结构不协调，轧材能力小，轧机又单一，每年有 60 万吨钢坯外调，没有就地成材，而钢与材的比价也不合理，钢多材少，也影响到企业的产值、利润；投产初期，只能生产钢铁，没有解决钒钛回收问题。这些都在客观上影响了攀钢的经济效益。但从 1978 年扭亏为盈后，几年来税利平均年递增 18.5%。从投产到 1977 年，共计亏损 2.8 亿元，但近六年除掉弥补过去的亏损外，利税结余已达 8 亿多元，现在一年为国家提供的积累近 2 亿元。笼统地说这个地区搞大钢铁经济效益差，也不符合实际。

（4）运输问题。这个地区交通运输是不方便，但这是可以改善而且正在改善中。其南北通道是成昆线，东西通道是贵昆线、湘黔线，这几条线正在进行电气化改造；南防、南昆线正在修建，一旦修通，就可打通出海口。而且随着合金钢比重的提高，钒钛生产的发展，这些产品价值大，除就近满足西南军工的需要外，外运即使运距较长，也还是经济的。日本就一直连攀钢含钒钛的铁渣也愿意出高价远距离买回本国去！

根据以上分析，我们认为，在全国钢铁工业的总体布局中，应当把川滇黔大三角地区作为一个战略环节予以高度的重视。在一个统一规划下，分期分批进行建设。在长远规划中可按 1000 万吨的总规模进行规划，分期实施。在近期，主要是加快攀钢一期工程配套项目和二期工程的建设，形成 300 万吨的联合企业。同时扩大提钒提钛及其加工能力，着手开发二滩水电站和攀西地区内的铜、铅、锌、锡资源，建设综合冶炼厂，向多品种的钢铁生产与多种有色金属及水电等综合发展的方向发展。在中期，主要是上攀西二基地，即在攀西地区范围内，开辟一个 300 万吨的新钢铁基地。在远期，在川滇黔大三角范围内再开辟一个 300 万吨的新基地。加上重钢、昆钢的扩建，逐步形成 1000 万吨的钢铁工业区。

在布点上除攀钢外，新基地的开辟，有德昌、水城、宜宾到乐山间、昆明四个点可供选择。

德昌点的区位优势是：接近攀西的几大铁矿，矿石的平均运距只有 100 多公里，其中最近的太和铁矿只有 60 多公里，德昌、西昌一带有辅助材料，基本上可以就地取材；位于安宁河谷地带，地势比较开阔、平坦，基建土石方工程量小；德昌、西昌一带，农业基础不错，粮食有富裕，粮食、副食品的可能供应量可以支持一个钢铁基地的建设；德昌位于西昌市与渡口市（现攀枝花市）之间，下可以渡口市为技术依托，建设所需的钢材、木材、水泥等可由渡口市就近供应；上可以以西昌市为社会基础，可省一些配套工程和社会服务设施；德昌又是攀西地区内铁矿资源与水电资源的结合部，二滩水电站距德昌也很近。

水城点的区位优势是：水城是炼焦煤基地；水钢已有 100 万吨生铁的生产能力，在此基础上扩建、新建成为 300 万吨的钢铁联合企业，基建投资比新开一个点要少；投产后，可经过贵昆、成昆线，采用钟摆式运输，由此调精煤去攀钢和攀西二基地，空车带回攀西的铁精矿，煤、铁的运输费用可以大大节约。

宜宾到乐山间，有利条件是区域经济比较发达，协作配套条件比较好，但既要长距离调进铁矿，又要长距离调进炼焦煤。

昆明点的区位优势是：已形成一个中型的钢铁联合企业，钢铁工业基础较好，扩建投资较少；有大城市作依托；作为成昆、贵昆、南昆三大干线的交会点，六盘水的煤去攀西，攀西的铁矿去水城，都要经过昆明。这在煤铁供应上是一个有利条件。南昆线一修通，钢铁成品的外运条件也较好。

上述四点比较起来，从综合条件看，德昌水城两个点都优于宜宾到乐山间的点，可考虑分别建 300 万吨。昆明点，可考虑主要依靠云南的煤铁资源，进行扩建，主要满足云南的需要。近期可补充六盘水的炼焦煤和攀西的铁矿，以后可开发利用大红山的铁矿资源和位于南昆线上的黔西南的炼焦煤。

在布点上，必须打破川滇黔三省的行政区划限制，统一安排，突出攀西地区，兼顾云、贵两省发展的需要，调动三方的积极性。鉴于这个三角地区，能源、冶金、建材、森林等资源丰富或比较丰富，地域组合较好，配套程度较高，在资源开发上，应以钢铁资源为主，实行综合开发，综合利用，逐步形成一个主要的能源、原材料的生产基地。这对改善全国钢铁及其他原材料工业的布局、进一步大规模开发西南以至开发我国的西部地带，都是有重大意义的。

总之，在研究制定全国钢铁工业总体布局规划中，在看到沿海地区发展钢铁工业某些有利条件的同时，必须正确地估计到川滇黔这个大三角地区的潜力与优势，从战略高度上将它放在一个恰当的位置上。

载《开发研究》1986 年第 4 期

后 记

出版《刘再兴文集》，一直是我们这些刘再兴老师的弟子们多年的一个心愿。由经济管理出版社出版的《刘再兴文集》，使我们的心里放下了一块大石头，多年的心愿变成了现实。

刘再兴教授是我国著名的区域经济学家和经济地理学家。他多年来一直致力于区域经济和经济地理领域的学术研究。自 1982 年起，他开始担任全国经济地理研究会的会长，在我国区域经济和经济地理学术界有着巨大的影响。

在长期的教学与科研实践中，刘再兴老师积累了丰富的经验，出版了大量的教材和专著，发表了大量的文章，取得了巨大的学术成就。同时，刘再兴老师还保留有反映其学术思想的大量文稿，并没有出版或发表。

20 世纪 90 年代末期，刘再兴老师卧病在床，还没有来得及整理这些文稿，就离我们而去。在刘再兴老师留下的文稿中，有大量代表刘再兴老师关于区域经济学和经济地理学学术思想的重要文章，把这些文章整理出来并出版，必将大大丰富中国区域经济学和经济地理学的理论，为中国区域经济学和经济地理学的发展留下浓重的一笔。

刘再兴老师生前培养过数十名硕士研究生和十五名博士研究生，目前都在各个领域担任重要的职务或承担主要的工作。弟子们都殷切希望继承先生的遗志，也渴望整理出版先生的书稿。

我自 1978 年进入中国人民大学计划统计系读本科，就开始聆听刘再兴老师的教诲，从他那里获得了学术的启蒙。1982 年我成为刘再兴老师的第一位硕士研究生，开始跟随刘再兴老师系统学习区域经济和经济地理理论。作为刘再兴老师的开山弟子，整理并出版老师的文稿，一直是我的心愿，也是我作为大弟子的责任。

《刘再兴文集》的文字整理工作主要是由刘再兴老师的博士研究生、中国社会科学院的李青研究员完成的。将 80 多万字的草稿整理成为井井有条的文稿，李青研究员付出了辛苦的劳动，展示出了她对刘再兴老师的尊崇情怀。刘再兴老师的博士研究生、时任深圳市宝安区副区长的胡细银先生，为文集的出版倾注了大量的心血。胡细银先生是刘再兴老师早期指导的博士研究生，每每谈起恩师的教诲都眼含泪花。在《刘再兴文集》出版的过程中，胡细银博士有求必应，做出了巨大的贡献。

十分感谢经济管理出版社的申桂萍主任，感谢她对《刘再兴文集》的出版做出的辛勤劳动和卓越的贡献。

以《刘再兴文集》的出版纪念我们的恩师刘再兴教授。

孙久文

中国人民大学经济学院教授

区域与城市经济研究所所长

全国经济地理研究会会长

2016 年 12 月 28 日